(增订本)

王学与晚明师道复兴运动

邓志峰/著

复旦大学出版社

目 录

自 序 / Ⅶ
初版序（朱维铮）/ ⅩⅦ
初版自序 / ⅩⅪ

导 言 / 1
  第一节　研究史回顾 / 1
  第二节　王学的派分 / 11
  第三节　师道意识溯源 / 16

第一编　谁与青天扫旧尘
——嘉靖时期的文化政策

第一章　正、嘉之际的政局转换 / 45
  第一节　由藩王世子到天朝皇帝 / 45
    一、引子 / 45
    二、走向北京 / 46
    三、杨廷和：政治与伦理的两难选择 / 50
  第二节　权力的整合 / 54
    一、从龙功臣 / 54
    二、权力的整合 / 57

第二章　大礼议与更定祀典 / 61
  第一节　天理与人情之争 / 61

第二节 合法性的重建（一）：重塑三纲 / 65
    一、概念的提出 / 65
    二、尊阳抑阴 / 67
    三、天地分祀 / 69

第三节 合法性的重建（二）：君道与师道 / 75
    一、圣师之祭 / 75
    二、孔子祀典 / 77
    三、孔庙从祀 / 80

第四节 合法性的重建（三）：政统的再造 / 82
    一、"后稷"之争 / 82
    二、配天配上帝 / 85

第三章 伪学之禁 / 90
  第一节 王学诞生 / 90
    一、早年经历 / 91
    二、讲学家 / 94

  第二节 壬午学禁 / 99
    一、山雨欲来 / 99
    二、党争：王守仁与杨廷和 / 102

  第三节 己丑学禁 / 104
    一、新贵内讧 / 104
    二、兔死狗烹 / 108
    三、魏校 / 110

  第四节 伪学朋党 / 112
    一、薛侃和张璁 / 112
    二、夏言与王畿 / 115

第四章 嘉靖后期的文化形势 / 123
  第一节 "天河钓叟"明世宗 / 123
    一、自大狂 / 123
    二、文字狱 / 126

  第二节 "无用道学"湛若水 / 130
    一、假"天理" / 130

二、真"伪学" / 133

第二编　泰州学派与晚明的师道复兴思潮

第一章　王艮与晚明的师道复兴思潮 / 141
  第一节　王艮其人其学 / 141
    一、民间宗教家 / 141
    二、韬光养晦 / 146
    三、蛹化为蝶——自任师道 / 148
    四、政治情结 / 151
  第二节　王艮的师道思想 / 155
    一、淮南格物与安身立本 / 155
    二、君臣关系：公共性与私人性 / 159
    三、夫子贤于尧舜 / 162
    四、伊傅之学我不由 / 163
    五、见龙在田 / 164
  第三节　王栋：师道派的嫡传 / 167
    一、诚意：贯通二王 / 167
    二、陶铸乾坤 / 171

第二章　狂侠派 / 173
  第一节　颜钧 / 173
    一、引言 / 173
    二、气功：颜钧的入道之门 / 175
    三、早期求道经历 / 179
    四、悟道讲学 / 182
    五、狂侠与在朝 / 185
  第二节　何心隐 / 190
    一、宗族组织：萃和堂 / 190
    二、会："孔子家" / 194
    三、"妖逆"的集团 / 197
    四、必学必讲 / 204

第三章 会通与乐学 / 207
    第一节 王畿 / 209
        一、生平 / 209
        二、世出世法 / 210
        三、会通与师道 / 214
        四、通向信仰之路：房中术 / 218
    第二节 王襞与乐学派 / 220
        一、"懋承家学"的背后 / 220
        二、无所倚之自乐 / 226
    第三节 晚明的会通思潮 / 233
        一、道统论的崩溃 / 233
        二、师道观 / 237

第三编　在朝王学
——王与朱共天下

第一章 思想渊源及行动取向 / 243
    第一节 王学护法：徐阶 / 244
        一、朱陆合一 / 244
        二、在朝王学 / 248
    第二节 理论代表：耿定向 / 254
        一、尽伦实践的朱学"信徒" / 254
        二、"常知"与会通：内外取向的分裂 / 255
        三、慎术："不容已"的本因 / 262
        四、自我解脱的儒家"圣人" / 273

第二章 张居正的反讲学 / 276
    第一节 张居正其人其学 / 276
        一、引言 / 276
        二、少年时代 / 277
        三、冷眼旁观者 / 281
        四、历史与现实 / 287

第二节 禁讲学及其社会效应 / 290
　　一、晚明的江南诸生 / 290
　　二、张居正与清流：控制与反控制 / 297
　　三、禁讲学的社会效应 / 303

第三章 王守仁从祀 / 309
　第一节 迟到的哀荣 / 310
　　一、身后的凄凉 / 310
　　二、在朝王学的推动 / 314
　　三、王畿与《中鉴录》/ 318
　　四、结好外廷 / 322
　第二节 学术与政治 / 326
　　一、朱学与湛学：联合反对派 / 327
　　二、阁部之争 / 333
　第三节 万历中期以后的在朝王学 / 337
　　一、隆庆二年进士集团 / 338
　　二、以术制胜 / 343
　　三、在朝王学与阉党之形成 / 349

第四编　党社与晚明师道复兴运动

第一章 东林学派与师道之复振 / 357
　第一节 东林学派的构成 / 357
　　一、东林的王学渊源 / 358
　　二、东林与朱子学 / 364
　　三、东林与湛若水之学 / 371
　第二节 东林学派与万历时代的主流王学 / 382
　　一、反"无善无恶论" / 382
　　二、反中庸思潮 / 388

第二章 明末儒学虔敬意识的发展 / 397
　第一节 罗汝芳与晚明王学的精神转折 / 397
　　一、向道之路 / 398
　　二、赤子之心不学不虑 / 402

　　　　三、复以自知与新格物论 / 410
　　　　四、扩充与博学 / 419
　　　　五、师教与现实 / 427
　　第二节　周汝登与晚明师道内涵的转向 / 433
　　　　一、泰州学派的传人？ / 434
　　　　二、学宗王畿 / 437
　　　　三、以师道自任 / 443
　　第三节　东林学派的复性之学 / 446
　　　　一、俗世化背景下的晚明宗教复兴运动 / 447
　　　　二、"直下承当"与"师心自用"的两难 / 450
　　　　三、复性与解脱生死 / 457

第三章　从"门户"到"声气"
　　　　——师道精神之受挫与消解 / 463
　　第一节　东林与阉党 / 463
　　　　一、东林党的形成 / 464
　　　　二、泰昌、天启之际的党争 / 470
　　　　三、"门户"观念溯源 / 476
　　　　四、晚明政争中的"门户论" / 481
　　第二节　声气集团与明季社局 / 485
　　　　一、讲学、清议与公论 / 486
　　　　二、作为清议载体的诸生 / 489
　　　　三、声气领域之基础 / 494
　　　　四、应社与复社 / 500
　　　　五、余波：杜登春《社事始末》 / 506
　　第三节　清初知识界的几种党社观 / 508
　　　　一、甲申之变与声气集团之窘境 / 509
　　　　二、从《幸存录》到《罪惟录》 / 514
　　　　三、《汰存录》与《明夷待访录》 / 518

征引文献 / 524

初版后记 / 544

后记 / 547

自　序

本书主要是我在2000年完成的博士论文。这一次虽然做了大幅增补，但无论框架还是内容仍然一脉相承。学者常常悔其少作，或许很难一概而论，但将近二十年时光，却足以让人产生隔世之感。

小时候的理想是研究自然科学，因缘际会，进入南京理工大学电子工程系。哪知中学时对生命宇宙发生的疑情，大学以后竟然不可遏制，但又苦无师友夹持，只好自学人文古典，试图借此摆脱困境。后来逐渐欲罢不能，只好放弃在专业上深造的打算，希望转去学习哲学、宗教或古典文学。当时不知在哪儿听到一句"治学先治史"，不解其意，以为一定要先学习历史。就这样误打误撞进了复旦历史系。

初从理工科转来，对许多方向都感到新奇，无论是政治、经济还是思想、学术，书读的倒是很杂。尽管所关心的问题还没有解决，但却暂时被一个突如其来的新世界所吸引，如饥似渴地学习各种新知。当时正是九十年代中期，市场经济初起，传统与西学的争议方兴未艾，此前社会那种激越的情绪在一场剧烈冲突之后突然脆断，自我欲望的诉求成为暂时的避风港，而精神却是一片茫然。所谓"人文精神"的失落突然成为学术界的话题，尽管讨论本身已经颇有自我追悼的意味。这种情绪我那时并不完全理解，但现在看来，和自己当时的状态似乎也是相合的。生命如同一叶孤舟，不知飘向何方。只是在慌乱中相信总还会有解决之道，但却并不知道具体是什么。这个时候，历史似乎真正显示出了她的力量，尽管现状如同一团乱麻，但至少还可以去追本溯源。无论对于个体还是人群，历史学都具有精神疗救的作用。

一

　　入学不久,学术与政治的互动便成为我首先关心的问题之一。记得1996年上半年,阅读《日知录》,偶然注意到顾炎武对嘉靖"大礼议"的评论,与各种通史及断代史的观点迥然异趣,吸引了我的注意。"大礼议"虽然主要是政治事件,但同时也是朱、王两派学说的具体实践。顺藤摸瓜,便进入了晚明政治思想史。我发现,一些政治史家,喜欢把学术看成政治斗争的武器,或者现实利益在思想中的反映,学术本身似乎无足轻重;相反,学术史家又常常把政治事变视作遥远的背景,供各种观念系统天马行空地驰骋。具体到晚明王学,便有一些学者明确提出,尽管王守仁是一位政治人物,但王学却主要是一种心性义理之学,与政治并无关系。

　　当然也还存在另外的问题。我因为并非科班出身,只是大学以后信马由缰涉猎传统文化,一个弊端固然是缺乏系统,但传统蒙学与古典的熏陶却也让我规避了二十世纪那些生硬的解释体系,当然也包括依然流行的对传统文化的否定立场。而在"拿来主义"口号之下,二十世纪主流的中国史研究成了种种舶来观念的试验场,尽管许多视角令人耳目一新,但对传统政治的基本判断却并不让人满意,至少没有令我信服。譬如欧洲历史上的各种政体,如君主制、民主制、贵族制,及其腐败形式的君主专制、暴民政治、寡头政治,假如用中国古代历史来对应,便主要是君主制形式。但从权力运作的方式上来看,却又有着根本不同。另如许多学者津津乐道民本理念如何不同于民主,却并没有意识到把"民本"与"民主"放在一起比较,只是一种汉语语境下的望文生义。不仅二者本来便不是同一层次之事,民的概念也自有其历史性。加之晚清以来,在对君权及传统文化予以质疑的背景下,传统政治学说所依托的经学就被简单理解为替君主专制涂脂抹粉。反对的声音(譬如钱穆)则往往被那些自以为真理在握的人所嘲笑。在以社会达尔文主义为底色的趋新观念下,传统成为落后的代名词。当然反其意而用之的也有,既然经学被视作为专制服务,作为其反面,以往被视为专制的秦政反而可以借尸还魂,成为进步力量的化身。传统时代用来辨别善恶是非美丑的公共信念或天理坍塌了。我当时对这些问题尚无明确反思,但却模糊地感觉到已有学说无法让自己完全信服。我后来发心研究经学,除了理学在精神上的浸润,其实也与这些问题有关。

　　由于经学失语,传统政治自身的义理架构迄今也没有建立起来,传统政治专制与否,仍然是时下中国历史学界的话题。其实并非传统政治不存在专制,而是专制的概念不足以定位中国政治传统。这与通史领域的周、秦、魏晋封建说，或经济史界的资本主义萌芽研究类似，就后者而言，不仅有晚明的萌芽说，而且有宋、唐、汉的萌芽说，甚至极端者（如傅筑夫）还提出了战国萌芽说。这表明，已有的理论思维面对一个产生于不同土壤的对象时，发生了误读。时至今日，一些误读已然成为新的传统，据说可以此抗衡西方中心主义。当然这也难怪，二十世纪的中国通史与中国哲学一样，本来便是这一时期中西文化精神错位的体现。加之不断有各种权力介入到话语之中，语言变成赤裸裸的工具，原本作为存在或精神栖身之所的语言，常常失去自身的逻辑性。几乎所有重要概念都遭到篡改，"指鹿为马"甚至成为一种语言习惯。长此以往，必是一个族群在心智上的缺失。

所谓政学互动，其实也就是政治领域最核心的政教关系。二十年前，我对此虽然已生兴味，但现在看来仍然留下不少缺憾。以师道意识为观察视角，固然已触及宋明士大夫的政治关怀，甚至也尝试重建了一些学派的政治观念，但写法却主要是思想史的。对政学互动具体情境的考察，无疑是当时首要的问题意识。历史系的专业诉求以及对历史本身的兴趣，也要求我限制自己的义理关怀，首先从史学视角探讨相关问题。彼时的我，对经学义理尚缺乏自觉。因此，选择对王学与政治的关系作探讨与当时的精神状况也是相应的，作为心性义理最圆融的形态，王学有助于学者接契生命之源；而对其外王取向的关注，也可以成为历史与现实之间的桥梁。只不过从今天的视角来看，研究政学互动便不仅具有历史意义，同时也是理解传统政治学的起点。更为纯粹的政治儒学义理研究，未来将大有可为。

二

在八十年代的"文化热"中，思想史研究一时风头无两。九十年代以后，也依然在中国学术界引人注目。国门刚刚打开，社会结构一时还没有发生大的变化，于是吸纳新知、改变思想毋宁是自我超越的一条捷径。这与新世纪之后思想史的逐渐淡出也是相映成趣，已经逐渐成型、甚至固化的社会结构，本身便塑造着不同人群理解问题的视角，思想不仅显得苍白，不同的思想甚至令人不适。思想史界的分化因此也就非常明显，一方面是学术史研究的复归，无根的思想形态逐渐退回其应有的边缘位置；另一方面，即便某些政治史、经济史研究越来越向思想史的原有领地拓展，也大都拒绝以思想史自居。

关于思想史进路的讨论有过很多，本书导言也略作探讨。不过回头看来，本书其实更像是一种精神史。这种精神并非黑格尔意义上各种层次的主观或客观精神，分别对应着思维自身的运动；思维运动所隐含的逻辑变化或许与历史具有某种一致性，但自身却不即是历史。无论黑格尔的《历史哲学》还是《精神现象学》，都与历史著作相去甚远。

但无论哪一种思想形式，只要是对事物的真正追求，便会凝结为具体的精神。周人的"忧患意识"（徐复观语）奠定了礼乐文明的基础，由孔子所自觉的师道意识，则成为经学的重要传统。另如西洋的文艺复兴或宗教改革，也绝非几个事件的叠加或少数人的心血来潮，而是表现为一种较长时段的群体性精神诉求。推而广之，甚至二十世纪国人对富强的追求，也同样属于精神史范畴。

以"发愤"的精神作史，古人称之为"心史"，这与时下所谓"心态史学"并不是一回事。比如孔子作《春秋》，以经学大义透视历史变革，已经开了心史的先河。历史上，太史公的《史记》、干宝《晋纪》、习凿齿《汉晋春秋》、孙盛《晋阳秋》，欧阳修《新五代史》、朱子《通鉴纲目》、丘濬《世史正纲》、钱穆《国史大纲》，都是不同时代的典范之作。南宋遗民郑思肖（所南）后来把著作直接名为《心史》，虽然只是杂记诗文史事，但也都具有不同层次的精神史意义。所南的以心名史，可以与横渠四句之"为天地立心"，朱子的历圣"传心之法"，鼎足而三。近代惟陈寅恪有会于心："孙盛《阳秋》海外传，所南《心史》井中全。文章存佚关兴废，怀古伤今涕泗涟。"千古学人，其精神之相通如此。

当然，精神本来便具有各种层次，即便不考虑其自身意义，单从学术角度而言，也不应忽视精神史视角。朱子曾提醒读书人注意书的罅隙之间，清人徐乾学也说："古人之事，应无不可考者，纵无正文，亦隐在书缝中，要须细心人一搜出耳。"无独有偶，后来鲁迅在《狂人日记》中，从历史的"字缝中看出字来，满本都写着两个字是'吃人'"，观点虽然有别，但承认无字之书的存在，却是一致的。阅史之人只有读到无字之书，才可以说触及了历史的隐微之处。南宋崖山以后，明清易代之秋，古人的苦心孤诣、斑斑血泪都隐藏在字里行间。有些问题还可以用考据方法予以还原，但精神对现实的种种筹划却往往潜藏在事相之间，或者只是在借题发挥时微露只言片语。这就需要识得古人精神之大体，庄子所谓"后世之学者，不幸不见天地之纯、古人之大体。道术将为天下裂。"因此，孟子所说的"以意逆志""尚友古人"，便不仅对经典诠释有效，同样也是历史研究的方法。陈寅恪所谓"瞭解之同情"，所谓"必神游冥想，与立说之古人，处于同一境界，而对于其持论所以不得不如是之苦心孤诣，表一种之同情，始能批评其学说之是非得失，而无隔阂肤廓之论"，便是这样一种"大体"之思。

三

把精神理解为文化历史的生命，很像中医所谓元气。元气飘忽无形，即便穷尽各种解剖之术，似乎也难觅踪影。但元气又往往无所不在，一旦气机滞涩，也就会出现病征。对小宇宙来说，中医的望闻问切足矣；而就大宇宙而言，则是各式各样的观象之学。历史学家便是人类的精神医生。对于学术史而言，尽管不同时代学术形态各异，但历史的精神意象却表现出某种惊人的同构性，这是人类精神的深层结构使然。

这种同构性往往并非直接的学统所致。譬如王安石与张居正都倾向法家，未必是研读《商君书》或《韩非子》的结果。相反，由于历代普通儒学教育对法家的批评，多数人在主观上都会对之表示反对。事实上，思想往往只能影响那些愿意接受它的人，学术形式则只是精神的某种表现。真正的学术史因此乃是道统的重建，而非一般所说的，学统的传承与延续。只不过这里所谓道统，不必是某一学派内部争夺正统性的自我宣示，而就是时下所说的"精神认同"。

也正是因此，明代学术不仅显示出与宋学在精神上的呼应关系，而且与整个先秦诸子也都相互呼应。无论儒道墨法，事实上都后继有人。甚至连西方哲学也是如此，诚如怀特海所言，整个西方哲学也不过是柏拉图的注脚。这一表述虽然有点儿大而化之，但说后世西方哲学并没有跳出古希腊与希伯来世界的精神结构，应该算不上妄言。假如再由此上溯，人类一切学术其实也仍然在某种意义上属于"诸神之争"。精神史由此表现出自身的某种恒常性，这是经学的基本特征。假如仔细探究，其实一切学术都隐含着这一特征。

精神史的这一特点，使其本身便具有学术建构的意味。某种新的思想形态，不过是精神在具体时空下的表现或发用，具体时代情境则成为精神劳作的土壤。历史中的某种思想形态也就因此成为永恒，具有了独特的意义。就像同样是黄河之水，但水流却九曲十八弯，千姿百态，各极其胜。而对某一时代作精神史探讨，便并非如一般所言，追溯思想自身的历史，而是还原具体时代的精神结构——思想毋宁说是没有历史的。普通所谓思想史，只不过是交织在具体历史时空下的各种思想，看似潮起潮落，但前者却并非后者的真正起源。有人对此颇有所觉，于是把思想的这一特征简单理解为物质存在的产物，但却未免忽略了思想与精神的本末联系。换言之，即便物质存在对思想产生某些影响，也必须通过心性结构的纯化，并以精神活动的形式表现出来。何况更多的时候，心性构造的不同，首先决定着人类对物质存在的理解。

精神总是具有不同的指向，表现在政治（君权）领域——所谓"君者群也"，便体现为人群的各种关系，并塑造出权力的不同类型。一般来说，人类社会的政治关系不外乎支配、服从、反抗以及平等，作为权力的内在诉求，支配自身也存在刚、柔之别。假如考虑到服从和反抗同样属于权力支配的变形，那么最基本的权力形式其实只有三种。这就是刚性的政治权力（君权）、柔性的教化权力（师教）与绝对的精神自由。表现在精神取向上，便是师心自用、师道意识，以及权力的消解（会通）。与三种权力关系各自目标相应的，是不同的人-己沟通（即群）境：刚性权力追求整齐划一，相应于墨家的"尚同"；绝对自由则追求人我差别的消泯，这就是道家的"玄同"；柔性权力追求的是同中有异，表现为儒家的"和而不同"或"大同"，这是一种有节制的自由状态。在具体情境中，对绝对自由的追求既可能形成权力的无政府状态，也可能反过来成为极权的辅助形式。这些既是不同的政治理念，也是相异的精神理想。关于这一问题，我在不同著作中曾多有申说。

应该指出，三种精神取向不能简单理解为三个派系，而应视为一个逐渐递变的学术光谱。墨、法两家都追求一元化的上行下效，但在朝和在野表现有别。孔门传经之儒与传道之儒也不同，前者更接近于墨、法两派，而后者则往往与道家在精神上相通。战国中晚期以后诸子百家更是彼此融合，形成尤为复杂的谱系。相应的，经子百家之学由战国初年的儒道墨三家，一变为战国中晚期的六家，再变为秦汉以后的九流十家，便与这一历史大势相应。但不管怎样，以师道意识、师心自用、会通精神相结合的精神结构，都在历史变化中清晰可见。不仅在宋明时代，即便到了二十世纪，也仍然在各种相异的学术系统背后呈现出来。甚至把视野拓展到西方学术，也可以发现其内在相通之处。这是一切实践之学共同的精神结构。在这个意义上，中西学术的相互融摄也必须讲求统绪，否则便很容易成为时下依然流行的那种"非驴非马"之学。所谓

"非驴非马"，其实也就是骡子的代称，骡子虽然高大，但却没有生育能力。

四

当然，本书所处理的仍然主要是晚明的政治儒学，特别是其与现实政治互动的历史。但有一种视角，似乎可以提示我们不同时代之间的精神差异，让我们在精神的恒常性之外，体会到它的历史性。

明代学者型政治家丘濬，曾在所著《世史正纲》中，提出汉唐宋"后三代"的说法。这一观点本身带有历史哲学意味，其理由也还有深入探讨的余地。但作为一种观察视角，其实深有所见。相对于夏商周"前三代"的王道政治，汉唐宋的共同之处在于，首先是秦政之后私人性君权（皇权）具有了独尊的威势，所谓君尊臣卑；但或者是君主与世族（如门阀）的共治，或者是君主与士大夫的共治——我称之为君亲或君师共治，皇权尚无法垄断政权。共治的反面其实意味着分权。一个显著特点是，宋以前贵族政治从未退出政治舞台。门阀时代姑且不论，即便是一般所认为的，贵族政治消退的宋代，文臣因为积功累德而晋封公侯者依然是基本制度，王安石死后甚至晋封王爵。而明代以后，一般只有少数武人才可能因军功进入贵族序列。王守仁之得封新建伯便是因为平定宸濠之乱。至于清代以后冒充贵族之名的部族专制（钱穆语），则远非真正意义上的贵族政治。没有贵气，何来贵族？周代贵族来源于对上古文化的继承，魏晋以后的门阀来自于汉代时通经入仕，唐宋以后的文化世家则出自以经义取士的科举。贵族之所以为贵族，在政治学上首先是基于文化，而不是基于身份。这些线索尽管常常被纷繁的历史事件所掩盖，但由中古寒族皇帝在门阀面前的过亢或自卑，以及隋炀帝、唐太宗等对士大夫文化的歆羡之中，还是隐约可见。汉唐宋时代士人所言"天下者天下人之天下"，其底气便来源于此。这不是元代、清代以奴婢自居的所谓"贵族"，以及欲为奴婢而不得的汉臣们可以理解的。

贵族意味着对政权的分有，这里隐含着某种"共和"精神，这才是古人所谓"封建"的真实用意。《史记》纪年托始于共和行政，且尤其看重世家，其微意或在于此。因此，贵族政治尽管存在种种弊端，但最大效应其实是防止私人性君权的独尊，后者就是近人所谓君主专制。一个正常社会的理想应当是使所有人都恢复其贵族的本源，并分有政权，而不是把贵族降为平民，建立一种所谓一人之外的社会平等。宏伟的大厦,不能在缺少支柱的瓦砾堆上建起。从这个角度来看,无论把秦以来的社会看作越来越走向公平,还是把之后的一切政治形态简单归结为君主专制,都未免过于简单了。同时,由于宋明理学在学术形态上的相似,以及明人对宋代的认同,近人转而强调宋元明清在体制上的一致性,于是汉唐宋所代表的某种共治型政治无形中被遮蔽了。也有一些学者注意到唐代以后门阀士族的迅速衰颓,因此把秦汉以后的历史以安史之乱为界,划分为两个时期。加上内藤湖南以来,流传甚广的"唐宋转型"论,这一观点被广为接受。但很显然,假如把历史的万花筒稍微旋转一下,便会看到截然不同的景象。

从合法性角度来说,中国传统政治的共同点是强调"君权天授"。这里的天,首先是人格化的,稍晚则更接近抽象的命运或天理。但共治型政治的一个特点,是主张政权来自共同传统的延续而不是争诛。这是汉唐宋与元明清以下在政治理念上的根本区别。后者的共通性其实也很显然,政权来源都是基于对前代的武力推翻("枪杆子里出政权"),于是《周易·革卦》所谓"汤武革命,顺乎天而应乎人"便成为基本口实。随之而来的,则是此前建基于五德终始的政权更替,让位于心性自决的以道自任。而在现实中,则总是变成基于武力的自我命圣,世俗权力成为政治合法性的最终来源。

这一变化表现在心性领域,首先是敬畏之心的彻底丧失。刘邦在夺取天下之后,深感困惑,请求陆贾:"试为我著秦所以失天下,吾所以得之者何,及古成败之国",仍然表现出对天命的敬畏。隋唐虽然对经学的信念已衰,但对佛道两教仍然具有很深的信仰。及北宋之末,因为图强的需要,君权开始抬头,并试图对文化加以控制。到了元朝,忽必烈则被尊为"儒教大宗师",开了秦以后政治垄断文化、君师合一的先河。尽管元朝对中土的统治不及百年,但这一传统却被明清两代继承。朱元璋敢于删节《孟子》,康熙被奉为道统所尊,在在都表明君师合一的独尊型政治形态已经成为新的传统,晚明师道复兴运动与晚清的无政府思潮只不过是对这一传统的反抗。而从历史学角度来看,这一传统之形成,与北族王朝或魏特夫、冯家昇所谓"征服王朝"的统治是密切相关的。汉化的文化形式背后,反而是传统礼乐精神的彻底崩溃。韩愈有言,"孔子作《春秋》也,诸侯用夷礼则夷之,进于中国则中国之,经曰:'夷狄之有君也,不如诸夏之亡'。"这一点在二十世纪的历史研究中显然被忽视了。新文化运动所注意到的国民性问题,很大程度上便应该溯源于这一新型政治体制。可惜大都把国民性问题简单归结为几千年的历史传统,便是由于对这一历史大势的隔膜所致。

在这个意义上，不妨把元明清所代表的君师合一政体称作"末三代"体制，这一体制甚至不必以元明清为限，而是与周制、汉制一起，代表了政体的一种范型（秦制）。元代行省制，便意味着秦制的复归。假如从更为宏观的视野来看，尽管二十世纪已经渗入新的因素，但最终反而是强化了这一传统。每一文化都有其独特的生命节奏，中国文化早在西方跨入近代之前，在元明时代已经进入自己的近代，而非近代西方历史分期下的"中世纪"。只不过这里的近代与否，与二十世纪流行的各种近代观念，不仅没有关系，甚至可以说截然异趣。晚明以降中西文化的相遇，因此有着复杂的时空错位。关于这一问题，无疑还可以进一步申说。

如何走出末三代的政治传统，超越前、后三代，复归古典时代更为理想的公天下体制，无疑是未来政治儒学的最大课题。就此而言，晚明师道复兴运动虽然只是一次为了回复"后三代"而并未成功的尝试，却为我们留下一笔不可多得的精神遗产。重温这段历史，也就有了不同寻常的意义。

是为序。

邓志峰
2018 年 9 月 29 日初稿草成
2019 年 7 月 8 日二稿
2020 年 4 月 9 日改定

初版序

朱维铮

为晚明的王学写史很难。可供征引的史料太多,可资征信的文献太少,便属于难点。

且不追溯王学的先驱史。就说 16 世纪初王守仁"龙场悟道"以后吧,到 17 世纪中叶明亡清兴为止,历时不过百来年,业已遍布朝野的王学诸宗派,总共留下多少种著述或语录?连博学的黄宗羲在清初所著《明儒学案》,也仅能举起大略。直到 20 世纪末叶,还有关于晚明王学的重要佚著面世,可为佐证。

也且不列举清代的王学研究文献。就说清末民初不同政治取向的改革论者吧,无不曾从阳明学对日本"尊王倒幕"人士产生过影响的先例中获得灵感,宣称王学是"有用"的传统。康有为、陈天华、孙中山等,都是显例。

许多年前,我转向中国思想文化史研究,尝试打通中世纪与近代的思想史界限,便曾为王学在晚清各派改革者中间都不乏回响的现象感到诧异。尤其令我奇怪的是,我们的近代思想史哲学史论著,对于清末民初彰显如此的史实,非视而不见,即用"历史局限"之类的遁词打发。那理由,当然是王学早已被判为主观唯心论。难道戊戌时期的康有为、辛亥前后的孙中山等,能以复活王学表征他们的"进步"哲学理念么?特别是孙中山晚年力倡的"知难行易"哲学,既然被蒋介石、毛泽东共同赞赏,怎可说成王守仁"知行合一"说的变种呢?但我认为这类逻辑站不住脚,不仅由于它背离马克思对于旧唯物论的批判,即旧唯物论在发展人的主观能动性方面远不如旧唯心论,而且由于它无视乃至抹杀历史事实。

那种单凭意识形态需要来判断传统学说的非历史尺度,近年在学界愈来愈失去市场。由晚明王学研究，渐成人文学科博士或硕士论文选题的热点，便可窥见其中消息。个中缘由当然很复杂，既有突破观念禁锢或者填补历史空白的考虑，也有接受外来思想体系启迪而萌发的冲动。从后一点来看，民初学界曾为孤军的新儒学，或称现代儒家学说，绵历在海外多年"花果飘零"以后，由边缘回归中心，在海内获得由点到面的回响，显然是因素之一。

所谓新儒学或称现代儒家学说，在海外早已形成不同学派，虽然同赞孔孟原典，却无不钟情于宋明理学。一如自二程至朱陆的早期理学从未消弭歧义，新儒学的现代形态，即使处在边缘地位，论及程朱与陆王所解释的孔孟原教旨，谁更契合真"理"，也是见仁见智。不消说，它在向中心回归过程里，迫于环境或索于成说，呈现教旨缩水与释义膨胀的态势，同样不足为奇。

释义必向传统理学觅取资源。比较地说，标榜"尊德性"的陆王心学，留给后世学人想象驰说的空间，较诸朱熹完形的"道问学"要大得多。何况王守仁将孟轲"人皆可为尧舜"与陆九渊承认四海之内皆有心同理同的圣人论相结合，更使爱好"顿悟"的人士受鼓舞。于是，近年海内以晚明王学为题的论著日多，也许由此可得一解。

然而逻辑到底不能代替历史。历史表明，晚明王学并非南宋陆学的简单重复。从16世纪初王守仁始说"知行合一"，到他死前强调"致良知"说，那20年里的明帝国的社会政治与雅俗文化，究竟发生了怎样的变异，导致王守仁以为有必要调整他的学术重心？迄今未见令人信服的历史说明。而王守仁在明正德、嘉靖二朝屡建军功，死后就被褫夺世爵，更被明廷打成"伪学"首领，在嘉靖朝遭禁锢达30余年之久，怎么解释16世纪晚期到17世纪中叶王学在明帝国"门徒遍天下"的现象呢？又怎么解释隆庆到万历的40多年间，王学便急剧分化为至少九大宗派，而且彼此互相攻讦如水火不相容呢？显而易见，上个世纪的哲学史家或思想史家，奉清初黄宗羲的《明儒学案》为圭臬，沿着黄宗羲、全祖望一派的思路，企图找出王学兴衰分化的观念动因，以论著显示的成果累累，却很难说历史的面纱已被揭开。

因此，五年前邓志峰君选择"王学史"作为博士论文课题，我是赞同的。理由便在于晚明王学的历史行程，需要从历史本身着眼进行再研究。当然也因为邓君在本系攻读中国古代史硕士学位期间，关于明嘉靖朝"大礼议"的研究，已开始显示他对涉及统治观念根本问题的复杂历史事变，具有梳理过程并探寻幽微的基本功力。这也是我支持他提前攻读专门史博士学位的一个原因。

不过赞同的同时，也有担忧。邓君在大学时代是学电子工程的，由技术学科转向人文学科,"蜕皮"自非易事。尽管邓君已用出色成绩表明他已成功越过"隔行"的鸿沟,但能在短短三年间,由纷如茧丝的晚明学术与政治诸史料中,清理出王学的头绪并做出合乎历史的论述么?直白地说,当初我甚至疑心自己是否失误,贸然同意邓君背负过大的任务。

隐忧归隐忧,忝居导师,既不可拔苗助长,也不可尸位素餐,惟有恪尽第一读者职守。虽不能如孔子那样做到"不愤不发,不悱不启",却总算伴随邓君煎熬了三度春秋。我以为所谓指导,其实是个教学相长的过程。邓君的论文,从初稿到定稿,愈来愈显露"大题大作"的特色,迫使我也不得不重阅晚明学术史乃至宋明"陆学"的若干文献,以取得献疑征信的研讨资格。

应该指出,邓志峰君的《王学与晚明的师道复兴运动》,以晚明统治学说涵泳的君道与师道的相关度为主线,博考历史文献,细考历史争议,从而论证王学的萌生、遭禁、复苏、隆盛、分化、自残以及走向衰落,都堪称视角独特,思路新颖,引证可信,较诸既往相应论著,属于一种突破。论文当然有大题大作的必有缺陷,或可被指为考史较粗,或可被挑剔述史有偏,或可被讥作论史武断。历史的论著必须接受历史的检验。邓君此著,如于细节有瑕疵,当然应该就史论史,但于情可原。作者到底年甫"而立",能在研究成果密集的学术史领域,取得关键性的突破,可谓难能可贵。

邓志峰君如期完成他的博士论文,获得海内十位评审专家的一致肯定,获得由王元化教授主持的论文答辩委员会的一致通过。随即邓君受章培恒教授主持的本校古典文学博士后流动站接纳,从事为期两年的博士后研究。承章培恒教授和古典文学博士后流动站诸贤不弃,聘我为流动站兼任导师,因而邓君的博士后研究,仍与我合作,课题仍为晚明学术研究。邓君照例苦学苦思,历时两年完成的博士后出站报告,又被流动站诸专家评为优秀,于是邓君复返本系中国古代史教研室任教。

限于我的历史经验,我从来拒绝预测涉及具体人事的未来。对于邓君吾也如此。但愿邓君此书的出版,能使他忘记过去,而将每时都视作从零开始的起点。这算序吗?我不知。

2003 年 4 月 12 夜　三易稿矣

初版自序

　　记得当时，我爱秦淮，偶离故乡。向梅根冶后，几番啸傲；杏花村里，几度徜徉。凤止高梧，虫吟小榭，也共时人较短长。今已矣，把衣冠蝉蜕，濯足沧浪。

　　无聊且酌霞觞，唤几个新知醉一场。共百年易过，底须愁闷？千秋事大，也费商量。江左烟霞，淮南耆旧，写入残编总断肠！从今后，伴药炉经卷，自礼空王。

此文木老人跋《儒林外史》之词也。予每览及此，未尝不临文嗟悼，感慨系之，盖其兴寄者深矣。

《外史》诚奇书也。然晚近之解者多以碎珠断锦视之，于其讥弹讽喻，颇有会心，而于作者之深旨，尚存一间之未达焉。故必于文学类之小说家，上下甲乙之，以为殊不逮《三国》《水浒》《金瓶》《红楼》；不知作者虽自托于小说家者流，其书则每以史笔出之，洵史作也。盖小说即历史，历史即小说，外史亦正史也。

然则其兴寄者何？曰：师道之考古学是也。吴氏生当康、乾高压之世，师道沦亡，扫地以尽；君道挺厉，其势方张。时明季之史，官私作者渐出，于王氏门徒之以道自任，指摘声讨，不遗余力，《明史》《罪惟录》特其尤著者。当此之际，作者以嘉、万之世为寄托，以故国南都为侨寓，感余音之绕梁，痛典型之星散，则其兴怀感愤，乔木之思，岂偶然哉！且也，不应官府荐召之杜少卿，有类乎泰州之王艮（当然，亦其本人之夫子自道）；应君主宣召而志不果行之庄征君，事迹则一同乎吴康斋。康斋，有明之儒宗也。南都兴礼，仪文虽未免稍嫌迂阔，其恢弘师道则大旨不殊，以清初时事为之索隐者，何小之也!

予也晚学，庸愚陋劣。北地朴野，学问非其世家；南国飘零，相思岂惟红豆。早岁慕金陵之胜迹，蹑影追怀；中心慨斯文之蹇运，希踪顾伫。虽世殊而时异，惟理至则心通。故发愤而为《外史》之"笺注"，欲表而出之，以彰显我中华士人不灭之精神，往圣昔贤永恒之理想。然则《王学史》与《外史》实表里而一之之作，世之览者，幸不以斯言为狂悖乎？虽然，知之罪之，乌莸之言视之，非所计也。

癸未暮春于沪上　涣斋识

导　言

第一节　研究史回顾

王学或者说阳明学，早已成为中国学术史上通行的概念。其意义和内涵，说来好像明确，其实却很游移。作为一种个人学术的标识，王学首先是一套与所有思想家都不同的、独一无二的理论架构；然而一旦成为学派的表征，受人关注的焦点就将集中在，它是如何参与当时社会物质和精神领域的划分了。无论如何，学派与学说涵泳的意味都大不一样。

当然，作为一股社会思潮，假如没有学派的力量为之播扬挥洒，正所谓"莫为之后，虽盛而不传"；同样，任何一个学术集群，倘若缺乏圆顿自足的理论予以支撑，那么，无文之言其传不会太远。可以说，学派与学说本就是一枚硬币的两面。既然如此，又有谁会不承认，即便是相同的一枚镍币，在不同的人看来也可能大异其趣呢？在科学家的眼中，在商品交换的场合，在缺乏玩偶的儿童那里，它的角色和功能肯定大不一样。所谓"仁者见仁，智者见智"，本来便是生活世界的常态。

王学自从产生伊始，就在社会结构中担当不同的角色，主体形象的千姿百态，加上后世研究者的不同剪裁，致使王学在历史中的真实状貌扑朔迷离，莫衷一是。从不同角度写出不同的"历史"，历史似乎真的变成一个可以任人装扮的小姑娘。不过，"淡妆浓抹总相宜"，能让小姑娘不改其明艳娇美的，还在其清纯本色的自身。历史之所以是一个无法否认的生命历程，就在于真正有价值的历史研究，无论如何主观，都是在从不同角度描摹同一个多彩世界的沧桑潮涌，同一种时代精神的回肠荡气。《易》云："天下同归而殊涂，一致而百虑"。西谚也说,"条条大路通罗马",是之谓也。

因此,研究史的回顾无非是要铺陈一下前人到达罗马之前的"朝圣"史罢了。研究者重在"罗马",得鱼而忘筌;研究史则考求通向罗马的"条条大路",是平坦笔直,还是荆棘遍地?是阳关正道,还是曲径旁蹊?在赏玩沿途景致的同时,后来者也可能另辟天地。

当然,作为历代学术史家心目中的宠儿,即便把研究史的上限定在康有为、章太炎以来的晚清,各种各样的成果仍可说汗牛充栋,决不是三言两语所能说清的①。因此,本书避重就轻,拟对以往王学(或儒学)研究角度作一反思,来彰显本书一点可能的存在价值。在我看来,以往的研究中,有这样三种思路值得注意:

1. 哲学—宗教:

作为"爱智之学"的哲学,对中国文化而言可谓不折不扣的舶来品。因此,一向有人对用哲学观念把握中国传统学术的可行性表示怀疑。不过,把王学作为一种哲学思潮加以考察,仍是近代以来思想界的主流,成果当然也最为丰富。它从思想形态本身的逻辑演进,来还原当时思想者们的内心世界,考量那个时代中国一些最优秀的头脑,对天道、自然、人性、自我以及宇宙万象的抽象把握。从这一研究进路出发,可以忽略不计实际历史中的种种枝蔓,直面思维所指向的问题本身②。因此,海德格尔可以和老、庄对话,熊十力能够与胡塞尔笔谈③。王守仁、王畿、李贽这些已萎的哲人,又成为现实当中活生生的存在。在哲学史家那里,前代的思想家与其说是历史中的人物,毋宁说是人类社会诸般思维方式中的若干典型。因为哲学所关心的问题,都是有关人以及他所置身其中的社会、宇宙之存在的基本问题,这些问题本来超越时代,不随着时空的流转迁变而潜藏消隐。正因为如此,王学,特别是良知现成派(所谓王学左派)对人类生存境遇的揭示,甚至被与现代西方的存在

---

① 对以往王学研究的评述,大概可参陈荣捷《欧美之阳明学》(载氏著《王阳明与禅》,第149—179页),惜仅论述到七十年代;及戴瑞坤《阳明学汉学研究论集》的有关论述,后者于阳明学在日本的研究状况叙述尤详,后附《阳明学研究论著目录》搜集1897—1986年间中日两国学术界对阳明学研究的论文和著作,颇可一观。

② 劳思光认为,哲学史是要叙述一个哲学家或学派的理论,因此它必须首先满足一点,即叙述的要是一个哲学理论,而不能只是一些七零八碎的事实。由此他提出了哲学史研究的一种以问题意识为核心,以哲学史家自身智慧为"设准"的一种"基源问题研究法"。见氏著《中国哲学史·序言》,第6页。

③ 从比较哲学角度讨论上述问题的可参张祥龙《海德格尔思想与中国天道—终极视域的开启与交融》,张庆熊《熊十力的新唯识论与胡塞尔的现象学》。

主义思潮相提并论①。这一点恰好印证了"人同此心，心同此理"那句老话。

哲学史的这种研究取向，决定了它所关注的对象只能是在学术体系上能够自圆其说的少数精英人物。作为一种反思之学，哲学乃是思想者对待宇宙、人生等重大问题的最抽象意义上的把握，贯穿于其中的，是一种思考的自觉。因此，卓越的哲学家所贡献于人类社会的，必将是一个个极为完整（尽管可能不完美）的精神世界。这个世界不可能没有矛盾，但是它至少在某一层面是完善的，它揭示出宇宙、人生某一层面的基本实相。因之，哲学史上的诸般争论，绝大多数都可以化约为立场和方法的歧异。《庄子·齐物论》所谓"此一是非，彼一是非"，所谓"两行"，正是建立在这样的逻辑起点之上。

不消说，这样的哲学史研究本质上是一种"观念史"（the history of ideas）。诚如罗孚若（Arthur O. Lovejoy）所言，它把关注的焦点放到观念与观念之间的联系上，在思想的潮流当中，推求观念所以产生的各种原因，以及同一潮流当中观念间彼此的逻辑演进②。在以往有关王学的研究者中间，容肇祖、冯友兰、牟宗三、侯外庐、陈荣捷、劳思光、岛田虔次、冈田武彦、荒木见悟、狄百瑞（Wm. Theodore de Bary）、沈善洪、陈来、杨国荣、方尔加等大都属于这一类，这是以往王学研究的主流③。

"观念史"的研究固然重要，但形式化的思维毕竟难以全面涵括现实的生活世界，哲学史关注的对象未必对现实产生过太大的影响，而后者方才是历史传统的真正根基。"观念史"不足以餍足思想史家把思想观念本身视作人类特

---

① 冈田武彦（Takehiko okada）把王门后学分为三派（见下），其中王门左派或者说良知现成派，强调一切放下，自然流行，实际上是一种拒绝理性思辨的存在主义。见氏著：*Wang Chi and the rise of Existentialism*, Will-iam Theodore De Bary ed., *Self and Society in Ming Thought*, New York, Columbia University Press, 1970. 对此，David S. Nivison 及 Philip J. Ivanhoe 等都提出了不同的意见，参本书第二编第三章第三节。
② 罗孚若在1948年曾发表 *Essays in the history of Ideas* 一书（Baltimore），以观念史自居。本书对其思想的引述，见史华慈（Benjamin Schwartz）：《关于中国思想史的若干初步考察》，张永堂译，载刘纫尼、段昌国、张永堂译《中国思想与制度论集》。
③ 参见容肇祖《明代思想史》，冯友兰《中国哲学史》，牟宗三《心体与性体》《陆象山到刘蕺山》，侯外庐、邱汉生、张岂之主编《宋明理学史》（下）（按：侯外庐的《中国思想通史》属于另一类型的著作，详下），劳思光《中国哲学史新编》（III），岛田虔次《朱子学与阳明学》，冈田武彦著、吴光、钱明、屠承先译《王阳明与明末儒学》，荒木见悟《明代思想研究》，陈荣捷《王阳明传习录详注集评》（修订版）、《宋明理学之概念与历史》，狄百瑞: *Neo-Confucian orthodoxy and the learning of the Mind-and-heart*, 沈善洪、王凤贤《王阳明哲学研究》，陈来《有无之境——王阳明哲学的精神》，杨国荣《王学通论——从王阳明到熊十力》《心学之思——王阳明哲学的阐释》，方尔加《王阳明心学研究》。本书初版之后，所出版的王学研究，也以哲学史进路最夥，不具引。

定的历史环境中的特定产物这一顽强的好奇心。"人类总是生长在特定的社会之中,具有特殊的制度、特殊的文化背景",所有这一切都促使一个人"脱离不开他所处的时间与空间"。正是基于这样的信念,在晚近一些有关"思想史"(The intellectual history)方法论的讨论中,如美国学者史华慈,便把思想史的中心课题规定为"人类对于他们本身所处的'环境'(situation)的'意识反应'(conscious responses)",考察思想家的观念意识与其时代环境之间的摩擦互动①。

事实上,有关"思想史"的方法论诚为晚出,但类似观察问题的角度却并不算新鲜。马克思说,一个人不能超越他的时代,就好比无法超越自己的皮肤。因此,马克思主义史家倒大多是一种天然的非观念论者②,试图在经济基础、政治制度与意识形态的上层建筑中间寻求一种近乎决定性的关联。侯外庐主编的《中国思想通史》便是这一方面的代表作。那以后,与史华慈等人的思路遥契,自觉以"思想史"自任的则有台北大林版《中国思想史》的作者韦正通③。

观念史和思想史本来各擅胜场,不必相互菲薄。前者有利于当代的思想家在和前贤往哲的对话当中悬解冥契,认同新的"道统",承接原始的慧命。"一切历史都是现代史"本就是对历史过程无甚兴趣的哲学家的宣言;后者则通过对时代精神的考索和体验,把握历史传统之具体脉络与根基,以此来为当下的现实作出贞定。两者关注的目标不同,因此不必强求一致。

王学并非宗教,但宋明理学一贯对体验的提倡,使它又有了宗教的某些特征。张其昀说:"阳明学虽非宗教,而富于宗教精神"④,大体上是不错的。王守仁于蛮荒之地穷极悟道,聂豹在监狱当中忽见心体,这在缺乏内心体验的后来人眼中,无不带着诡异的气息。冈田武彦对"内在性研究"或者说静坐体认的重视,陈来对于王学神秘主义的分析⑤,林继平对阳明悟境的探

---

① 参史华慈前引文。
② 在《思想史的独立》(*The Autonomy of Intellectual History*)一文中,Leonard Krieger 指出,尽管思想史和观念史在术语上的区分不过是从 20 世纪中叶 Maurice Mandelbaum 等人的文章开始,但实质的分别却是年代久远,渊源有自,可以上溯至希腊、罗马时代。在近代,孔德(Comte)、密尔(Mill)、马克思(Marx)以及恩格斯(Engels)都被他视做思想史方法的代言人。文见 Georg G. Iggers and Harold T. Parker ed., *International Handbook of Historical Studies: Contemporary Research and Theory*, New York, Greenwood Press, 1979.
③ 韦氏对史华慈的观点表示赞同,见氏著《中国思想史》第一章绪论,第 5—9 页。
④ 张其昀《圆融同一的阳明学》,文见《王阳明传记资料》第 15 册。
⑤ 《心学传统中的神秘主义问题》,载氏著《有无之境——王阳明的哲学精神》附录。

讨①，表明晚近的学者，已由纯粹的哲学思辨，向重视自我体认的理学传统复归。

2. 经济—社会

谁若曾一瞥20世纪以来的中日学术史，便无法不注意取得巨大成就的中国社会经济史研究。从为日本侵华提供决策资源的"支那史"，到1927年大革命失败后的中国社会性质论战，再到1949年以后有关资本主义萌芽问题的讨论，都在很大程度上刺激了中、日两国学术界对中国经济史的研究。梁方仲、傅衣凌、加藤繁等一大批优秀的经济史家脱颖而出，对中国古代特别是明清以来社会经济的认识因此更加深入。

经济史界的研究成果和考察对象很快便被纳入到思想史研究的视野中来。侯外庐等人在1960年出版的《中国思想通史》第四卷（下）便已开始用"资本主义萌芽时期不同阶级集团的不同态度"来分析万历以后的党争了②。而在日本，继岛田虔次之后崛起的新一代思想史家如沟口雄三，更把晚明思想界的变化看成经济与社会深刻巨变的伴生物，在某种程度上打破了不同学派的思想分野，致力于揭示思想者们的学术共性。因此，拨开思想表层的迷雾，甚至学术背景完全不同的人物也可能在表达相同的理念。在他对乡村社会主导权的探讨，对"人欲""私"等观念变化的揭示，对明清以来理观特质的把捉，都可以清晰地看出这一思路③。与之相仿，试图从"明清思想基调的转变看儒学的现代发展"的余英时，则把目光投射到明清以来的士商互动，考察在近代商人精神侵入到儒家伦理之后，传统的建制化（institution）儒学的历史命运④。

从社会经济与政治整体架构来逼近时代大潮中的儒学，这种研究在很大程度上已突破了传统儒学内部的宗派性，为我们展现了一幅宏阔的历史精神画卷。不过，宗派性的超越不等于历史当中没有宗派，这就像"物我两忘"的禅定和心斋，不足以取消现实中生灵的咏叹。执着于"内在理路"之"有"，而忽略了历史实在之"是"，表明沟口雄三、余英时等学者着眼点仍在当下的现实，而非遥远的时空变幻。

---

① 在《王阳明龙场悟境探微》一文中，林继平对以西方哲学入手来研究王学提出质疑，同时又反对黄宗羲以来的研究路线，认为那只是治史学的路线，而非治理学。他主张采用李颙的方法，通过静坐体证以达超经验、超认识世界的知识。文见林继平《明学探微》。另外，近来日本学者桥本敬司撰文《中国思想にすける身体——王阳明の身体知—》，着眼点仍然在此，并进而把它看成是可以为整个中国思想提供一种新理解的观点。
② 见该书第1096页。
③ 参阅沟口雄三《中国前近代思想的演变》序章，索介然、龚颖译。
④ 参余英时《中国近世宗教伦理与商人精神》一文，见《士与中国文化》，及《现代儒学论》一书，特别是其中《现代儒学的回顾与展望》及《士商互动与儒学转向》二文。

3. 政治—意识形态：

当然，无论是哲学、宗教还是社会经济史进路，都仍然是近代知识体系变化之后的视角。从历史的角度来看，与程朱理学一样，王学首先是传统经学的一个分支。经学的义理形态固然可以视为哲学，但20世纪以来，作为整体的经学进路却被遮蔽了。

"经者，常也"，经学也便是"常道"之学。其具体形态，主要依托于对《易》《书》《诗》《礼》《春秋》"五经"，及其各种衍生形态（如"十三经"及《四书》）的阐发。作为传统知识体系的基石，经学不仅支配着华夏传统对天人宇宙的理解，也曾支撑着不同时代的意识形态①。在后一过程中，或以经术整饬吏治，或以经术缘饰吏治②，经学又往往表现为不同形式的政治学说，这就是传统所谓"君人南面之术"③。由于宋明理学本身对心性进路的强调，清代以来常常被单纯理解为义理之学，而与考据、词章、经济之学相区别，但理学自身的治法之学及政治关怀却未能得到应有的重视。以至于许多从哲学视角探讨王学的学者，甚至认为王学的核心问题与现实政治无关④。事实上，诚如西洋哲学与政治学或各种意识形态之间的关系一样，无论哪一时代的经学，都各有其内圣与外王的不同形态。这些学术形态常常纠缠在一起，需要学者去仔细辨析。

从意识形态角度把握经学或传统学术，道咸以来代不乏人，康有为重新提倡今文经学以维新政治，章太炎则先后倡导尊荀、齐物与之抗衡，都属于政治

---

① 笔者关于经学的基本界定，参拙作《新经学》发刊词，载拙编《新经学》第一辑。
② 《汉书·公孙弘传》："于是上（武帝）察其行慎厚，辩论有余，习文法吏事，缘饰以儒术，上说之。"颜师古注："缘饰者，譬之于衣，加纯缘者。"《兒宽传》言武帝行禅封，"乃自制仪，采儒术以文焉。"《汉书·循吏传》："时少能以化治称者，惟江都相董仲舒、内史公孙弘、兒宽，居官可纪。三人皆儒者，通于世务，明习文法，以经术润饰吏事，天子器之。"近代以来一些学者颇据诸篇所言，论证武帝利用儒术以为其专制统治服务。其说尚可商榷。实则修饬、文饰两种倾向同时并存。参拙作《"以经术缘饰吏治"发微：早期的经学、礼教与政治》。
③ "君人南面之术"源出《周易·说卦》"圣人南面而听天下，向明而治"，《汉书·艺文志》则直言道家者流"知秉要执本，清虚以自守，卑弱以自持，此乃人君南面之术也"。汉儒或以无为而治为最高，故班固所言如此，实则"君人南面之术"本来是指政治治理所应采取的方略，与近世所谓政治学相当。但流俗颇有以"君人南面之术"单指法家驭下之阴谋诡计，此不得不辨。20世纪以来中国传统概念多在有意无意之间被曲解，此真文化之一厄。
④ 这一观点许多学者皆有表述，兹不具引。一个典型例证便是牟宗三先生《从陆象山到刘蕺山》一书，其王学的分派以罗汝芳作为泰州学派的代表，理由便是其学相较于王艮更为"精纯"。牟先生自言"非历史考索之工作"，固亦无可厚非。但倘从经学看来，王艮学术之精彩较罗氏之学实有过之。倘无王艮，则泰州之名无以立。而且二者的学术精神其实也不一致。所以有此之异，即因牟先生所言"义理之疏导"仅仅是探讨心性之隐微，而王艮之学术乃表现为贯通心性与政治的"大成师道之学"。此时下所谓政治学，实为以义理为基而表现于政治社会架构者，与具体操作层次的传统"经济之学"尚有一间之隔，故亦不可以不谓之"义理之学"。

经学或政治儒学在近代复苏的显例。潮流所及，无论是孙中山的三民主义还是新儒学的外王理想，甚至中共的政治理念，都与传统经子之学有着各种各样的联系①。在学术上，钱穆、牟宗三则分别从历史与儒学的维度试图揭示传统政治背后隐含的政道或治道②。

而在历史研究中，从政治视角关注传统文化，在二十世纪下半叶的中国大陆甚至一度成为主流。范文澜、侯外庐、周予同可以视作这一时期的代表人物，经学同时成为着力否定的对象。潮流所及，一些学者进而把各种官方统治学说泛称为"经学"③。到了八十年代，业师朱维铮先生则由此把经学直接界定为"中世纪的统治学说"④，意在强调经学的历史维度。与此同时，刘泽华《先秦政治思想史》《中国传统政治思想反思》，以及余英时《士与中国文化》等著作，尽管没有直接以经学史自任，其实也表达了类似倾向，所区别于其间的，只是对相关意识形态或政治学说的态度和理解有异。

具体到晚明王学的政治意识，以及个别学者的政治命运，时彦和前修都做过不少研究个案⑤。只不过其所揭示的现象尚属冰山一角，全面把握王学政治思想维度的作品，则迄今未见。因此，笔者不揣谫陋，拟从王学的政治理念及政学互动角度稍作探研，目的便在于凸显晚明儒学的政治功能。换言之，本书

---

① 关于这一问题，参拙作《唐文治与经学在近代的回潮》《新文化运动百年祭》二文，收入拙作《新文化运动百年祭》。
② 钱穆对于近代以来把传统政治视作一片漆黑的观点深恶痛绝，其《国史大纲》隐含着一套对传统政道的系统理解，不可简单以史作视之。牟宗三的观点主要见诸其《政道与治道》，其问题意识与钱穆其实颇有承接。
③ 范文澜的观点主要见诸1941年发表于延安的《中国经学史的演变》，收入氏著《范文澜历史论文选集》。文章系统地从意识形态角度解释了经学与传统政治之间的关系，并认为经学其实是在为统治阶级服务。这是马克思关于"存在决定意识"，意识形态是阶级统治工具，这些观点的翻版。侯外庐的观点见诸其《中国思想通史》。周予同的观点可参其《中国经学史经义》，收入朱维铮《周予同经学史论著选集》。至于把官方意识形态直接称作经学，其实是四九年之后的潮流，"文革"以后，程千帆等正式形诸文字。参程千帆1980年前后在一次中国古典文学座谈会上的发言——《走出新经学的迷雾》，等等。有关近代经学概念演变的简单回顾，可参拙撰《章太炎与近代经学一瞥》，收入前揭《新文化运动百年祭》一书。
④ 参朱维铮《中国经学与中国文化》《中国经学的近代行程》（后文收入《求索真文明——晚清学术史论》）及海南国际新闻出版中心《传世藏书·经库·经学史卷》之"整理说明"等多篇文字。
⑤ 侯外庐《中国思想通史》颇注意意识形态的问题，但是对于建立王学与官方意志之间的历史联系，论述稍显不足。容肇祖在这方面的论述可以《何心隐及其思想》一文为代表，对隆庆、万历之际的文化政策有涉及（收入《容肇祖集》）。嵇文甫的《晚明思想史论》《左派王学》多泛泛之论。另外较有价值的作品，如欧阳琛《王守仁与大礼议》、胡秋原《论阳明之学——论近世中国没落之四：明代知识阶层之自由运动与阳明之学》一文（收入《王阳明传记资料》第10册），以及萧公权的《中国政治思想史》明代部分。

所研究的主要是政治经学或政治儒学意义上的王学，不仅涉及其经学义理架构，而且观察学术与政治之间各种复杂的历史变化。

所谓政治经学或政治儒学概念，卑之无甚高论，其实便是经学或儒家的政治学。这一政治儒学其实也便是经学的外王之学，古人往往以经术称之。如同政治学皆有其哲学根据，外王之学也皆有其内圣（义理）基础。譬如黄宗羲的《明夷待访录》，便是典型的基于经宋学义理的政治儒学。因此有学者认为，曾经有过一种以《春秋公羊传》为代表的、与心性儒学双水分流的政治儒学，其实是难以成立的。作为六经之一，《春秋》毫无疑问已经是政治儒学的经典，《公羊传》则是对《春秋》经义发挥之一种。司马迁便已明确指出"《春秋》推见至隐，《易》本隐以之显"（《史记·司马相如列传》赞），董仲舒也屡次提及孔子自称"吾因其行事而加乎王心"或"加吾王心"（《春秋繁露·俞序》），《春秋》作为外王之学而能上跻天命王心，其实便是建立在以《周易》为六经之本的孔子内圣之学基础上。但与心性时代的政治儒学不同，以《公羊》《谷梁》《王制》《周礼》等为代表的汉代政治儒学，更为强调天命的信仰形态，代表了政治儒学的天命之维，仅此而已。

义理探讨之外，理清晚明儒学的政治实践，势必需对明初以来的文化政策稍为回顾。如所周知，伴随着明太祖朱元璋在政治上杀戮重臣，废除宰相制度，加强其个人独裁统治等一系列措施的，是他在思想文化领域强硬的手腕与严密的文网。洪武三年，当朱元璋读到孟子"君以民为草芥，民以君为寇仇"一章时，不禁暴怒，下令国子监撤去孔庙中的孟子牌位，剥夺其在孔庙祀典时从祀的地位①。使朱元璋愤怒的原因显然是怕以孔孟为师的那些理学家，用类似的态度来对待同样草芥生民的自己。因此尽管碍于儒家道统的需要，更其害怕天命的责罚，不久便恢复了孟子配享②，但却依然耿耿于怀，洪武二十七年

---

① 《明史》卷139《钱唐传》；又，佚名《皇明小史摘抄》卷上；另可参容肇祖《明太祖的〈孟子节文〉》，前揭《容肇祖集》。

② 全祖望引《典故辑遗》云，孟子配享恢复的原因是由于"司天奏文星暗"朱元璋疑心天命示警之故，参上引容肇祖文。清张安茂《泮宫礼乐全书》卷3，则云"雷震谨身殿"。其实这两种记载除了时间颇成问题之外，未必皆是虚构。吴晗《朱元璋传》大概是以这类说法过于乖张，因而不取，而以"迫于舆论"四字为之含糊。揆诸朱元璋本人的思想个性，反倒以前说为有据。譬如，明初本分祀天地于南北郊，后来之所以合祭，即是因水旱不时之故，参本书第二章。又，孔子等人在当时人心目中的形象可以一则轶事为证："国学之址古战场也，每遇天阴，行人多被鬼眩，因建鸡鸣寺设醮以度而不能止。马后言于上，非孔子无以镇之，即日迁大成木主于此，鬼遂不复为祟。"见前揭《皇明小史摘抄》卷上，梁亿言《遵闻录》亦载此事。其说荒诞不经，却极可能反映当时社会意识的实象。

命刘三吾等人对《孟子》一书重新审查，删除了有违禁之语的八十五条，这便是《孟子节文》。节除的《孟子》本文，尽管在永乐编《四书大全》时尽行恢复，但"课试不以命题，科举不以取士"的禁令大概贯彻始终①。

删削《孟子》，当然是为了斫削知识人的元气。孟子之以天爵傲公侯，以师道勇于自任，无疑都为统治者所不喜。洪武十二年，朱元璋又在明伦堂左设立卧碑，规定：军民一切利病，世人皆可建言，"惟生员不许！"②独裁者所深惧的是什么，并不难于揣测。同时又迭兴文狱，法外施刑，明代初年的意识形态领域一片恐怖。

成祖朱棣以靖难起家，杀戮不依附自己的士大夫从不心慈手软。诛十族，瓜蔓抄，表明这位好武的燕王，阴狠残贼仍不输于己父。但也正是此公，不仅喜欢注释佛经，还造作《圣学心法》一书，批评秦隋法令的严苛，自诩"惟行中之为贵"③。这种情形甚至连在残狠程度不亚于他的清代乾隆皇帝统治下噤声丧气的四库馆臣，都已忍无可忍，"天下后世岂受此欺乎？"④而他的儿子，那个即位一年便因荒淫瞿阴症而死的仁宗，还是同等的暴虐。翰林院侍读李时勉只是上书劝其亲近儒臣以远离佛老，便被召至便殿，命武士用金瓜暴打，肋骨打折了三根⑤。

专制君主个人的残暴不说也罢，因为这种凶恶本性毫无顾忌的张扬，都是独裁政治体制下必然的产物。不过，在那种体制下，假如某位君主除此之外，还有一些头脑的话，那么天下的士大夫更是永无宁日了。永乐十三年，用朱学观点纂编起来的《四书大全》《五经大全》成为科举功令的准绳⑥，思想界从一统到统死，再也缺乏了生气。以薛瑄为代表的学界大儒，讲究的是"自考亭以还，斯道已大明，无烦著述，直须躬行"⑦，不敢做轿中人，而甘做轿夫。上焉者固已如此，下焉者更是只把八股文当成科举入仕的敲门砖，幻想着有朝一日弃筏登岸，一样的"穿螺丝结底儿的靴，坐堂、洒签、打人"⑧。以此来反观正德、嘉靖以后王学的兴起，在精神上反对墨守、贵乎创新，对僵化的朱

---

① 参前揭容肇祖《明太祖的〈孟子节文〉》。
② 《大明会典》卷78"学校"；参前揭吴晗《朱元璋传》，第155页。
③ 朱棣《圣学心法》卷1《统言君道》。
④ 《四库全书总目提要》卷95"子部儒家类存目"一《圣学心法》四卷。
⑤ 杨启樵《明代诸帝之崇尚方术及其影响》，载氏著《明清史抉奥》。
⑥ 明初朱学统治的确立，可参侯外庐、邱汉生、张岂之主编《宋明理学史》（下卷），第7—54页。
⑦ 《明史》卷282《儒林一·薛瑄传》。
⑧ 吴敬梓《儒林外史》第32回，第219页。

学意识形态攻击不遗余力;在观念上,把程朱虚悬在现实之外的天理,落实到当下的人间世,说那是一种"思想解放"①,决非危言耸听。

说王学是时代大潮的产物,可能过于笼统。因此,有些学者已经开始注意在王学兴起的同时文化政策松动的重要性。在这里,明孝宗弘治年间的某些相对开明的统治方式受到了重视②。不过,假如把明中叶思想界的复苏放到一个更宏观的时代视野中加以考察,譬如注意作为相权变形的明代内阁权力在宣德、正统年间的发展,特别是内阁票拟权对君权可能给予的制衡③,以及正统十四年(1449)"土木堡之变"明英宗被俘造成君主权威的实际削弱,便大概可以理解明中叶所出现的思想解放,特别是以王学为载体的师道复兴思潮崛起的现实因素。

这样,在王学产生的时代,经过明初一百多年的生息,民间经济日渐发展,商品市场已经更为繁荣。政治领域阁权日趋高涨,内阁居相位而不名,知识界有了在庙堂宣讲的坚强后盾。文化领域鄙视墨守,昌言自得,则成为一时新风。吴中士人任情放诞,直抒胸臆;"前七子"复古以求解放,反对绮靡无实的"台阁体"文章。思想界,从吴与弼到陈献章,则是陆九渊心学的变相复活,士大夫更加勇于自任。与此同时,甚至一直高高在上的朱学也开始从圣坛走向民间,有了新生的迹象。罗钦顺、崔铣、王廷相、汪俊等一大批与王守仁同时或行辈稍前的学者,都在从不同的角度冲击朱学,或以气学反对理学,或以二程反对朱熹④。所有这一切相互冲击、碰撞,共同谱写了一曲时代的交响乐章。而在各种旋律的交替演进中,王学又无疑是其中的最强音。

不过,朱学的退潮绝不仅仅依靠外缘的变化,或者简单视作王学的功劳。那种从观念史上由朱学一跃跳到王学,或者顶多加上有陆九渊心学特色的陈献章江门心学、湛若水甘泉之学做其中间环节的做法,尽管作为哲学义理研究可以给予尊重,但从思想史角度看来,却不仅线条过于简单,而且当其逸出自身边界之后,许多判断常常和实际过程不符。歌德有言,"理论是灰色的,而生命之树常青。"

---

① 洪樵榕《王守仁(阳明)的思想解放论》,收入前揭《王阳明传记资料》第17册。另可参萨孟武《中国政治思想史》第六编第二节《王守仁的思想解放论》,第471—478页。
② 譬如廖可斌便认为弘治朝统治者实行的比较开明的知识阶层政策和文化政策,使士大夫阶层的信心增强,因而促进了明代文学复古运动及王学的诞生。参氏著《明代文学复古运动研究》,第55—66页。
③ 参第三编第三章第二节对明代阁权的简要回顾。
④ 稍详细的讨论,可参第一编第三章第一节。

道理很简单，以朱子学为例，不仅从祀孔庙的朱熹和被视作伪学的朱熹并不一样，心性视野的朱学与作为政治儒学的朱学差异显然。事实上，由程朱理学到陆王心学这一逻辑过程的开出，在朱陆之争的时候已经出现了，但是不了解宋明之间士大夫精神领域的变化，以及明中叶这一具体的时代大潮，便不足以解释为什么理学在宋代得到多数士大夫的群体认同，而心学的优势只有到这个时候才完全确立。是精神支配着它的学术形态，而不是某种学术机械地对应某种精神。正是在师道精神复兴的大背景下，阳明心学才得以打破明初朱子学已经流于工具化、知识化的倾向，重新找回士大夫群体的自我意识以及儒学的实践性，这就是"心即理""知行合一""致良知"诸说的意义所在。在此基础上，王学乃至各种具有竞争性的晚明儒学流派，不仅开启了新的政治及社会实践，同时也建构出形形色色的政治儒学。以往研究之所以难以建立心性义理与现实政治的直接联系，便是因为缺少政治儒学这一中间环节。

本书所述及的王学，实际上涵括了从正德初年王学产生，到明末以后其自身受到质疑。自从正德十六年（1521）王学在"大礼议"问题上开始崭露头角，到万历十二年（1584）王守仁正式从祀孔庙，以及天启之前王学在政治及社会领域的拓展，在这一过程中，王门后学由于精神取向不同，逐渐发生分化，形成不同的学术流派，具有不同的历史命运。这样，从历史学角度来说，本书的研究重点首先放在王学怎样从一个朝野指目的伪学，变成一种主导思想界的准官方学说①。而在义理上，则试图考察晚明儒学在与官方文化政策互动的过程中，所建构的各种主要的政治儒学形态。这些政治儒学主要以心性之学为根据，并与汉唐时代建立在天命基础上的政治儒学双水分流，所谓心性之维与天命之维，构成了政治儒学的两个基本向度。

第二节 王学的派分

王学作为一种学术思潮，其内部可以细分为许多小的学派。在以前的研究

---

① 本书之所以称万历十二年以后的王学为准官方学说，理由是作为科举功令的作品依然是朱学的传注。当然，以王学作品取代朱注的努力，在不久之后便出现了，但终究没有成功。因此王学只能侵蚀到八股文的内部，作精神上的转移。嘉、万时代整顿文风的原因即在于此。

中，有两种对王学分派的方式影响最大。

一种是黄宗羲在《明儒学案》中以地域兼顾师承的做法，于是有江右、浙中、南中、楚中、北方、粤闽、泰州（未包括止修）等王门七派的诞生。这种分法对于把握整体学术源流，鸟瞰思想的宏观图景，颇为成功，但落实到具体的个案，可讨论之处却有很多。单以浙中为例，钱德洪与王畿间的理论差别便似乎比他和邹守益之间更甚。另如泰州，以及不属于王门的东林，都令后来的学者争讼不已①。

另一种是在哲学史上，针对王门后学就良知这一概念的不同阐释及态度，分为"现成派""修证派""归寂派"，或者颇具政治含义的"王门左派""王门正统派"。这种派分方式可以日本学者冈田武彦为代表。他说：

> 据阳明高足王龙溪说，当时就已有归寂、修证、已发、现成、体用、终始六种良知说（《王龙溪全集》卷1《抚州拟岘台会语》）。如果加以分类，大致是现成、归寂、修证三说。因为提倡良知现成说的，是以王龙溪、王心斋为中心的左派，所以又把该派叫作现成派。因为提倡良知归寂说的是以聂双江、罗念庵为中心的右派，所以又把该派叫作归寂派。因为提倡良知修证说的是以邹东廓、欧阳南野为中心的正统派，所以又把该派叫作修证派。②

这种以本体工夫为划分标准的方式，是以往研究中的主流。在这一取向下王学

---

① 譬如泰州学派，岛田虔次认为实际受王畿的影响更大。山下龙二则区分为王艮、王畿两系。认为二者的差异主要在于王艮吸取的是王守仁前期的思想"存天理，灭人欲"，而王畿吸取的则是其后期的"致良知"。二者曾为此往复辩难，参钱明《王畿思想在日本的受用与评价》。对于东林学派，沟口雄三则认为，"从重视无善无恶的思想论争立场来看"，《东林学案》的归纳方法有欠通之处。见前揭《中国前近代思想的演变》，第345页。事实上，在现有的研究中，学者们大都超越《东林学案》，对处在政学旋涡中的"东林派"，作一种更为宽泛的划分。除了沟口雄三前引书之外，王天有的《晚明东林党议》、小野和子的《明季党社考——东林党と复社》，大都做如是处理。
② 冈田武彦《王阳明与明末儒学》第103—104页。左派之说始作俑者何人，未及详考，不过1934年嵇文甫的《左派王学》出版后，此说日渐风行，却是事实。此后他更在《晚明思想史论》中把正统派以外的王学分成左右两种取向，并分别为其后狂禅、修正两派的前驱。由加藤常贤监修，东京大学出版会在1952年初版发行的《中国思想史》出现后，"阳明正统派""阳明新派"（即左派王学）二分法（参该书第173—177页），在日本成为主流。冈田武彦在此基础上又细分出右派（归寂派），其实是从哲学史的角度印证了嵇文甫的派分方式。

分派的种类，无疑已有许多①。这一划分的缺点是，许多在义理方面观点相近的人物可能在现实中势如水火，而义理见解不同的人士也可能在精神上惺惺相惜。只从哲学角度对王学的派分，难以解释复杂的儒学实践。

因此，派别总是因标准而变，它充其量又只是学者们为了把握王学的实质而想出的权宜之计罢了。既然本书的研究角度已有所不同，再用原来的分派方式，不唯名不正言不顺，更有割足适履之嫌。这样，从本书的立场对王学进行重新分派，实属当务之急。

本书对王门后学重新派分的标准，乃是王门诸子的行动取向。无论是个体还是学派，只要仍然是社会现实中的存在，那么行动总是其生存的基本方式。在这个意义上，行动也就是生活状态本身。换句话说，即便是一个隐士，即便一个人从不热衷参与任何社会活动，只是沉迷于求真和思辩，那也仍然是一种生存方式，更不要说一个学派了。

不仅如此，每一个体或学派都有自己的思想或理论，这些思想和理论既可能是其行动的文饰，也可能是其行为的出发点，又或者兼而有之。在这里，我们把决定一个人或一个学派如何去营构其思想体系的某种内在倾向性，称作他们的"行动取向"。行动取向是生存方式的目标和可能，它决定了一个人或一个学派自身在社会结构中的角色定位。因此，行动取向也就是决定一个行动者如何设计自己行动的那一精神取向，在这个意义上，它也就是那个行动者的"性格"。

因此，在这篇有关王学派分的导言中，我们的目的也不过是揭示王门各派的"性格"罢了。性格决定命运，了解了它们的"性格"，我们才能够理解它们如何去参与社会利益的竞逐，如何在彼此之间进行互动，以及为什么会有那样的历史命运。

对于个体来说，性格的养成取决于环境与天赋，特别是其早年的生活经历。对于一个学派而言，社会大潮的激荡与学派领袖们的精神归趋，决定了这个学派的"性格"。在这个意义上，从发生学的角度作历史的研究，重要性无

---

① 牟宗三"以义理分派而又以发明新见为准"，分王学为三个大宗，以王畿为代表的浙中，以罗汝芳为代表的泰州，以聂豹、罗洪先为代表的江右。见氏著《从陆象山到刘蕺山》，第266—311页。钱明则用现成、工夫两大系统分别统摄虚无（王畿）、日用（泰州）及主静（聂双江、罗念庵）、主敬（邹东廓、季彭山、刘师泉）、主事（钱德洪）诸派，参氏著《王学流派的演变及其异同》。其余一些分法比较粗糙，参前揭钱明《王畿思想在日本的受用与评价》及陈荣捷《宋明理学之概念与历史》第319—323页。

可替代①。

王学的发展,在时间上大概可以分为三个阶段。从弘治十八年王守仁以讲学自任,到嘉靖七年客死南安,四方弟子赢粮影从、百川宗海,逐渐形成了与朱学分庭抗礼的阳明学派。这个时期尽管由于王守仁个人学说的前后不一,以及弟子们领悟的程度各异,在内部已经开始形成不同的取向,但由于老师的存在,尚不致分崩离析。这是王门第一期。

王守仁去世以后,以其亲传弟子为核心②,逐渐形成三个大的阵营。江右王门的邹守益、欧阳德、罗洪先、聂豹等人,尽管对良知的把握上颇存差异,但却同样以名教为依归,极力主张躬行实践,在王门弟子当中,与朱学的取向最为接近。因此,这批人大都在海内享有高名,是当世君子班中的领袖。泰州人王艮在学行上不违名教,但气魄却远为宏大。在思想上由乃师的"致良知",一变而为修身立本的"淮南格物",以"见龙"自居,以师道自任。由于自我标榜太烈,甚至引起同门之士的反感。另一支则以浙中王畿为代表,具有自我解脱的出世倾向,在理论上会通三教,并在概念上消解了师道。以三个集群为中心,形成了修证、师道、会通三个学派。这些人除了王畿等少数之外,大都死于隆庆以前,在学术上最活跃的时间则是嘉靖中叶。这是王门第二期。

从嘉靖后期至万历中期,随着王学自身在理论上的发展,以及意识形态领域的交流互动,在原有三派的规模之下,又衍伸出这样的几个分支:

在朝王学。以徐阶、耿定向为代表(张居正也可以算作其极端的代表人物)的在朝王学,可以视作修证、会通两派的裔孙,在理论上于两家都有吸取,在现实中力主躬行实践。不过,与邹守益、罗洪先辈的难进易退不同,徐、耿等人大都具有极强的政治追求,阳示人以名节,而阴济之以权术。耿定向在行动取向上提倡"庸言庸行",主张"慎术",反对师道复兴。张居正虽学本从禅入,且与王学交恶,但聂豹、罗洪先、徐阶、耿定向等的切磋和提携,功不可没。其为人师心自用,又与王学的精神相通。这一派是使王学成为

---

① 劳思光曾对发生学的研究方法给予尖锐批评,认为其"研究结果每每不能present一个理论,而只能记述一大堆资料",前揭《中国哲学史》第一卷,第9页。从哲学史的立场而言,此论不无道理。不过,仅就他所提出的"基源问题研究法"来说,某一思想家之所以会关注某一"基源问题",这却是哲学史无法解释的,必须诉诸发生学了。事实上,好的思想史研究必须兼顾此二者。前者言其理,后者言其势,相互无法替代。
② 罗洪先与聂豹都是阳明私淑弟子,但其辈分则无疑与阳明亲传弟子相同,此处仅概言之。

准官方学说的主要动力，经过万历中后期长期执政，对于天启时代阉党的形成起了直接作用。

狂侠派。这一派给当时人的印象是一群"江湖大侠"，斯义故名。狂侠派以颜钧、何心隐最为特出，在思想上对师道派有所发展，行动上则更为激进。颜钧使儒学向民间宗教转化，何心隐则逐渐形成社会组织，有自下而上进行革命的嫌疑，因而受到统治者及在朝王学的残酷打击。

乐学派。王艮的次子王襞，明举乃父师道复兴的旗号，暗传的却是老师王畿的衣钵。这一派以王襞、韩贞、朱恕等人为领袖，是王畿、王艮学术的中和。提倡乐学，主张化俗，对师道的真正张扬兴趣不大，因而受到在朝王学的欢迎和鼓励。

会通派。王畿之后的会通派，与近人所谓"泰州后学"或"狂禅派"大体相当，只不过前者失之含混，后者名实混淆，因此并舍其名不用。这一派大抵顺着王畿的思路，把会通的思想推广到极致，由会通三教到夷平诸子，再进而容纳西学，"会通以求超胜"。王学至此在实际上已超越了儒学的门户，传统的道统论崩溃了。在行动取向上也大都和王畿相类，追求自身身家性命的解脱，穷究生死根因。传统所谓悦老、杂禅，其实是自我解脱的需要。与东林学派的复性之学一起，代表了明末儒学的宗教诉求。其代表人物包括罗汝芳、李贽、杨起元、周汝登、管志道、焦竑、陶望龄等人。由于和泰州师道派颇多渊源，李贽曾问学王襞，罗汝芳一生师事颜钧，因此后期会通派和乐学派一样，大都有着折中王艮、王畿的学术倾向。王艮一派的核心思想是复兴师道，一般来说，与王艮渊源越近，对师道思想保留的越多。罗汝芳依违于君道和师道之间，虽以师道自任，但未尝以师席自居，成为主张师教的代表人物。李贽已经放弃师道的立场，管志道则对之明确表示反对。会通派的这一立场，使它得到在朝王学的默许，成为万历以后思想界声势最大的学派。以上是王门第三期。

东林学派。万历以后，随着在朝王学成为准官方学说，并实际职掌了内阁权力，在对抗这一潮流的基础上，一批朱子学、湛（若水）学以及源出王学、强调修证的学者，在朱子学的旗帜下，形成新的学术集群，这就是由顾宪成、高攀龙、钱一本、顾允成等所代表的东林学派。关中的冯从吾、江西的邹元标与之声气相通；浙东的刘宗周、福建的黄道周则为其后劲。这一派学者或者不反对王学本身，或把王学心物一体的精神渗入朱学，倡导复性，反对师心自用，在政治上坚持阁部之争，是万历时代师道精神最集中的体现。

王学经过三期发展，衍生出这样一批大大小小的学术分支，这是本书所要论证的一个重要目标。把结论作为眉目拈出，可以姑且视之为假说，读者不妨随文参证。

第三节　师道意识溯源

一

在王门第二期当中产生了一个泰州师道派，其历史命运在晚明最为引人注目。原因很简单，以师道自任，在现实的政治架构中往往与君权发生摩擦，冲突渐次升级，最终常常演化为政治上的打击。这样，从思想史层面考察师道观念本身的变化，对于彰显晚明时代学术与政治互动的精神实质，或许便不无裨益。

宋明以来，"以师道自任"已是习见的提法①，但"师道"在近代学术史上尚未作为明确概念加以分析。从所指而言，"师道与君道"和传统所谓"道统与治统"大体相当。王夫之所谓"天下所极重而不可窃者二：天子之位也，是谓'治统'；圣人之教也，是谓'道统'"，已经清晰地对两者作出定位②。不过本书之所以使用师道概念，除了"道统"一词常被用来与"学统"对应，强调自身的真理谱系之外；也因为我所要强调的，是在经学代表道统的观念得到普遍承认以后，在同一个"道"的观照之下，君师与民众在现实及观念当中的丛织和扭结。从政治儒学角度来看，"师"的教化者角色，更能凸显"圣人之教"的政教功能。诚如"忧患意识"代表周人早期的精神取向③，"师道意识"乃是道统与治统分裂之后，士大夫的主观诉求。换言之，"道统意识"只强调精神上的以道自任（内圣），而"师道意识"则隐含着经世致用（外王）的企图。

"师道"与"道统"概念的这种关系，恰好显示了师/道两个维度之间的内在张力。在这一张力之下，师道本身的形态发生了变化，并衍生出会通、师

---

① 具体引证见下。钱穆先生云："韩（愈）氏论学虽疏，然其排释老而返之儒，昌言师道，确立道统，则皆宋儒之所滥觞也。"又言："独昌黎韩氏，进不愿为富贵功名，退不愿为神仙虚无，而昌言乎古之道。曰为古文者，必有志乎古之道，而乐以师道自尊，此皆宋学精神也。"氏著《中国近三百年学术史》第一章《引论》，第2页。晚近学者本此说者甚鲜，仅见者如杨国强《儒学的衍变与清代士风》，亦在与君权对立的意义上使用师道概念。
② 《读通鉴论》卷13《东晋成帝》七《石勒起明堂辟雍灵台》。
③ 忧患意识的提出，参徐复观《中国人性论史》，第14页。

心自用、师教等种种不同形式。在这一过程中，历史现象与其精神逻辑之间实现了统一。

师的本义是两千五百人之众。《说文·帀部》："师，二千五百人为师，从帀，从自。自，四帀众意也。"在现存甲骨、金文当中，便大多写作自、帀等字样①。商周时代以师为名的职官主要是武职，考虑到周代"宦学事师"的传统，师生关系源出入仕之后上下级的君臣关系，后世以教化为己任的师，便是由此衍生。

不过，教化之师的名称起源虽晚，其职责却早就应该存在了。以常理推之，原始部族中的长老、巫医以及一技出长之士，都可能是知识的传授者，师本来就和知识的传授同源共进。而同时，原始部族之军事首领自必有一技过人，这样师的名称由此引申，其内在的渊源便不难寻绎。军事首领后来变成君权的代表，因此君师的分际从一开始就难以截然划清。

在"道术将为天下裂"的春秋战国以前，是章学诚所谓"官师治教合"的时代："天下聪明范于一，故即器存道，而人心无越思。"② 因此，这个时候的师，大都是职官的一种③。这表明，在君师合一的状态下，君即是师，师也同样是君，政教本来不分，都是权威主义的产物。《尚书·泰誓上》云："天佑下民，作之君，作之师"；《国语·晋语》也说："民生于三，事之如一：父生之，师教之，君食之。非父不生，非食不长，非教不知"，君师显然同等重要。

春秋战国之世，礼坏乐崩，王官失守，学术下移。诸子百家之说蜂起，正是《庄子·天下篇》所谓"道术将为天下裂"的时代。与此同时，原有的封建宗法制度开始崩溃，作为贵族最低阶位的士已从固定的封建关系中游离出来，进入一种"士无定主"状态。中国古代的知识阶层应运而生，他们以道的承担者自居，使官师治教分歧而不可复合。政统与道统两个相涉而又分立的系统遂孑然挺立。前者以王侯为主体，后者以师儒为根干。道统高于政统，道相对于势具有无比的优先权。类似的观念不仅为知识阶层所鼓吹，也为当时不

---

① 徐中舒主编《汉语大字典》"师"字条，第740页。
② 章学诚《文史通义·内篇》卷2《原道中》。
③ 常见的先秦以师为名的官职有：太师、小师、乐师、医师、田师、虞师、工师、贾师、器师、卜师、胥师等。《周礼》中所列尤多。后者虽系战国所作，所记职官未必实有，但却反映了当时人的一般观念。

少争取士人支持以利其争霸图强的贤明君主所承认①。而在这一过程中,以"斯文"自任的孔子,无疑便是师道最为重要的代表人物。

政统和道统的分途,实际上也就是君师角色由统一走向分裂。这样,君师关系就成为意识形态领域的核心问题。特别是秦灭六国以后,大一统政治成为中国社会的枢纽②,这一问题表现得更加明显。

大一统具有双重意涵。在政治上,它表征着战国时代的割据状态已经停止,车同轨、书同文、废封建、立郡县,政治权力集中到号称皇帝的君主,或以之为核心的一小撮人手中。在思想上,由于势已经承认道,并且努力希望借道的标榜来鼓吹休明,因此大一统也就是统一于道。这样君道和师道就分别代表了道的两个向度,前者替天行道,在统治实践中执行;后者得君行道,对道进行宣传和诠解。在这个意义上,二者既相互支持,同时也易生矛盾。君和师这样一对共生的概念③,因此成为中国政治思想史上的核心观念。

在大一统的政治条件下,和先秦时代相较,道在秦汉的地位已远不足与势相颉顽。"从汉到清,政统(即本书所谓君道)给道统(即本书所谓师道)所规定的位置大体上就是如此,虽则这种片面的定位并未获得道统方面的承认"。余英时教授的这一论断当然是不刊之论④。不过余文转而去研究在现实的背景下汉代的士人(如循吏)如何以"吏""师"的身份来发扬儒教,对于思想层面,知识界主观精神的变迁,却未遑他顾⑤。譬如,在君道张扬的大环境下,师道是如何对自身进行调整来与之因应的?这一问题之所以重要,是因为一直在试图表达自身的,士大夫的师道精神,是传统中国意识形态领域学术与政治交融互动的原动力。

二

春秋战国时代,士阶层以道抗势,以德拒位,以天爵冲淡人爵,在本质上

---

① 参余英时《士与中国文化》,第100—102页。
② "《春秋》大一统",本来是公羊学的基本观念之一,即"《春秋》以一统为大"之意,所以理想的统合方式是"以元统天",一也就是元,或者说仁,表现在政治上,仍然是孔孟以来的仁政学说。从这个角度而言,秦政根本称不上"大一统"。但近代以后经学废灭,世俗所谓"大一统"只是统一之义,本文亦从俗使用这一说法。
③ 由君师引申出君道、师道。君道在古代的主要含义是理想的为君之道,譬如《荀子·君道》篇便是这一用法的典型。但师道却不是指为师之道。本文的君道概念主要是作为师道对立物出现的,作为君权的某种自觉意识,与古典的君道概念有别。
④ 前引《士与中国文化》,第111页。
⑤ 这一问题在其2004年出版的《朱熹的历史世界》一书中得到了部分的弥补。本书亦初版于2004年,故所言如此。

都是对师道的提倡。不过,尽管师道兴起的大方向相同,但是理论架构矛盾重重,现实取径丛脞不一,因此在大一统之后和君道纠缠之时,其历史命运便大不一样。

在先秦诸子当中,对师道兴起贡献最大的是墨、孟、荀三支。前者是墨家的创始人,后二者则是原儒的两位大师。三个人分别代表了三种不同的师道取向。

其实"师"一词在现存《墨子》一书中,绝大部分是用来指称军队,既不是孟子那样以道统自命的王者师,甚至也不是作为知识传授者的一般传统角色。因此,说墨子本人代表了师道,只是就其精神实质言之。墨子及其门徒之间,与其说是师徒关系,毋宁说是一个纪律森严的宗教团体①。

不过,正是这样一个近乎"秘密社会"的宗教组织,更有可能成为现实中君权的对立物,因此把墨者看成师道的化身,似乎也并无大过。加之理论上昌言"天志"、鼓吹"上同",无疑都在为士阶层抗击君道张本②。以一个有组织的团体而显言师道,墨学的命运也就可想而知了。汉以后,在官方意识形态领域的争夺中,已很难看到墨家的踪影③。

作为同样以道自任的儒学大师,孟子和荀卿在现实中都能不俯仰随人,维护师道的尊严。不过,在学术的归趋方面,两个人却明显不同,分别代表了儒

---

① 参方授楚《墨学源流》第六章《墨家之组织》,第115—121页。
② 墨家主张以里长、乡长、国君、天子层层上同,这当然是一种权威主义观点。不过天子为了防止出现灾患,则上同于天,可见汉代的天人感应学说,在《墨子》这里已见其端倪。那么"天志"又是什么呢?不过是"兼爱""非攻"罢了(参《墨子》卷7《天志中》《天志下》)。这也就是墨家所掌握的大道。因此天子所要上同的实际上便是墨家这样一个宗教组织。这是明显的师道精神。郭沫若认为墨子学说,"尊天既是绝对的神权统治,尚同便是绝对的王权统治……但,天是什么呢?天不过是王的影子。故结果王的意志就是天的意志,王的是非就是天的是非。"因此"天志"也就是"王志"。见《十批判书》,第97页。郭氏此论似乎值得商榷。
③ 韩非子时代墨家尚称显学,一般认为墨学衰于秦汉之际。方授楚认为其灭亡的原因之一是"墨离为三"导致组织解体。见前引书,第207页。窃以为不然,否则何以解释"儒分为八"反而能在汉代发扬光大?墨学的衰亡在我看来,主要应是其宗派组织与大一统政权的矛盾所致。墨学曾盛于秦,则其分化、腐化、秦汉之际有一支反秦(参方授楚前引书引《盐铁论》之文),皆可能与此有关。材料不足,存此以待识者。此外,由于墨家这种组织形态的存在,余英时所谓道统没有组织,其尊严只能靠士自身来彰显,至少在先秦时代并不成立,否则又何以解释楚国不敢杀墨子?事见《墨子》卷13《公输》。据说孔子、荀子曾险些受封于齐、楚,受阻的原因便是因为徒众太盛。至于秦汉以后,余说不无道理,但也不可过分拘执。唐以前知识阶层依附于世族,其后则致力于乡族建设,到晚明何心隐试图重建组织,皆可作如是观。宋以后的宗族、书院、讲会、文社等尽管不如基督教会组织的严密,但无疑是一种使师道思想可以依托的社会势力。

学内在发展的两种向度。对于德性自我的建立，前者植根于主体的价值自觉，主张扩充心体之四端，以达超凡入圣之途；后者则以人性本恶为由，提倡化性起伪，最终流入权威主义一路①。

事实上，孟荀之间的分歧恰好体现了师道概念本身的内在张力。因此在考察这两种学说在现实中的展开之前，有必要对师道的内涵略为申述。

"师道"作为联属的名词产生很晚，恕我寡闻，可以考及的最早出处是在《汉书·匡衡传》："（萧）望之奏（匡）衡经学精习，说有师道，可观览。"其含义与汉儒的师法观念相通。唐以后"师道"义解经韩愈等人的提倡，观念微有变化，那已是后话了。

当然，师道一词尽管晚出，但其义涵本身无疑早就存在了。因此并不影响我们用这一概念对前代的思想进行分析研讨。人体解剖是猴体解剖的一把钥匙，用比较成熟的观念对以往历史重新把握，虽不无方圆凿枘之嫌，但却同样有可能使历史认识变得更加深入。

人生在世，不可能不和师打交道。孔子说："三人行必有我师焉"。小到知识的积累，见闻的增广，大到事理明晰，道体齐备，似乎都离不开师这样一个角色。而且不仅别人可以做自己的老师，自己不是也可以教育别人？在学与教的角色递变中，人类的知识就在薪火相传中积累。因此师就具有两种可能性，"师人"与"师夫人"，前者重在学，后者重在教。师道则因之复杂，"学之道"与"教之道"。学是向权威（师）学，教是自己做权威。师的形象是一个掌握了真理的权威形象。这样，师也就是道的化身。

由于道的引入，师的内涵更加多变了。道有两种，一种是师授渊源，历历有本；一种则是以道自任，靠自身的领悟。师因道而尊，因此得道之后便可以师自任了。

由自身领悟而得道的，不一定由老师亲传，孟子说他只是私淑于孔子之徒②。由此建立的学术统系可称之为"道统"，道统重在体认，重在回溯，重在接契；孟学任之。

由口耳相传得道的，表现为知识的授受，正是一般意义上的师弟关系。由此建立的学术统系可称之为"学统"，学统重在亲传，重在墨守，重在继承；荀学任之。

---

① 对孟、荀思想倾向的讨论可参劳思光《中国哲学史》第1卷，第92—141页、第276—299页。
②《孟子·离娄上》："予未得为孔子徒也，予私淑诸人也。"

宋学讲究的是"道统",故称义理之学;汉学讲究的是"学统",故称章句之学。今文经学是学统中的道统,以其微言大义;古文经学是学统中的学统,因其沉酣训诂。程朱道学是道统中的学统,故孔曾思孟,必欲求其亲传之迹;陆王心学是道统中的道统,故无往而非道,最终反而突破道统。一部中国经学史,在思维方式上,就是学统和道统相互嬗变的历史①。

孟子既然以道统自任,那末真理(或道)在他那里,便不事外求,"万物皆备于我矣,反身而诚,乐莫大焉"(《孟子·尽心上》)。因此孟学的一大特点便是讲究道由心悟,学贵自得:"君子深造之以道,欲其自得之也。自得之,则居之安;居之安,则资之深;资之深,则取之左右逢其原。故君子欲其自得之也。"(《孟子·离娄下》)不过孟学之所以还有待于后儒发明,就在于对"道"与"自得"之间关系的探讨,尚需予以透彻的理解和析辩。譬如说,道既然须由自得,那么自得者是否即道?此其一。而且"人皆可以为尧舜",那就是说人人皆能自得。由于得道即可以称师,因此现实中的人便皆可以为师了。既然每一个人都是一个潜在的师,那么得道之人便没有必要执持一己之所见,对别人指手画脚。因为师是权威的象征,每一个人都是权威,实际上等于没有权威。晚明会通派诸人反对师道,由师弟关系一变而为朋友,其义理根据即在于此②。

"道"的这样一种特性,显示出师道概念本身的内在张力。士阶层以道自任本来是为了彰显在君道面前的权威精神,但是"道"假如完全由其自得,又无疑会破坏"师"的意义。不过,倘若学只由师授,如师法的亦步亦趋,那么在"师教"面前个人的价值自觉又如何实现?倘无此自觉,又怎会在严酷的君道面前勇于"以道自任"?"以道自任"固然可贵,但假如认欲作理,师心自用,便失去了"道"的含义。孟子所谓"人之患在好为人师",因此"师道"观念尽管在孟子那里还无此矛盾③,但其根深蒂固的悖论关系,在宋明以后的思想史中却清晰地呈现出来。

---

① 这里所谓义理之学、章句之学只是从学术进路角度强调了两系学术的主要倾向,不足以穷尽汉宋学术之底蕴,兹略述其概。
② 晚明师友关系比较复杂,非此处所能详。大概地说,师友在某种意义上仍然是师道的表征,不过会通派不以师席自居,相对于师道派,少了一分权威主义,多了一分平等精神,故由师道一变而为友道。但会通派无可无不可之说,却可能为君道留有空间,为现实的独裁张目(如李贽)。参本书第二编第三章第三节。
③ 孟子"好为人师"的批评其实是有针对墨子的用意。关于孟子此言的诠释,参拙撰《〈孟子·离娄上〉讲疏》第二十三章。

荀子虽然以师自居，以道自任，但是师道一词却从没有出现在《荀子》这部书中。作为一个权威主义论者，荀子不去讲究自得之道，而是大声疾呼，昌言"师法"。他说："人之性恶，其善者伪也……从人之性，顺人之情，必出于争夺，合于犯分、乱理而归于暴；故必将有师法之化，礼义之道，然后出于辞让，合于文理，而归于治。"（《荀子·性恶》）"师法"一词在《荀子》书中共出现十次，而且意义较为连贯，说它已成为一个确定的概念当无疑义①。事实上，正是荀子的这一观念，被汉代的经学家加以修饰和改造，成为经学本身的一个核心观念。

荀学讲究的是"尊先祖而隆君师"（《荀子·礼论》），一制度，法后王。在《荀子》书中，君师因此常常并举。这种做法虽不无在严酷的现实面前"明哲保身"的理由为之开脱，但实在也和其本人的思想若合符契。荀子的权威主义倾向，后来被法家继承发挥，成为秦代苛刑暴政的理论依据，早已为学者所熟知了。

当然，无论是自得还是师授，都一样是经天纬地的大道。学者假如仍然以道自任，那就同样是师道的表征。荀学师法概念，后来之所以被剥离其师道内核，除了君权的打压之外，士大夫阶层的自身腐化也极为重要。

三

秦代以法家的权威主义精神立国，因此焚书坑儒，学者"以吏为师"，试图用政治完全支配文化。师道因此暗昧不彰，统治者欣赏的是"天下无异议，则安宁之术也"②，安宁虽未必，无异议却成了浮面的现实。因此当秦亡之际，孔子的裔孙孔鲋甚至怀持礼器投奔韦布崛起的陈涉，师道对君道不再表示认可，象征着天命的转移③。所谓"失道寡助"，无疑是秦帝国灭亡的重要原因。

到了汉代，由无赖皇帝刘邦所建立的大一统军事帝国，君道对师道仍具有天然的优势。在连年征战的环境中，能够形成集群以对抗君权的学派组织（如墨学），早已分崩离析，为挥戈四顾的军阀铁蹄践踏得粉碎。手无寸铁的方士

---

① "师法"一词另外几次出现的篇章是《修身》《儒效》《性恶》，文繁不引。在最近的研究中，我认为师法观念其实来源于早期史官的数度之学，在孟子思想中亦有体现，但显然在后世的孟子学中被忽视了。参拙作《〈孟子·离娄上〉讲疏》。
② 参朱维铮师《走出中世纪》，第16页。另参张宁《试论秦王朝的文化政策》一文。
③ 《汉书》卷88《儒林传》言孔甲，颜师古以为名鲋而字甲。

儒生，除了少数人能够运筹帷幄之中，或以儒术兼纵横之外①，绝大部分只好坐看中原逐鹿，等待着天命的攸归。当鼎革完成以后，尚能以师道自任的知识阶层，除了个人尊严以外早已别无长物。

汉初，政治经济领域实行与民休息的方针大计。在意识形态背后作其观念支撑的，则是以清净无为相标榜，实则法术兼综的黄老刑名之术②。这一派完全是君道的代言，一朝得势便忘其所本，宣扬冠履不能倒置，为现实统治的永恒张目。相反，对汤武革命抱有好感的儒生，尚还能体现出师道精神的微意③。

不过，作为师道重镇的汉代儒学，在这个时候早已分化④。被称作"一代儒宗"的亡秦博士叔孙通，最大的成就不过是为汉初以杀戮起家的一班布衣新贵⑤，订定班行典礼的仪节，而且曲学媚世，操行早为当世不取，观其变易儒服，以从楚制可知⑥。真正能够维护个人尊严，以清修矫节自持的，反倒是申公、辕固生等头白墨守的经生⑦。到了武帝时代，在统治学说由黄老之学向儒家经学转化的过程中，董仲舒和公孙弘贡献最大。如果说前者所造作的天命神

---

① 章太炎认为先秦儒家皆"兼纵横"，见《论诸子学》，前揭《章太炎选集》，第328页。并认为汉初纵横家亦未绝迹，陆贾、娄敬、主父偃之徒皆属此类。说儒家皆兼纵横并不正确，参拙作《学术自由与中国的思想传统——兼论会通派王学与晚明经学的突破》；不过章氏把汉初的一些儒者看成纵横家，是有道理的。
② 有关黄老学派的讨论，可参任继愈主编《中国哲学发展史》（秦汉），第95—131页。
③ 《史记》卷121《儒林列传》载孝景时《诗经》博士辕固生与黄生在景帝面前的争论："黄生曰：'汤武非受命，乃弑也'。辕固生曰：'不然，夫桀纣虐乱，天下之心皆归汤武，汤武与天下之心而诛桀纣，桀纣之民不为之使而归汤武，汤武不得已而立，非受命而何'？黄生曰：'冠虽敝，必加于首；履虽新，必关于足。何者？上下之分也。今桀纣虽失道，然君上也；汤武虽圣，臣下也。夫主有失行，臣下不能正言匡过以尊天子，反因过而诛之，代立践南面，非弑而何也'？辕固生曰：'必若所云，是高帝代秦即天子之位，非耶？'于是景帝曰：'食肉不食马肝，不为不知味；言学者无言汤武受命，不为愚。'遂罢。是后学者莫敢明受命放杀者。"司马迁之父司马谈曾从黄生习道论，黄生当是黄老派学者。这段记载隐隐透漏出汉景帝心中所欣赏的仍是黄生之论。辕固生引刘氏代秦为言，实已显现出大一统政治之下师道自身的窘状。
④ 儒家分化至少在孔子之后已经开始了，韩非所谓"儒分为八"，《礼记·儒行》言十五儒，都可以视作儒学分化的产物。参郭沫若《十批判书》第109—132页。本书所谓汉代儒学的分化，是从当时学者主观精神之归趋着眼，以是否自任师道为根据的一种大概的把握。
⑤ 赵翼《汉初布衣将相之局》，载王树民《廿二史札记校正》卷2，第36—37页。
⑥ 《史记》卷99《刘敬叔孙通列传》："叔孙通服儒服，汉王憎之；乃变其服，服短衣，楚制，汉王喜。"
⑦ 《史记》卷121《儒林列传》：汉武帝即位，以束帛加璧、安车驷马迎申公，问治乱之事，"对曰：'为治者不在多言，顾力行何如耳。'是时天子方好文词，见申公对，默然。"盖申公已窥其"外施仁义而内实多欲"之隐衷矣。又同传载辕固生语公孙弘："公孙子，务正学以言，无曲学阿世！""曲学阿世"四字，道出了公孙弘一派儒学的实质。

学理论,在讲究阴阳灾异的同时,尚为尊严师道开了一线之明①,那么至公孙弘,尽管把儒学博士由顾问官变成教育官,对儒术独尊起了关键作用②,但以学术趋媚政治,无疑也加速了儒学腐化的进程。

皮锡瑞曾经指出两汉经学的基本观念,前汉重师法,后汉重家法。其实,师法、家法或许诚不无溯源、衍流之别,但其内涵本身却无大异,不过是墨守师说,反对创新罢了③。孟喜以变易师法而不见用,刘歆因求立古文经说被斥为"变乱旧章",都是师法观念统治之下经学家们"专己守残,党同妒真"的产物④。当是时,经学逐渐成为儒者们拖青纡紫的利禄之途,在这里寻找足以对抗君权的师道尊严,未免太难了。士大夫无论是成为循吏还是酷吏,无论是深谙儒学还是精通文法,大都只满足于对下层社会的礼乐教化,在君道面前甘拉第二把小提琴⑤。事实上,前面早已经指出在当时"师法"又被称为"师道",则师道在汉代特别是儒学腐化之后的实质可知了。这样的师道在本质上

---

① 董仲舒的天人感应学说以往多以之为汉代大一统政治的理论代言,笼统言之,不能说不对。不过,天人感应至少在理论上,对君权提出了限制,在这个意义上它又代表师道。阴阳灾异论发展到董仲舒的学生眭弘,甚至因此提出"汉帝宜谁差天下,求索贤人,礼以帝位,而退自封百里,如殷周二王后,以承顺天命。"(《汉书》卷75《眭两夏侯京翼李传》)当然,灾异理论有其两面性,因此在后世常常成为政治斗争的借口,被各派势力利用,在这种情形下显然与师道无关了。汉代对灾异说信之甚笃的几位名儒,如董仲舒、眭弘、京房,下场都不算太好,于此可见一斑。师道精神还可以从"汉儒的政治批判"中求之。吕思勉说:"中国之文化,有一大转变,在乎两汉之间。自西汉以前,言治者多对社会政治,竭力攻击。东汉以后,此等议论渐不复闻。"对这一问题的研究,可参阎步克《士大夫政治演生史稿》,第324—333页。此外,蒙文通也指出,西汉时代的今文学家有关明堂、大学等的讨论,实有其批判现实的理想政治义涵,"但自西汉中叶以后,今文学家已不能恪守其所继承的学术思想,已不能阐说其所继承的理想制度的精神实质","东汉以下的学者放下规模宏大的四郊、明堂及其所重大政治意义不讲,反因《考工记》和《大戴礼》的差异而纠缠在五间房子、九间房子的争论上,这是毫无意义的。"此论可与吕思勉所言互相参证。见蒙文通《经史抉原》,第196—197页。

② 这一提法首见于周予同《中国古代学校制度》一书,具体过程可参朱维铮《经学史:儒术独尊的转折过程》。关于儒术独尊的原因学界颇有争议,显然不能把这一历史事变仅仅归诸派系政治。从一般的意义来说,相对于主张严刑峻法的秦代法家,以及刑名之术与休养生息兼而有之的汉初黄老之治而言,主张施行仁政、并与礼法相结的儒学,更容易成为君权与士大夫的共同信念。

③ 见皮锡瑞《经学历史》,第129页。戴静山认为,"家法、师法、章句当是一物之异称",并谓皮锡瑞分别师法、家法根本无此必要。必要与否,兹不详及,不过戴氏指出二者本质相同,实属不刊之论。参徐平章《荀子与两汉儒学》,第85页。

④ 孟喜事见《汉书》卷88《儒林传》。刘歆对当时今文师法的批评可参其《移让太常博士书》,载《汉书》卷36《楚元王传》。

⑤ 余英时认为,汉代的循吏在实际上起到了"师"的作用。参《士与中国文化》第129—216页。窃以为,惟其如此,则君师关系更可了然。循吏的作用主要是教化下民,而不是像先秦那样,以王者师自任。

是一种变相的君道，官师重新合为一体。

在王莽之后，古文经学实际占了上风。今文尊孔子，在经学家的眼中，孔子以《春秋》当一统，尚有"素王"之称。汉成帝采纳梅福的意见，"封孔子后以配汤祀"，至少在表面上其地位尚不算太低。但是当王莽已经实际掌权的汉平帝时期，孔子本人被追谥为"褒成宣圣公"，表明在古文经学开始得势的情形下，孔子只被看成周公事业的绍述者①。从那以后，尽管历代君主不时褒崇孔子，甚至一直提升到元代的大成至圣文宣王，但其形式则主要表现为政统中爵位的递进，以君臣关系（君道）笼罩在师友关系（师道）之上。这种观念在东汉初年被模式化，在由汉章帝钦定，具有法典意义的《白虎通德论》中，君臣成为"三纲"之首，而师弟仅为"六纪"之一②。三纲六纪之说，为汉以后传统中国社会之政治架构定下了理论基调。

值得注意的还有周孔关系。从汉至唐，无论孔子本人被视为"先圣"，还是屈居"先师"，周公的地位都要比孔子高。西晋嵇康"非汤武而薄周孔"，所要反对的便是那些诗礼传家的世家大族极力推崇的"周孔之教"。古文经学家杜预注解《左传》，以为"周公之志，仲尼从而明之"③，于是"周公之功大，孔子之功小。夺尼山之笔削，上献先君；饰冢宰之文章，下诬后圣。故唐时以周公为先圣，孔子为先师；孔子只配享周公，不得南面专太牢之祭"，这种现象直到一千多年以后，清代的今文学家还在为之恨恨不已④。汉代的王充、唐代的刘知几都敢于"问孔""惑经"，对孔学予以严词辩难，虽不无创新的精神驱使，也和孔子本人在当时士人心目中的地位有关⑤。孔子低于周公，是东汉以后知识阶层依附于世家大族的生动体现。

孔子是师道的象征。孔子地位的低下，实际表征着师道的不彰。不过，哪

---

① 此问题晚清皮锡瑞《经学历史》已经指出，详下。另参前揭朱维铮《中国经学与中国文化》。
② 班固纂集《白虎通德论》卷7《三纲六纪》："三纲者何谓也？谓君臣、父子、夫妇也。六纪者，谓诸父、兄弟、族人、诸舅、师长、朋友也。"又云："大者为纲，小者为纪，所以整理上下，整齐人道也。"
③ 杜预《春秋左传集解序》，载孔颖达等《春秋左传正义》卷1。
④ 皮锡瑞《经学历史》，第82—83页。
⑤ 参王充《论衡》卷9《问孔第二十八》；刘知几《史通》卷14《惑经》。唐初于贞观二十一年诏以孔子为先圣，颜渊、左丘明等二十二人并为先师。高宗永徽中，则用周公为先圣，黜孔子为先师，降颜渊、左丘明等为从祀。事见杜佑《通典》卷53《孔子祠》。

里有压迫，哪里就有反抗。西汉时代以灾异抨击时政，东汉末年党锢中的清流，以及南北朝时依托宗门，主张沙门不敬王者①，无疑都蕴涵着知识阶层振兴师道的精神。这些努力最终失败，早已是历史的事实，不过，士大夫张扬其主体精神的意愿却志不可泯。物不平则鸣，那么，随着隋唐新兴帝国的建立，在新的历史条件下，士大夫们会怎样表达他们的不满？怎样提出他们的要求？

四

在中国人的头脑中，早就渗透着一则古老的智慧，"物极必反"。冬去春来，鸟啼花落，事业的巅峰正是空虚的开始。

假如不做过分的苛求，那么秦汉以来师道在君权及世族统治下痛苦的呻吟，至少就士大夫的主观精神来说，已达到了能够忍受的极限。"世胄蹑高位，英俊沉下僚"（左思诗），隋唐以前"无恒产而有恒心"的士人，那种"拔剑四顾心茫然"（鲍照诗），不得其门而入的心绪渐渐收敛，他们已经开始找到了自己新的定位，新的方向。

这个方向就是用道统反对学统，用孟学清理荀学，重新以师道自任。

在这股思潮当中开风气之先的，应首推被后世称为文中子的王通。王通是隋末人，"初唐四杰"之首王勃的祖父。其弟王绩号东皋子，在初唐亦颇有文名。王通于隋代大业末年隐居于河、汾之间聚徒讲学，"续孔氏《六经》"，以"王孔子"自命②，宣称"千载而下，有绍宣尼之业者，吾不得而让也"③，这种精神显然是在以师道自任。因此中唐以后，特别是在宋明理学家那里，王通便以"河汾道统"或"河汾师道"知名，得到了高度的评价④。在据说由南宋王应麟所撰的《三字经》中，更被列为有史以来最重要的"五子"之一，因之家喻户晓⑤。因此，说王通是以宋明理学为核心的师道复兴运动的先驱人

---

① 有关沙门是否应尽敬王者的问题，可参释僧祐编《弘明集》卷12所辑何充、庾冰、桓玄、慧远等人的争论文章，其背景涉及到佛教教团势力、士族与皇权之间的矛盾。当然，外来文化与本土文化的冲突也是原因之一。这一点似乎还没有得到很好的研究。初步讨论可参任继愈主编《中国佛教史》第2卷，第631—641页。
② 王绩《东皋子集》卷上《游北山赋》自注。转引自余嘉锡《四库提要辨证》卷10"子部一"，第564页。
③ 王通《中说》卷2《天地篇》。
④ 后世对王通的评价尹协理、魏明《王通论》附录颇有搜集，见该书第262—275页。
⑤ 《三字经》："五子者，有荀扬，文中子，及老庄。"第50页。

物，决非危言耸听。《四库总目提要》云：

> 摹拟圣人之语言自扬雄始，犹未敢冒其名；摹拟圣人之事迹则自（王）通始，乃并其名而僭之。后来聚徒讲学，两启为朋党以祸延宗社者，通实为之先驱。坤之初六，履霜坚冰；姤之初六，系于金柅。录而存之，亦足见儒风变古，其所由来者渐也。①

不过，王通本人尽管在身后享有盛誉，但在生前却可能声名不显。不管在何时，超前于时代的智者总是孤独无朋的。否则，为什么号称"有重名于隋末"的一代大儒②，不惟《隋书》不为之列传，即连唐初重臣如房玄龄、杜如晦、李靖、魏征辈，据说都是王通的亲传弟子，对他也不见有一语提及？更何况魏征本人还做过《隋书》的主编。由于种种类似的谜团，在宋初便有人怀疑王通本人也是出于后人的伪托。

王通确有其人，这一点前人言之已详，兹不赘述③。不过，有一点似应指出，那就是在以前提到过王通的人物中，除了其亲戚朋友寥寥数人之外，主要集中在中唐以后。这也就是余嘉锡所说的唐初"独其家以为名世之圣人，而外人皆莫之知也"④。《新唐书》说王通"置徒河、汾间，仿古作《六经》，又为《中说》以拟《论语》。不为诸儒称道，故书不显，惟《中说》独传"⑤。这表明，王通的名声也和孟子一样，是道统本身的产物，是被追溯的结果。其生前身后名声的抑扬，恰好体现了时代精神的嬗变。那么，落实到本书，中唐以后的意识形态领域到底发生了哪些变化？

如所周知，随着大唐帝国的建立，意识形态的变革也随之实现。南北朝时期经学内部的不同诠释到此时被整齐划一，孔颖达主编的《五经正义》成为儒家经典的标准解，经学本身实现了前所未有的统一。不过，统一的代价是使学术创新失去了可能。烦琐的章句训诂，无法牢笼现实中沉浸于玄思感悟的文

---

① 《四库全书总目提要》卷91"子部儒家类一"《中说》十卷，第774页。
② 刘禹锡《唐故宣歙池等州都团练观察处置使宣州刺史兼御史中丞赠右散骑常侍王公神道碑》，见《刘禹锡集》卷3，收入前揭尹协理、魏明《王通论》附录一，第285页。
③ 参余嘉锡前引文。不过，余氏引《旧唐书·玄宗本纪》"开元二十九年，崇玄学置生徒，令习《老子》《庄子》《列子》《文中子》，每年准以经例考试"，以证明文中子存在，则属一时失察。中华书局本《旧唐书》作《文子》，是道家的一部经典著作。
④ 余嘉锡前引书，第559页。
⑤ 欧阳修、宋祁《新唐书》卷196《隐逸王绩传》。

人士大夫①，挖掘经学本身的源头活水，已迫在眉睫。我们看到，就在这个时候出现了经学史上的一次自我回溯②。学者们摒弃古文派的官方正义，向西汉的今文经学复归。公羊学受到重视，董仲舒的学术开始复兴。

复归今文经学与中唐古文运动密切结合在一起。时值安史乱后，藩镇割据之势形成，士大夫有感于胡化势力对中原文化的威胁，愤而相抗，于是"尊王攘夷"成为古文运动的中心思想③。这样，讲究大一统的公羊学受到青睐，便不难理解④。同时文学上反对浮糜的文风，提倡"文以载道"⑤，同样以汉人为法。特别是大历、贞元之际，"文字多尚古学，效扬雄、董仲舒之述作，而独孤及、梁肃最称渊奥，儒林推重，（韩）愈从其徒游"⑥。以韩愈为首的古文运动与董仲舒等人的关系显然。

董学复兴以后，其学说本身不管是否被承认，无疑都已成为当时学术界探讨问题的一个出发点。柳宗元撰《贞符》一文，反对"三代受命之符"⑦；韩愈的性三品说，更像董氏人性论的翻版⑧。事实上，作为学统中的道统，今文经学在古文经学向宋学的转变中，起了桥梁作用。这一点和晚清今文经学作为乾嘉汉学到现代新儒学的过渡学说，极为类似。

不过，尽管今文经学如此重要，但它毕竟还不是唐代学者追求的彼岸。因此，到了韩愈建立道统的时代，便已被一笔抹杀，"轲之死，不得其传焉"⑨。表明撰写《原道》篇的韩愈早已经弃筏登岸。因此，与其如陈寅恪所说韩愈建立道统的目的是为了"证明传授之渊源"，不如说是用道统反对学统，用孟

---

① 唐代士人的精神生活状态，可参葛兆光《禅宗与中国文化》，第18—39页。
② 章太炎、刘师培、梁启超等都曾极为重视清代学术由宋返汉这一经学自我回溯的过程。见前揭朱维铮《求索真文明——晚清学术史论》，第5页。事实上，这一自我回溯在唐代也有过一次，只不过由东汉复归西汉，再返回先秦的孟子，一变而为宋学，规模矩矱较清代稍有不逮罢了。经学的自我回溯，本质上乃是作为诠释学的经学进行自我更新的内在冲动所致。这也就是现代新儒学的"返本开新"。
③ 陈寅恪《论韩愈》，载《金明馆丛稿初编》。
④ 今文学复兴的情况可参张跃《唐代后期儒学》，第36—43页。
⑤ "文以载道"为周敦颐所首创，韩愈讲的是"因文见道"，柳宗元讲"明道"，欧阳修云"文与道俱"，苏轼则说"有道有艺"，含义大致相同。参朱刚《唐宋四大家的道论与文学》，第4页。
⑥ 刘昫《旧唐书》卷160《韩愈传》。
⑦ 《柳宗元集》卷1《贞符》（并序）。
⑧ 学术界有直称董仲舒的人性论为性三品说的，其实不尽然。在《春秋繁露》卷10《实性》篇中，董仲舒分了圣人之性、中人之性、斗筲之性，但真正能称得上"性"的，应是中人之性。不过董氏学说被韩愈发挥却也是事实。韩愈之说见《韩昌黎全集》卷11《原性》。
⑨ 《韩昌黎全集》卷11《原道》。

学清理荀学，用自得之道反对因循固守，更为恰当①。

自得、道统，这是孟学的精神；因循、师法，则是荀学的底蕴。韩愈等人对孟学的推崇，反映在经学领域，便是孟子其人其书在学者心目中地位的提升，经杨绾、皮日休、王安石等人的不断推动，孟子逐渐由诸子变成圣人，其著作则上升为经典，这就是所谓"孟子升格运动"②。

其实，无论是孟子升格还是古文运动，所彰显的都是知识阶层以师道自任的精神。孟子代表师道，前文言之已详；而由孔孟代替唐初的孔颜，二号圣人名字的转变，其意味尤堪涵咏。颜回之学倾向复性自得，而孟子则充拓于外，这与宋代学术作新斯民的理想是尤其吻合的③。至于古文文体的变迁，之所以会成为一次波澜壮阔的社会运动，并且持续到北宋的欧、苏，主要原因恐怕在于庶族士大夫崛起之后，进士科考试主要以文学为主。因此"文以载道"与其说是以文章载道，毋宁说是以文人载道。唐代文人的地位，相当于北宋以后的理学家。直到王安石以经义取士之后，文学的地位在官方的意识形态领域才变得不那么重要。文学从载道的桎梏中解放出来，才真正有可能向艺术回归，抒发个体心中的性灵。

师道兴起的另一个标志，便是师道一词作为完整的概念被正式提出。当然，由于时代的原因，其内涵还与后代有着一定的差距。

在《师说》中，韩愈劈头便提出这样一个观点，"师道之不传也久矣"④，表明在他的心目中有一个成型的师道。因此他把师的责任规定为"传道、授业、解惑"三个方面，鄙视那种只会为童子分章析句的经师脚色。其实，由他所说的"圣人无常师"，而自己却"世无孔子，不当就弟子之列"⑤，可知其本意在于大道已被自己所掌握，希望天下的士人（可能也包括君主）前

---

① 陈寅恪已经指出韩愈建立道统的目的是为了"压倒同时之旧学派"（按即章句之学），见前揭《论韩愈》。朱刚则指出，韩愈所建立的由尧舜禹汤至文武周公孔子孟轲的道统，是针对同时代啖助、柳宗元等的"尧舜之道"，后者推崇"公天下"之道。参朱刚前引书，第15—53页。从本书视角来看，韩、柳诸人所建立的本质上都是道统，至于其内容分歧，可暂不必论。
② 周予同《群经概论》，前揭《周予同经学史论著选集》，第289—290页。周氏盖承清人赵翼之说，参赵氏《陔余丛考》卷4《尊孟子》，第76页。
③ 宋儒这一理想集中反映在《大学》"新民"之义的建构之中。《大学》首章"大学之道，在明明德，在亲民，在止于至善。"但朱熹不仅释亲为新，而且通过重新编订《大学》次序，建构出一个从"即物穷理"到"作新斯民"的完整系统。从"亲"到"新"这一释义的变化，表面只是训诂上的一字之异，实际表征着唐宋以来士大夫师道精神的巨大变化。这与古文运动所谓"文以载道"的精神是一致的。
④《韩昌黎全集》卷12。
⑤ 参皮日休《皮子文薮》卷9《请韩文公配享太学书》所引。

来取法①。《师说》一文尽管表达的是"学之道",但用意则无非是要彰显"教"的一面②。这一点和孟子的师道精神是一致的。

不过,对韩愈没有明言"师教"的功能,还是有人表达了不满。宋人俞文豹曰:

> 韩文公作《师说》,盖以师道自任。然其说不过曰:"师者,所以传道、授业、解惑也。"愚以为未也。《记》曰:"天生时地生财,人其父母而师教之。"是师者,同与天地君亲并立而为五,夫与天地君亲并立而为五,则其为职,必非止于传道、授业、解惑也。③

俞文豹对韩愈的质疑并非完全没有道理。在君师关系上拖泥带水本就是韩愈思想的一贯特色。他在《原道》中对君权绝对性的肯定早就为后人所诟病。事实上,在韩愈的时代,藩镇割据与宦官专权才是真正尾大不掉的难题,以师道自任的知识阶层担心的反而是君权不尊。这一点我们有必要换一个角度加以考察,那就是传统政治体制下的文武矛盾。藩镇与宦官都是武人集团,当这种势力对君主与文官系统同时产生威胁的时候④,强化君权,谋求君师的合作,才是当务之急。北宋立国"杯酒释兵权"之余,宣称不杀士大夫,"宰相须用读书人",都有这方面的考虑在内。因此君道与师道本就是在合作中相互斗争的关系,只不过,随着具体情形的不同,侧重点在不时地改变罢了⑤。

五

师道兴起的浪潮在唐代仅滥其觞,直到宋代方始波澜壮阔,蔚为大观。先是

---

① 近代研究韩愈的学者重视《师说》远不及重视《原道》。刘国盈认为《师说》之作是为了反佛,未免过于曲说了。参其《再谈〈师说〉》一文,见氏著《唐代古文运动论稿》。
② 韩愈之以师道自任,在当时影响很大,有人也曾以此劝勉古文运动的另一领袖柳宗元,但却被他婉拒了。见《柳宗元集》卷34《答韦中立论师道书》。但是他真的不以师道自任吗?了解一下柳宗元所处的政治环境便可了然了。与柳宗元境遇相似的,在后代则有王阳明,参本书第一编第三章。
③ 俞文豹《吹剑三录》,参余英时《天地君亲师》一文,载前揭《现代儒学论》。
④ 参陈寅恪《唐代政治史述论稿》中、下两篇的有关论述。
⑤ 宋以后文武矛盾十分复杂。在唐代,出将入相仍然极为平常,至宋以后即如韩琦、范仲淹等以文人守边,也并不经见。唐代封太公为武成王,与文宣王孔子相并立,尚标志着文武并重。至明初废太公王爵及庙祀,止从祀于帝王庙庭,作为功臣陪享,无疑象征着武人地位的低落。明人瞿九思说:"太祖撤去武庙,以太公从祀历代帝王庙,是宇宙间独尊吾夫子为圣神文武矣。"见氏著《孔庙礼乐考》卷1。宋以后文臣势力强大,师道因之复兴,盖亦一时之政治走向使然。

承袭古文运动之余绪，其后理学思潮兴起，以附庸而蔚为大国。在这个过程中，道统的内容发生了调整，但道统的本身却没有变化①。师道的精神依然故我。

晚唐文学家皮日休，提出了一套新的道统论。与韩愈所建道统的相对苛严不同，他把取舍的界限放宽，先秦的荀子，隋末的王通以及唐代的韩愈都被容纳进来②。北宋初年自命肩韩、绍柳、开文中子涂的柳开③，则在孟子之后添上汉代的扬雄、隋代王通与唐代的韩愈，并言"自韩愈氏没，无人焉。今我之所以成章者，亦将绍复先师夫子之道也"④。柳开因王通所续《六经》散佚，有志为之补亡，因自号"补亡先生"。他同时也是北宋古文运动的先驱⑤。

北宋古文运动最重要的人物是欧阳修。关于这一点，他的继承人苏轼曾经这样概括：

> 自汉以来，道术不出于孔氏，而乱天下者多矣，晋以老庄亡，梁以佛亡，莫或正之。五百余年而后得韩愈，学者以愈配孟子，盖庶几焉。愈之后二百有余年而后得欧阳子，其学推韩愈、孟子以达于孔氏，著礼乐仁义之实，以合于大道。其言简而明，信而通，引物连类，折之于至理，以服人心，故天下翕然而师尊之。⑥

所谓"斯文有承，学者有师"⑦，在苏轼的眼中，欧阳修在北宋的地位，相当于唐代"文起八代之衰，道济天下之溺"的韩愈。古文运动的领袖们在相互期许中所反映出的以道自任的精神，是一致的。

不过，古文运动之所以最终被理学思潮所淹没，在我看来，至少有这样一

---

① 狄百瑞曾说："我还是要指出，道统这个观念在富有创造性的思想中扮演着重要角色，对新儒家思想的正统传统而言，实居中心地位。改革派及其反对派都一再寄望于英雄人物的再显道统、印证道统。"见狄百瑞著、李弘祺译《中国的自由传统》，第8页。
② 参前揭皮日休《请韩文公配享太学书》。
③ 以开为名取其"开古圣贤之道于时"之意，慕王通（字仲淹）之述作，"欲开之为其涂"，故字仲涂。又喜韩愈、柳宗元之以道自任，遂名肩愈，字绍先。参柳开《河东集》卷2《补亡先生传》及附录张景所撰《柳开行状》。此外，被看成有宋一代士大夫精神代表的范仲淹便字希文，其名讳之来源，不知是否与王通有关？未及详考，附识于此。
④ 柳开《河东集》卷6《答臧丙第一书》。柳开同时有《续师说》一文，见《河东集》卷1。
⑤ 《四库全书总目提要》卷152"集部"五《河东集》十五卷、附录一卷："宋朝变偶俪为古文，实自开始"。
⑥ 《苏东坡全集》前集卷24《（六一）居士集叙一首》。
⑦ 《苏东坡全集》前集卷35《祭欧阳文忠公一首》。对欧阳修与北宋古文运动关系的考察，可参朱刚前引书，第66—87页。

个原因，那就是它的思想倾向，在唐中叶以来返本开新这一经学更新运动的过程中，所表现出的不彻底性。

韩愈尽管尊孟，但却并不排荀。荀子、扬雄被看成"大醇小疵"，同样为其所取资①。到了宋初柳开以扬雄、王通、韩愈皆为道统嫡传，孙复则以为自汉至唐"始终仁义不叛不杂者"，除了三人之外还有董仲舒②，对同样以道自任的汉儒并不诋斥。在当时人的心目中，经学昌明的汉代，其政理文章尚为后世所不及。譬如欧阳修便把这一点看成是汉儒尊严师道的功劳：

> 古之学者，必严其师，师严然后道尊，道尊然后笃敬，笃敬然后能自守，能自守然后果于用，果于用然后不畏而不迁。三代之衰，学校废，至于西汉，师道尚存，故其学者各守其经以自用，是以汉之政理文章，与其当时之事，后世莫及者，其所从来深矣。后世师法渐坏，而今世无师，则学者不尊严，故自轻其道。轻之则不能至，不至则不能笃信，信不笃则不知自守，守不固则有所畏而物可移，是故学者惟俯仰徇时，以希禄利为急，至于忘本趋末，流而不返。③

在这里师道、师法不分，强调的倒是荀学在汉代尚未腐化时的真精神。不过荀学的墨守和孟学的自得，在体认道体的理路上仍有一间之隔，同一时代的理学家们舍荀而趋孟，其内在意涵便深可玩味。事实上，宋人疑经之风甚胜，刘敞的《七经小记》、欧阳修的《易童子问》，都是其佼佼者④。对经典本身尚可怀疑，那又怎能保证学者一定遵从不许自用的师法？即便是师说，真正能够被学者所深信的，也只能是自己有了切身体会之后。这是当时知识界的主观精神使然。

古文运动到了苏轼、苏辙兄弟那里，风尚大变。由苏轼所领导的宋代蜀学，尽管同样以道自任，但是道的内涵已经大不相同。苏学之道，近乎"自由与审美"之道⑤，其人性自我的挺立，属于"情意我"的范畴⑥。这样的自

---

① 《韩昌黎全集》卷11《读荀》。
② 参阅潘富恩、徐余庆《程颢程颐理学思想研究》，第61—64页。
③ 欧阳修《答祖择之书》，转引自前揭朱刚书，第74页。
④ 参前揭皮锡瑞《经学历史》第221—230页。
⑤ 这一定位可参朱刚前引书，第108—164页。
⑥ 劳思光曾把自我的境界划分为四个类型：德性我、情意我、认知我、形躯我。"'情意我'可包括'生命力'与'生命感'两方面；前者表现为'勇敢''坚毅'等等品质，后者则表现为艺术活动。"前揭《中国哲学史》第1卷，第84页。

我，他所追求的是对无所不在的道体本身的欣赏和融入。他在思想倾向上并不昌言道统，而是极力提倡一种审美的圆顿。二苏兄弟受老庄学说的影响甚深，沉浸于一种"全体自然"之道的追寻中。由于人性本诸自然，那么也就难分善恶了，因此孟子的"性善论"在他们那里遭到了歪曲和反对①。苏学的这种思想取向和主张良知无善无恶的王学会通派极为相近，二者对师道的反感也如出一辙②。王学会通派在某种意义上可以视作苏学在明代的思想继承人③。

以濂、洛、关学为重镇的北宋道学思潮，是以师道自任最自觉的代表。当然，所谓北宋五子或六子本身，都是道统自身的产物，他们在道学谱系上的地位，得自于后继者的追本溯源。不过，正是在这种主观精神的接契中，体现了当时士大夫铁肩担道的那份沉毅和果决。道统，是一个无法亲传的接力棒，它需要后来人从地下弯腰拾取。

被许为宋代理学三先生的胡瑗、孙复、石介，在师道思想的发展史上都有一席之地。孙复和石介都因维护道统而知名当世，胡瑗本人则是一个教育家，他在湖州府学教授任上的教学实践，为后来京师太学所取法，同时成为理学家弘扬师道的楷模④。不过，前面已经指出，这一时期的理学，是北宋古文运动的附庸。

理学家自周敦颐开始，有了自己明确的师道观，他的有关师道的言论，在后代广为传诵：

> 或问曰："曷为天下善？"曰："师。"曰："何谓也？"曰："性者刚柔善恶，中而已矣……圣人立教俾人自易其恶，自至其中而止矣。故先觉觉后觉，

---

① 苏轼的人性论已接近主张性本无善无恶的告子。参朱刚前引书，第132—146页。事实上，宋代理学家杨时也正是从这一点对苏辙《老子解》予以尖锐批评的，参粟品孝《朱熹与宋代蜀学》，第29页。

② 王学会通派对师道派的批评主要是因其以气魄自任，过于做作。苏轼对程颐以师道自任的反感与此相类："苏轼以文章名世，好狎侮，见先生端严，以为不近人情者，伪也，疾恶之，于是党论起。"参孙奇逢《理学宗传》卷3《二程子》，及黄宗羲等《宋元学案》卷15《伊川学案上》。

③ 苏学主张性无善无恶，王学会通派主张良知无善无恶。在王畿那里，告子虽仅被称为圣学别派，实际却是他心目中的学术正宗。苏学与王学会通派思想上的关联，和两家都对老庄学说的吸收有密切关系。苏辙的《老子解》便颇得李贽的瞩目，后者正是借此发挥其颠覆道统之说的。在会通派那里实际上有个道家学术的复兴思潮。除了李贽之外，焦竑著《老子翼》《老子考异》《庄子翼》，陶望龄有《老子解》《庄子解》等作品，都是这一思潮的产物。本书对这一问题的估计，可参第二编第三章第三节。

④ 对理学家而言，师强调的是"人师"，而非经师。这一点可参程颢《请修学校尊师儒取士札子》，《河南程氏文集》卷1。

暗者求于明而师道立矣。师道立则善人多，善人多则朝廷正而天下治。"①

在周敦颐那里，"天地间至尊者道，至贵者德"，而道德"非师友则不可得"②，道义者一旦"身有之则贵且尊"③。详玩其文意，说周氏此言是孟子"天爵"之说的翻版，似乎并无大过。

明末理学家孙奇逢在评价周敦颐的师道思想时，曾经说过这样的话："道德有于身，须借师友，所以师等君亲为五伦之一。"④ 假如注意到前引俞文豹对"天地君亲师"的看法，可知强调君亲师的对等，强调五伦而不是三纲，它所蕴涵的深意即是在君道面前师道的张扬。理学家程颢曾经上过这样一份奏疏："古者，自天子达于庶人必须师友以成就其德业，故舜、禹、文、武之圣亦皆有所从学。今师傅之职不修，友臣之义未著，所以尊德乐善之风未成于天下，此非有古今之异者也。"⑤ 其弟程颐也说："三代之时，人君必有师傅保之官，所以求治、正君、规过、养德。"⑥ 以师友之道化解君臣一伦，这是师道振兴的实质所在。宋明理学家热衷于推动针对皇帝的经筵日讲，虽然在实践中大都成为具文，但至少其初衷仍是对君主进行教育。

程颐本人性格端严得似乎有点不近人情，不过惟其如此，程颢才说："异日能尊严师道者，吾弟也。"⑦ 在以韦布之士充任经筵讲官之前，正是这位勇于自任的理学家上书要求经筵坐讲，理由是："闻经筵臣僚侍者皆坐而讲者独立，于礼为悖。欲令今后特令坐讲，不惟义理为顺，所以养主上尊儒重道之心。"⑧ 甚至还提出"人主之势不患不尊，患臣下尊之过甚而骄心生尔。请自

---

① 《宋元学案》卷11《濂溪学案·师第七》。
② 同上书，《师友上第二十四》。
③ 同上书，《师友下第二十五》。
④ 孙奇逢《理学宗传》卷1《周子》。
⑤ 程颢《论十事札子》，《河南程氏文集》卷1。
⑥ 程颐《论经筵第一札子》，《河南程氏文集》卷6。
⑦ 孙奇逢《理学宗传》卷3《二程子》。
⑧ 《河南程氏文集》卷6《论经筵第三札子》。程颐上书以后，宰执大臣纷纷表示赞同，不久给事中顾临提出反对，认为坐讲不足以尊君。元祐二年四月程颐愤而上书太皇太后："大率浅俗之人，以顺从为爱君，以卑折为尊主，以随俗为知变，以习非为守常，此今日之大患也。苟如是者众，则人君虽有高世之见，岂能独任哉！且不知进德之言，足以增益圣德者有几？而损陛下之远图，移陛下之善意则有矣。如顾临之言是也……臣始言之，执政大臣未以为非也，及临一言，则是而从之。以臣度之，以临之言为是者，亦或有之。若谓四五大臣皆以为是，则必不然。盖非难知之事，不应四五人所见皆如是也。特以陛下（指太皇太后）信临之言，而有迫于尊君之意，故不敢言尔，恐非以道事君之义。今世俗之人，能以尊君之言，而不知尊君之道。人君唯道德益高则益尊，若位势则崇高极矣，尊严至矣，不可复加也。过礼则非礼，（转下页）

今旧名嫌名勿避"。当时文彦博以太师平章军国重事，每次经筵进讲，都神色恭谨，不敢丝毫轻慢，甚至连皇帝请其休息片刻，也从不轻易坐下。程颐则不然，坐在那里，"容色甚庄"，反而颇有师道的派头。有人问他："君之严视潞公之恭，孰为得失？先生曰：'潞公四朝大臣，事幼主不得不恭；吾以布衣职辅导，亦不敢不自重也'。"① 言下之意，自己在身份上是帝师而非臣，并非科层制官僚系统的一个部分。

在讨论苏学和理学的同时，当然不能忘记王安石的新学。在北宋末年神、哲、徽、钦四帝统治的大部分时间里，新学都主宰着当时的官方意识形态。王安石主编的《三经新义》被用来科举课士，他的《字说》流传甚广。事实上，正是他在任期内所推行的用经义取士的办法，打击了延续近三百年的古文运动，使经典重新代替文学成为"载道"的工具②。他还是孟子升格运动的积极推动者，在新学的统治之下，不仅《孟子》一书成为经典，被列入科举考试的必读书，而且孟子本人也被从祀孔庙，进封邹国公③。由于新学在意识形态领域的实际影响，朱维铮先生因此认为，"王安石在经学向理学转折过程中的作用，不亚于公孙弘在儒术独尊的转折过程中的作用"④。这个看法是极为深刻的。

当新学盛行的时候，苏学与理学尽管矛盾重重，但其代表人物在政治上大体仍是合作关系，共同对王安石变法提出质疑。不过相比较而言，理学与新学尽管在思想形态上尤为接近，但政治矛盾似乎更深。以往的研究者对此提出了各种不同的解释，姑置勿论，在我看来，意识形态领域的纠葛至少也是原因之一。

（接上页）强尊则不尊。汉明帝于桓荣亲自执业，可谓谦屈矣。周宣帝称天，自比上帝，群臣斋戒清身数日方得朝见，可谓自尊矣。然以理观之，汉明帝贤明之君，百世所尊也；周宣帝昏乱之主，百世所贱也。"见《河南程氏文集》卷6《又上太皇太后书》。读程颐此论则宋世君师之争隐微具见。至明代君权极尊，经筵展书官皆匍匐在地，卑微特甚。争经筵最著名的是明末的黄道周。天启时，"例，经筵展书官膝行前，道周以道проход，平步进，魏逆（指魏忠贤）连目慑之，不为动。"见查继佐《罪惟录·列传》卷32下《黄道周传》。
① 《宋元学案》卷15《伊川学案上》。
② 王安石这一政策推行以后，反对最力的是苏轼，相反，其一贯政敌司马光、程颐等却大表赞同。参近藤一成《王安石の科举改革をめぐって》。不过，近藤氏倾向于用闽、蜀、江南（主诗赋）与北方士人（主经义）之间的矛盾来解释此一现象，与本书侧重点稍有不同。本书认为，宋代理学家与文士的矛盾，实即理学思潮与古文运动的分歧所致。反对文学，其实是在清算古文运动。
③ 具体考证可参徐洪兴《理学的转型——理学发生过程研究》，第108页。
④ 参前揭《中国经学与中国文化》。

作为士大夫个人，王安石勇于自任，似乎无愧于他所推崇的孟轲。不过，王安石表彰孟子，倒不是用孟子的精神来弘扬师道，相反，他的以富国强兵为取向的变法运动，正是要借君权的力量来对抗"流俗"。熙宁年间新法颁行不久，御史中丞吕诲疏论时为参知政事的王安石十项过失，引起朝内群臣的争论。王安石请辞不允，于是入宫面见神宗，除了细说"中外大臣、从官、台谏、朝士朋比之情"外，还特别说了这样一番话：

> 陛下欲以先王之道胜天下流俗，故与天下流俗相为重轻。流俗权重，则天下之人归流俗；陛下权重，则天下之人归陛下。权者与物相为重轻，虽千钧之物，所加损不过铢两而移。今奸人欲败先王之正道，以沮陛下之所为。于是陛下与流俗之权适争轻重之时，加铢两之力，则用力至微，而天下之权还归于流俗矣，此所以纷纷也。

神宗听了之后，据说"颇以为然"。于是王安石继续留任，宰相韩琦等人的反对没有奏效。新法实行不久，司马光便评价之为"士夫沸腾，黎民骚动"，王安石这里又明显把"天下之民"（黎民）与"流俗"分开，那么他所谓流俗只能是指司马光等外廷反对变法的士大夫。在这里，同样是士大夫出身的王安石，勇于自任的结果，却是与士大夫所代表的师道相抗衡，用提高君权的办法来实现他的政治愿望①。中唐以来士大夫的师道精神因此走向了它的反面，成为"师心自用"的典型。

事实上，这种情形恰好透露出宋代政治乃至中国传统政治体制的一个根本矛盾，那就是当国家处在强敌环伺的风雨飘摇之境时，富国强兵以图自保的结果往往需要抬高君权；然而当君权上升之后，在大一统的政治形势下，又会以君道压迫师道，激起士大夫的反感。王安石变法之所以失败，甚至北宋的灭亡，皆与此不无关联②。明代的张居正改革，被当时人看成是又一次王安石变

---

① 以上参《宋史》卷327《王安石传》。又，王安石一系以尊君的办法来对抗宰相韩琦等外廷士大夫的思路，尚可见之于其亲信唐坰的奏疏："秦二世制于赵高，乃失之弱，非失之强。"神宗悦其言。（同卷《唐坰传》）明乎此，则宋神宗之所以会全力支持王安石变法，主要原因就在于借此提高君权。明乎此，则近代自梁启超《王安石传》以来为王安石翻案的声音可以休矣。

② 反对王安石的苏轼曾上书："国家之所以存亡者，在道德之浅深，不在乎强与弱；历数之所以长短者，在风俗之厚薄，不在乎富与贫。愿陛下务崇道德而厚风俗，不愿陛下急于有功而贪富强。"顾炎武认为，"当时论新法者多矣，未有若此之深切者，根本之言，人主所宜独观而三复也。"（见黄汝成辑《日知录集释》卷13《宋世风俗》。）由此可见，士大夫对王安石 （转下页）

法，情形与此极为相类①。在文革时代，王安石、张居正等人都被当成法家人物受到推崇，着眼点并不在儒法，而在于是否尊君。

新学的失败，说明在师道兴起的条件下，君道不得人心。同时也表明，中央集权尽管在制度上日益完备，但相权强悍，君主尚难以专擅②。事实上，理学（或云道学）在宋代尽管忽起忽落，决非一帆风顺，但势力却一直很强。在南宋，被视作道学领袖的宰相赵汝愚甚至有能力策划光、宁内禅，把不遵守孝道的光宗逐出政治舞台，不能不让我们对当时的相权刮目相看③。宁宗时的韩侂胄、理宗时的贾似道，都是势力大过皇帝的权臣。当然，后二者反对道学，那又另当别论了。

君道如此不彰，正好反衬出师道的强大。只有从这个角度我们才能理解那一时代士大夫的主体精神为何如此的高涨。朱熹、陆九渊都以道统的传人自任；最推崇王通的陈亮，甚至敢于提出"后世之所谓明君贤主，于君道容有未尽，而师道则遂废矣"④，这样露骨的批评。而对兴复道学尤建大功的真德秀，更勇于为《大学》这部"君天下者之律令格例"作衍义，使人君"清出治之

（接上页）变法的反对，主要不是什么保守派反对革新（否则无以解释庆历新政），而是用师道质疑君道。从这一角度看来，余英时先生所谓南宋以后儒学之所以逐步转为内倾是王安石变法失败所碰到的挫折的必然结果（《清代学术思想史重要观念通释》，载氏著《中国思想传统的现代诠释》）这一论断便颇值得商榷。理学家与王安石尽管在经学上许多观点相同，但二者最根本的分歧就在于一主君道，一任师道。因此，理学向内倾方向转变，与其说是因为王安石变法失败，导致儒家经世理想的挫折，毋宁说是有感于王安石会用儒家学说文饰其尊君变法。理学主要是对君主发言的，因此，理学强调内圣，在政治上的根本目的是希望君主内圣，这一点可参下文的讨论。

① 参本书第三编第二章第二节。
② 以往有关宋代君权与相权的争论，聚讼最多。传统认为相权积弱，但1980年代王瑞来撰文力反此说，认为有宋一代相权强化，皇权则走向象征化（《论宋代相权》《论宋代皇权》）。近来姚大力教授则提出，宋朝的君主官僚政体中同时存在两种不同的趋势，专制君权以以宰执、台谏为主角的官僚集团在制衡君主权力方面的力度同时增强（《论蒙元王朝的皇权》）。不过无论怎样，有一点都是确定的，那就是相权仍有较大的自主性，足以作为士大夫阶层复兴师道的制度依托。王瑞来对"宋代皇权在观念上的降低"的讨论，姚大力对当时君主与士大夫"共治"思想的分析，都可以作为本书的佐证。另外应当指出的，与其讨论君权与相权，不如论述君权和廷权。以往之所以在制度分析上牵缠不清，症结即在于忽视对其动态情境的考察。譬如，王安石、特别是蔡京、吕夷简等传统所谓"奸臣"虽然也是相，但却并不代表廷权，而是代表君权，由我们方可理解为何外廷会对他们加以反对。本书处理晚明的阁、部之争时，贯彻的便是这一思路，参第三编第三章。
③ 简要的讨论可参陈邦瞻《宋史纪事本末》卷80《道学崇黜》及《两朝内禅》。
④ 陈亮《廷对策》，邓广铭点校《陈亮集》（增定本）卷11。按陈亮此处所云师道，是希望君主能以师自任，内涵与后来知识阶层所主张复兴的师道并不相同，此处所看重的是这种批评本身的激烈程度，在某种意义上正好反映了君道的不彰。

源",使人臣"尽正君之法"①。《大学衍义》这部著作于"八条目"之中,只有格致诚正修齐,而不及治国平天下,主要原因即在于,在强势的师道之下,君主只需端拱无为,无须过问细琐的政事②。正因为如此,当明代相制废除,君权隆盛,君主以一身而兼任宰相之时,丘濬的《大学衍义补》便须有所补苴,使帝王亲自了解礼乐典章、吏治民瘼之事。这是一种无奈的现实主义。不要忘记,丘濬的这部著作首先是献给当时的皇帝(孝宗)看的③。在以往的研究中,对《大学衍义》到《大学衍义补》这两部在宋以后产生过重要影响的经学著作,一般以为是反映了理学本身由内圣向外王的转变④,从这个角度来看,虽不为无见,却又未免过于皮相了。

六

这段历史叙述下来,我们已经可以清晰地看到,被后世看成为所谓"封建专制制度"代言,因而被极尽丑化、揶揄之能事的程朱理学,其真正腐化只能是在明清时代,被正式认可为独断、颟顸的官方统治学说之后。理学脸谱的丑恶,并不代表程朱的原型就是同等的不堪。让思想为现实负责,这样的观点未免过于天真了。

本书所谓"师道复兴",是相对于唐宋间师道的兴起而言。它的载体主要是明代新兴的王学,特别是其师道派。但是,当真正的朱学复活以后,便同样加入到师道复兴的行列,而成为时代乐章中一个响亮的音节,这就是万历以后的东林学派。这表明师道抒发的渴望,是传统中国社会本身不断跳动着的时代脉搏,青山遮不住,毕竟东流去。

明初,朱元璋定《孟子节文》,推行文字狱,其用意不问可知。同时大棒金元并举,设科取士,建立儒学,用八股文牢笼天下,为知识阶层开辟了一条利禄之途。特别是永乐以后,《四书大全》《五经大全》等的修纂,更使朱学

---

① 真德秀《大学衍义·序》。
② 程颐指出,"夫以一人之身,临乎天下之广,岂能周于万事? 故自任其知者,适足为不知"。见《周易程氏传》卷2《临》。参前揭潘富恩、徐余庆《程颢程颐思想研究》第135—136页。又,程颐在讨论君道之时,之所以极力主张"尊贤""畏相",也都是这种思想的反映。宋代学者常言"人君所论,只一宰相"云云,实质正是希望君主能够端拱内圣,外王则由士大夫完成。
③ 丘濬序《大学衍义补》云:"真氏所述者虽皆前言往事,而实专主于启发当代之君,亦犹孔孟告鲁卫齐梁之君而因以垂后世之训。臣之此编较之前书,文虽不类,意则贯通。"
④ 李焯然《从真德秀的〈大学衍义〉到丘濬的〈大学衍义补〉》,载葛荣晋主编《中国实学思想史》第十七章,第630—660页。另可参间野潜龙《明代文化史研究》,第135—161页。间野氏把宋代看成君主独裁时代,治国平天下是为政者之意志,难以具体规定,学者们避而不谈,只能从伦理、思想等方面切入。此论与本书恰恰相反。

定于一尊，成为入仕通籍之圭臬。在这样的社会环境之下，知识界极度萎靡，师道不彰。即使有，也只是零星地表现在个人的气魄上，没有形成思潮①。在当时，严立师道已成为尊严师长的代名词，不过是增加国学教官的权力罢了②。师道重新成为君道的附庸。

不过，至少从吴与弼开始，思想界仍然有了异动。学者们不再满足于躬身实践前贤往哲之陈言，而是挺身志道，知圣贤一同常人，"可学而至"③。这位《儒林外史》中庄征君的原型，以其不与官方合作的态度，赢得了时人的钦敬。他的门人中便颇有因受学而废弃科举之辈，在当时，因学术而放弃科举，应当视作师道的一个表征④。至陈献章，以自得之学为世所称，花笑莺啼，鸢飞鱼跃，变持守为洒脱，"由静中养出端倪"。至此士风开始大变，为明学重开区宇。学者既以自得相倡授，那么师道的重振，便已是呼之欲出了。陈献章因其洒然自得，在当时便有"活孟子"之称⑤。

到了王守仁、湛若水的时代，讲学运动勃兴，成为载承师道的中坚力量。在融融月色之下，在弦歌雅奏声中，王守仁在江南水乡余姚的一座名为天泉的桥上，集会诸生，吟唱着这样的诗句："铿然舍瑟春风里，点也虽狂得我情！"那又明显是以孔子自居了⑥。因此王学在产生不久，便被接二连三地斥为伪学，在政治上予以打击，与此不无关系。事实上，对师道问题，早在弘治十七年王守仁主持山东乡试时便已注意了⑦。

王守仁以师道自任，但却不敢明显以师道自居，这与他本人的政治处境有关，不必苛求。真正以昌言师道耸动学林的是其弟子王艮所领导的泰州师道派。王艮的

---

① 《明儒学案》卷7《河东学案上·周蕙传》："恭顺侯吴瑾总兵于陕，聘为子师，先生固辞。或问故，先生曰：'总兵役某，则某军士也，召之不敢不往；若使教子，则某师也，召之岂敢往哉？'瑾遂亲送二子于其家，先生始纳贽焉。"
② 在弘治以前，弘扬师道最力的两个人是李时勉和丘濬，都因掌国子监时纪律方严知名。参《明史》卷163《李时勉传》，卷181《丘濬传》。另如以师道自任的陈敬宗，南京国子监任上，"立教条，革陋习，六馆士千余人，每升堂听讲，设馔会食，整肃如朝廷。稍失容，即令待罪堂下。"（《明史》卷163《陈敬宗传》）明前期学官庸横之状，可参本书第三编第二章第三节。
③ 《明儒学案》卷1《崇仁学案一·吴与弼传》。
④ 大概的观感可由《明儒学案》卷1—4《崇仁学案》诸人之小传，以及《明史·儒林传》得出。文繁不引。考虑到朱元璋时代"不为君用"是一个重大的罪名，这一不合作的态度所表征的精神变化是很显然的。陈献章等还因此受到时人责备，其《复赵提学》便言"天下之责不仕者，辄涉于仆。"《明儒学案》卷5《白沙学案上》。
⑤ 《明史》卷283《儒林二·陈献章传》。
⑥ 《王阳明全集》卷20《外集二·月夜（二首之二）》。
⑦ 参本书第三章。

淮南格物之说，实即大成师道之学。以帝师自命，以见龙自居，对士大夫主体精神的彰显最为深切。在当时，君师关系是学术上的核心问题之一，任何学派都无法绕过。王学诸派，其政治生涯是一帆风顺，还是命途多舛，主要视此点而定。

值得注意的是，王学讲学假如说与朱学在宋代有所不同，就在于前者对社会组织的重建更为热衷。当然，从广义上来说，朱学也是一样，在门阀制度已经消失的历史条件下，宋代士人已在努力通过乡族建设来积蓄实力，以与日益严酷的君道相抗衡，在政府和社会之间形成缓冲。但王学在这一方面无疑更加彻底，乡约的广泛推行，讲会的大规模存在，至少可以说明儒家士大夫在反抗君道迫害的过程中，并非只是强调个人尊严，而是试图通过社会组织的力量对君权在现实政治中予以有效地制约。因此宋明理学便不仅仅是狄百瑞所描述的，那种通过道统的自任来彰显个人自主性的"自由主义"①。

师道派最终被镇压下去，反对复兴师道的在朝王学以及对此不甚热衷的王学会通派，成为明末思想界的主流。在这种情形下，以反对派身份出现的东林学派，及它所影响下的波澜壮阔的党社运动，反而成为师道的代言人②。可见，师道的精神被激活以后，它与学术形态本身又没有必然的联系了。

用这样的眼光重新审视清初的君权批判思潮，许多聚讼便迎刃而解。黄宗羲的《明夷待访录》、唐甄的《潜书》，无论对君主专制制度批判言辞如何激烈，制度约束何等周详，都既非无奈复古，也决非危言启蒙，更不是什么千载孤另之作。说穿了，那是对整个晚明师道复兴运动最切实的总结。《明夷待访录》可以说是以师道观念为核心的中国精英民主政治最伟大的一部政纲③。

---

① 狄百瑞的这一观点，贯穿在前揭《中国的自由传统》一书中。另可参氏著 *Individualism and Humanitarian-ism in Late Ming Thought*, Wm. Theodore de Bary ed., *Self and Society in Ming Thought*, pp. 145—247.
② 参本书第四编。
③《明夷待访录》特别是《原君》《置相》《学校》诸篇，早为学者重视。侯外庐把那看成近代意义上的民主启蒙（说见《中国早期启蒙思想史》，第155—165页）。也有人表示反对，认为那只是"民本"而非民主。狄百瑞则以之为宋明时代中国自由主义思潮的产物（说见氏著《中国的自由传统》第四讲《明代理学与黄宗羲的自由思想》）。其实争论《明夷待访录》是否发展出近代西方意义上的"民主"，这种思维方式本身就有问题。解释历史只能还原回历史的脉络本身。不过，本书仍用"中国精英民主政治"这样的提法，乃是取其最宽泛的含义，从权力制衡之有无这一角度着眼。其实师道思想本身仍是一种权威主义，难以发展出平等精神，但那却是一种师对君的权威，是一种制衡，是中国传统中一直努力谋求发展的。在欧洲中世纪，神权强大，因此，人权的争取可以被看成近代民主的一个标志；在中国，君权强大，判断一个时代是否走向民主，最主要的根据应是民权，尽管民权与人权密不可分。用个人主义来衡量中国式的民主，未免隔靴搔痒。

几十年后，吕留良的学生曾静在所著《知新录》一书中，说出了这样一番石破天惊的道理：

> 皇帝合该是吾学中儒者做，不该把世路上英雄做。周末局变，在位多不知学，甚者老奸巨滑，即谚所谓光棍也。若论正位，春秋时皇帝合该孔子做，战国时皇帝该孟子做，秦以后皇帝该程、朱做，明末皇帝该吕子做。今都被豪强占据去了。吾儒最会做皇帝，世路上英雄他哪晓得做甚皇帝！①

不知曾静是否知道，他这种被清世宗胤禛诅咒为"狂怪丧心之论"的观点，正是中国传统儒家师道思想中的最强音。

---

① 清世宗胤禛《大义觉迷录》卷2。有关曾静一案现实背景的揭示，可参朱维铮先生《走出中世纪》，第40—41页。

第一编

谁与青天扫旧尘
——嘉靖时期的文化政策

第一章　正、嘉之际的政局转换

第一节　由藩王世子到天朝皇帝

一、引子

还是在正德十六年年初，僻居在湖广安陆一隅的兴献王世子朱厚熜，可能从未想过有机会问鼎皇帝的宝座。那个时候，这位大明帝国的未来天子，尚以十五岁的稚龄，身被斩缞，哀丧尽礼。假如说可能稍微有一些野心的话，那也只是为了提前一年继承王位而处心积虑罢了①。民间所盛传的有关"江汉星明"的谣谶②，所能带给这个藩王之家的，大概只有不安和恐惧。

已故的兴献王朱祐杬，是明宪宗朱见深的第四个儿子，贵妃邵氏所生。弘治四年，朱祐杬被封于德安，不久转封安陆。在那里，他的生活大概与明代绝大多数的亲王没什么两样，物质享受自然是奢华已极，但由于各种针对藩王的律令所限，"列爵而不临民，食禄而不治事"，不得随意与地方官绅交往，不得随便远足游戏，又过着无所事事、半似囚徒的日子③。假如不是明武宗突然夭亡，假如不是朝廷中一系列复杂的人事变动，这样一个藩王家庭，除了主干一支尚能保持亲王的体面福泽绵延之外，其历史命运似乎早已注定：人口会越

---

① 《明武宗实录》卷197，正德十六年三月。
② 《明儒学案》卷10《姚江学案》载许璋："正德中，尝指乾象谓阳明曰：'帝星今在楚矣。'已而世宗起于兴邸。其占之奇中如此。"许璋是王守仁的智囊。又，朱国祯曰："闻毛伯温按楚，朝献皇，得见世子，即致故致馈。出谓其子曰：吾今知江汉星明正在此，汝识之勿泄。"高岱亦言："帝星之明江汉，兆有在也。"（谈迁《国榷》卷51，武宗正德十四年七月丁巳。）可知江汉星明大概是武宗末年社会上流行的一则谣谶。
③ 对明世宗家庭及早期生活的研究可参林延清《嘉靖皇帝大传》，第1—8页。

来越多,田地将越来越少,子孙则越来越穷①。以后的岁月将像一潭死水,不可能有太大的波澜。

然而,就在本年的三四月间,这个家庭所有平静而有序的生活都被突然来到的一纸遗诏打断了:宣兴世子入继大统!于是,大明帝国的第十一位君主正式登台亮相。从十五岁进京即位,到六十岁寿终正寝,统治了整整四十五年的朱厚熜,死后庙号世宗。

二、走向北京

明世宗即位之前的十六年,在大明帝国的历史上,是一段颇为特别的时光。在任的那位年轻皇帝,也就是庙号武宗的朱厚照,做太子时曾以聪颖好学而闻名②。然而,就是此公,一旦失去了所有外在的束缚,马上便原形毕露,为所欲为,成为历代号称荒淫的帝王谱系中的一位:习武猎豹,冶游宿娼,禁民杀猪,自号"法王"……其行事之荒唐放任,即便是野史中的隋炀帝,恐怕亦不遑多让③。或许是明王朝的气数尚在,经过明武宗十六年的折腾,尽管内有宦官专权,佞幸乱政,外有安化王、宁王的两次谋叛,农民起义、边疆暴动更是大小不下数十,毕竟都化险为夷了。鼎彝失坠、王纲解纽的时机尚没有到来,中央政府仍牢牢控制着这个东起碣石,西至流沙,北临大漠,南及交趾的庞大帝国。

由官逼民反引起的农民暴动以及少数民族的反抗,这种现象无代无之,并非什么了不起的大事。反倒是藩王的谋反对朝廷和社会心理的震动尤其巨大。事实上,自明太宗朱棣以靖难起家,开创了皇族内部以武力夺取帝位的先例以后,明代的宗藩便一直是个敏感的话题。它不仅仅是因宗禄等皇族福利引起的对帝国经济产生沉重压力的问题④。这种现象在武宗时代,皇嗣无踪、国本未立的情形下,尤其使人心旌神摇。特别是对皇位觊觎已久的宁王宸濠,不断地在宦官与朝臣中寻找同盟,一面谋求恢复被革之护卫,趁机为扩充军备找到借

---

① 明代宗室不准从事士、农、工、商各业,后期因宗禄积逋,生活极为窘困。嘉靖时监察御史林润奏疏:"自郡王以上犹得厚享,将军以下多不能自存,积寒困辱势所必至,常号呼道路,聚诉有司,守土之臣每惧生变。"参顾诚《明代的宗室》,载《明清史国际学术讨论会论文集》,第89—111页。另可参王春瑜《"弃物"论——谈明代宗藩》,载氏著《明清史散论》。
② 朱厚照的早年生活情况可参李洵《正德皇帝大传》,第33—44页。
③ 参阅毛奇龄《武宗外纪》。
④ 明中叶以后朝廷对宗室一直戒心甚浓,宗室与皇室矛盾重重。参本书第二章第四节及第三章第二节。本章第三节亦微有涉及。

口；一面企图把自己的儿子送入太庙司香，以为他日皇储之地①。

按照传统儒家学说对政治制度的理想设计，君乃天下之大本，"其本乱而末治者鲜矣"②。这样，保持社稷的稳定首先要使皇位的交接顺利进行。因此，太子也被称为"国本"。在以前的学者中颇有人以宫廷政争为皇族私事，无与于国计民生，真浅之乎其言也。正因为如此，明武宗即位不久，在齿才弱冠、富于春秋之年，大概外廷的官员们早已怀疑其生殖能力，更何况这位多情的君主四外拈花惹草，甚至把延绥总兵官马昂有娠的妹妹抢来养在宫中，尤其让朝臣惊骇③，于是不断有人上疏请他"择宗室之贤者养于别宫"，预图储贰④。在提这种建议的名单中，据说便有宸濠之乱的平定者、讲学家王守仁⑤。

明武宗去世时年仅三十一岁。或许是不甘心就此无后，皇储问题一直没有解决。因此当正德十六年三月十四日，他因游弋过度，不治而亡，这一突如其来的变故发生时，便使朝内原有的许多势力集团不知所措。刚果机变的内阁大学士杨廷和此时脱颖而出，迅速控制了局势。

正德时代的权力中枢，在皇帝周围众星捧月的，有四个大的权力集团。一个是最初仅为皇帝起草诏令、聊备顾问的内阁，经过明代中期一百多年的发展，不仅获得了"票拟"之权，而且"朝位班次，俱列六部之上"⑥，揽相权之实而避其名，迫切地想要行使自身的权力；一个是以武宗之母张太后为核心的旧勋戚贵族，加上司礼监领导的宦官集团以及江彬所率领的入京扈驾的边镇军事武装。四者既盘根错节，又有着深刻的矛盾，都在相机而动。

然而，权力斗争固然复杂，那斗争的逻辑却也简单，不过是团结一切可以团结的力量，合纵连横罢了。汉末董卓之祸对明代人而言还不算陌生，于是手持武力的江彬便是头一个遭到清洗的对象。杨廷和等一面密不发丧，以防江彬猝反⑦；一面用每人二两银子的抚恤打发边兵归卫⑧，两天以后才把江彬一举

---

① 《明史》卷117《宁王权传附宸濠传》；卷307《佞幸·钱宁传》。
② 《大学》。
③ 《明史》卷307《佞幸·江彬传》。
④ 曾霁虹《明史阳明平宁藩考》，载《王阳明传记资料》第3册。
⑤ 明人叶承云："先师柴后愚公，阳明弟子也，尝言……武宗大渐，先生密疏，预言世及之事，疏寝不报。"载氏著《贤博编》，《明史资料丛刊》，第174页。
⑥ 《明史》卷72《职官一·内阁》。
⑦ 谷应泰《明史纪事本末》卷49《江彬奸佞》。
⑧ 《明武宗实录》卷197，正德十六年三月戊辰。

成擒。一场潜在的弥天大祸被消弭于无形。

清除江彬靠的是杨廷和的主持，张太后的旨意，宦官与外廷的武力配合，是一次不折不扣的联合行动。由此则权力中枢对边镇武人的忌惮可知。不过，利益的联合往往如大潮涌落，此消彼涨，无有定时。当共同的敌人不复存在以后，三种势力之间便立即展开新一轮的权力角逐。在这种情况下，一个最关键的问题开始浮出水面：大宝未定，皇位由何人继承？倘为自身计，那么掌握了拥立新天子的主动权，无疑也就在最大限度上巩固了本集团的地位。于是，就在武宗临危饭含之际，司礼太监魏彬等人不去忙着为大行皇帝入殓，而是匆匆跑到内阁，"国医力竭矣，请捐万金购之草泽。大学士杨廷和心知所谓，不应，而微以伦序之说讽之，彬等唯唯"①。

由于当事人的忌讳，这件事在所有记载中都措辞含混，暧昧难明。譬如，何谓"购之草泽"？倘若只是因太医不济，欲寻几个宫外的名壶，杨廷和又何必以"伦序"讽之？因此最可能的一种解释，便是受命于张太后的司礼监有着"狸猫变太子"的微意。这也难怪，假如是由一个幼主而非长君来继承大宝，那么张太后无疑便可名正言顺地"垂帘听政"，牢牢地把握宫廷权力。问题是武宗并无这样一个幼子，要"购之草泽"又须顾及天下舆论，况且江彬未除，虎狼方顾，没有持"票拟"之权的内阁同意，张太后及司礼监自然不敢轻举妄动。

杨廷和其人沉毅有谋，机敏果断，远胜内廷那班只会拍马、敛财的阉宦。当武宗死后，杨廷和根本不给张太后为武宗谋嗣的时间，立刻派书办陈文去通知司礼监，而且特别嘱咐："请众太监启太后取兴长子来继承大统，莫错说了话！"紧接着特地搬出《皇明祖训》，指着"兄终弟及"那段文字告诉司礼监，使后者有口难辩②。

其实，即此一事足证张太后与司礼太监皆属不学无术之辈。假如这班人有前代宦官王振一半学识的话，便可据理来反驳杨廷和了：《祖训》虽讲"兄终弟及"，然而那只是说"同父弟兄"么？兴世子既只是武宗的堂弟，引用这一条便实属不伦不类③。《皇明祖训》没有规定皇帝无子之时如何传位，似乎只能怪它的订立者朱元璋，这位有着四十几个子女的开国皇帝，大概过分高估

---

① 夏燮《明通鉴》卷49，正德十六年三月乙丑。
② 杨廷和《杨文忠三录》卷4《视草余录》。
③ 沈德符《万历野获编》卷2《引祖训》。清代学者毛奇龄亦有类似见解，见氏著《辨定嘉靖大礼议》卷1，载《艺海珠尘》。

了他那帮养尊处优的不肖子孙,特别是他们的自我繁殖能力。

退一步讲,即使按照"兄终弟及"的原则,帝位继承仍然是个未知数。杨廷和所推荐的兴世子朱厚熜,充其量不过是三数个有机会角逐大宝的藩王世子之一。宪宗诸孙中,益庄王嫡长子厚烨、荣庄王嫡长子厚熿、都和他有着同等的身份。皇帝宝座本不必非由朱厚熜坐不可①。这样,杨廷和选中兴世子的主要理由大概只能是朱厚熜的年纪较大,已经虚龄十五②。所谓国赖长君,历史上的儒臣们早已吃够了皇太后垂帘听政之下,宦官跋扈的苦头。

朱厚熜稀里糊涂地当上了皇帝,并不标志着宫廷政争的谢幕。他的伯母,那位据说与孝宗伉俪情深的张太后,笼络夫主的本事固然不为无能,但弄权的手段却拙劣已极,较之晚清的那拉氏慈禧,实在太差。不过,为了卵翼张氏家族中那帮飞扬跋扈的贵胄子弟,尤其是自己的两个纨绔的弟弟——张延龄与张鹤龄,并进而维护弘治、正德两代勋戚集团的利益③,也只好勉为其难,为实现最高决策权而战。因此尽管早已成为事实上的空位期政体的领袖——明世宗入继与江彬被擒皆奉其"懿旨"而行,便是显证,张太后却意犹未尽,不顾"后妃虽母仪天下,然不可使干政"的祖训明文④,提出所下诸诏直称圣旨,其垂帘听政的野心昭然若揭。只是由于内阁的坚决抵制,方才悻悻作罢⑤。从这一事件我们可以看出,即使是在人治的社会里,制度本身仍有其约束力。在一个君主专制的政治体制下,只有用"圣旨"的名义说话才最终算数,因此只有把皇帝控制在自己的手中,才能真正获得这一优势。秦失其鹿而天下逐之,明世宗会是一头任人宰割的鹿吗?

朝内的政争日趋白热,对明世宗而言,北京之行不啻在走向硝烟弥漫的地雷阵。但是,远在湖广安陆的未来皇帝对这一切有多大了解?这一点不得而知。不过,倘注意到杨廷和的政敌、前往藩邸奉迎新天子的内阁大学士梁储,

---

① 参《明史》卷104《诸王世表五·宪宗十四子》。
② 这一点尚无确证,朱厚熜之父兴献王年龄仅次于孝宗,且之藩最早,依常理推之当如此。
③ 张延龄兄弟在其姊张氏的庇护下,不仅在官场中飞扬跋扈,而且介入到经济领域,强占庄田、包揽贸易以及垄断盐业,都成为他们的财源和利薮。利益所在,甚至引起不同外戚集团间的争夺,如长宁伯周彧及寿宁侯张鹤龄二者便发生过冲突。参佐藤文俊《明代中期的外戚张氏兄弟》一文。由此益可彰显张太后作为宫廷奥援的重要性。
④ 吕本等辑《明太祖宝训》卷2《正家道》。
⑤ 杨廷和《杨文忠三录》卷4《视草余录》。

在出发之前"多赍奏提本揭贴备用"①，以及宦官谷大用"先期至，欲私谒"②，等种种行为，便可知这班人早有投靠世宗之心，那么杨廷和下面的这段充满怨望的记载，其深意便不难体会了：

> 先是，奉迎官启行时即与之约，以四月十八九至京师，二十二日嗣君即位，或有沮挠者（按当指吏部尚书王琼，详第三章）已斥之矣。既而谷太监等有启本，排日计程，大约二十二三方可至京，即位择在二十四、二十七两日。予与蒋（勉，内阁大学士）、毛（纪，内阁大学士）二公皆怏怏于中，欲以兼程启请，又恐长途冒暑，恐不可强，既闻渡河后日每二程，二十前后可至京，乃知前日非不能速，不欲速也，窃以为忧。③

这表明，一到达安陆，梁储、谷大用等人便可能投靠了明世宗，后者自当洞悉京师款窍。因此，明世宗与其说是因"悲凄"而缓行，倒不如说是在观望。而自己的政敌早与新天子勾打连环，杨廷和这位有定策之功的阁老，又怎能不忧心忡忡？在他以前，凡属定策元功的大臣其下场无不悲凉惨淡④，机敏如杨廷和，或许早就想到过"兔死狗烹"的命运了。

三、杨廷和：政治与伦理的两难选择

朱厚熜一行由安陆顺利抵京，尽管凡事保持低调，然而一旦遇到原则问题，却从不肯轻易让步。不仅坚决拒绝以皇太子的身份即位，而且摒群臣所上年号"绍治"不纳，用了《尚书·无逸》中的一句"嘉靖殷邦，至于小大，无时或怨"，定为"嘉靖"。不用"绍治"年号，表明明世宗从骨子里反对以明武宗的继承人自居。这一点除了暗示他有一群能干的幕僚在为之出谋划策，政治嗅觉灵敏的官僚们应该能够感觉到明世宗迫人的英气以及未来的政治走向

---

① 杨廷和《杨文忠三录》卷4《视草余录》。按杨廷和与梁储关系不和，为防其在空位期内凡事掣肘，使其赴安陆奉迎新帝。其后，杨、梁两系各以彼此在正德时依附宸濠、为其恢复被革护卫等事相诬。明世宗即位不久，梁储便被逐致仕。后来其同乡霍韬之支持大礼议，与此颇有干连。参王世贞《弇山堂别集》卷25—26《史乘考误》。杨廷和与其政治反对派之间的关系，可参本书第一编第三章第二节。
② 《国榷》卷52，武宗正德十六年。按此言"谷大用先期至，欲私谒，不许。"揆诸下文，虽云不许，但声气之互通却不无可疑。
③ 前揭《视草余录》。
④ 王世贞《弇山堂别集》卷18《五元功皆不利》。五元功指太祖时李善长、成祖时丘福、景帝时于谦、英宗复辟时之石亨（及徐有贞）、世宗入继时之杨廷和。

了。于是，当张璁等迎合世宗追尊其生父的"大礼议"一起，杨廷和在政治上的重要反对派，曾任武宗朝内阁大学士的杨一清，便致书自己的门生、时任吏部尚书的乔宇，"张生此议，圣人复起，不能易也"。同时力劝另一个支持议礼的人物席书及早赴京，以定大议①。正德时代的旧恩宿怨，重新爆发了出来。

新皇帝颇有些察察之明，对内阁首辅杨廷和来说却可能喜忧参半。可喜的是，所托得人，历史上的女主干政以及正德时的宦祸当会少杀②；可忧的是，明世宗决不会事事屈从于他这位"定策国老"的摆布③。那么，这位已年近古稀，有着四十余年政治经验的老臣将会如何应对？

如前所述，明世宗即位显然是内阁支持的结果。不过，这种倡议之所以能够成功，在于它至少默认了一个前提，那就是维护张太后集团的利益。世宗入继之初，内阁之所以会主张用"绍治"这一年号，原因也是如此。这表明内阁同样希望得到张太后的支持，以便在戚权与皇权之间保持平衡。更何况世宗入继本来缺少完全自足的合法性，而无此合法性，势必影响到皇权作为最高决策权的行使。

维护戚权的前提，是要保证张太后母仪天下的太后地位。作为一个老练的政治家，杨廷和善于把政治上的难题化作伦理上的问题予以解决，尽管被反对者在理论上驳得体无完肤，甚至同情者也认为他思虑欠妥④，却不知揆诸当日情实，这种办法实可说苦心孤诣。杨廷和的构想是引用宋代"濮议"的成宪，把明世宗在名分上过继给张太后为子，而以本生父母为皇叔父母。因此正德十六年五月，在杨廷和授意下，礼部尚书毛澄率六十多人奏言：

> 考之宋濮安懿王之子入继仁宗后，是为英宗。宰臣请下有司议礼……

---

① 《明史》卷198《杨一清传》。
② 《明史》卷190《杨廷和传》："廷和以帝虽冲年，性英敏，自信可辅太平，故事事有所持诤。"
③ 《明世宗实录》卷9，正德十六年十二月己丑，杨廷和上言："近该司礼监传示圣意，欲加兴献后尊号。臣等上辄拟进兴献太后之称，所以仰体圣心，自以为至矣，不可以复加矣。昨奉御批加皇字，臣等极知圣孝纯笃，有ދ不得之情，但职在辅导，不容曲从阿顺以损圣德。"类似的奏疏还有不少。杨廷和的这种口吻事实上就是嘉靖七年《明伦大典》颁布时，明世宗痛斥他"以定策国老自居，以门生天子视朕"，并在嘉靖九年更定祀典之际着力摧抑师道的重要原因。
④ 夏燮云："世宗之天下受之武宗，继武宗之统，则当祢武宗而祖孝宗。杨廷和等乃舍历代兄终弟及之事足为世宗铁证者，概不之及，而但引定陶、濮议二事之不相类者，以为据，于是舍武宗而考孝宗，遂为继统不继嗣者口实。"《明通鉴》卷49，武宗正德十六年五月戊午。有关大礼议问题，参第一编第二章第一节。

> 程颐之言曰:"为人后者谓所后为父母,而谓所生为伯叔父母,此生人之大伦也"……今兴献王于孝宗为弟,于皇上为本生父,与濮安懿王事正相等。皇上宜称孝宗为皇考,改称兴献王为"皇叔父兴献大王",兴献妃为皇叔母……隆重正统与尊崇所生恩礼备至,可以为万世法。①

主张既绍列祖列宗之大统,又要兼继伯父孝宗之嗣,统嗣兼得。这种安排在政治上的好处就在于既可以保证张太后的地位,明世宗也有了入继的合法性。但问题是,这样一来,在礼制上明世宗的亲生母亲蒋氏就须对世宗称"臣",又违反了"子不臣母"的春秋大义。可见,杨廷和在政治上的合理安排,从礼制的伦理上看却是一个悖论。这就难免不给支持皇帝议礼的张璁一派官僚以口实。杨廷和的最后失败亦颇由此。

很显然,在明世宗继位问题上,杨廷和面临着一个两难选择。这就是政治上必须全力支持明世宗,而在伦理上则须维护张太后及其背后外戚集团的地位。同样,在大礼议过程中,明世宗也一样面临着一个尴尬局面:由于自己羽翼未丰,政治上必须倾心依靠内阁,同时争取宦官集团的支持,打击张太后;伦理上却反对杨廷和这种不合情理的安排。因此,整个大礼议过程,是皇权与阁权既相互支持又相互斗争的过程,是中央政府权力中心势力整合的一个过程。

然而议礼本身毕竟不是杨廷和政治生涯的全部。作为一个杰出的政治家,他的注意力其实是在大礼议之外。作为正德时代的文官领袖,杨廷和自然为自己的"无力回天"而感到愤怒。在他看来,正德时代如火如荼的起义与叛乱根本原因就在于明武宗的荒淫无道,违背了圣贤定下的"天理"。而这一切都是身为皇帝的明武宗不受约束所致②。

有鉴于此,时值未来的新皇帝明世宗上任之际,杨廷和就必须对皇权加以限制,使之纳入文官政治的制度化轨道。然而在专制主义铺天盖地的铁幕时代,试图对皇帝进行限制的任何行为都有可能被认为是大逆不道的犯上行为,杨廷和又安敢冒天下之大不韪?在这一点上,张太后成了他可资利用的资源。

---

① 《明史》卷191《毛澄传》。
② 杨廷和在正、嘉之际勇于自任,但在此之前,精神却极度萎靡。《明史》本传说他"委曲其间,小有剂救而已",因此"悒悒不自得,数移疾乞骸骨,帝亦不听"。杨廷和在正德时代声望不佳,其形象主要因其后期的所作所为而改。正因为如此,稍晚一点的史家王世贞才把他与嘉、隆之际的徐阶相比,称二人为"救时宰相"。见氏著《嘉靖以来内阁首辅传》卷末"野史氏曰"。

那就是使明世宗认张太后为母，从礼制的角度，使之成为世宗头上的一道紧箍。在政治上支持明世宗，在伦理上支持张太后，使二者互相牵制，无疑是内阁放手行政的大好时机。

事实上确实如此。从正德十六年三月到嘉靖三年二月杨廷和执政的近三年时间里，他做了大量的工作。如裁锦衣卫冒滥军官，使边兵归卫，抑制宦官专权，加强部权，强化内阁"票拟"之权，以及经济上限制皇室和贵戚庄田的扩张等，都使明代中期自正德的极度衰敝后，有了更新的气象。这就是被后世史家所艳称的"嘉靖新政"①。

其实，新政得以大规模推行，与杨廷和在空位期之后几个月的苦心经营不无关系。在言路的配合下，杨廷和或是以"勾结宸濠"，或是用"党附钱宁、江彬"的罪名迭兴大狱。正德时期一大批炙手可热、显赫一时的人物或降级，或致仕，或革职闲住，或下狱鞫治。在遭到弹劾的名单中，包括宦官如谷大用、丘聚、张永、魏彬、张锐、张雄、张忠、于经、刘详、孙和、刘养、佛保、赵林……重臣如内阁大学士梁储、吏部尚书王琼、户部尚书杨潭、兵部尚书王宪、工部尚书李鐩、督察院左都御史陈金、王璟、工部左侍郎刘永、右侍郎冯兰、兵部右侍郎冯清、掌太常寺事礼部尚书刘恺、礼部右侍郎张昱；以及顺天、宣大、保定、甘肃、两广、四川、郧阳、榆林等地的督抚大员②。这些人除了梁储等少数人之外，大都受到严厉地惩处，朝内为之一空。不久，杨廷和又起用自己信任的彭泽（兵书）、孙交（户书）、林俊（工书）、汪俊（礼右侍）等，重新布列在位③。正因为如此，当"大礼议"开始的时候，外廷早已是唯内阁马首是瞻，杨廷和可谓一呼百应。也正因为如此，杨廷和才有能力"事事有所持诤""先后封还御批者四，执奏几三十疏"④。明世宗则由一开始对他的尊敬，甚至软语相求⑤，最终恼羞成怒，"常忽忽有所恨"⑥。

明世宗既处在这样一个尴尬的局面，他就极希望有人挺身而出，给予道义上的支持，哪怕仅仅是声援。正德十六年七月，职衔低微的礼部实习生、观政进士张璁，上了一分支持皇帝的大礼疏，主张只继统不继嗣。明世宗一见大喜

---

① 对当时阁权扩张的简要讨论，可参拙作《嘉靖初年的政治格局》。
② 《明世宗实录》卷1，正德十六年四月丁未、己酉。
③ 《明世宗实录》卷2，正德十六年五月癸丑。
④ 《明史》卷190《杨廷和传》。
⑤ 《明史》卷191《毛澄传》："帝欲尊崇所生，尝遣中官谕意，至长跪稽首。澄骇愕，急扶之起。其人曰：'上意也。上言"人孰无父母，奈何使我不获伸！"必祈公易议。'因出囊金畀澄。"
⑥ 前揭《明史·杨廷和传》。

过望,"此论一出,吾父子必终可完也!"①

但不管明世宗怎样表态,杨廷和都一直有他自己的原则。张璁被很轻易地赶到南京,身为最高统治者的皇帝束手无策。明世宗情急之下,在即位四个月以后,竟然以退位相要挟,方才使张太后和内阁略有松动,其父兴献王可称为"兴献帝",但却必须注明"本生父"方可。依然没能实现"只继统不继嗣"的目标②。

不过,张璁的上疏就像一根导火线,引燃了杨一清、王琼、王守仁等杨廷和这些政治反对派心中的怒火。大礼议在形式上是王学对朱学的反抗,实质上却是王守仁一派不得志的官僚试图借助皇权的力量,来达到压服杨廷和的政治目的③。在王守仁一班弟子门徒的参与下,更定祀典、迎合皇帝的呼声此起彼伏,一浪高过一浪。杨廷和等人甚至被目为权奸,世宗身旁的亲信也"乘间言其恣无人臣礼"④,内阁受到了巨大的压力。

当然,只靠杨一清、王守仁这些政治上的失败者,明世宗还无法取得胜利。道理很简单,这些人本意是要借助皇权的力量来扳倒政敌,但在皇权自身尚且难保,百官总已以听于内阁的情形下,他们的作用仅止于声援而已。关键还要靠皇权自身的力量。问题是,皇权又是通过何种手段,才得以反败为胜,取得优势地位?

第二节 权力的整合

一、从龙功臣

前面已经指出,在传统中央集权的政治体制之下,政令只有通过君主的名义发出才最终有效。但是,在这种体制当中,真正具有实权的却未必是君主,而是对君主的人身具有直接控制权的那个集团。汉唐时代的巨阉、权臣,虽无齐桓、晋文之雄猜,却同样能"挟天子以令诸侯",奥妙就在这里。因此,历代君主为了保证令从己出,首先必须确保那班宫廷侍卫对自己忠贞不贰。唐代

---

① 《明世宗实录》卷4,正德十六年七月壬子。
② 《明通鉴》卷49,武宗正德十六年九月癸酉、十月己卯。
③ 正德时代杨一清、王守仁等与杨廷和的矛盾,在大礼议中被重新激发,同时促成了嘉靖初年针对王学的"伪学之禁",参本书第一编第三章第一节。
④ 《明史》卷190《杨廷和传》。

成功的宫廷政变都发生在北门，症结也同样在这里①。

从这个角度来看，明世宗由藩邸来到皇宫，其实无异于进入囚牢。保卫他的，是原来扈从明武宗的锦衣卫士；服侍他的，是曾经陪伴过武宗的宫女太监。这些人相互盘根错节，又直接听命于张太后，因此所谓"保护"，便同时也是监视的代名词。由此我们便能理解，何以性本刚愎固执的明世宗，在嗣位之初，会在张太后面前噤若寒蝉，对外廷最激烈的批评也都"下诏嘉纳"，决不是因为他骨子里具有仁德、柔顺的美德。"在人矮檐下，怎敢不低头"，明世宗想必深会其中三昧。

因此，明世宗要想提高君权，保证自己的意志能够畅通无阻地下达，首先必须确保自己的人身安全。否则其命运或许只会和西汉的昌邑王刘贺一样，招之即来，挥之则去。在这一点，他把希望寄托在从藩邸带来的从龙功臣身上，因为只有他们，才是自己此时最能够信任的人。

世宗即位不久，便按照惯例"录从龙功"。在文臣当中最看重的无疑是左右长史张景明和袁宗皋，对二人倚望颇切。可惜张景明未及世宗即位就已病亡，袁宗皋虽在世宗甫立，即升为吏部左侍郎兼翰林院学士，不久晋升礼部尚书兼文渊阁大学士，参与密勿，但此时早已年届古稀且体弱多病，四个月后就与世长辞，未能对巩固他的权力起到什么作用②。

张、袁的早死很容易给人一种印象，似乎明世宗此时已成了"孤家寡人"，除了后来那班议礼新贵之外，无人可依③。其实，倘对嘉靖初因从龙迁秩的兴邸旧臣稍微做一番考证的话，这种观点就会不攻自破。据笔者就《明世宗实录》所作的初步考证，世宗从藩邸带来的随从，除宦官以外，受到升赏的共六十六名（已扣除留在藩府的十一人），其中进入锦衣卫的则有四十三名，约占三分之二④。尽管他们所授职位从"百户"到"锦衣卫指挥同知"级别不等，但却绝对不能小看这批人的能量。这不仅因为作为特务机关的锦衣卫名位虽低，但权势极重；也因为作为皇帝亲信的这批"从龙功臣"，往往有着无穷的晋升机会。譬如于海，在嘉靖元年七月便由所镇抚直升为指挥佥事，他的妻

---

① 参阅陈寅恪《唐代政治史述论稿》中篇的有关讨论。
② 文臣中较重要的还有周诏，据说世宗将大用之，不过亦早卒。参阅朱彝尊《静志居诗话》卷8及焦竑《国朝献征录》卷70本传。
③ 刘真武《"大礼之争"是非考辨》；李洵《下学集》，第160—161页。
④ 《明世宗实录》卷2，正德十六年五月乙卯、丙辰、甲子、己巳、癸酉、乙亥；卷8，十一月壬子。

子则被封为"奉圣夫人"①,显然是世宗乳母之类的人物。陆松则从兴府仪卫直做到都指挥使,其子陆炳后来也掌管锦衣卫,权势之横隆于东厂。同时世宗即位不久,便罢掉原锦衣卫都指挥朱宸,相继起用的骆安、王佐、陆松、陈寅等,都是兴邸旧人②。此外,还于嘉靖元年三月,以随从们"从朕藩邸,效劳年久,左右朕躬,各有功绩"为由,把张佐等大小宦官又升赏殆遍③。在嘉靖前期相继掌司礼监印的张佐、鲍忠、麦福、黄锦,也都是兴邸的亲信④。

明世宗如此重用藩邸旧臣,时人难道没有反应吗?并非如此。上至兵部尚书,下至监察御史,对此都颇有讥弹⑤。特别是嘉靖元年七月,监察御史汪珊上言"十渐",中间有两款更是直斥其弊:"初裁锦衣冒滥,今大臣近侍封爵世荫,藩邸旗校尽补亲军……中官有过,初皆不任,今镇守守备营换启倖。"⑥ 所谓"中官有过,初皆不任"是指原来的宦官班底,而今更换的则是亲信。对外廷的批评,明世宗或是置若罔闻,或是每以"下不为例"为借口,行其掩耳盗铃之故技。

但是,明世宗这些举动,在后世史家那里似乎并没有受到诟病。除了认为理所应当,或者心生忌讳之外,很难说不是受其即位初因外廷所请大量裁减锦衣冗员一事的蒙蔽。据《明世宗实录》所记,仅正德十六年六、七两月,明廷即裁减锦衣卫及各监司寺局旗校冒滥十八万多人⑦,这个数字也许不实,需要详考,但却足以说明锦衣卫在嘉靖初遭到了一次重大的清洗。锦衣冒滥主要是宦官与勋戚子弟,因此这一举措可以看作明世宗和内阁在相互支持下对宦官和勋戚集团的打击。不宁唯是,明世宗刚一即位,就于正德十六年四月首先将锦衣卫都指挥郭鳌以及指挥王钦、殷镗等人用党附江彬、钱宁的罪名投入诏狱,七月又将都指挥廖鹏、指挥齐佐等一批人监禁查办,锦衣卫的上层也受到了重创⑧。如果我们把明世宗清洗锦衣卫与前引汪珊所言"藩邸旗校尽补亲军"联系起来的话,他的真实意图岂非昭然若揭:裁锦衣一方面可钳外廷之

---

① 《明世宗实录》卷16,嘉靖元年七月丙辰。
② 《明史》卷307《佞幸·陆炳传》。
③ 王世贞《弇山堂别集》卷90《中官考一》。魏连科点校本作"九年三月",误。
④ 《明史》卷304《宦官一·谷大用传附》。
⑤ 参《明世宗实录》卷8,正德十六年十一月甲寅山西道监察御史樊继祖所言"四渐",以及戊寅兵书彭泽所上疏。
⑥ 《国榷》卷52,嘉靖元年七月戊申。
⑦ 《明世宗实录》卷3,六月丁酉;卷4,七月丙子。
⑧ 《明世宗实录》卷1,正德十六年四月辛亥;卷4,七月庚午。

口，缓和内外之间的矛盾；另一方面也可趁机建立自己的私人卫队和刑讯机关（诏狱），增强皇权的实力。

明世宗引用武人，但在"大礼议"初期并没有派上用场，这主要是因为"大礼议"形式上毕竟是一场礼仪之争，议礼双方的对抗是通过辩论逐渐展开的。而以儒家仪礼为基础的经院式辩驳显然不是这些"赳赳武夫"们的特长。因此尽管有趋炎附势的锦衣千户聂能迁、附庸风雅的武定侯郭勋等的支持，却并没有使明世宗在辩论中占据上风，这些人的作用，要到嘉靖三年左顺门廷杖之际方才真正显现出来。

二、权力的整合

一人得道，鸡犬升天。随着明世宗的入继，那些政治生涯原本被判了死刑的藩邸官僚①，此时摇身一变，成为一个颇具实力的新贵集团。这个集团的到来，打破了武宗死后空位期内张太后、司礼监与内阁之间的权力平衡。四者之间新一轮的分化组合，是必然的事情。

由于都想染指最高决策权，张太后与明世宗自然成了天生的敌手。张太后本人虽不擅弄权，但却擅长摆谱：在接见世宗生母蒋氏时，常以"故事遇之"，接受世宗朝觐之际，"待之又倨"②。睚眦必报的明世宗在后来的岁月中不断对张太后及武宗夏皇后两家疯狂报复，未必不是此时种下的祸根。

在这种情况下，内阁与宦官两大集团，虽无法角逐最高权力，但其风头所向，却足以影响政局。只不过，同样是官僚的集合，杨廷和领导下的内阁有一套成型的政治理念，有一套理想的制度法则；相反，宦官却大抵只是一个纯粹依附性的利益集团，它更热衷于"术"的操作，把谋求切身利益作为终极目的，因此总是按照对其是否有利，选择依附的对象。在这种情形下，四种势力之间可能形成三种组合：

第一，以内阁为核心，形成制度化的中央政体。从某种意义上说，这也是外廷的共同要求。倘注意到杨廷和一再上疏声称"天下万世之公议诚不可以一

---

① 明代对藩王防闲甚严，宣德时汉王高煦叛乱之后，不许汉府亲戚与京官联姻，弘治三年著为令。同时"王府官员任满不得考绩，株守终身，故铨司取庸琐衰惫之人充之。"嘉靖八年后始用杨一清等议，九年考满之后方可叙迁，仍不无远之之意。参《明世宗实录》卷98，嘉靖八年二月戊子。另如弘治时耿裕为吏部尚书，歧王出阁，选六名新进士为藩邸长史，引起诸人哗变。见陈洪谟《治世余闻录》上篇卷1。
② 《明史》卷114《孝宗孝康张皇后传》。

人之私情废"①，兵科给事中夏言提出"事关大体众论不同者……必经由内阁议而后行，是有可否，许令执奏"②，以及彭泽、张璁等所吁求的军事权与司法权的相对独立③，那么这一估计便决非危言耸听。然而，由于内阁的政策损害了其他三个集团的共同利益（如限制庄田、裁锦衣冒滥、罢内官镇守等），而且杨廷和自己也承认"我朝内阁无宰相之权"④，地位没有法律保障，因此，这种努力的失败也是必然。它仅仅是在世宗即位初期与张太后斗争处于平衡阶段才有过短暂的存在，昙花一现的"嘉靖中兴"便是这一内阁政体的最高成就，仅此而已。

第二，以张太后为核心。假如不是因为内阁的坚决反对，这种局面未尝不会出现。世宗即位之初，宦官集团虽遭重创，但其高层并未受到全面打击。仅就司礼监而论，从正德十四年到嘉靖元年，跨越两朝的太监中，温祥、赖义、秦文、张钦、张淮、萧敬、张锦全都顺利过渡⑤。何况，假如这批与勋戚贵族渊源颇深的宦官和张太后、内阁结为一体对抗皇权，那么张永、魏彬等人也许根本不会受到清洗。明世宗的命运将会如何？有汉唐历史在。

第三，以皇帝为核心。这是当时条件下最稳定的一种政体。内阁反对女主干政，但对皇帝却仅是限制，希望皇权能够纳入制度化的轨道。因此皇权的上升实际上得到了内阁的支持。此时，属于依附性集团的宦官便表现出油滑之处，在权衡利弊之后，转向皇权。因为，假如支持张太后，有了内阁支持且掌握了锦衣卫的皇帝未尝没有发动政变的可能；相反如果支持皇帝，失去了宦官中介的张太后只不过是个柔弱的妇人。因此，明世宗即位不久，司礼太监萧敬等人就明确表示支持议礼，向皇帝暗送秋波⑥。

明世宗和他那班幕僚弄权有术，对此自是别有会心。张太后是块绊脚石，必须除去；杨廷和虽是他获取权力的津筏，但现在却只会掣肘，十分的可厌。算来算去，只有宦官，可晓之以威，动之以利。因此，明世宗一面满足内阁的

---

① 《明世宗实录》卷4，正德十六年七月甲子。
② 《明世宗实录》卷1，正德十六年四月戊申。
③ 在大礼议中，彭泽与张璁属于不同的派系，但谋求提高外廷权力在二者却是一致的。参《明史》卷198《彭泽传》；张璁《张文忠公集·奏疏》卷3《明旧制》；以及王世贞《弇山堂别集》卷98《中官考九》，所引诸人的有关议论。张璁后来协助明世宗打击师道，有另外的理由，详见后文。
④ 前揭杨廷和《视草余录》。
⑤ 参王世贞《弇山堂别集》卷90《中官考一》。
⑥ 前揭杨廷和《视草余录》。

要求，裁减锦衣冒滥，清洗江彬、钱宁余党，坐收渔翁之利；一面却对被清洗的宦官和锦衣高层曲加庇宥，行其卖好之实。

这一点，从武宗宠臣张锐、许泰一案便可窥其端倪。张锐和许泰等都是正德时代武宗面前的红人。君臣之间称兄道弟，甚至约为同僚①，专横跋扈，胡作非为，与内阁积怨甚深。因此，明世宗即位以后，杨廷和必欲除之而后快。张、许等被监禁以后，以外廷此时的威权，杨廷和的自信，皆以为必杀无疑。岂料明世宗此时心思已变，"竟宥其死命"。杨廷和十分恼怒，接连两次上疏，且以辞职相抗："天下之人皆曰可杀，不止于国人曰可杀而已。且陛下独宥之，此臣等所未喻也。"② 明世宗为何甘冒天下之大不韪？倘注意到六天以后刑科给事中顾济便开始弹劾司礼太监萧敬"党护张锐""故纵大奸"，就可知此时的明世宗早已和宦官集团沆瀣一气了③。

四种势力的奇妙平衡，维持了嘉靖初短暂而耀眼的一段"新政"。但好景不长，至迟在嘉靖三年，明世宗已具有了必胜的实力，逐渐开始对张、夏集团进行报复。比如，其生母蒋氏诞辰，世宗敕命妇入贺，"燕赉倍常"；及张太后诞辰，则非但不许入贺，还处罚了舒芬等一批进谏的官员④，拉开了收拾旧勋戚贵族的序幕。至于外廷，既然在"大礼议"过程中，内阁始终不肯就范，那么最后的决战就不可避免。杨廷和眼见大势已去，于嘉靖三年二月辞官不做，不久，坚持反对议礼的礼部尚书汪俊也步其后尘。明世宗于是置吏部的廷推于不顾，任用了自己最宠信的议礼新贵席书，同时一不做，二不休，在这一年的七月发布了"改上本生圣母章圣皇太后曰圣母章圣皇太后"的诏书，去掉"本生"二字，向外廷直接宣战⑤。

其实，明世宗尽管气势咄咄逼人，但这个十八岁的年轻皇帝并非像后人吹捧的那样乾纲独断。就在发布这个诏令的前不久，世宗还是在犹豫不决，如临深渊。为此，嘉靖三年六月，张璁秘密入京后，君臣之间曾有过一次颇有意思的对话："上夜召见璁曰：'祸福与尔共之，如众汹汹何？'"以九五之尊尚且言及祸福，其心中的疑惧可知。相比之下，已年届知命，"动止若大豪"的小

---

① 《明世宗实录》卷3，正德十六年六月甲辰，伍文定言。
② 《明世宗实录》卷7，正德十六年十月己丑、庚子。
③ 同上书，十月丙午。另可参《明世宗实录》卷8，正德十六年十一月乙卯下旨宥前锦衣指挥廖鹏等人死罪，其初衷也是如此。廖鹏是中官廖堂的弟弟，参《明史》卷307《佞幸·钱宁传》。由此则宦官与锦衣卫盘根错节之状尤可见一斑。
④ 《明史》卷114《孝宗孝康张皇后传》。
⑤ 《国榷》卷53，嘉靖三年七月乙亥。

臣张璁①，却练达得多："彼众为政耳。天子至尊，明如日，威如霆，畴敢抗者，需锦衣卫数力士足矣。""上颔之。"②"明如日"自是饰词，"威如霆"在明代皇帝而言却非虚语。但三年前的张璁为什么不敢作如是说？此时皇帝内得锦衣卫及宦官支持，政令畅通无阻，外有提督京营武定侯郭勋的"内助"③，对付外廷这群手无寸铁的文官，早已绰绰有余，勋戚之家与宗藩势力更不敢有什么不识时务的举措。由此可见，稍后的左顺门廷杖事件，其实是一次由皇帝本人发动的小规模的宫廷政变。通过这次政变，明世宗告诉外廷的群臣，自己才是朝廷上真正的主人。

然而，当杨廷和这等强悍的人物都被逼走，外廷群臣又能怎样呢？面对如此不顾制度、践踏天理的皇帝，他们所能求助的，或许只是一种无可奈何的法宝——哭谏。嘉靖三年七月戊寅，群臣在翰林院学士丰熙、修撰杨慎等的鼓动下，相率至左顺门，撼门大哭，"或大呼太祖高皇帝，或呼孝宗皇帝，声彻于内"④。其实，这种被毛奇龄贬作"举国发狂疾"的哭谏⑤，在明代早有先例，且曾经征服过世宗的祖父宪宗朱见深。但当儒臣们幻想着心目中的"少年英主"也许会有着一点点"是非之心"时，等待他们的却是嘉靖初文臣上疏所极端反对的廷杖⑥。廷杖先后死了十七人，丰熙、杨慎等也都发配远方，"遇赦不宥"，最终死于戍所。嘉靖初期的政治斗争，以皇权与宦权的联合胜利而告终。从那以后，明世宗方才真正成为一个独立的政治角色，开始自主地推行其意识形态理念与文化政策了。

---

① 王世贞《嘉靖以来内阁首辅传》卷1《张孚敬传》。
②《国榷》卷53，嘉靖三年七月壬寅。
③ 同上。
④《明世宗实录》卷41，嘉靖三年七月戊寅。
⑤ 前揭毛奇龄《辨定嘉靖大礼议》卷2。
⑥ 参阅余继登《典故纪闻》卷17所载林俊于嘉靖初上疏中反对廷杖的言论。

第二章 大礼议与更定祀典

第一节 天理与人情之争

明世宗即位不久,便在外廷引发了一件影响极为深远的大事件,这就是有名的"大礼议"。

大礼议的起因极为简单,不过是已经当上了皇帝的朱厚熜,想要乘机尊崇生身父母罢了。这也难怪,按照传统的说法,"父为士,子为大夫,葬以士,祭以大夫""加之斯礼也,可达乎天子"(《中庸》),那么父为藩王,子为皇帝,为什么不能以天子礼乐祭之?揆诸往古,历代开国之君,无论自己的祖先是卑微还是平凡,统统尊之为天子:于是,西伯姬昌成了周文,枭雄曹操谥为魏武;返视方今,不管是士大夫还是平民,只要在现实的官僚体系中取得一席之地,便很快可为其父祖谋得相等身份的封赠和告身。这在当时都是符合世俗人情的行为,不会引起一般人丝毫的惊讶。

然而,依照杨廷和及外廷绝大多数官僚的意见,明世宗在继承帝位这个大统时,却应该遵守宋儒程颐所言,"礼,为人后者为之子"①,称孝宗为皇考,而改称其父兴献王为皇叔考,即"继统"兼"继嗣"之意。他的两个重要历史依据便是汉代定陶王故事及宋代的濮议②。

---

① 程颐关于濮议的观点详其《代彭思永上英宗皇帝论濮王典礼疏》中,见《河南程氏文集》卷5。
② 所谓定陶王故事,是指汉成帝立从子刘欣为太子,是为哀帝,同时又立楚孝王孙刘景为哀帝之父定陶共王后,师丹以为恩义并尽。详袁枢《通鉴纪事本末》卷5《丁傅用事》。宋濮安懿王之子入继仁宗,是为英宗。从司马光、范镇等意,立濮王园庙,另选宗子继嗣。详陈邦瞻《宋史纪事本末》卷36《濮议》。对这两个问题的考察,可参 Carney Thomas Fisher: *The Great Ritual Controversy in Ming China*, pp. 10—92。

前面已经指出，杨廷和的安排纯粹是出于政治上的考虑，因此在理论上便难免疏漏。姑且不提所谓汉、宋之事与明世宗入继明显缺乏可比性①，即便是"继统""继嗣"之说，同样有逻辑混乱之嫌。王守仁的学生黄绾便提出过这样的疑问：

> 天子宗庙，虽有子孙，非为天子，不得而祭。陛下继武宗为天子，则当承武宗为祭主。是故得为主则九庙皆有主矣，不得为主则九庙皆无主矣，何必独为孝宗虑而不为武宗虑哉……今乃武宗无子而非孝宗无子，既欲重为继嗣，即当为武宗而不当又为孝宗立。②

的确，假如统嗣兼继之说成立，那么世宗即位的合法性又在哪里？杨廷和等人虽很快认识到这一矛盾，并上疏含糊其词："武宗皇帝亲挈神器授之皇上，名号虽兄弟，而实犹父子"③，实在是欲盖弥彰。而既然明世宗即位乃奉武宗"遗诏"，何况正德十六年九月自愿退位而群臣又不准，那么无论议礼的哪一方都不得攻击皇帝没有合法性，而必须默认这个前提。这一点我们从明世宗每次下诏总要不厌其烦地提及自己的即位乃是本着"兄终弟及"的原则，由"皇兄"亲授，便可了然。由此也可以看出，杨廷和执意把朱厚熜过继给孝宗，本质上并非为了死去的孝宗立嗣，而是为活着的张太后保留一个"母仪天下"的尊号。从来祭祀死人是为了生人，在这里又得一证。

然而，无论大礼议的根本动机及其背后的权力运作如何，都不该忘记，至少在形式上，那仍是一场以儒家内部不同观点为背景的学术论争。而综观议礼两派的理论基础，大礼议实际表现为一种"天理"与"人情"之争，说穿了，便是作为正统的朱学与新兴的王学之间的斗法。

说杨廷和一派的主流是朱学这一点当无异议④，杨廷和的儿子、翰林

---

① 首先，张璁已经指出，"哀帝、英宗乃是预立素养、明为人后者也，故当时师丹、司马光之论于事较合，于义相近矣。"（《太师张文忠公集·奏疏》卷1《正典礼第二疏》。）其次，以汉定陶王故事为例，当时汉成帝有亲弟中山王不立，明确反对"兄终弟及"之说，假如此说成立，那么明太祖的祖训便成问题了；第三，定陶共王在当时被尊称为恭皇，其妻丁姬尊为恭皇后，倘若以此为据，反倒应成为明世宗尊崇生父的一个样板。后二点当事人大概都心照不宣。
② 黄绾《大礼第三疏》，见陈子龙等编《皇明经世文编》卷156。另外，前揭张璁《正典礼第二疏》也有类似观点。
③ 《明世宗实录》卷5，正德十六年八月庚辰。
④ 参欧阳琛《王守仁与大礼议》。其实在这里杨廷和等是否真正尊信朱学并不重要，关键要看打着什么旗号。意识形态争论与纯粹的学术讨论不能混为一谈。

院修撰杨慎就曾与同僚上言:"臣等与桂萼辈学术不同,议论亦异,臣等所执者,程颐、朱熹之说也;萼辈所言者,冷褒、段犹之余也。"① 杨廷和本人也说:"前代入继之君,追崇所生者,皆不合典礼,惟宋儒程颐'濮议'最得议礼之正,可为万世法。"② 更无论他的同僚们所引程颐之说了。

众所周知,自明初以朱子传注开科取士之后,程朱学说已然成为官方学术的正宗。程朱本人既成了从祀孔子庙廷的贤哲,他们的理论也自然带有几分"天理"的意味。因此,尽管"濮议"与"大礼议"的可比性值得商榷,但是程颐的"礼,为人后者为之子"这句话本身却依然有其应有的分量,并从理论上构成了对议礼诸臣的威胁。假若明世宗承认了这是"天理",那么他也就无法改弦更张,尊崇所生。因此,重新构造一种学说基础就势在必行,以王学为背景的新兴的议礼官僚们完成了这一任务,这就是"礼本人情"说③。

当然,"礼本人情"并非王学的首创。所谓"圣人缘人情以制礼""礼以时为大"早就成了儒家学者们的口头禅,更何况唐代以后早已升格为"经"的《礼记》就曾明确指出:"礼,义之经也,非从天降也,非从地出也,人情而已矣。"④ 甚至反对议礼的杨廷和、毛澄等人对此亦直认不讳,所不同的,似乎只是双方各有自己不同的人情罢了⑤。

不过,用"人情"和"天理"这样一对概念来大致区分王学与朱学,仍有其客观的意义。事实上,尽管迄王守仁为止,宋明理学家仍然把"存天理,灭人欲"作为共同的目标,但理学与心学之间却仍有着巨大的分歧。同一个"理",前者定义之为"性",乃天命所赋予;后者则定义之为"心",是良知的朗现。前者需即物外求,后者靠反身自得。相较而言,心学无疑更能彰显主体的自为精神。落实到实践当中,理学家重视规矩格套,不失纲常轨范;心学家则讲究因时求变,顺乎人情。在这个意义上,说王学更能体会"礼本人情"的微意并不过分。

---

① 《明通鉴》卷51,嘉靖三年六月。
② 《明史》卷190《杨廷和传》。
③ 参拙作《谁与青天扫旧尘——大礼议思想背景新探》;另可参 Carney Thomas Fisher:The Great Ritual Controversy in Ming China, pp. 289-296 的有关论述。
④ 参《礼记》卷56《问丧》。
⑤ 《明世宗实录》卷6,正德十六年九月丁丑,毛澄集议。

王守仁与其门人在大礼议中的表现,早就有人撰文论述过①,值得重复指出的是,在议礼中崛起的最重要几个新贵里,方献夫、席书、霍韬、黄宗明、黄绾等人都与王守仁有着密切的往来。其中:正德四年王守仁贬贵州龙场驿,席元山(书)问学于王,并"豁然大悟"②;正德六年守仁"僚友方献夫受学"于京师③;黄绾、黄宗明也都是王守仁的入室弟子。霍韬本人虽"于文成(守仁谥)之学不能契"④,然而大礼议时,"霍(兀崖)韬、席(元山)书、黄(宗贤)绾、黄宗明先后皆以大礼问"⑤,可见这些人皆在师友之间,关系非同一般。

王守仁本人并未直接参与,但他的态度却昭然若揭。在议礼过程中,其弟子、曾任刑部主事的陆澄先是极言追尊之非,后云:"臣以经术短浅,雷同妄和,质之臣师王守仁,始有定论,臣不敢自昧本心,谨发露前愆,以听天诛。"⑥虽然后代史家在记载这件事时或以为陆澄乃"反复"小人⑦,是否有此一问亦复不明。其实如果稍稍考察一下王守仁本人关于礼的言论,那么这段话应该是可信的。王说:

> 天下古今之人,其情一而已矣。先王制礼,皆因人情而为之节文,是以行之万世而皆准,其或反之吾心而有所未安者,非其传记之讹缺,则必古今风气习俗之异宜者矣。此虽先王未有,亦可以义起,三王之所以不相袭礼也。若徒一拘泥于古,不得于心而实行焉,是乃非礼之礼,行不著而习不察者矣。

这段话正是针对他的学生、曾经参与反对议礼、泥古不化的邹守益⑧,在此应该不难体会出王守仁的微言大义。试问,这种"礼因人情"的观点,难道不正是大礼议中主张以本生父为皇考的一派人的绝好根据吗?更何况对这一

---

① 参沈德符《万历野获编》卷20《陆澄六辩》。容肇祖《王守仁的门人黄绾》,《容肇祖集》,第257—260页。及前揭欧阳琛《王守仁与大礼议》。另可参前揭 Carney Thomas Fisher: *The Great Ritual Controversy in Ming China*,pp. 297-308.
② 《王阳明全集》卷33《年谱一》。
③ 同上。
④ 《明儒学案》卷53《诸儒学案下·霍韬传》。
⑤ 《王阳明全集》卷35《年谱三》。
⑥ 《明儒学案》卷14《浙中王门学案四·陆澄传》。
⑦ 焦竑《玉堂丛语》卷8。
⑧ 《王阳明全集》卷6《文录三·寄邹谦之(丙戌)》。

点王守仁自己也直言不讳，他在给霍韬的信中说："往岁曾辱《大礼议》见示，时方在哀疚，心善其说而不敢奉复……其后议论既兴，身居有言不信之地，不敢公言于朝。"①

正因为如此，因丁忧而优游林下的王守仁尽管没有回答霍韬等人所问的大礼，终究不甘寂寞，于碧霞池边有诗吟道：

> 一雨秋凉入夜新，池边孤月倍精神。
> 潜鱼水底传心诀，栖鸟枝头说道真。
> 莫谓天机非嗜欲，须知万物是我身。
> 无端礼乐纷纷议，谁与青天扫旧尘？②

把他的微妙心态流露无疑。

当然，无论王学的理论如何雄辩，张璁辈的礼学如何深邃③，倘没有学术争论背后那帮"赳赳武夫"，明世宗都断难以取得胜利。但是，同样无法否认的是，大礼议这场争论也还产生过这样一种效应，那就是，自正德时期兴起，在正、嘉之际已开始大行于世的王学，已经以宗派的面目，正式登上政治舞台，参与着嘉靖以后学术与政治的互动。那以后，不断有反对派为着不同的目的，推行"伪学之禁"，至少可以说明，不管是学界还是政界，在野还是在朝，王学都已经成为一支不可忽视的力量。

第二节 合法性的重建（一）：重塑三纲

一、概念的提出

在前面的讨论中，我们屡次提及"合法性"一词。这一概念是德国社会学家马克斯·韦伯（Max Weber）在对社会秩序及其变迁作政治社会学考察时

---

① 《王阳明全集》卷21《外集三·与霍兀崖（丁亥）》。
② 《王阳明全集》卷35《年谱三》。"旧尘"一作"宿尘"，见《王阳明全集》卷20《外集三·碧霞池夜坐》。
③ 王世贞《嘉靖以来内阁首辅传》卷1《张孚敬传》说他未登第时"筑罗山书院于姚溪，聚徒其中与讲治经术"，且"于书鲜所不窥，而尤精于礼。"《明史·艺文志》载其《礼记章句》八卷。

正式提出的①。实际上，所谓合法性，也就是政治系统的稳定性②。在韦伯看来，只有当一种统治符合某一所谓"正当支配的三个类型"（three pure types of legitimate domination）时，那么这种统治才是稳定的、合法的。这三种纯粹类型分别是：1）法制型支配（legal domination）；2）传统型支配（traditional domination）；3）卡里斯玛支配（charismatic domination）。

大概地说，"法制型支配"乃是基于官僚制的管理技术，现代的民主合议政体及一元制官僚政体与此对应；"传统型支配"则是基于官僚对统治者的私人依附，长老制、家长制、身份制及世袭制，大概与此对应；"卡里斯玛支配"则是基于天启、英雄崇拜式的个人效命，适合于古往今来一切成功的先知、军事英雄、煽动家和领袖。

由于主要着眼于社会秩序的稳定，韦伯更倾向于把支配权，或者说"权威"的获得，定义为"一群人会服从某些特定的（或所有的）命令的可能性"③。与作为支配能力的"权力"不同，"权威"是由统治者与被统治者双方共同认可的。只有统治者具备权威而非仅仅是权力时，一个社会才会因对命令的自愿服从，而减少对抗并保持稳定。

然而遗憾的是，由于只是致力于社会学的纯粹类型分析，并一直谋求在研究中保持"价值中立"，不可避免的，韦伯在他的理论中仅提及"正当的支配"，而未曾考虑有"不正当支配"的可能形态。譬如说，古代的僭主统治，现代的法西斯集权体系，以及各种各样的权威主义体制都将如何面对？④

事实上，"不正当支配"的政体既然已经存在，为了实现社会的长治久安，保证统治集团的自身利益，那么通过某种意识形态的设计，使僭越变为正当，使对抗走向缓和，其实是许许多多统治者的共同伎俩。设计得好，压迫与被压迫的双方暂时可以相安无事；设计得不好，则充其量流于自欺欺人。在中国，向来"窃钩者诛，窃国者侯"，成王败寇，锦被遮羞，其实不过如此。这一过程，本书称之为"合法性的重建"。

明世宗从藩邸入继，是奉太后懿旨和武宗遗诏而行，当然是合法的。但圣

---

① 韦伯有关合法性问题的讨论主要见于其《经济与社会》一书，第238—332页。其单行本由康乐编译为《支配的类型》，收入《新桥译丛》。"合法性"一词中文用法颇为含混，学术界有人主张代以"正当性"一词，可从。本书由于约定俗成之故，仍然使用这一词汇。
② 参康乐为前引书所作导言《韦伯的政治社会学》，前书第13页。
③ 前揭《支配的类型》第25页。
④ 参前揭康乐文。

旨虽然是金科玉律，倘若和作为根本大法的"祖训"相暌违，那么说它缺乏合法性，也决非危言耸听。明世宗虽在左顺门廷杖之际显示出无上的威权，但服人之口而不能餍人之心，还不具备使人心悦诚服的权威。这种缺乏合法性的政体显然是"不正当支配"的一个典型，它无法保持真正的稳定。

对明世宗而言，重建政权合法性最方便的做法，莫过于制礼作乐。如所周知，中国传统社会是一个礼治社会。作为人际关系的轨范以及政治秩序和文化秩序的象征，礼处在核心的地位，因此一直受到历代统治者的高度重视。唐代杜佑所撰《通典》，有关礼的篇幅就占了大约一半，基本反映了礼在中国古代社会生活中地位的实相。尤其重要的是，统治者利用官方的文化机器冶天人、古今于一炉，通过祀典的形式，使一切看起来重要的历史或神话中的人物和精灵，都在自己所营构的象征秩序中占据一席之地。于是，权力的来源得到肯认（君权神授），古代的辉煌能够继承（慎终追远），以此为当下的行为筑就坚实的宗教和历史根基。换句话说，礼是现实社会的产物，但同时又为它提供自足存在的理论根据。

因此，明世宗"既排廷议定大礼，遂以制礼作乐自任"①，把目光投向了以敬天、祭祖、祀孔为中心的一系列重大祀典中来。

二、尊阳抑阴

树立权威的最好办法，莫过于把自己打扮成真理和正义的化身。明代的祀典，无论是郊社之礼、宗庙之制，还是孔庙祀典，尽管历代君主相继有所更定，然其规模矩矱则主要出自太祖朱元璋。明世宗打着"礼乐征伐自天子出"的旗号，对祀典作大规模的厘正，用意无非是表明自己在礼乐方面的成就度越千古，不在朱元璋之下。于是沾沾自喜地写道："孔子曰：'三年无改于父之道'，朱子释之曰：'祖父所行之事不但三年，虽万世不可改也'……然而事关纲常，奈何？"言下之意，无论是孔子、朱熹还是列祖列宗，在他所掌握的"纲常"这一绝对真理面前，都要低头受教。

姑且不论明世宗自拟真理是否矫诬，从他祭起"纲常"这面"翻天刃"，却正可以窥其真意之所在，那就是重塑三纲的威信，并以此为权舆，进而月旦古今。

对三纲的论述，最完备的当属由班固执笔、东汉章帝钦定的《白虎通德

---

① 《明史》卷196《张璁传》。

论》:"君为臣纲,父为子纲,夫为妻纲。"《书》云"如网在纲,有条而不紊",其用意本来是表征君与臣、父与子、夫与妻之间所体现的本末关系。但在早期经学观念不断被扭曲的情境下,在漫长的传统时代,逐渐被片面强调为君对臣、父对子、夫对妻的绝对权力。到了明清时代,这种纲常之教不仅深入人的浃髓,而且具备了"话语霸权",成为天经地义的真理。

三纲理论的哲学基础是传统的阴阳观。这种观念把"至大无外""至小无内"的宇宙,图式为互动的阴阳两极,前者柔顺、晦暗……后者刚健、明亮……相生相化,对立统一。套用这样的模式,则天、君、父、夫属阳性;地、臣、子、妻为阴性。明世宗提倡三纲,从理念上来说,就是要建立阳对阴的绝对优势。理解了这样的"一以贯之"之道,便可知明世宗在更定祀典中种种举措其根本义旨之所在了。

有意思的是,明世宗表彰夫权,首先是拿他的母亲开刀。嘉靖七年,其生母蒋太后想要在宫内为其父兴献帝建龛祭祀,由于不知神牌之上当书何字,动问内阁。当时已升任内阁首辅的张璁于是建议用《礼记·曲礼》所云"皇辟"。对此,明世宗颇以为然,认为书此不足以尊夫权,提出改用"尊主"字样。张璁则提出了一个反对的意见,理由是蒋太后为兴献帝正妻,按照古训乃是"齐体",不应作此称呼。明世宗反驳道:

> 夫若论"君主本妾妇之称,齐体者不如是",恐非率之之道。若君臣者,有师保大臣,此大臣也,与君共理天工,导教指示于君,有师道焉,亦曰臣之,为重其义之大也。何齐体者敢自为之齐也。

在明世宗看来,即便有"齐体"一说,也不过如君主之有师道,只是表面文章罢了。不过,为了照顾张璁的提议,明世宗还是耍了个朝三暮四的花招,提出把"尊主"改成"尊辟"。张璁则借坡下驴,见好就收,盛赞"皇上准古之礼,酌今之制,情既得尽,义复允当,此诚大圣人之真见,非臣愚所能及也"①。有刚愎之君,必有谀佞之臣,明世宗与张璁亦可算是一时之会。

明世宗打着三纲的旗号在宫廷之内小试牛刀,没想到一击奏效。在欣慰之余,一个更大的构想形成了。这就是他在嘉靖九年提出的议皇天尊号及分祀天

---

① 参明世宗、张璁《谕对录》卷8,嘉靖七年九月初一,《再议皇考神位称号》;及次日《再议皇考改称尊辟称号》。

地之礼。

三、天地分祀

在古代，天的名号虽多①，然而祭祀之时用为专名的，除了"昊天"之说偶一用之外，并不经见。明世宗此时突发奇想，在嘉靖八年年底忽然提出议设拜天神位，并在四天以后下诏给内阁首辅张璁，提出为之上尊号曰"皇天"②。理由是天尊地卑，后者尚有"皇地祇"之说，那么倘若天无"皇"字，怎能算作尊天？③一名之异尚且嚣嚣置辩，正可见尊阳抑阴的观念在世宗心目中几乎成了条件反射。

因此，明世宗一面喊着"人君父天母地，岂可事之以二道"，一面却极力强调"上下之分、阴阳之义、乾坤之位自不容以混言"④，力主分祀天地：

> （朕）闻《书》焚柴以祭天，又曰'类于上帝'；《孝经》曰'郊祀后稷以配天，宗祀文王以配上帝。'夫天即上帝，以形体主宰之异言也……今上帝、皇祇合祭一处，似非祭天也。天至尊也，地乃相承之耳。⑤

天地之祭本来并不一致。无论在古代天与上帝是否同义⑥，祭天的理由都是感格作为人格神的天。至于地祇，也就是后土，在先秦，除了《周礼》所说"乐六变则地祇出"，可以看作祭地的明文之外，后土之祭一般都以社祭当之⑦。加之《周礼》的这一记载，又被后代的学者胡宏等人视作"巫祝造怪之词"⑧，可信度并不很高。在这种情形下，谈不上天地的分合。

据说周代曾"郊祀后稷以配天，宗祀文王于明堂以配上帝"。至秦，因西

---

① 徐坚《初学记》卷1《天部上》及《汉书·郊祀志第五上》之颜师古注。
② 《谕对录》卷12，嘉靖八年十二月二十九日，《议设拜天神位》；卷13，嘉靖九年正月初三，《议尊皇天神号》。
③ 同上，卷13，嘉靖九年正月初六，《论祀天地礼》。
④ 同上，正月初八，《议分祀天地及配享礼》。
⑤ 同上，正月初六，《论分祀天地礼》。
⑥ 譬如马端临便认为汉代祭祀上帝不等于郊天，因撰《汉不郊祀论》，载《文献通考》卷69《郊社二》。不过这种观点不占主流。
⑦ 朱熹曰："《周礼》有圜丘、方泽之说，后来人便只说社便是后土。"可见这是当时一种通行的看法，尽管朱熹本人并不同意。引文见《谕对录》卷13，正月初八，《议分祀天地及配享礼》，张璁次日之答疏。
⑧ 丘濬《大学衍义补》卷56《郊祀天地之礼（上）》。

戎旧俗附会以五德终始之说，祀白、青、黄、赤四帝于雍，终秦之世以雍四畤为最尊。汉初，刘邦以自身当北方黑帝，于是成五方上帝①。这些上帝都是人格神，分主九天，后者由九天巫专祀。天与上帝的这种微妙关系大概就是后来宋儒所谓"天与帝一也，天言其体，帝言其主"的滥觞②。

汉文帝时在渭阳立五帝庙，在长门立五帝坛，仪注一依雍五畤，说明五帝观念仍然牢不可破。至武帝即位，"汉兴已六十余岁矣，天下艾安，缙绅之属皆望天子封禅改正度"，在大一统政治达到鼎盛的局面之下，象征领域似乎也应该有所更动了。于是亳人谬忌提出专祠泰一，"天神贵者泰一，泰一佐曰五帝"，五帝成为泰一的手下。武帝依其议，在长安东南郊建泰一坛。不久，又因方士所降神君，说可以和他相会甘泉，于是甘泉又成为建祠的重地，"置寿宫神君"。随之在甘泉建泰一坛，仪注全仿亳忌泰一坛，使五帝坛环居四周，以示辅佐泰一之意。那以后，雍五畤与泰一都是郊祭的对象，承担着传统郊天之礼的功能。

由五帝到泰一，是汉武帝时代大一统政治的象征。至成帝时，用匡衡之议，废除雍、鄜密上下二畤及九天、泰一、三一、八神之属，只保留了甘泉泰畤，并徙之长安以当郊祭，实际上正是这一思想的具体贯彻。那以后尽管屡复屡废，但是象征领域由分裂走向统一，实乃大势所趋。至汉平帝时，王莽又重新恢复了匡衡的动议，这样，由泰一主宰的"天"，终于正式代替了五帝分主的格局③。至晋武帝时代，五帝便已被看成"即天随时王而殊号耳，名虽有五，其实一神"。因此南郊便撤除五帝之座，统以昊天称之④。从那以后，天与上帝正式统一⑤。

祭地之礼相对于郊天略为简单。据说颛顼曾命火正黎司地，那只是传说罢

---

① 《汉书》卷25上《郊祀志第五上》。
② 《大学衍义补》卷56《郊祀天地之礼（上）》。
③ 以上皆据《汉书》卷25《郊祀志》。
④ 杜佑《通典》卷42《礼二·郊天上》。马端临曰："以圜丘即郊、五帝同一天，王肃之说。武帝肃外孙也，故祀礼从其说。"参《文献通考》卷70《郊社三》。按，在中国经学史上，有关郊天典礼的争论主要分郑玄和王肃两家。郑玄之论以郊、圜丘为二处，五帝与天不同，故传统上称之为六天说。王肃之驳郑玄，仅就郊天之礼来说，实在是象征领域由分裂走向统一这一大势所趋。
⑤ 此处所谓上帝指昊天上帝。按南北朝、隋唐以后仍有五方上帝之说，但地位无疑已经下降了，只处于从祀的角色。昊天上帝相当于汉代的泰一。五方上帝除了从祀昊天上帝之外，独祭一般只在明堂，在唐代明堂上帝和昊天上帝不同（当然也会偶有例外，《旧唐书·礼仪一》：中宗即位，神龙六年九月，亲享昊天上帝于东都之明堂，以高宗天皇大帝崇配，其仪亦依乾封故事），这和后来明世宗用天地等同的借口更定祀典并不相同。参下面的讨论。

了。先秦除了《周礼》明言地祇之外，大概实际操作中只是类如社祭，观其以后稷相配可知。直到汉代，汉武帝一次于雍郊之后，说："今上帝朕亲郊，而后土无祠，则礼不答也。"于是在汾阳立后土祠，这是秦代以后地祇专祭之始①。至汉成帝时匡衡整齐祀典之议起，汾阳后土祠被挪至长安北郊。从此成为郊祭天地的一个重要组成部分。

天和地固然都是郊祭的对象，但是天地祭祀的分合②，在被后来所承认的儒家经典中却有分歧之处。《周礼·大司乐》有六变、八变之说，显主分祀③；《诗》小序则称"《昊天有成命》，郊祀天地"④，乃合祭明文。后者尽管是传非经，但前者一直有伪书之目，也算旗鼓相当，无法从经典本身考求优劣。

天地分合的争论，是阴阳观向礼制中渗透的结果。汉平帝时，王莽为了向元帝王皇后献媚，附会《周礼》"大合乐"之说，把天地合祭比作夫妻"同牢而食"，开了合祭的先例⑤。或许正因为此举，加速了以阴阳观贯彻到郊社之礼的步伐，所以后争论天地祭祀的分合极少有人去考察真实的古礼如何，而是大都胶着于是夫妻齐体，还是尊天抑地。因此，平心而论，尽管《易传》中天地、乾坤、男女、阴阳等相互对应的关系已经十分流行，但是反映在象征领域，把天与地看成类似于夫妻的关系，仍是在汉代阴阳五行学说渗入政治以后。这样，倘用古礼作标准，反倒是反对合祀的北宋学者程颐所依据的理由："郊天地与共祭父母不同也，此是报本之祭，须各以类祭"，大概反映了上古

---

① 前揭《汉书·郊祀志》。
② 此处所言天地祭祀的分合，主要是指由君主主祭的场合。从理论上来说，圜丘祭天、方丘祭地、祭祀五方上帝、感应帝、神州等等皆需君主亲自主祭，但是在中国传统的礼制实践中，由于祀典的仪式过于烦琐，每年要举行若干次这样隆重的典礼，任何一个君主都无法承受，因此大都遣官代祭，只有圜丘祀天不许代祭。这样，由君主亲自主持的祭祀便无疑受到重视，而在此时天地是否合祭更是极为引人注目。另外，传统上许多祀典（包括郊祭）常常废而不举的一个重要原因其实是因为花费巨大，经济上无法承受，这一点可参《文献通考》卷72《郊社五》，宋孝宗、左相汤思退、户部尚书韩仲通等有关郊祀费用的讨论。
③ 郑玄、贾公彦《周礼注疏》卷22《大司乐》："冬日至，于地上之圜丘奏之，若乐六变，则天神皆降，可得而礼矣。""夏日至，于泽中之方丘奏之，若乐八变，则地示皆出，可得而礼矣。"后世以此为据者皆主天地分祀。
④ 孔颖达《毛诗正义》卷19《昊天有成命》一诗小序。此处把郊祀天地合言，因此后世主合祭者即以此为据。
⑤ 王莽诒事元帝王皇后之情状可参《汉书》卷98《元后传》。王莽主张天地合祀的这一目的，北宋绍圣间御史中丞黄履已经指出。事见《宋史》卷100《礼三·北郊》。按，王莽更改汉制一本《周礼》，但据《周礼·大司乐》本文，又显主分祀。王莽欲证明其合祀之说，势必需曲解经典本文，于是创"大合乐"之论，并在此基础上提出，"天地合祭，先祖配天，先妣配地，其谊一也；天地合精，夫妇判合，祭天南郊，则以地配，一体之谊也。"参《汉书》卷25下《郊祀志下》。

祭天的实相。但如果本着为阴阳观渗透之后的意见，合祀无疑更合乎人情。

王莽之后，合祭一直占据主流。据张璁引证，"由汉历唐千有余年之间而以日亲祠北郊者，惟四帝而已。如魏文帝之太和，周武帝之建德，隋高祖之开皇，唐睿宗之先天，皆希阔一时之举也"①。直到宋神宗元丰中，革新派以《周礼》为据，方废除合祭。元祐更化，苏轼等力反前说，重提《诗序》旧案，因此恢复合祭。至哲宗绍圣初，再一次予以废除。郊祀的分合仍然是政治在起作用②。南宋以后合祭重新成为主流。

明太祖朱元璋是历史上集君主专制之大成的人物，自然不会放过一切能够贯彻其专制思想的机会。洪武元年采纳李善长等人的意见，分祀天地于南北郊，用意极为显明。不过和尚出身的这位皇帝最大的优点便是敬畏鬼神，目击洪武十年间水旱不时、灾异频仍，以为上天示警，社稷堪虞，因此见到有人提出反对意见，便顺水推舟，以父母合食的理由重新合祀。那以后，迄嘉靖为止，未尝作根本性的改动③。

明世宗更定郊祀之礼，正是建立在这样的历史背景之上。尽管在大礼议时口口声声呼唤"礼本人情"，然而一旦"天理"掌握在自家手中，那么人情便只是他人之私意，自不如天理之正④。在这时，以深于礼学自任的议礼新贵张璁，以及见风使舵的给事中夏言，又一次作了世宗的马前卒。

如前所述，在嘉靖九年年初，明世宗就在私下里和张璁等人就天地分合问题作过讨论。由于合祀乃朱元璋钦定，作为当时官方最有影响的一部教科书，丘濬的《大学衍义补》，便对历史上主张合祀的理论广征博引，特别是用宋代

---

① 前揭张璁议分祀天地及庙享礼一疏。张璁此说出《文献通考》卷71《郊社四》，宋神宗元丰六年枢密院陈襄等言。按，合祭既然主要是指君主主祭的场合，那么一般的时候便依旧应该分祭。秦蕙田云："东汉依元始故事，岁凡三祭，合祀天地者一，分祀天地者各一，王莽所谓有合有别也，当时虽行合祭而分祭之礼固未尝废。后之合祭者，乃悍然以为不必分祭，是宗王莽而又失之矣。"这是历代君主很少亲自北郊祭地的原因。参氏著《五礼通考》卷7《圜丘祀天》。

② 参《宋史》卷100《礼三·北郊》。主张天地相分的真实目的是为了尊君（当然也有个别例外，如程颐），详下面的讨论。因此，北宋的这场争论与本书导言中所揭示的那一时期的政治背景，颇可互相发明。具体细节尚须作进一步研究。

③ 按明初"建圜丘于钟山之阳，方丘于钟山之阴""十年秋，太祖感斋居阴雨，览京房灾异之说，谓分祭天地，情有未安，命作大祀殿于南郊……十二年正月始合祀于大祀殿。……永乐十八年，京都大祀殿成，规制如南京。"合祀于大祀殿而不是圜丘，为明世宗后来更改配天配上帝之礼提供了口实，详下面的讨论。《明史》卷48《礼二·郊祀》。

④ "夫今之人也，不但是古非今，甚是逆心。何谓纵心？有真知却被逆情遏令，便至于无君臣无父子，只此耳。"《谕对录》卷13，嘉靖九年正月初九，《讲求朝日夕月、二圣配社礼》，明世宗言。

胡宏、元代吴澄的说法为之疏通证明。这种观点在思想界流传既广，且有朱元璋来作后盾，早已深入人心。至此，明世宗要想改弦更张，就势必要在理论上有所突破。张璁于是引用比胡宏、吴澄权威性更大的程颐、朱熹之说，对之一一加以辩驳，维护《周礼》的权威地位，力主分祀①。明世宗心意已定，于是密谕礼部尚书李时、内阁大学士翟銮等人，为天地分祀定下了基调。

然而，张、李、翟诸人皆名位已高，而且"大礼议"之后张璁人望不佳，自不便由这些人上疏请求分祀。明世宗也在等待时机。或许是张璁等早有风声传出，或许是外廷已有人揣摩到世宗的心意，嘉靖九年正月二十九，急于自用的礼科给事中夏言提出更定郊祀。其引经据典并不新奇，但所持理由却无疑打动了世宗：

> 古者祀天于圜丘……祭地以方丘……是故兆于南郊，就阳之义也；瘞于北郊，即阴之象也。……凡以顺天地之性，审阴阳之位也……岂有崇树栋宇，拟之人道哉……至于一祖一宗之配享，诸坛之从祀，举行不于二至之日而于孟春，稽之古礼，俱当有辩。②

重新提出当以汉代匡衡、宋代刘安世、朱熹主张分祀天地的理论为依据。

明世宗见夏言一疏把战火烧到了外廷，自然十分高兴。何况后者不仅反对天地分祀，而且对"一祖一宗之配享"等亦啧有烦言，正合乎世宗大有更易之心。于是立刻赏给这位甘当马前卒的七品芝麻官四品服色，"以旌其忠"③。用意无非是告诉外廷那班躁进之徒，抓紧时机，勇于献媚。

然而外廷却并非全是阿顺之辈。在私下里已被明世宗训斥过的詹事霍韬，虽然同属议礼新贵之列，为人却还算鲠直。致书夏言："祖宗定制不可变，《周礼》为王莽伪书，宋儒议论皆为梦语。东西郊之说起，自是而九庙亦可更矣。"④殊不知明世宗正是要更定九庙之制⑤，看到夏言送过来的这封信后，大

---

① 程颐说前已具引，朱熹云："天地合祭于南北郊，千五六百年无人整理。"参前揭张璁议分祀天地及庙享礼一疏。
② 夏言《桂洲先生奏议》卷1《请敕廷臣会议郊祀典礼》，嘉靖九年正月二十九。按谷应泰《明史纪事本末》卷51《更定祀典》云"九年二月"，盖以奏疏公布之日言。
③ 谷应泰《明史纪事本末》卷51《更定祀典》。
④ 同上。
⑤ 世宗欲更天子七庙为九庙，并与内阁及礼部大臣进行了讨论，参李时《南城召对》，下文亦有涉及。

为恼怒，下之诏狱①。

翰林院修撰姚涞言尤剀切。首先，太祖朱元璋最初定为分祀，十年之间水旱频仍，因此方改为合祭，此乃征而后信。假如分祀之后，阴阳不和，上下不格怎么办？用天人感应之说对专制帝王予以吓阻，在当时仍不失为一个可行的办法；更何况抬出朱元璋又在无形之中给明世宗扣上一顶违背祖制的帽子，不可谓不高明②。其次，冬至祭天，夏至祭地，按周历以十月建子，则祭天在前，符合阳先阴后之意；然而明代使用的是夏正，冬至反而在后，倘若分祀，是否有阴先阳后之嫌？以子之矛攻子之盾，姚涞不失为善谏③。

但是，"任尔翻江火，自有倒海水"。明世宗此时早已一言九鼎，即便外廷群臣再怎么巧舌如簧，都终归于无丝毫用武之地。在专制君主的眼中，除非自己黔驴技穷，会把廷议当成参谋，否则，便充其量当那是一个花瓶式的摆设罢了④。

皇帝既心意已决，群臣只好顺水推舟。中允廖道南上言不仅天地分祀，而且郊祭只以太祖陪祀，以法周人尊后稷之意；宗祀太祖太宗于大祀殿，以法周人宗祀文王于明堂之礼；增太庙大禘之祭，正太祖南向之位，移功臣于两庑⑤。尽管夏言仍提出把太祖太宗彻底分开——从某种意义上来说正是"父为子纲"的反映，符合世宗之意⑥，但是因有张璁的坚决反对⑦，只好搁在一边，

---

① 反对者当中还有大礼议时的议礼新贵方献夫，明世宗亲自作辩谕之。参《谕对录》卷14，嘉靖九年二月初十，《看御制辩稿》。
② 吕本等辑《世宗肃皇帝宝训》卷5《正祀典下》：明世宗在作《正先师祀典或问》及《申记》（详下文）之后，又对张璁说："（王）汝梅等……有曰：'此圣祖所存，必不可去也'，言似轻而意实重。意朕不尊祖制，欲问罪矣。"可知祖制对世宗所造成的巨大压力。
③ 姚涞《论郊祀分合疏》，载陈子龙等编《皇明经世文编》卷241《姚翰林文集》。
④ 有关明代廷议可参张治安《明代廷议之研究》，载杜维运等《中国史学论文选集》第一辑。
⑤ 《明史纪事本末》卷51《更定祀典》。
⑥ 当外廷聚讼之际，明世宗自己定制，提出南北二郊俱以太祖朱元璋配，大祀殿祀上帝则以太宗朱棣配，具体理由见下文。夏言上疏迎合，见《夏桂洲文集》卷1《申议圜丘大祀奉二祖分配》。时为嘉靖九年三月二十四日。
⑦ 张璁反对把太祖太宗分配，因此夏言在上疏中对内阁进行批评。此时明世宗因夏言之意更惬彼心，于是为他辩解，"言虽指责内阁，但未独以卿一人也"。（《谕对录》卷15，嘉靖九年三月二十七，《议郊祀分配礼》）。张璁则于三月二十八、四月初四两次上奏，对明世宗本人予以严厉批评，以王安石持"三不足之说以辟众论，遂基宋室之祸"，希望他不要重蹈覆辙；同时："皇上好礼复古之心或急于行，又当有欲速不达，进锐退速之防也"；第三，希望不要以此开倖门，使人臣窥知其意。明乎此，则可知张璁反对夏言的主要原因在于后者所提出的迎合皇帝的理论走在他的前面，有夺其宠幸之嫌。这种心态为当时议礼诸臣所共有，参下文。对张璁的反对，明世宗极为气愤，两次下旨谯责，甚至有些强词夺理："以祖宗为一代之祖宗，虽是从周尊时制之意……假如天地合祀，二圣并配是我之制，今从之，是尊我矣……却以渎礼事我，（转下页）

为下一轮祀典更定埋下伏笔。

　　令人产生兴味的倒是群臣的反应。在这场争论中，张璁、夏言等广"引程朱之论，以驳合祀之不经"，可算作程朱派①；霍韬、方献夫、欧阳德、徐阶等与王守仁渊源颇深的官员，此时则力主合祀，和皇帝大唱反调。虽然政派与学派之分不能完全一致，然而朱、王之争在郊天之礼的争论中仍隐然而在。假如注意到夏言有心庇护大礼受难群臣②，那么这场由夏言挑起的论战，未始不可以视作程朱学派改变策略，用更为急进的议礼方式，向明世宗献媚邀宠，从而达到打击王学的目的。明世宗此时则乐得左右逢源，打一派，拉一派，坐收渔翁之利。

第三节　合法性的重建（二）：君道与师道

一、圣师之祭

　　明世宗重塑三纲的威信，如果说提出为其父上"尊辟"之号，除太祖、太宗合祀乃是着眼于夫权与父权③，那么更定郊天之礼则为三纲理论奠定了坚实的哲学—宗教基础，加强了阳对阴的绝对优势。下一步呢？恐怕也是最重要的，便是强化君权。

　　古人常说"天地君亲师"，那是传统社会中每一个人都不能违背的五种权威形态。其中，天地玄远，暂且不论；"亲"也仅是家族内部关系，人道之常，没有理由反对。惟独师友关系，联系似乎松散，然而合之以道，却反而因为具备大致相同的政治理念，可能形成具有影响力的政治派别。更何况用理学道统观念浸润培养起来的儒家士大夫，以名节相尚，以道德自高，往往用师道限制君道，为君权的无限扩张造成阻力。

（接上页）其视我为何如耶……卿宜审之慎之，勿执迷焉，勿自负焉。"（同上，《详审郊祀礼》）但明世宗因要张璁助其更定孔庙诸祀典，在此亦不便与之破裂，除了痛斥其"违君悖礼"之外，别无他法，此事暂时不了了之。

① 小岛毅已经指出嘉靖朝天地分祀中贯彻的是朱熹的学说，并认为张璁在《先师孔子祀典或问》（见下文）中把圣人当成个人修养的典范，是朱子学的思维。明世宗即依靠正统性的朱学来对太祖定制进行改动。因此他把嘉靖礼制的形成看成"朱子学礼制的确立"。参氏著《嘉靖的礼制改革について》一文，载《东洋文化研究所纪要》第117册。不过，该文并没有把这次礼制的更定在当时的复杂政治背景中展开。

② 参本编第三章第四节。

③ 太祖、太宗分祀详下文。

因此，明世宗加强君权，尊严君道的一个必要步骤，便是打击师道，凌君道于师道之上。这一点在更定孔子祀典之际表现得淋漓尽致。

孔子祀典，代有更定。二千年来，无论历代统治者对这位儒家创始人的真实看法如何，是尊信还是不信，都竞相把自己打扮成孔子的信徒。一部中国经学史，在某种意义上也就是一部尊孔大合唱的历史。于是，生前仅是"从大夫之后"的孔老夫子，一跃变成汉代的褒成宣圣公，唐代的文宣王，元代的大成至圣文宣王，和五帝三王平起平坐。至明成化间，祭祀的规格也随之丰稔，乐舞增为八佾，笾豆十二盖全，全不顾老夫子曾声嘶力竭地责骂季氏："八佾舞于庭，是可忍也，孰不可忍！"①

明世宗正是要用孔子之矛来刺尊孔之盾。自从掌握了纲常这把利刃，就像那位长袖善舞的庖丁，他在对一系列礼乐仪节上斫下旋中，飘飘然真有"无入而不自得"之感。于是，嘉靖九年十月，一俟郊天之礼更定完毕，便马上传谕内阁大学士张璁，让他把云雨风雷以及先圣先师祀典俱"以序纂入"②。正式提出更正孔子祀典和孔庙从祀。

其实在此之前，明世宗为了让群臣迅速体会其微意，早已遮遮掩掩地表达了自己的倾向。那就是新设圣师之祭。

明代圣师之祭虽始于世宗，然而其动议却发轫于洪武四年的国子监司业宋濂。在《孔子庙堂议》一疏中，他提出：

> 建安熊氏欲以伏羲为道统之宗，神农、黄帝、尧、舜、禹、汤、文、武各以次而列焉。皋陶、伊尹、太公、周公暨稷、契、夷、益、傅说、箕子皆可与享于先王，天子公卿所宜师式也，当以此秩祀天子之学；若孔子，实兼祖述宪章之任，其为通祀，则自天子下达矣。苟如其言，则道统益尊，三皇不汩于医师，太公不辱于武夫也。不识可乎？昔周有天下，立四代之学，其所谓先圣者，虞庠则以舜，夏学则以禹，殷学则以汤，东胶则以文王。复取当时左右四圣成其德业者，为之先师，以配享焉。此天子立学之法也，奚为而不可也？③

---

① 《论语》卷3《八佾》。
② 《谕对录》卷22，嘉靖九年十月十七日。
③ 宋濂《文宪集》卷28。

起因是朱元璋洪武二年想要废除孔子通祀天下，尚书钱唐等加以反对。洪武四年，时为国子司业的宋濂遂上此疏①。考虑到圣、师等第其实有别，那么宋濂此疏虽然有古礼来支撑，但把孔子退回先师之列未免显得迂腐。宋濂最终以"考祀孔子礼不以时奏"为由，谪为安远知县②。

整日沉迷在礼乐笙歌中的明世宗，在这一点无疑较乃祖高明，很快便嗅出其中隐含的尊君意味。先圣，是帝王的楷模；先师，乃天下之榜样。孔子人人可学，故天下通祀；帝王惟君主可师，必阙庭专馔。因此，明世宗不厌其烦地在文华殿中为从伏羲到孔子这班圣师们重新排列了座次，区分了等第：皇师伏羲、神农、黄帝；帝师陶唐、有虞；王师禹、汤、文、武；先圣周公，先师孔子。前九位面南背北，周公居东，孔子位西。尽管依宋濂所说，教师西席符合古意③，然而谁都知道，当时是以南面为尊。九个或有或无的古代帝王居中而坐，两旁的周孔形同赘疣，只能说是陪衬罢了。如果注意到此中的难言之隐，那么在野的学者们喋喋不休地争论到底尧舜和孔子哪个伟大，便不能说没有深意存焉④。

二、孔子祀典

明白了这些，我们也就了解明世宗在提出更定孔子祀典之后一再告诉别人，张璁之所以降低孔子祭祀的档次，"非诡君也，非灭师也""设或有谓朕以位而凌先师，实非原心之者"⑤。只能被看成"此地无银三百两"，越发表明了他的用心。

那么此时为了献媚固宠，早已因避嫌名之讳改称张孚敬的内阁大学士张璁⑥，又是如何贯彻明世宗思想的？

从张璁所上奏疏来看，他所提出更定孔子祀典的理由，并不见得如何新奇，不过是宋濂、丘濬、程敏政等人的老调重弹罢了。但是，张璁的根本贡献

---

① 参黄进兴《道统与治统之间：从明嘉靖九年（1530）孔庙改制论皇权与祭祀礼仪》，载氏著《优入圣域：权力、信仰与正当性》，第142—184页。
② 《明史》卷128《宋濂传》。
③ 前揭宋濂《孔子庙堂议》。
④ 主张孔子贤于尧、舜的，是师道的代表。可参本书第二编，特别是第一章第二节论王艮的师道观。这一争论在明代中后期并非个别现象。
⑤ 《御制孔子祀典说》。
⑥ 张孚敬是御赐之名，隐含的用意是希望臣下主敬。明世宗前此特别作《敬一箴》一文，于嘉靖七年颁行天下学校。《敬一箴》载吕本等辑《世宗肃皇帝宝训》卷3《圣学》。

就在于他把历史上凡是可以降低孔子地位的观点集其大成,并用政权的力量付诸实践,客观地造成用君道打压师道的局面。因此,追溯具体意见的历史渊源并非本书的根本目的①,重要的只能是现实中的具体操作。

如同任何现实中的人物一样,孔子在生前也曾扮演过不同的社会角色。尽管在身后被许为"万世师表",可以瞻顾廊庙,睥睨百家,然而谁又能否认他在活着的时候,不也和别人一样,叩头作揖,为人臣,为人子?张璁想要指给别人看的,大概也就是孔子生前曾经屈身事人的历史写真,决不只是而今正襟危坐的这一形象。

卑劣的动机,掩覆于历史事实之下,张璁的理由的确让人有口难辩。比如,庙庭当中的孔颜曾思或安坐中堂、或位尊"四配",然而乃父叔梁纥、颜路等人却只能局处两庑。祭祀的时候,做儿子的先吃第一口冷猪肉,"子先父食",于心何忍?"虽云论道统之传,夫父子人之大伦也,紊父子大伦尚可得谓道统乎?"按照张璁的意见,势必须将叔梁纥等另立启圣祠专祀,方为允当②。

孔子既然身为人子,也曾居人臣之列,那么王号便诚属有僭。丘濬说:"圣人所以为万世尊崇者在道,不在爵位名称也。"③ 那么孔子祠宇也需降格为庙而不能再称"殿"了。乐用八佾,笾豆十二尤其不合规矩:孔子乃人伦之至,怎么会犯下这样的错误?"推孔子尊君之心,八佾、十二笾豆又肯安然享之而同于天子乎?"④

被褫夺了王爵的孔老夫子,再也没有权利穿那件由唐玄宗到金世宗逐渐为他改制而成的、十二章十二旒的衮冕之服了。然而那理由却尤为冠冕,丘濬不是说,"塑像之设自古无之,至佛教入中国始有"吗?⑤ 把问题提升到"用夷变夏"的高度,当然为害怕"被发左衽"的孔子所不容;于是撤除塑像,换成木主。乐用六佾,笾豆为十。木主上直书"至圣先师孔子",不复称王爵,不再叫"大成"。

平心而论,假如孔子真是因道而尊,那么爵位的高低又有何妨?涂之人可

---

① 宋濂文同前,丘濬、程敏政的观点分见《大学衍义补》卷65《释奠先师之礼》及《篁墩文集》卷10《奏考正祀典》。
② 《太师张文忠公集·奏疏》卷7《议孔子祀典第一》。
③ 《大学衍义补》卷65《释奠先师之礼》。
④ 前揭张璁《议孔子祀典第一》。
⑤ 前揭《大学衍义补》卷65《释奠先师之礼》。

以为禹，满街都可能是圣人。但是，在官本位的传统中国，问题却决没有这样简单。在那里，真理往往是自封为权威者们的口实。当一个社会判断真理的标准只能靠官职的大小时，尊崇真理的形式也只能是更加抬高真理持有人的爵位。于是自唐代孔子称文宣王，用天子礼乐之后，历代儒者们仍然极力拔高其地位，便并非无的放矢。周敦颐、邵雍认为王祀孔子，万世无穷；罗从彦甚至提出孔子且应称帝。辨孔子不当称王的元代学者吴澄，可以说是绝无仅有①。那以后，随着君主专制的进一步增强，反对的人才渐渐多了起来。

张璁的奏疏以及明世宗据此而作的《正孔子祀典》刚一公布，马上便引起轩然大波。三十几年后同样位居内阁首辅之尊的松江人徐阶，此时还仅是翰林院编修，年轻气盛，言辞尤为尖锐："陛下所以尊孔子诚亦不在王之一字，然而非此则无以致尊崇之意。如以为诬而必欲去王号以为尊，其无乃矫枉而过正乎？"②

由于直接怀疑明世宗所谓"尊孔"，触到了后者的痛处，不仅张璁极为恼怒，对之横加训斥，却反遭羞辱③；明世宗也是大为光火，一反"天子不可与匹夫相争辩"的成例④，又作了一篇《申记》，为自己辩护。一百多年后清世宗雍正帝《大义觉迷录》之作，只能说椎轮大辂，渊源有自。

在第一篇《正孔子祀典说》中，明世宗主要是用朱元璋来压制孔子：

> 我太祖高皇帝虽道用孔子之道，而圣人神智、武功、文德直与尧舜并矣，恐有非孔子所可拟也。由是观之，王者之名不宜伪称，王者之德不容伪为，伪称者近于僭乱，伪为者其实有未尽之也。

全不顾自己在大礼议中追尊生父亦可算作僭越。果然，御史黎贯就上疏加以嘲弄："莫尊于天地，亦莫尊于父师。陛下敬天尊亲，不应独疑孔子王号为僭！"世宗大怒，痛诋之为奸恶之徒，下狱、削职了事⑤。

第二篇《正孔子祀典申记》力攻徐阶用心狡险，观点虽不高明，但却极

---

① 参《明史》卷50《礼四·至圣先师孔子庙祀》，引御史黎贯等言。提出孔子应当称帝的还有北宋经学家常秩，参《文献通考·学校四》。
② 徐阶《世经堂集》卷6《论孔子祀典》。
③ 《明史》卷213《徐阶传》。另可参本书第三编第一章第一节。
④ 朱厚熜《御制孔子祀典申记》："惟天子不可与匹夫相争辩，斯世斯时却不得不辩也。"
⑤ 《明史》卷50《礼四·至圣先师孔子庙祀》。

为有趣:孔子王号不是唐玄宗所加吗?且看他的用心是何等的巧妙:

> 自秦而后王天下者称皇帝,汉方以王号封臣下。玄宗之封谥孔子何不以皇帝加之?是不欲与之齐也,特一王号,犹封拜臣下耳,尊崇之意何在哉!

明世宗为达目的,不择手段,早已忘记自己上一篇文章中还极力强调"王者之名不宜伪称"了。

两《说》一出,大局已定。大学士张璁有感于明世宗贬抑孔子太甚,上《先师孔子祀典或问》为之弥缝:"圣人人伦之至也。孔子以德则师也,以位则臣也。大伦正而孔子之道尊,故曰尊孔子也。"① 正话反说,真所谓文人之笔,何所不至!

三、孔庙从祀

更定孔子祀典的另一个重头戏是孔庙从祀。

从祀在本质上也是精英集团意识形态的反映。由孔子所开创的儒家学派,在两千多年的历史长河中尽管屡经变化,早已非复旧观;然而对汉以后的统治者和士大夫群体来说,认同孔子和儒家,仍然是一个保持基本共识的做法。这一关于天道人事的基本共识,尽管不一定反映所有人的意愿,但却是统治集团维系自身的精神基础。因此,在皇权与士大夫分别代表政统与道统的观念下,一代代对经典教义作出贡献的学者们也就因学术被官方所逐渐承认,成了各阶段孔学的代表,幸运者则尤其有在祭孔时一同受祭的权利,那就是从祀孔庙。因此,孔庙从祀诸儒的黜陟,往往也就成了被官方所认可的儒家各阶段学说在意识形态领域升降的象征。

从祀既然以是否发挥孔学和儒家经典作为标准,那么凡是对经典的保存、传承,对义理的阐释、扬弃有过贡献的学者必都应在从祀之列。这种意义的经典诠释学直接开启了孔子后学中学统与道统两大派系。大概地说,由子夏、荀子所开启的,以传经为中心,经汉代学者发扬光大的经汉学一系,属于学统;由颜回、孟子所发轫的,以道统自任,被宋代学者接受并开新的经宋学一系,属于道统。学统与道统的转换(如汉学演变为宋学),以及道统向学统的复归

---

① 《太师张文忠公集・奏疏》卷7《议孔子祀典或问第四》。

（由宋学过渡到清学），构成了中国经学史上两曲辉煌的乐章。

嘉靖时期孔庙从祀的更定有必要转换到这样的视角，方能够看清它在经学史上的重大意义。同更定孔子祀典一样，从祀更定的理由也不是由张璁一个人提出的，而是集中了明代学者杨砥、程敏政、张九功等人之大成，最后由明世宗、张璁动用政治权力予以执行而已。

更定的结果，七十子之徒的申枨、申党因可能系一人，存枨去党。罢公伯寮、秦冉、颜何、荀况、戴圣、刘向、贾逵、马融、何休、王肃、王弼、杜预、吴澄十三人。林放、蘧瑗、郑玄、卢植、郑众、服虔、范宁祀于乡。进后苍、王通、胡瑗、欧阳修。又用王守仁弟子薛侃之议，进陆九渊从祀，而别祀启圣公叔梁纥，以颜无由、曾点、孔鲤、孟孙氏、程珦、朱松、蔡元定从祀。

那么，从祀的原则是什么呢？

在孔庙从祀中，除了四配、十哲之外共有九十一人。去掉号称先贤的六十二名孔子弟子，左丘明以下二十九人皆称先儒。那之中，左丘明、公羊高、谷梁赤之于《春秋》，伏胜、孔安国之于《尚书》，毛苌之于《诗经》，高堂生之于《仪礼》，后苍之于《礼记》，杜子春之于《周礼》皆可谓"守其遗经"；董仲舒、王通、韩愈尽管分属汉唐，然而由于他们的著作中蕴含着宋学精神，因而常被理学家引为同调；其余胡瑗、周敦颐、程颢、邵雍、张载、司马光、程颐、杨时、胡安国、朱熹、张栻、陆九渊、吕祖谦、蔡沈、真德秀、许衡等皆为宋元著名的理学家。欧阳修尽管不以理学知名，但据称"所著《本论》，实有翊圣卫道之功"，其实欲盖弥彰，早有人指出那是因为濮议[①]。

受黜的，除了吴澄之外，全是清一色的汉学家。从马融到杜预，过去一直认为"守其遗经，转相授受"，如今在张璁等人看来"不过训诂释章句而已"，更何况每个人都在道德上犯有不可饶恕的错误[②]；郑玄、服虔等人"虽若无过，然所行未能窥圣门，所著未能明圣经"，只配从祀于乡罢了。至于荀子，尽管受黜的由头是"以性为恶，以礼为伪，以子思、孟子为乱天下"，实则因

---

① 郑晓《今言》卷4。欧阳修关于濮议的论述可参其《濮议》四卷，《欧阳修全集》（上），特别是卷4《孝子一首》："为人后者，为其父母报……以明服可降，父母之名不可改也……若所谓称皇伯者，考于六经无之。"嘉靖七年《明伦大典》修成，欧阳修的言论便被编入其中"以资考证"。

② 马融：媚外戚，杀李固；刘向：诵神仙方术，流为阴阳家；贾逵：附会图谶，左道乱政；王弼、何晏：清谈误国；何休：《春秋解诂》一书，黜周王鲁，注《风角》等书，班之以《孝经》《论语》，异端邪说；戴圣：为九江太守，治行多不法，身为赃吏，子为赃徒；王肃：为司马师画策，以济其恶；杜预：馈遗中贵，因"斫瘿"之讥，尽杀江陵之人，以吏不廉，以将不义。

为他在根本上乃是经汉学的鼻祖。吴澄呢?"事元失节"或许不谬,然而许衡不也曾降元吗?① 联想到更定郊祀,使人怀疑是否因为方献夫等曾据吴澄所言主张合祀,明世宗与张璁乘机报一箭之仇。

总之,从经学史角度来讲,嘉靖九年孔庙从祀的更定本质上都是经宋学对经汉学的全面清洗②。正因为看到这一点,被后世许为清代汉学开山祖的顾炎武方对此愤愤不平:"有明嘉靖九年,欲以制礼之功盖其丰昵之失,而逞私妄议,辄为出入,殊乖古人之旨。"③

然而从祀的意义却决不仅是明世宗用支持理学家清理汉学,以换取儒臣们对其废除孔子王爵的认可那样简单,双方还另有着实际的利益,如前所述,欧阳修的从祀乃是因其所撰《濮议》一书,为明世宗尊崇生父提供了理论参照;而陆九渊地位的提升,正反映了明世宗对为大礼议提供理论依据的王学门徒的某种变相表彰④。在一片"尊孔"大合唱中,打着共同旗号的皇帝和理学家们明修栈道,暗渡陈仓,各取所需,皆大欢喜。孔庙从祀的更定在某种意义上成了明世宗与议礼诸臣的一次政治分赃。

第四节 合法性的重建(三):政统的再造

一、"后稷"之争

嘉靖四年年初,就在大礼议刚刚取得决定性成果——明世宗可以直称本生父为"皇考"之后不久,或许是有感于张璁、桂萼等人的升迁之速,急于东施效颦的光禄寺丞何渊,抛出了一个惊人的主张:为皇考建立世室,"百世不迁",且崇祀于太庙⑤。

在左顺门廷杖之后棒疮尚未痊愈的外廷群臣,自然愤怒已极。然而,令明世宗吃惊的是,反弹最力的声音却出自张璁、席书等议礼新贵口中。或许在他们看来,何渊事件是一个明显不祥的征兆,倘若群起效尤,那么打着尊崇兴献

---

① 丘濬便曾撰文抨击许衡仕元之非,见项笃寿《今献备遗》卷27。
② 这一点黄进兴已经指出,参前引文。
③ 黄汝成辑《日知录集释》卷14《嘉靖更定从祀》,第532页。
④ 顾炎武云:"嘉靖之从祀,进欧阳修者,为大礼也,出于在上之私意也;进陆九渊者,为王守仁也,出于在下之私意也。"引文同前。
⑤ 《明史纪事本末》卷50《大礼议》。

帝旗号的干进之徒将前赴后继，了无止境①。兴献帝的尊号越隆，他们这班议礼新贵浴血奋战争来的仅仅是"皇考"的尊称，便越发黯然失色。改革的受益者为自身计而趋于保守，自古已然。

然而那反对的理由却也成立。明世宗在大礼议中一个最重要的借口既然是"继统不继嗣"，那么也就是仍然承认入继的大统来自武宗。此时倘兴献帝果真入庙称宗，是否有干犯大统之嫌？更何况建立世室，比迹太祖、太宗，殊失于不伦②。争执的结果，只在皇城立世庙，而不入太庙。明世宗尽管心有不慊，面对亲信们带头抗旨，却也无可奈何，甚至处分了何渊。

但是，从那以后，谋求使其父入庙称宗便是他正礼活动中的一个隐含目标。如何才能既入太庙而又不干正统？明世宗在等待着最佳时机的到来。

实际上，明世宗尊崇其生父这最后一步，牵涉了一个古老的课题：传统君权的来源究竟何在？由于专制君主的疑忌，在中国的历史上极少有学者去正面讨论政权是如何产生，也就是所谓"政道"的问题。难怪心仪民主的现代新儒家的著名代表牟宗三先生要大声地慨叹："中国在以前于治道，已进至最高的自觉境界，而政道则始终无办法。"③

牟氏所谓"政道则始终无办法"，是指传统中国的靠"打天下"得来的政道一直没有突破，开出现代所需的民主政体。传统中所蕴含的政道不是现代之所需罢了。那么传统中国作为政权背后观念支撑的，是一种什么样的政道呢？

其实，"大音希声，大象无形"，尽管确实缺乏政道的表达，然而其内容无疑早就在实践着了。比如，所谓"汤武革命顺乎天而应乎人"④，隐含的便不过是"君权神（天）授"的另一种表现形式。由秦到清，所有号称正统的王朝开创者们总不会忘记自己乃是开基立极，受命于天。于是，在统治者的眼

---

① 嘉靖四年七月，席书辑《大礼集议》去取极严，"若臣书及（张）璁、（桂）萼、（方）献夫、（霍）韬，所正取者不过五人。礼科右给事中熊浃、南京刑部郎中黄宗明、都察院经历黄绾、通政司经历金述、监生陈云章、儒士张少连及楚王、枣阳王二宗室外，所附取者不过六人。有同时建议，若监生何渊、主事王国光、同知马时中、巡检房濬，言或未纯，义多未正，亦在不取。其他罢职投闲之夫，建言于璁、萼等召用后者，皆望风希旨，有所觊觎，亦一切不录。"参《明史》卷197《黄绾传》。
② 礼部尚书席书云："《王制》：'天子七庙，三昭三穆。'周以文武有大功德，乃立世室与后稷庙，皆百世不迁。我太祖立四亲庙，德祖居北，后改同堂异室。议祧则以太祖拟文世室，太宗拟武世室。今献皇帝以藩王追崇帝号，何渊乃欲比之太祖、太宗，立世室于太庙，甚无据。"张璁认为可别立祢庙，不干正统。见《明史纪事本末》卷50《大礼议》。
③ 牟宗三《政道与治道》，第1页。
④《周易》卷5《革卦》。

中，王朝的更替不过是天命的循环，历史的变迁更其是天意的往复。尽管"以史为鉴"的教训无人遵守，但每一个君主都念念不忘在相似的历史形态中寻找自身的影像。正因为如此，"大礼议"刚一爆发，善于从历史中寻求根据的儒家学者们便纷纷把目光瞄准了宋代的"濮议"。

个中最常被后人当成历史模版的，无疑是周代。其原因，除了姬周列三代之末，代表了天意攸归，以及文武之政、周公之制、孔子之学皆为后代取资，更重要的也许是周朝的历史是如此的长久，达八百余年，那样的历史跨度着实令后代国祚绵延从未超过三百年的君主们歆羡不已。

据成书可能不早于汉代的《孝经》说，"孝莫大于严父，严父莫大于配天，则周公其人也。昔者，周公郊祀后稷以配天，宗祀文王于明堂以配上帝，是以四海之内，各以其职来祭。夫圣人之德，又何以加于孝乎？"

天与上帝两种观念在古代是否一致，古今的学者一直聚讼。然而至少在明代，二者并没有本质区别。明世宗所说的"夫天即上帝，以形体主宰之异言也"，实在是宋代理学兴起以后士大夫上层社会的普遍常识[1]。在这个意义上，宋明理学家心目中的后稷配天与文王配上帝，除了祭祀的场合一在圜丘，一在明堂不同之外，并没有本质区别，都是周公寄托孝思的表现。

然而明堂之制在明初并不受重视。太祖洪武元年开始举行郊祭，由于此时政治局势尚未稳定，因此没有用祖配天，以示谦抑。直到第二年冬至，方以其父朱五四配天于圜丘，以后因袭未改。朱元璋死后的第二年，也就是建文元年，改太祖配享[2]。

建文四年，朱元璋第四子朱棣靠武力取得政权，同样面临着入继的合法性问题。除了篡改《实录》及《玉牒》以证明自己是嫡出[3]，再就是撰写《圣学心法》把自己美化成一个圣明天子的模样。同时，在象征领域，仿明堂之制在北京重建大祀殿，用意无非是为自己死后配天配上帝扫平道路。果不其然，洪熙元年，其子朱高炽（仁宗）便下诏把太祖、太宗一同奉配于圜丘、大祀殿，理由是"太祖受命上天，肇兴皇业；太宗中兴宗社，再奠寰区"[4]。

明仁宗这一做法固然是为了尊崇朱棣，却没有想到把朱棣配天配上帝的结果，造成了一个很大的矛盾。那就是，依照传统的比附，配天的应该是后稷，

---

[1]《谕对录》卷13，嘉靖九年正月初六，《论祀天地礼》。
[2]《明史》卷48《礼二·郊祀配位》。
[3] 参阅吴晗《明成祖生母考》，载《吴晗史学论著选集》，第542—556页。
[4]《明史》卷48《礼二·郊祀配位》。

配上帝的则是文王。那么，明太祖朱元璋就应相当于明代的后稷，太宗朱棣相当于文王才对。但是依照宗庙之制，却是"德祖比后稷，太祖、太宗比文武，皆百世不迁"①，两者未能统一，实在是个缺憾。明世宗后来攻击朱棣没有资格配上帝，用的便是这个理由②。但太祖如果是文王，谁又是大明帝国的始祖后稷？

这个问题在朱元璋时期并不存在，他自己靠枪杆子打天下，堪称契、稷的只能是自己那群耕田耙地的祖先。于是在即位之初，立四亲庙，奉高、曾、祖、父分别为德、懿、熙、仁四祖。同时根据李善长等的意见，仿宋崇宁之制，取王肃之说，立二祧七庙，共为九室③。其后太祖朱元璋、太宗朱棣以下，按昭穆之序奉配如仪。

假如明帝国的国祚只到明宪宗为止，也许根本不会有人想到太庙之中是否额满的问题。但事实与此相反，因此随着明孝宗的即位，九室之中，除了前四祖之外，太、成、仁、宣、英已足五庙之数，势必须议祧迁，方可使宪宗朱见深顺利入庙。廷议的结果，便是以德祖视周后稷，不可祧。宪宗升祔，当祧懿祖，并于太庙寝殿后别建祧殿，如古夹室之制，岁暮则合享如祫祭之礼。孝宗从之。

这次廷议正式肯定了德祖作为明代"后稷"的地位，但也遭到了反对者的质疑。比如，吏部侍郎杨守陈就根据《礼记·王制》的主张，"天子七庙，祖功而宗德"，德祖碌碌无功，充其量只可比商周之远祖报乙、亚圉，难拟契、稷。更何况太祖既已配天，为什么不能拟之契、稷？提出并祧德、懿、熙三祖，其下为七庙，他时祧尽，则以太祖朱元璋拟于契、稷④。

到底应以何人为明代的"后稷"，如前所述，分别有经学史上不同的观点作根据。本书所关心的则是这种争论如何被明世宗所利用，并贯彻了怎样的政治意图。

二、配天配上帝

在讨论郊祀之礼时，我曾经指出，明世宗欲采纳夏言之议，把一同配天配

---

① 前揭《明史纪事本末》卷50《大礼议》引席书言。
② 《谕对录》卷15，嘉靖九年三月二十三，《议正二圣并配礼》。
③ 《明史》卷51《礼五·宗庙之制》。按，二祧所奉乃远祖（如商之报乙，周之亚圉）及始祖（如商契、周稷）。
④ 同上。

上帝的太祖、太宗分开祭祀，用的是"人无二本"的名义①。张璁反对此说，力主合祀，理由或与反对何渊相同，暂且不论。当时明世宗正欲借张璁之力，更定孔庙祀典，因此最终接受了中允廖道南的折中方案，在郊祭时以太祖独配，而大祀殿则以太祖、太宗合配。

明世宗毕竟心有不甘，不仅把相当于明堂的大祀殿降格为专门祈谷之用②，而且只在嘉靖十年行祈谷礼一次，便亲制祝文，杀其仪注，并遣官代祭。尽管外廷用"祈谷、大报，祀名不同，郊天一也。祖宗无不亲郊"为言，却丝毫没有动摇世宗否定它的决心③。

与此同时，世宗又利用更定庙祀的机会，把德祖神主迁于祧庙，否定了他作为明代"后稷"的身份，奉安太祖神位于寝殿正中，改七庙为九庙④。

明世宗这一系列动作虽令人眼花缭乱，然而思路却极为连贯：把太祖奉为"后稷"以配郊天，同时废止大祀殿中太宗配上帝，否定了朱棣可能成为文王的机会，那么谁有资格成为"文王"呢？不言而喻。稍晚一点的学者沈德符曾经评论道："世宗既分祀天地于南北郊矣，其后以太祖、太宗并配天为非礼，遂省去太宗之祀，盖阴为献皇地也。"⑤可谓一语中的。

其实明世宗这点心机，在同时代早就有人看出来了，那就是扬州府致仕同知丰坊。丰坊本是嘉靖三年与杨慎同为反议礼领袖的翰林学士丰熙之子，丰熙既因议礼受杖，"遇赦不宥"，按照常理姑且不论"父仇不共戴天"，丰坊至少也应默然处之，保持缄默才是。谁知此公生性任狂怪诞，

---

① 《谕对录》卷15，嘉靖九年三月二十三，《议正二圣并配礼》。
② 按明初以天地合祀于大祀殿，其实相当于郊祭，因此明世宗对张璁这样说："夫天即上帝，以形体主宰之异言也；朱子曰'祭之屋下谓之帝'，今大祀有殿，是屋下之祭，未见以祭天之祭而行之。"张璁则云："国初合祀天地于大祀殿，论者谓上为屋，即周之明堂也；下为坛，即周之圜丘也。是亦孔子从周之意也。"两天以后明世宗又传谕张璁："今之大祀，拟周之明堂或近矣，如曰即圜丘实无谓也。"参《谕对录》卷13，嘉靖九年正月初六、初八。明世宗于是否定大祀殿为郊天，仅目之为明堂上帝之祭。但此时为使其父配上帝，又否定其明堂地位，只是作祈谷之用。
③ 《明史》卷51《礼五·宗庙之制》。
④ 明世宗把德祖迁入祧庙，同时又把后来的二祧七庙改为九庙，其实是在为其父（后来加号睿宗）预为之地。其后九庙以太祖居中，左四序为成、宣、宪、睿，右四序为仁、英、孝、武。改七庙为九庙需要重新建设，工程浩大，大臣如李时、翟銮、夏言等都感困难，提出很多理由加以反对。明世宗没有办法，只好"于殿内设帷幄如九庙"为之祭祀。世宗为使其父独居一庙，反对同堂异室之制，但嘉靖二十年太庙火灾之后，从权奉安列帝神主于景神殿。二十二年又因"旧庙基隘，命相度规制"。礼部三次讨论，都不合世宗之意。后来没有办法，仍然恢复同堂异室之旧。看来，意识形态的贯彻也要用孔方兄支撑才可。引文同上。
⑤ 《万历野获编》卷2《配天配上帝》。

不受礼法所拘①，竟于嘉靖十七年上言："孝莫大于严父，严父莫大于配天，宜建明堂，尊皇考为宗，以配上帝。"②尽管本人没有得到什么好处，且被时人目为"不忠不孝，勇于为恶"的叛父之徒③，然而却不折不扣地为明世宗尊崇生父做了一次马前卒。

称宗则必祔庙。由一个没有做过皇帝的人入庙称宗，这一点实在超出了外廷群臣的想象力。礼部尚书严嵩会议外廷，提出两可之说：建明堂配上帝可以，然而"若以功德论"，则太宗当配；"若以亲亲论"，则非献皇莫属。把球踢还给明世宗。户部左侍郎唐胄更是极言"太祖、太宗功德并盛，比之于周，太祖则后稷也，太宗则文王也……今奉天殿大享之祭，必奉配太宗而后我朝之典礼始备"④，世宗大怒，下之诏狱。

明世宗最后得其所欲固已是众所周知。然而问题是他这样做的理由究竟何在？这一点在稍后发布给臣下的《明堂或问》一文中表达得淋漓尽致。

争执的焦点其实不在兴献帝是否祔庙称宗，而在是否当以太宗配上帝。因此《明堂或问》尽管是为前者所发，但主要目的却是要辨析为什么要否定太宗：

> 今日圣灵在天，犹昔日御世一般。太宗本时君之远祖，以"父近之亲"尊之，是非人道之正。降祖为亲，经所未闻。

倘真如此，那么太宗的地位便未免尴尬，"既不可上并始祖，又不可降拟近亲"，于是明世宗否决了严嵩等以兴献帝居明堂以配上帝，太宗配祀孟春祈谷的折中方案⑤，干脆把明太宗朱棣完全逐出了配天配上帝的行列⑥。

有意思的是，明世宗因为尊君的缘故，因不屑自比于身为臣子的周公，竟

---

① 在晚明的野史笔记中，丰坊常常被描绘为一个狂诞险谲之辈。举一例，李绍文《皇明世说新语》卷8"纰漏"条："丰礼部坊尝要沈明臣结忘年交。岁余，人或恶之曰：'是尝笑公文者。'即大怒，设醮诅之上帝，凡三等，云在世者宜速捕之，死者下无间地狱，勿令得人身。一等皆公卿大夫与有睚眦者，二等文士或布衣，沈为首；三等则鼠蝇虱蚊也。"类似的记载野史当中还有很多。现实中的丰坊颇有精神分裂之嫌。
② 《明史纪事本末》卷50《大礼议》。
③ 《万历野获编》卷2《献帝称宗》。
④ 《明史》卷48《礼二·大享礼》。
⑤ 同上。
⑥ 拙文《谁与青天扫旧尘——大礼议思想背景新探》曾把世宗尊太宗为成祖并把其父睿宗配上帝，看成明世宗又在"天"之外造作了一个"上帝—成祖—睿宗"的新的皇世系统，此论实误。附识于此，以为勇于立说之戒。

否定周公制礼：

> 周公者臣职也，虽然，称武王为正，岂有臣行君礼哉？周自武王为之，则严父必文；今自我举，必皇考配之也。①

直到此时，世宗方把真实想法和盘托出。的确，已经配享上帝的乃父既被看作文王，那么自己无疑便成了武王。从今以后，他朱厚熜不再是什么由藩府"兄终弟及"以登大宝的继统之主，而是汤武革命、皇建其极的创业新君了。于是，荒淫无道的武宗简直可以视为殷纣，而当年局处江汉一隅的兴献小王正是前日替天行道的西伯。明世宗要彻底否定由太宗所开创的到武宗为止的由篡位而来的皇世系统，开辟新时代。正因为如此，他解决前面所说的"既入太庙而又不干正统"的根本方案，便是干脆废除旧统，另奠新基。

正是由于存在这样的类比，明世宗才会在下意识里把明代的藩王与正统君主之间的关系比作殷周关系，随时都在担心有人会"顺乎天而应乎人"，取而代之。当嘉靖二十七年以好干时政闻名的郑王朱厚烷上《四连珠》对之加以箴戒时，世宗不禁大怒："尔今时之西伯也，亦效之乎？请欲为为之"。于是把他废为庶人，发往凤阳高墙禁锢②。在明世宗的心中，一定是在为郑王可能把自己视为殷纣而恨恨不已。

明太宗既然不再配天配上帝，身为胜利者的明世宗自需表示一下姿态，给他一个体面退出的机会。同时"既排众议，崇私亲，心念太宗永无配享，无以谢廷臣，乃定献皇配帝称宗，而改称太宗号曰成祖"③。《明史》的这一评价无疑是正确的。至于有研究者把由太宗改称成祖说成是尊崇朱棣的表示，后者倘真在天有灵，也只有捋须苦笑而已。

---

① 《明堂或问》。
② 查继佐《罪惟录·本纪》卷12《世宗纪》，方福仁校点。此书校点错误极多。又，郑王朱厚烷对世宗一直不太恭敬。嘉靖十六年时为世子，所进疏俱称弟，不臣；称皇兄，不陛下。于是世宗特地申谕诸王表式。（同上）朱厚烷此次上表后，世宗还有"前宗室有谤讪者，置不治，兹复效尤"等语。（《明史》卷119《郑王瞻埈传附厚烷传》）这一点正可见明世宗即位，宗室诸王并不心服，世宗自己既革武宗之命，当然害怕有人以彼之道，还施彼身。因此嘉靖九年薛侃上疏请选亲藩入京司香以待王储时，世宗必欲究其主使，原因主要是怕外廷官僚与宗藩勾结。参下一章第四节。
③ 《明史》卷48《礼二·大享礼》。

嘉靖十七年九月辛巳,奉太宗文皇帝为成祖,皇考献皇帝为睿宗。癸未,祔皇考于太庙。辛卯,享上帝于玄极殿,奉睿宗配享,更定祀典至此告终。入继的合法性问题形式上既然解决,明世宗从此可以心安了。

第三章 伪学之禁

"无端礼乐纷纷议，谁与青天扫旧尘？"在大礼议中，王守仁的门弟子席书、方献夫、黄绾等人瞄准时机，因缘际会，作了明世宗用"人情"战胜"天理"的驱除。守仁自己虽未参与，但却并不影响他作为大礼议王学一派精神领袖的实质。既然如此，人们有理由相信，明世宗对这个新兴的学术流派或许会青目有加，至少也应一改传统专制政府打压新生事物的惯例，对之网开一面。岂料，大礼议刚刚结束不久，王氏门徒便迎来了万历以前最强烈的一次"伪学之禁"。以攻击朱学闻名的阳明学派①，却成了庆元党禁之际被攻击者的难兄难弟，不知是历史的轮回还是天意的嘲弄？

第一节 王学诞生

出生在成化、弘治以后的明代人，生存的境遇相较于祖、父辈而言，可以说大大地改善了。他们未曾经历过明初战乱之后的衣冠俭朴，更没有体会到"土木之变"时的惊魂不定。专制的羁索逐渐放松，商品经济日趋活跃。明初高压政治下的一潭死水，又重新泛起了涟漪。

儒家的士大夫们首先具备了几分说话的权利。他们不必像前代学者曹端、

---

① 朱王关系历来聚讼。传统认为王学承陆学而来，二者都是心学。唐君毅则认为，"阳明之学，归宗近陆象山，然实由朱子之学发展而出"。见氏著《阳明学与朱子学》一文，载《中国哲学思想论集（宋明哲学）》。事实上，从历史层面而言，这一论述反而符合实际。至于王学攻击朱学，除了在理论上立异之外，这里主要指阳明学派对作为官学的朱子学的反拨。

胡居仁那样,"守儒先之正传,无敢改错"①;也不愿学薛瑄、吴与弼,"一禀宋人成说"②。他们共同的趋向是直抒胸臆,表达自我。于是,文学上反对"台阁体",一扫翰院芳华;思想上追踪陈献章,昌言"学贵自得"。不难看到,在这一时期的文学、艺术和思想等各个领域同时出现了一大批天马行空式的人物③。其中观点新奇者有之,行为放诞者亦有之。不以"自立门户"为非④,惟以"依傍前人"为耻。明代思想史上最活跃的一个时代到来了。

有了独立思考能力的士大夫群体,除非视而不见,没有谁不会对官方所鼓吹的"太平盛世"的实质感到忧心。尤其是在弘治、正德以后,一方面是皇室与外戚的普遍腐化,宦官专权,佞幸乱政,农民的暴动烽火连绵;另一方面大批的中小士子置国计民瘼于不顾,抱定以朱注八股为核心的科举功令作官场敲门砖,皓首时文,同归于无用。人心不"古",风俗不"正",天下事势如"波颓风靡""何异于病革临绝之时!"⑤

正是在这样的历史背景下,诞生了王守仁和他的学派。

一、早年经历

王守仁字伯安,号阳明,出生在浙江余姚一个普普通通的书香之家。从弟子钱德洪等人为他所修的《阳明先生年谱》中,我们看到,"历世隐德"的王氏家族,除了自称为大书法家王羲之的后裔外,并没有什么显赫的足以耀人的先世。六世祖王纲官至广东参议,明初死于盗贼之手⑥,高祖王与准以相术知名⑦,曾祖王世杰"躬耕受徒,以养其母",环堵萧然,以陶潜自况⑧。正是从这一代起,王家才勉强算得上书香门第。

所谓"有妫之后,五世其昌",到了王守仁父亲王华这一代,居然峰回路转,中了个状元。而此前,据说当王华年仅二十岁,还是个诸生之时,才名已和后来官至少傅的内阁大学士谢迁(木斋)不相上下,文采极受提学张时敏

---

① 《明史》卷282《儒林一·序》。
② 吴与弼被黄宗羲视作明学的开山,但其影响主要在精神取向上,如由"下学"到"上达",由禀圣人遗教到学为圣人之类皆是。在学理的分疏上,仍没有摆脱朱学的窠臼。
③ 简单一点,可参《明史》之《儒林》《文苑》《隐逸》诸传。
④ 参孙通海点校《陈献章集》卷2《复赵提学佥宪》。
⑤ 《王阳明全集》卷21《外集三·答储柴墟(二)》。
⑥ 张壹民《王性常先生传》,载《王阳明全集》卷38《世德纪》。按,年谱微有不同,云"死于苗难"。
⑦ 胡俨《遁石先生传》,引文同上。
⑧ 戚澜《槐里先生传》,同上。

的赏识，对二人"并以状元及第（奇）［期］之"，从此名声大噪，"故家世族争礼聘为子弟师"①。张时敏的延誉，除了预示他有望进入仕途，摆脱平民身份；再就是标志着他已成为名流认可的八股文高手，可以开门授徒，收取更多的教资。当王守仁出生时，王华已为浙江方伯宁良之子作过家庭教师，生活想必是大大地改善了。

由于母亲早亡，祖母溺爱，父亲忙于科举，幼年的王守仁得以自由成长。这种近乎放任式的教育经历，王守仁后来怀念不已：

> 大抵童子之情，乐嬉游而惮拘检，如草木之始萌芽，舒畅之则条达，摧挠之则衰萎。今教童子，必使其趋向鼓舞，中心喜悦，则其进而不能已。譬之时雨春风，沾被卉木，莫不萌动发越，自然日长月化；若冰霜剥落，则生意萧索，日就枯槁矣。②

这样的教育思想无疑是高明的。然而不容讳言的，由于疏于教导，少年的王守仁也曾流于纨绔。为人"和易善谑"③，日与群儿为戏，斗鸡走狗靡所不为④。而且顽皮成性，天真烂漫，十七岁与诸氏夫人成亲之日还偷跑出去，与铁柱宫道士对坐养生，乐而忘返⑤。

另一则逸事很能说明他的性格。十三岁其母郑太夫人死后，继母对他极为冷遇。由于浙俗好巫，王守仁便对一名神妇威逼利诱，使之极言生母郑氏显灵，欲治继母虐待先子之罪，那以后，继母对他极好，胜于己出⑥。这个事件不知是否出自伪托，然而就刻画守仁形象而言却是真切的：王守仁后来之所以好兵法，喜权谋，都和他这种诡谲多变的性格密不可分。

富有才气，灵动多方，受习俗浸染很深的王守仁，一开始便与社会上流行着的、古貌道心的程朱理学格格不入。有名的庭院"格竹"，除了说明他没有进入情境，不曾真正领会"宋儒格物之学"的真谛外，再就是表明他的本意

---

① 陆深《海日先生行状》，同上。
② 《王阳明全集》卷2《传习录（中）》。
③ 《王阳明全集》卷33《年谱一》，弘治二年己酉。
④ 参王世贞《凤洲笔记》卷14《名卿纪绩二·王守仁》。
⑤ 《王阳明全集》卷33《年谱一》，弘治元年戊申。
⑥ 王兆云《漱石笔谈》卷下《阳明用谲化母》。按，此事后来因《王阳明先生出身靖乱录》等市井小说的布而广为流传。岛田虔次认为此事"可以作为叙述阳明这个人在当时是怎样被理解的插曲"。见氏著《朱子学与阳明学》，第80—81页。

或许便是志在"不求甚解"①。由于身体欠佳,可能是患了肺结核的缘故②,王守仁早年谈禅好道,颇耽乐于养生。加上对宋学成圣的失望,乃"自委圣贤有分,而随世就辞章之学"。从那以后,直到弘治十五年守仁三十一岁这十年间,他在谈兵、养生、习文三者之间摇摆不定,尤其与何景明、边贡、王廷相、乔宇、汪俊等一批青年名士谈文论诗,饮酒作赋,"以才名相驰骋"③。

然而明中叶文坛领袖的递嬗,从李梦阳、何景明等的"前七子",王慎中、唐顺之等的"唐宋派",再到王世贞、李攀龙等的"后七子",说穿了,不过是京官当中一批年轻气盛的新进士,公余之后饮酒消闲的文字游戏罢了④。自唐宋古文运动之后,辞章早已不能载道,一旦时过境迁,凡是具有经世之志的人物,便往往以虚文小道视之,纷纷掉头转向学术,以为成贤作圣之资。那之中,王廷相、汪俊、唐顺之、王慎中等皆以理学知名,尤其说明了这一点。

王守仁尤其是个中的佼佼者。据说当弘治十八年以后,三十四岁的王守仁还仅是个兵部武选清吏司的主事,相当于国防部人事局的一名处长时,便已开始倡言"师友之道",专志讲学了。在一片"立异好名"的声讨之中,只有陈献章的弟子,官居翰林院庶吉士,也就是皇家研究院博士研究生的湛若水,与之一见定交,"共以倡明圣学为事"⑤。两位未来的学界领袖携起手来,为追求大致相同的学术理想而奋斗。

然而圣人并不好当。与一切先知、教主、英雄们一样,他不仅需要近乎疯狂的热情,百折不回的毅力,更需要神勇过人的胆识。王守仁刚刚讲学两年,已经小有名气,便赶上了武宗改元,宠信当时所谓"站着的刘皇帝"的宦官刘瑾,舞权乱政。正值南京科道官戴铣、薄彦徽因进谏下狱,是隐忍不言,还是抗疏论救?

尽管后代学者如王世贞辈,极力地证明王守仁所上论救戴铣一疏,并不像

---

① 阳明于弘治二年谒见吴与弼的学生娄谅,娄氏语以宋儒格物之学,故转年见其父"官署中多竹,即取竹格之,沉思其理不得,遂遇疾"。
② 山下龙二《王阳明传》,文君妃译,第10页。
③ 雷礼《国朝列卿记》卷50《王守仁》。
④ 譬如黄继持便认为,在明中叶,弥漫在社会上的是一种玩赏的风气,诗文也成为玩赏之具,追寻的是形式之美。七子倡议复古,基本上只有形式技巧方面的意义,不能和唐代韩、柳相比,因为此中没有严肃的文化责任感。明代诗文派别多,未尝不是形式主义文风与个人主义思想所导致的。见氏著《明代中叶文人形态》,载赵令扬编《明清史集刊》第一卷。事实上,这也就是导言所指出的,古文运动之后文章不能载道的结果,王学之反对时文和此不无关系。
⑤《王阳明全集》卷33《年谱一》,弘治十八年乙丑。

杨一清、王琼等所说的那样,是直接针对刘瑾①,然而倘联系到其父为现任高官,自应引嫌避忌②,那么王守仁的这次上疏便仍不失其理想的英雄主义色彩。王守仁为此也付出了惨重代价,"廷杖四十,既绝复甦",谪为贵州龙场驿的驿丞③。

不在磨难中爆发,便在磨难中灭亡。王守仁被流放到贵州西北一片万山丛棘之中,蛇虺遍地,瘴疠漫山,与当地人口语难通,"可通语者,皆中土亡命"④。又时时担心刘瑾派人追杀,"自计得失荣辱皆能超脱,惟生死一念尚觉未化,乃为石椁自誓曰:'吾惟俟命而已!'"在居夷处困的情况下,给他以精神支柱的,是古圣的箴言。

有名的"龙场之悟"就发生在此时。王守仁从此跨入了黄宗羲所谓"其学凡三变而始得其门"的门槛⑤。这一事件虽极具神秘色彩,但同时又是可以理解的,大凡有过"豁然开朗"之类体验者皆可以意会之。然而更重要的,却是王守仁正式踏上了建立自己独特学说体系的道路。

二、讲学家

王守仁和朱熹二者的学说有很大的不同。后世的研究者们根据自身不同角度的研究进路,作过许许多多取向各异的分疏⑥。这样的研究无疑都抓住了某一层面的真实。然而在我看来,对当时人影响最大的,仍然是王学与朱学在行动取向,或者说在获得真理的方式和路径上的巨大差异。王守仁虽在年轻时对朱学的真义不甚了然,但并不影响他以一种直觉的敏感迅速捕捉到当时的学术弊端:学者们在谨守"程朱矩矱"的旗号下,把儒学践履变成口耳之学,不奢

---

① 王世贞《弇山堂别集》卷27《史乘考误》。
② 据说王守仁上疏以后,其父王华(时为礼部左侍郎)"虑祸及己,逐出之"。见叶权《贤博编》,收入《明史资料丛刊》第1册,第174页。
③ 《明通鉴》卷41,武宗正德元年(1506)十二月乙丑。年谱作元年二月,《明通鉴·考异》以为误脱"十"字。
④ 《王阳明全集》卷33《年谱一》,正德三年戊辰。
⑤ 许多学者都已指出,黄宗羲所论阳明的"学凡三变"乃是本诸王畿《滁阳会语》,见《龙溪王先生全集》卷2。其实钱德洪也言三变,见氏著《刻文录叙说》,《王阳明全集》卷41,只不过内涵不甚相同,参陈来《有无之境——王阳明哲学的精神》第319—331页。
⑥ 如侯外庐把阳明心学看成主观唯心主义思想。(《中国思想通史》第4卷(下),第875—911页。)牟宗三则把宋明儒学分成三系,陆王心学以《论》《孟》摄《易》《庸》而以《论》《孟》为主,纯孟子学,功夫在"逆觉体证"(《心体与性体》第一部第一章第四节"宋明儒之分系",第36—52页)。余英时则认为,相对于朱学向士大夫宣讲,陆王心学则侧重于向社会及平民宣讲。(参《士与中国文化》第511—519页。)

望做轿中人而仅仅满足于轿夫,早已失圣贤的真意。正因为如此,我们看到,在明末清初对王学仍有切肤之感的黄宗羲对他的评价就极为透彻:

> 有明学术,从前习熟先儒之成说,未尝反身理会,推见至隐,所谓"此一述朱,彼亦一述朱"耳。高忠宪(攀龙)云:"薛敬轩(瑄)、吕泾野(柟)《语录》中,皆无甚透语",亦为是也。自姚江点出"良知人人现在,一反观而自得",便人人有个作圣之路。故无姚江,则古来之学脉绝矣。①

从这个意义上,王门诸子所念念不忘的"学有宗旨"②,便与梁启超所说的类今时之政治"口号"大不相同③,涵义只能是指为学的门径。

朱熹不是把"格物致知"解释为"即物穷理"吗?④ 假如所穷之"理"乃是纯粹的自然规律,而王守仁又情愿做一个植物学家⑤,或许"格竹"未尝不会有一定的成就。然而王守仁所愿成为的仍是一个道学家,一个负载着纲常伦理的儒家圣人。于是格竹致病便使其深感"物理与吾心终判为二",圣人早已揭示出的道德真理,像虚悬在外的教条律令,不愿接受,却又不忍违背。因此在格竹失败后转而他求,到如今谪居龙场又忽然"悟道",未必不是其心内萦怀难忘的生动体现。王守仁在居夷处困中,"始知圣人之道,吾性自足",因释格物为"正物"⑥,尽管离真实的原始义可能越来越远⑦,然而据他自己说"证之六经四子,沛然若江河放之海也",因著《五经臆说》⑧。

其实,从某种意义上来说,王守仁又实在是他那个时代为道德说教而牺牲的思想奴隶。他有着充沛的精神能量,喷薄欲出的生命激情,以及和世俗人一样的贪执、幻想和欲望,惟独不愿做的或许只是乡愿一类的俗儒所提倡的循规

---

① 《明儒学案》卷10《姚江学案·序》。
② 《明儒学案·发凡》。
③ 梁启超《王阳明知行合一之教》,载《饮冰室合集》第5册。
④ 参朱熹《大学章句》。
⑤ 唐文治认为,阳明格竹乃是从植物学角度理解格物。参氏著《阳明学术发微》。
⑥ 《王阳明全集》卷1《传习录上》:"问格物。先生曰:格者,正也,正其不正,以归于正也。"
⑦ 裘锡圭认为,《大学》所言"格物",也就是"致物",格当如郑玄所训"格,来也"。"格物"也就是"使物来","可能有强调跟事物接触的主动积极性的意思"。见氏著《说"格物"——以先秦认识论的发展过程为背景》,载其《文史丛稿——上古思想、民俗与古文字学史》,第3—15页。但事实上,郑玄的观点也未必即是原意。
⑧ 《王阳明全集》卷33《年谱一》,正德三年戊辰。

蹈矩。从心理分析的角度，王守仁之所以要左冲右突，从多方面寻找成圣的可能，潜意识中未尝不是希望把不符合流俗的种种"越轨"行为通过某种合适的理论来加以合法化。在这一点上，每一个人所标榜的理论都可能是他自己行为的辩护士，当然，伪君子除外。于是，在伦理学的意义上，王守仁就把对善与恶的判断标准，从听言观行变为察其隐衷，力主知行合一①。这种思想在理论上固然可以自圆其说，然而在实际操作中却极有可能为达目的，不择手段，流于霸术而不知。王守仁在当世就颇有"霸儒"的名声，并不是偶然的②。

王守仁在龙场住了整整两年。由于人格魅力、应变之才，或许也由于他忤犯权阉的耿直名声，使他赢得了当地少数民族以及宪副毛古庵、提学副使席书等的爱戴，后者更聘其主讲贵阳书院③，在这段日子里，王守仁由悟"格物致知"到主"知行合一"，进一步廓清了思路，建立了学术自信。因此，当正德五年刘瑾倒台，虽未能官复原职，仅用为庐陵知县，却也能因地制宜，广收门徒，逐渐张大了自己的学术势力。

从那以后直到正德十一年这六年间，王守仁以每年大约两级的速度在明代的官僚体系中迅速攀升。但由于所居大都是两京的部职闲曹，除了可以有机会结交不少当世的名流，再就只能是潜心问学，培养后进。穆孔晖、顾应祥、王道、黄绾、萧鸣凤、黄宗明、薛侃、季本、陆澄等一大批后来知名的才子，纷纷执贽拜师，为王学的发展壮大了声势④。其中尤以王守仁在吏部工作时的上司方献夫受学引人注目，它不仅说明王守仁此时的学术声望已足以超越其居官的地位，更表现出那个时代人尚有的对知识本身的真诚尊重，后者尤其是师道复兴的一个表征。

的确，王守仁是在以自己的讲学实践承担着师道复兴的大任。但是，经明初以来一百多年专制积习裁抑过的官方理学，早已非程朱之学的原貌，尽管在

---

① 钱穆认为，"阳明所讲之良知实是一种心理学……潜意识是不自知，制约反应是不自主，此二者乃是近代西方心理学家于人生中所发现之两大秘密。然而，中国儒、佛二家，如唐代之禅宗，与宋明之理学，则早已超越此所讲，他们正在讲求如何自知、自主，人心能自知、自主即是阳明先生所讲之'知行合一。'"见氏著《阳明之学：在香港大学校外课程部讲稿》，《王阳明传记资料》第十册。
② 《王阳明全集》卷21《外集三·寄杨邃庵（一清）阁老（二·癸未）》："夫惟身任天下之祸，然后能操天下之权，操天下之权，然后能济天下之患……夫权者，天下之大利大害也，小人窃之以成其恶，君子用之以成其善。固君子之不可一日去，小人之不可一日有者也。欲济天下之难，而不操之权，是犹倒持太阿而授人以柄，希不割矣（下言君子致权之道）。"
③ 《王阳明全集》卷33《年谱一》，正德四年己巳。
④ 《王阳明全集》卷33《年谱一》，正德七年壬申。

思想上漏洞百出，在实践中臭腐已极，要想在意识形态领域把它完全清除却仍然不是一件易事。因锋芒毕露而惨遭摧抑的王守仁毫无疑问深知这一点，更何况"悟道"之后的这位讲学领袖，已经懂得"暗渡陈仓"乃是破敌的捷径，并不忙着拉起"以师道自任"的大旗。因此当正德七年其友人储巏责备他"不以师道自处"，他回信说：

> 顾仆何人，而敢以师道自处哉！前书所谓"以前后辈处之"者，亦谓仆有一日之长，而彼又有求道之心者耳。若其年齿相若而无意于求道者，自当如常待以客礼，安得例以前后辈处之？又况不揆其来意之如何，而抗颜以师道自居，世宁有是理耶？夫师法者，非可以自处得也，彼以是求我，而我以是应之耳。今之时，孰有所谓师云乎哉！今之习技艺者则有师，习举业求声利者则有师，彼诚知技艺之可以得衣食，举业之可以得声利，而希美官爵也；自非诚知己之性分有急于衣食官爵者，孰肯从而求师哉……故居今之世，非有豪杰独立之士的见性分之不容已，毅然以圣贤之道自任者，莫之从而求师也。①

文章极像韩愈《师说》的翻版，然而在态度上却谦抑有加，不能说没有时政方面的考虑。

正德十一年九月，已经虚龄四十有五的王守仁突然由南京鸿胪寺卿这样的闲职，晋升为都察院左佥都御史，巡抚南、赣、汀、漳等处。左佥都御史虽不是什么高官（四品），然而身为实任巡抚，却说明在朝野上下王守仁已被视作一名才堪委用的能员。因此，当汀、漳等地暴动频仍的时候，便由兵部尚书王琼特荐选任②。

王守仁与王琼的关系至今仍是一个疑案。尽管据说二者从未谋面，但是从现有史料来看，双方又无疑彼此惺惺相惜。事实上，很难想象精明强干的王琼会把南赣巡抚这样一个要职委任给一个不甚了解的人。更何况当宸濠之变发生

---

① 《王阳明全集》卷21《外集三·答储柴墟（壬申）》。其实复兴师道是王守仁很早就开始关心的一个问题。弘治十七年他被聘主山东乡试，《乡试录》皆出其手。五经制义以《尚书》："王懋昭大德，建中于民，以义制事，以礼制心，垂裕后昆。予闻曰：能自得师者王"为题。破题云："大臣告君，既勉其修君道以遗诸后，必证以隆师道而成其功。"承题云："夫君道之修，未有不隆师道而能致者也。"文见《王阳明全集》卷22《外集四》。
② 《王阳明全集》卷33《年谱一》，正德十一年丙子。

后，举朝大惊之际，又是这位兵部尚书王琼拊掌大言："王伯安在，何患！"说明二者早有密谋，共同防备宸濠叛乱①。

不管怎样，从正德十一年到十四年，都可以说是王守仁戎武生涯中最辉煌的时期。四年中他陆续平定了漳南、横水、桶冈、大帽、㽞头诸寇，以及尤其有帝国倾覆之虞的宸濠之变。这一系列胜利，尽管被三百年后那位激进的大同乡章炳麟所不取②，然而在当时，却为他带来了巨大的声誉。

重要的是，王守仁并没有因军务冗繁废弛学术传播，相反，以讲学穿插于戎政之中，既迷惑了敌人，又表现了自我③。正是用这种近乎天才的"奇里斯玛"（charisma），王守仁征服了江右、浙中、南中等地许许多多的青年才俊。几十年后，处处以王守仁为榜样的唐顺之，在军务倥偬之中，仍然不忘谈学论道④，生动地体现了王守仁的影响在当时的反应。

然而更重要的，却是王守仁在个人地位迅速提高的同时，念念不忘培植整个学派的政治实力。正德十三年宁王宸濠叛乱之后，守仁立刻向自己的学生辈发去檄文，征调帐下。其高第弟子邹守益等闻讯赶来助阵，时任推官的季本，也严守驻地，相互策应。另一个学生冀元亨甚至为此死难⑤。王守仁通过宸濠之变的平定，给世人造成了这样一种印象，相对于衰朽不堪的程朱理学而言，王学不仅在理论上更胜一筹，而且尤切于实用。这对那些相信经世致用和内圣外王的理学信徒来说，是再好不过的广告宣传了。万历十二年王守仁以"有用

---

① 邵廷采《明儒王阳明先生传》，载《王阳明全集》卷40。另可参同书卷34《年谱二》，正德十四年己卯。按守仁与王琼关系，可参其《与王晋溪司马》，共保留了十五封书信。除了讨论时局之外，中言"老先生之于守仁，可谓心无不尽，而凡其平日见于论奏之间者，亦已无一言之不酬""既假之以赏罚之权，复委之以提督之任"，守仁则对王以"社稷大臣，负王佐之才"相推许，虽不无恭维之意，但亦实可见知遇之感。见《王阳明全集》卷27《续编二·书》。
② 《检论》卷3《议王》："案其运筹制胜，廓清区夏，未若刘基也；转危为安，未若虞允文也；威慑强寇，未若种师道也……此三子者，乘时立功，或挠之以致败，而敌多大于小侯俚酋。文成拟之，则劣矣！明世文吏能克敌者，韩雍盖与文成为夷，以无学术，世人未尝齿数，相提而论，宁有短长焉？且以文成之学任兵者，万历以降，心学旁魄满朔南矣，而力不能支清虏。此为先师所以制胜者，职其少习兵事，才气过人，其为术不得半耳。"见朱维铮先生点校《章太炎全集》第3卷，第458页。对章氏此论背景的讨论可参朱先生《章太炎与王阳明》，载前揭《求索真文明——晚清学术史论》。按，章太炎此言主观色彩甚浓，已非学术评论。王学与嘉、万之后军事之关系，极为密切。隆、万时代的抗倭御边名将翁万达、谭纶、俞大猷等辈皆王学信徒。所谓"力不能支清虏"者，政治中枢腐朽之过，似不能单责将官。
③ 参钱德洪《平濠记》一书。又王守仁在军事上的成就决非其个人之功，谋士许璋出力甚大。耿定向云："璋故精于天文、地理、兵法、奇门九遁之学，先生（指王守仁）后擒逆濠，多得其力。成功归，赠以金帛，不受。"见氏著《先进遗风》卷上。
④ 参王畿《龙溪王先生全集》卷10《与唐荆川》。
⑤ 参《明儒学案》卷13《浙中王门学案三·季本传》及卷28《楚中王门学案·冀元亨传》。

道学"的理由,从祀孔庙,尤其说明了王学打动统治者的到底是什么。

随着王守仁早期弟子的逐渐成熟——大部分通过了科举而为政四方,王学的传播进程加快了。对这种滚雪球式的传播,王守仁甚为期许,亲自予以指导:

> 比闻列郡之始,即欲以此学为教,仁者之心自然若此,仆诚甚为执事喜,然又甚为执事忧也……凡居今之时,且须随机导引,因事启沃,宽心平气以熏陶之,俟其感发兴起,而后开之以其说,是故为力易而收效溥。不然,将有扞格不胜之患,而且为君子爱人之累。①

宸濠之变平定以后,王守仁于正德十六年解甲归田。就在这前后数年之中,随着后来泰州师道派的创始人王艮以及浙中王门弟子钱德洪、王畿等的加盟,王学的发展到了一个新阶段。王守仁一面默许以教主自居的狂人王艮进京传道,为新兴的王学壮大声势;一面着力怂恿本不打算参加科举的王畿入京会试,以便乘机促进王学真谛的传播②。正因为如此,当嘉靖二年反对者用会试策问的方式,阴辟王学之时,王守仁却反而非常高兴:"圣学从兹大明矣……吾学恶得遍语天下士?今《会试录》,虽穷乡深谷无不到矣。吾学既非,天下必有起而求真是者。"③ 在这个时候,王守仁所真正担心的并不是什么"谤议日炽",而是宣传不力,王学将从此湮没不显。

第二节 壬午学禁

一、山雨欲来

王守仁在建立学派之初,尽管深知树大招风,处处保持低调,不敢明以师道自居,然而当王学产生伊始,还是很快在政学两界引起轩然大波。

反对的声音首先来自思想界。前面曾经指出,伴随着明中叶社会经济与政治形势变动而来的,不仅仅是有王学这样的革新思潮产生,更重要的其实是自

---

① 《王阳明全集》卷4《文录一·寄李道夫(乙亥)》。另可参同卷《寄希渊(乙卯)》。
② 王艮拜师的时间是正德十五年,钱德洪正德十六年,王畿嘉靖二年。王畿、王艮对王学的传播参见第二编第一、三两章的第一节。
③ 《王阳明全集》卷35《年谱三》,嘉靖二年癸未。

明初以来被官方学术一统而致死的整个思想界的复活。王学在这种多元文化格局中一枝独秀固是事实，但并不能掩盖"文化多元"本身的重要性。学术界长期以来对王学在思想上的反对派一概视为保守，在我看来，本身便是一种文化专制的表现。

在这种多元文化景观中，尤其引人注目的两个亮点，是由王廷相代表的明代气学以及崔铣、汪俊等真"理学"的诞生。王廷相以北宋学者张载的理气论为依据，主张"气外无性"，甚至反对孟子的"性善说"，提出"性有善有不善"，是明中叶以气学反对理学最重要的学术代表①。崔铣、汪俊尽管皆"以程朱为的"，但是作为真理学的一个表征，便是他们都不是拿朝廷功令所规范的程朱学说为准绳，而是回溯程朱本身的原教旨，甚至重新回到原始的经典教义中去寻找理论的支柱。汪俊以程辟朱，崔铣以程学为"门人之附会"，"学有真得，不随朱子脚下转"②。与王守仁一样，思想风气渐趋自由之后的晚明学者，无论其学术观点是否新异，大都提倡自得之学，能够建立起独特的学术个性。

由于大抵是纯学术的批判，尽管批评的言辞有时极为激烈——比如罗钦顺、黄佐等人便直言不讳地指出王守仁所谓良知乃是本诸佛氏③，但并不影响双方在学术之外的良好关系。否则，以罗钦顺、王廷相、汪俊等正、嘉之际这样的现任高官，在同一时期王学被禁为伪学的过程中，都有落井下石的机会，但是我们却看不到他们在其中活动的影子，除了三者人品颇为正直，而且都和王守仁是好友之外，只局限于学术本身的关注不是一个更重要的原因吗？

王守仁与批评者们在理论上的相互辩难，锻炼了学者们思维的敏锐性，激励他们随时反省自己的学说是否真正"持之有故，言之成理"，而渐次修正，以期各臻于完满。这样的争论对学术的发展而言有百利而无一害。然而同时我们也看到，伴随着王学的兴起与壮大，不断有人出于各种各样的动机，处心积虑地把王学上纲为伪学，谋求在政治上予以禁锢。

或许是"山雨欲来风满楼"之故，在正德十五年王守仁军事生涯最辉煌的时刻，他的"以傅说期之"的好友、时任巡按御史的唐龙④，和督学佥事邵

---

① 《明儒学案》卷50《诸儒学案中四·王廷相传》。有关王廷相气学思想的论著，可参葛荣晋《王廷相和明代气学》。
② 《明儒学案》卷48《诸儒学案中二》，汪俊及崔铣学案。
③ 《明儒学案》卷47《诸儒学案中一·罗钦顺传》和卷51《诸儒学案中五·黄佐传》。
④ 唐龙《渔石集》卷2《送阳明先生还朝序》。

锐一起,"皆守旧学相疑,唐复以撤讲择交为劝"①。考虑到当时王门弟子日渐增多,且不断有王艮之类"怪魁"式的人物加入,唐龙的劝告便未尝不是出于对王守仁政治前途的隐忧。

唐龙大概在信中还有劝王守仁"逊志务时敏"的内容,希望他保持低调。针对这一点,守仁回信说:

> 夫谓"逊志务时敏"者,非谓其饰情卑礼于其外,汲汲于事功声誉之间也。其逊志也,如地之下而无所不承也,如海之虚而无所不纳也;其时敏也,一于天德,戒惧于不睹不闻,如太和之运而不息也。……以是为报,虞佐(即唐龙)其能以却我乎?

同时举颜回所云"舜,何人也?予,何人也"勉励他同样以傅说自期②,婉转地拒绝了他的劝告。

唐、邵二人虽品衔不高,对王守仁也颇为恭敬,但既然官居巡按御史、提学佥事,却正是王守仁那帮同时致力于举业的门徒的顶头上司,因此"当唐、邵之疑,人多畏避,见同门方巾中衣而来者,俱指为异物"③。一些立场不坚的薄识之辈,受时局变换的影响,甚至改头换面,首鼠两端,以求希世取容。在守仁心内,早年弟子王道便是个中的典型④。王守仁对此极为伤感,在给黄绾的信中,甚至以巢堂之燕自况:

> 士风日偷,素所目为善类者,亦皆雷同附和,以学为讳。吾人尚棲棲未即逃避,真如处堂之燕雀耳。原忠(按指应良)闻且北上,恐亦非其本心。仕途如烂泥坑,(勿)[误]入其中,鲜易复出,吾人便是失脚样

---

① 《王阳明全集》卷34《年谱二》,正德十五年庚辰。
② 《王阳明全集》卷5《文录二·与唐虞佐侍御(辛巳)》。
③ 《王阳明全集》卷34《年谱二》,正德十五年庚辰。
④ 参《王阳明全集》卷4《文录一·与黄宗贤(五·癸酉)》。按王道其人,据黄宗羲所言,守仁弟子方献夫为大学士,曾荐其"学行纯正,可任宫僚",时王守仁已逝,可知王道改宗并未影响其与王门弟子关系。黄宗羲也说他"所论理气心性无不谛当。又论人物之别,皆不锢于先儒成说,其识见之高明可知"。王道亦曾就学于湛若水,后学术亦与湛氏不同,黄宗羲《明儒学案》故暂列于湛氏《甘泉学案》最后。今仅就学案所引诸篇可知,王道不仅不苟同阳明之说,甚至驳朱子、程子乃至南宋以降之道学,于孟子性善之说亦颇不满,实为一特立独行之士。然由阳明之言亦可见王道改宗之后时人的观感。

子。不可不鉴也。①

其实，假如只是汪俊、唐龙等二三好友的批评责难，王守仁这颗地位急剧上升的政坛新星，尚不至于惊悸如此。到底是什么原因呢？

二、党争：王守仁与杨廷和

如所周知，明武宗在位的短短十六年，是明代自英宗正统朝王振、宪宗成化朝汪直擅权以来宦官势力的又一个高峰期。那位有"站着的刘皇帝"之称的刘瑾，相较于两位势焰熏天的前辈，弄权的手段尤高。不仅和内外爪牙马永成、谷大用、魏彬等沆瀣一气，结成"八虎"，而且打倒内阁大学士刘健、谢迁，引亲信焦芳入阁，置外廷于自己的绝对控制之下。尽管其后因谋反的罪名被诛，但继之而起的张永、谷大用等臭名昭著的太监，仍然牢牢把持着内外权力。

宦官权力的上升引起外廷儒臣的强烈不满。尤其同属武宗亲信之列的内阁大学士杨廷和②，更是一个果敢有为的政治强人，在正德七年位居首辅之后，动用一切可能的制度手段对宦权加以裁抑，双方之间势同水火。

面对这种党争的局面，明武宗的存在是一种平衡的象征。但是对外廷群臣而言，严酷的政治现实却逼使他们不得不在二者之间有所抉择。大体说来，除了一些刚直不阿的官员之外，以翰林院为核心（包括一部分科道言官），以清流自命的一些新进士依附内阁，但却没有太大的权力；他们所能使用的武器，只能是让所有专制帝王都不得不稍事收敛，但同时又没有更多效力的名教和祖制。而绝大部分官僚，或许出于实际政治的考虑，或许纯粹是为了个人私利，基本上附从于宦官。面对有职无权的现状，杨廷和"悒悒不自得，数移疾乞骸骨，帝亦不听"③。

在这之中，梁储、杨一清、王琼、彭泽等与杨廷和的关系值得注意。梁储与杨廷和不睦，第一章已经言及。而作为当时朝野知名的能臣，杨一清、王琼与彭泽三人都不乏军事才干，为明代边防的巩固立下过赫赫的功勋。这样的人

---

① 《王阳明全集》卷4《与黄宗贤（七·戊寅）》。
② 杨廷和曾任武宗在东宫时的老师，因此也算是亲信人物。正德十年丁忧，武宗曾极表慰留，可见一斑。参张萱《西园闻见录》内编卷2《孝顺》。
③ 《明史》卷190《杨廷和传》。

物自然是党争两派极力拉拢的对象。经过一番审时度势，于是颇识"时务"的杨一清、王琼倒向宦官；"疏阔负气"的彭泽便顺理成章地接近内阁①。非此即彼，朝内的政争逐渐明朗化。

居于两派夹缝之中的王守仁日子并不好过。王守仁之所以能够巡抚南、赣，无疑是时为兵部尚书的王琼力荐的结果。而杨一清则与其父王华早岁相知，王守仁又自言曾"在属吏之末"，门生故吏，关系非同一般②。更何况当宸濠之乱平定以后，为免除武宗认为他可能谋反的猜忌，王守仁为求自保，除了把功劳推给对他有"知遇之恩"的兵部尚书王琼，还为掌握重权的宦官张永大书一笔，却惟独不及"朝位班次，俱列六部之上"的内阁，尤其使后者大为恼怒③。这种恼怒的直接后果便是王守仁被诬以曾经交通宸濠，而且平乱之后纵兵杀戮，庇护逆党刘养正，所谓"不惟不当封，而且有大罪三"是也。这种观点后来在内阁大学士杨廷和、费宏、董玘的相继主持下，被写进《武宗实录》，以为其终身之玷。作为反击，王守仁一派则力证杨廷和在正德时不仅帮助宸濠恢复其藩邸护卫，助纣为虐；而且亲自为荒淫无道的武宗草敕称"威武大将军总兵官朱寿"，是谄媚时主④。

权力斗争的最终结果便是生死搏斗。明武宗死后，杨廷和在推举继承人等问题上根本不让时为吏部尚书的王琼预闻，说明他早有除去后者之心。其后更对异己者大肆清洗，朝内为之一空。王琼则被坐以"交结近侍律论死"，后减戍绥德⑤。而早已于此前五年致仕家居，被明世宗目为"楚中三杰"之一的杨一清，终杨廷和在位未曾起废⑥。明世宗最初尚有起用王守仁之心，也因内阁的阻挠而作罢⑦。

正因为如此，从某种意义上来说，王守仁的弟子们前赴后继地支持明世宗推行大礼议，便决非仅仅是为了礼乐不正本身，而是体现了杨一清、梁储、王琼、王守仁这一政治团体谋求东山再起的深层政治目的，王守仁之成为议礼新

---

① 《明史》卷198《杨一清传》《王琼传》《彭泽传》。
② 《王阳明全集》卷21《外集三·寄杨邃庵阁老（壬午）》。
③ 王守仁与太监张忠、安边伯许泰及江彬不睦，不得已，引大宦官张永自助。参《明史》卷195《王守仁传》。
④ 参王世贞《弇山堂别集》卷25—27《史乘考误》的有关考证。
⑤ 《明史》卷198《王琼传》。
⑥ 同上书，《杨一清传》。
⑦ 《明史》卷195《王守仁传》。

贵们的精神领袖，杨一清也明确表示支持世宗，皆当作如是观①。明世宗所依托的并非张璁、桂萼等低级官吏，而是其背后、在权力斗争中暂时失势的一个极具潜力的政治集团。

了解了这样的政治形势，对于嘉靖元年（壬午）由言官章侨、程启允、毛玉等提倡的伪学之禁，岂非一目了然：对王守仁这样有大功于世的人，还能用什么样的理由打倒他呢？谈迁说："（守仁之）功不能疵，而疵其学曰近禅。"②的确，把王学视作伪学，说穿了，不过是政治斗争的借口罢了。

第三节　己　丑　学　禁

一、新贵内讧

从宸濠之乱的平定到嘉靖六年复出，这七年间，王守仁一直乡居在家。这段相对安闲的日子，使他和晚年的孔子一样，得以潜心学术，教授生徒。王门弟子中，在学术上后来有重大突破的王畿等人，便是在此间执贽拜师的。其后又因来学者众多，王守仁只能派高第弟子钱德洪、王畿等做"教授师"，先为之疏通大意，以为入门之阶。

年轻时的王守仁以狂放著称。然而，经过贵州龙场的三年贬谪，虽然学术上找到了突破前人的门径，但是锐气渐平，棱角也被磨光了不少。往日那个诗酒流连、跃马挽强的少年材士不见了，代之而起的是学术上立异标新，但政治上渐趋保守的道学传人。遭受宦官迫害很深的王守仁此后之所以会一改往日的愤激，与亲宦官的杨一清、王琼甚至宦官领袖张永疏通接近，并不仅仅是赏识与被赏识的关系，未尝没有基于现实政治的考虑。可惜上天似乎总想和他这位以斯道自任的人物作对：杨一清不久因与宦官交恶被逐，曲事钱宁、江彬的王琼在和杨廷和的斗争中地位岌岌可危，宸濠之乱平定后张忠、许泰等佞幸小人，又总想抢夺胜利果实，陷他于死地。当然，也由于内阁的阻挠，王守仁虽

---

① 前揭王守仁《寄杨邃庵阁老（癸未）》，王氏之所以讨论"权"的问题，其实是力劝杨一清出山："当今之时，舍明公无可以望者，则明公虽欲逃避乎此，将亦有所不能……夫惟身任天下之祸，然后能操天下之权；操天下之权，然后能济天下之患。"王琼、杨一清之重新起用，就是在大礼议之后，这一派重新得势，由霍韬、张璁推荐的结果。至于这些人内部再发生分裂，那已是后话了。详下文。
② 谈迁《国榷》卷54，嘉靖七年十一月。对这一问题的考察，另可参前揭拙文《谁与青天扫旧尘——大礼议思想背景新探》。

在江西建立了不世的大功,但是除了自己受过一个既无岁禄又无铁券的空头封号之外,跟他的亲信部曲无一受赏,甚至直到嘉靖六年,还在用冒滥军功的理由查勘不已,"使效忠赴义之士废产失业,身死道途"①。

时事变幻有如过眼云烟,当一切艰辛荣辱都被定格为历史陈迹之后,已到人生晚景的王守仁反而将得失毁誉看得轻了,他似乎重新回到了自己的少年时代,重新找到了失去的自我:

> 吾自南京(己)[以]前,尚有乡愿意思,在今只信良知真是真非处,更无掩藏回护,才做得狂者。使天下尽说我行不掩言,吾亦只依良知行。

"自反而缩,虽千万人吾往矣!"王守仁又重新恢复了狂者胸次②。黄宗羲说他居江右以后"专揭致良知为教",似乎更应该从这个角度加以理解③。

然而一如孙行者逃不出五指山,王守仁同样难以忘情政治。几名弟子由于大礼议的成功,现已身居高位,执掌大权。王守仁就像一名逆水行舟的舵手,生怕弟子们在宦海波涛中因一时疏失,而有倾覆之虞。他在嘉靖六年写给黄绾的一封信中,苦口婆心地说道:

> 东南小蠢,特疥癣之疾,群僚百司各怀谗忌党比之心,此则腹心之祸,大为可忧者。近见二三士夫之论,始知前此诸公之心尚未平贴,姑待冀耳(按此当指杨廷和一派)。一二当事之老,亦未见有同寅协恭之诚(指张璁、桂萼等),间闻有口从面谀者,退省其私,多若雠仇。疾废之人,爱莫能助,窃为诸公危之。不知若何而可以善其后,此亦不可不早虑也……西樵(方献夫)、兀崖(霍韬)皆不及别简,望同致意。近闻诸

---

① 《王阳明全集》卷21《外集三·与黄宗贤(二·丁亥)》。
② 《王阳明全集》卷35《年谱三》,嘉靖二年癸未。
③ 《明儒学案》卷10《姚江学案·王守仁传》。按,"致良知"一说的提倡时间,一般认为是在正德十六年,山下龙二则撰文认为当在正德十五年(1520)六月到九月之间。参氏著《王阳明の思想の变迁について》,载《日本中国学会报》第10集,1958年。惜原文未见。简要的叙述可参宇野精、中村元、玉城康四郎主编《东洋思想讲座(二):中国思想Ⅰ》之《儒家思想》,其《王阳明》一章由山下龙二执笔。事实上,任何人思想转变的各个阶段都是不可能截然区分开的。前文已经指出"王学三变"之说大概出于守仁之自言,那么黄宗羲所谓"专揭",便有可能是王守仁对自身学术取向转变的基本估计,而这种转变似乎主要应由其当时的处境,所引起的心理变化求之。另可参邓艾民《朱熹王守仁哲学研究》,第101页。

> 公似有德色傲容者，果尔，将重失天下善类之心矣。相见间可隐言及之。①

此前张璁、桂萼为了打击杨廷和余党，尤其是除掉位在己前的内阁大学士费宏，已引用资格更老的杨一清作内阁首辅。然而费宏去后，杨一清又未免成了绊脚石。失去了共同的敌人之后，议礼诸臣内部已开始有分崩离析的迹象：

> 木翁（似当指桂萼）、邃老（杨一清）相与如何？能不孤海内之望否？亦在诸公相与调和。此如行舟，若把舵不定而东撑西曳，亦何以涉险？今日之事，正须同舟共济耳。②

所谓旁观者清，因为不参与切身的权力争夺，王守仁此时反而能够从大局着眼。其后不久，当张、桂、黄绾等人交恶之后，反对派的夏言乘机利用替明世宗更定祀典的机会，大举反扑，获取了权力，那已是议礼诸臣始料不及的了。

从现有材料来看，明世宗对王守仁的态度起初不错，因此刚一即位即召王守仁入京受封。由于内阁的阻挠，只好改拜南京兵部尚书。王守仁自然不干，于是以省亲为名回家赋闲③。嘉靖六年，思恩、田州土酋卢苏、王受造反，总督姚镆无力平定，方献夫、霍韬乘机举荐王守仁。明世宗虽然同意，但是想必深知王守仁这几年的遭遇：平濠之后，功高遭忌，兔死狗烹；而今板荡之际，方知能臣的可贵，王守仁安肯便出？

王守仁当然是牢骚满腹："宁藩之役，湖、浙及留都之有功者皆已升赏，独江西功次，今六七年矣，尚尔查勘未息，今复欲使之荷戈从役，仆将何词以出号令？亦何面目见之？"④ 于是上书恳辞。由于疏中提到姚镆，明世宗以为他碍于用人不专，语杨一清："姚镆现在，守仁亦不知来与不来。"⑤ 于是令姚镆致仕。黄绾等又乘机"上书讼守仁功，请赐铁券岁禄，并叙讨贼诸臣"⑥，明世宗一口答应。

---

① 《王阳明全集》卷21《外集三·与黄宗贤（二·丁亥）》。
② 同上，《与黄宗贤（三·丁亥）》。
③ 《王阳明全集》卷35《年谱三》，嘉靖元年壬午。
④ 《王阳明全集》卷21《外集三·答潘直卿（丁亥）》。
⑤ 《明世宗实录》卷77，嘉靖六年六月丙午朔。雷礼《国朝列卿记》卷50《王守仁传》记载为："姚镆不去，守仁决不肯来。"
⑥ 《明史》卷195《王守仁传》。

既然已经到此地步，王守仁只好出山。然而除了身体不好，"潮热痰嗽，日甚一日"之外①，王守仁最担心的却是自己以抚为主的平乱方案可能与朝内"喜事者"相龃龉。

明代广西的少数民族以岑氏为最强，自称汉代岑彭之后。明初，其首领岑伯颜率田州归附，于是设田州府，由岑氏子孙世袭。三传至弘治时的岑溥，发生内乱，中央政府乘机改土归流，改思恩为流官知府，兼摄田州。正德初，岑溥次子岑猛又贿赂太监刘瑾，复为田州府同知，兼领府事。兵势既日强，于是故智复萌，希望仍做土官。后来，江西发生了农民起义，都御史陈金檄岑猛率狼兵征讨，叛乱平定以后，岑猛本希望论功行赏可恢复土官，见愿望没有达到，极为愤恨，"凌轹邻府日甚"。嘉靖五年明世宗以谋反的名义，派总督姚镆前去平定。姚镆采取以剿为主的方针，诛杀岑猛父子之后，其部曲星散四方，几成燎原之势。这就是王守仁出山之前的实际背景②。

中央政府与少数民族的关系在明代有了突破。尤其在西南地区，改土归流政策的实行，加强了明帝国对边远地区的实际控制水平。明成祖永乐年间甚至一度平定安南。其后因反复难定，只好作罢。此时思、田发生叛乱，中央政府内部便重新出现是改土归流还是因地制宜两种意见。姚镆采用以剿为主的手段，虽取一时之效，然而兵连祸结，最终却难以成功。不过这种意见由于得到吏部尚书桂萼、兵部尚书王时中等人的支持，因此一度占据上风。桂萼当王守仁出山之际，甚至讽其进攻交趾③，用意当然是希望在自己的主持下能有一番大的作为，以提高自身的权力。

王守仁对这种穷兵黩武的对外扩张政策极为不满，因此当嘉靖六年十一月到达梧州之后，便立刻上书明世宗，力主实行安抚政策，因其土俗，"存其土官，藉其兵力，以为中土屏蔽"④。他在给方献夫的信中尤其表明了心迹：

> 思、田事，贵乡往来人当能道其详，俗谚所谓"生事事生"，此类是矣。今其事体既已坏，尽欲以无事处之，要已不能，只求减省一分，则地方亦可减省一分劳攘耳。鄙见略具奏内，深知大拂喜事者之心，然欲杀数

---

① 《王阳明全集》卷21《外集三·与黄宗贤（一·丁亥）》。
② 《明史纪事本末》卷53《诛岑猛》。
③ 《明史》卷195《王守仁传》。
④ 《王阳明全集》卷35《年谱三》，嘉靖六年丁亥十一月二十日。

千无罪之人以求成一己之功，仁者之所不忍也！①

王守仁以抚为主的方针是成功的。明政府"不杀一卒，不费斗米"便结束了思、田地区的混乱局面。其后一面在当地兴办学校，传播中原礼乐文化；一面秣马厉兵，出其不意地分袭八寨、断藤峡等地与交趾相通的寇贼，"大破其众，斩获三千有奇"②。完全恢复了中央政府对这一地区的实际控制。

王守仁以衰朽之年，疾废之身再一次为明帝国的稳定立下了汗马功劳。等待他的将会是什么呢？

二、兔死狗烹

迄今为止，我们仍然无法判断明世宗对王守仁的态度是在何时转变的。的确，即位初的明世宗对王守仁颇有过好感。然而对于一个专制帝王来说，恩威莫测本就是其精神的常态，谁又能保证王守仁到底在哪一件事情上"得罪"了他？

比如说，嘉靖元年由杨廷和推动的那一次伪学之禁，十六岁的明世宗倘能够理解其背后隐含的政治韵味，他应该加深对王守仁及其学说的好感才对。但是，当"大礼议"以后明世宗大权在握，口口声声叫嚣："今古异时，纵孔子生，未必不与我同"的时候③，如果注意到在浙江余姚有那么一个弦歌雅奏，自比于孔子的人物存在，会有什么感想呢？

再比如，嘉靖六年王守仁受命出征思、田，弟子门徒纷纷为之乞求封赠，请勘功赏，明世宗虽一口答应，但是他既把王守仁的疏辞看成是不满于姚镆恋栈，便没有理由不把黄绾等人的请乞视作"有挟而要"④。

又比如，据王守仁的再传弟子叶权说，武宗大渐，王守仁曾上密疏，"预言世及之事，疏寝不报。嘉靖初，桂大学士（萼）与先生有隙，微发其奏，幸先生卒，止削爵，不尔，且有奇祸"⑤。虽不甚可靠，然而亦不为无据。

总之不管怎样，有一点是肯定的，当王守仁在前线辛辛苦苦地为朱氏王

---

① 《王阳明全集》卷21《外集三·答方叔贤（二·丁亥）》。
② 《王阳明全集》卷35《年谱三》，嘉靖七年七月霍韬所上疏。
③ 王世贞《弇山堂别集》卷15《罢辅臣特敕》。
④ 《王阳明全集》卷21《外集三·与黄宗贤（二·丁亥）》："此事终须一白，但今日言之，又若有挟而要者，奈何奈何！"时为嘉靖六年。
⑤ 叶权《贤博编》，第174页。

朝效命之际，明世宗这个实际的受益者对他的印象却越来越糟。因此，王守仁讨平断藤峡诸寨的奏捷疏一上，明世宗立刻便说："此捷音近于夸诈，有失信义，恩威倒置。"但既然还要利用他继续坐镇，便姑且隐忍不发，留待秋后算账。

嘉靖七年十一月，久病缠身的王守仁因上书请辞不允，情急之下自动离职，在归乡的途中，卒于南安。这一次被明世宗找到了借口，于是，一个月后消息传到北京，世宗第一个反应便是怒其专擅，且疑其有诈，下令吏部核实上奏①。王守仁既然已死，自然不怕核查，但明世宗却并不满意，再一次授意内阁大学士杨一清、吏部尚书桂萼：

> 守仁擅离重任，甚非大臣事君之道，况其学术事功多有可议。卿等仍会官详定是非及封拜宜否以闻，不得回护姑息。②

王守仁的弟子、给事中周延抗疏论列，指责明世宗"以一眚尽弃平生，非所以存国体而昭公论"，被谪为太仓州判③。

六天以后，在桂萼的主持下公布了廷议结果：

> 守仁事不师古，言不称师。欲立异以为名，则非朱熹格物致知之论；知众论之不与，则著朱熹《晚年定论》之书。号召门徒，互相唱和。才美者乐其任意，或流于清谈；庸鄙者借其虚声，遂敢于放肆。传习转讹，悖谬日甚……若夫剿寨贼，擒除逆濠，据事论功，诚有可录……今宜免夺封爵以彰国家之大信，申禁邪说以正天下之人心。

明世宗又加了几句：

> 守仁放言自肆，抵毁先儒，号召门徒，声附虚和，用诈任情，坏人心术。近年士子传习邪说，皆其倡导。至于宸濠之变，与伍文定移檄举兵，仗义讨贼，元恶就擒，功固可录，但兵无节制，奏捷夸张，近日掩袭寨

---

① 《明世宗实录》卷97，嘉靖八年正月乙巳。
② 《明世宗实录》卷98，嘉靖八年二月戊辰。
③ 《王阳明全集》卷35《年谱三》，嘉靖八年二月。

夷，恩威倒置。所封伯爵本当追夺，但系先朝信令，姑与终身。其殁后恤典俱不准给。都察院仍榜谕天下，敢有踵袭邪说，果于非圣者，重治不饶。①

嘉靖八年这一次伪学之禁，毫无疑问是由明世宗、桂萼二人共同合作的产物。然而双方的着眼点却不尽相同。桂萼的着眼点主要在于抨击其学术违背官方意识形态；明世宗虽然也用"抵毁先儒"做幌子，但更重视的却是其学说的客观效果：除了引诱士子，传习邪说之外，还在于他"掩袭寨夷，恩威倒置""擅离重任，甚非大臣事君之道"。王守仁以其学说和行动破坏了明世宗理想中的君臣之大分，不能不引起后者对师道可能潜在地挑战君道忧心忡忡。一年以后，明世宗更定孔子祀典，最主要的目的便是抬高君道、打击师道，很难说不是有为而发。

另外一个值得关注的角色便是桂萼。这位靠大礼议起家的第二号人物，尽管为人颇有才干，但是"性刚使气"，得志以后"日以报怨为事"②，因此人望不佳。在大礼议之前，由于曾和黄绾同官南京，二者交往较多，但与王守仁却没有什么交情。嘉靖六年，桂萼此时已经得势，因碍于黄绾的情面，和张璁一起上书推荐王守仁，但随即暗示他主动进攻交趾，遭到拒绝之后心下一直恨恨不已。叶权所说桂萼曾揭发王守仁正德时上言世及，揆之情理，实有可能。因此嘉靖八年桂萼趁明世宗对王守仁日渐不满之机，积极推动伪学之禁，同样是顺理成章之事。

三、魏校

当然，历史现象之所以复杂，是因为那往往是许许多多利益、矛盾和动机相互交织的渊薮。伪学之禁既然是禁伪学，我们便同样可以看到有学术因素在背后活动的影子。正、嘉之际，当具有颠覆性的王学产生以后，马上便成为学术界的众矢之的。然而因为是学术上的讨论，前面已经指出，便大都依旧停留在思想争鸣的层面，并不是所有人都喜欢用政治手段排除异己。但是，学术固然神圣，学术界却并不完全是块净土。学界如政界，那里面同样充斥着腐朽、肮脏和龌龊。一旦政治风波来临，便颇不乏党同妒真的跳踉小丑，挥舞权力的

---

① 《明世宗实录》卷98，嘉靖八年二月甲戌。
② 《明史》卷196《桂萼传》。

大棒，乘机斩锄另类。

在弘、正以后负道学重名的魏校，便是个中的典型。此公学问不见得高明，言辞又极为木讷，但却长于矫饰，性善钻营，其投机取巧之处，被野史笔记传为笑柄。或许是私淑桂萼的太老师胡居仁的缘故①，二者臭味相投，在嘉靖初很快便结成一体。桂萼利用他代草章奏，以揣摩世宗之心；他希望通过桂萼夤缘得幸，参加经筵日讲②。据说为了讨好明世宗，魏校放下理学名臣的架子，为尚无子嗣的明世宗调制"种子方"，可惜却并不灵验③。明世宗后来因其协助桂萼主张天地分祀，对他的印象并不太好④。

吴与弼的学生胡居仁，学术见解本来平淡无奇，万历十二年作为"政治添头"从祀孔庙之后，不停地受到学者们的讥议⑤。魏校私淑胡居仁，虽以"天根之学"为宗旨，但是相较于乃师仅越五十步之遥，稍稍"加密"而已⑥。因此当王守仁学说一出，魏校原来的弟子门徒便纷纷另投师门，想必令他极为恼怒⑦。魏校与王守仁争名不胜，争学又不胜⑧，因此极力怂恿桂萼推动伪学之禁，便似乎有着假公济私的用意在焉。

由明世宗和桂萼联手推动的这次伪学之禁，的确奏效一时。《王阳明年谱》说："自师殁，桂萼在朝，学禁方严，薛侃等既遭罪谴，京师讳言学"，道出了王学遭到这次政治打击之后稍显萎靡的情状。不过，这里所提及的薛侃却和桂萼无关，那又是怎样一回事呢？

---

① 《明儒学案》及《明史》都说魏校私淑胡居仁。方献夫《桂文襄公墓志铭》说桂萼"受学于胡敬斋之门人张先生正"。何乔远《名山藏·臣林记》之《嘉靖臣二·桂萼传》则云"少事吴与弼之门人张方"。方、正当系名、字之别。胡居仁亦是吴与弼学生，故二说可通。
② 沈德符《万历野获编》卷7《桂见山霍渭崖》。
③ 徐学谟《世庙识余录》卷7。
④ 参陈鳌《嘉议大夫太常寺卿赠礼部右侍郎谥恭简魏公行状》，载朱大韶编《皇明名臣墓铭》兑集。
⑤ 参本书第三编第三章第一节。
⑥ 《明儒学案》卷3《崇仁学案三·魏校传》。
⑦ 归有光《震川先生集》卷19《周孺亨墓志铭》："庄渠魏先生，于正德、嘉靖之间，以明道为己任，是时海内慕从者不少，后二十余年，能自名其术者，几于无人……是时天下尤尊阳明，虽荆溪唐以德，始事先生，后复向王氏学。"疑以德即荆川唐应德（顺之），程嗣章《明儒讲学考》云唐顺之、王敬臣皆魏校弟子，其后并以王学知名，可证。
⑧ 王畿《龙溪王先生全集》卷7《南游会记》："庄渠为岭南学宪时，过赣，先师问：'子才（魏校字），如何是本心？'庄渠云：'心是常静的。'先师云：'我道心是常动的。'庄渠遂拂衣而行。"

第四节 伪学朋党

一、薛侃和张璁

这位字尚谦、号中离的广东揭阳人薛侃,是王守仁早年的得意弟子①。或许正因为从学较早,其时王守仁自身的学术尚在成熟变化之中,因此尽管极力地寻求创新,力主"研几",薛氏的见解却始终没有表现出多少高明的过人之处②。在这一点上,以躬行实践闻名的邹守益等江右王门弟子,正坐相同的弊病。王守仁的弟子中有巨大成就的,多受学于晚年,并不是偶然的。

然而,在嘉靖九年更定孔庙从祀的一片混乱之中,薛侃不失时机地上疏提出陆九渊从祀,又说明他确能体会到乃师表彰陆学的微意③。当时,大礼议刚刚结束,原来附从于杨廷和的朱学一派正因政治上饱受摧残而噤声不语,薛侃的提议能够成功,或许便是出自明世宗为了满足议礼诸臣之私意。在禁伪学呼声很高的时候,作为这伪学鼻祖的陆九渊却堂而皇之地从祀孔庙,不能不说是一个讽刺。大概明世宗正忙于在更定祀典的烦琐仪节中贯彻其尊君思想而无暇他顾,又或者他本来便不了解陆九渊到底是何许人也。

当嘉靖七年宣布杨廷和一派政治死刑的《明伦大典》颁布以后,帝国中枢系统的政治斗争其基本态势表现在,张璁、桂萼、方献夫等议礼新贵作为一个群体,开始全面抢班夺权,矛头直指所谓杨廷和余党。张璁其人"为卿佐则击内阁而破相之体,居内阁则排六卿而成相之尊"④。桂萼"日以报怨为事",方献夫又与张璁结为一体,在都察院左都御史汪鋐的配合下,摧抑言官,钳制外廷,被时人目为"三彗"⑤。当是时,凡是在大礼议中站在杨廷和一方,不管人品是否正直,才干是否优长,只要当轴者认为有此必要,便都可以用"党杨廷和"的政治罪名或斥或罢,"朝廷为之肃然"⑥。

然而"螳螂捕蝉,黄雀在后"。从嘉靖九年开始,以刚愎自用著称的礼科都给事中夏言,因为率先支持明世宗更定祀典,大受宠信,正迅速成为政坛上

---

① 黄宗羲说薛侃从学王守仁于赣,(见《明儒学案》卷30《粤闽王门学案·薛侃传》)其后《明史·薛侃传》等皆从其说。前揭《王阳明年谱》,王守仁正德九年在南京时薛侃即已受学,黄书失考。
② 对薛侃学术的评价可参前揭《明儒学案》本传。特别是他抨击佛学的观点,被黄宗羲视作浅薄。
③ 王守仁表彰陆学的现实背景可参第三编第一章第一节。
④ 王世贞《嘉靖以来内阁首辅传·序》。
⑤ 《明史》卷209《冯恩传》。
⑥ 焦竑《国朝献征录》卷25《太子太保吏部尚书兼兵部尚书汪鋐传》。

一颗耀眼的新星。张璁、夏言的倾轧,加剧了议礼诸臣内部原已出现的矛盾和裂痕。因伪学之禁而与桂萼、汪鋐交恶的王氏门徒如黄绾,已经开始在政治上倾向于夏言①。

正在此时,发生了一件极为偶然的事情。嘉靖十年,时为行人司正的薛侃,因明世宗第一个儿子哀冲太子出生不久便夭折,提出选亲藩贤者太庙司香,作预备王储,用意无非是害怕艰于子嗣的明世宗重蹈三十一岁就已去世的武宗覆辙②。明世宗见疏大怒,此"亲王必有交通"③!下令对薛侃严词拷讯。此时的薛侃方才知道,他已经被卷入到一场早有预谋的政治斗争中了。

终嘉靖一朝,储位问题本来就是一个敏感的政治话题。其敏感性最初正是来源于世宗本人的即位便缺乏合法性。为此,明世宗不得不采取武力镇压的极端手段来实现其大礼议中尊崇生父的愿望。明世宗虽然获得了成功,但同时也为之付出了严重的政治代价:外廷群臣消极抵抗,不予合作④,宗室藩王更是充满了敌意⑤。在这种情况下,薛侃的上疏被世宗看成是与宗室诸王勾结的结果,正德时期宁王宸濠谋求篡位的故事,便重新浮现在眼前。倘若情状属实,明世宗可以乘机兴起大狱,将潜在的反对势力扼杀在摇篮之中。

这一事件同样也被宠幸渐不及前,但又无时无刻不想倾陷夏言的内阁大学士张璁利用了。同时,以"倾狡"之名"彪炳"史册的都御史汪鋐,也在其

---

① 《明史》卷209《薛宗铠传》:"吏部尚书汪鋐以私憾斥王臣等。"王臣是王守仁的学生,王守仁死后,由于伪学之禁,其家族受到地方势力欺凌,王臣不久升任浙江按察佥事,经纪其家,稍缓其祸。但随即被斥。参第三编第三章第一节。又,《明史》卷197《黄绾传》:"(嘉靖)十二年召拜礼部左侍郎。初,绾与璁辈深相结,至是,夏言长礼部,帝方向用,绾乃潜附之,与璁左。"《明史》以"倾狡"目之。其实观当时政局之变,黄绾实有不得不然者。盖其时汪鋐既助桂萼推行伪学之禁,标志着议礼诸臣内部的分裂,而作为王守仁一系领袖的黄绾(方献夫在政治上颇庸懦,故很快致仕),势必须另树强援。张璁虽与桂萼有隙,但却与薛侃交恶(详下),与王学一派势同水火。黄绾所能结交的只能是势头甚健的新任礼部尚书夏言。
② 前揭《明儒学案·薛侃传》:"庄敬太子薨,嗣位日虚,先生私草一疏,请引祖制,请于亲藩中择其亲而贤者,迎取一人入京为守城主,以俟东宫生长,出封大国。初示光禄卿黄宗明,宗明劝弗上。已,示其同年、太常卿彭泽(按,非上文所言之彭泽)。泽倾险人也,时张孚敬、夏言交恶,泽方附孚敬,欲借此以中夏言……(孚敬)先录其稿,进之上曰:'言与侃之谋如此,姑勿发,以待其疏入。'泽于是语先生曰:'张少傅(孚敬)见公疏甚喜,可亟上。'"按,庄敬太子实生于嘉靖十五年,《学案》失考。
③ 徐学谟《世庙识余录》卷7。
④ 沈越《皇明嘉隆两朝闻见记》卷7,(嘉靖二十二年)"时当启蛰,行祈谷礼于玄极宝殿,命成国公朱希忠代。是日光禄少卿陈叔颐等十四人陪祀不至,各降三级外调。御史来聘、郑光溥失于纠查,廷杖,调外任。"这一事件反映出外廷对睿宗配享上帝的不满。
⑤ 参上一章第四节。

中担任了不太光彩的角色①。谁知薛侃人似迂腐,但却极为刚直,并没有阿奉张璁而替他诬陷。会勘的结果既与夏言无关,于是薛侃罚赎为民,张璁则被强令退休,尽管后者不久即被召回,但却与薛侃等人结下了不解之仇。

张璁本来对王守仁颇为尊重,那原因,除了与王氏门徒在大礼议中同舟共济之外,这位"动止类大豪"的人物想必也是熟知这位故人的遭遇,油然而生惺惺相惜之感②。因此嘉靖六年张璁极力支持王守仁的起用,一点也不像桂萼那样勉强。更何况他与另外两位议礼新贵方献夫、霍韬本来交好,而他们又都是王守仁的好友跟门生。

假如薛侃顺应张璁之意乘机倾陷夏言,那么张璁很可能因此更加与王学诸人打成一片;假如薛侃之后没有王氏门徒和他作对,张璁或许也不会刻意树敌,对后者进行打击。谁知其后不久,王守仁那些好勇善斗、此时正官居御史、给事中之类言官的弟子唐愈贤、朱廷立、杨名、魏良弼、孙应奎等人,便纷纷上疏弹劾张璁,同时尤其攻击很快便升任吏部尚书的汪鋐③。其中杨、魏二人于嘉靖十一年因彗星见,借天变为言,对早已受明世宗猜忌的张璁打击最大④。张璁大怒,不仅动用权力使这些人纷纷落职,而且将调和其间的王守仁另外两个学生黄宗明、王应鹏一并罢黜⑤。

张璁、汪鋐既与王氏门徒交恶,便在行政时处心积虑的寻找这些人的岔子。不久,恰值南京礼部郎中邹守益谢病告归,明世宗命令时任南礼部侍郎的黄绾例行核实,大概由于黄绾故意拖延,久不上报,而"守益径去"。吏部尚书汪鋐见有机可乘,立刻予以揭发,致使邹守益罢职归家,黄绾降三级外

---

① 前揭《明儒学案·薛侃传》:薛侃上疏后,世宗究其主使,彭泽使之诬陷夏言,薛不服,"汝谓张少傅有意余言,趣我上之,于言何与?"都御史汪鋐则"攘臂谓言实使之"。
② 张璁正德十年前后曾至南京拜会王守仁,相互唱和甚欢,守仁且书扇赠之。可参唐长孺《跋明张璁书扇》一文,载《学林漫录》第11集。张宪文《张璁年谱简编》系于正德十一年(1516),见张宪文校注《张璁集》第536页。
③ 王守仁弟子欧阳德于嘉靖十三年曾经写过这样一份家书:"当柄之臣(指张璁)初亦甚重阳明公,已而渐生釁端。盖始薛中离,既而唐子忠(愈贤)、朱子礼(廷立)、魏水洲(良弼)诸人皆不利于柄臣,黄致斋(宗明)、王定斋(应鹏)又尝为水洲解怒于柄臣,而水洲竟有论劾,遂并疑二公相党以相害,诸公皆阳明之徒也。"《欧阳南野先生文集》卷6《家书抄(七)》。
④《明史》卷196《张璁传》:嘉靖十一年八月,"彗星见东井,帝心疑大臣擅政,孚敬因求罢。"明世宗对此事最为忌讳,因此二人趁机弹劾。参《明史》卷206《魏良弼传》和卷207《杨名传》。
⑤ 参前揭欧阳德家书。另外受黜的还有王守仁的另一个学生黄直,原因是论救黄宗明、杨名。见《明史》卷207《杨名传》附《黄直传》。

调①。同时又用聚众讲学的理由，牵连到王守仁另一个著名弟子，时与邹守益同事的礼部郎中季本，后者被谪为辰州通判②。

张璁现在的宠信已逐渐不及夏言，因此，这次伪学之禁的催动实为强弩之末。不过，既然官居内阁首辅，就仍然具备用各种理由处置王氏门徒、特别是其中一些低级官吏的能力。何况他一时性起，竟对与自己关系最好的黄绾开刀，尤其使这些王门弟子人人自危。王守仁的儿子王正聪被迫因避明世宗嫌名改名正亿③，欧阳德则深感自身难保，甚至欲为"投簪之计"，弃职还乡④。

嘉靖朝的前二十年，对阳明学派而言，确实称得上"命途多舛"。无论是反对派的杨廷和，还是一同合作过的张璁、桂萼，不管其思想倾向如何，与王守仁及其弟子们的私交怎样，对王学大都采取了压制的政策。特别是后二者，从表面上来看，固然是在忠实地执行明世宗以君道摧抑师道的基本方针，但同时也潜藏了他们自己对王学这一宗派性的学术团体植党干政的隐忧。这一思路同样表现在继之而起的内阁首辅夏言的行政实践中。

二、夏言与王畿

夏言以都给事中骤贵，两年之中擢为礼部尚书，升迁可谓神速。然而此前既有张璁、桂萼、汪鋐等人的成例⑤，因此地位上升虽快，却并没有引起群臣太多的反感。相反，由于张、桂诸人动以议礼为理由，对异己势力打击报复，外廷群臣早已恨之刺骨。此时既有夏言这样一匹黑马出现，只能令士大夫们拍手称快。何况夏言除了对抗张璁之外，更"折节下士""以是大得公卿间声"⑥。

夏言为人豪迈才高，"纵横辩博，人莫能屈"，但同时也是弄权的高手。

---

① 《明史》卷197《黄绾传》。
② 《明儒学案》卷13《浙中王门学案三·季本传》。又，前揭欧阳德家书。
③ 《欧阳南野先生文集》卷1《答友人》："正聪弟避今上嫌名改名正亿，向承谕，盖传闻者过，今想渐知其详矣。此事实有不得不然者，俟相见尽之。"按，王正聪改名在嘉靖十一年，参《王阳明全集》卷35《年谱三》，嘉靖五年丙戌。当时张璁为了固宠的需要，于嘉靖十年请改嫌名，明世宗赐名"孚敬"。不久，新一轮伪学之禁起，张璁与王门全面交恶，黄绾为其所挟，故《王阳明年谱》又云："外舅黄绾因时相避讳，更今名。"有关王守仁的家事，可参第三编第三章第一节。
④ 前揭欧阳德家书。
⑤ 譬如汪鋐，前揭《明史稿》本传说他两年间由巡抚骤迁右都御史，代王宪掌院事，"鋐以前未有也"。张璁于正德十六年仅是一名礼部观政进士，不数年间便入阁拜相，居首辅。
⑥ 《明史》卷196《夏言传》，王世贞《嘉靖以来内阁首辅传》卷3《夏言传》。

他揣摩明世宗之心,早知他不希望大臣结党,"遂日与诸议礼贵人抗,帝以为不党,遇益厚"。而既然要摧抑议礼新贵之朋党,那么除了在更定祀典之际继续为世宗鸣锣开道,以保持宠信不衰之外,还势必需要形成自己的嫡系力量。在谋求重新起用"大礼"得罪诸臣未果之后①,开始把目光转向新生力量的培养。于是"会当选庶吉士,不能无所徇"。这种明目张胆的舞弊行为,招致了王守仁的学生、刑科都给事中戚贤的尖锐批评,二人从此势不两立②。

嘉靖二十年太庙发生火灾,又一个政治上相互倾轧的借口出现了。戚贤立刻上书"自大臣以下极言论列",同时荐举闻渊、熊浃、刘天和、王畿、程文德、徐樾、万镗、吕柟、魏校、程启允、马明衡、魏良弼、叶洪、王臣,"皆被废与疏远之人"。向当时的朝廷大员夏言、郭勋等人公开挑衅③。从戚贤这份荐举的名单来看,大概为求公正,也包括魏校、程启允等对王学不利的人物,但是王学中人所占比例仍然极为可观,尤其王畿、程文德、徐樾、马明衡、魏良弼、王臣都是王守仁弟子中的有名人物。这一点被夏言抓到了把柄,除了明指王畿为伪学,而且刻意揭出朋党一说,称戚贤"伪学小人,党同妄荐",以此来激怒世宗。明世宗果然大怒,于是把戚贤贬为山东布政司都事,所有被荐者都被夺俸。第二年,时当官员考察,夏言又特别授意南京考功郎薛应旂,把声名显赫的讲学家王畿乘机革职了事④。

夏言指王畿为伪学,更像是一场纯粹的政治事件。但令人感兴趣的是,把王畿置于察典的薛应旂,却同样是王门中的有名人物,更是晚明东林学派的鼻祖。假如注意到这一点,那么这一事件到底反映了王学在其自身演变过程中的哪些消息?

王守仁是浙江余姚人。但是,当弘治十年二十六岁以后,除了偶一归省之外,他的绝大部分时间都是在家乡以外度过的。先是京师,继而龙场、滁州、南京、江西,所到之处,聚徒讲学,尤其是平定南、赣盗匪与宸濠之乱后,更是声誉鹊起,成为具有全国性影响的人物。不过,或许是由于交通不便,家乡的人虽然偶尔也知道王守仁在外闯出了大名,但是在乡亲们的心里,王守仁却仍然是年轻时的那个纨绔子弟。这样的印象甚至一直持续到王守仁正德十六年

---

① 《明史》卷196《夏言传》。
② 《明史》卷208《戚贤传》。
③ 王畿《龙溪王先生全集》卷20《刑科都给事中南玄戚君墓志铭》。
④ 同上。另可参《明史》卷208《戚贤传》;《明儒学案》卷12《浙中王门学案二·王畿传》。

归越以后①。

王守仁是顶着"新建伯"的头衔、以一个道学先生的形象回到家乡的。此时的人们再也无法把他和二十五年前，那个整日斗鸡走狗的浮浪少年联系在一起了。当确信王守仁的教学不仅可以开发心智，更能够有助于科举考试以后，当地的士绅阶层便纷纷允许自家的晚生后辈师从这样一个声名显赫的人物。王守仁的著名弟子钱德洪就是在这样的背景下进入师门的②。

然而，即使在明代，道学先生也早已不是一个受普通大众欢迎的角色了③。更何况在世俗化程度很深的晚明，除了依旧使用为科举的敲门砖之外，对于玄远莫测的理气心性，无论是僵化的朱学，还是与之截然异趣的王学，都难以提起一般人的兴趣。普通的知识界沉迷于时下流行的戏曲、小说、实用技艺，以及鱼目混珠的古董、文物、名人字画的鉴赏。年轻的名士才子们，不愿再沉埋于故纸堆，他们更喜欢的是诗酒流连，是瓦舍勾栏；他们把老一辈克勤克俭的箴规统统抛在脑后，转而去崇尚生活的富足、安逸、享乐甚至是放纵④。总之，那是一个追求精致、追求繁缛、而又同时放任自我的时代。在那里，年轻人欢呼雀跃，高歌时不我待；老年人顿足捶胸，慨叹人心不古。

王守仁在这样的社会氛围下很快便发现自己已经落伍。尤其是邻县山阴的青年名士王畿，"少年任侠，日耽饮博"⑤，但是"弱冠以高才领乡荐，士望之为去就"⑥。王守仁要发展自己的学说，壮大学派的力量，从某种意义上便势必需要从俗。据说王守仁吸引王畿入学的方式是，派学生辈同样"六博投壶，歌呼饮酒"，和他一起游玩。"龙溪笑曰：'腐儒岂能尔！'曰：'吾师固日如此。'龙溪

---

① 《王阳明全集》卷34《年谱二》，正德十六年九月："先生归省祖茔……（钱）德洪昔闻先生讲学江右，久思及门，乡中故老犹执先生往迹为疑。德洪潜伺动支，深信之，乃排众议……通赞请见……（从之者）凡七十四人。"
② 《龙溪王先生全集》卷20《刑部陕西司员外郎特诏进阶朝列大夫致仕绪山钱君行状》："君笃信夫子之学，心渔翁（钱德洪父）恚曰：'尔固得所师矣，恐防试事奈何？'对曰：'男闻教以来心渐开朗，科美逼予则有之，入试胡虑哉！'次年嘉靖壬午果中式。"
③ 普通的讲学者在晚明社会地位可能并不高，排在入仕、从商之后，参梁洪生《江右王门学者的乡族建设——以流坑村为例》。又比如，江右王门的罗洪先年轻时便被讥笑为"罗道学先生"（见孙奇逢《理学宗传》卷10《罗文恭》），在晚明的戏曲、小说中，对道学先生的揶揄更是俯拾即是。
④ 有名的，如上海人陆辑（1515—1552）便提出"崇奢黜俭"的理论，颇受经济思想史界的瞩目。巫宝三主编《中国经济思想史资料选辑（明清部分）》节选其《论崇奢黜俭》一篇短文，可参。第131—133页。
⑤ 吴肃公《明语林》卷10《企羡》。
⑥ 傅维麟《明书》卷114《王畿传》。

大惊，求见阳明，一接眉宇便称弟子"①。这则轶事不知是否属实，但从其流传本身来看，至少说明在一般人的心目中，王学并不是那种迂阔无任的道学形象。

王守仁居越以后，据说"所操益熟，所得益化，时时知是知非，时时无是无非，开口即得本心"②，除了表明他的理论水平日趋纯熟之外，似乎正可以从他学术从俗的角度加以考虑。他在讲学中，"极喜'座中有妓，心中无妓'之语，时时称道之"，实已开李贽、邓豁渠之先声③。王守仁的弟子中，有重大成就的主要出自浙中与泰州两大王学嫡派，最主要的原因便在于王守仁在成熟期所创立的理论，更加贴近时代，更有利于后学接续他的思路作学理上的发挥。

有关王畿学术基本义旨的讨论，将放在本书第二编第三章，此不赘述。然而需要指出的是，理学时代的统治者，动辄在意识形态领域为反对派的学说冠以"伪学"的称谓，无疑是有着道德评价的含义在内。其根本尺度在于学说的倡言者是否真正实践了他自己的思想训教，或者是否符合统治者所能容忍的道德界限。他并不关心某一学说在学术上价值的大小，在学理上能否自圆其说。换言之，统治者关注的是统治的稳定性，而绝非知识的创新性。两千年来中国纯学术的落后，与这种实用学术的发达不无关系。学者以讲求"实学"为尚，昌言经世致用，虽不能说全然不对，然而倘是用牺牲纯粹知识的方式去实现，代价未免太大。

王畿之被视为伪学，正当作如是观。事实上，从他自己讲究"掀翻天地，打破牢笼"，不以现有规则为限界，不以已有之教条为是非④，这一角度来看，传统的气节、名教本来都与他的理论无关，因此他本人之在官干请，交接中贵⑤，便从不以为那是什么耻辱。这个意义上的王畿，倒是一种不折不扣的"真学"。然而，"高明之士喜其顿，恶柙之士乐其便"，这样的一种学说，那样的社会效应，却正是统治者所深恶痛绝的。不管统治者个人的行为是怎样的肮脏龌龊，作为一种意识形态，或者说他们所希望被统治者能够遵守的，却依

---

① 前揭吴肃公《明语林》卷10《企羡》。
② 《明儒学案》卷10《姚江学案·王守仁传》。
③ 伍袁萃《林居漫录·畸集》卷5。邓豁渠与李贽在当时被一般人看成肆情纵欲的典型。邓著《南询录》言："色欲，性也，见境不能不动，既动不能不为，羞而不敢言，畏而不敢为者皆不见性。"见《耿天台文集》卷16《里中三异传》。同书卷3《与焦若侯书（第十八）》："兄以禁妓来道院为分别，而以不禁妓为不分别；卓吾以携妓不必分别，以渠学为己，与吾学为人为分别。……至于携妓一事，在卓吾则可，在兄则不可，此余有分别处也。"李贽此等论点，及耿定向此等评论，殆即后来张问达等劾其品行不检之缘由。
④ 参第二编第三章第一节。
⑤ 参第三编第三章第一节。

然是那套俭让温良的律令教条。从这个意义上说，无论是王畿还是他的老师王守仁，无疑又都是当之无愧的"伪学"了。

尽管在实践上颇受訾议，然而倘若真像湛若水那样委曲苟容①，王畿大概也同样可以避开政治上的意外打击。比如，夏言讨厌王畿最重要的理由，不过是因为后者太过于自以为是，不愿意对他表示依附罢了。否则，以同在被荐之列的王门高弟徐樾原本和他"才名相亚"②，关系也并不太差，王畿又是夏言之婿吴春的老师，二人并没有太多交恶的理由③。

或许仅由于与戚贤个人矛盾的缘故，又或许他确实想乘机摧抑王门弟子可能形成的朋党④，夏言重新祭起了"禁伪学"这件嘉靖朝屡试不爽的政治法宝。但有意思的是，由于有在学界知名的薛应旂参与，这一纯粹的政治事件复杂化了。

薛应旂字仲常、号方山，是常州府五进县人。在晚明，他与王鏊、唐顺之、瞿景淳一起，并称"王唐瞿薛"，是当世有名的八股文高手。早年师从无锡名儒邵宝⑤，其后又游学于欧阳德之门⑥，遂以王氏学知名。嘉靖十四年得中乙未科进士以后，被选为慈溪知县，因与知府不和，改任九江白鹿书院山长，不久升任南吏部考功郎，正好赶上王畿与夏言交恶⑦。

薛应旂在性格上有点儿像唐顺之，孤峭而又刚愎；在学术上则力主经世致用，信王而尊朱，堪称晚明东林学派的始祖⑧。王畿在考察时栽在薛应旂的手下，不能说没有学术因素。因此，这一事件至少具有这样一种象征意义：由王守仁开创的阳明学派，在他本人死后的第十四个年头，不仅在学术上早已四分五裂，在政治上也出现了分崩离析的迹象。万历以后，东林学派以恢复朱学为旗帜，从学术与政治两个角度对王学进行大规模地清洗，无疑在这个时候便已种下了远因。

---

① 参下一章第二节。
② 《明儒学案》卷32《泰州学案一·徐樾传》。
③ 傅维麟《明书》卷114《王畿传》。对于王畿被荐，夏言一开始并不反对，但希望他自己能够先向吏部关说，以为取容之地。王畿不屑，夏言则以为王氏因"负道学名"，对自己表示轻视，于是引发伪学之禁。王畿之在官干请主要是为了别人（如王守仁、王正亿），这一点是需要指出的。
④ 《明史》卷213《儒林二·邹守益传》：邹守益初因伪学牵连引疾归，其后被荐起，"出掌南京翰林院，夏言欲远之也。"
⑤ 薛应旂《方山先生文录》卷首，赵时春序。
⑥ 《明儒学案》卷25《南中王门学案一·薛应旂传》。
⑦ 参毛宪撰、吴亮增补《毘陵人品记》卷9《薛应旂传》。
⑧ 参第三编第三章第三节。

把薛应旂与王畿的矛盾仅仅归结为学术动因，最坚决的支持者是兼有东林与王学双重身份的黄宗羲。但是，由他在《明儒学案》中为薛氏所撰写的简短的小传，不提后者曾被贬为建昌通判一事，倘施以诛心之论，便不难窥其为"贤者"讳的隐衷。

面对当朝首辅的授意，那些擅长溜须拍马之辈，自然把它当成机会，以此来作为进身之阶。但是，对于一个以名节相尚的人物来说，他首先应该想到的却是避嫌。王畿虽然行不掩言，依照当时的道德准则确为在黜之列，但无论如何也算是阳明学派中的前辈。更何况当时官僚集团的普遍腐化早已是公开的密闻，何人被黜往往只看政治斗争的需要。因此薛应旂在例行的官员考察中便不得不有所考虑，犹豫再三。谁知消息刚一传出，马上便引起了四方的非议，一批不明真相的友人，纷纷致书，希望他千万不要轻举妄动，自言于王畿"独少北面四拜"之礼的唐顺之①，更是一箭封喉：写信责让他"不复知人间有羞耻事"，薛应旂一怒之下，将王畿罢职②。

被视为伪学的王畿，受黜之后反而更加快活，整日以学会友，周游于两都及吴、楚、闽、越、江、浙之间，为斯文宗主。有意思的倒是他本人对这件事的看法，他在给戚贤所写的祭文中这样说：

> 兄尝致书于予，自谓以此相累。伪学之名，虽非清朝所宜有，但观前朝当此者何人？复以此相勉于玄就淡如也。③

不以为耻，反以为荣，正说明官方的意识形态在当时的思想界是处在何种受揶揄的地位了。

然而此时的王学诸子已具有一定的反击能力。薛应旂虽出欧阳德之门，但"一时诸儒，不许其名王氏学者，以此节也"④。其后不久，王畿等人大概又动

---

① 王畿《龙溪王先生全集》卷19《祭唐荆川墓文》。
② 李贽《续藏书》卷22《理学名臣·郎中王公（畿）传》。按，此事说法不一，据何乔远《名山藏·儒林记下》，称王畿后遇应旂，"下拜而谢之"。又，唐顺之《重刊荆川先生文集》卷5《与薛方山郎中》，对薛极为推毂，不类交恶之状。唐氏自言年垂四十，则其时间当为嘉靖二十四年左右（唐生于正德元年，1506），距王畿被黜约四年。或许李贽出于道听途说，又或许唐、薛后又和好，也未可知。不过以后过庭训《本朝分省人物考》、查继佐《罪惟录》皆本李说。观黄宗羲所言及薛氏自言（详下），李贽之论亦不为无据。
③《龙溪王先生全集》卷19。
④《明儒学案》卷12《浙中王门学案二·王畿传》。

用手段把薛应旂贬为建昌通判。

对薛应旂遭贬一案,《毘陵人品记》认为是他触犯了严嵩的缘故：时当考察,内阁大学士严嵩命尚宝丞诸杰传话,希望他乘机黜退经常跟自己过不去的吏科都给事中王晔,谁知薛氏反过来却黜退了诸杰,令严嵩大为恼怒,于是摘其小过,谪降建昌通判。

但薛应旂自己却不这样看,他在给前任考功章衮的信中说：

> 某本菲薄,承乏考察之司,不敢避忌以负此心。况继我公当事之后,亦不敢不勉图策励,以期无玷芳躅。若怨家衔人合谋倾覆,固势所必至,亦安心听之耳。①

好友赵时春在为他的文集作序时也说：

> 历试考功,考留都官,自信益笃,弗阿其友。众始不悦,左斥之为郡佐。

赵时春与唐顺之、罗洪先都是至交好友,此论倘无根据,是不会轻出的。况且薛应旂受黜如果确是严嵩所为,黄宗羲在为之作传时,一定会大肆宣扬此事,以此来证明这位东林始祖的凛凛大节。此时略去不谈,反而使人怀疑他是否在有意隐讳着什么。

然而这件事却正好透漏出一个消息,那就是,王门后学大概与逐渐升起的又一颗政治明星严嵩因此拉上了关系。

严嵩本来就与王守仁关系不错。嘉靖初,当他还在铃山养望之际,曾以诗文清峭名重一时。在那个时候,二人曾有过一些交往②。或许正因为这一点,严嵩与王门弟子大都私交不恶。嘉靖中期担任过兵部尚书的王门大儒聂豹,甚至百般寻找理由自附为严氏门生③,与自认为干儿义子的赵文华、鄢懋卿辈相

---

① 《方山先生文录》卷5《与章介庵先生》。
② 参张显清《严嵩传》,黄山书社,1992年,第11页。
③ 何良俊《四友斋丛说》卷26："余在都,见双江(聂豹号)于介老(严嵩号介溪)处认门生。余问之,双江曰：'我中乡举时,李空同(东阳)做提学,甚相爱,起身会试往别之,空同曰："今词章之学,翰林诸公惟严中(严嵩字)为最,汝至京需往见之。"故我到京即造见,执弟子礼,今已几四十年矣。'"

距仅有五十步。更不要提聂豹的高足徐阶,一直在严嵩手下仰其鼻息,时人以妾妇目之了①。

在以下的讨论中我们将会看到,嘉靖中期以后,由于严嵩的配合,明世宗对知识界的控制变本加厉了。但正是在此时,王学也迎来了历次伪学之禁后一个真正自由发展的时代。这与王氏门徒逐渐身居高位有关,但身为内阁首辅的严嵩网开一面,也实在是功不可没。

---

① 徐阶与另外一个内阁大学士李本,被时人看成严氏"二妾"。参伍袁萃《林居漫录·前集》卷3。

第四章　嘉靖后期的文化形势

第一节　"天河钓叟"明世宗

一、自大狂

身为人类几百万年进化史序列中的一员,大明天子朱厚熜似乎并没有什么特别之处。身材还算适中,体形微有点儿胖,脸型看起来颇为瘦削①。既没什么堂堂之相,也不具有旷世之才,十五岁进宫即位,六十岁寿终正寝,中间经历过一次谋杀、一次大火、一次蒙古人兵临城下,做了四十五年有惊无险的太平天子。说到治国,嘉靖末年以清峭著称的海瑞指责他"嘉靖者,家家皆净也",算得上未盖棺而定论;说到荒淫,从夏桀到明武宗,在古往今来最不济的君主谱系中,排名只能算中等。他和绝大多数称孤道寡之辈一样,明知必死,但却祈求长生;发愿治国,同时带头腐败。掩耳盗铃,饮鸩止渴,一切都是那样的相似。不客气地说,大言不惭,自号"天河钓叟"的此公②,充其量只能算是一个平庸之辈。

当然,平庸的人物一旦登上皇帝的宝座,便同样被加冕了权力的灵光。作为制度的枢纽,天平上的砝码,权力的获得者仿佛成了欲以杠杆撬动地球的阿基米德,在某种意义上起着"纲举目张"的作用。《大学》言"一言兴邦,一

---

① 明世宗像今存北京故宫博物院。
② 明世宗以此自号,曾命群臣赋诗,后来有"青词宰相"之称的李春芳,应制独为称旨。诗云:"红竿百尺倚横流,独泛仙槎犯斗牛。光拱众星为玉饵,象垂新月作银钩。撒开烟水三千丈,坐老乾坤亿万秋。相见玉皇如有问,丝纶今属大明收。"正好迎合了世宗的自大狂习性。见蒋一葵《尧山堂外记》卷98。

人定国",孟子称"格君心之非",之所以被后世理学家们置诸座右,只能从那样的体制下君主的实际作用中得到索解。

明世宗也是一样,从他获取了权力的第一天起,他的好尚,他的喜怒,他的或平情或卑劣的种种动机,便都成了臣下猜测、揣摩、研讨的对象。他的影响可能直达晚明,甚至更晚,但是至少在嘉靖朝的四十五年间,他那副并不高明的头脑,却是明帝国政治、经济、军事、文化诸多政策最重要的策源地之一。因此,考察明世宗的个人动机,便是研究嘉靖时期文化政策的一个必不可少的部分。

明世宗本人的思想,说来也很简单。终其一生最重要的似乎只有两件事:一是更定礼乐,一是崇信道教。

同历代荒淫的统治者们一样,明世宗崇信道教并非是为了修真养性。这从他舍近求远,不去请教离皇宫仅数里之遥的北京白云观的全真道,而是远至江西、湖广等地搜求既主符箓、也重服食的正一教,便可窥其一斑①。大体说来,除了希望上帝的威灵能够替他长保国祚、延年永命之外,明世宗更感兴趣的是方士们的炼金术与房中术②,说明他不仅好色,尤其爱财。

在一派紫气弥漫、玄音绕梁的神秘气氛中,明世宗对道教的信仰已达到了痴迷的程度:"诸有利国家事,一概归之奉玄""政务有不决者,则咨询乩仙,听命于神道"③。明世宗自己也用外廷群臣是否赞决玄修来作为考察臣下忠诚与否的试金石,嘉靖中期以后最重要的一批官僚任免,几乎无不和世宗尊崇道教密切相关。诌媚者前赴后继,或献祥瑞,或进颂表,有名的,李春芳、严讷、郭朴、袁炜诸人则因撰青词而结帝知,号"青词宰相"④。

大礼议的成功,更定祀典的胜利,使明世宗逐渐养成了自大狂的习性⑤。他的行为不容非议,他的地位无与伦比。谁要是不小心冒犯了这一点,重则砍头,轻则逐斥,整个嘉靖后期朝野上下弥漫着一种恐怖气氛。于是,一旦发生了象征着君德有亏的日食,大臣们便赶快上言,或是为云翳所蔽,或是仅存些须,无伤大雅⑥。明世宗似乎也乐得掩耳盗铃,他自己的军队打不过关外的蒙

---

① 杨启樵《明代诸帝之崇尚方术及其影响》,载氏著《明清史抉奥》。
② 参《明史纪事本末》卷 52《世宗崇道教》;任继愈主编《中国道教史》,第 613—617 页。
③ 前揭杨启樵文。
④《明史》卷 193《袁炜传》。
⑤ 丁元荐《西山日记》卷下,"世庙自言不如天"。
⑥《明史》卷 193《袁炜传》。

古人，他便在所有文章中凡是写到夷、虏字样时，将这些字统统写得极小，"盖欲尊中国而卑外夷也"①。甚至还在嘉靖二十四年一怒之下，把蒙古族的皇帝忽必烈赶出历代帝王庙祀，不承认这个曾君临中国九十七年之久的大元帝国的历史存在②。

由一个近乎心理变态的人物来统治中国，这就是嘉靖朝四十五年间的明代历史。这种变态的心理，演化为一种变态的文化政策，并由一种极端专制的制度来予以实施，便是处于生长期的王学所面临的文化处境。

说明世宗思想简单，并不代表他不曾在实践领域一以贯之。可以说，终其一生，明世宗都是在为维护君权而奋斗。嘉靖前期，通过更定祀典，明世宗在象征领域实现了用君道打压师道的基本方针。同时又利用一系列伪学之禁，打击了新兴王学在政治上的迅速发展。嘉靖后期，当王学无论在思想与行动上都开始发生急剧分化，特别是在朝王学，已逐渐丧失其刚刚兴起时的理论批判勇气，不足以对君道本身构成强有力的挑战之时，明世宗把对王学的关注放在一边，在权相严嵩的配合下，通过文字狱的方式把打击的对象扩大到整个思想界。

以文字罪人是中国历史上一个悠远的传统。这种现象不只产生于专制君主个人的残暴，而是起源于产生它的社会本身缺乏言论的自由。由于缺乏言论自由，一些本来应该公开加以讨论的问题，就只能通过某种隐约的方式表达出来。因此，在一个专制的社会里，讥刺影射、冷嘲热讽本来就是那个社会的一个不可或缺的组成部分。

既然讽刺是一种司空见惯的表达方式，那么专制统治者透过这一点，来审视对自己的可能批评，并对批评者予以打击，便决非无的放矢。发展到了极端，便是像明太祖朱元璋那样，以疑神疑鬼之心，刻意制造思想界的恐怖气氛③。

嘉靖时期许多已遂或未遂的文字狱，同样和明世宗个人的多疑有关。比如嘉靖三十四年乙卯，翰林院侍读袁炜主考顺天乡试，所出试题，首场"仁以为己任，不亦重乎"，次场"必得其名，必得其寿"。题目来源一出《论语》，一

---

① 《万历野获编》卷2《触忌》。
② 《明史》卷50《礼四·历代帝王陵庙》："（嘉靖）二十四年，以礼科给事中陈棐言，罢元世祖陵庙之祀，及从祀木华黎等。"按，陈棐疏见张卤辑《皇明嘉隆疏抄》卷17《议礼·除胡邪正祀典以昭华夷疏》。
③ 参吴晗《朱元璋传》第210—221页。

出《礼记》，本来平淡无奇，都是八股文当中作滥了的俗套。明世宗却独具"慧眼"，首场试题的下文不是"死而后已"吗？① 袁炜是不是故意诅咒？于是试探性地向大学士徐阶突然发问："'仁以为己任，不亦重乎'，下文云何？"徐阶老谋深算，早已猜透其意，遂答以"必得其名，必得其寿"。明世宗讨了这样一个口彩，心下大慰，方才不再问了②。

　　一瞥有关嘉靖朝的正史、野史、小说、笔记，类似的例子还有很多③。明世宗通过一系列猜度疑忌的暴行，刻意去制造一种恩威莫测的君主形象，用意无非是警告那些桀骜不驯、以名教自期的外廷士大夫④，不要在背后搞任何不利于他的小动作。在这一点上，他虽然没有学习乃祖朱元璋，为臣下奏疏进表重新划定格式，但却通过利用严嵩发起的几次大型文字狱，把自己的容忍尺度明确无误地表现出来。

二、文字狱

　　严嵩是明代有名的权臣，《明史》入《奸臣传》。尽管历代以来为他翻案的呼声此伏彼起⑤，但都无法掩盖他的所有昭彰劣迹。譬如，嘉靖十五年才刚刚当上礼部尚书的此公，第二年便制造了两场有名的文字狱。

　　时值丁酉（1537）乡试，谕德江汝璧、洗马欧阳衢主考应天。两个人按照例行的公事，制作了《乡试录》以备御览。明代的《乡试录》与《会试录》，最初用意无非是为了在乡试与会试之后，把中式的文章誊印出来，作为天下的表式。这些文章再经过职业选家之手，为之评点批阅，随之刊刻流传。但是，不知从何时开始，试录文章逐渐与硃墨卷分宅另爨。王守仁弘治十七年主考山东乡试，试录已尽出其手⑥，那么此风之由来，当在弘治以前。到了嘉、万以

---

① 《论语·泰伯》："仁以为己任，不亦重乎？死而后已，不亦远乎？"
② 王肯堂《郁冈斋笔麈》卷2。
③ 举一个极端的例子，明世宗自第二个儿子庄敬太子死后，惑于方士陶仲文"二龙不相见"之说，拒绝立储，在三子裕王（即明穆宗）、四子景王之间难分轩轾。内阁首辅严嵩乘机媒蘖其间，有"皇长子"身份的裕王岌岌可危。中允郭希颜上书反对，只因用了"建帝立储"四字，便被以"妖言惑众"的罪名，斩立决，传首九边。据说郭希颜被处决时，正在为儿子办喜事，在鼓乐喧阗声中含冤弃世。专制制度之草菅人命，至斯已极。郭传载林之盛编《皇明应谥名臣备考录》卷4《节义名臣》。
④ 对明代士大夫主观精神中这股崇节重义之风的估计可参孟森《明清史讲义》，第118—119页。
⑤ 参苏均炜《大学士严嵩新论》，载《明清史国际学术讨论会论文集》。
⑥ 《王阳明全集》卷33《年谱一》，弘治十七年甲子："巡按山东监察御史陆偁聘主乡试，试录皆出先生手笔。……录出，人占先生经世之学。"

后，会试由翰林、科、部官员充任同考官，此辈多文章高手，因此试录大都出自这批人的手笔。至于两京《乡试录》，非同考官所能作，皆出自主考二人。其余天下十三省，则既不出于考试的举子，又不出于考试官，只好由监场御史托人代作①，这样做的目的，大概主要是防备士子的文章出错，为了应付上头，只好以虚文充数。

由于是虚应故事，走走过场，因此上下都不太重视。哪知新任礼部尚书偏要鸡蛋里挑骨头，指责二人在品陟文字的时候"不填主名"，是大不敬；时为大学士的夏言也趁机凑趣，说二人出题"以国家戎祀为问，所对多讥讪语"。这一下引起了明世宗的注意，于是江汝璧、欧阳衢被逮入诏狱，同试官、提调官也都被严词拷讯。连累到南京的举人，不许参加第二年的会试②。甚至上书求情的御史吴悌，也被逮下诏狱，出视两淮盐政③。

严嵩利用这件事作名堂，表面上看可能仅是例行公事，因为举凡考试、礼仪等等问题都是在礼部的职权范围之内。但是其深层政治目的，则除了表现自己的忠于职守之外，也是在趁机谄媚当时一个炙手可热的人物——武定侯郭勋④。

就在本年，安南莫登庸篡权自立。明世宗下令边海诸省打造战舰，企图水陆并举，乘机讨伐。当时江汝璧受命南行，目击炎暑调发之艰辛，对明世宗穷兵黩武的政策大为不满，于是极力主张停战。同时又论及勋臣配享，"止岁祫宜与，至郊祀皆不宜从享"，得罪了一心想死后配享郊祭的权臣郭勋，因而下狱。其后虽然被释放，但郭勋却恨恨不已。至此严嵩乘机下石，便未尝没有讨好郭勋之意。

此时明世宗又用他那副有色眼镜将《应天乡试录》过滤了一次，果然发现了问题：《易经》题"刚自外来，而为主于内"，难道不正是讥讽自己从藩府入继吗？据说"场中题忌讳自此科始"。

严嵩则乘胜追击，又发现了《广东乡试录》中圣谟、帝懿、四郊、上帝皆不抬头，且胜称陈白沙、伦迂冈之号，"有失君前臣名之义"，于是又把主

---

① 参张萱《西园闻见录》卷44《科场》引管志道言。
② 来集之《倘湖樵书》卷6《丁酉科场》。
③ 《明史》卷283《儒林二·吴悌传》。
④ 郭勋曾助世施行左顺门廷杖，成为宠臣。世宗对他的袒护之状，由稍后不久的李福达之狱可见一斑，参《明史纪事本末》的专章记载。

考广东的监临官、提调官、监视官分别下狱鞫治①。

经过这次变故,天下的举子和考官们总算知道了避讳。但是他们还不知道那位以诗名邀世,权力正在上升,凶相刚刚暴露的分宜人的真正厉害。到了嘉靖二十二年,当严嵩已相继排挤掉内阁大学士夏言、翟銮,升任内阁首辅之后,第一件事就是寻找机会向天下人示威。

严嵩选择的对象是山东巡按御史叶经。叶经字叔明,嘉靖十一年进士。据当时人给他的评价,也算是一个持重有守之士②。嘉靖二十年,时当礼部尚书严嵩受贿,叶经露章弹劾,二人从此结仇③。两年以后,叶经以巡按御史身份监临山东乡试,想不到却被一直伺机报复他的严嵩抓到了把柄。

或许是染上了晚明文人标新立异的时代病,这位可能头一回做主考官的叶经忍不住总想趁《乡试录》发表的机会表达一些新颖的见解。在这种成名欲的驱使下,叶经头脑发热,忘记了六年前发生在江汝璧等人身上的那幕惨剧。

乡试策的第一道是制义"无为而治者其舜也欤?"题目出自《论语》,似乎没有什么大碍,然而在有意无意之间他忘记了无为而治的思想和当时明世宗借更定祀典而大事更张的政策相悖了。更何况叶经在请当时的大名士唐顺之捉刀的这篇文字的大结中④,用上了"继体之君,(德非至圣),亶聪明以作元后,任法术而乱旧章"等大逆不道的言论⑤,一旦被刚愎忮刻的明世宗看到,岂有不勃然大怒之理?

然而从某种意义上说,叶经又是自古文人相轻习气的一个牺牲品。假如他只是请唐顺之捉刀而自己又能保密,那也还罢了。但是身为巡按御史,监临山东乡试,却舍近求远,请远在常州的唐顺之撰文,岂不是把时为山东提学副使、与王慎中、唐顺之等并称为"嘉靖八子"的吕高吕大人没有放在眼里?

---

① 来集之《倘湖樵书》卷6《丁酉科场》。
② 叶权《贤博编》,第188页。
③ 《明史》卷210《叶经传》。
④ 事见《明史》卷287《文苑三·吕高传》。
⑤ 前引叶权文:"(经)主嘉靖丁酉科试(时间有误,当为癸卯),试题首篇'无为而治者其舜也欤'一节,大结有'继体之君,亶聪明以作元后,任法术而乱旧章'等语,布政使陈儒及诸试官,求削去数句,经不从。"又,徐学谟《世庙识余录》卷10,云叶经曾劾严嵩奸贪,后者至是乘机下石,"不然,各省乡试出题刻文俱属御史,考官不与,上何从知之也?又按《论语》义,经原倩江南一名士为之,欲以钓奇,而卒以贾祸,亦可悲矣。"又云其所言"继体之君,德非至圣",尤涉谤讪,世宗以为"无君不道"。

"高心憾,寓书京师友人言经纰缪"①。吕高在所谓"嘉靖八子"当中文名最下,品格最低,大概只相当于揭唐伯虎阴私的都穆②。

乡试策第五道"边防御虏策"大肆抨击时政,以"北虏内侵,御应失策,爵赏冗滥,征求四出,财竭民困"为言,尤其令明世宗不满。但是他自己不便明说,只好命令礼部:"此策内含讥讪,礼部其参看以闻"。礼部尚书张璧反复阅读,最后找出了这样一条罪状:

> 今岁虏未南侵,皆皇上庙谟详尽,天威所慑。乃不归功君上,而以丑虏餍饱为词,诚为可恶。③

蒙古人偶未南侵,就已成了明世宗的大大功劳,不知张璧是阿谀奉承还是暗含讥刺?

由于《山东乡试录》中存在这些问题,严嵩趁机报复。结果叶经死于廷杖,其他同考官员降调有差。"自是,中外益侧目畏嵩矣"④。

明世宗通过这样几次大型的文字狱,把他在更定祀典之际反复致意的尊君思想,向天下士大夫们明白无误地传达了出去。或许仍怕有人不能领会,于是在嘉靖二十六年亲自现身说法,殿试策论有云:

> 孔孟以来,千百年之间道归臣下,乃尽出宋儒一时之论,朕所深疑也。⑤

从那以后,所有考试官员都学得聪明了。出题时"一切偏责臣下,如曰'事君能致其身''臣事君以忠''为人臣止于敬''为人臣者怀仁义以事其君',皆单出一句,而只字不敢涉君身矣"⑥。

---

① 前揭《明史·吕高传》。嘉靖八子指陈束、王慎中、唐顺之、赵时春、熊过、任瀚、李开先、吕高。参同卷《陈束传》。
② 参王鸿绪《明史稿·列传》卷162《唐寅传》,沈德符《敝帚轩剩语》卷下。
③ 张萱《西园闻见录》卷44《科场》。
④ 《明史纪事本末》卷54《严嵩用事》。
⑤ 查继佐《罪惟录·本纪》卷12《世宗纪》。
⑥ 前揭叶权《贤博编》第182页。

第二节 "无用道学"湛若水

一、假"天理"

当嘉靖时期伪学之禁盛行的时候，王守仁和他的弟子们假如说在此时还有一个难兄难弟的话，那么这个人物便是陈献章江门心学的嫡传湛若水。

湛若水无疑是明中叶具有创造性成就的理学家之一。他的"随处体认天理"的讲学宗旨，相较于乃师陈献章"静中养出端倪"，代表了复性之后，心体的向外扩充，是明代心学发展的重要一环①。同时，由于久历闲官，位居清要②，生平所建书院极多，"相从士三千九百有余"③，在新学的阵营中，骎骎与同时倡道的王守仁中分天下。

除了在四十七岁那年（正德七年，公元1512）作为册封的使节出使过安南，湛若水一生中没有担任过太多与社会实践有关的职务。和王守仁相比，他更是一个纯粹的学者，既缺少王守仁那样高超的实践才干，也不及他那种赤身担当的行动勇气。尽管在学说的本身并不乏新锐颖异之处，但是在为官为宦的几十年中，他给人更多的印象却是依阿取容，苟延度日。

前面已经提到过传统时代判断伪学的两个标准：一是看学者本人的理论与实践是否一致，二是看学说的本身是否为名教所能羁络。换句话说，违背了后者的，可视作"真小人"；违背了前者的，则属于"伪君子"。这种评判的标准不仅是政治上打击别人的理由，同时也是社会舆论的基本尺度。正因为如此，我们对在提倡伪学之禁的人物中，不时有品格上堪称"君子"的卫道士出现，便不必感到过度的愤激，一概以"假道学"为之归类。

和王畿"四无说"本身所导引出的、后学的任情恣肆不同，湛若水所要随处体认的"天理"并没有摆脱他那个时代程朱理学框架之下，纲常名教的

---

① 有关湛若水思想的研究可参侯外庐、邱汉生、张岂之主编《宋明理学史》（下），第170—200页。以及荒木见悟《明代思想研究》第三章《湛甘泉と王阳明——なぜ甘泉学は阳明学ほど发展しなかったか》，第51—80页。当然，也有把他看成明代气学发展一环的，如山井涌，参氏著《明代における气の哲学の成立——湛若水を中心に》，载其《明清思想史の研究》，第176—198页。本书关于湛若水及其后学学术进路的讨论，另可参第四编第一章第一节。
② 湛若水生于成化二年丙戌（1466），弘治五年（1492）中举，七年往学于陈献章。弘治十八年中式礼闱，选翰林院庶吉士，授编修，正德三年戊辰（1508）充会试同考官，七年出使安南，十年丁母忧。嘉靖元年（1522）补编修，升侍读，三年升南京国子监祭酒。其后历仕南京吏部右侍郎、礼部右侍郎、礼部左侍郎、南京礼部尚书、南京吏部尚书、南京兵部尚书。参弟子洪垣所撰墓志铭，载《湛甘泉文集》卷32《外集》。
③ 同上书卷32，罗洪先所撰《墓表》。

基本轨范①。从这个意义上说，湛若水之所以被视作"伪学"，除了可能有的政治因素之外，原因只能是他在当时人的眼中，是个言行不一的伪君子。那么，他的现实形象究竟如何呢？

增城湛氏的始祖名叫湛露，元大德间做过德庆路治中，随即定居在增城的沙贝乡，那以后一直是当地士绅中的头面人物。或许是因此之故，其孙湛怀德，也就是湛若水的高祖，值元末天下大乱之际还担任过地方上的"保障头目"。当时元政府的统治能力逐渐萎缩，"凡为保障一乡头目者，得专生杀"，"保障头目"趁机拥兵自重，变成当地的土皇帝。洪武中，湛怀德眼见元帝国大势已去，识时务者为俊杰，于是极力协助明政府削平邻境苏有兴等人的反抗，换来了新王朝对其家族势力的某种默认，"时近地皆以降民充戍，独沙贝乡免，至今赖之"。

大概因明政府对地方势力始终怀有戒心，当政权稳定之后，湛氏家族的地位便重新开始下降。到了湛怀德的儿子湛果成，便已是一个白丁"处士"，没做过任何官职，变成当地一名普通的土财主。

所幸失之东隅，收之桑榆。湛果成本人虽不详其能力如何，其子湛江却颇具陶朱之能。继承了祖上广袤的田产，湛江并没有坐吃山空，而是养鱼种桑为货殖计："当年饥则出谷，熟则入谷，转殖小息以若民利"。夫人梁氏更是精于养蚕纺织，"抱市必增直""遂并积谷以拓田园，日茂厥业"②。

商而优则学，学而优则仕。一代大儒湛若水便出生在这样一个大地主、大商人的家庭里。湛若水二十九岁（弘治七年）从学陈献章之后，由于生计无忧，可能也受吴与弼、陈献章不愿仕的影响，一度取消入仕作官的念头，"焚去路引，誓不复仕"③。弘治十七年因母命难违，方进了南京国子监做太学生，文才为章懋、张元祯、杨廷和所激赏。转年因中乙丑科会试第二名，作了翰林院庶吉士，从此开始了自己在官讲学的两栖生涯。

湛若水虽受时代影响，开始以道自任，但是商人家庭的生活环境仍在湛若水的思想深处潜移默化了无法抹去的印痕。正德十年他因母丧归家，开始卜西樵为讲舍，"多士来学，支与日给钱米"，用雄厚的财力作讲学的外在保障④。

---

① 这一点《宋明理学史》已经指出，见该书第182页。
② 吕柟《泾野先生文集》卷32《明加赠资政大夫南京礼部尚书樵林湛公配夫人梁氏神道碑文》。
③ 《国朝献征录》卷42《南京兵部尚书湛公若水传》。
④ 参《湛甘泉先生文集》卷6《大科训规》。此为正德中丁母忧时所作。按，以财力作为讲学的保障，王守仁的弟子王艮也是一样，参第二编第一章。

在以后的讲学生涯中，湛若水也从不惮与商人往来，甚至弟子中还颇不乏扬州、仪真等地的巨富，他自己称之为"行窝中门生"，大概都是两淮地区靠盐业起家的暴发户。此辈到处请托，成为当时人的笑柄①。而湛若水本人据说也颇具乃祖的遗风，"算计鸡豚，秋毫不爽"②，平生以广田益宅为务，甚至借"建书院置学田为名，必得之为自殖计"，被乡人讥笑为"此甘泉（湛若水号）随处体认天理也"③。

湛若水的个人行为也颇受诟病。不仅嗜财，而且好色，"嬖妾数十人"之外④，还以高龄之年与那位号西樵的同乡、王守仁的有名弟子、官居内阁大学士的方献夫，争娶当地一名财貌双全的寡妇，同样被时人传为笑柄⑤。他本人又反以俭啬的面目示人，据说最喜欢吃山芋做的所谓"蹲鸱饭"⑥，禀承了乃父乃祖殖货守财的家风。

假如湛若水真的光明磊落，心口相应，那么即使只是生活上稍有些放纵，在当时的社会中也算不得什么大病。王守仁不是也有六个小妾？⑦ 内阁大学士夏言岂非也经常宿娼？⑧ 在一个产生三《言》、二《拍》、《金瓶梅》《玉娇梨》等市井小说的时代，所有这一切都算不了什么新闻。偏偏湛若水本人又爱以道学自饰，不仅打着兴复古礼的旗号，随处讲学兴礼⑨，而且在细枝末节上对时人频频指摘，以邀名希誉。王守仁碍于当地习俗，居丧之际以酒肉招待前来吊孝的宾朋，未必便说明不孝；岂料湛若水却不惜辞费，亲自致书责难，害得王守仁只好回信自责了事⑩。不宁唯是，据说湛若水在做南京礼部尚书时，除了不许普通百姓吃大鱼之外，连"举火当鑪，致众丛饮"都有厉禁⑪。史传所艳称的"闽俗侈汰，定丧祭之礼颁行之，费省而礼举，都人无不乐从"⑫，早就

---

① 何良俊《四友斋丛说》卷4。
② 《国榷》卷63，嘉靖二十九年四月丁巳。
③ 蒋一葵《尧山堂外记》卷96。
④ 《国榷》卷63，嘉靖二十九年四月丁巳。
⑤ 蒋一葵《尧山堂外记》卷96。
⑥ 查继佐《罪惟录·列传》卷10《湛若水传》。
⑦ 有关王守仁家事的讨论，可参第三编第三章第一节。
⑧ 蒋一葵《尧山堂外记》卷96。
⑨ 《明儒学案》卷37《甘泉学案一·湛若水传》。另可参前揭湛若水《大科训规》，规定凡事一依古礼而行。
⑩ 《王阳明全集》卷35《年谱三》，嘉靖元年壬午。
⑪ 查继佐《罪惟录·列传》卷10《湛若水传》。
⑫ 《国朝献征录》卷42《南京兵部尚书湛公若水传》。

有人表示怀疑,认为"所谓乐从,或更有在"①。

二、真"伪学"

宋明理学并不是纯粹的道德学说,但道德行为本身的根据、意义与实践却无疑是理学家们关注的一个重要层面。倘从纯粹学理的角度对上述问题加以讨论,无论学者本人道德践履的功夫如何,都并不影响其作品本身的价值和意义。正如海德格尔和纳粹法西斯的合作史,丝毫不能抹杀他在思想领域的洞察力一样。

然而,当一个学者宣传某一学说,而又志在成为实践表率的时候,同时代的人框之以言行一致的标准,便同样是正常的。湛若水"随处体认天理"大言炎炎,而自己的行为又无不透露着虚伪和矫饰,所能带给当世之人的只能是日益加深的厌恶。由厌恶到憎恨,进而上升为政治上的打击,加到湛若水头上的"伪学"称号,反而让人觉得名实相副。

迄今为止,我们还不知道好钩察臣下阴私的明世宗②,掌握了多少有关湛若水的个人情报。但有一点是肯定的,集天下荒淫之大成的历代君主,讨厌臣下最重要的理由,绝对不是因为他们生活腐败。情形有时恰恰相反,对于专制统治者来说,一个真正在道德上毫无瑕疵的儒家信徒,假如思想激进的话,反而更有政治冲击力——毕竟在任何时代,言行一致的人总能博得更多的敬意,这一点在明世宗对刚直不阿的海瑞又恨又敬又怕的神情中,表现得淋漓尽致③。

然而明世宗厌恶湛若水却也是真的。譬如,当大礼议取得胜利以后,明世宗在读了朱熹《南剑州尤溪县学明堂记》一文后,曾经发过这样的感慨:

> 杨一清为乔宇之师,则师不从;桂华为桂萼之兄,则弟不亲;湛若水

---

① 《罪惟录·列传》卷10《湛若水传》。按,查继佐此言甚是含混,未明言"或更有在"者为何。今观其所本之《国朝献征录》末有言"尽毁私创庵院,僧尼勒归俗,后生子多以湛名者",或即查氏所指。
② 李绍文《皇明世说新语》卷8《假谲》:"世庙虽静摄,好钩察外事,狱中一语,动录以闻,谓之监帖守者诡语进帖云。有鹁当沈束前噪不休,束曰:'岂有喜及罪人者耶?'上竟信,有旨释归。"
③ 参《明史》卷226《海瑞传》。

为方献夫之友，则友益疏。吁，势力夺人，可垂世戒！①

杨一清曾致书门生乔宇，明确表示支持大礼议，明世宗想必是知道的。而乔宇、桂萼又在大礼议中，坚定地站在杨廷和一边，在明世宗看来也都是师弟不亲而"势力夺人"的缘故。把湛若水和方献夫同时放在这里，透露出一个明显的信息便是湛若水在大礼议中的表现，招致了明世宗的不满。谁都知道，方献夫是大礼议中最重要的议礼新贵之一。

湛若水和方献夫有过很多分歧。除了前述那种不可究诘的轶事之外，他们在思想学说上也早已分道扬镳。这之中，有对求道本身的态度不同②，也有对经典文献认识的歧异③。尤其在嘉靖初，两人曾就《大学》与《中庸》的一些论点反复辩难，笔墨官司一直打到王守仁那里，请他来品评是非④。王守仁除了对方献夫"自喜以为独见新得，锐意主张是说"表示不满⑤，大概也出于同仇敌忾的考虑，对他们二人之间的争论本身颇不以为然：

---

① 按，此言《实录》系之于六年正月，据王世贞考证，当在嘉靖七八年间作。见《弇山堂别集》卷27《史乘考误》，第488—489页。
② 方献夫说："观书册而得心病，别求安乐法以了此心"，主张束书不观。湛若水则认为："圣贤之书得以养心，非以病心也。无乃求之太深，索之太苦，而外人所谓'执事敬'者犹有未得其要乎？且其语意间似有是内非外，判心迹而两之之病。吾弟初不自觉，又云别求安乐之法，而安乐之法舍敬又何求耶？"参《湛甘泉先生文集》卷7《复方西樵》。
③ 《湛甘泉先生文集》卷7《再复方西樵》："三礼之论窃恐未然。不肖所据信者，惟孔子、子思三千三百之言耳。若如吾弟以谓《周礼》为大纲，《曲礼》《仪礼》为节目，则二子者，胡为每每对言之？"按，方献夫《西樵遗稿》卷6《刻〈三礼会通〉序》云："《礼运》者，经礼三百，曲礼三千，其致一也。《中庸》曰：礼仪三百，威仪三千，待其人而后行。礼仪即经礼也，今之《仪礼》十七篇是也，其节目有三百之多，故曰三百；威仪即曲礼也，今之《曲礼》上下篇是也，其细微有三千之夥，故曰三千。"此文在篇目上载其《刻〈二原〉序》《刻〈周易约说〉序》之后，大概在时间上也应在后，可能是受湛若水影响之后的作品，故持论与湛氏相同而和自己前说有异，说明二者最终观点可能趋于一致。有关《二原》的讨论，见下文。
④ 湛若水作《中庸测》《大学测》寄方献夫，后者则另作《大学原》《中庸原》予以反驳。参《西樵遗稿》卷8《复湛太史（又六）》。方氏又在同卷《柬王阳明》一书中说："近与甘泉往复书录，去中间亦见区区所得何如？望折衷之。如有未当者隐之而已，无徒取罪戾也。风便仍乞不惜教诲，进而成之，至望。"《王阳明全集》卷5《文录二·答甘泉（辛巳）》也说："世杰来，承示《学庸测》，喜幸喜幸……'随处体认天理'是真实不诳语，鄙说初亦如是，及极究老兄命意发端处，却似有毫釐未协，然亦终当殊途同归也。"
⑤ 正德十六年（1521）方献夫将《大学原》一书寄王守仁，守仁复："今吾兄方自喜以为独见新得，锐意主张是说，虽蒙信爱如鄙人者，一时论说当亦未能遽入……致知格物，甘泉之说与仆尚有微异，然不害其为大同。若吾兄之说，似又与甘泉异矣。"《王阳明全集》卷5《文录二·答方叔贤（辛巳）》。

> 此学蓁芜，今幸吾侪复知讲求于此，固宜急急惶惶，并心同志，务求其实，以身明道学。虽所入之途稍异，要其所志而同，斯可矣……若叔贤之于甘泉，亦乃牵制于文义，纷争于辩说，益重世人之惑，以启哓哓之口，斯诚不能无憾焉！①

在当时正统的朱学面前，王、湛之学都属于新学的范畴，在共同的敌人尚且虎视眈眈之际，"同志"内部却自乱阵脚，怎能不使亲者痛，仇者快？

当然，争论归于争论，方献夫与湛若水的私交仍然是极好的。方献夫甚至做梦与湛若水"同枕簟，甚狎，有彼此若一之意"②，形迹虽未必可疑，却至少说明二者已到了无话不谈的地步。

明世宗对这些肯定不感兴趣。当时"大礼议"鏖战正酣，真正能调动其神经的，除此之外，应无他事。正在此时，负道学重名的湛若水却于嘉靖三年突然上书，发了一通不合时宜的怪论：

> 臣尝读《易》至屯、否二卦，不能不感慨焉。夫屯者，阴阳始交而难生，君臣欲有为而未遂，此则陛下登极下诏时然也。否者，阴阳隔而不通，内外离而不孚，陛下聪明独照，自视今日于此卦何如哉！夫屯而不济必至于否，否而不济则事势之将来有不可言者。一二年间天地变震，山川崩涌，人饥相食，报无虚月，莫非征召所致。③

这通大而无当之论，被后来学者徐学谟认为实启明世宗"疏远儒臣之端。其后若水虽渐至大僚，终不柄用，而累以伪学目之，未必非此疏为先入也"④。

其实徐学谟忘记补充一点，明世宗面对这封批评自己的奏疏，理所应当想到此疏的作者，正是在"大礼议"中极力阻挠自己的内阁首辅杨廷和的得意门生⑤。因此，这篇高论很可能被明世宗认作湛若水抨击时政，与杨廷和一派结党的证明。那么，把这封奏疏看成明世宗后来大发感慨的原因之一，同样不

---

① 《王阳明全集》卷5《文录二·答方叔贤（癸未）》。
② 《西樵遗稿》卷8《复湛太史（又五）》。
③ 《湛甘泉先生文集》卷19《乞谨天戒急亲贤疏》。《明世宗实录》卷36，嘉靖三年二月庚子。
④ 《世庙识余录》卷2。
⑤ 《国朝献征录》卷42《南京兵部尚书湛公若水传》："（弘治）乙丑会试，学士张元祯、杨廷和主考，抚其卷曰：'此非白沙之徒不能为。'拔第二名。"

使人感到突兀。湛若水后来虽然改变观点①,但却未必得到明世宗的谅解。

　　大概嘉靖初年的几次上书,明世宗或轻描淡写地褒奖之为"用心""忠爱",或者稍假以辞色,许之为"纯正有本之学"②,湛若水颇有些飘飘然了,不仅条陈上得更勤,而且还频频著书进上。明世宗在范浚《心箴》、程颐《四箴》基础上作了一首《敬一箴》③,湛若水赶快仿照《大学衍义补》的模式,作《格物通》以进;嘉靖十二年又进《古文小学》,嘉靖十五年上《二礼经传测》④;还不时地进《瑞鹿赋》,献《祖陵颂》,用意不问可知。明世宗对他这些做法大都用一些浮词敷衍了事,但内心中却颇为不直,时时有所表露。比如湛若水曾经担任过礼部侍郎,当时明世宗斋醮祈嗣等活动很多,礼部官员大都参与其中,说不上什么清白。湛若水本人便匍匐于龟幢鹤驭之间,充当过祈嗣的导引官。不过,为了表示自己的与众不同,一面做一面还要假撇清,上疏明世宗"修其在己者""收敛精神",暗含讽喻。明世宗对他这种心态早有洞察,于是尖刻地回敬道:"尔既欲朕收敛精神,便不须烦扰",指责他实在是多此一举⑤。于是,当嘉靖十五年湛若水《二礼经传测》刚一进上,明世宗一听到内阁大学士夏言说此书"以《曲礼》为经,与孔言相戾",不问青红皂白,马上便说"既与孔子相戾,不可传示后学"。使湛若水进献此书的初衷成为泡影⑥。

　　明世宗对他的恶感与湛若水行不掩言的讲学作风,遭到一些保守士大夫的强烈不满,终于在嘉靖中期合而为一,促成了继王守仁之后针对湛学的一次伪学之禁。嘉靖十一年十月,南京监察御史冯恩,在上疏讨论时政的时候,就毫不客气地把他讥斥为"无用道学"⑦。嘉靖十六年四月,御史游居敬上言指责王守仁、湛若水"皆祖述宋儒陆九渊之说,稍变其辞以号召喜名媒利之士"。于王守仁犹许其"谋国之忠""济变之才",对湛若水则揭其老底,说他"广收无赖,无廉介之节;私创书院,为不经之行。听其言亦近是,考其行则大

---

① 《湛甘泉先生文集》卷23《语录》:"先生所议大礼,初与诸公(按,当指杨廷和等)之见大略亦同,及其后来觉得未安,不敢复守前说,实以三年名分已定故耳。先生尝曰,圣明因心之孝,何所不可,诸公为宰执者,只宜请朝廷断之,'非天子不议礼',臣下不敢议,奉而行之,不至有后来大害事无限矣。"倘弟子记载属实,湛氏所言,非大儒之言也。
② 参前揭罗洪先所撰《墓表》。
③ 载吕本等辑《世宗肃皇帝宝训》卷3,嘉靖七年二月颁布。
④ 前揭《罪惟录·湛若水传》。
⑤ 前揭罗洪先《墓表》。
⑥ 范守己《皇明肃皇外史》卷16,嘉靖十五年。
⑦ 《国榷》卷55,嘉靖十一年十月丙申。

非。"希望对王、湛之学严加禁束。

对王学而言,又一次不期而遇的厄运将要到来。谁知此时礼部尚书正是严嵩,或许因与王守仁曾有私交的缘故,力主"王守仁已经禁约,难再别议",方才使之逃过一劫。对待湛若水则采取了一个折中的办法,即留用其人而毁其私创书院,针对其学派进行打击[1]。

明世宗对湛若水的坏印象一直持续到他的晚年。嘉靖四十年十月,当时湛若水已经去世,其曾孙湛寿鲁依照朝廷惯例,为曾经做过南京兵部尚书的曾祖父请求封赠,便遭到明世宗的严词拒绝,理由即是他的"伪学乱正"[2]。单凭这一点也可推知,王守仁私淑弟子罗洪先在为湛若水撰写的《墓表》中,津津乐道地说明世宗曾推许后者为"今之古儒",假如不是曲笔,那么明世宗所谓"古儒",也只能是取其迂阔无任之意。

---

[1] 《皇明肃皇外史》卷17。按,是书将时间系于嘉靖十六年三月,误,《实录》《国榷》《罪惟录》皆云四月,当从。
[2] 《明世宗实录》卷502,嘉靖四十年十月戊寅。

第二编

泰州学派与晚明的师道复兴思潮

第一章　王艮与晚明的师道复兴思潮

就在明世宗利用更定祀典及推行文字狱,强化君权与君道,特别是强调君道对师道的绝对优势之际,在野的学术界却发出了一种异样的声音。那就是以泰州师道派为代表的晚明师道复兴思潮。这股思潮伴随着王学讲学活动的开展,积水成川,逐渐蔚兴为一次波澜壮阔的社会运动,对当时与后代都产生了深远的影响。

第一节　王艮其人其学

王学是孟子学①。然而倘就个性性格而言,泰州学派的创始人王艮,相较于乃师王守仁,似乎与那位周游于齐魏之间,以王者师自处的孟老夫子更为相像。尤其在行动取向上,两个人全都具有豪迈不羁的气魄,天马行空的品格,拯救天下苍生、舍我其谁的气概;两个人都坚持以师道自处,以"教主"自居,汲汲皇皇,放言高论;都具有顽强的自信心,敏锐的洞察力和卓越的影响力。甚至在学说的本身,尽管王艮最重视的儒家经典著作是《大学》,但是他的淮南格物之说,安身立本之学,却无不体现出二人在思想上的血脉相通、藕断丝连之处。

一、民间宗教家

明代在两淮地区设立都转运盐使司,其下辖有泰州、淮安、通州三个分

---

① 此就其精神实质言之,参阅牟宗三《从陆象山到刘蕺山》,第215—244页。关于二者心性结构,似可再作讨论。

司，共有盐场三十，其居民另编为灶籍，不与常氓为伍，生活贫困，社会等级低下。然而就在这社会的最底层，三十个盐场之一的泰州安丰，一个贫苦的灶丁家庭中，走出了一个在明代思想史上辉前耀后的人物，这便是本章的主人公王艮。

王艮的父亲是个灶丁，他本人也是一个"亭子"。由于家境贫寒，王艮十一岁便开始辍学劳作，整日挣扎在蒸煮煎销的环境中，为生计而奔波劳碌。短暂的私塾学习大概效果并不甚佳，据说他"年三十才可识字"①。

事实上，假如王艮早生百年的话，或许便和他的先辈们一样，在毒雾的熏蒸、浃背的汗流以及时日的消磨中，在贫寒窘迫的生活环境、樗朴无文的精神追求里终老了。那样的生命状态，那样的情绪撩拨，都和明初立国时的精神气质，是一致的。

所幸弘、正以后，经商的风气渐开。尤其是叶淇变法，开中制被逐渐破坏，盐商们以银代粟，加速了食盐本身的商品化进程。淮扬一带以盐为业的富商巨贾迅速出现，带动了当地的经商热潮。"两淮、通、泰、宝应州县，民厌农田，惟射盐利"，私煎私贩的现象愈演愈烈。在这些为改善自己生活境遇铤而走险、结伙贩运私盐的人物当中，大概就有年仅十九岁，号称与同里人"商游山东"的王艮②。

由于四处经商，王艮的眼界逐渐开阔起来，摆脱了安丰厂狭隘的视域，使他能够体会到整个社会潮流涌动的"春江水暖"。这不仅令他有可能阐出固步自封的小我情境，而且还可能激发了他性格中固有的"超人"意识。尤其是二十五岁（正德二年，1507）参观了孔庙之后，大概有感于祭坛之上头戴天子冕旒的孔老夫子的赫赫威仪，引发了和落魄贵族项羽类似的感叹③，王艮不再满足于做一个自给自足的富家翁，而是"奋然有任道之志"。回家之后每天诵习《孝经》《论语》《大学》等儒家典籍，并且置书袖中，"逢人质义"④"粗治《论语》《孝经》章句，即邈焉希如古圣贤人，信口谈解，如或启之，塾师无敢难者"⑤。这种现象固然是由于三家村学究的无能，另一方面也彰显了王

---

① 李春芳《崇儒祠记》，载袁承业编《明儒王心斋先生遗集》卷4。
② 霍韬《淮盐利弊议》，转引自《宋明理学史》第420页。
③《史记》卷7《项羽本纪》："秦始皇帝游会稽，渡浙江，梁与籍俱观，籍曰：'彼可取而代也。'"
④《王艮年谱》，正德二年丁卯。见《明儒王心斋先生遗集》卷3。
⑤ 赵贞吉《赵文肃公文集》卷18《泰州王心斋墓志铭》。

艮本人狂傲不羁的气质。

同时，私盐的暴利以及王艮本人的才干，使王家迅速富裕了起来，他得以不必整日奔波劳作，商旅之余，甚至有余暇闭关默坐，静思体道。王艮二十三岁时曾因有病，"从医家受倒仓法"①，以后又长期耽乐于养生②，那么这种闭关默坐的修炼方式，除了有利于他清理思路，所谓"以经证悟，以悟释经"之外③，便未尝没有养生的用意在焉。

或许是"日有所思，夜有所梦"的缘故，整日沉迷于冥思遐想中的王艮，"一夕梦天坠压身，万人奔号求救"，而自己则挺身而出，"独奋臂托天而起，见日月列宿失序，又手自整布如故，万人欢舞拜谢。醒则汗溢如雨，顿觉心体洞彻，万物一体，宇宙在我之念益真切不容已。自此行住语默皆在觉中"④。这种颇具宗教性的神秘体验，是古往今来许许多多圣徒、教主们的共同经历，未必皆出于伪托。由于自觉受到了启示，更加坚定了王艮成圣的信念。除了积极干预地方事务，踊身于社会贤达之列⑤，还变本加厉，制五常冠、深衣、笏板，书其门曰："此道贯伏羲、神农、尧、舜、禹、汤、文、武、周公、孔子，不以老幼贵贱贤愚，有志愿学者，传之"⑥，正式以教主自居。听说王守仁新学声名正盛，于是千里迢迢来到南昌，登门求见。

事实上，假如王艮终老于彼乡，不曾就正于王守仁的话，充其量只能成为一个有自大狂倾向的民间宗教教主，无法在思想领域登堂入室，为晚明的学术复兴思潮重开区宇。且看他头戴着纸糊的高帽，穿着骇俗的深衣，手拿着书有"非礼勿视，非礼勿听，非礼勿言，非礼勿动"四句箴言的笏板，"行则规圆矩方，坐则焚香默识"，自以为"言尧之言，行尧之行"，但在灵动多方的王守仁看来，只不过是在践往圣之迹，得其糟粕而已。他与阳明学不拘泥于形

---

① 《王艮年谱》，弘治十八年乙丑。
② 《明儒王心斋先生遗集》卷4，嘉靖二十年王艮死后，同门邹守益、王玑奠文："子善摄生，谓能永年，胡为遽疾，奄尔化归？"
③ 前揭赵贞吉《泰州王心斋墓志铭》。
④ 《王艮年谱》，正德六年辛未，二十九岁。另可参《明儒王心斋先生遗集》卷4，徐樾所撰《别传》。
⑤ 耿定向《耿天台先生文集》卷14《王心斋先生传》："（王艮悟道之后），族长老念其有志天下，每以艰大事质之，立为劈画，胥中机宜。里俗好奉佛，先生准古秉礼劝令堕佛像、祀祖先。会（武宗）嬖珰佛姓者（按即佛保）矫上旨索鹰犬于里，横甚，里人惶惑追咎为慢佛故，先生曰：'吾自当之。'躬往谒珰，珰为先生言论丰仪所感，更与先生交欢，拟荐于上，尊显之。先生婉谢，辞避焉。"
⑥ 《王艮年谱》，正德十四年己卯。参徐樾所撰《别传》。

式,自由洒脱的真精神是背道而驰的。因此王守仁与他刚一相见,便对他的行为表示出嘲弄之意:

> 王守仁问:"何冠?"
> 曰:"有虞氏冠。"
> 问:"何服?"
> 曰:"老莱子服。"
> 问:"学老莱子乎?"
> 曰:"然。"
> 问:"将止学服其服,未学上堂诈跌掩面啼哭也?"

王艮最后也认识到"吾人之学,饰情抗节,矫诸外;先生之学,精深极微,得之心者也"。遂反服执弟子礼①。

当然,王守仁对王艮也不是没有赞许之处。比如,当王艮放言无忌,纵论天下大事之际,

> 王守仁说:"君子思不出其位。"
> 王艮:"某虽匹夫,而尧舜君民之心未尝一日忘。"
> 王守仁:"舜居深山与鹿豕木石游,居终身怡然乐而忘天下。"
> 王艮:"当时有尧在上。"

王守仁最终"然其言"②。有学者据此称"这是王艮和王守仁在政治思想上的分歧,也反映了封建社会中统治阶级的对立"③,其实是不能成立的。这种论断不仅忽视了"君子思不出其位"一语本身可能具有的双重意涵④,同时也与

---

① 《王阳明全集》卷34《年谱二》,正德十五年九月。
② 《王艮年谱》,正德十五年庚辰,三十八岁。
③ 前揭《宋明理学史》第424页。又,侯外庐主编《中国思想通史》第4卷(下)第967页。
④ "君子思不出其位"本来具有双重意涵。在一个科层制的官僚系统中,"思不出其位"本就是应有之义,否则上命不行,政令无法畅通。王艮的学生宗尚恩打算出仕作官,王艮表示反对:"某欲吾丸斋为第一等人物,惜乎今日小用之,非我所望也。"但当宗氏提出自己想要作官乃是"为禄而仕"的时候,王艮反而劝他不可有出位之思。参《明儒王心斋先生遗集》卷2《答宗尚恩》。一以任道期之,一戒以不可出位,看似矛盾,其实正好说明前者无位,故无所谓"出位";后者有位,则不能出位。在导言中,我曾举程颐与文彦博的例子来说明君道与师道的不同,着眼点正在这里,识者其意会之。

对王守仁学说的真实理解失之交臂。事实上，假如真是"君子思不出其位"的信从者，王守仁又何必在宸濠之变发生时，"未奉成命"便抗义起兵？① 王守仁当时一面调集人马和宸濠的军队相周旋，一面上《便道归省疏》，本意只是为了避嫌罢了②。因此所谓"君子思不出其位"云云，只能理解为身为政治性人物的王守仁示人以谦恭恬退的障眼法。从这一点也可以证明，只从纯粹的文本出发，而不去考察文本文献形成的外在背景，对于历史人物思想的研究，未尝不是一种缺憾。

王守仁对这个新来的具有独立思考精神的弟子其实是极为欣赏的。因此当王艮仅住了三天便以"事亲从兄，无非实学，何必远游"的理由，决定回乡时，王守仁甚至极为惋惜，劝道："孟轲氏寡母居邹，游学于鲁，七年而学成。我力量不如子，学问路头则我先知之。"王艮则答以逾月再返③。在以后的岁月里，王守仁对他这个盐商弟子也总是比别人高看一眼，嘉靖三年，正赶上王艮之父守庵公（王纪芳）寿辰，王艮提出回家上寿，王守仁非但不许，还专门派弟子蔡世新绘吕仙图、王琥撰写寿文，命另外一个弟子金克厚持去泰州为之祝寿，并亲自"作歌以招之，于是守庵公至会稽与阳明公相会，冬十二月方归"④。

王艮则投桃报李，对乃师的讲学事业鼎力襄助。当时王守仁家居讲学，从学弟子越来越多，"道院僧房至不能容"，王艮于是发挥其商人的特长，出钱出力，"为搆书院调度馆谷以居"⑤。

嘉靖元年，为了传播乃师的学术，王艮决定只身前往北京，当时正逢癸未会试，天下举子云集京师。王守仁的学生欧阳德、王臣、魏良弼、余珊等人也在应考之列。因此王艮此行与王守仁有意通过会试举子传播学术的想法是一致

---

① 《王阳明全集》卷34《年谱二》，正德十四年六月。
② 《王阳明全集》卷34《年谱二》，正德十五年六月："（钱德）洪昔茸师疏，《便道归省》与《再报濠反疏》同日而上，心疑之，岂当国家危急存亡之日而暇及此也？当是时，倡义起师，濠且旦昔擒矣，犹疏请命将出师，若身不与其事者。至《谏止亲征疏》乃叹古人处成功之际难矣哉！"
③ 参徐樾所撰《别传》。《王艮年谱》云七日归，微有不同。
④ 《王艮年谱》，嘉靖三年甲申，四十二岁。
⑤ 同上书，嘉靖元年壬午。

的,并不标志着二者思想上的分裂①。不过因从学的时日不久,头上的棱角尚锐,王艮还没有学会如何在变幻莫测的政治环境中保护自己。当时大礼议方兴,对王守仁的谤议日炽,伪学之禁的呼声也时有所闻,王艮置一切于不顾,带了两个仆人,驾了一辆招摇车(蒲轮),重新穿起了那套惊世骇俗的冠冕衣衾,从泰州出发,沿途聚讲,直抵京师,都人"以怪魁目之"。更传说有老人梦"黄龙无首"至崇文门前变为人立,一切都传得神乎其神②。

事实上,假如说历代统治者在多数时候对待儒家经典本身的某些歧异阐释尚能容忍的话,他们对那些被定格为"左道惑众"的所谓邪教,则从不心慈手软,大多采取严厉镇压的态度。王艮四处招摇,再加上黄龙的传言可能被看成"应谶",其处境显然极为危险。京中的同门于是藏匿了他的车驾法服,王守仁也通过其父王纪芳致书相召,王艮才不甚情愿地从京师回到余姚③。

二、韬光养晦

归越以后王守仁对王艮进行裁抑的故事,许多人已是耳熟能详了④。王艮据说从此"敛圭角,就夷坦",就像孙行者被戴上了紧箍,行为变得稳重起来。尽管有学者根据王艮后来的表现,对此表示怀疑,但我仍然认为那是可信的——人的思想并不是所有时候都能一以贯之的,否则就不会有"故态复萌"那句成语了。事实上,王艮在从归越到王守仁去世这一段时期英气内敛的情形,已在他本时期的学术倾向中清楚地表现出来。

王艮的儿子王襞后来同时是以其学术传人的面目出现的。尽管王襞在学术

---

① 王艮前往北京的时间,年谱系于嘉靖元年壬午,《宋明理学史》则根据黄直等的奠文,认为应在嘉靖二年癸未(见该书第425页)。其实年谱未必有误。因癸未乃礼部会试之年,时间刚好是在春天,因此王艮要想北行传学,从江淮赶到华北,在嘉靖元年便出发是极有可能的。又,王艮北行的原因,当时人大都以为是传播王学。耿定向《王心斋先生传》:"文成(阳明)以外艰家居,先生从居越,四方来学者咸属先生开导焉。久之,叹曰:'风之未远,学何由遍'!乃制轻车,诣京师。"赵贞吉《泰州王心斋墓志铭》:"久之,从王先生居越,叹曰:'风之未远也,是某之罪也。'辞还家。"因此,在第一编第三章我曾指出,王守仁对他这次传学的举动根本便是"默许",当时王守仁所担心的其实是自己的学说无法传播。只不过王艮张皇过甚,容易招致统治者的疑忌,故王守仁方才对之进行裁抑。至嘉靖五年,又派王畿到北京传学,更可见王守仁的本意。《宋明理学史》认为,王艮北行的原因乃是他与王守仁在理论上的冲突,似乎并不使人信服。
②《明儒学案》卷32《泰州学案一·王艮传》。
③《王艮年谱》,嘉靖元年壬午。
④《泰州学案一·王艮传》。

上的创见不多，和王艮的思想倾向也不尽一致，甚至因此而删篡了乃父的文集，使我们无法窥其全璧①，但是从他对乃父学术思想演变之迹的叙述来看，说明他对王艮的学说本身仍不乏真切的体认：

> 窃以先君之学有三变焉。其始也，不由师承，天挺独复，会有悟处，直以圣人自任，律身极峻；其中也，见阳明翁而学（犹）[尤]纯粹，觉往持循之过力也，契良知之传。工夫易简，不犯作手而乐夫天然率性之妙；当处受用，通（告）[古]今于一息，著《乐学歌》。其晚也，明大圣人出处之义，本良知一体之怀而妙运世之则，学师法乎帝也，而出为帝者师；学师法乎天下万世也，而处为天下万世师。此龙德正中而修身见世之矩，与点乐偕童冠之义，非遗世独乐者俦，委身屈辱者伦也。皆《大学》格物、修身、立本之言，不袭时位而握主宰化育之柄。出然也，处然也，是之谓大成至圣，著《大成学歌》。②

王襞本人后来传承了乃父第二阶段的学说，是为"乐学派"，当然已是后话了。但是王艮在这一时期也确实因学术水准的提升，不再像以前那样拘泥于形式上的"持循"，而是工夫易简，当下受用，得其天然率性之妙，并且发出了"天下之乐，何如此学；天下之学，何如此乐"的由衷赞叹！③一瞥王艮在本时期的几份作品，除了被王守仁裁抑之前的《鳅鳝赋》之外，如《复出说》《安定书院讲学别言》《明哲保身论》《天理良知说答甘泉书院诸友》，都作得规规矩矩，是标准的讲学文章。尤其是给王臣的《明哲保身论》，更是有感于当时王门弟子"在宦途或以谏死，或谴逐远方……以为身且不保，何能为天地万物主"之作④，说明他对伪学之禁下王学的艰难处境已经有清醒的认识，不再像以前那样一味地蛮干莽撞了。

假如用为人的气魄作衡量标准的话，王艮从学于王守仁这一时期实际上大不如前了。但也正是在这样的环境下，才真正促成了王艮具有创造性的学术成就，实现了他个人蛹化为蝶的生命历程。这就像王守仁的"龙场之悟"，二者受摧折的形式不同，但对他们学说的发展都有莫大的好处。王守仁年轻时学术

---

① 参第二编第三章第二节。
② 《王东崖先生遗集》卷1《上昭阳太师李石翁书》。
③ 《明儒王心斋先生遗集》卷2《乐学歌》。
④ 《王艮年谱》，嘉靖五年丙戌，四十四岁。

功底较好,可惜贪多不烂,因此贵州龙场"居夷处困"之地,有利于他静心澄虑,选择真正有所突破的方向;王艮在意志和魄力上更胜乃师,为学的方向早定,但是功底极差,无法登堂入室。因此这段求学的时光,便不能仅以受到摧抑替他惋惜。

事实上,王艮这一时期在学术上的创新是很多的。他不仅发挥了王守仁"乐是心之本体"的思想,撰作《乐学歌》①,而且还正式提出了"百姓日用是道"及"安身立本"的观点②,为他后来大成师道之学的完善,作了理论上的铺垫。他还把自己的"格物论"提出以就正王守仁,此说虽与阳明"良知说"方向歧异,但并没有遭到王守仁的反对,而是许他"他日自明之"③。而且,随着嘉靖五年泰州林春、王栋等人的拜门,王艮自己也逐渐开门授徒,并在与王门弟子讲学的过程中,扩大了和士大夫阶层的学术联系,为他以后在学术界的独立发展创造条件。

三、蛹化为蝶——自任师道

嘉靖七年十一月王守仁的去世,标志着王艮独立讲学阶段的开始。由于出身于灶丁商贾之家,王艮无论在生活上与思想上都与普通百姓没有太多的距离。在他的门生弟子中既有慕名而来的受过良好教育的官绅士大夫,也有灶丁、商贾、樵夫甚至佣仆等知识水准较低的乡亲父老。在"有教无类"的旗帜下,在人人可以成圣的自期中,王艮以日用常行随时宣讲他的"百姓日用是道"的理论,使得泰州学派的教育实践中带有许多平民教育的色彩④。它提高了普通百姓的知识水平,进一步加深了儒家意识形态对下层社会的渗透,同时也加速了儒学理论本身的俗世化进程。

但是"平民教育"一词本身又是极为模棱的。任何时代的平民,无论知识水准是高是低,他们都仍然是受某种或多种思维模式支配着的思考群体。除了白痴,这个世界上不存在空空如也的头脑。在明代,由王学诸人特别是泰州后学用对平民宣讲的形式进行的所谓"平民教育"的某种成功,内涵只能是

---

① 有关这一转变的讨论,可参第二编第三章第二节。
② 参前揭《宋明理学史》,第428页。
③ 耿定向《王心斋先生传》。
④ 余英时所谓程朱理学主要是对士大夫宣讲,陆王心学主要是对社会下层宣讲。事实上,王学当中只有泰州后学闻其风而起者,方才与之相合。譬如王畿等人的讲学,最初便只局限于士大夫,其《蓬莱会籍申约·后语》云"五幸":"幸不为禽兽;幸生中国不为夷狄;幸为男子,不为女人;幸为四民之首,不为农工商贾;幸列衣冠,生于盛世"。见《龙溪王先生全集》卷5。

说明当时在与佛道及多种民间宗教的思想竞争中，儒家学说稍稍增加了几块新辟的领地。这些行为本身并不能推导出泰州学派思想的革命性、战斗性来，否则，按照与"打倒孔家店"相同的逻辑，儒学本身是所谓"封建时代"的万恶罪魁，反能推导出泰州学派是极端反动的结论①。建立在虚假意识形态基础上的历史评价其实无异于海市蜃楼。

那么，泰州学派尤其是王艮本人的学说，其真正意义何在呢？

在我看来，解读王艮思想的关键，便在于理解其行动取向上的"以师道自任"。

王艮本人睥睨一世，目空一切，无疑有着性格上的因素。在我们对他早期行为的揭示中，已经可以看出他的自大狂倾向。这种性格是他在以后各种超常规行动的内在基础，读者当能意会之。本书所要考察的是王艮如何把这种倾向用"复兴师道"的理由贯彻到行动之中，以及这种行为的社会效应和时代意义。

和王畿等人在行动上的软熟、拖沓不同，按照当时的道德标准，王艮无论在立身还是行事上都堪称峻洁。他本人以孝著称，年轻时看到父亲到官府服役之前用冷水盥面，心下不忍，于是以身相代。三十五岁时父亲患痔，疼痛难忍，王艮也曾"以口吮之"②。这些行为在一个"割股刮肝"尚且偶尔得见的时代，或许并没有多少矫饰的意味。为了宣扬孝行，王艮还曾作《孝弟箴》，对孝弟之道反复推阐。古往今来想做教主的人总有一些非常之行，并不是偶然的。王艮在这一点上也确实称得上言行一致。

王艮作为道德上的楷模，行动上"以师道自任"，在当时的社会中被看成是一种"矫时弊"的行为，因此得到了许多人的尊信。从嘉靖八年开始，就不断有人谋求把王艮疏荐于朝，他本人也被时人视为"振古之人豪"③。那些在"一言兴邦，一人定国"④思想中教育成长起来的儒家士大夫，幻想着通过王艮的入仕，能够扶大厦于将倾，迅速挽救当时已经岌岌可危的大明帝国。

---

① 可参杨天石《泰州学派》一书。
②《王艮年谱》，正德十二年丁丑。
③《明儒王心斋先生遗集》卷5，嘉靖八年巡按直隶监察御史朱孔阳《咨访文》。按，王艮由于受时人推崇，生前不仅被刘节、吴悌等人疏荐于朝，死后为之议谥号、从祀的奏疏也有十余，"至馆课为先生传者复十余篇"，其曾孙王元鼎因辑《疏传合编》，载《遗集》卷5。
④ 语出《大学》。

然而，对于一些低级官吏的疏荐和礼召，王艮从来是不屑一顾的，孟子不是说过，"有大有为之君，必有所不召之臣"吗？① 更何况"礼闻来学，不闻往教，致师而学则学者不诚矣，往教则教者不立矣"，那些以礼相召的地方官或许只是虚应故事，惺惺作态罢了。在他看来，"使其诚能为善，则当求于我，又何以召言哉？是故天子不召师，而况其下者乎？"②

至于疏荐，王艮也没有抱太多的希望。嘉靖十六年，巡按御史吴悌（疏山）按临淮扬，亲自前来拜访，并把王艮疏荐于朝。这在一般人看来当然是殊荣了，但是王艮在给弟子林春的信中却这样说：

> 得书，见疏山公荐疏中云云，亦理势之自然也。求之在我，必有一定之道，当量而后入，不可入而后量也。若君相求之，百执事荐之，然后出焉，此中节之和，吾之道可望其行矣，吾之出可谓明矣。《易》曰："求而往，明也。"若君相不用，百执事虽荐之，不过尽彼职而已矣。在我者虽有行，行不过敬君命而已矣。前此诸儒忽于此道，之于入而后量，是以取辱者多矣，可不鉴哉（下言吾身为天地之本云云）！③

的确，以王艮本人的用世精神，他并不是不想出山建功，大有为于世。但是在一个高度集权的君主专制政体下，天下的头脑尽在君主这个枢纽、核心，任何重大的举措，倘非由君主本人推动，终归无济于事。王艮自然深知这一点，只是他又不愿意苟容取禄，行其"妾妇之道"，因此只好像孟子所说的那样，"不得志修身见于世"④，通过讲学以传道于野，待君相之流前来取法。他本人的"以师道自任"，似乎只能从这个意义上加以理解。

---

① 《明儒王心斋先生遗集》卷2《答太守任公》："两辱柱召……孟子曰：'有大有为之君，必有所不召之臣。'仆固非不召之臣，亦不敢不愿学也……仆之父今年八十九岁，若风中之烛，为人子者此心当何如哉？此尤仆之所以不能如召也。伏愿执事善为仆辞，使仆父子安乐于治下，仍与二三子讲明此学，所谓'师道立则善人多，善人多则朝廷正而天下治'矣。岂曰小补云乎哉！"按此信年谱系于嘉靖八年乙丑，王艮四十七岁。考年谱嘉靖十五年丙申十二月王艮之父王纪芳卒，年九十三，则此书当作于十一年壬辰，年谱误。又，信中云"两辱柱召"，或者嘉靖八年、十一年各一次，年谱未曾详细分辨，因而致误。
② 同上书，《答林子仁（又一）》，时当嘉靖十七年，扬州守刘爱山欲召王艮，故语弟子林春以是言。
③ 同上书，《答林子仁（又二）》。
④ 《孟子·尽心上》。

四、政治情结

王艮死于嘉靖十九年。尽管在他生命的末期，名声越来越大，时人甚至以伊尹、傅说期之①，但是那位以"孝思"相标榜，不遗余力地推行着"大礼议"及祀典更定的明世宗，却既非商汤，也非武丁，从没有想到过到黄海之滨那个以孝行著称的王艮处取法。王艮已经"修身见于世"了，但是并没有哪个君相前来理睬。这种境遇对王艮这样以天下为己任的人来说是难以忍受的。或许是预感到生命行将结束，或者是由于别的什么原因，王艮在临死的一年甚至一度想抛弃师道的面具，君相不学，则亲自往教，上书明世宗，直陈他的有关治国安邦的大道理。在上疏之前，他曾写过一封信给在南京的邹守益、欧阳德诸人，征求他们的意见：

> 都下一别不觉七、八年矣，思欲一会再不可得，朋友之难聚易散也，如此可不叹乎！先师之身既殁，追之不可得也，伤哉！然先师之心在于诸兄，不可得而传之乎？传之者所以尊先师也。不失其几，所谓时中也。弟近有愚见，请质诸兄，未知高明以为何如，裁示幸万……
>
> 今闻主上有纯孝之心，斯有纯孝之行，何不陈一言以尽孝道而安天下之心，使人人君子，比屋可封？钦惟我太祖高皇帝《教民榜》以孝弟为先，诚万世之至训也。……故孔子曰："天地之性人为贵，人之行莫大于孝，孝莫大于严父，严父莫大于配天，则周公其人也。昔者周公郊祀后稷以配天，宗祀文王于明堂以配上帝。夫圣人之德，又何以加于孝乎？"……是上下皆当以孝弟为本也。
>
> 无诸己而求诸人，是"其本乱而末治者否矣"；有诸己而不求诸人，是独善其身者也。求诸人而天下有不孝者，未能尽其术者也。不取天下之孝者立乎高位，治其事，是未能尽其术也。取之在位，所以劝天下以孝也；立乎高位，所以尊天下以孝也；使之治事，所以教天下以孝也……
>
> 初月，颁取天下之孝者，无择其贵贱贤愚；次二月，颁取在各司之次位；次三月，颁赏爵禄；次四月，任以官事；次五月，颁以举之司徒；次六月，颁取进之朝廷，天子拜而受之，登之天府，转以颁诸天下。以能教不能，是以孝者教天下之不孝者也。然以六月者，若天道一阳以至六阳也。其一阳者，微阳也，当维持以养之，不可求全责备。所

---

① 详下。

谓"一阳初动处，万物未生时"，养至六阳则人人知孝矣……必月月而颁诏者，使天下皆听其谆谆之教而知在上者用心之专也。又得以宣畅其孝心，使之无间断也。然一阳生于六阳之中，知扶阳而不知抑阴，则必为所困矣，六阳皆不孝之谓也。是故先王教民六行以孝为先，纠正八刑以不孝为先……

此道人人可知可能，上合天〔理〕，下合人心，幽合鬼神，古合圣人，时合当今，其机不可失矣。①

值得注意的是，这封信首先提到了"先师之心"，虽然我们今天无法确指到底是指王守仁的哪一思想，但大概地说，联系到王守仁原来的政治处境，极有可能便是他在暗地里谋求支持大礼议，但却"身居有言不信之地，不敢公言于朝"的那些政见②。这样，接下来所提到的"主上有纯孝之心，斯有纯孝之行"指称的便应是明世宗于嘉靖十七年使其父入庙称宗一事，此一点可由他所引用的"孝莫大于严父，严父莫大于配天"之言，正出自丰坊用来替兴献王称宗入庙开辟道路所提出的理论依据《孝经》得到证明③。

因此，真实的情况只能是处在生命晚年的王艮，被明世宗在大礼议中所提倡的"孝思"所蛊惑，以为可以乘机推行自己孝弟治国的政治理想，因而炮制了这样一份施政蓝图。这不仅从一个侧面透露出嘉靖时期君臣关系的否隔，也说明王艮早年被压制的那种佻达本性仍在不时地试图发作。

王艮的想法是极为迂腐的，他认为只要有一群孝子仁人被布列在位，天下便可太平，国家便能臻于大治。据说这封奏疏的底稿（大概也就是这封信）后来被张居正看到，曾经大表不屑："呀谓同志友曰：'世多称王心斋，

---

① 《明儒王心斋先生遗集》卷2《与南都诸友书》。按耿定向《王心斋先生传》，嘉靖元年王艮至北京传学，"所至讲学，人士聚听，多所感动。为书千余言谆谆言孝弟，拟伏阙上，同门力劝之止，乃还。"周汝登《圣学宗传》卷16《王艮传》与此略同。这一说法为《明儒学案》等书所不取。事实上，假如嘉靖元年已有此一书，那么这篇《与南都诸友书》委实不可想象，因二者所要表达的有关"孝弟"的思想正复相同。因此，极有可能是耿定向、周汝登等误听传闻所致。那么这篇文字当是何时所作？此书内称王守仁为"先师"，则上限不早于嘉靖七年王守仁去世；又云"都下一别不觉七、八年矣，思欲一会再不可得"，而王艮最后一次去南京的时间在嘉靖十三年甲午（参年谱），倘若从本年起算，至嘉靖十九年始足七年之数，而王艮便在这年冬天去世，因此只能是在这一年写成。假如此说不误，那么王艮所谓"不失几"，当指嘉靖十七年明世宗使其父入庙称宗并配享上帝，王艮因此产生了幻想。
② 《王阳明全集》卷21《与霍兀崖（丁亥）》。
③ 杨天石已经认为《与南都诸友书》与大礼议有关（前引书，第70页），但对时间未予考订。同时该书以孝宗为世宗叔父亦误，当为伯父。

比见拟上世宗书一篇,佥言孝弟,言孝弟何迂阔也'。"①

王艮的这一动议理所当然地被邹守益等否决,此事因此没了下文。但是在王艮现存的文集中有一篇晚年的遗作——《王道论》,在我看来便是这份未上奏疏的改进稿,尽管不再"佥言孝弟",思想却更为成熟了:

> 夫所谓王道者,存天理,遏人欲而已矣。天理者,父子有亲,君臣有义,夫妇有别,长幼有序,朋友有信是也。人欲者,不孝不弟、不睦不姻、不任不恤、造言乱民是也。
>
> 刑因恶而用,恶因无教养而生,苟养之有道,教之有方,则衣食足而礼义兴,民自无恶矣,刑将安施乎?然养之[之]道不外务本节用而已……
>
> 今欲民得其养,在去天下虚糜无益之费而制用有经。重本抑末,使巧诈游民各皆力本,如此则生者中而食者寡,为之疾而用之舒,而财用无不足矣。其三代贡、助、彻之法,后世均田、限田之议,口分、世业之制,必俟人心和洽方可斟酌行之,师其意而不泥其迹,行之有渐则通变得宜,民皆安之而不见其扰矣。
>
> 所谓人心和洽,又在教之有方,而教之有方,唐虞三代备矣……先德行而后文艺,明伦之教也。又为比闾族党州乡之法以联属之,使之相亲相睦相爱相劝,以同归于善。故凡民之有德行才艺者,必见于人伦日用之间,而一乡之人无不信之者。及其乡举里选之时,比以告闾,闾以告族,族以告党,党以告州,州以告乡,而乡答复则以所举者为是,而不复考其德行才艺,悉以敬贤之礼遇之,不若后世之猜忌防贤也。乡答复举于司徒,司徒荐以天子,天子拜而受之,登于天府,使司马论才而授任。是故在上者专以德行(举)[取]士,在下者专以德行(取)[举]士,父兄以德行教之,子弟以德行学之,师保以德行勉之,乡人以德行荣之。是上下皆趋于德行,躬行实践于孝弟忠信、礼义廉耻之间,不复营心于功名富贵之末,而功名富贵自在其中矣。是故在上者专取天下之贤以为辅相,不欲遗天下之贤,是与天下之人为善也;在下者专举天下之贤以为己功,不敢蔽天下之贤,是劝天下之人为善也。精神命脉上下流通、日新月异,以至愚夫愚妇皆知所以为学,而不至于人人君子、比屋可封,未之有也(以

---

① 耿定向《耿天台先生文集》卷9《学彖》。

下批评后世与此相反)。

今欲变通,惟在重师儒之官。选天下之道德仁义之士以为学校之师,其教之以必先德行而后文艺,废月书季考之繁,复饮射读法之制。取士之法,科贡之典,祖宗旧制虽不可废,当于科贡之外,别设一科与科贡并行,如汉之贤良方正孝廉……其宾兴之典,当重于科贡,苟有真才而位列亦出进士之右。其科贡之中,苟文优而行劣者必在所黜,行优而文虽劣者亦在所取,精神意思惟以德行为主……率此道也以往,而悠久不变,则仁义渐磨,沦肤浃髓,道德可一,风俗可同,刑措不用而三代之治可几矣。然非天子公卿讲学明理,躬行于上以倡率之,则徒法不能以自行,而卒亦不可致矣。苟不知从事于此而惟末流是务,则因陋就简,补弊救偏,虽不无一时雕虞之效,随世以就功名,终归于苟焉而已,非王道之大也。又曰:"为人君者体天地好生之心,布先王仁民之政,依人心简易之理,因祖宗正大之规,象阴阳自然之势,以天下治天下,斯沛然矣"。①

从王艮对许多具体措施的拟订来看,仍然难逃迂阔之讥。但是他在具体规划背后所隐含着的观念,如以天下治天下,重师儒之官等等,依然是极有见地的。明末清初的学者黄宗羲、顾炎武等人的类似观点在此已初见端倪。特别是黄宗羲在《明夷待访录·学校》一文中所提出限制君权的种种举措,实在是王艮此文的翻版和衍伸。只不过黄氏有感于有明君权之酷,所提出的理论更加激进罢了。但作为晚明师道复兴精神的代表,二者都是当之无愧的。

王艮的师道观在当时的影响便很大。他的学生王栋对他亦步亦趋,他的儿子王襞、门人颜钧各得其一体。"好为人师"甚至成了当时学术界批评泰州之学的一个"话柄"②。王守仁的私淑弟子罗洪先早年于师道有疑③,但是当嘉靖十八年亲自受教于王艮,并获赠《大成学歌》之后④,执持师道的信念转坚,

---

① 《明儒王心斋先生遗集》卷2。
② 王栋《王一庵先生遗集》卷1《会语》:"今海内有话柄云:'凡出心斋门下,大抵好为人师。'"
③ 《明儒王心斋先生遗集》卷2《答王龙溪》:"书来,云罗子疑出入为师之说,惜不思问耳。"按此罗子即当指罗洪先。
④ 《王艮年谱》,嘉靖十八年己亥。另可参《明儒王心斋先生遗集》卷4,罗洪先祭文。按《大成学歌》代表师道,其内涵已由王栋指出,参本章第三节。

这一点由他不赞成唐顺之出山一事可证①。

第二节 王艮的师道思想

一、淮南格物与安身立本

王艮个人的行动取向与他思想的客观效应并不相同，前者是个人性的行为，后者则关乎整个社会。因此，在考察晚明师道复兴的几个发展向度之前，必须弄清它们的母体——也就是王艮学说的基本内核。

王艮的再传弟子赵贞吉曾经给他这样的评价：

> 盖先生之学以悟性为宗，以格物为要，以孝弟为实，以古今为旦暮，以明学启后为重任，以九二见龙为正位，以孔氏为家法，可谓契圣归真，生知之亚者也。②

王艮本人以行动及气魄见长，哲学理论并不是他所关注的重心所在。这从他调和王守仁的良知论与湛若水的随处体认天理之说，可见一斑③。赵贞吉的这份评价把重点放在其行动取向上，应该算作知人之言。

淮南格物论是王艮思想的核心，同时也是其师道观的理论基础。其实，早在未见王守仁之前，王艮对格物说已经极为关注了。他曾以自己的观点质正王守仁，后者令他"他日自明"，或者王守仁已经发现了良知说与格物论在取向上的根本差异。王艮其后弃此不讲，直到嘉靖十六年才重新提出，除了可能囿于传统的门户成见之外④，理论上还不成熟，在许多环节都无法贯通大概也是

---

① 唐顺之晚年出山由严嵩党羽赵文华荐，声望受损。出山前曾征求罗洪先意见，罗不置可否。邹元标《愿学集》卷2《启邓定宇（其二）》："罗文恭晚年私与门人曰：'官家以国师礼处我，我当一出。'乃严分宜（指严嵩）徒每得文恭书，把翰回环曰：'达夫（罗洪先字），达夫，老夫不曾得你。'已，又曰：'名高了。'"
② 赵贞吉《泰州王心斋墓志铭》。
③ 《明儒王心斋先生遗集》卷1《天理良知说答甘泉书院诸友》。按，此文以天理良知等同，犹一人之有名有字。
④ 《王艮年谱》，嘉靖十六年丁酉，淮南格物论正式提出之后，"时有不谅先生者，谓先生自立门户。先生闻而叹曰：'某于先师受罔极恩，学术所系，敢不究心以报'"。又前揭《明儒王心斋先生遗集》卷2《答王龙溪》："书来，云罗子疑出入为师之说，惜不思师耳。谚云：'相识满天下，知心有几人？'非先生而何？先生知我之心，知先师之心，未知能知孔子之心否？（转下页）

原因之一。

在王艮之前，理学传统中对《大学》"格物"一词，以下列三种诠释影响最大：司马光的"扞格外物说"，朱熹连带"格物致知"作一路的"即物穷理说"，以及王守仁的"正物说"①。理学家们对待名物训诂之学本来就不甚讲究，每一种解释实际上都是其个人为了理论上的贯通而采取的方便说法。王艮更是如此，把"格"解释为"格式"之格：

> 格物是止至善工夫。格字不单训正，格如格式，有比则推度之义，物之所取者也。物即'物有本末'之物，谓吾身与天下国家之人。格物云者，以身为格而格度天下国家之人，则所以处之道反诸吾身而自足矣。②

王艮把物解释为"物有本末"之物，相较于传统的单纯释之为"外物"或"事"要高明得多。而格物既然是"以身为格而格度天下国家之人"，那么也就自然而然地彰显出以身为本而天下国家为末的观念。王艮曾说"吾身犹矩，天下国家犹方"，讲的也正是这个意思。

矩是方的标准，身是道的载体。既然道为天下之至尊，那么不尊重这与道合一的载体行吗？基于此，王艮提出了他的"安身立本"之说：

> 圣人以道济天下，是至尊者道也；人能弘道，是至尊者身也。道尊则身尊，身尊则道尊。故轻于出则身屈而道不尊，岂能以济天下？"自天子以至于庶人，一是皆以修身为本，其本乱而末治者否矣"。故曰安其身而后动。身安而天下国家可保，其身正则天下归之。大人者，正己而物正者也，此谓知本，此谓知之至也，是为"物格而后知至"。故出处进退辞受取与一切应用失身失道，皆谓不知本，而欲求末治者未之有也，其于天下国家何哉？故反己修身皆是立本工夫，离却反己谓之失本，离却天下国家

（接上页）欲知孔子之心，须知孔子之学，知孔子之学而丈夫之能事毕矣。"王艮以师道自任，另立门户，同门诸子纷纷致疑，王艮辩解之言多被其子王襞删去，参第二编第三章第二节。此外，上田弘毅《王心斋的师道论·明哲保身论》已注意王畿对王艮"好为人师"的批评，但解释与本文不同。
① 《明儒学案》卷25《南中王门学案一·薛甲传》："先生之格物，以感物为格，不能感物，是知之不致。"另是一种格物说。黄宗羲对薛氏及王守仁的批评可参同传。
② 王栋《王一庵先生遗集》卷1《会语正集》，引王艮言。

谓之遗末，亦非所谓知本，本末原是一物。①

王艮的安身立本之说与他此前所持的明哲保身论是相通的，只不过相较于后者而言，安身立本之说的产生是建立在对"格物"一词的重新解释之上，更加具有理论的深度。

明哲保身论的提出虽与王学在当时所处的政治环境有关，但是其理论的实际效应却不能用此一例衡之。所谓"身不能保，又何以保天下国家哉？"王艮既然把身看成"本"，把天下国家看成"末"，那么从强干弱枝的标准来看，在理论上提出"保身"并没有出错。黄宗羲认为此论未免"开临难苟免之隙"，对之加以批评②，只能看成是针对王学末流，特别是明清易代之际为了身家利禄的初衷，而拿明哲保身论来作为文饰。对这一批评的反驳也只能从理论上作出，本不必选出几个极端的例子如李贽、何心隐来加以证明。

王艮所提出的尊身尊道、不以道徇人的思想，一些学者已经对此作过深刻的阐释③。然而在我看来，最重要的一点似乎还没有被点破，那就是这种思想的提出，本质上是王艮用师道思想冲击君道的产物。问题的焦点即在于不以道徇人之"人"，到底是否另有其确切的含义。

王艮所提倡的，"立吾身以为天下国家之本"的原则，尽管托名得自《大学》，但是无疑与《孟子·离娄篇》所说的"天下之本在国，国之本在家，家之本在身"遥遥相契。假如注意到孟子的这番话，不见于明太祖时所定的《孟子节文》④，便可知这段话在当时犯忌的程度。王艮此时冒天下之大不韪，将这段话重新拈出，而这种观点在学术界又得到了如潮的好评，尤其可以证明在野的知识群体对朱元璋利用《孟子节文》抬高君道打击师道的隐微不满。

身为什么可以成为"本"？从理论上说，既然人性本善，人人都有成圣的可能，那么每一个个体之身便都具有圣人的潜质。王学所谓"满街都是圣人"说的正是此意。而既然圣人"时乘六龙以御天"，得其时中之义，那么为了使国家致治，天下太平，就必须使天下国家服从圣人的指画，而决不能本末倒置

---

① 《王艮年谱》，嘉靖十六年丁酉。
② 《明儒学案》卷32《泰州学案一·王艮传》。
③ 特别是侯外庐《中国思想通史》第四卷（下），第984—993页。另外，上田弘毅亦曾以《王心斋の师道论·明哲保身论》为题撰文，从理论上考察师道论与明哲保身论二者成立的前提，视角与本文不同。
④ 前揭容肇祖《明太祖的〈孟子节文〉》。

诸事相违。

身既然是本,那么"天下有道"之际,便应"以道殉身",道是为个体之身服务的;假如"天下无道",则应"以身殉道",道依然是终极目的。但是无论天下有道与否,都不能以道殉人,而应彰显主体自身的独立价值,否则便都是依傍他人的"妾妇之道"。

王艮所说"以道殉人"的"人"主要是指身为君主的"王者"个人。他说:

> 身与道原是一件。至尊者此道,至尊者此身。尊身不尊道,不谓之尊身;尊道不尊身,不谓之尊道。须道尊身尊才是至善。故曰:天下有道,以道徇身;天下无道,以身殉道,必不以道殉乎人。使有王者作,必来取法,致敬尽礼,学焉而后臣之。然后言听计从不劳而王。如后不可则去,仕止久速精义入神,见机而作不俟终日。避世避地避言避色,如神龙变化莫之能测……若以道从人,妾妇之道也。彼不能尊信又岂能使彼尊信哉?及君有过却从而谏,或不听,便之于辱且危。故孔子曰:清斯濯缨,浊斯濯足,自取之也。①

使王者必来取法,正是以师道自任的表现;仕止久速,见机而作,讨论的则是出处的问题。那么,怎样的出处才算合理呢?王艮认为,

> 大丈夫存不忍人之心,而以天地万物依于己。故出则必为帝者师,处则必为天下万世师。出不为帝者师,失其本矣;处不为天下万世师,遗其末矣。进不失本,退不遗末,止至善之道也。②

又说:

> 出不为帝者师,则反累其身,则失其本矣;处不为天下万世师,是独善其身,而不讲明此学,则遗末矣,皆小成也。故本末一贯,合内外之

---

① 《明儒王心斋先生遗集》卷1《答问补遗》。
② 《明儒王心斋先生遗集》卷1《语录》。

道也。①

在出与处的问题上依然贯彻了他安身立本的思想。同时在他看来，既然身便是道，那么即使那个人是作为君主而存在的，仍然不能曲为之殉，这就叫不以道殉乎人。

二、君臣关系：公共性与私人性

王艮的这一思想毫无保留地贯彻在他对君臣关系的论述上。在讨论这个问题之前，有必要根据现代的政治经学理念对君臣关系本身所具有的诸多意涵稍加诠解。

大概地说，君臣关系是传统制度形态下的国家中的一种特殊的关系形态。作为这一制度核心的，往往是个人性的君主以及作为他的仆从，或由他通过某种技术手段选拔出的官僚集团。它所维护的，是作为仆从或官僚的"臣"，向君主个人的绝对效忠。因此这一种君臣关系我们不妨称之为"私人性君臣关系（或统治关系）"。

但同时，所谓"朕即国家"，君主又往往是一个国家存在的象征，在中国，这个象征便是社稷。这种象征的角色，使得君主权力本身获得了某种公共性的意味，它同时又形成一种"公共性君臣关系（或统治关系）"。在近代，无论是中国还是西方，对于"私人性统治关系"的颠覆可谓不遗余力，但是除了无政府主义者之外，几乎没有人对"公共性统治关系"提出质疑。大家都承认统治权力的存在是维系一个社会稳定的基石②。

但是，二十世纪下半叶的中国学术界，在很长一段时间，对古代社会的分析采用的却是片面的单一标准。除了猛批"私人性统治关系"之外，还混淆了"私人性"与"公共性"的区分，从意识形态角度，对王朝更替之际所形成的无政府状态大声叫好。古人中凡是在言辞中维护君主制度的，大多斥之为保守、顽固，而不去仔细分疏其根本的意涵。"厚今薄古"的政治取向，使学术界失去了对古代社会作客观分析的基本能力。

---

① 《明儒王心斋先生遗集》卷1《语录》。
② 君臣在上古本来都是中性的概念，君臣关系实即上下级关系，并非单纯的私人效忠关系。所以古人可以"致为臣"。关于儒家君臣关系更为详细的讨论可参拙作《孟子章句讲疏》卷一、卷二所言政权、治权关系。本书写作时仍以后世君主观念视君，稍有未谛，但大义已得。此次修订，未予更正。

王艮"不以道殉乎人",针对的主要是"私人性统治关系"。比如他一反被理学家们所鼓吹的舍身进谏的那种愚忠,而是主张学习孔子:"谏有五,吾其从讽乎?讽字从风,其入也微"①。同时,对"私人性统治关系"的警惕,还表现在他对汤武革命的新颖理解上。

在儒家的经典《易经》中,汤武革命被认为"顺乎天而应乎人"②,是反抗暴政的正义行为。但是,武王伐纣之际,反对者伯夷、叔齐饿死于首阳山下,其德行"民到于今称之"③,正义的行为背后为什么仍然会存在道德的悲剧?所谓"汤武有救世之仁,夷齐有君臣之义",如何才能使二者并行,做到"全美"?王艮用自己的理论对此作了解答:

> 纣可伐,天下不可取。彼时尚有微子在,迎而立之,退居于丰,确守臣职,则救世之仁、君臣之义两得之矣。且使武庚不至于叛,夷齐不至于死,此所谓道并行而不悖也。

王艮所提到的微子,被孔子称作殷代"三仁"之一。为什么微子继立便能做到救世之仁、君臣之义两行不悖?王艮给予了详细的说明:

> "贵戚之卿,君有大过则谏,反覆之而不听,则易位。"微子、箕子,殷之贵戚卿也。当纣之恶,不可以不谏,而谏之也,当不在虐焰之后;而其去之也,当不为俭德避难,已焉可也。昔陈恒弑其君,孔子去鲁,且沐浴告于鲁而倡大义以请讨,则微子、箕子者犹当有谏行之智矣。盖三分天下,文武有其二,微子、箕子岂不知之也?国家历年仁义忠厚,微子、箕子岂不知之也?文武有天下三分之二,则周之时足以格纣也,明矣。且其祖宗父子仁义忠厚,则可谅其无伐殷之念,而易位之举,亦必其协同赞襄而有以共济天下之难者矣。且夷、齐清风高节,素抱羞辱污君之义,以此告之,安知其不狥谋佥同而有以安社稷之危?故孟子曰:"民为贵,社稷次之,君为轻。"且不(为)[惟]成汤之祀尚可以永于无疆,而箕子不至于囚,比干不至于死,武王、夷、齐无相悖之道矣。此天下本无难事,

---

① 《明儒王心斋先生遗集》卷1《语录》。
② 《周易正义》卷5《革卦》。
③ 《史记》卷61《伯夷列传》。

而惟学识之有未尽焉耳。①

王艮这段话并非辨析历史事实,而是政治儒学探讨。有意思的倒是其中蕴涵着的思想。

首先,"君有大过则谏,反覆之而不听,则易位"与"民为贵,社稷次之,君为轻"两句同样见删于《孟子节文》,其意义不言而喻。

其次,微子屡次谏纣不听,于是和太师、少师一起逃亡②,正合王艮安身立本的原则,这应该是他推崇微子的主要原因。

第三,也是最重要的,殷朝既有微子这样的仁人,说明商汤所传下来的社稷并未完全腐败,充其量只是殷纣个人的问题。本着"民为贵,社稷次之,君为轻"的原则,应该扬弃"私人性统治关系"而保存作为"公共性统治关系"的商代社稷。因此,王艮所希望的,微子与夷、齐"狗谋金同而有以安社稷之危",便可以理解为微子等人可以废纣而自立。同时,其言下之意,周朝代殷而立的前提也只能是殷代连微子这样的仁人也不存在了,那么本着"民为贵"的原则,方可取而代之。这样"救世之仁"与"君臣之义"才能够两得双美。

王艮的这一思想在明末清初被黄宗羲、顾炎武、唐甄等继承发挥了。"天下兴亡,匹夫有责""天下者,天下人之天下也"。清初学者对"天下"而非一家一姓之兴亡的重视,在某种意义上正是对传统政治体制中"私人性统治关系"的扬弃。在黄宗羲的《明夷待访录》中,天子其实是一种虚君的形象,充其量只是制度的象征。清末民初康、梁等立宪派人士,对黄宗羲的推崇,或可由这一角度索解。至于章太炎以"将俟虏之下问"这样狭隘的民族主义观念来讥斥黄宗羲③,未免太过于感情用事了。

通过以上讨论,我们可以看到在王艮的思想中,以师道复兴的精神来对抗个人性君主专政的清晰脉络。考虑到当时明世宗利用一系列手段提升君权、张扬君道的外在环境,那么王艮思想的客观意义便可在对比当中清晰地呈现出来。

当然,从理论探讨的广度方面来说,王艮的师道观贯彻了其学说的各个层面。这从他论证君、师等第,理想人格与社会行动三个方面的思想中可见一斑。

---

① 《明儒王心斋先生遗集》卷1《语录》。
② 《史记》卷3《殷本纪》。
③ 章太炎《衡三老》,朱维铮、姜义华编《章太炎选集》,第402页。

三、夫子贤于尧舜

对于君师等第的区分，争论的焦点集中在孔子和尧舜谁高谁下。官方的理论当然是尧舜贤于孔子的支持者，明世宗甚至认为就连太祖高皇帝朱元璋，其文德武功也决非孔子可比。那么孔子的地位也就可想而知了①。在野的学者中，王守仁曾有"精金之喻"影响最大：

> 圣人之所以为圣，只是其心纯乎天理，而无人欲之杂。犹精金之所以为精，但以其成色足而无铜铅之杂也。人到纯乎天理方是圣，金到足色方是精。然圣人之才力亦是大小不同，犹金之分两有轻重。尧舜犹万镒，文王、孔子九千镒，伯夷、伊尹犹四五千镒。才力不同而纯乎天理则同，皆可谓之圣人；犹分两虽不同，而足色则同，皆可谓之精金。

王守仁的初衷在论证"人皆可以为尧舜"，圣人们虽然才力不等，但是纯乎天理之处却未尝有异②。不过，他以尧舜为万镒，而以孔子为九千镒，至少说明后者比前者要稍逊一筹。而这一点恰恰是以师道自任，"以孔子为家法"的王艮所不能容忍的：

> 尧舜之治天下，以德感人者也。故民曰："帝力何有于我哉！"故有此位乃有此治。孔子曰："吾无往而不与二三子，是丘也。"只是学不厌、教不倦，便是致中和、位天地、育万物，便做了尧舜事业。此至简至易之道，视天下如家常事，随时随处无歇手地，故孔子为独盛也。先师尝有精金之喻，予以为孔子是灵丹，可以点瓦成金，无尽藏者。

又广引宰我、子贡、有子之说以证明之③。

---

① 朱厚熜《御制孔子祀典说》："我太祖高皇帝虽道用孔子之道，而圣人神智武功文德真与尧舜并矣，恐有非孔子所可拟也。"
② 《王阳明全集》卷1《传习录上》。章太炎以为，王守仁精金之喻出自孔融所谓"金之优者，名曰紫磨，犹人之有圣者也"，以此抨击王学支离破碎、不成体系，事实上根本未能理解王学。见《訄书》（重订本）之《王学第十》，朱维铮编校《章太炎全集》第三卷，第149页。
③ 《明儒王心斋先生遗集》卷1《语录》。按，争论尧、舜与孔子高下，是晚明师道复兴思潮中的一个重要课题。在这一问题上，师道派与会通派便颇不一致，王畿反对孔子贤于尧、舜之说，参第二编第三章第一节。而邹元标则为王守仁开脱："阳明先生亦是偶言，未尝以圣贤分优劣。圣贤分量充满，各随其时。"（参《南皋先生会语合编》卷上，《玄潭会记》）言下之意，仍是反对王守仁之说。

尧舜因为身居高位，因此使天下大治；但孔子不在其位，却能"致中和、位天地、育万物"，到底是谁更高明一些？如果注意到被归功于孔子的所谓"至简至易之道"正是他本人的目标，便可知论证孔子的伟大，适足以衬托出他王艮的不朽。

与传统的君子人格不同，王艮的理想人格是成为"大人"。那么什么是大人呢？所谓"大人""正己而物正者也，故立吾身以为天下国家之本，则位育有不袭时位者"①。因此大人就是能够担当师道，可以化成天下的人。王艮的"大人"有点像尼采的"超人"，他能够冲破一切命运的束缚，为人世重新立法：

> 孔子之不遇于春秋之君，亦命也；而周流天下，明道以淑斯人，不谓命也。若天民则天命也，故曰："大人造命。"

大人既然是师，那么他也就有资格对君主的行为说三道四：

> 孟子曰："惟大人为能格君心之非"，孔子曰："沽之哉，沽之哉！我待价者也。"待价而沽，然后能格君心之非。故惟大人然后能"利见大人"。

大人既有这么多的优点，那么吾人又怎能不以大人自期，实现自己的人格理想？"见龙，可得而见之谓也，潜龙则不可得而见矣。惟人皆可得而见，故'利见大人'。"②

四、伊傅之学我不由

在这里还有一个插曲，那就是王艮本人对待伊尹、傅说的态度。

在人格取向上推崇伊尹、傅说、颜回，甚至以此互相标榜，是以内圣外王自期的理学家们的共同取向。在明代学者中，王守仁表彰过伊尹之志、颜回之学③，他的弟子魏良政、魏良弼、魏良器兄弟则分别表字师伊、师说、师颜。

---

① 《明儒王心斋先生遗集》卷1《语录》。
② 同上。
③ 弘治十七年王守仁主持山东乡试，策论第三道便问伊尹、颜渊之学，极表推崇。参《王阳明全集》卷22《外集四》。

王守仁和王艮本人也都被当世学者推许为伊尹、傅说，风气可见一斑。

不过，王艮对别人的期许并不引以为荣。嘉靖十七年，巡按御史陈让专程去访问王艮，后因有病不及见，于是作歌一首，推崇王艮"海滨有高儒，人品伊傅匹"。可是王艮看了之后却说："伊傅之事我不能，伊傅之学我不由"，理由是"伊傅得君可谓奇遇，如其不遇，终身独善而已，孔（予）[子]则不然也"①。

王艮的态度曾引起其他有些学者的误解，那已是后话了②。其实，王艮之所以不愿比迹伊傅，除了二者的分量较孔子为低，只有四五千镒，还应有别的原因。在王艮看来，假如伊尹、傅说不曾得君行道的话，也许他们便会因独善其身而终身埋没了。而自己却是要"修身以见于世""以九二见龙为正位"，复兴师道，周游讲学，"位天地""育万物"的。更何况传说中伊尹为了进身于商汤，不惜甘愿做有莘氏陪嫁的媵臣，"负鼎俎，以滋味说汤"，和王艮以师道自处，待王者前来取法，学焉而后臣之的安身立本之学，实在是邈不相及了③。

五、见龙在田

传统的儒家士大夫在界定人的生存境界时，喜欢用"龙喻"来作为象征。这种象征的源头出自《易经》的《乾卦》。所谓"初九，潜龙勿用""九二，见龙在田""九三，终日乾乾""九四，或跃在渊""九五，飞龙在天""上九，亢龙有悔"，都是以龙来譬喻君子，指明占卜之人在与卦象相应的时期，行动上所应采取的因应之策。在传统的喻象中，"龙德正中"，它以九二、九五两爻为正位。因此，当初九之时，阳在下位，只好隐忍不发，遁世无闷，所

---

① 《王艮年谱》，嘉靖十七年戊戌。
② 譬如耿定向，参本书第三编第一章第二节。另如王艮之子王襞，对此也不太以为然。王艮的同门欧阳德在他死后为其所写的祭文中说他"乐必寻孔，志靡惭伊"（《欧阳南野文集》卷28），似乎与王艮本人的观点尚未完全相悖，但此文收入《心斋遗集》卷4《谱余》之后，却被改成"乐云寻孔，志必慕伊"，则与王艮自己的意见相去悬绝了，由此可见一斑。
③ 《史记》卷3《殷本纪》。《史记》对伊尹之事另有一种不同说法："或曰，伊尹处士，汤使人聘迎之，五反然后肯往从汤，言素王及九主之事。"素王之说大概是汉儒所造。王艮不以伊尹为偶像，只能说明他心目中的伊尹是那个曲身干进的有莘氏媵臣。这一点或许也是当时人的一般看法，所以鼓吹"志伊学颜"的王守仁才特别强调他所说的伊尹是"汤之聘币三往，而始幡然一起"的师臣，而非"后世以为割烹要汤"的佞幸（参前揭《王阳明全集》卷22《外集四》载王守仁所作的乡试录）。从这个意义上说，王守仁之"志伊学颜"与王艮之"伊傅之事我不能"，本质上是一致的，都是师道兴起的表征。

谓"龙德而隐者也",故潜龙勿用。九二,龙德居乾下之中,虽不得九五之尊位(后世常用以比喻王者),但是德施周普,与九五相齐,为圣人发抒之象,故"见龙在田,天下文明"。九五,龙德居乾上之中,德位兼备,飞龙在天,为圣人在上之象。上九,龙德孤亢,贵而无位,高而无民,故云"亢龙有悔"。

在经学传统中,早就有人将九二见龙与孔子讲学洙泗相提并论了①。但是以往的学者很少有人敢于以孔子自期,因此一旦游迹山林,便往往以潜龙自处。从某种意义上说,这又是把"见龙"许给那些"学而优则仕"之辈了。黄宗羲批评王艮"于遁世无闷之义终欠一尘",指责他不以潜龙自处,似乎依然没有摆脱陈旧的理论俗套②。

王艮却从不隐讳他的孔子自期,以及"九二见龙为正位",他说:

> 孔子谓:"二三子以我为隐乎?"此"隐"字对"见"字说。孔子在当时虽不仕,而无行不与二三子,是修身讲学以见于世,未尝一日隐也。隐则如丈人、沮、溺之徒,绝人避世,而与鸟兽同群者是已。《乾》初九不易乎世,故曰"龙德而隐";九二善世不伐,故曰"见龙在田"。观桀溺曰"滔滔者天下皆是也,而谁以易之?"非隐而何?孔子曰"天下有道,丘不与易也",非见而何?③

王艮所谓"见龙在田",是指他的讲学实践,也就是他努力复兴师道的精神。因此尽管并不反对"为禄而仕"④,并极其强调生存物质基础的所谓"治生"⑤,其实都与他主张在二者具备的前提下以师道自任,不相凿枘。由于已是豪富之家,不存在"为禄而仕"的问题,王艮不许自己的儿辈参加科举,因此切断了他们的仕进之途⑥。这也从一个侧面反映了他对师道观念信守之

---

① 孔颖达说:"龙见在田之时,犹似圣人久潜稍出,虽非君位而有君德,故天下众庶九二之大人。故先儒云:若夫子教于洙泗,利益天下,有人君之德,故称大人。"见《周易正义》卷1"九二,见龙在田,利见大人"疏。
② 《明儒学案》卷32《泰州学案一·王艮传》。
③ 《明儒王心斋先生遗集》卷1《语录》。
④ 参前揭《答宗尚恩(又一)》。另外,《语录》云:"道既不行,虽出徒出也。若为禄仕,则乘田委吏牛羊茁壮会计,当尽其职而已矣。道在其中而非所以行道也。不为禄仕,则莫之为矣。"
⑤ 《明儒王心斋先生遗集》卷1《语录》:"即事是学,即事是道。人有困于贫而冻馁其身者,则亦失其本而非学也。"王艮这种思想与许衡"治生"之说相类,对后说的评价可参余英时《士与中国文化》第519—525页。
⑥ 参第二编第三章第二节。

虔诚。

讲学既然是师道彰显的一个表现，那么对于统治者来说，摧抑在野学者的讲学活动，其隐含的用意，即是打击晚明学者的师道复兴。因此嘉靖以后，特别是隆庆、万历之际，讲学与反讲学的斗争，实质便不难得到索解。

应该指出的，王艮的师道复兴思想，并不是一种宣扬个性平等的学说，并不是要取消现有的一切君臣关系①。但是，这种情形却并不影响其思想本身的深刻的时代意义。事实上，中国传统政治体制最根深蒂固的弊端在于体制之内缺乏最终的权力制衡，个人性的君主权力极度膨胀。王艮的师道复兴思想发展到后来形成黄宗羲在《明夷待访录》中对君权制约的全面规划，这是一种中国式的精英民主政治理念，是一种历史的进步。有人责备黄宗羲没有能够提出西方式的议会民主，无异于期鹿成马，掉入到"西方中心论"的窠臼中了。

王艮"以孔子为家法"，置师道于君道之上，把君主的楷模，传说当中的圣王尧舜也丝毫没有放在眼里，对后代那些无德而有位的世袭君主，在骨子里更是极为藐视。王艮经常说"圣人时乘六龙以御天，然必当以见龙为家舍"，潜台词便是真正的大道根本不能由政统开出，而只能出自处于下位的在野圣人。联系到清初学者曾静所提出的，皇帝应该由孔子、朱熹、吕留良一类的儒家圣贤来做，那么徐樾为王艮所撰的《别传》仅是一份尚未终篇的残稿，被侯外庐怀疑为"如传其真，则为统治阶级所不容"②，还是颇有道理的。

大丈夫"出则必为帝者师，处则必为天下万世师"。这在当时君权高踞、师道陵迟的社会背景下，当然是石破天惊的见解和言论。不过，就王艮本人来说，尽管早年颇有志于周流讲学、教化天下，但最终还是归本于修身见世，并没有像颜钧、何心隐那样找到一条与众不同的道路来实践自己的政治抱负。他在《与南都诸友书》及《王道论》中念念不忘的自上而下的政治改革，与何心隐利用"会"的方式，推动作为权力基础的社会组织建设，二者有着深刻的差异。晚明的统治者对王艮尚能容忍，对颜钧与何心隐则不遗余力地予以打击，他们的行动取向在其中起了决定性的作用。刘宗周认为"心斋言悟虽超

---

① 譬如王艮强调"贵贵之义"。《语录》云："光武召子陵与共榻，伸私情也，非尊贤之道也。子陵不能辞而与共榻，失贵贵之义也，贤者亦不如此自处。"
② 侯外庐猜测徐樾所撰《别传》可能对王艮的激进思想颇多隐讳。见前揭《中国思想通史》第4卷（下），第973页。

旷，不离师门宗旨"①，黄宗羲批评颜、何等人"非复名教所能羁络"②，主要应从这样的意义上加以理解。

第三节　王栋：师道派的嫡传

王艮思想的真正核心，是他在晚年才最终领悟的大成师道之学。但是，作为理论的本身，那又不过是对他一生汲汲皇皇、左冲右突，坚持以师道自任的行动取向的学术肯定。说穿了，只是一种辩护的策略罢了。王艮毕竟是一个以气魄致胜，以行动见长的人。

因此，从某种意义上说，对王艮学说的继承是有很大难度的。他不仅需要继承者具备在理论上发扬师说的能力，还要求他必须在行动上也具有同样的魄力和成就。

在王艮的弟子门人中，王栋在理论上继承了他的安身立本之学，但在行动上有所不逮，因此再传中绝，没有形成大的学派。

一、诚意：贯通二王

王栋字隆吉，号一庵，家住泰州姜堰镇，是王艮的一名远房族弟。从不多的几份传记资料来看，王栋本人的一生是过得极为平淡、简洁的。小时候生长在一个赤脚医生的家庭，一度随父行医③。二十四岁（嘉靖五年，1526）那年，考上泰州州学，并受官方廪饩的资助，学习成绩当为上佳。当时王守仁的学生王臣正在泰州任知州，王栋为州学的高等生员，因此有机会拜师学习，颇受阳明良知说的义旨。转年又和林春（号东城）一道师事伯兄王艮，与闻"格物之学"。

从那以后，王栋一面跟随王艮研究心学，一面也还从事举业。直到五十六岁，大概自觉科考无望，无可奈何之际，应了岁贡，以贡生的身份，除授江西建昌南城县训导，并相继担任过南昌、泰安、深州等地的训导、教谕、学正等教职，以讲学终老此生。从某种意义上说，王栋是那个时代从事讲学活动的

---

①《明儒学案·师说》。
②《明儒学案》卷32《泰州学案一·序》。
③《王一庵先生遗集》卷首《年谱纪略》，正德八年癸酉，十一岁。

中、下层士大夫的一个典型。

由于从师较早，年轻气盛，再加上王艮之学本以行动见长，王栋受此濡染颇深。他自言"某初闻学，动以圣贤自任……不顾人非"，应该是可信的①。当时由于王艮的提倡，复兴师道之说在门人弟子中信从甚众，影响极为深远，以至学术界传出"凡出心斋之门，大抵好为人师"的话柄，因此王栋早年的类似情形，并不能说有什么奇特。

然而，尽管孟子有所谓"无恒产而有恒心者，惟士为能"之说，那种"恒心"倘欲付诸实践，却必与其"恒产"有大大的关联。王艮本人家资巨万，可以不让自己的儿子们应举做官，一心讲学，但是这种做法却并不是士大夫中的所有阶层都能接受。对于下层士大夫来说，要么不事生产，四处流窜，成为颜钧一类的游侠，要么只好老老实实地在求生的道路上艰难跋涉。王艮大概也认识到这一点，于是对许衡所谓"治生"之说表示赞同，主张"人有困于贫而冻馁其身，则亦失其本而非学也"。他虽然不赞成弟子们轻易做官，但却并不反对他们"为禄而仕"。这些看上去好像互相凿枘的言行，于内在逻辑上却有其一脉相承之处。

王栋没有颜钧那样的行动勇气，也没有何心隐那种六通四辟、游刃有余的干才，只好在一个狭隘的圈子里为稻粱谋。王襞可以拒绝地方官员的一次次保举推荐，趁机养望博名；但是王栋为了衣食生计的需要，却不得不在五十六岁、近于花甲之年，夤缘贡举，甘做俸薄薪低的清贫教职。

在这样的环境下，王栋仍津津乐道于师道复兴，似乎是极为可笑的，然而正是因此，使我们看到了一个真正士大夫的人格尊严。王栋的一生，是一个有恒心而无恒产的士，为了自己的价值理想，步履维艰的一部辛酸实录。

第一个老师王臣，在学术上缺乏创见，大概只是转述王守仁已有的成说。至于王艮，王栋跟随的时间则很长，亲历了后者学说的变化。因此，反映在现存《王一庵先生遗集》的讲学语录中，王守仁的良知说，王艮的乐学、百姓日用是道、安身立本诸说，便都很容易地可以觅其踪迹。《年谱纪略》说他"合越中良知、淮南格物而一之"，大体上是不错的。

但王栋之学却并没有在王守仁或王艮的旧说上停步不前，而是有自己独到的见解。在他看来，王守仁所提出的良知说，"是于孟子不虑而知处……指示人心自然灵体"，他与《大学》所谓"格物致知"之"知"并不一致。前者

---

① 《王一庵先生遗集》卷1《会语续集》。

是德性之知，后者是闻见之知。前者如精金，后者似璞玉。而既然良知本来就是"大人不失赤子之知，明德浑全之体"，那么其自身便应该是圆顿自足的，在它上面不必有工夫的存在。因此他反对"致良知"之说，认为："盖物格而知至，方是识得原本性灵无二无杂，方可谓之良知。若复云致，岂于良知上有增益乎？故谓致知则可，谓致良知则不可。"①

在王栋的理论中，致知是良知获得的一个必然步骤，而其过程便是格物。一个人只有在安身立本的格物实践中反身默识，才能真正捕捉到洁净完全的良知本体："特人气禀习染有偏重，见闻情识有偏长，故必有格物之学体认而默识之，然后良知本性洁净完全，真知家国天下之本实系自修身，而主宰确定。"②

到此为止，王栋依然是在做王守仁良知说与王艮格物论的会通工作。所谓"合越中良知、淮南格物而一之"，在某种意义上正是对王守仁其他弟子批评王艮"另立门户"的一种回应。格物既然是安身立本，那么致知只能是实践中的反身默识，这与湛若水所谓"随处体认天理"颇有异曲同工之处。

理学之所以是经学的一翼，一个重要标志在于，无论理学家们构筑的理论体系如何具有思辨性，判断其值得尊信与否的最重要的尺度都是看它能否贯通某一部或几部被共同认可的儒家经典③。在许多讨论中，与经典义互相凿枘，是学者间彼此进行批评的一个最具颠覆性的理由。因此，为了谋求经典的贯通，只好在矛盾之处另立新解，以迁就经典本身的逻辑一致。这是中国传统经典诠释学的重要特征之一。宋明理学关于格物说的分歧，似乎更应该从这个角度加以解释。

王栋首先先入为主地接受了王守仁的良知说与王艮的格物论，并把二者推衍到对《大学》"八条目"的重新理解当中。正是在这个过程里，王栋发现了传统思想中一个根深蒂固的观念矛盾。"八条目"中，格物、致知之后的一个重要环节是"诚意"。但既然通过格物及反身默识，良知本体已经朗现，已然清明洁净，为什么还要有祛除物欲的工夫（即诚意）？不要忘记，在传统的解释中，"意是心之所发"，阳明四句教也说"有善有恶意之动"，意是一种情

---

① 《王一庵先生遗集》卷1《会语正集》。
② 同上。
③ 当然，在部分急于成圣的学者那里，自王守仁心学"使人人有个作圣之路"（黄宗羲语）后，判断学术可信与否的一个重要尺度便是是否简单迅捷。王艮之所以师从王守仁的原因，也是因后者的学说"简易直截"为其所不及。晚清康有为喜欢王学也是因为它"直截有用"。

识,它是善恶混的。

王栋的怀疑其实与王畿的"四无说"有异曲同工之妙。只不过王畿没有质疑"意是心之所发",所以在他的表述中便避免不了前后矛盾之处。心意之辨并不是王畿关注的根本课题,这种矛盾并未影响其学说之基本义旨的建立①。

在朱熹的理论中,"格物致知"被解释为"即物穷理",致知在本质上是一个求知的过程。当真理(或天理)获得之后,因天理不同于本心,为了使心理相应,势必需要一番为善去恶的诚意工夫。因此"意"被看成"心之所发",对于程朱一系学说的贯通具有关键意义。

王学理论在解释《大学》"八条目"时的方圆凿枘,使王栋面临着两种选择。一种是抛弃良知说,向朱学复归。但这样一来,王学对《孟子》及《周易》等书言之成理的解说势必须全盘舍弃,这涉及到整个思想体系的转换。另一种选择则极为简单,只需将"诚意"这一概念重新加以界定就是了。身为王门后学的王栋,顺理成章地认同了后一做法:

> 旧谓意者心之所发,教人审几于念动之处。窃疑念既动矣,诚之奚及?盖自身之主宰而言谓之心,自心之主宰而言谓之意,心则虚灵而善应,意有定向而中涵。非谓心无主宰赖意主之,自心虚灵之中确然有主者,而名之曰意耳。大抵心之精神无时不动,故其生机不息,妙应无方,然必有所以主宰乎其中而寂然不动者,所谓意也,犹俗言主意之意……圣狂之所以分,只争者主宰诚不诚耳。若以意为心之发动,情念一动便属流行,而曰及其乍动未显之初用功防慎,则恐恍惚之际物化神驰,虽有敏者,莫措其手。圣门诚意之学,先天易简之决,安有此作用哉!

---

① 王畿"四无说"所谓"心体既是无善无恶,意亦是无善无恶",理由是"意乃心之所发",无善无恶之心体如何能够发出有善有恶之意?"四无说"一向被哲学史家作为王畿理论的核心部分加以评述。事实上,或许诚如黄宗羲所言"有江右王门为之救正"的缘故,王畿在讲学实践中对此说护持并不甚力。《龙溪王先生全集》卷5《颖宾书院会纪》:"意方有善有不善,善真好,恶真恶,谓之诚意",又明言意有善恶了。其实详析王畿有关意的讨论(除上文外,可参同卷《慈湖精舍会语》及卷8《意识解》),可知王畿所言之意有"本意""妄意"之别。所谓妄意,即"离心而起意则为妄"。王畿以意为本心应感之迹,故须随寂随感,不可起空无一物之妄意,换言之,意不可离心而言,意乃是心的外在指向性,它必须是与物相对待的,物来则以本心应之,则(本)意随之而生,故亦无善无恶。有关王畿学说基本义旨的讨论,可参本编第三章第一节。

大概地说，意不是情念，不是心之所发，而是心的主宰。守住这一主宰之意，"严敬而不懈怠"①，便相当于道家所说的执其"道枢"，以不变应万变，万变不离其宗。因此诚意的工夫只在慎独，"独即意之别名"，不必像先儒那样，津津于对已发之情的"察私防欲"，于是"去人欲、遏邪念、绝私意、审恶几以及省防察检纷纷之说"都可以抛弃了②。

王栋讲"诚意"，主"慎独"，这和"以慎独为宗"的明末学者刘宗周，在思想上若合符节③，因而受到黄宗羲的高度评价④。王栋对此也颇为自负："不以意为心之所发，虽自家体验见得如此，然颇自信心同理同，可以质诸千古而不惑，岂以未尝闻之先师而避讳哉？"⑤

二、陶铸乾坤

当然，作为泰州师道派的嫡传，从《遗集》中的有关言论看，王栋对乃师的大成师道之学体会还是比较深的。当有人问他，王艮《大成学歌》为什么代表师道之时，他说：

> 天生烝民，作之君，作之师，自古帝王君天下皆只师天下也。后世人主不知修身慎德为生民立极而君师之职离矣。孔子悯天下之不治，皆缘天下之无师故，遂毅然自任，无位而擅帝王师教之大权，与作《春秋》同一不得已之志……此其所以贤于尧舜而集大成者……孔子既殁，世鲜能师。至周子曰"师道立则善人多"，程子曰"以兴起斯文为己任"，真得孔孟任师家法，但不力主其说以为运世承统第一事功，吾先师所以不得不自任也，而亦岂所得已哉？⑥

王艮以师道自任，又撰《王道论》以为后王立法。王栋则要继承他的志向，"将乾坤世界重新熔铸一番"，而不愿像一般学者那样"补苴罅漏"⑦。与王艮一样，他认为"熔铸天下必君相同德同力方可整顿。此孔孟所以不得行其

---

① 《王一庵先生遗集》卷1《会语正集》。
② 参《会语正集》。
③ 《明儒学案》卷62《蕺山学案·刘宗周传》。
④ 《明儒学案》卷32《泰州学案一·王栋传》。
⑤ 《王一庵先生遗集》卷1《会语正集》。
⑥ 同上。
⑦ 同上。

志者也"。假若"熔铸"一邑,又恐监司掣肘、迁转太速,而不得行其道。在他看来,此时的明帝国,根本弊病出于"田制之偏,赋役之重,刑统滥于罚赎,学校蔽于文辞",这些都是亟须改变的。清初学者顾炎武等人所提出的命官久任、更改田制、削减赋役等观点,在晚明其实便已经开始广泛讨论了。

王艮没有实现自己的抱负,最终修身见世,老死田园。王栋应了贡举,也只是作到教谕这样的小官。在无可奈何之际,他只能以培养人才为己任:

> 古人之学不袭时位,吾将以兴起斯文为己任,使师道立而善人多,朝廷正而天下治。此吾所以熔铸天下一大炉冶,而非时位所能限也。①

虽然人微言轻,却也掷地有声,不愧是王艮的宗传。出于对时政的失望,王栋甚至在六十九岁时拒绝"擢有司之选",做了深州学正。

由于官职低微、家境贫寒,王栋在士大夫中的交往圈子极其有限。除了自己任教之地有限的生员之外,他只能在太平乡等地"集布衣为会"②。尽管王栋自己的学术成就不凡,但却没有什么得力的弟子来继承。正所谓"莫为之后,虽盛而不传"(韩愈语),他本人也逐渐被人遗忘了。然而随着时间的淘洗沙汰,王栋思想中的闪光之处又逐渐被表暴出来,在身后有了远胜于生前的高度评价。周汝登说:

> 王一庵为心斋先生门人,见地抑何超卓,真称其为心斋先生门人也。顾以名位不显,世无闻者。余游宦心斋故里,始得见其遗言而读之,因为表著于编后。③

---

① 《王一庵先生遗集》卷1《会语正集》。
② 同上书卷首《年谱纪略》。
③ 《圣学宗传》卷18《王栋传》附周汝登《蠡测》。

第二章 狂 侠 派

第一节 颜 钧

一、引言

在晚明，由王艮所揭櫫的复兴师道的大旗，一传至颜钧，因其民间宗教化的色彩，在当时已"令人有黄巾、五斗之忧"①。加上颜钧与其弟子何心隐等人的侠客行径，因此相继成为统治者着力打击的对象。在时人的眼中，颜、何之流被视作知进不知退的"亢龙"②，并不是偶然的。

对颜钧等人作这样笼统的历史定位，大概是不错的。作为一种宏观的时代远景中的特定人群，他们的外在形象，他们的活动方式，甚至他们隐约的抱负和追求，喜乐与哀伤，都可以很容易地被我们以一种"同情心"来想见。然而，假如历史研究真的可以算是时空的交流，那么我们便经常会发现，"理解"或者说"发现"，总是一个不断变换的过程，它因观察的角度，距离的远近，以及主体融入程度的不同，而大异其趣。因此，常见的现象便是，由于文献材料的记载歧异，在对历史时段进行考察的时候，后世学者往往各执一词，而且大都"持之有故，言之成理"，为我们重新审视历史过程本身，增添了难度。

这种情形古已有之。孔墨之后，儒分为八，墨离为三，早已令战国时代的

---

① 王世贞《嘉隆江湖大侠》，载容肇祖整理《何心隐集》附录。按，把颜钧之学视作由儒学向民间宗教转化的，已有的研究中，可参余英时《士商互动与儒学转向》一文，《现代儒学论》第98—112页。此外，黄宣民也强调了颜钧学说的宗教神秘性，参氏著《颜钧及其"大成仁道"》。

② 李贽《焚书》卷3《何心隐论》。

韩非,油然而兴不能起真孔墨于地下之类的慨叹。颜钧被目为盗犯,何心隐被斥为"妖人",在当时就已经引起了不同的争论。在同情者的眼中,他们是一些敢作敢为、舍生殉道的英雄人物;在批评者看来,则是"借讲学而为豪侠之具,复借豪侠而恣贪横之私""鱼馁肉烂,不可复支"①。对颜、何等人现实形象的界定,影响我们对二者学术思想的考察。

持批评态度的言论主要见于直接镇压何心隐的湖广巡抚王之垣所著《历仕录》、其孙王士禛的两篇跋文,以及嘉万之际著名的文、史学家王世贞的《嘉隆江湖大侠》等文章中②。根据这些记载,颜钧与何心隐不仅挟诈人财、淫人妻女,而且杀人越货、图谋不轨,用现在的流行术语说,便是黑道的流氓。

对王之垣等持反对意见者则以黄宗羲为最著,他说:"今之言诸公者,大概本弇州(王世贞)之《国朝丛记》,弇州盖因当时爱书结略之,岂可为信?"③

的确,经历过天启时代阉党祸乱后的士大夫阶层,对于正统的官方文件那种深刻的不信任感,应该是极为正常的。更何况对真实历史的删篡本来就是历代统治者们的拿手好戏。然而问题是,黄宗羲是王学的信徒,在明末清初知识界对明亡清兴的反思中,当王学成为众矢之的的时候,承认颜、何等人"非名教所能羁络"已是极为勉强,对王学诸人颇为回护的黄宗羲,在材料的取舍中会不会有一己之偏见?况且他自己早年就曾以侠义的精神著称④。所有这一切,使颜钧与何心隐的形象,变得扑朔迷离,隐而难现。

在近代,由于时代原因,对颜钧、何心隐的评价很高,这在学者当中是一致的⑤。但是,其赞赏的理由却大不一样。梁启超对历史本身缺乏深入研究,

---

① 前揭王世贞文。
② 这些文章都被作为反面材料收入《何心隐集》附录当中。
③ 《明儒学案》卷32《泰州学案一·序》。
④ 黄宗羲少年时代也曾尚节负气,椎击阉党许显纯,参江藩《汉学师承记》卷8《黄宗羲》。另外,陈士业《答张谪宿书》(亦载前揭《何心隐集》附录)对何心隐之忠义任侠颇为称许,为后世研究者所重。按,陈士业本名宏绪,明末兵部尚书陈道亨之子,"少而好学,集书万卷,日与四方知名士讲学其中"(参徐世昌《清儒学案小传》卷3及易宗夔《今世说》卷8)。其时明社既屋,陈、黄诸人气悻悻而不振,其推许侠义之士,盖亦时尚使然。陈氏之评价亦本诸小说家言,不足为据。
⑤ 反对者也有,如章太炎,《太炎文录续编》卷2之上《王文成公全书题辞》:"清世詆文成之学者,谓之昌狂妄行,不悟文成远于孔颜,其去子路无几也。小人有勇无义而为盗,自文成三传而至何心隐,以劫质略财自枭,藉令子路生于后代,为之师长,焉知其末流之不为盗也?"文见饶钦农校点《章太炎全集》(五)。又《太炎文录初编·别录》卷2《答铁铮》:"自姚江再传而后,其弟子已猖狂自肆,声色利禄,无不点污,故亭林斥之致无余地。"徐复校点《章太炎全集》(四)。

只是由于他自己在晚清呼号革命的行动取向,使他更欣赏泰州后学知行合一、赤身担当的行动勇气,甚至也连带推崇颜钧的理论成就,"足以廉顽立懦、宜以至精之学说视之"①,尽管他所依据的不过是黄宗羲在《明儒学案》中,对颜钧之学的简短叙述。何子培、容肇祖则力主为何心隐辩诬雪谤,因此他们的研究主要以黄宗羲一派的说法为根据,尽管在考证方面作出了卓越的贡献,但是对于反对派的某些记载,依然缺乏有力的反驳,只好以各种理由弃置不理②。到了侯外庐,由于强调何心隐在他关于晚明的启蒙思潮史中的作用,完全援引王世贞一派的见解,对历史事实也没有作太多的考证③。

因此,尽管以往的研究成果是如此之多,使本书受益匪浅,但是,在基本史实的考订方面却必须另起炉灶。在此基础上,才有可能对颜钧与何心隐在晚明这一学术大潮中的历史地位,作出一种大概的把握。

二、气功:颜钧的入道之门

儒学的宗教化,至迟在秦汉之际已经开始。随着大一统帝国的建立,随着焚书令及挟书律等文化政策的推行,诸子学时代建构在理性思考基础之上的学术文化遭到严重摧残,中国人的思维水准降低了。道家流为道教,墨者销声匿迹;法家失去"法"的意味,以一种"术"的形态,在上层统治者中间流行;儒家则与谶纬、阴阳五行学说迅速合流,并因统治者的提倡,变成彻头彻尾的国定宗教④。在"通经致用"的口号之下,官僚学者们热衷于"以《禹贡》治河,以《洪范》察变,以《春秋》决狱,以三百五篇当谏书"⑤,在天人感应的神秘气氛中,儒家经典变成了天意的解说。

在汉代,作为国定宗教的儒家学说,它对社会的渗透是彻上彻下的。那原因,除了儒教本身在某种程度上便是先秦的精英文化(大传统)受到摧残,民间文化(小传统)泛滥成灾的根本产物,汉代的一大批循吏们对儒家观念的热衷推行也是功不可没。这些人利用统治权力之便,化俗兴礼,加速了儒学

---

① 前此又云:"观山农、心隐诸举动其可以为今日我辈之模范者何多也!"参梁启超《(节本)明儒学案》眉批,第348—356页。
② 何子培《明儒梁夫山先生年谱》(一名《何心隐年谱》)。容肇祖《何心隐及其思想》,载《容肇祖集》,第335—388页。
③ 《中国思想通史》第4卷(下),第1003—1030页。
④ 对这一过程的详细讨论可参板野长八《儒教成立史の研究》。
⑤ 皮锡瑞《经学历史》,第79页。

教育在下层社会的传播①。

汉代的灭亡，标志着儒教统治的崩溃。从魏晋南北朝到隋唐，儒学逐渐从广袤的私属领地中退却，龟缩在一些有限的地方。在政治上，随着历代统治者对谶纬的打击，儒学宗教化的意味逐渐减弱，重新回到"学"的层面上来。尽管官方学说对待儒家理论依然保持着一定的尊重，世家大族的延续仍然以礼法名教为权舆，下层社会也因风俗习惯的潜移默化，对儒家所倡导的行为方式有所保留，但是作为对社会各个阶层普遍使用的思想牢笼，儒教在汉代的光荣，显然已是明日黄花了。文人们喜欢吟诗作赋，学者们青睐性理玄谈，无论在社会的上层还是底层，佛道两教都在日益广泛的流行。儒学假如说没有被抛弃，至少已被晾在了一边。韩愈以后的学者，特别是宋代的理学家，视佛老为洪水猛兽，把排佛攘老和孟子辟杨墨相提并论，决不是误打误撞之举。

儒学领地的恢复，首先从精英士大夫开始。宋代的儒家学者除了攘弃佛老、抨击时文之外，同时致力于对经典原始义涵的重建。从孔颖达《五经正义》到朱熹《四书章句集注》的转换，标志着新的经典诠释体系的正式完成。随着元代延祐二年以后科举考试正式以程朱一系的理学为标准，理学开始成为官方学说。

程朱理学作为一种烦琐的学术体系，它的影响只能及于知书识字的社会上层②。宋明时代，笼罩着整个下层社会的思想形态，除了道教、神道化的佛教以外，更多的是一些儒道佛三教杂糅的民间宗教。在此时，儒学假如要在下层社会拓展空间，势必发展一种简易可行、通俗易懂的思想模式，于是王学，特别是王艮一系的泰州学派，便应运而生③。

在士大夫阶层当中，理论化的王学与程朱理学，除了思想形态的歧异之外，在许多方面都是一致的。特别是号称"阳明嫡传"的江右学派，一样的维护纲常名教，一样的主张躬行践履，而且也确实出了不少言行一致的道学家。邹守益、罗洪先辈尽管所讲的是王学，但却得到许多朱门学者和官僚们的

---

① 参余英时《汉代循吏与文化传播》，载其《士与中国文化》，第129—216页。
② 此处仅指作为学术体系而言的理学，并非理学家所倡导的那一套制度框架及伦常观念。
③ 《明儒学案》卷62《戢山学案·会语》："世言上等资质人，宜从陆之学；下等资质人，宜从朱子之学。吾谓不然。惟上等资质，然后可学朱子，以其胸中已有个本领，去做零碎工夫，条分缕析，亦自无碍。若下等资质，必须识得道在吾心，不假外求，有了本领，方去为学，不然只是向外驰手，误却一生矣。"

尊重，并不是偶然的①。事实上，在很长一段时间，泰州以外的王学，都是一个近乎封闭的士大夫群体，他们并不热衷于向平民宣教②。

王艮出身于平民之家，在受学王守仁之前，其周流传道的精神，与普通的民间宗教家初无二致。经过王守仁的几次裁抑，他在行动取向上有了较大的转变，一变成为"礼闻来学，不闻往教"，执持师道尊严，标榜安身立本之学的人物。因此尽管门生弟子当中颇不乏普通平民，但是他所交往的圈子却并不以此为限，由他参与主持地方草荡的重新分配，可知王艮已被视作当地士绅中的头面人物③。

从某种意义上说，王艮早年的未竟之志由一个有侠义色彩的狂人颜钧继承了。作为王艮的真正传人，颜钧也确实有许多得天独厚的条件：读书不多，讲求心悟，具有直道而行的气魄和勇气，这是一个民间宗教家的典型特征。颜钧"读经书不能句读"④，所撰诗文也大都鄙陋不文，但却勇于穿凿经典文本，娴熟地掌握了经学的思维方式，同时努力地反身自证，在一种神秘的体验中，获得了宗教性的思想升华，加强了自己在实践中的自信力。

把颜钧的思想说成是一种儒学化的民间宗教，主要是因为他在悟道时所采用的特殊的修炼方式。种种迹象表明，颜钧的体道方式与今之所谓气功极为相似。

嘉靖七年（1528），二十五岁的颜钧因仲兄颜钥之故，初次读到王守仁的《传习录》。然而，知识水平很低的颜钧对王守仁从理论上对朱学的颠覆，显然没有太多的领悟，他更感兴趣的是王守仁所提出的，使人专心体认本体的那个譬喻："精神心思，凝聚融结，如猫捕鼠，如鸡覆卵。"⑤ 据说颜钧读到这句话以后，恍然大悟，"自醉心启"，于是闭关七日，一旦豁然⑥。

---

① 譬如嘉靖时南京礼部尚书尹台便是"早年极崇信紫阳（朱熹）"，中年以后因慕邹、罗之为人，开始转向王学。参胡直《宗伯尹洞山先生台传》，载焦竑《国朝献征录》卷36。
② 譬如王畿，参《龙溪王先生全集》卷5《蓬莱会籍申约后语》所言"五幸"。这一点前文已经指出，不录。
③《明儒王心斋先生遗集》卷2《均分草荡议》。时间为嘉靖十七年，王艮五十六岁。
④ 王世贞《嘉隆江湖大侠》。
⑤ 今本《传习录》未见此语。但《传习录（上）》有这样的话：(论为学工夫)，先生曰："无事时将好色好货好名等私逐一追求，搜寻出来，定要拔去病根，永不复起，方始为快。常如猫之捕鼠，一眼看着，一耳听着，才有一念萌动，即与克去，斩钉截铁，不可姑与他方便，不可窝藏，不可放他出路，方是真实用功，方能扫除廓清"，和颜钧之说了不相关，只能说是郢书燕说。同卷另有"问立志。先生曰：'只念念要存天理，即是立志。能不忘乎此，久则心中自然凝聚，犹道家所谓结圣胎也'"这样的话头，也可能被颜钧误解。
⑥ 黄宣民校点《颜钧集》卷2《明羑八卦引》。

颜钧在以后的生涯中对此事一直津津乐道，他甚至还想将此功法传授给弟子程学颜，可惜"颜觑畏怯，确诿不能"，显然是被他功法的困难程度吓坏了。大概程学颜更感兴趣的是他棒喝式的讲学方式和内容，对这种神秘体验的气功修炼术并不相信①。颜钧自诩为"武功"的修道方式，在以后并没有什么得力的传人，说明他那些知识层次都不太低的有名弟子如罗汝芳、何心隐、程学颜诸辈，从他那里所接受的，主要是思辨性的了悟。

把颜钧的修炼方式说成是一种气功，绝非危言耸听。且看颜钧是如何讲述他这种神奇武功的：

> 凡有志者，欲求此设武功，或二日夜，或三日夜，必须择扫楼居一所，摊铺联榻，然后督置愿坐几人，各就榻上正坐，无纵偏倚，任我指点：收拾各人身子，以绢缚两目，昼夜不开；绵塞两耳，不纵外听；紧密唇齿，不出一言；擎拳两手，不动一指；跃跏两足，不纵伸缩；直耸肩背，不肆惰慢；垂头若寻，回光内照。如此各各自加严束，此之谓闭关。夫然后又从而引发各各内照之功，将鼻中吸收满口阳气，津液嗽噗，咽吞直送，下灌丹田，自运旋滚几转，即又吸噗津液，如样吞灌，百千轮转不停，二日三日，不自已已，如此自竭辛力作为，虽有汗流如洗，不许吩咐展拭；或至骨节疼痛，不许欠伸喘息。各各如此，忍捱咽吞，不能堪用，方许告知，解此缠缚，倒身鼾睡，任意自醒，或至沈睡，竟日夜尤好。醒后不许开口言笑，任意长卧七日，听我时到各人耳边密语安置，曰：各人此时此段精神，正叫清明在躬，形爽气顺，皆尔连日辛苦中得来，即是道体黜聪，脱胎换骨景象。②

我们知道，中国传统的气功修炼术尽管家派歧异，方法众多，然而大体上皆源出佛道二家。佛教主张禅定止观，道教提倡意守导引，其基本法门都是使修炼者在一种空明定静的奇妙状态中，体验到一种忘我的愉悦。佛教把禅定作为修行的手段，以期达到涅槃的境界，道教则主要是把内丹的修炼用于养生。目的虽然不同，形式上却相差无几。宋明理学兴起之后，在早期的修养方式上

---

① 《颜钧集》卷3《程身道传》。
② 《颜钧集》卷5《引发九条之旨·七日闭关开心孔昭》。

吸收了佛道二家的成说，提倡静坐体认，在某种程度上也是一种气功修炼①。唐顺之一跳上蒲团便如木偶人一般②，高攀龙也把静坐当成山居日课③，这是多数理学家所共同认可的，在当时并不奇怪。

气功的修炼本来和养生密切相关。在中国这样一个古老的国度里，由于医学本身的发展，有时也是为了满足少数人的长生渴望，养生术很早就已经发达了。传统的中国人认为，养生的基础在于恢复身体的本然状态，神思不骛于虑，形躯不劳于欲，在某种心神合一的境界中，使生命延存，使青春常葆。因此养生家以"真人""至人"为人格的典型，传说中的彭祖寿至八百岁，更是为此辈所津津乐道。

随着医学和道教的共同推进，在中国形成了一种独特的养生文化，它涵括了服食、导引、武术、气功、房中等繁多的门类。对养生文化的讨论无疑不是本书所能承受的，然而应当指出的是，养生术与知识界的紧密联系，使得许多思想家或学者在构建自己的学说体系的同时，被养生术打上了深刻的烙印。在明代思想家中，王畿与颜钧都是个中的典型④。

三、早期求道经历

颜钧为什么会把王守仁的良知说改造成一种气功修炼术，原因似乎只能从他早年的生活经历中去寻找。

明孝宗弘治十七年（1504），颜钧出生在江西吉安府永新县一个普通士大夫的家庭。其父颜应时是邑庠的廪膳生，在颜钧十三岁时以岁贡授常熟训导。颜钧在童年时代身体状况很差，自称"形质癃瘠"，大概也正是因此，颜钧在知识上开化极晚，"心性冥昧，世事亦无所知"，"只晓得恋恋严慈前，若婴孩然"，因此乡里乡亲都把他看成"痴儿"⑤。

颜钧十二岁时（正德十一年，1516）开始训蒙读书。《自传》不言师承，

---

① 参阅张荣明《宋代理学静—敬—静的思想历程》一文，载氏著《中国古代气功与先秦哲学》一书附录。
② 《龙溪王先生全集》卷1《三山丽泽录》：遵岩子（王慎中）曰："荆川随处费尽精神可谓泼撒，然自跳上蒲团便如木偶人相似，收摄保聚，可无渗漏。"王畿则以为，唐顺之"于致良知工夫终隔一尘，吾儒致知以神为主，养生家以气为主"，明指唐顺之在"养气"。
③ 《高子遗书》卷3《山居课程》："五鼓拥衾起坐，叩齿凝神，淡然自摄。"
④ 王畿学说与养生术的关系可参下章第一节。另外把气功修炼和民间宗教冶为一炉的还有同一时代著名的宗教家"三一教"教主林兆恩。参马西沙、韩秉方《中国民间宗教史》第719—858页。
⑤ 《颜钧集》卷4《履历》及卷5罗汝芳为之鸣冤时所撰《揭词》。

启蒙老师大概便是他的父亲。十三岁到十七岁期间随父至常熟,"习时艺,穷年不通一窍"。不久父亲病故,颜钧在常熟举目无亲,只好在大哥颜钦、二哥颜铸的带领下扶柩还乡。谁知父亲还未下葬,长兄颜钦便被乡里人合谋推陷,做了吃力不讨好的粮长,负责乡里赋役的催征。大概由于颜钦为人老实,征缴不上,只好自家赔补,因此服役三年,家道中落①。

鲁迅曾经这样慨叹:"有谁从小康人家而坠入困顿么,我以为在这途路中,大概可以看见世人的真面目。"② 这种感叹既不绝后,当然也不会空前。颜钧便曾说他在二十岁以后由于家境不好,以至"贫废文业",加之立身乏术,深感人情冷暖时势高低,心下不禁"蒸然如潋"③。

颜钧心内到底怎样"蒸然如潋",我们现在已经无从揣测了。不过看他两次提及此时不能完娶④,那么一个合理的解释便是由于屡遭变故,颜家已经无力支付老四颜钧和五弟颜镗以一个书香门第体面完姻的必须费用,因此只好把他的婚期拖延。颜钧此时二十出头,血气未定,大概难以遵守孔老夫子"戒之在色"的箴言⑤,只好学习《红楼梦》中的贾瑞,于是"欲动,又几丧生"⑥,体会到生死之间的隐微界限。这一变故,在我看来,就是颜钧以后学习气功,耽于养生的根本动因。也正是在此时,养成了他的自大倾向,"丹含片志,撑然屹行自全,素空怀测,似有通衢在左在右,不次可决纵步者"⑦。

从气功修炼的角度来讲,颜钧二十五岁的闭关一悟,并没有什么神秘之处。大概由于几年的呼吸锻炼,使他在某些方面已经有所小成,因此经过七日闭关的激发,开始进入到一种较高的修炼境界,于是,他把这种境界看成是良知本体的朗现,感觉到"心性仁智皎如也"。

颜钧闭关之后,据说又在山谷之中潜居了九个月,自以为修道成功,不仅"自好无尚,不忍少问",而且"自求有获,酷自庆丽大有为也"⑧,迫切地希望把心中的大道传授给别人。由此我们也就看到颜钧与早期王艮的共同之处,

---

① 《颜钧集》卷3《自传》。按,明代的粮长,前期的地位很高,中叶以后则急剧下降。参小山正明《明代的粮长》。
② 《呐喊·自序》,《鲁迅小说集》,第3页。
③ 《颜钧集》卷2《明羑八卦引》。
④ 《颜钧集》卷3《自传》;卷4《履历》。
⑤ 《论语·季氏》。
⑥ 《颜钧集》卷4《履历》。
⑦ 《颜钧集》卷2《明羑八卦引》。
⑧ 《颜钧集》卷3《自传》。

作为类似民间宗教家式的人物，二人在行动取向上很早就已经确定，他们以后在知识修养上的加深，充其量只是对这种行动取向加以文饰。王艮由于受到王守仁的裁抑，行动上有所收敛，由宗教家蜕变成为一名学者，颜钧却因为得到徐樾和王艮的鼓励，在以后的生涯中保持了本色。因此颜钧的命运，从某种意义上说，便极有可能是王艮早年直道而行的或然境遇。

颜钧首先在家乡传道，不过和王艮的周流讲学不同，颜钧是把基层民众组织起来，建立萃和之会。由于家住永新义和三都，因此又叫三都萃和会。在这种会中，颜钧所宣讲的内容除了孝弟之道外，并没有什么新奇的货色。他自言，"起俗诱善"，使人"急回良心，如童年时系念父母，常得欢心"①。事实上，颜钧是在用自己的实际行动，执行着王守仁在南赣乡约中所规定的基本内容，尽管他对王守仁订立乡约的细节可能并不清楚。这从另外一个侧面也反映出，以儒家伦理作为主导而推进的晚明乡村建设活动，是当时社会知识阶层的共同取向，王学诸人不过是得其风气之先，有意识地加以推动罢了②。

萃和会初立，效果大概是不错的，"会及一月，士农工商皆日出而作业，晚皆聚宿会堂，联榻究竟。会及两月，老者八九十岁，牧童十二三岁，各透心性灵窍，信口各自吟哦，为诗为歌，为颂为赞……直犹唐虞瑟僩，煊赫震村谷，间里为仁风也"③。颜钧本人的记述固然未免夸张，但至少证明了以儒家伦理作为乡村组织重建基础的现实操作性。颜钧的学生何心隐后来在永丰建聚和堂，实行大锅饭式的家族公有制管理，实际上正是对这一思路的进一步发展。只不过后者因和官方发生了尖锐的冲突，遭到严厉的打击，那已是后话了。

萃和会成立不久，颜钧的母亲便因病去世。由于居丧尽礼，荒废了会务，颜钧这三个月的努力便付诸东流了。服丧期满之后，大概嫌永新义和三都活动的范围太小，颜钧并没有恢复萃和会的活动，而是热衷于四出讲学，"遍证青原人豪"，吉安府有名的王守仁门徒被他访问殆遍④。

明代的吉安府位于江西省西南，毗邻王守仁所巡抚过的南安和赣州。黄宗羲所谓江右王门，其中最有影响的人物大都生活在这一带。安福的邹守益、刘文敏、刘邦采，永丰的聂豹，吉水的罗洪先，泰和的欧阳德，都是其中的鼎鼎

---

① 《颜钧集》卷3《自传》。
② 有关明代的乡约，可参曹国庆《明代乡约研究》。
③ 《颜钧集》卷3《自传》。
④ 《颜钧集》卷2《明羑八卦引》；卷3《自传》。

大名之辈。这些人尽管从学或早或晚，有的甚至仅仅是私淑，但是其共同的取向却是维持名教、躬行践履，和官方的统治学说具有一种天然的亲和力。因此，虽然在嘉靖前期，邹守益受到伪学之禁的牵连，罗洪先也曾因进言激烈遭到罢黜，但聂豹与欧阳德却仍然以讲学家的身份历仕高官，对于王学在朝一支的发展起着承先启后的作用。

嘉、万之际，在朝王学的主要代表是徐阶和耿定向，甚至在某种意义上也包括张居正。这些人都与江右王门关系密切。因此，在朝王学此后对颜钧与何心隐等狂侠一派的残酷打击，除了各种不同的政治因素以外，狂侠派与江右王门这些讲学大老之间个人的冲突也是极为重要的原因。

颜钧曾师事刘邦采，但毫无所得①，又遍访吉安府的王门高弟，大概也没有受到什么礼遇。他这种张皇见龙的作风，在正统的士大夫眼中，只能是令人厌恶的对象。王守仁尽管赞同所谓"狂者胸次"②，但颜钧的行为表现却似乎连这一点也算不上，"古之狂简，恐不类子（指颜钧）"③，双方的不欢而散大概可以想见。

颜钧与江右王门的冲突，到何心隐那里变本加厉了。"时吉州三四大老，方以学显，心隐恃其知见，辄狎侮之"④，因此和这班人交恶。罗洪先等人尽管有虚心和易的名声，但对自己所厌恶的人物却从不宽假，这从他讨厌侠客方与时，他的弟子胡直便迅速利用政治权力予以打击，可见一斑⑤。

四、悟道讲学

颜钧三十三岁时（嘉靖十五年，1536）游学到了北京，开始师从时为礼部郎的徐樾，"叨获造就三教活机"⑥，三年以后又因徐樾而师事王艮⑦，开始了他学术生涯的新阶段。

颜钧首先把自己的想法向王艮"历历呈叩"，以求印证。面对这个和自己

---

① 《明儒学案》卷32《泰州学案一·颜钧传》。
② 参秦家懿《论王阳明的狂者性格》。
③ 《颜钧集》卷2《明羑八卦引》。
④ 《明儒学案》卷32《泰州学案一·何心隐传》。
⑤ 见本章第二节有关方与时的讨论。
⑥ 《颜钧集》卷4《履历》。另外可参卷2《论三教》，大旨以"御天申命之至道"总统三教。按徐樾的另一弟子赵贞吉主张三教会通（参本编第三章第一节），可知泰州派下言三教合一的传统可能始于徐樾。
⑦ 黄宣民编订《颜钧年谱》，嘉靖十八年己亥。

早年志向极为接近，似乎同样有些狂妄的弟子，王艮并没有像王守仁对自己那样，加以裁抑，而是给了很多的鼓励：

> 孔子学止"从心所欲不逾矩"也，矩范《大学》《中庸》作心印，时运六龙变化，为覆载持帱以遁世。子既有志有为，急宜钻研此个心印，为时运遁世之造，会通夫子大成之道，善自生长收藏，不次宜家风乡及国而天下也，亦视掌复如子之初举萃和会三月矣。

同时又把自己所悟到的安身立本大成师道之学传授给他①。

王艮的这种认可，使颜钧恍然大悟，自己当年建立萃和会的种种举措，原来就如同"尼父相鲁，三月大治"，原来就是"风化天下之大本"。这对他自信心的增强是不言而喻的。大概也正因为如此，颜钧把自己当年闭关七日的所谓悟道，看成是《易经·复卦》所谓"七日来复，利有攸往"，执著于"七日"这个字眼儿本身，作宗教性的诠释②。

作为知识水准不高的民间宗教家，颜钧既有这样的"悟道"经历，他就极有可能把本来平淡无奇的经典语文看成是暗含着某种特殊信息的神秘符码。这种穿凿附会的方式，和汉代或者晚清一些经今文学者的"异义可怪之论"，有着异曲同工之处。譬如颜钧解释那个传统命题，"百姓日用而不知"的"日用"两字：

> 夫日也，体曰阳精，运行为昼，亘古今而悬旋，为白日之明，曝丽天地，万象万形之生生化化也。夫用也，言在人身天性之运动也。是动，从心率性；是性，聪明灵觉，自不虑不学，无时无日，自明于视，自聪于听，自动乎礼也，动乎喜怒哀乐之中节也，节乎孝弟慈让为子臣弟友之人也，故曰日用。③

又比如他解释"人心惟危，道心惟微"的"心"与"惟"：

---

① 《颜钧集》卷3《自传》。
② "七日"一词在《颜钧集》中比比皆是，不具引。
③ 《颜钧集》卷2《日用不知辨》。

> 先圣制心字,以一阳自下而湾向上,包涵三点为三阳,将开泰以帝,天地人物之父母也。是父母心本能自湾,而竖立湾中,为佐以配圭,为"惟"者也。①

这种像字说不是字说,像训诂不是训诂,同时又穿凿的可笑的言论,是颜钧讲学的一个重要手段。在此之前,王艮之所以把"格物"的"格"解释成"格式之格",也都出自他们所相信的一种天启的灵感,这又是民间宗教家们的共同特色。因此对颜钧所创造的许多思想内涵不怎么丰富,但形式上又有些怪诞的新奇语汇,如"心帝""神莫",如"大中学庸,学大庸中,中学大庸,庸中学大"之类②,便不必感到过分的神秘。

其实,不论颜钧到底是一个江湖侠客,还是一位民间宗教家,他的行动与思想都和王艮所倡导的师道复兴精神不相违背。作为泰州学术的自觉传人,他与王栋一样,相信"阳明破荒,呼觉良知以开道眼;崛起心斋,穷探大成中兴师道"③。既然道眼已开,师道复明,那么接下来的任务便只能是把这种思想传播开去,使"师道立而善人多",让天下之人共同受益。

因此,嘉靖十九年颜钧便由泰州回到江西,开始了他的讲学传道活动。他首先来到南昌,张榜"急救心火",作为讲学的号召,因而吸引了一大批信从徒众,这之中便包括他的著名弟子罗汝芳④。同年十二月王艮去世,转年颜钧在江西听到讣音,于是沿长江而下,历金陵、赴泰州,聚集徒众,庐墓三年,析辨《大学》《中庸》之说。从那以后,颜钧生平的大部分时间都是在讲学场所度过的,他的讲学范围很广,北到京师,南到广西,中间山东、南京、浙江、江西等地都留下了他的大量足迹。在他所交往过的名单中,徐阶、谭纶、陈大宾、王之诰、邹应龙、吴悌、程文德、吕怀、何迁、胡宗宪、杨豫孙、俞大猷等人,都是当世的名流。

颜钧四处张皇讲学,尽管所至周贫济困,一片救世苦心,但为人却极不检点,不时露其丑秽之处。因此很快便众叛亲离,徒众星散,他那种周急救难的

---

① 《颜钧集》卷2《人心道心而执中辨》。
② 参《颜钧集》卷2《辨精神莫能之义》《辨性情神莫互丽之义》《论大学中庸》《论大学中庸大易》等文。
③ 《颜钧集》卷6《耕樵问答·圣儒传一辨》。
④ 《颜钧年谱》,嘉靖十九年庚子,参《颜钧集》卷1《急救心火榜文》。

侠义精神早已被抵消，"无贤不肖皆恶之"①。嘉靖三十五年（1556），他在南京讲学六个月，最初来学者据说"多知省发"，但是当他放棹出城之日，"若交情不变，独有安福欧三溪，名榆；知音赏心者，惟有程松溪（文德）一人耳。"② 弟子何心隐便是发现他奸淫村妇之后，不再承认他是自己老师的③。而且以颜钧性格之狂妄，他也确实缺少那种本着和柔大同的精神探讨学术真知的态度，讲学中无论何人，"（元）[玄]悟稍迟钝则诟詈"④，令人难以忍受。

品行不端而又不时得罪人的颜钧，很快成为一些人的眼中钉、肉中刺。不过，令人诧异的是，利用政治手段着力打击颜钧的，不是以前挥舞着伦常大棒的朱学卫道士，而是已经具备了一定实力的在朝王学。这不仅从一个侧面反映出程朱理学在此时的衰落程度，也说明王学自身的分裂，已使其内部流派之间的关系日趋复杂。在朝王学把打击的目标主要对准狂侠派，其原因只能从二者行动取向上的分歧加以理解。

五、狂侠与在朝

假如颜钧得罪的只是一些普通的士子、学徒，也还罢了。他竟然不自量力，去冒犯当朝的大老们。于是我们便看到了发生在嘉靖四十五年的如下的一幕。当时颜钧正从仪真准备南还，忽然遇到太平府当涂县县令龚以正的差人，请他到当涂去讲学。龚以正是颜钧"旧时讲学一日之门生"，而且打着南道提学耿定向的旗号。颜钧自视为耿定向的"老师祖"，因此当之不疑的跟从前去。哪知到了太平府，刚刚开讲三日，就被突然逮捕，关了将近三年⑤。

由于史料的匮乏，有关颜钧被捕的原因，现在所能看到的主要是颜钧本人以及推崇他的一些传记作者的一面之词。这些记载大都把这一事件归结为政见的不同以及颜钧讲学过激："顾先生性峭直，尝为上华亭（徐阶）及张江陵（居正）书，有所指斥，诸公不悦。又与同邑尹太宗伯（台）忤。"⑥ 颜钧自

---

① 《明儒学案》卷32《泰州学案一·颜钧传》。
② 《颜钧集》卷3《自传》。
③ 前揭王世贞文。按颜钧与何心隐后来反目，黄宗羲未尝明言，今存《何心隐集》也没有提到颜钧，黄宣民认为何心隐在《又上海楼》书中所言《樵语》或即颜钧语录。因颜钧自号耕樵，著有《耕樵问答》。参《颜钧年谱》嘉靖三十二年。颜钧自己则把何心隐称为"旧徒"，或许王世贞所言诚为事实。
④ 同治永新县志人物志列传，《颜钧集》卷9，附录一。
⑤ 《颜钧集》卷3《自传》。
⑥ 贺贻孙《颜山农先生传》，《颜钧集》卷9，附录一。

己则说:

> (为王艮)心丧既毕,权度自谋出世操证,不敢诿泄,乃鸣《急救心火》于豫章,邀会同志聚南都,上疏宰相八老,以开泰牖;约湛、邹诸贤追孔仁,流讲南北东西,启迪智愚,惶惶如饥渴,亹亹忞翊扬天下,信与大半鼓跃。岂期暌类蜂生疑憎,或忌妒己,潜滋妒害男子(颜钧自称)。罔罔危言危行,过满天下;杯蛇成窝,合并及门。离索者疑非《春秋》传宗,乖戾群儒释文,竟成杀羿,认为诐邪,所以积患入穿。①

基本上持同样的意见。而且由于自认龚以正、耿定向是自己的讲学门生,他还把这一事件比作逢蒙杀羿,作《诛逢蒙杀羿心议》一文②,对之大加挞伐。

颜钧上徐阶等人的书信,集中未存,仅余七言诗一首:

> 天朝宰相八仁人,宰相山中谁与邻?
> 朝市闻多忧国老,闾阎大半阻饥民。
> 经纶急务格君相,察问刍荛先知仁。
> 此亦安身运世策,市臣莫厌莽臣嚚。③

倘以此为准绳,那么颜钧所撰《急救溺世方》一文便极有可能是上书的原型或改编本。在这篇文章中,他用耕樵问答的口吻表达了对当时形势的估计:

> 今天下四十余年,上下征利,交肆搏激;刑罚灭法,溢入苛烈;赋税力役,科竭蔀屋;逐溺邦本,颠覆生业;触变天地,灾异趵突;水旱相仍,达倭长驱;战陈不息,杀劫无厌;海宇十室,九似悬罄;圩野老稚,大半啼饥。会而拟之,恰似抄没律条。近代专制,黎庶不饶,一民尺土。士仕以上,朝市以下,俱未有一事一难。倘或侵逼,何士何市,何官何吏,亦尝苦辛,经操危虑,而皆知此病痛险阻,置思援拯,同恻恻耶!

---

① 《颜钧集》卷2《明羑八卦引》。
② 《颜钧集》卷6《耕樵问答》。
③ 《颜钧集》卷8《寄在朝八老》。按"嚚",原文作"嚻",不叶韵,以意改。

社稷的危亡，自古以来都是"肉食者谋之"，然而在颜钧看来，"赤子入井，行道之人，皆忙忙弃荷，急急拯救，况暇睁瞪于其父兄哉？"因此他必须挺身而出。在某种意义上，这正是顾炎武在明末所极力宣扬的"天下兴亡，匹夫有责"的前奏曲①。

颜钧本人并没有什么办法，但是他只要"一仁天下之巨臣，能知有种'闲储之银'""行取三月五月，积得亿万万银，聚塞帝庭，听国需用"。如此这般，便可使"边饷、中外吏胥廪粟、王侯百项给文，率皆取用于此无不足，因以诏蠲天下贡赋，三年免征，大苏民困乐有余"。

这种"闲储之银"散藏四方，"非官非人民非矿金所堪敌"，而且开采极为不易，必须是这个"仁天下之巨臣""具目密启帝旁，六耳忌莫泄扬，直透帝心悦信，必仗帝德吸采"，方才能够得到。

那么，这种"闲储之银"到底是什么呢？那就是：

> 随领洗牢，恩赦一切，原恶重狱，均与其生。次查怨女旷夫，激逐飘流，三种无告者，尽行四方，富豪士民各量力，命其周护以为之所，欲与聚在人人而得所，所谓匹夫匹妇咸被尧舜之泽，覆盆冤号，一旦跳跃再生，不劳不费，富且庶矣。又从而广搜有位无位、学德智仁堪称贤能者，取聘来京均授孔氏心造，躬配孝弟慈让，《大学》大道，衍教四方，丕易人心，期年归仁而有成，数月悦服而尊亲。

简言之，便是"大赉以足民食，大赦以造民命，大遂以聚民欲，大教以复民性"。实行之法，只须"附得志宰相，采庸神明，化裁左右，行即不啻弹指折枝矣"②。假如联系到王艮的学说，那么颜钧的这篇《急救溺世方》实际上便是前者《王道论》在新时期的进一步发展，思路更为清晰，观点更为鲜明，措施更为具体。所不同的，颜钧对当朝皇帝已经不抱希望，而只是寄望于"仁天下之巨臣"，希望他能够在皇帝的耳边勤于吹风，以达扭转乾坤之效。

颜钧的这种观点颇有指斥当道之意，因此徐阶、张居正等人都不高兴，似也在情理之中。然而当张居正后来真的成为"天下之巨臣"的时候，尽管采取的措施不太一样，却同样在努力地谋求拯危救溺，从另一个角度也说明他与

---

① 《颜钧集》卷6《耕樵问答》。
② 同上。

王艮、颜钧等人对时局的估计颇不乏一致之处。因此，从某种意义上说，晚明的师道复兴运动同时也是当时知识阶层的一次"自改革运动"①。

颜钧所得罪的另外一个重要人物便是官至礼部尚书的尹台。此公字崇基，号洞山，是颜钧的永新同乡。嘉靖十四年乙未科进士之后，在作庶吉士的时候，和内江赵贞吉齐名，时称"二隽"。

按照传统的士大夫标准，尹台似乎也确实堪称君子。比如当时武定侯郭勋恃宠而骄，尹台屡不为礼，可谓不阿党；庶吉士入翰林，位居清要，但为官八年便开始乞归，算得上不恋栈；居丧尽礼，"既襄事犹粥食"，虽不无灭性之酷，在那个时代却是孝的表征；会试同考，"策问及重臣权臣"，尽管有邀宠之嫌，但却被看成精忠耿耿。尹台本人的发迹正是由此，"上览，亟取《臣鉴录》《贤奸传》省览，为之感动，由是称先生名，一时上下有延颈相天下之望。"

但既以躬行为持守，以践履为操节，因此尽管本来是朱学的信徒，便很自然与自己那些江右王门的同乡打成一片，极力宣称"学在吾郡"！这种倾向与颜钧、何心隐等人的观念格格不入，其圆凿方枘也是必然。加上颜钧本人对讲学的偏执，和尹台争论过激，二人因此交恶。颜钧的许多传记作者都把他嘉靖四十五年入狱一事归因于此，似乎也不能说事出无因。

假如文献的记载只有这么多，那么颜钧受祸之由至此似乎可以定谳了。可惜的是，孙猴子即使再擅长变化，却仍要留一条讨人厌的尾巴。以颜钧那种沾沾自喜、自吹自擂的性格②，黄宗羲说他随赵大洲（贞吉）赴贬所，"大洲感之刺骨"，为什么在他的自传中却只字不提？

赵贞吉是嘉、隆之际政学两界一个很有个性的人物。此人官做得很大，但为官的时间却并不太长，且屡屡被罢；学本从禅入，后加入王学的讲学队中，讲究三教会通③。由于与徐樾关系在师友之间，因而黄宗羲列之于泰州学派。赵贞吉与颜钧因此相识，大概是极有可能的。

嘉靖二十九年，赵贞吉因与严嵩发生冲突，由春坊谕德贬为广西荔波典史，颜钧确曾与之偕行。且看当时一位知情者徐学谟对此过程是如何描述的：

---

① 朱维铮先生曾把晚清自龚自珍到戊戌变法这一段时间内，知识界对社会变革的吁求推动，称为晚清的"自改革思潮"，参《晚清的自改革思潮》。
② 譬如徐樾死于广西，颜钧不辞劳苦为之收葬，这件事他后来便曾经屡次提及。
③ 参本编第三章第一节。

江西人颜某者，号山农，以布衣游京师讲学，即宰执与之为敌礼。一日，余与杨幼殷、白伯伦诣万福庵，杨顾余两人曰："此庵有一代真儒在，盍往候之？"盖杨与颜故交也。既见，颜第端坐，不出一语。余因索观其所作，颜出文字数篇，读之，皆以"心帝"立说，此旨不甚了了。遂别去。既上马，杨顾余两人曰："山农何如人？"予不应，伯伦大叫曰"此人吾观其眸子，一江洋大盗也，何谓真儒？"幼殷默然。幼殷寻宅艰归，三年服阕，赴部一见余，泫然曰："向年君等识颜生，何以即知其为盗也？吾今得之赵大洲矣。大洲庚戌赴贬所，颜伴之行，大洲感之刺骨。一日，途语大洲曰：'公闻京师贵人有欲杀公者乎？'大洲曰：'岂分宜（指严嵩）耶？不则陆都督炳也。'颜曰：'今欲杀公者非小人也，乃世所称君子也。'大洲再三质之，颜始以华亭公（指徐阶）对：'须出囊中装千金，与吾入京师游说，公或可免耳。'大洲曰：'吾已颠沛极矣，何所得金？既杀之，命也'。又行千里至湖南，颜曰：'公且止，吾往军门得一檄来取公赞画，可无赴任矣。'颜遂别大洲诣军门，果得檄召大洲，大洲益喜出望外。又行至某县，大洲以病杜门谢客，而颜在外主一寡妇家，与之讲学，尽攫寡妇金，寡妇之子讼之令，令以大洲客，不欲据撼之，乃扣大洲门，语之故。大洲悟曰：'向者所为皆欲攫吾金而去，已，不得吾金，乃狼籍于寡妇家，真小人之尤也。'遂与之绝交。大洲与余言如此，非江洋大盗而何？"余因掩口笑曰："幼殷所交游如颜生者不少矣，特形迹有露不露耳。"幼殷大以余言为然。①

"心帝"之说，见于颜钧《辨性情神莫互丽之义》一文中，可知徐氏所言不谬。杨幼殷与赵贞吉、徐学谟都是关系密切的挚友②，因而徐学谟的记述未必便是矫诬。更何况徐氏记述的本意乃在标榜自己的先见之明，没有切身的利害冲突，因此作伪的可能性不大，其史料价值当远过《明儒学案》。观黄宗羲有关这一记载的行文，极有可能便是看到徐学谟的文章之后写成的，只不过掐头去尾，但取所需。

---

① 《徐氏海隅集·文集》卷14《冰厅札记》。
② 杨豫孙是松江华亭人，徐阶的同乡，同时也是他的智囊。杨豫孙与徐学谟、赵贞吉的关系，前揭《冰厅札记》另有述，同时可参《徐氏海隅集·文集》卷41《杨豫孙传》。又，赵贞吉《赵文肃公文集》卷15《赠南京文选主事杨明石升祠祭副郎序》："吾友华亭杨子幼殷者，予至南都时所交好之一人也。"

因此，颜钧丝毫不提陪赵贞吉去广西一事，只能说他心里有鬼，不敢提。而赵贞吉又与尹台关系不算太差，尽管我们无法确证尹台对这段公案是否得知，但说尹台与颜钧交恶仅是由于讲学肯定值得怀疑。加上何心隐与耿定向此时已经相熟①，耿定向是否因其口而得知颜钧奸淫村妇的阴私，都是值得关注的。假如此说成立，那么耿定向、吴悌等人对颜钧的打击，就决不仅仅是由于讲学过激那样简单。颜钧把这件事单纯地归结为讲学遭忌，只能说是往自己的脸上贴金，以讲学受害者的形象博取他人的同情。

然而，无论颜钧被捕的真实原因是什么，隆庆初期所发生的这一重要事件，其外在的客观效应都表征着王学内部诸派别之间的兄弟阋墙。与江右王门渊源颇深的在朝王学代表耿定向，此时已正式介入到对王门后学当中最激进的一派——狂侠派的严厉镇压。在朝王学反对复兴师道，而狂侠派却是师道复兴运动中最激进的一支，——它或者如颜钧已有民间宗教之嫌，或者如何心隐谋求自下而上的社会革命，两者将发生尖锐的冲突，是必然的事情，尽管对其代表人物的打击，往往有着各种各样不同的理由。

第二节 何 心 隐

一、宗族组织：萃和堂

何心隐本名梁汝元②，江西永丰人，与作过他老师的颜钧是吉安府的大同乡。从他后来的行动可知，永丰梁氏是一个大富之家，因此在某种程度上具有对抗官府的能力③。何心隐后来之所以不事科举、芥视子衿，除了他本人的恒心与气魄之外，也和他经济基础的雄厚大有关联。加之永丰民俗"好刚自负，易以义动，难以威劫"④，由于习俗的浸染，养成了他任侠好义的

---

① 何心隐与耿定向、耿定理兄弟相识是在嘉靖三十七年（1558），以后又数寓其私邸。参前揭《何心隐年谱》。
② 何心隐曾用名极多，诸家所记亦多龃龉，大概地说，其本名梁汝元，字柱乾，号夫山。王之垣《历仕录》说他曾用名为何夫山、何两川、梁无忌、梁纲一、梁光益、何心隐等。今考熊傧辑《近溪罗先生一贯编·心性下》有"梁两川"之名，可知王之垣所言实为有据，不能统统视作污蔑之词。
③ 《耿天台先生文集》卷16《里中三异传》："狂（指何心隐）盖永丰右族也，家累万金，族众数千指"。按耿定向此文，《何心隐集》附录未收，黄宗羲所论何心隐大体本此。容肇祖以黄氏所言反驳耿定向，所失实甚。
④ 《万历吉安府志》卷11《风土志》。

性格。

何心隐在三十岁之前的事迹，我们所知甚少。邹元标说他："稍长，补弟子员，治壁经，潜心经史，辄以远大自期"①，大概是不错的。嘉靖三十五年，到吉安去参加郡试，考了第一，被许为"天下奇才"，因此一邑知名。不久风闻到王艮的学说，内心深有所契，于是师事四处张皇讲学的颜钧，"与闻心斋立本之旨"②。

安身立本之说，实即大成师道之学。何心隐用这种思想作为标准，反观江右王门那些因讲学知名的同乡，对他们那种拘拘检柙的作态颇不以为然："时吉州三四大老，方以学显，心隐恃其知见，辄狎侮之"，除了邹守益之外③，他对江右王门诸子大概都不太恭敬。

何心隐算得上一个天生的组织者。他所建立的聚和堂（一称萃和堂），或许便是仿照乃师颜钧创建萃和会的办法，以宗族为基地，来推行他理想中的乡村建设模式。不过，与颜钧萃和会那种松散的讲学联盟不同，聚和堂在一开始，就被设计成一个严密的组织机构，它是一个集宗族学校、乡村自治于一体的管理机构。

宗族学校的首脑是率教，相当于校长，其下设辅教和率养以作为辅助。学校中的学生不论以前做何职业，在学期间，一律在校食宿，婚丧嫁娶也都"处有常条"，作了严密的规定。

辅教之外又有率养，主要负责对宗族赋役田粮的征收，并设辅养以佐成之。辅养之下，命十二人轮管每月钱粮，二十四人负责每隔半月催粮，七十二人每五天一班轮流征粮，合成为一年之数，以次周而复始④。

何心隐这种严密的乡村建设规划大概是实行过的，尽管时间的长短不得而知。不过有一点还是要特别指出的，那就是这种实践本身的意义所在。

我们知道，中国传统的帝国政治体制，尽管本身专制、严酷，但由于资讯条件、经济能力等的限制，官方的政治权力始终难以完全控制到县级行政组织之下。因此，维护政府对基层社会的控制，除了依靠大量的胥吏之外，势必要把一部分统治权力让渡给在宗法型社会组织中，具有重要地

---

① 邹元标《梁夫山传》，载《何心隐集》附录。
②《明儒学案·何心隐传》。
③ 前揭耿定向《里中三异传》。
④ 参《何心隐集》卷3《聚和率教谕族俚语》《聚和率养谕族俚语》《聚和老老文》等。另可参《容肇祖集》第336—340页。

位的乡绅阶级①。这是宋代以后,民间宗族势力蔚兴的一个根本动因。专制政府不得已而为之的政策,得到了乡绅阶级的热烈拥护,为了适应形势的需要,民间甚至出现了一本打着朱熹的旗号,名为《朱子家礼》的著作,作为礼乐制度的范本而广泛地使用和流传②。到了明代,宗族势力之强,其极端的例子甚至有对官方的司法制度越俎代庖之嫌③。

王守仁在巡抚赣州时,曾经为了基层控制的需要设立十家牌法,制订乡约,这是对宋明以来乡村自治运动的重要推动。那以后,王门后学执政一方者大都致力于此一举措在各地的推行。在学者们的心灵图景中,乡村自治的展开,是理想中三代社会的重现,因此,以讲学为契机,为之呐喊、鼓吹,作力所能及的具体实践。这种想法与乡绅阶级增加自身权力的欲望合流,很快便蔚然成风④。

宗族势力的发展是一把双刃剑。作为官方势力的补充,它协助帝国政府对基层民众进行有效控制;但作为一种权力实体,它又可以使势力范围之内的民众免遭专制权力的过分凌轹,何心隐的聚和堂无疑便是这样一种组织。在《聚和率养谕族俚语》一文中,他批评了民间自发的"夫我之田产,由于亲之所遗,似非君之所赐",这种无政府主义的倾向,反复论证了统治权力(即"君")本身存在的合理性⑤。因此他主张"尽分以报君上之赐",按时缴粮纳税。但同时,"尽分"之后的民众,由于完成了自己应尽的义务,自可以堂堂正正,不必像往常那样"千思万虑,甘费其财,以行贿赂,以求免其所重费,又图侥幸以蠲其所轻费而后已"。这样一种思想倾向,由于有宗族势力为

---

① 譬如明代前期的粮长,小山正明认为:"(他们往往)由明代最有力的地主担当,有的甚至是乡村的豪族",而且"不论其在社会上的礼遇规格,还是其生活方式,大体都保持了准官僚阶层这样一种地位"。参前揭《明代的粮长》一文。
② 清代学者王懋竑(白田)曾作《家礼考》,认为《家礼》非朱熹所作,可参《四库全书总目提要》卷22《经部·礼类四》的有关评论。事实上,无论《家礼》是否朱熹的作品,既然以他的名义流传,便都不影响其客观效应。
③ 此可以明代前期学者罗伦为例,罗氏推行乡约,主持族政,"族人有为盗者,必亲置之死地"。因此同一时代的大儒章懋便批评他:"赏罚,天子之柄。而有司者奉而行之,居上治下其势易行。今不在其位而操其柄,已非所宜,况欲以是施之父兄宗族之间哉!"参沈佳《明儒言行录》卷5《罗伦传》。
④ 沟口雄三认为,在晚明以东林派人士为代表的一股新的政治势力,"在官则是对抗皇帝的一元性专制体制,在乡则以中坚地主阶层(按与大地主阶层相对)的身份,在其主导权之下,谋求安定和强化地主式的结构"。龚颖译《所谓东林派人士的思想——前近代时期中国思想的发展变化》,前揭《中国前近代思想的演变》,第431页。
⑤ 这种论证必须从上一章所谓"公共性统治关系"的角度加以看待,不能简单地以提倡君权加以否定。

后盾，它同时也具有了和地方政府讨价还价的筹码，因此当地方官有"赋外之征"的时候，何心隐便"遗书以诮之"，公然加以反对①。中国的民间社会，假若可以生出"法治"的根芽，这便是极有特色的一例。

何心隐聚和堂的成立，出于王艮安身立本的大成师道之学的刺激。这种现象为晚明的师道复兴运动注入了新的活力。至此，作为君道对立面的师道，正式有了在现实社会中的权力实体作为依托，不必仅仅由师道的提倡者本人，"修身以见于世"，从被动的待人取法，到主动的向外传播。颜钧的学说尽管已经有民间宗教的倾向，但是由于他本人行事张皇见龙，徒众很快星散，没有形成大的气候。何心隐则一开始就把师道复兴的实践，依托于现实的权力结构当中，同时自身又具备极强的组织能力，因此迅速使专制权杖的持有者感受到来自一种不同力量的威胁。这种威胁在本质上是师道对君道的威胁，是民间势力对专制权力的威胁。

何心隐建聚和堂大约在嘉靖二十五（1546）年以后不久，其后直到嘉靖三十九年他变易姓名周流四方，对这十几年间的事迹我们所知寥寥。根据他本人的自述②，以及何子培在《明儒梁夫山先生年谱》中对相关材料的考察，只知道这期间他曾与一个讲究"纯阳道法"的方士阮中和交往过两次，并于嘉靖三十七年（1558）在南北两京，与程学颜、其弟程学博、钱怀苏、罗汝芳、耿定向等相识，其余的就不得而知了。

不过可以肯定的是，大约在嘉靖三十八年左右，何心隐曾经一度被罗织下狱。下狱的理由及经过，因为记载的歧异，大概有这样三种说法。官方的说法是他"以侵欺皇木银两犯罪，拒捕，杀伤吴善五等六命"③；友人邹元标则以为"粤寇窃发，将抵邑城，邑令暨诸缙绅议毁近城内外居民，而公独持不可……开罪贵势，削名被毒，欲置之死"④；黄宗羲则把这件事记载为"会邑令有赋外之征，心隐遗书以诮之，令怒，诬之当道，下狱中"。邹元标的说法因时间有误，容肇祖已经予以反驳，因此可以考虑的只有其余二种观点。

嘉靖时代，由于明世宗更定祀典、重建宗庙，以及崇祀道教、修筑各种"神仙长年之殿及珍台闲馆"之需，每年都要从湖广、四川、贵州等地采运大

---

① 《明儒学案·何心隐传》。
② 何心隐被捕后的一系列自述，载于《何心隐集》卷4。
③ 前揭王之垣《历仕录》。
④ 参邹元标《梁夫山传》。据容肇祖考证，嘉靖辛酉粤寇云云，是发生在其后的一件事，大概与何心隐无关，邹元标可能是道听途说。

批木材,甚至专设总督以董其事,"自江淮至京师,牌筏相接",其扰民的程度与宋徽宗的"花石纲"一般无二①。因此所谓"皇木银两",极有可能便是明政府把采运木材的费用向其他地区的百姓赋外加征。它已经远远超过了地方政府的一般性越轨行为。正因为这样,后者才会"诬之当道",强加以"侵欺皇木银两"的罪名,企图予以逮捕。双方大概由此发生冲突,何心隐于是"拒捕,杀伤吴善五等六命",被定为绞刑。其后江西巡抚何迁等人心知其冤,予中上下其手,释其重罪,改戍贵州。适值程学颜在浙江总督胡宗宪的幕府,于是力荐其才,胡宗宪为之"遗书黔阳,以礼聘之"②。

二、会:"孔子家"

嘉靖三十九年(1560),何心隐来到京师。在此期间,他利用讲学作为招牌,"辟四门会馆,招来四方之士,方技杂流,无不从之"。这其中大概便包括后来用密计扳倒严嵩的方士蓝道行③。考虑到何心隐与徐阶亲信耿定向的密切关系,那么把后一事件看成徐阶与何心隐等人的共谋,似乎也并不为过④。

由于以上这些颇具传奇色彩的经历,何心隐被当时人视为侠义之士。何心隐对此大概也颇有察觉,甚至还专门撰文辨别他之所以为侠与世俗之侠的不同。在他看来,侠义的精神本来是儒门所固有,"圣贤之道之所以无不范也"。关键在于不能只是用此精神"诚其一己之侠之意",只"养其一己之侠之气",而应该"明明德于天下之诚"。换言之,以侠义之士激进的热情来实现"以天下为己任"的仁人的使命,这种境界本身便超越了世俗侠士们的一般行径⑤。

---

① 过庭训《本朝分省人物考》卷23《李宪卿传》。
② 何心隐入狱后复出的背景原因,《明儒学案》认为"孝感程后台(学颜)在胡总制(宗宪)幕,檄江抚出之。"邹元标则认为"幸宪副养白冯公、巡抚吉阳何公(即何迁)心知其诬,释重罪,改戍贵州。浙江总督胡梅林公稔知其才足以济艰拨乱,遗书黔阳,以礼聘之,赞谋帷幄"。容肇祖根据《明儒学案》"檄江抚出之"一语,以为何心隐"当时已定罪,未解往贵阳,江西巡抚又是胡宗宪节制的,故出之易了"。其实邹元标以为何心隐入狱是在辛酉固然不对(见前),容肇祖所言亦有误。考胡宗宪初巡抚(南)直隶、浙江、福建,嘉靖四十年方节制江西,而江西巡抚何迁嘉靖三十九年总督漕运,至嘉靖四十年四月又升为南京刑部右侍郎(《国榷》卷63),安得受其节制?此由容肇祖过分迷信黄宗羲所致。比勘诸说,出狱原因似以邹说为是。
③《明儒学案·何心隐传》。
④《万历野获编》卷8《计诒》:"严氏败,亦由术士蓝道行扶乩传仙语,称嵩奸而阶忠,上元不诛而待上诛。时皆云华亭实使之。"按,徐阶、高拱等晚明政治家皆与这群侠客型讲学家交往密切。大侠邵义、方与时是高拱的党羽(见下),传说为何心隐门人的吕光(或云吕光午,或云曾光),便是徐阶的入幕之宾。参《万历野获编》卷8《吕光》。狂侠派遭到打击,和彼辈与政治联系紧密有关,详下文。
⑤《何心隐集》卷3《答战国诸公孔门师弟之别在落意气与不落意气》。

假如说颜钧也算一个江湖大侠,那么他的侠只在于行动,到了何心隐这里,则具备了足以自圆其说的正式理论。当时人把他看成"其材高于山农而幻胜之"①,是有道理的。

何心隐所建立的会,就是这些儒侠,或者说具有侠义精神的儒者们的社团组织。这种会有点儿像"家",只不过其成员非父子夫妇,而是师弟朋友,故又称"孔子家"②。我们知道,在最初的儒家政治理论中,在个体的"身"之上,人与人的交际环境不外乎三种:家、国、天下,似乎并没有会的地位。朋友尽管作为五伦之一,但却被排除在三纲之外,师弟也仅仅属于"六纪"之列。何心隐极力强调师友的地位,把师看成是"道之至""学之至"的至善;把友视为"天地之交",道和学都尽于此③。从传统的重视君臣父子夫妇三纲,转变为凌师友关系于一切人伦关系之上,这本身便是一个革命性的转变。若干年后,西洋人利玛窦所著的《交友论》之所以会风靡一时,和晚明学者的这种风气大有关联。

由师友组成的会,它"取象于家";师友轮流来主会,"取象于身以显乎其家"。但是会并非传统的家,也并非仅仅取象于家,它把士农工商的身家都包融在其中,君子用之"以显以藏"。换言之,会是君子(无论他是士农工商)应然的存在方式。会既然具有存在的合理性,何心隐于是大胆预言它的前途:"会将成象而成形矣。"④ 在他的心目中,人和人将会用"会"这种形式组织起来,会将成为一种新的社会组织形式。中国社会假如说开始具有近代的因素,各种民间社会组织的形成,应该是重要的尺度之一⑤。

颜钧曾经自比于"亢龙",只不过他把相关的定义作了修改,"如此安身以运世,如此居其所,而凡有血气莫不尊亲,是为亢"⑥。这种亢,它不必与

---

① 王世贞《嘉隆江湖大侠》。
② 何心隐"家"的概念极为重要。耿定向《里中三异传》:"姚江(王守仁)始阐良知,而未有身也;泰州(王艮)阐立本旨,知尊身矣,而未有家也;兹欲聚友以成'孔子家。'"由"心—身—家"的演变,可知泰州师道派由个性主体的张扬,一步步发展为通过社会组织与现行专制权力对抗的真实轨迹。这一点前人的阐释颇为不足,待发之覆甚多。
③《何心隐集》卷2《师说》《论友》。
④《何心隐集》卷2《语会》。这一点侯外庐已经注意到了,并认为何心隐的"会"是"一种社会运动的集团",这是很有见地的。参《中国思想通史》第4卷(下),第1022—1044页。
⑤《大学》家的观念随着时代的变化,早已超越家族含义,而具有了学派或讲会等社会组织意义。关于这一问题的经学流变,可参拙作《〈孟子·离娄上〉讲疏》。
⑥《颜钧集》卷6《耕樵问答·晰大学中庸》。

悔相连，不必担心"曲高和寡"，它是乾阳"时乘六龙以御天"的极致。何心隐则对此又有所发挥，在使"凡有血气莫不尊亲"的目标不变的情况下，他提出了自己对"潜龙"的看法。在他看来，一个真正的君子（或大人），在社会活动的取向中，只有"成功"与"用功"两个方面，并没有潜、见、惕、跃、飞、亢等因时的趋避。传统所谓"潜龙勿用"主要是指功成身退，如伊尹、周公；或者是"潜以成功"，如伯夷、叔齐；孔子则不然，"用功而潜，潜而用功者也，非成功也，虽成功亦用功也。况孔子之用功，非惟用功于潜也，推而六位，莫非用功之位也。非成功也，成功于乾也。乾非龙用，龙以位而成也。乾则时乘乎六位，而时乘乎六龙者也。不必用功而功成焉者也，大成也。"换句话说，孔子因其大成，因此孔子之道可以统摄"六龙"，其他如伯夷、伊尹之辈，仅能当其一爻而已。因此孔子之道是一个生生不息、永远处在"用功"状态，进行不懈努力的过程，这才是"天行健，君子以自强不息"的真谛所在。

孔子之道既须不断地"用功"，那么孔子"成功"的时候又将是什么样子呢？"伊周虽圣，群龙也。群龙成功，不敢居也，不容以不潜也。至若孔子之成功，自有广居以居，而无有乎或潜者也。非惟无潜，且无见、无惕、无跃、无飞、无亢也"①。言下之意，只有孔子之道才能真正统摄一切，无可无不可。

何心隐的"用功"表征着他所建立的会的一种生生不息的进取状态；他所谓的"成功"，则暗喻着这种会在未来所能取得的某种成就。功成而居，更有直接向现实政治，向君道挑战的嫌疑。从王艮的见龙在田，到颜钧的亢龙不悔，再到何心隐正式六龙御天、功成而居，师道意识至此已经发展到了极致。

嘉靖四十年，何心隐利用蓝道行设计使严嵩失宠，但是直到第二年严嵩方才去位，在此期间他的势力仍在。何心隐不得不逃离京师，踉跄南奔，并大约在此时正式更名以避祸②。严嵩下台以后，何心隐四处讲学，踪

---

① 《何心隐集》卷2《论潜》。
② 《何心隐年谱》把梁汝元更名何心隐的时间系于嘉靖四十年（1561），但据何心隐自言，"自庚申前则在学姓名，乃梁其姓而汝元其名也；自庚申后，则何其姓而心隐其号也。夫以何易梁姓，而以心隐易汝元名者，一则避已故严相之肆毒，一则便四方交游之称谓也"（《何心隐集》卷4《上南安陈太府书》）。庚申即嘉靖三十九年，何心隐授蓝道行密计，时在嘉靖四十年，则何心隐更名当在此后。所谓"庚申后"大概应从下一年起算。

迹不定①，直到万历四年，在官府的再一次通缉之下，重新开始其流亡生涯。万历七年三月，南安把总朱心学把他逮捕于祁门，之后递解浮梁、鄱阳、余干、进贤、南安，六月至湖广，毙于湖广巡抚王之垣的杖下②。

无论何心隐是否真的具有谋反的企图，他至少还不失为一个表里如一的侠义之士。他对师友的热忱，对自己所建立的会的关爱，都是终其一生的。何心隐死后，遗骸被合葬于挚友程学颜的墓茔③，而他自己还念念不忘在求仁会馆中春秋设祭④。他的会馆，是以"求仁"为名的，那是他生命意义之所在。

三、"妖逆"的集团

万历四年以后何心隐被通缉的原因，据王之垣的说法，是由于他聚众扰害四方，甚至与谋反的妖人为伍。对此，以往的研究者聚讼最多。争论的理由前面已经指出了，那就是学者们大都根据对某一立场的认同来取舍文献材料，并不曾真正地去直面历史本身。官方爱书诬陷的可能性并不能说没有，黄宗羲等人的记载根据前面的考证也大有问题，既然无法起何心隐于地下，谁又能为之评判是非曲直？更何况即使真是何心隐复生，作为自我辩护的一方，其记载的

---

① 在这段时期内值得重视的一事乃是何心隐与当时家居莆田的三一教领袖林兆恩的交往。据林兆珂《林子年谱》，何心隐曾对林兆恩说："世间有四件大事都被人做了。"先生曰："何谓也？"心隐曰："儒、道、释大事也，已为孔老释迦做了，此后只三教合一是一件大事，又被吾子做了。"《林子年谱》系此文于嘉靖三十八年己未，马西沙、韩秉方在《中国民间宗教史》中已指出其误，但系之于嘉靖四十一年至嘉靖四十三年，却不详何据。考《何心隐集》卷4《上祁门姚大尹书》，云嘉靖四十年"南游福建，访于林""于林宅五十四日，即知林之所学非元所学也"。《何心隐年谱》疑此林某即林兆恩，诚是。如此，则何、林相见似当在嘉靖四十年。何心隐自言学术与林兆恩不同，则《林子年谱》所记，只能说是学者间相互恭维之语。何心隐本人致力于结"孔子家"，对三教合一并不太感兴趣。二者间的分歧，在某种意义上正是师道派与会通派的分歧。《林子年谱》见间野潜龙《明代文化史研究》附录。
② 何心隐的死期，容肇祖认为是在万历七年九月初二日。此论大概本诸《何心隐年谱》所云"先生死之翌日，周合川（即周良相）为文设祭而哭之"这一断语。《何心隐集》附录收周良相的祭文，言"予己卯九月初二日，闻梁夫山先生卒于非命。初三日，设灵位馈仪，含泪为文以恸之"云云。则九月初二日为所闻之期。《年谱》已指出何心隐被杖杀于万历七年六月，但误言"死之翌日"，周良相为文设祭；容肇祖大概有感于"六月"与"九月"不相统一，同时又对周文误读，其误更甚。
③ 有关何心隐后事，邹元标《梁夫山传》："越四年，友人程公二蒲（学博）、耿公楚侗（定向）、门人胡子介（时中），收骸骨葬于孝感，与程公后台（学颜）同茔。"袁承业《王心斋先生弟子师承表》则云王襞之侄王之垣（与楚侗同名），当何心隐被通缉之际，挺身欲代，死后则为之迎葬。另外，前揭陈士业《答张谪宿书》，云何心隐死后，陈尸道旁，有二人仰天大哭，收其遗骸，"其一乃（吕）光午也"。倘诸说不误，那么何心隐大概先由王之垣、吕光午等草草安葬，万历十一年，时张居正已卒，才正式迁至孝感。
④ 《何心隐集》卷4《遗言孝感》。

可信度也要大打折扣。一句话，对于官方所说的，何心隐具有谋反的企图，根据现有的材料无法得到证实。当然，正如一枚硬币的两面，无法证实也就同时意味着无法否认。在历史研究中，现代司法制度中的"无罪推定"原则，似乎并不适用。

然而，正如指鹿可以为马一样，何心隐到底是什么并不重要，关键都在于他被看成什么。这样，考察何心隐遭受迫害的原因，就不在于他是否真有类似的图谋，而应关注他为什么会被视为造反的领袖。

何心隐本人在京师召集方技杂流，以讲学为号召，颇能为他所利用，其政治能力是极强的。同时以权谋之术除掉专横跋扈的内阁大学士严嵩，尽管颇为时人所快，但对后来继严而起的当权者来说，却不能不被看成是一个潜在的威胁。因此尽管在野讲学，其实却被深深地卷入到复杂的政治斗争中了。

明代嘉、隆、万三朝交汇时期的中央政局，实际上是一幅徐阶、高拱、张居正三位内阁首辅之间的相继倾轧图。徐阶在除掉严嵩之后，"以威福还主上，以刑赏从公论"，以宽大之政矫前者苛严之弊。加上本人又与王门讲学诸人的密切联系，很快便博得士大夫的拥护，"于是论者翕然推阶为名相"①。然而尽管打着"以威福还主上"的旗号，徐阶所谓"主上"似乎仅仅是指明世宗②。继位的穆宗朱载垕不仅庸懦无能，而且好色贪杯，大权基本上掌握在徐阶手里。后者乘机着手实行了一系列有利于外廷的改革，其中包括释放嘉靖大礼议得罪诸人，甚至对宫禁之事也指指点点。这样，不仅"中官多侧目"③，穆宗在裕邸时的老师，此时也已晋升为内阁大学士的高拱，便极力试图扳倒徐阶，为新近从龙的这个权贵集团张目。

隆庆初年的政治与嘉靖初年相类，徐阶也有点儿像杨廷和④，主要借外廷的势力来钳制皇帝。高拱还不太清楚徐阶的势力到底有多大，命御史齐康进行弹劾。岂料反弹的势力竟使身为最高统治者的皇帝也束手无策，"九卿以下交章劾拱誉阶"⑤，于是高拱引退，齐康被罢。

---

① 《明史》卷213《徐阶传》。
② 据范守己云，他在徐阶处所见明世宗与徐阶往还奏章，"帝一一省窜定之，有不留数字者。虽全当帝心，亦必更易十数字，示明断。有不符意则驳使再拟，再不符意，则别札谯让或谴责之矣"。参氏著《皇明肃皇外史》卷46。
③ 《明史》卷213《徐阶传》。
④ 王世贞《嘉靖以来内阁首辅传》卷末，野史氏曰："阶亦何下廷和哉！惟其小用权术，收采物情，识者不无遗憾焉。虽然，若廷和、阶者，俱救时宰相也。"
⑤ 《明史》卷213《徐阶传》。

隆庆二年徐阶退休，内阁中只剩下李春芳、陈以勤、张居正。李、陈二人碌碌无为，为张居正所轻。转年八月礼部尚书赵贞吉入阁，尽管排名居末，然而动以前辈自居，令张居正这样桀骜不驯的人物难以忍受。张居正身为徐阶的门生，又曾经和高拱有过同僚之谊①，因此在徐、高之争中基本保持中立，但对赵贞吉却不再客气，亟欲除之而后快。由于赵贞吉名望甚隆去之不易，只好重新召回极富才干的高拱，二人联袂行事。

一山难容二虎。随着赵贞吉的致仕，由于失去了共同的敌人，高拱、张居正又隐然成为竞争对手。两个人都与中官联系密切，又都作过皇帝的老师，在竞争中不相上下。在隆庆六年朱载垕一命呜呼之际，又同为顾命大臣共同辅政。

岂料，尽管曾专门撰文讨论过权术的问题②，身居内阁首辅的高拱在权术的实践中却并不灵光。事实证明还是那位城府更深的张居正尤胜一筹，在明神宗继位伊始，就利用其生母李氏、中官冯保的力量，把高拱逐出权力中心之外。高拱虽然下台，但虎死余威在，张居正、冯保等人仍视之为眼中钉、肉中刺，不仅对他的党羽亲信大肆打击，而且还策划王大臣一案，阴谋构陷③。在罗织高拱亲信的过程中，一个在当时很有声望的人物，不可能不进入到张居正的视野之中。

这个人，就是黄陂人方与时。

方与时本名一麟，自号湛一，嘉靖间曾以弱冠为诸生。初婚不久，大概与妻子关系不好④，跑到太和山"阴习摄心术"，并学会了用锡化银的炼金术，可能也因此学习了一些医道和武功⑤。方与时本来聪慧异常，加上"静久生明"⑥，又身具这些颇为不凡的技艺，大概用世之志未泯，于是重归方内，遍

---

① 有关张居正的政治经历可参第三编第二章第一节。
② 高拱有关权术的思想可参其《问辩录·论语》（流水点校《高拱论著四种》）。对这一问题的已有评论可参葛荣晋《中国古代经权说的历史演变》。按，高拱把经看成是"有定之权"，权则是"无定之经"，与传统的经权颇有不同，反而与王守仁、耿定向等的观点大致无异，参第三编第一章第二节有关耿定向"慎术"思想的讨论。
③ 对这一事件的考察，参阅樊树志先生《万历传》，第35—42页。
④ 前揭耿定向《里中三异传》："弱冠为诸生，初婚不安其室，托游方外。"方与时后来出妻并因此遭诉讼，都说明了这一点。
⑤ 《徐氏海隅集·文集》卷43《方与时传》；前揭耿定向《里中三异传》。按太和山明代有二，一在广西，一在湖广，后者即武当山。方与时本湖广黄陂人，则此太和山极可能即武当山。又，伍袁萃《林居漫录·别集》卷4载太和山道士殴辱襄阳太守一事，可知时人所言太和山多指武当山。徐学谟《方与时传》太和山作太岳山，后者一名霍山，在今山西，恐误。
⑥ 《明儒学案》卷32《泰州学案一·方与时传》。

寻当世的名流高士。当时武进唐顺之正养望在家，名重海内，天下人欲一见而不可得。方与时以异人的形象去拜访，受到了热情接待，并由此与罗洪先等人交好，声名大噪，人称"湛一夫子"而不名，"士绅相艳奇，以为子房、长源复生"①。

方与时暴得大名，但不久因与罗洪先交恶，重新回到了家乡。黄陂所处虽非通都大邑，但据说"四方剑侠之客辐辏其门，皆云访方夫子讲大事"②。当时乡居在家的耿定向也曾前往访问，从此又和耿定向订交。不久，适遇程学颜、何心隐集会矿山，车骑雍容，四方士绅杂流无不与会。方与时自然也在参与之列，并由此与何、程二人相识，在他们的劝说下，欲仿方士陶仲文之故技，谋求"以所学术干上"③。

方与时首先回家向叔父借了千金，"为蓟北游"。恰逢"都门二三老阴招之"，于是挟赀入京，住在广慧寺，待时而动。由于有当道大老为后盾，"都门名公亦多与往还"，这之中便包括后来官至内阁首辅的张居正。据说张居正与方与时会面后，曾对耿定向品评其人，说道："昨晤山人，视其神情中若有所为者，机达于目矣"。耿定向后来把方与时欲"以术干上"的意图告诉了他，张居正颇不以为然："方生此鼓从此挝破矣。"④

当时严嵩尚未去位，其子严世蕃听说方与时善黄白之术，"欲诒之挟赇"。李春芳（大概即前所谓"二三老"之一）知道以后，密告耿定向，适值后者巡抚甘肃，顺便携其归乡。回家不久便被前妻之家诉讼，终因耿定向之力而获免。于是"复出游汴、洛、郧、鄂间，流言籍籍起"⑤。徐学谟所说的方与时曾"约无赖辈往海上侦事情"等事⑥，大概就是此际的流言。因此耿定向之弟耿定理命其父兄强召其还乡，以防不测。方与时这才"于白云山中筑室下帷，且孜孜为导乡善俗事"，又似乎颇像一位循循儒者了。耿定向后来曾经慨叹，假如不是由于外力所激，方与时或许将"勉老里中一学究"，不会有后来的狼狈不堪了。

这外力的源头，便是那位以讲学为名高的江右王门学者罗洪先。

---

① 《徐氏海隅集·文集》卷43《方与时传》；耿定向《里中三异传》。
② 《徐氏海隅集·文集》卷43《方与时传》。
③ 耿定向《里中三异传》。按，耿定向访问方与时的时间大概在嘉靖三十八年（1559）其归省时。参《耿天台先生全书》卷8《观生记》。
④ 同上书，时间为嘉靖四十年，耿定向是年出巡甘肃。
⑤ 耿定向《里中三异传》。
⑥ 《徐氏海隅集·文集》卷43《方与时传》。

罗洪先字达夫，别号念庵，吉水人。嘉靖八年状元，授翰林院修撰，不久告归。加之父母相继去世，直到嘉靖十八年才被召为左春坊左赞善。第二年，由于明世宗屡屡托病不朝，激愤之下，与好友唐顺之、赵时春一起，上书请以下一年元旦朝见东宫太子，招来明世宗的疑忌，三人一同被削职为民。

同王畿因伪学罢归一样，罗洪先等人被撤职以后，反而在朝野获得了巨大的声誉。加上罗洪先本人躬行践履，又私淑王守仁，和邹守益、欧阳德、聂豹等一起，奠定了江右王门在学术界的崇高地位。方与时一经此辈品题，声名鹊起；一与他们交恶，清望尽销。在某种意义上，邹守益、罗洪先、唐顺之以及稍后的著名文人王世贞，都在当世"名坛"起着"月旦评"的作用①，举之可以上天，按之可以入地。

罗洪先尽管晚年追宗王学，黄宗羲所谓"晚彻悟于仁体"②，但其实至少在中年以前于王学疑信参半。聂豹力倡"归寂"之说，虽有退转到陈献章"静中养出端倪"的嫌疑③，但惟独罗洪先信之甚笃。而且"不择方内方外，一节之长，必虚心咨请，如病者之待医"，阅《楞严经》，得"返闻之旨"④；受阮中和医病，传纯阳道法⑤。由于与方士们关系密切，以至死后被盛传为升仙。

罗洪先和方与时通过唐顺之相识以后，方与时先是受其影响，"斤斤检斥，即一茶一扇馈遗亦不苟受也。"不久，方与时以"静中恍见，端倪始得"约他和王畿一同入山修行，二人不顾"吉州诸长者"的一致反对，一起来到方与时的家乡道明山。罗洪先后来久无所得，怀疑受了欺骗，"愤悔至发疽"，回家之后夫人又已经死去，未及与之决别，更是悔之无及。不久方与时又来到吉水求见，甚至提出筑室受业终身，都被罗洪先严词峻却⑥。罗氏作为一个道学家尽管可以落下"疾恶如仇"的美名，但与王守仁和王艮相比，至少也可以说他殊无容人之量。方与时再一次回乡，因此与何心隐、耿定向相交，这在前

---

① 明清时代有"名坛"一说，参《儒林外史》第十七回："匡秀才重游旧地，赵医生高踞诗坛。"
② 《明儒学案》卷18《江右王门学案三·罗洪先传》。按罗洪先初于王守仁不称门生，只称后学。其后在钱德洪、王畿等的证明下，于《王阳明年谱》编订时改称门人。
③ 耿定向《观生记》嘉靖三十六年丁巳："余闻乙卯（嘉靖三十四年，1555）罗文恭（洪先）曾习静于道明山中，因访其门徒训之曰：'先生在此，作何功课？'曰：'闻诸先生云，学须静中得一番光景，方有入路，白沙所谓养出端倪是也。'"又，同书嘉靖四十三年甲子，王畿语耿定向："此方今第一人也（指罗），奈于当下良知尚信不及耳。"
④ 《明儒学案》卷18《江右王门学案三·罗洪先传》。
⑤ 参《何心隐年谱》，嘉靖二十八年乙酉（1549）。
⑥ 耿定向《里中三异传》。

面已经指出了。

隆庆三年，罗洪先的弟子胡直作了湖广督学①，因方与时以前曾欺骗乃师，命令有司予以逮捕。方与时慌不择路，投靠了大侠邵义，一同进入高拱的幕府。隆庆六年高拱下台，邵义被杀，方与时逃匿太和山，不久病死，年仅四十八岁②。

张居正和方与时认识，对于这个名声很大的人物没有理由不加注意，更何况后者一度成为权力竞争对手高拱的亲信徒党。加上方与时和江湖侠客们的广泛联系，这批人的能量又是如此之大——万历初期京城就有两位皇亲被杀，影响很大③，那么张居正对这些侠客们的态度也就可想而知了。当时他刚刚升任首辅，极力推行考成法、一条鞭法，本意虽在挽救明帝国的危亡，但他不是对传统政治体制给予制度上的创新，而是实行极其高压的铁腕统治，这样势必激起朝野之士的反弹。在此情况下，张居正所最惧怕的，便是新老政治反对派的相互联合。尽管我们不清楚他对何心隐与方与时之间关系的了解程度，但至少应把他们看成同一类人物。因此，当万历四年春天两名吉安人傅应祯和刘台相继弹劾张居正之后，仅仅相隔几个月何心隐便被通缉，两者之间的联系难免不令人生疑。第二年吉水人邹元标上书反对张居正夺情④，另有一个盛传为何心隐弟子的大侠曾光在贵州阴谋造反，所有这一切，想必都让张居正再一次坚定了通缉何心隐的决心⑤。或许在他看来，何心隐阴谋叛国未必，但至少是要推

---

① 郭子章《蠙衣生粤草》卷6《胡庐山先师行状》。
② 耿定向《里中三异传》。按邵义大概就是《万历野获编》卷8所言"邵芳"："邵芳者，号樗朽，丹阳人也。穆宗之三年，华亭（徐阶）、新郑（高拱）俱在告家居，时废弃诸公，商之邵，欲起官，各醵金合数万，使觅主者。邵先以策干华亭，不用，乃走新郑谒高公。初犹难之，既见，置之座隅，语稍洽，高大悦，引为上宾，称同志，邵遂与谋相⋯⋯时大珰陈洪，故高所厚也，因赂司礼之掌印者，起新郑于家，且兼掌吏部，诸废弃者以次登启事。而陈洪者，亦用邵谋，代掌司礼印矣。时次相江陵（张居正）稔其事，痛恶之，及其当国，授意江南抚台张岵峎佳胤，诱致狱而支解之。"依此，高拱之起虽由张居正荐，实亦藉宦官之力。张居正初欲借高以压赵贞吉，其后二人交恶，遂并治其徒党，二者并不矛盾。
③ 参周宾所《识小编》。
④ 《何心隐集》卷4《又与鹤山（邹元标）书》："本府一傅一刘谏于丙子春，而秋即肆毒于元也。况邹进士之谏于丁丑冬，又疑为元邻邑亲，不啻疑为元党也。乃年逐一年，月逐一月，日逐一日，而毒之肆者亦日甚，以致有今日毒难堪也。"可见何心隐自己亦以此为嫌疑了。
⑤ 前揭《万历野获编》卷8《邵芳》："心隐亦江陵所深忌，因示意楚抚王之垣、按院郭思极置之法。心隐每大言，欲去江陵不难，其徒皆信之。"又云："时楚人李幼滋为工部尚书，正江陵入幕密友，素以讲学为心隐所轻，故借江陵之怒以中之。"另外《何心隐年谱》附录有《台州志·王亮传》："江陵夺情，永丰老儒梁汝元以诗投劝其终制，江陵怒，授旨有司，会湖广、贵州界获妖人曾光，窜入汝元姓名，云谋不轨。"后说或得自道听途说，未必准确。

翻他个人的统治。

关于曾光谋反的大致情形，当时人是这样记载的：

> 今上（万历）丁丑、戊寅间，有妖人曾光者，不知所从来，能为大言惑众，惯游湖广贵州土司中，教以兵法图大事。撰造《大乾启运》等妖书，纠合倡乱，彼中大吏协谋图之。为宣慰使彭龟年所赚，并其党缚之。二省上其功于朝，黔抚何起鸣等、楚抚陈瑞等及龟年俱拜优诏厚赏，而曾光竟遁去。上命悉诛妖党，严缉曾光，以靖乱本。
>
> 时有江西永丰人梁汝元者，以讲学自名，鸠聚徒众，讥切时政。时江陵公（张居正）夺情事起，彗出亘天，汝元因指切之，谓时相茂伦擅权，实召天变，与其邻邑吉水人罗巽者，同声倡和，云且入都持正议，逐江陵去位，一新时局。江陵恚怒，示意其地方官物色之。诸地方官居为奇货，适曾光事起，遂窜入二人姓名，谓且从光反，汝元先逮至拷死，罗巽亦毙于狱。
>
> 光既久弗获，业已张大其事，不能中罢，楚中抚臣乃诡云得获曾光，并罗梁二人，串成谳词，上之朝。江陵亦佯若不觉，下刑部定罪，俱从轻配遣，姑取粗饰耳目耳。至于曾光者，亦在爰书配发数内，然终不知其踪迹何在，真游侠之雄也。若罗梁二生，唇吻贾祸，不过何心隐流亚耳。近日李卓吾，直以梁汝元即何心隐托名，此固妄谈不足凭，然何亦吉安人也。①

这里虽误把何心隐、梁汝元当成二人，但基本情况大体属实。说张居正对诡获曾光"佯若不觉"，现有张居正给湖广按察使郭思极的信函可证：

> 缉获妖犯，解赴贵州审质诚便，但彼中渠魁（当指何心隐、罗巽）已决，无与质证，独卷案存耳，恐亦无以正其罪也。杨仲魁即曾光之说，似未必然，且彼既认传书一事，则亦知情藏隐之人，不必论其妖书（当指《大乾启运》）之有无也。若今日即以为曾光而诛之，万一后获真犯，何所归罪？惟公慎之。②

---

① 《万历野获编》卷18《大侠遁免》。《明神宗实录》的记载与此略同。
② 《新刻张太岳先生诗文集》卷31《答楚按院郭龙渠》。

张居正、郭思极等人早已把何心隐当成了妖逆的"渠魁",而他自己却还在被押解的途中上书郭氏百般置辩①,其实无异于与虎谋皮。写到这里,又不禁为他这个极有可能是政治斗争牺牲品的人物感到可悲了。

四、必学必讲

无论何心隐被杀的真实原因何在,这一事件本身都给当世造成了这样一种印象,张居正试图借此来打击弥漫朝野的讲学活动。事实上,这一行动也确实和张居正所要推行的文化政策极为吻合,因此把后者看成原因之一,也同样未尝不可②。历史本身往往就是这样的复杂。

何心隐自己也是这样看的,自言受到通缉之后,本欲"以生平所蓄谬发《原学原讲》万有余言一册","诣阙鸣之于朝廷,以鸣于天下"③。

《原学原讲》是何心隐为当时的讲学运动提供理论依据的一部著作。其内容的核心有二:一是证明讲学的必要性(必学必讲);二是证明为什么要采用"孔子家"这样的讲学形式(必如此学,必如此讲)④。

"学"和"讲"被何心隐看成是作为个体的人,其最根本的存在方式。他以为,《尚书·洪范》所提出的"敬用五事"——即貌、言、视、听、思,是人之所以为人的基本功能,"学"和"讲"的根据就出自"貌"与"言"。

"貌"指一个人的容仪,引申开去,任何"有形之类"也都有貌,它所指称的,是一个存在物本身所能展示或呈现出来的外在形象。对于其他"有形之类"来说,它们所呈现出的,当然是一种自然的状态。但人之所以为人,就在于作为社会存在物的他决不仅仅是自然的,他更能够把自己的精神世界外化到仪表中来,而这种精神依照儒家的标准当然是敬肃孺慕的,这也就是《尚书·洪范》所说的"恭作肃";外化之后的精神表现在容仪之上,则是谦恭有礼,即所谓"貌曰恭"。作为一个刚刚出生的自然人,他与任何"有形之类"是没有什么差别的,而自然人之所以逐渐转化为真正的"人",真正能做到谦恭敬肃,势必需要有一个"学"的过程。因此,"学"是人之所以为人的必经之途。

"言"是指一个人的语言,类比其他,任何"有声之类"也都有言,都能

---

① 《何心隐集》卷4《上湖广郭按院书》。
② 对张居正打击讲学活动的探讨,可参第三编第二章第二节。
③ 《何心隐集》卷4《上南安康二府书》。
④ 《原学原讲》一文载《何心隐集》卷1。

发声。同样，人的语言和其他"有声之类"也不一样，它的基本尺度是能够进行合理的表达，这也就是《尚书·洪范》所谓"言曰从"；表达合理方才使名副其实，于是诸事无碍，进而达到天下的大治，此即"从曰乂"。从自然的发声，到名实相符的过程，便是"讲"。因此，对于人之所以为人来说，"讲"同样是与生俱来的。

"讲学"是一个"求仁"的过程。仁者，人也，因此讲学也就是使人得以摆脱"物性"，成为一个真正的"人"的过程。由于"学"和"讲"都是与生俱来的，那么讲学的活动也必是如此，它就决不能仅仅归原于孔子。在人类的历史之初，伏羲画卦，大禹衍畴，尧舜都俞吁咈，汤尹誓诰训命，以至高宗、傅说、文、武、周公，又何者非学，何者非讲？所不同的，伏羲、尧、舜、禹、汤、伊尹大概淳朴未浇，"隐隐学而隐隐讲"；至高宗、傅说、箕子、文、武、周公，文明渐盛，则"显显学而显显讲"。所有这一切到孔子那里集大成，那就是"显显以学以讲名家"，必学必讲。

但是，孔子尽管学《易》讲《易》，学《洪范》讲《洪范》，但却仍以"学之不讲"为忧，为什么？

在他看来，《易经》之数以"九"为极，文王得之用其"元"，孔子得之用其"仁"，而仁是使《易经》达到九数的极致；《洪范》之数（指敬用五事）以五为终，武王得之用其"圣"，孔子得之仍用其"仁"，而仁也是使《洪范》达到五数的极致。因此，孔子之所忧，是担心《易经》与《洪范》不能达到它们所"易"所"范"的终极境地。使《易经》的精神变通穷极的主宰是"太极"；使《洪范》的精神变通穷极的主宰则是"皇极"，而太极与皇极共同的主宰却是"仁"。正因为孔子用仁的精神，"以易乎《易》之所未尽易，以范乎《范》之所未尽范"，所以才能得出"自有生民以来，未有盛于孔子者"的结论。联系到当时在文华殿东室从伏羲到孔子座次的排列①，便可知在野的学者强调孔子的伟大，正是反对道由上出，对官方以君道压制师道的做法表示深切的不满。

学和讲的根据既然是仁，而"仁则人也"，那么学和讲便是一个真正的人的应然状态。因此，"孔子以学以讲名家"，学是"学其孔子家"，讲则是孔子所论的"成家之成法"，这种"孔子家"，也就是前面所说的会，何心隐因此把自己所建的会称作"求仁会"。

---

① 参第一编第二章第三节。

何心隐的这些观点，在当时人看来是"承传心斋绪言，谭说孔学匡廓，甚辩"，但也同时预言了他"将有后灾"①。在专制制度的统治之下，强权从来都比公理更为有效，辩论是没有丝毫用处的。

---

① 耿定向《观生记》嘉靖三十九年庚申，引耿定理言。按耿氏此言，容肇祖等皆以为乃事后污蔑之词，理由是耿定理曾自言于何心隐处得"黑漆无入无门之旨"（参李贽《焚书》卷4《耿楚倥先生传》）。其实耿定理的学术注重了悟，注重个性的解脱（参第三编第一章第二节），其与何心隐借讲会组织这一"孔子家"来弘扬师道的思想相去悬绝，更何况所谓"黑漆无入无门之旨"本身便隐晦难解，又安知耿之学何非郢书燕说？因此，至少从本书的角度来看，耿定向兄弟对何心隐学说的批评有着充分的理由。

第三章 会通与乐学

> 阳明先生之学,有泰州、龙溪而风行天下,亦因泰州、龙溪而渐失其传。泰州、龙溪时时不满其师说,益启瞿昙之秘而归之师,盖跻阳明而为禅矣。然龙溪之后,力量无过于龙溪者,又得江右为之救正,故不致十分决裂。泰州之后,其人多能以赤手搏龙蛇,传至颜山农、何心隐一派,遂非复名教所能羁络矣。①

黄宗羲这一观感在以后的研究中曾被广泛引用,早已视为定谳。问题是,真实情况确实如此吗?

说王学因泰州、龙溪而广泛流传,这一点大致上是不错的。在晚明,执思想界牛耳的王门后学当中,不曾受过王艮、王畿影响的人物可谓鲜矣,他们的学说无论是否被赞同,都一定会被研究被探讨,而无法轻易地绕过。然而,把二人的学术说成禅学,把王畿的影响局限于身殁,似乎并不符合历史的实际。事实上,倘从思想的内在传承上来看,被黄宗羲划归泰州学派的大部分学者,特别是王襞以下的数支,主要应被视作王畿的后劲。被后人同样看成泰州学人的李贽,尽管在王门弟子中"以心斋为最英灵"②,但是读其书而"无不喜"的,却惟有王畿③。此外,罗汝芳因王艮亢高、王畿圆通而为之折中,周汝

---

① 《明儒学案》卷32《泰州学案一·序》。
② 《焚书》卷2《为黄安二上人三首之一(大孝)》。
③ 《焚书》卷2《复焦若侯》。又云:"世间讲学诸书,明快透髓,自古至今未有如龙溪先生者。"李贽还曾编《龙溪先生语录钞》八卷,并为之点评。其序云:"予尝谓先生此书前无往古,今无将来,后有学者可以无复著书矣。"李贽对王艮的真实评价可参本章第二节。

登、管志道继承其"无善无恶"论,都可以说是不刊的证明①。

王畿的影响主要体现在王学会通派的形成。在第二期王学中,修证派与师道派都以"修身见世"相标榜,具有浓厚的政治野心。与之相比,会通派尽管在政治上的兴趣不减,却大抵随顺委蛇,缺乏明确的目标。那是一个松散的学术群体中,一批行动取向及理论归趋大致相同的思想者的集合。作为他们最首要目标的,不是"达则兼善天下"的济民经世,而是探讨自家的性命根因,追求一种可以作为生命依托的超越性的终极实在。换句话说,他们所需要的是自我的真正解脱。主宰着他们精神世界的,是一种挥之不去的宗教情结。

宗教情结,是人的一种终极关切。在此岸世界生活的个体,无可避免地要面对生存和死亡、意义和价值等等问题。对死亡的恐惧,对永生的希冀,潜隐在每一个人的内心深处。现实当中的人们,由于生活经历、学养历程、先天气质等的不同,信仰也颇不一致。但是,真正的信仰又无不指向那令人烦恼不堪的死生之际。为了勘破生死,一代代宗教家、哲人为之做过不懈努力。在晚明士大夫群体中,追求彼岸的超越实在,而又不愿舍弃现实世界的种种所执,势必催生一种新的学说。这种学说重构的任务,便落在会通派学者们的肩上②。当然,由此生发鼓动而形成思潮,王学会通派在晚明社会的影响,又不仅仅局限于学者的自我解脱,而是具有更为广邃的时代内涵。

会通派的早期领袖是王畿,其后则有罗汝芳、李贽、杨起元、周汝登、管志道、陶奭龄等人。早期的学者尚仅援佛道入儒,到了晚期,荤素腥膻,百无禁忌,创造了晚明社会百家争鸣的多元文化格局。在会通的思想背景之下,王学不仅消解了自身,甚至还消解了传统意义上的儒学,因此道统论崩溃,诸子学开始复兴,中国式的"文艺复兴"正式登上了历史的舞台。值得注意的,晚明西学也正是在这样一种历史氛围下被中国知识界乐于接受的。

---

① 参本书导言第二部分所引荒木见悟、岛田虔次、山下龙二诸说。此外,沟口雄三在《前近代中国思想的曲折与展开》一书中,把目光对准王畿、耿定向、李贽、罗汝芳、周汝登、杨起元、管志道等人,指出他们在思想("理观")上的一致之处是穷究性命之道,说明他已经注意到这些学者在思想上的共通性。本书与之不同的是把追求自身性命的解脱当作一种行动取向,而不仅仅是一种"理观"。另参第四编第一二章的相关探讨。同时,从行动取向的角度着眼,耿定向被视作在朝王学的代表,可参第三编第一章第二节。

② 值得注意的是,在一个现代佛教徒的眼中,本书所谓会通派的大部分学者如李贽、杨起元、管志道、焦竑、袁黄、陶奭龄、赵贞吉等都是佛教中的居士,并认为他们大体属于士大夫阶级,其思想"富有儒、释、道三教同源论的色彩",着眼点也正在其宗教情结。至于这些人到底相不相信佛教,详读本书自可辨之。参释圣严《明末佛教研究》第四章《明末的居士佛教》,第239—278页。

第一节 王　畿

一、生平

王畿字汝中，号龙溪，浙江山阴人。相较于他的朋辈、那些仕途得意的官僚型学者而言，王畿本人的生平事迹，显得有点儿简单。正德末、嘉靖初，年仅弱冠的王畿以高才领乡荐，正赶上王守仁自江西平濠而归，在朱学的颓势中，矫俗抗众，讲学林下，渲染着王学的新风。或许确实像不少野史所言，为王守仁所诱，或者是出于自愿的归依，总之至迟在嘉靖二年癸未，王畿都已正式受学，成为阳明的座下弟子①。当时伪学之禁方兴未艾，王学受到朝野人士的普遍指目，即便是同门内部"见方巾中衣而来者，俱指为异物"②。王畿却与钱德洪"跌宕自喜"③，自言"戴玉台巾，服小中衣，睢睢相依，或指为异言异服，共讪诽之，予二人毅然弗顾也"④。

由于悟性很高，王畿迅速成为王守仁第一代弟子当中的领袖。当时就学于王守仁的门人日多，无法遍授，王守仁往往先令王艮、王畿、钱德洪等人稍加辅导，然后再由自己亲传，因此这些人又被称为"教授师"⑤。

嘉靖五年，正值丙戌会试，沉迷于心学体验之中的王畿放弃了科考的打算。不过，此时的王守仁正致力于学术的传播，因此极力怂恿他前去应举，趁机用自己的学说影响京城的士子们："吾非以一第为子荣也，顾吾之学疑信者半，子之京师，可以发明耳。"⑥四年前，张皇四顾的弟子王艮，在王守仁的默许下去北京传学，差点儿惹出祸端，王守仁这次派王畿出去，便主要着眼于作理论上的阐发。

这一年王畿与钱德洪一同中式，但却没有参加廷对，飘然而归。王守仁极为高兴，赞许二人为可居之"奇货"⑦。转年王守仁出征思、田，王畿与钱德

---

① 《明儒学案》卷12《浙中王门学案二·王畿传》："弱冠举于乡，嘉靖癸未下第归而受业于文成。"但据王畿自言："追惟夫子（指王守仁）还越，惟予与君（指钱德洪）最先及门。"参《龙溪王先生文集》卷20，《绪山钱君行状》。据《王阳明全集》卷34《年谱二》，钱德洪拜师时间在正德十六年九月，未言王畿。则王畿此说极可能是故意为之，以掩饰他此前不相信王学的事实。
② 《王阳明全集》卷34《年谱二》，正德十五年庚辰。
③ 《明史》卷283《儒林二·王畿传》。
④ 前揭王畿《绪山钱君行状》。
⑤ 《明儒学案》卷11《浙中王门学案一·钱德洪传》。
⑥ 《明儒学案》卷12《浙中王门学案二·王畿传》。
⑦ 前揭王畿《绪山钱君行状》。

洪除了居守越中书院外，还一同赞襄魏廷豹处理阳明家事，甚至因此卷入其家庭纠纷①。王守仁死后，王畿庐墓三年，以终心制，直到嘉靖十一年才参加廷试，被任命为南京职方主事。其后辗转迁至南京兵部武选郎中，因与夏言交恶，被用禁伪学的名义罢黜。从此以后王畿林居四十年，周流讲学，自两都及吴、楚、闽、越、江浙都有讲会，以纯学者的身份终其一生。由于精思妙悟，与王艮并称"二王"；因年纪老寿，嘉、隆时与罗汝芳（号近溪）共主讲席，故又合称"二溪"。

二、世出世法

王畿尽管同王艮一样，在不同的进路上发展了乃师的学说，但在一般人看来他和王艮不同的一点就在于，后者由"致良知"一转而为"淮南格物"，作了方向性的转变。王畿似乎不然，"致良知三字谁不闻，信得及者惟我也"②。这是嘉靖三年从学于王守仁一年之后的豪言壮语。看来，从那个时候起，王畿便明确无误地以阳明的嫡传自居了。这样，哲学史家大都把注意的焦点放在王畿有关心体的论述，特别是他的"四无说"上，便绝非无的放矢。问题是，姑且不谈王畿本人或许因江右王门为之救正，不能时时贯彻"四无说"③，即便是他所标榜的"信得及者惟我也"亦不甚可信。行辈稍晚的王门学者耿定向，便曾毫不客气地质问："翁若信得及良知具足矣，何又拜胡青虚寻求住世法耶？"④ 胡青虚是当时一个有名的方士。因此，假如这一矛盾无法解决，那么哲学史家所描述的王畿，就决不是历史真实中的王畿，而只是一个向壁虚构的产物。

王畿在当世负道学重名，但是无论在当时还是后世，都没有哪位学者推崇其儒者矩矱，这一点和同门的王艮又不一样。黄宗羲说他：

> 夫良知既为知觉之流行，不落方所，不可典要，一著工夫，则未免有碍虚无之体，是不得不近于禅；流行即是主宰，悬崖撒手，茫无把柄，以心息相依为权法，是不得不近于老。虽云真性流行，自见天则，而于儒者

---

① 参本书第三编第三章第一节。
② 李贽《续藏书》卷22《理学名臣·郎中王公传》。按次前又有癸未下第之后"卒业于师门，师为治静室居之，逾年，大悟曰"等语，则王畿此说似当发于嘉靖三四年时。
③ 这一点本书第二编第一章第三节已经指出。
④ 《耿天台先生全书》卷8《观生记》，嘉靖四十三年甲子。

矩矱，未免有出入矣。①

这种出入，表现在他的在官干请，与宦官拉关系，甚至为了风水的缘故，强夺寺观田产等许许多多和道学家身份不符的事件中②。正因为这一点，王畿还经常遭到友朋们直言不讳的批评。他本人却也光明磊落，自承欲望过多，自叹修行无力③。有的，随错随改；有的，则以本心光明，不计人嫌。自言："平生心热，牵于多情，少避形迹，至来多口之憎，自信以为天下非之而不顾，若无所动于中。"④

儒者矩矱，不仅仅归极于名教。黄宗羲所讥讽王畿在行动上的逃禅、悦老，同样是他冲破儒者藩篱的重要表征。这表明王畿在行动取向上具有一种出世的渴求。不过，与传统那些即使在行动上要求出世，但在理论上仍以经世的"外王"为旨归的儒家学者不同，王畿并不讳言自己的价值好尚，这也是他为人甚真的一个证明。王畿所着力追求的，是那种掀翻天地，打破牢笼，天马行空，独来独往，在上下四方古往今来的宇宙大化中自在遨游的所谓"大人"形象。这使他有点儿像《庄子·天下篇》中那个"独与天地精神相往来"的庄周。他说：

> 儒者之学，崇效天，卑法地，中师圣人，已是世界豪杰作用。假三者都不做他，从何处安身立命？自得之学，居安则动不危，资深则机不露，左右逢源则应不穷，超乎天地之外，立于千圣之表，此是出世间大豪杰作用。如此，方是享用大世界，方不落小家相……达者信之，众人疑焉。
>
> 夫天积气耳，地积形耳，千圣过影耳。气有时而散，形有时而消，影有时而灭，皆若未究其义。予所信者此心一念之灵明，从混沌立根基，专而直，翕而辟，从此生天生地生人而生万物，是谓大生、广生，生生而未尝息者也。乾坤动静神智往来，天地有尽而我无尽，圣人有为而我无为，冥权密运不尸其功，混迹埋光有而若无，与民同其吉凶，与世同其好恶，

---

① 《明儒学案》卷12《浙中王门学案二·王畿传》。
② 在官干请可参第三编第三章第一节；夺寺观田产事见唐顺之《重刊荆川先生文集》卷5《与王龙溪郎中》。
③ 比如耿定向曾指出王畿诸般"不中之处"，希望他"做个真圣人"。王畿自责"修行无力，放松之病生于托大"。见《龙溪王先生全集》卷4《东游会语》。
④ 《龙溪王先生全集》卷15《自讼长语示儿辈》。

> 若无以异于人者。我尚不知我,何有于天地,何有于圣人?外示尘劳,心游邃古,一以为龙,一以为蛇,此世出世法也。①

"世出世法",也就是在家出家的法门。王畿一方面不愿舍离现实的此岸世界,同时还要追求灵魂的超越和解脱,这样的法门无疑最为合适。事实上,在此王畿已经开辟了王学会通派的根本取向,奠定了他在这一派的鼻祖地位,——也就是穷究性命之道,追求个体生命的自我解脱。在给朋友李遂的信中,王畿表达了他对人世苍茫的亘古悲情:

> 世间原无一物可当情,原无些子放不下。见在随缘,缘尽即空,原无留滞。虽儿女骨肉亦无三四十年聚头,从未生以前观之,亦是假合相,况身外长物可永保乎?
> ……人生只有这件事,凡生时不曾带得来,死时不曾带得去的,皆不须一毫着念认为己物,方是超物外大丈夫。公余不妨与诸公时时觅会究明此件事,此件事原是为自己性命,教学相长,不是立门户、了故事做的。②

这里所谓"此件事",也就是"生死一念",他说:

> 八十老侬于世情更有何放不下?惟生死一念,眼前实境界,于此超得过不为恐怖,方是世出世法,方是豪杰作用。③

的确,孔子不是也说"死生亦大矣"?古往今来真正能勘破生死的,又有几人?

不错,王畿正是要做解脱以后的"大人"。在他的笔下,这种获得了自由的"大人"有点儿像尼采所描述的具有主人道德的"超人",他无依无傍,独立自足地存在于这个世间;他"言不必信,行不必果",为达目的可以不择手

---

① 《龙溪王先生全集》卷7《龙南山居会语》。参同卷《南游会记》。按,《龙南山居会语》一文,后半段讲究随顺委蛇,已全是老子作用,本书在此详细引述,主要是为后文讨论的方便。
② 同上书卷9《与李克斋》。
③ 同上书卷9《与孟两峰》。

段①。王畿的朋友唐顺之不顾非议,受严嵩与赵文华之谏出山领兵;甚至万历初内阁首辅张居正父死夺情,都是举世非之而不顾,"虽千万人吾往矣"的自任果决。所有这一切,正是基于相同的理念②。

然而,王畿所追求的那个"大人"形象,与其说是"一念灵明"的一个统一体,毋宁说又是内在分裂的。这种分裂表现为他的精神世界与现实世界的相互暌违。在现实中,王畿给人更多的,是一种柔愿和同的印象。根据李贽的观感,"先生少壮至老一味和柔,大同无我,无新奇可喜之行,故俗士亦多不悦先生之为人"③。他自己也说:"不肖性颇夷略,朋类易亲,过于任率,渐流和混。"④ 这一点和王艮以师道自任,以名教自励,因而受到时人尊敬的情形大不相同。因此王畿尽管"孳孳以讲学为务,所至接引无倦色"⑤,但却并不追求什么师道尊严,他本人也不以此为重⑥。他的在官干请,交接中官,虽然同样地违反名教,但与唐顺之、张居正等的挺身自任又未免大不相同。

这样,王畿的过人气魄,他的天马行空,便更多地体现在他的精神世界里。所谓"外示尘劳,心游邃古,一以为龙,一以为蛇",是不是早就揭示了这一点?这样,在王畿的一身,便切身实践着道家的两大精义,庄周的逍遥,和老聃的委蛇。前者是精神的超越,后者则是现实的随顺。在和光同尘中保持

---

① 《龙溪王先生全集》卷3《书累语简端录》。按,大人"言不必信,行不必果"的思想《孟子·离娄下》最先提出,王守仁等有关"权"的论述,皆与这一点密切相关。
② 唐顺之出山之后,为之辩护最力的便是王畿。为张居正夺情辩护的则是耿定向,后者想法与王畿相同,参第三编第一章第二节。
③ 《卓吾先生批评龙溪王先生语录钞·序》。
④ 《龙溪王先生全集》卷15《盟心会约》。又,卷11《答刘凝斋》:"公天性沉毅,不能以颜色徇人,一切酬应执心太过,不能以圆机应之,此随所学未得融会,然平生自信得力处在此。"王畿所提倡之"圆机",正是一种无可无不可之术,以此来沟通其精神世界与现实世界的分裂。从这个意义上说,王畿之学又确实是统一的,达者其意会之。
⑤ 李贽《续藏书》卷22《理学名臣·郎中王公传》。
⑥ 由于追求自家性命的解脱,王畿讲学的目的便与传统儒家经世济民之志不同,前揭卷15《自讼长语示儿辈》:"不肖年逾七十,百念已灰……而耿耿苦心惕然不容自己者有二。师门晚年宗说非谓已有所得,幸有所闻,心之精微口不能宣,常年出游,虽以求益于四方,亦思得二三法器,真能以性命相许者,相与证明领受,衍此一脉如线之传。孔氏重朋来之乐,程门兴孤立之嗟,天壤悠悠,谁当负荷?非夫豪杰之士、无待而兴者,吾谁与望乎?"此言不见于《明儒学案》,但李贽《续藏书》、周汝登《圣学宗传》(卷14)俱曾收入。这说明王畿的这一取向会通派的李、周等人皆能理解。黄宗羲批评周汝登"作《圣学宗传》,多将先儒宗旨凑合己意"(《明儒学案》卷32《泰州学案一·王栋传》),却不知他自己正坐此病,原因就在于他自己著书也有个"宗旨"。另外,王畿为了寻找法器,选门人陆光宅、其子王应吉等"质粹志真,终身可信托者八人,相与焚香对越,定为盟约"(卷15《天心授受册》),同时"严入会之约……慎选嘉种,不使稂莠厕于其间"(同卷《盟心会约》)。

着真灵的不昧，这便是王畿"世出世法"的隐衷。

三、会通与师道

说王畿的精神世界中有庄周的影子，决不是牵强附会，危言耸听。《庄子》一书对王畿的影响，或者反过来说王畿对庄学的认同，是很显然的，这不仅表现在他人格理想的重建，还表现在他对庄子所倡导的静坐方式的体认①。因此，王畿心目中的庄子便不但是苏轼生花妙笔下的孔门后学，而且学术已见大意，"拟诸孔门，庶几（漆雕）开、（曾）点之俦"②。这个评价当然是很高的。甚至一直到晚年，王畿还不时对庄子所描摹的大道表示激赏，在赠给黄绾的和诗中，他写道：

> 洞中仙子水云身，荷作衣裳苇作绅。
> 不用拘拘怜造物，鼠肝虫臂任吾真。③

会通其实是庄学的精义，这一点尤其表现在《庄子·齐物论》中④。在庄子看来，大道既然是宇宙的法则，那么它"恶乎往而不存"？语言既然是对世间万物的描述，那么它"恶乎存而不可"？道不仅存在于一切美好的事物当中，也贯穿在人所不屑的鼠肝虫臂之中，浸润于瓦缶和屎溺里。因此，人世间的许多是非曲直本来便是言说者们基于不同的立场，根据不同的知识背景作出的，"物无非彼，物无非是，自彼则不见，自知则知之"，所有这一切都是蔽之一隅。超脱乎此的办法也很简单，那就是"莫若以明"，执其"道枢"，以不变应万变，万变不离其宗。在这一层面上庄学无疑又与老学相通⑤。

---

① 《龙溪王先生全集》卷9《与李原野》。
② 《龙溪王先生全集》卷1《三山丽泽录》。又，同卷《抚州峛台会语》："学者须识得与点之意，方是孔门学脉。"
③ 《龙溪王先生全集》卷18《复久庵纪梦韵十首》。
④ "物之不齐，物之情也"，不齐之谓之齐，《庄子》齐物之本意即在于使不齐之物各安其所适。为《庄子》作注的郭象，其"独化"理论实本诸此。这一点，近人章太炎颇能体会之，《齐物论释》云："齐物者，一往平等之谈，详其实义，非独等视有情，无所优劣，盖离言说相，离名字相，离心缘相，毕竟平等，乃合《齐物》之义。"同时他还作了一个譬喻："俗有都野，野者自安其陋，都者得意于娴，两不相伤，乃为平等。"由齐物而走向包容，走向会通，实是庄学的精义。收入《章太炎全集》第六卷，王仲荦校点。
⑤ 老子论道重客观本体，庄子则重主观境界，这一点许多学者都曾指出。不过，这只是侧重点不同罢了，在对道的"把捉"上，二者其实是颇为一致的。

道家学派所肯定的"道",是宇宙的实然。与此相别,儒家的学者,特别是程朱一系的理学家却在宇宙万象之外,虚悬了一个永恒的"天理"。天理是宇宙的应然,是趋向,也是可能。在晚明,以王学会通派为载体的道家学术复兴的过程中,学者们用实然之"道"置换应然之"理",不仅摧毁了传统的儒家道统论,而且借此肯定了现实世界的存在价值,特别是"情"与"欲"的独立意义。这本身便是思想史上一个深刻的转变。

　　在王畿的同一时代,明确无误地推崇庄学这一点的是赵贞吉,他说:

　　　　夫庄子之雅意欲息诸子之争论,以相忘于道术之中云耳。顾虽程邵大儒亦不之察,乃去其"论"字,直以庄生为欲齐物如孟子称"物之不齐"之物。乃曰庄生欲齐物而物终不可齐。嗟呼!文意尚未知解,况能会其意乎?后之善谈道术若庄生,又莫过太史公也(下言《论六家要旨》)。

　　　　……学术之历今古,譬之有国者,三代以前如玉帛俱会之日,通天下之物,济天下之用,而不必以地限也。孟荀以后如加关讥焉,稍察阻矣。至宋,南北之儒殆遏籴曲防,独守溪城而不令相往来矣。陈公甫(亮)尝叹宋儒之太严,惟其严也,是成其陋者也。夫物不通方,则国穷;学不通方,则见陋。且诸子如董(仲舒)、杨(雄)以下,苏(轼)、陆(九渊)以上姑不论,翁(指朱熹)诘程(灏)、张(载)而不信程、张,尊杨(时)、谢(良佐)矣而不信杨、谢,凡诸灵觉明悟、通解妙达之论,尽以委于禅,目为异端而惧其一言之污也。顾自处于目看案上之《六经》《论》《孟》及程氏文字,于一切事物理会以为极致。至太极无极阴阳仁义动静神化之训,必破碎支离以为善,稍涉易简舒畅则动色不忍言,恐坠异端矣。夫如此学道,焉得不陋?①

这是会通派学者公开指责朱学最强烈的呼声。赵贞吉在晚年致仕以后,曾拟作《二通》,冶今古之书于一炉。内篇《经世通》,外篇《出世通》;内篇又分两门,曰《史通》《业通》,"《业通》之典上接孔氏,《史通》之统自秦而始""俾二千年来未经折衷之籍勒聚一处,成一家言以俟来哲"②。外篇同样分两门,曰《说通》《宗通》。《说通》即教通,包括佛家的经律论;宗通则是

---

① 《赵文肃公文集》卷21《复广西督学王敬所书(其四)》。
② 同上书,卷23《答县庠诸生致新舍字扁(疏)[书]》。

单传直指的禅宗。此书虽然未成,但诚如黄宗羲所言,"书虽未成,而其绪可寻也"①。

王畿本人尽管并未直接赞颂庄子这一点,但是他所谓"大人之学"却仍是一种会通之学。他说:

> 大人之学性相平等,无有高下,天自信天,地自信地,人自信人,不相假借,不相凌夺,无同无异,无凡无圣,无三教可分,无三界可出,邃古无为之化也。②

参考前篇所云大人之学与儒者之学的区别,可见王畿早已不是以儒家的立场自居了,因此"佛老自有佛老之体用,申韩自有申韩之体用"③,既然性相平等,又何分高下?事实上,假如注意到王畿所论"大人之学"乃是对耿定向反对道统论的回应④,那么就可知他的真意了。在这种情况下,王畿尽管还抱住良知的话头不放,但这个良知早已被他改造为范围三教"大总持"。儒者所说的良知就是佛家所谓"觉",道家所谓"玄",立意各有所重。而功效作用不同。只不过儒家主经世,佛道主出世罢了⑤。

"千圣同堂而坐,其议论作为不能尽同,若其安身立命之处,则有不容毫发。"⑥ 换句话说,既然只是为了安身立命,那么任何人的观点只要能够餍饱我心,又何必管他儒释道?是功利还是仁德,是王道还是霸术?人世间的种种形式、格套对于个体生命的自我解脱,适足以作茧自缚,实际上了无意义。因此在王畿的心目中,由于自我是独立的而且唯一真正的存在,那么,为了某一外在的目标,而使个体的生命服从已有的价值准则,这种做法便理所当然受到质疑——即使在传统的观念中,那个目标曾极为神圣。在六十余年的学术生涯中,作为晚明讲学运动的积极推动者,王畿一直参与其中。但是,师友讲学在他那里,并没有像师道派那样被当成"风天下之大本"的经世伟业,相反,

---

① 《明儒学案》卷33《泰州学案二·赵贞吉传》。另外,赵贞吉还赞同"六经皆史"说,前引书,卷23《史业二门都序》。仅此一事而论,清代与王学渊源很深的浙东史学的一个代表人物章学诚,其同一观点便应予以重新检讨才是。"六经皆史"说与王学的会通取向有关。
② 《龙溪王先生全集》卷4《答楚侗耿子问》。
③ 同上书,卷7《南游会记》。
④ 前揭《龙溪王先生全集》卷4《答楚侗耿子问》。参第三编第一章第二节。
⑤ 参《龙溪王先生全集》卷10《与李中溪》。
⑥ 同上书,卷7《南游会记》。

王畿的调门很低,他不断地声称自己只是通过这个活动来培植"法器",同时找寻自己安身立命的根基。

对自我解脱的执著,使王畿有成为"自了汉"的嫌疑,尽管他屡屡置辩于此①。的确,当一个人所极力追求的,只是个体自我的心灵恬适,只是使自我生存的信念不致动摇,那么他又怎会甘愿去以师道自任,去振铎化俗?除非这种行为本身被他看成了人生意义根基的"性命"之所在。但是,王畿的人生意义并不在此,他更欣赏曾点之流放浪烟霞的舞雩气象,看不上程伊川(颐)"平生刚毅,力挟世教,以师道为己任"的死板作风②。因此他这样批评以复兴师道自任的王艮诸人:

> 夫若从气魄上支持,知解上凑泊,格套上倚傍,傲然以为道在于是,虽与世之营营役役、纷华势利者稍有不同,其为未得本原,无补于性命则一而已。③

事实上,有了对王畿这种行动取向的体认,那么对他之所以在理论上昌言心意知物的"四无说",便可加深一层了解了④。所谓"无善无恶",实际上也就是无所谓善恶之意。因为心体本来就不具任何善恶的规定性。更何况对一个追求自我解脱的人来说,善恶与否是一种纯粹的自我选择,它与任何外在的说教无关。从这个意义上,把王畿的学说和萨特那种无神论的存在主义相比观,还是不难发现其中的共同之处的⑤。

由于主张心体无善无恶,这样,原本被孟子所深辟的、提倡性本无善无恶

---

① 如卷 11《答刘凝斋》:"夫吾人以经世为学,乃一体不容已本心,非徒独善其身做自了汉。"
② 《龙溪王先生全集》卷 1《抚州峋台会语》。
③ 《龙溪王先生全集》卷 2《水西会约提词》。王畿等人对王艮的批评另可参本编第一章第一节王艮写给他的信。
④ "四无说"至迟在嘉靖六年"天泉证道"时已经提出,但行动取向的确立可能更早,这和一个人性格的养成有关。在人类精神史领域,似乎不应拘泥于历史的资料编年。
⑤ 在本书导言中曾经提到王畿的学说被冈田武彦看作存在主义,对此,David S. Nivison 以及 Philip J. Ivanhoe 等都曾提出过不同意见,后者更以克尔凯郭尔(Kierkegaard)为代表认为王学与存在主义的相异性大于相似性。见氏编:*Chinese Language, Thought and Culture: Nivison and his Critics*, Chicago and La Salle. David S. Nivison 则有反批评:*Moral Decision in Wang Yangming: the Problem of Chinese "Existentialism"*, David S. Nivison, *The Ways of Confucianism: Investigations in Chinese Philosophy*, 1996. 事实上,克尔凯郭尔充其量不过是存在主义思潮中的一支,而且又只是其中基督教色彩很浓的一支,未必能够以偏概全。

的告子，在王畿那里也就重新占据了一席之地，成了"圣门别派"①。不消说，别派也就是"正脉"，在这一点上，是不应该以文辞害义的。事实上，本书在导言中之所以会把王学会通派说成是宋代同样主张"性无善无恶"的苏学，在明代思想史上的继承人，着眼点也正是在此。

"无善无恶"这种理论，对于当时作为社会评价标准的道德名教，其颠覆性是不言而喻的，《明史》称："其后，士之浮诞不逞者率自名为龙溪弟子。"② 我想应该不是偶然的吧。

四、通向信仰之路：房中术

宗教情结的产生可能因人的气禀、经历、学养环境等多种因素的不同而有所差异，它更多地属于个人的内心体验，似乎无法诉诸于言诠。因此，王畿本人在信仰道路上艰难跋涉的原因，似乎只能笼统地说是由于性格。对王畿早年在精神上的履历我们所知甚少。不过，通过考察他本人的生活经历，大概仍可以使我们对此略窥一二。这一点，对于理解王畿思想的根本义涵或许仍然不无裨益。

王畿早年的精神世界不乏创伤。在很早的时候父母双亲便相继去世，正所谓"庭摧桑梓"，成了孤儿③。或许是由于缺少家教，少年时代的王畿尽管身形羸弱，"不任劳役"④，但却任侠放荡，"日耽饮博"，过着优游卒岁的纨绔生活。当王守仁于正德十六年回到浙江的时候，王畿早已登乡荐四年，"士望之为去就"，而当时的王畿对道学似乎并无好感，甚至刻意在思想行动上和王守仁相角力⑤。以王畿那时的学术水准和精神状态，他所对抗王守仁的未必是什么新奇的理论，或许只是纵欲任情罢了。

王畿大概是在嘉靖二年会试不第之后正式开始跟随王守仁拜师学道的。而在此之前，萦绕其心下的最大难题，除了举业之外，应该是螽斯不继。正德十年，年仅十八岁的王畿便与十五岁的张氏结婚，可惜"十年不孕"。"不孝有三，无后为大"，妻子张氏甚至因此为之置妾，但七八年过去之后，却仍无就馆之期。就在这个时候（约嘉靖十二年），王畿据说偶然间接受了异人的口

---

① 《龙溪王先生全集》卷8《孟子告子之学》。
② 《明史》卷283《儒林二·王畿传》。
③ 《龙溪王先生全集》卷19《祭岳父张菱塘文》。
④ 《龙溪王先生全集》卷20《亡室纯懿张氏安人哀辞》。
⑤ 参第一编第一章第四节。

诀，得其氤氲生化之机："万物异类与人皆然，施有度，受有期，氤氲有候，须赖黄婆入室调和通谕，始中肯綮"。于是"归密语安人（指张氏），欣然任之，如法练习，十年间连举八、九子，或堕或伤，成而长者三人，即（应）祯儿与今（应）斌、（应）吉是也。"①

这段记述出自王畿本人，真实性无可怀疑。尽管"调和通谕"的具体方式我们不得而知，但却可以肯定是房中术无疑。由于因此受益，王畿对房中、养生等等道家的修炼之术具有一种衷心的向往。黄陂山人方与时自负得息心诀，王畿则与罗洪先一起赶赴黄陂与之操练。方士胡青虚，早年受学于刘符玄，得"回谷之旨"；后遇习虚子，受"净明忠孝性宗"，专言"世出世法"，"冀以流通世教，不绝世缘"②，在江浙一带影响很大。后来官至内阁大学士的李春芳、官至吏部侍郎的陶大临也都曾尊信此学。王畿更是纳贽受教，北面听讲，甚至因此为耿定向所讥③。

王畿一生周流讲学，每日所接触的，除了儒冠墨客，便是衲子羽流。在这样一种气氛之下，他本人性格中具有"自我解脱"倾向的因子被激发，加上因养生术所导致的对生命本真的思考，说王畿因此走向穷讨自家性命根因的理论之途，虽不中，亦不远矣④。

不过，王畿的理论素养毕竟很高，他的学者立场使他不能满足于养生术本身这种仅是以个体生命延长为追求目标的修炼术。在谈到儒者之学与道家养生术之间的相互关系时，他说：

> 一也，而毫厘则有辨矣。千古圣人之学不外于性命，道家则有修性修命之术，《易》所谓"尽性以至于命"，乃道脉也。自圣人之道不明，儒者之学与养生之术各自为说，道术为天下裂，而其说始长……但吾儒之学

---

① 《龙溪王先生全集》卷20《亡室纯懿张氏安人哀辞》。
② 《龙溪王先生全集》卷19《祭胡东洲文》。胡东洲即胡青虚。据王畿自己说胡青虚曾北面于他，但耿定向却认为相反。大概当时学者之间为了会友求道，相互师法已成风气，上一章所言罗洪先与方与时即属此类。李贽对胡青虚评价很高，认为"此个是得力朋友也"（《卓吾先生批评龙溪王先生语录钞》卷8）。值得注意的是，罗汝芳也曾受学于胡青虚（前揭《明儒学案·罗汝芳传》所云"胡宗正"），对会通派所宣扬的"世出世法"与胡青虚的关系，不可小觑。
③ 前揭《观生记》，嘉靖四十三年甲子。
④ 王畿的理论一般被视作禅学，其实，在修行实践上他主要接受的是道家的养生说，另可参《龙溪王先生全集》卷9，给魏水洲及李原野的几封书信，以及卷15《调息法》一文。另外，王畿与养生术的关系近来学术界已有人注意，如吴震《王龙溪的道教观——"调息法"为中心——》。

主于理，道家之术主于气。主于理则顺而公，性命通于天下，观天察地含育万物，以天地万物为一体；主于气则不免盗天地窃万物，有术以为制炼，遂而用之以私其身，而不能通于天下。此所谓毫厘之辨也。①

一句话，儒公而道私。这同王畿前此所言的，儒主经世，佛道主出世在观点上并无大异。可见，尽管王畿在骨子里主张会通，但却仍然想要尽力附和原有的儒家立场。这一点与后继者的李贽辈已大不一样。或许这便是黄宗羲所说的，有江右王门学者为之救正的结果吧。

第二节 王襞与乐学派

师道派的创始人王艮，死于嘉靖十九年。在他去世以后，泰州后学当中打着复兴师道旗号的，大概有三支。泰州人王栋对乃师亦步亦趋，可惜气魄稍嫌不逮，讲学的范围局限在士大夫的下层中间，无法形成广泛的影响，因此再传中绝，不曾形成自己独特的学术流派。早先师事徐樾，最后卒业于心斋的颜钧，则以江湖侠客的面目示人，讲学兴会，张皇见龙，在使儒学向民间宗教转化的方向上走得很远。吉安人何心隐则更进一步，把讲会变成一种社会组织，这是师道思想发展的极致。颜、何二人因此形成了"狂侠派"。这一派由于和在朝王学以及官方的利益发生尖锐的冲突，遭到无情的镇压，当万历初何心隐被处死之后，同样在思想界销声匿迹。在三支当中，唯一受到鼓励和期许的是由王襞、韩贞、朱恕等领导的乐学派。这一派明举王艮的旗号，暗袭王畿的学说，含哺鼓腹，振铎化俗，为使在朝王学向民间的渗透立下了汗马功劳。但也正是因此，乐学派在复兴师道方面显得有点儿底气不足，风动一时的王学师道派，就这样在朝野的"合谋"中烟消云散了。

一、"懋承家学"的背后

在王艮的五个儿子当中，成就最大的当然数次子王襞。长子王衣字宗乾，号东堧，嘉靖五年时曾随父游学会稽，师从王守仁的学生魏良政，精习正、草

---

① 《龙溪王先生全集》卷13《寿商明洲七秩序》。

书,"绝肖王文成体"①。由于是长子,王衣在很早的时候便承担了持家的重任。王艮终年往来于吴、越、江淮之间,游学四方花费巨大,除了早年自己的货殖所积外,主要靠王衣夫妇的理家维持②。老三王褆、老四王补、老五王雍虽然学问不及二哥,却也都小有所成,特别是王补,"尤善诗歌,所作古今体诗,上祖风骚,下宗唐律,一时学者多称之。"③ 王褆的诗词,保存下来的,也多尖新明丽、飒然可喜之作④。李贽所说心斋五子"皆有立",并非虚语⑤。

和四个兄弟相比,王襞无疑是最能光前耀后的一个。特别是王艮死后,王襞继父讲席,打着师道自任的旗号,广收门徒,得以使家声不坠。在当时,泰州之学经颜钧、何心隐辈周流鼓吹,在正统的士大夫眼中,早已是"鱼馁肉烂,不可复支"⑥,此时经王襞的发挥改造,渐为时流接受,于是在当世人的眼中,"懋承家学"而又"默承其(心斋)宗印"的⑦,舍王艮的次子王襞还能有谁呢?与王襞交好的耿定向,自言正是因此私淑心斋⑧,说王襞的讲学活动扩大了王艮泰州之学的影响,大概也并不过分。

不过,对王襞之学稍加体认的人都不难发现,尽管在讲学中师道的话柄照拿,但是细观其学说及为人,便可知与乃父相比,无论在思想还是行动上,都可以说相去悬绝。王艮晚年最重要的学说是他安身立本的"大成师道之学",但在王襞那里,发挥最多同时也最受人推崇的,却是其"乐学"的观点,这其中难道有什么微妙的变化不成?

从嘉靖初开始,王艮曾长时期随王守仁住在浙中。大概是出于让儿子早日接受学术训练的考虑,王襞也被同时带到了余姚,这个时候他已经十三四岁了⑨。由于聪明伶俐、落落大方,王守仁对他极为喜爱,于是命王畿、钱德洪

---

① 袁承业《明儒王东堐先生传》,见氏辑《明儒王东堐、东隅、东日、天真四先生残稿》。
② 王襞《王东崖先生遗集》卷2《先兄东堐公合葬墓志铭》。
③ 袁承业《王东日先生传》。
④ 参《明儒王东隅先生残稿》。
⑤ 《续藏书》卷22《理学名臣·心斋王公传》。
⑥ 前揭王世贞《嘉隆江湖大侠》。
⑦ 王襞《王东崖先生遗集》卷首、附录太岳山人杨希淳所撰《诗引》及弟子聂静所撰六十寿序。
⑧ 《耿天台文集》卷14《王心斋先生传》。
⑨ 《王东崖先生遗集》卷首《年谱纪略》言王襞九岁从游江浙,每遇讲会,王守仁命童子歌诗,王襞皆"声中金石",王守仁非常喜欢,"此子器宇不凡,吾道当有寄矣。"按王襞于正德六年辛未(1511)生,九岁正好为正德十四年,而事实上王艮本人正德十五年九月方至江西拜访王守仁,则其误可知。王艮拜师三日(或云七日)即归,一个月后重返南昌,王襞同去时间最早也须正德十五年十月,他十岁之时。又,下言王襞随从钱德洪、王畿,而后者拜门的时间大概在嘉靖二年(1523)之后,则王襞从学最早亦当在此时,王襞至此已经十三岁了。《年谱纪略》 (转下页)

以及正随自己受学的禅僧玉芝法聚一同对他进行辅导①。从那以后，除了二十岁偶一归娶之外，王襞留在余姚的时间前后近十五六年。其学术的基本倾向就是在这一时期奠定的。

由于秉性聪颖，老师辈们都很喜欢。除了经史课业之外，尤其希望他能在科举考试上大有作为，替他那个灶丁商贾之家改换门庭，光先耀后。王襞本人当然也是跃跃欲试。哪知王艮所谓复兴师道，却决非纸上谈兵，而是要身体力行，真诚地付诸实践。或许在他看来，为贫为禄而仕，自孔子时代已然，并不为过；但是以王家的耕煎之富、农盐之利，早已超越了为禄而仕的阶段，在此时，津津于利禄之途，岂非有"妾妇之道"的嫌疑？② 因此坚决不许王襞兄弟从事举业，切断了他们的入仕之路③。王襞自己则极不情愿，甚至在几十年以后还念念不忘地提及此事，充满了遗憾之情④。他以后在余姚的久居不归，是不是也跟因此对王艮产生的抵触情绪有关？当然，这一点就难于揣测了。

举业既然不成，那么只好留心学术。在三位老师中，钱德洪执著于师门"四句教"之"四有说"，在理论上不甚透脱；法聚与王畿皆主圆顿之学，在思想倾向上更为接近。大概是趋新好奇之风使然，王襞在思想上受后二者的影响似乎更大⑤。

这样说，在理论上不难得到证明。比如在讲学时，王襞尽管也讲立己达人之旨，却并不像王栋那样，把"淮南格物""安身立本"之说挂在嘴边，昌言师道；而是大肆发挥王畿一系所极力推阐的"现成良知"：

> 性之灵明曰良知，良知自能应感，自能约心思而酬酢万物。知之为知之，不知为不知，一毫不劳勉强、扭捏，而用智者自多事也。

（接上页）说他嘉靖三年十四岁时"是年精音律，善操玉琴"，或许即是"声中金石"之所本。尤有甚者，《年谱纪略》以讹传讹，从嘉靖八年至嘉靖三十九年这段记载皆与真实时间相差一年，这由其把王艮卒年系于嘉靖十八年（实际是嘉靖十九年）可知。另外，袁承业《明儒王东崖先生传》言王衣生于正德二年，弱冠从游会稽，其时当为嘉靖五年。王襞到余姚的时间或许便在此前后。

① 《王东崖先生遗集》卷首，焦竑所撰墓志铭。
② 参本编第一章第二节。
③ 《年谱纪略》嘉靖九年庚寅。原作嘉靖八年，误。
④ 前揭《先兄东崖公合葬墓志铭》。
⑤ 法聚与王学的关系可参荒木见悟《明代思想研究》第81—99页，《禅僧玉芝法聚と阳明学派》。另外，《王东崖先生遗集》卷1《寄方外玉芝和尚书》，当时玉芝法聚大概想点化他，王襞答云："瞻望天池，如饥如渴，而勇往一决，自念愧辣。和尚或必谓其非正根人矣，继后犹得蒙一转语否？"

>才提起一个学字,却是便要起几层意思,不知原无一物,原自现成,顺明觉自然之应而已。自朝至暮动作施为,何教非道?更要如何,便是与蛇画足。①

黄宗羲曾经批评王襞之学"未免犹在光景作活计"②,假如注意到他在《明儒学案·师说》中曾引用乃师刘宗周对王畿的激烈抨击,"至龙溪,直把良知作佛性看,悬空期个悟,终成玩弄光景"③,便可知黄氏的真意所在。当然,由此也可反证王襞与王畿在学术上的深刻渊源。

王畿与王艮是阳明门下最善了悟的两个学生,并称"二王"。前者执持"阳明四句教"中的"四无说",后者言"百姓日用是道",二者同属于所谓"良知现成派"。但在行动取向上,一圆通,一亢高,又分属于"现成良知"的两翼,双方有着难以调和的矛盾。因此,王畿不满意王艮修身见世,以师道自任的学说,亲自致信予以指责。同时还在理论上激烈批评其"从气魄上支持,知解上凑泊,格套上倚傍"为"未得本原,无补于性命"。从以后的事实来看,王畿的这一观点也在潜移默化中为王襞所接受。

二十岁归娶之后不久,王襞重由泰州返回余姚,一住又是八年,直到嘉靖十七年左右,才再一次回到家乡。那个时候王艮的身体已经不太好,从四方赶来受学的门人弟子不下百余,都是王襞为之往还酬应,"上下帖然也"④。

然而,父子关系并不能掩盖二者在学术上的巨大分歧。王襞在一开始对乃父之学是根本不相信的,大概还有抵触的情绪。直到嘉靖二十三年,才由同门师兄颜钧的接引,"幡然信及父师学脉"⑤,这个时间距王艮的去世已经四年之久了。大概也就是从这一年起,王襞正式开门授徒,开始打着复兴师道的旗号,维护"大成之学"的家法的。或许是不满意于张皇过甚、以师门正统自居的颜钧,心斋门下大都对王襞倾心悦服,"即先公群弟子,无不事先生若先

---

① 《王东崖先生遗集》卷1《语录遗略》。
② 《明儒学案》卷32《泰州学案一·王襞传》。
③ 《明儒学案》卷首《师说·王龙溪畿》。前揭《明儒学案·王襞传》又说:"(先生之学)虽本于心斋乐学之歌,而龙溪之授受不可诬也。"以上两点王士纬在《心斋先生学谱》卷6《东崖学述》中已经指出了。
④ 《年谱纪略》言王襞嘉靖庚寅(九年)归娶,后复至阳明宅,八年方归。考《心斋年谱》王艮之父王纪芳嘉靖十五年卒,依常理推之,王襞不应该不回,此处所记殊不可解。
⑤ 《颜钧集》卷3《自传》。

公也"①。本来想在泰州携家久住的颜钧,只好四处游学,或许便和泰州内部这一小小的"政变"有关。从那以后,四方争相聘请王襞的人纷至沓来,"罗近溪守宛则迎之,蔡春台守苏州则迎之,李文定迎之兴化,宋中丞迎之吉安,李计部迎之真州,董郡丞迎之建宁,殆难悉数"②。尽管仅是一介布衣,但所受到的待遇明显比师道派的嫡传王栋好得多。

在晚明,由于世风的变化,特别是商人阶层的兴起,传统的官方礼制逐渐遭到破坏,低等阶级对礼仪的僭越成为日益普遍的社会现象。身为暴发盐商的王家,对此或许有着真切的体验。同时,因为讲学的缘故,王家不断受到各级地方官员的礼遇,而且王艮的门生弟子遍及朝野,其儿孙辈受到社会的尊重也是自然。但尽管如此,没有参加过科举考试的王襞对此似乎一直未能忘情。这也难怪,在一个官本位的社会里,礼遇并不永恒,僭越要承担风险,一切仍然是以官阶来衡量的。王襞为了世俗的荣耀,"追慕先公之孝,欲一光显之",但却"局于礼制"而无法施行。有感于此,这位硬着头皮,极不情愿地承担师道大任的人物,只好仰天长叹:"士大夫之孝不可及矣,吾独不能立身扬名以显其亲乎!"③

王襞显亲的途径很多,除了自己讲学扬名之外,还为王艮修祠堂,编语录。但正是在编纂语录的过程中,暴露了他与王艮在思想上根深蒂固的矛盾与分歧。

---

① 关于王襞何时起正式继父讲席,现有史料颇有矛盾。其侄孙王元鼎为之撰《行状》,说他在王艮死后"佐兄执三年丧,悉遵古礼行事,居数年,学有悟处,开门受徒,时年三十矣,毅然以师道自任,讲学于东陶精舍,凡三月会,凡会大有所发明,毋论后进者倾城悦服,即先公群弟子无不事先生若先公也。"此文大概即《年谱纪略》所本。由于有"时年三十"字样,因此系于嘉靖十九年(原作十八年,误)。但本年王艮去世,倘真如是,所谓"居数年,学有悟处,开门受徒"岂非没了着落? 到底是王元鼎一时笔误,还是他要有所隐讳? 其实据颜钧本人回忆,王艮死后门人庐墓三年,相聚讲学,为首的正是颜钧。此人言语张皇,或许不无夸张之处,但是看他最初"隐谋携家聚止师门,丕显杏坛以中兴"(《自传》),最后却不得不在嘉靖二十四五年时外出游学,便可知其中必有变故。因此一个合理的解释便是王襞"学有悟处"之后,也想开门受学,由此与颜钧发生竞争关系,后者被逐走,其门徒如韩贞辈(参《自传》)则"卒业于王先生仲子"(《韩贞集》附录一耿定向撰《陶人传》)。依此,则王元鼎《行状》之矛盾,只能理解为他在为王襞与王艮这一时期学术的不同加以隐讳。此外,王襞与颜钧关系并不太好。隆庆二年后者因事下于狱,弟子罗汝芳募银"完赃",首捐纹银一百两,相反,王襞以大富之家,捐助却只有五钱,于此可见一斑(参《颜钧集》卷5《附录·揭词及助赀姓氏名单》)。颜钧在以后的苦难生涯中,落井下石之辈,颇不乏王襞的同门及好友,如吴悌、耿定向之流,或许便有王襞的因素在内。由于史料匮乏,其事难明,存此聊备一说。
② 前揭焦竑所撰《墓志铭》。
③ 前揭王元鼎所撰《行状》。

王艮本人"不事文义，鲜所著述"，即便是酬应之作，也大都由"门人儿子把笔，口授占之，能道其意所欲言而止"①。他的精神是修身见世，是见龙在田，著述本身并不是目的。因此除了少量单篇的文章之外，保存在王艮遗著当中的，只有一些被弟子门人四下散记的书信、诗文和语录。特别是语录，由于记载之人理解颇不一致，传闻失真，去取任意，加之可能是王艮在不同时期、不同情境下的讲解，因此矛盾重重，难于统一。经过门生吴悌等人稍加别择之后，初刻于江浦，继刻于漳南，"记忆稍讹，传写或谬，而读者疑焉"。在这种情形下，以王艮嫡传自居的王襞出来重新仇校，"正讹去谬"，也就适逢其时。这一次校订以后，又与《王艮年谱》并刻，这就是现存袁承业所编《明儒王心斋先生遗集》所用的底本。侯外庐等人曾经怀疑现存文集中"仍亦有当日编集时的记忆之讹与传写之谬"，但可惜的是，侯著《中国思想通史》还没有来得及"别伪存真，是正得失"②。

其实，从现存文集、语录的分析来看，王艮的思想已经颇为一贯，王襞"正讹去谬"的工作当属成功。但是以往学者似乎还没有指出的一点便是，学术倾向与其父不同而又以其衣钵宗传自居的王襞，在做这种工作时，可能做了哪些鲜为人知的手脚。幸好当时的一位"目击者"李贽，向我们提供了这样一份"证词"，他在给好友焦竑的信中说：

> 心斋刻本璧入，幸查收！此老气魄力量实胜过人，故他家儿孙过半如是，亦各其种也。然此老当时亦为气魄亏，故不能尽其师说，遂一概以力量担当领会，盖意见太多，窠臼遂定，虽真师友将如之何哉？集中有与薛中离（即薛侃）诸公辨学处，殊可笑咤；可见当时诸老亦无奈之何矣。所喜东崖（王襞号）定本尽行削去也，又亦见儒者之学全无头脑。③

此处不但可见王畿、李贽等会通派学者对王艮以气魄制胜的深刻不满，也可以看出王襞为了适应王畿一派的需要，把王艮最有特色的一部分文章删去了。王艮悟出《大学》格物安身立本之旨后，薛侃等以"另立门户"相疑，王艮与之反复论辩的文章大概就在其中。

---

① 赵贞吉《泰州王心斋墓志铭》。
② 《中国思想通史》第4卷（下），第970—971页。
③ 《续藏书》卷1《与焦绮园太史》。

王襞删纂了乃父的文集，同时又以其衣钵传人自居，那么他所能够继承的，显然不是王艮那不可一世的气概，傲然自负的精神。尽管以师道自任的旗号还不得不打，对于别人的荐举还不得不辞，但是在言语辞气之间却也早已失去了王艮以"不召之臣"赤身担当的那股英锐之气。且看他是如何力辞知州潘雨田的荐呈的：

> 弟某山野朽夫，惟解含哺鼓腹、击壤以歌于曲巷，敢冒披褐怀玉宠礼，乃辱乎明公？且乡国多贤，若某者顾车载而斗量，岂马骨千金自隗始，将肩摩而踵接，是宜闻命以喜，敢徒风花雪月，耽乐此生？整衣以趋，实愿孝弟忠信渐磨子弟。有加必报，虽忻遭遇之既殊；无德以堪，又惧茫昧而犯分。辄布鄙衷，伏希台照。①

虽说辞气谦恭并不代表内心的柔懦，但是从师道尊严的角度来讲，与其父王艮相比，至少在形式上，王襞已落了下乘。所谓"君子不重则不威，学则不固"②，似乎显得做作的形式本身，有时反而蕴涵着一股伟岸的道德力量③。在另一封信中，王襞不惟肯辞，而且还极力地自贬，甚至说自己"驽钝如初读书，未谙义理，文艺全不晓通，徒以硁硁之迹冒虚声于乡里"④，实在有些谦虚过分。

二、无所倚之自乐

王襞对王艮大成师道之学缺乏真切的体认，大概仅是拾取其牙慧以为"话柄"。但是，如果说他对乃父之学完全缺乏认同，却未免有些厚诬了。事实上，王襞所继承的主要是王艮在从学于王守仁时期的"乐学"思想。

有人说中国文化是"乐感文化"，恰当与否此处无法详论。不过，至少在

---

① 《王东崖先生遗集》卷1《复雨田潘州尊书》。
② 《论语·学而》。
③ 譬如，《明儒学案》卷45《诸儒学案上三·陈选传》："成化初，改中州提学。俺奄汪直巡视郡国，都御史以下，咸匍匐趋拜，先生独长揖。直怒曰：'尔何官，敢尔？'先生曰：'提学。'愈怒曰：'提学宁大于都御史耶？'先生曰：'提学宗主斯文，为士子表率，不可与都御史比。'直既慑其气岸，又诸生集门外，知不可犯，改容谢曰：'先生无公务相关，自后不必来。'先生徐步而出。"又，海瑞署南平教谕时亦自以师席而不屈膝御史，世称"笔架先生"，与此相仿。张德信《明史海瑞传校注》第46—50页言之其详。
④ 《王东崖先生遗集》卷1《上潘太守书》。

明代，学者们在理论上关心"乐"的问题，也是事实。所谓"孔颜乐处"，自周敦颐等人加以倡导之后，成为宋明理学家们普遍关心的一个问题。王守仁在与其弟子黄省曾的书信中，就曾专门讨论过"乐"，黄省曾说：

> 阴阳之气，䜣合和畅而生万物，物之有生，皆得此和畅之气。故人之生理，本自和畅，本无不乐。观之鸢飞鱼跃，鸟鸣兽舞，草木欣欣向荣，皆同此乐。但为客气物欲搅此和畅之气，始有间断不乐。孔子曰"学而时习之"，便立个无间断工夫，悦则乐之萌矣，朋来则学成，而吾性本体之乐复矣，故曰"不亦乐乎"？在人虽不我知，吾无一毫愠怒以间断吾性之乐，圣人恐学者乐之有息也，故又言此。所谓"不怨""不尤"与夫"乐在其中""不改其乐"，皆是乐无间断否？

在这里，黄省曾专门提出了"吾性本体之乐"，实际上是把乐看成是性体的本然状态。王守仁则作了一个方向性的转换，不言"性体"，而是直言"心体"：

> 乐是心之本体。仁人之心，以天地万物为一体，䜣合和畅，原无间隔。来书谓"人之生理，本自和畅，本无不乐，但为客气物欲搅此和畅之气，始有间断不乐"是也。时习者，求复此心之本体也，悦则本体渐复矣。朋来则本体之䜣合和畅，充周无间，本体之䜣合和畅，本来如是，初未尝有所增也。就使朋来而天下莫我知焉，亦未尝有所减也。来书云"无间断"意思亦是。圣人亦只是至诚无息而已，其工夫只是时习，时习之要，只是谨独，谨独即是致良知。良知是乐之本体。此节论得大意亦皆是，但不宜有所执著。①

王守仁虽言"乐是心之本体"，但同时又说"良知是乐之本体"，仍是以良知作心体之权舆，因此"乐是心之本体"的真实含义只能是乐是心体的本然状态，相对于良知之"体"而言，它是"用"。王守仁不欲黄省曾对此"有所执著"，依然是他所谓"杀人要从咽喉下刀"，直据本体之意。

王守仁最重要的理论关注并不在心体的悦乐，但是他所说的"悦则本体渐复矣"，却成了后来有关心体之"乐"讨论的前奏曲。换句话说，乐既然是心

---

① 《王阳明全集》卷5《与黄勉之（二·甲申）》。

体之本然,那么潜在的引申义便是,判断本体是否恢复的一个内在标准,只能看心体是否悦乐。针对这一点,他的两大高足王畿与王艮分别从不同的角度作了回答。

晚明文坛"后七子"之一的汪道昆曾经据此向王畿请教过这样一个问题:尧舜文周以兢兢业业、翼翼乾乾的态度治理国家,但是孔子、颜会却主张蔬水箪瓢之乐,是否"尧舜文王周公之圣一无所得,而孔颜顾自满假耶"?如何协调圣人们"惧"与"乐"的矛盾,直接威胁到"乐是心之本体"一语在理论上能否真正成立。

王畿的办法是把尧舜文王周公的"惧"也说成"乐",强调"至乐无乐":

> 乐是心之本体,本是活泼,本是脱洒,本无罣碍系缚,尧舜文周之兢兢业业、翼翼乾乾只是保任得此躯不失、此活泼脱洒之机,非有加也。戒慎恐惧是祖述宪章之心法,孔之蔬饮,颜之箪瓢,点之春风沂咏有当圣心,皆此乐也……惧与乐非二也。活泼脱洒由于本体之常存,本体常存由于戒慎恐惧之无间,乐至于手舞足蹈而不自知,是乐到忘处,非荡也。乐至于忘始为真乐,故曰至乐无乐。①

所谓"至乐无乐"与"至善无善"的论证方式是一样的,是王畿"四无说"在理论上的一个翻版。但从乐与心体的关系来看,王畿的说法似乎仍没有超出王守仁的牢笼。乐与惧相同而又统摄之,依然是指心体的本然状态。

王艮则是从另外一个角度加以发挥的,他的观点集中反映在嘉靖五年所作的《乐学歌》中:

> 人心本自乐,自将私欲缚,私欲一萌时,良知还自觉;一觉便消除,人心依旧乐。乐是乐此学,学是学此乐;不乐不是学,不学不是乐;乐便然后学,学便然后乐。乐是学,学是乐,於乎!天下之乐,何如此学;天下之学,何如此乐!②

由于是诗歌体的缘故,王艮对乐的表达不甚严密,其中既包含了把乐当成心体

---

① 《龙溪王先生全集》卷3《答汪南明》。
② 《明儒王心斋先生遗集》卷2《乐学歌》。

本然状态的传统义，如"人心依旧乐"；同时也具备了一些新的理论倾向，如"不乐不是学，不学不是乐"，把"乐"当成判断"学"是否得其真的直接标准。既然如此，那么怎样的状态才算是乐？王艮是否也像王畿那样，为了牵和传统的"戒慎恐惧"之说，把乐解释为无乐之至乐？

其实王艮之所谓乐，是指一种自在洒脱、恬适活泼的精神状态。嘉靖十年十一月，弟子徐樾便在泰州亲身体会了这样两件事：

> 先生一夕步月下，指星文与语，樾应对间若恐失所持循，先生厉声曰："天地不交，否！"又一夕出游至小渠边，先生跃过，顾谓樾曰："汝亦放轻快些。"樾持益谨，若遗一物。既，樾叹曰："从前孤负此翁为樾费却许多精神。"①

王艮主张自然，提倡学乐，同时也反对许多儒家学者以静坐为主的修行方式，自以为"行住语默皆在觉中"②。他的学生聂燧瞑目趺坐，被他训斥为"青天白日何自作鬼魅"？③ 后来颜钧指点门人罗汝芳不要"制欲"，而应"体仁"④，意思都是一样的。

王襞对乃父大成师道之学缺乏体认，但由于王畿在学术上的接引，却反而对王艮的"乐学"思想心有所契。特别是经过嘉靖四十二年与耿定向的论学离合⑤，大概深知师道观念不为在朝及会通派王学所喜，两年以后，当王襞再一次来到南京讲学时，着力阐发的便是他的"乐学"思想：

> 问："学何以乎？"
> 曰："乐。"

---

① 《王艮年谱》，嘉靖十年辛卯。
② 同上书，正德六年辛未。
③ 同上书，嘉靖十五年丙申。
④ 《明儒学案》卷34《泰州学案三·罗汝芳传》。
⑤ 耿定向《观生记》嘉靖四十二年癸亥："历校扬州属，时属泰州守肃王东崖璧来晤，至则余校事未竣。不便晤也，乃语盐法徐岩泉矿先往晤之。徐与论'克己复礼'，东崖释克己为'能己'，以天地万物依己，不以己依天地万物云云，盖承传乃父立本旨也。徐君未达，以质余，余曰：'讲学不须在此陈言上解释，即察王君当下心神，真能承传父学，欲以其学通吾侪，无一纤尘襟，便是能立己，吾侪当下心神，惟是求学，更无些子势位在胞中作障，便是能立己，余仲（指耿定理）释克己为无我云。'徐君因大有省。"按耿定向此时学术颇主会通，故对王艮之学殊难体会。参第三编第一章第二节。

再问之,

则曰:"乐者,心之本体也。有不乐焉,非心之初也。吾求以复其初而已矣。"

问:"然则,必如何而后乐乎?"

曰:"本体未尝不乐,今日必如何而后能,是欲有加于本体之外也。"

问:"然则遂无事于学乎?"

曰:"何为其然也,莫非学也,而皆所以求此乐也。乐者,乐此学;学者,学此乐。吾先子盖尝言之也。"

问:"如是则乐亦有辨乎?"

曰:"有有所倚而后乐者,乐以人者也。一失其所倚,则慊然若不足也。无所倚而自乐者,乐以天者也。舒惨欣戚,荣悴得丧,无适而不可也。"

问:"既无所倚,则乐者果何物乎?道乎?心乎?"

曰:"无物故乐,有物则否矣。且乐即道,乐即心也。而曰所乐者道,所乐者心,是床上之床也。"

问:"学止于是而已乎?"

曰:"昔孔子之称颜回,但曰不改其乐;而其自名也,亦曰乐在其中。其所以喟然而语点者,亦以此也。二程夫子之闻学于茂叔也于此,盖终身焉,而岂复有所加也?"

问曰:"孔颜之乐未易识也,吾欲始之以忧,而终之以乐,可乎?"

曰:"孔颜之乐,愚夫愚妇之所同然也。何以曰未易识也?且乐者心之体也;忧者,心之障也。欲识其乐,而先之以忧,是欲全其体而故障之也。"

问:"然则何以曰忧道?何以曰君子有终身之忧乎?"

曰:"所谓忧者,非如是之胶胶役役然,以外物为戚戚者也。所忧者道也。其忧道者,忧其不得乎学也。舜自耕稼渔陶,以至为帝,无往不乐,而吾独否也。是故君子终身忧之也,是其忧也,乃所以为乐其乐也,则自无庸于忧耳。"[1]

---

[1] 前揭太岳山人杨希淳撰《诗引》。

原文很长，可见这次讨论的深入。那么王襞在这份长篇大论中到底有哪些发挥和创见呢？

上文已经指出，王守仁所谓"乐是心之本体"，是指心体的本然状态。王畿与王艮虽从不同的角度作了发挥，对此并没有真正的突破。然而到了王襞这里，逐渐开始强调"无所倚之自乐"，反对传统的所谓"乐道""乐心"的说法，而且明确提出"乐即道，乐即心"，把乐定义为心体本身，这就和传统说法有了一间之隔。同时他不再像王畿那样，为了理论上的弥缝，把两种截然相反的心理状态强行牵合在一起，而是充分肯定古圣先贤"忧道"之"忧"。根据王襞的理论，乐既然是心体本身，那么它与"忧""惧"等概念便已不在相同的言说层次上了。后者充其量只是一种心理情绪。为了恢复本体之乐，情绪上的忧与惧都是可能的，这也就是"是其忧也，乃所以为乐其乐"的真实义。

王艮的"乐学"思想，经过王襞的阐发，变得更为圆通。而且由于对忧、惧等传统观念的肯定，甚至有补偏救弊的作用，但是，心体之乐与情绪之乐在理论上的区分尽管圆融无碍，在实践中却无法截然划清。理论的圆通不能代表行动上的无弊。晚明王门学者，特别是传统所谓泰州后学，认欲作理，猖狂恣肆，"非名教所能羁络"的风习，其实正是把情绪之乐看成心体之乐了。恰是在这个层面上，乐学的思想才被反对者批评为"不曾苦的甜瓜""心着意学乐，便是助长心，几何而不为猖狂自恣也！"①

王襞既以乐学为取向，在行动气魄上不惟不如狂侠派的颜钧、何心隐，甚至也不如对乃父亦步亦趋的王栋。但是，既然打着"以师道自任"的大旗，那么聚众讲学便同样是个中的应有之义。正是这种介乎王艮与王畿之间的中庸品格，决定了王襞的讲学既非王畿式的自我解脱，也非王艮式的"见龙在田"，以万世师自命。罗汝芳说他："东崖迹若潜龙，而见龙之体已具"，毕竟仍以潜龙目之②。从王艮的"见龙"，颜、何的"亢龙"到王襞的"潜龙"，三种迥然相异的形象，是对师道派内部不同行动取向的生动隐喻。

因此，同样是讲学，与狂侠派张皇见龙的处事作风不同，由王襞领导的乐

---

① 吕坤《呻吟语》卷2《问学》。针对乐学思想所受抨击，万历十五年邹元标曾为之辩护，"或曰：泰州之乐，末世有猖狂自恣以为乐体，奈何？予曰：此非泰州之过，学者之流弊也。夫流弊何代无之，终不可以流弊而疑其学也。"见《明儒王心斋先生遗集》卷4《乐学堂赞语》。

② 前揭王元鼎撰《行状》。

学派自觉地以振铎化俗为己任，这一点与罗汝芳一系的晚期的会通派诸人颇为相近①。黄宗羲说他"往来各郡，主其教事。归则扁舟于村落之间，歌声振乎林木，恍然有舞雩气象"②。这和他自己追求的"鸟啼花落，山峙川流，饥食渴饮，夏葛冬裘，至道无余蕴矣"的境界有异曲同工之妙③。那以后，乐学派的信徒陶匠韩贞、樵夫朱恕，都是朝这个方向发展的④。这种讲学，以对下层民众的移风易俗为己任，使受教的普通民众徜徉在主观世界的雍容熙乐之中，暂时忘却现实生活中的种种矛盾和苦难，以此来给苦难的生灵以最起码的安慰。

由此我们也就能够理解为什么同样是宣传王艮的学说，王栋湮没无闻，颜钧、何心隐受到打击，而王襞之学却能得到会通派以及与之渊源极深的在朝王学的大力推毂和提倡了。会通派与在朝王学反对师道复兴，耿定向等人曾对王襞所宣讲的这方面学说微致不满，但对他的乐学思想及会通观念却交口称赞⑤。嘉靖四十四年，王襞受邀到南京讲学，正是因此而名声大噪。一时南京的学者名流如杨希淳、许孚远、焦竑、王尧臣、李登辈，争相与之唱和，据说"闻风兴起者甚众"⑥。王艮之学至此流传更广，但其学术的真谛也便因此失传。在朝野王学的双向夹击之下，师道派逐渐暗淡无光，退出历史的舞台。

---

① 罗汝芳以乡约讲会的方式化俗，自觉以木铎老人自居，实际上是在自觉地完成明初官方所期望的，用儒教伦理整顿社会秩序，但却难以为继的工作。罗汝芳这一倾向和乐学派极为接近，这也和二者同属师道、会通两派之折中有关。有关后者行动取向的讨论见下一节及第四编第二章第一节。
② 《明儒学案》卷32《泰州学案一·王襞传》。
③ 《王东崖先生遗集》卷1《语录遗略》。
④ 有关韩贞的思想可参黄宣民重订《韩贞集》。朱恕、韩贞传记参《明儒学案·王襞传》所附。黄宗羲大概本之《耿天台先生文集》卷14《王心斋先生传》附朱樵、韩某传。另有夏廷美也是这一流人物，参耿集卷14《夏叟传》。
⑤ 前揭焦竑所撰《墓志铭》："天台耿师尝晤先生，迎谓曰：'众多君解了，于道有悟，君自谓若何？'先生曰：'道者六通四辟之途也。藉谓我有之，将探取焉；而又曰我能得之，则已离矣。'余师大赏其言，定为石交云。"按所谓六通四辟之道，其实是王学会通派的核心观念。结合耿定向对王艮的批评（除前揭《观生记》嘉靖四十二年文外，另可参万历二年耿对王襞的诘责），可知王襞受耿定向等激赏的原因是其会通思想，而非师道观。另外，王襞在此前名声并不太大，杨希淳云："顾其浑然天成，略无表暴，以故知之者尚少。而乙丑仲秋（嘉靖四十四年，1565）之来留都也，都人士独心醉焉"。
⑥ 前揭王元鼎撰《行状》。王襞在南京的轰动效应，还可参《年谱纪略》所附许孚远、焦竑等人所撰诗歌。其乐学思想被视为"仙药"。

第三节　晚明的会通思潮

王学第三期中的会通派，是隆、万以后思想界的显学。它以李贽、罗汝芳、杨起元、周汝登等人为代表，在会通的学术取向上走得更远，其极端者，甚至有因此丧失儒家立场的嫌疑（如李贽）。不过，撇开这些人相互之间巨大的分歧不谈，他们在思想和行动上仍然有不少相通之处：在行动取向上重视自我的解脱；在学术上会通三教、诸子，反对或者开始质疑道统论；在师道意识方面观点暧昧，或是根本反对，或是倾向于君师的折中。在以往的研究中，这批学者大都被视作泰州学者王艮的传人，事实上，王畿对他们的影响最大。

一、道统论的崩溃

> 凡为学皆为穷究自己生死根因，探讨自家性命下落。是故有弃官不顾者，又有视其身若有若无，至一麻一麦，鹊巢其顶而不知者。无他故焉，爱性命之极也。孰不爱性命，而卒弃置不爱者，所爱只于七尺之躯，所知只于百年之内而已，而不知自己性命悠久，实与天地作配于无疆。①

李贽这番话不禁让我们想起了王畿昔日的追求："人生只有这件事，凡生时不曾带得来，死时不曾带得去的，皆不须一毫着念认为己物，方是超物外大丈夫。"周汝登则说："我辈在此为自家性命事，无有重大于此者。"② 在晚明，"人生只有这件事"的说法，在士大夫学者当中广泛流传。所谓"这件事"，也就是佛家的"了生死"，也就是"穷究自己生死根因"。对生命永恒的渴望，对性命之道的留连，潜隐在这样一群宗教情结很深的学者们的心灵深处。人生的本质是什么？人生中真正值得追求的又是什么？这种对人性、对自我、对生存价值的拷问，是晚明会通派学者的一个共同取向。

自我解脱是一种需要，当需要因难以满足而变得更加强烈的时候，它就成为人的一种"饥饿感"。就像周汝登所言："禅与儒名言耳，一碗饭在前，可以充饥，可以养生，只管吃便了，又要问是和尚家煮的，百姓家煮的？"③ 的

---

① 《续焚书》卷1《答马历山》。
② 《周海门先生文录》卷2。
③ 同上。

确,满足饥饿感的粮食可以有多种,为什么当人在对性命之道进行拷问的时候,不可以有多种认同?所谓"南人食稻而甘,北人食黍而甘……道之于孔老,犹稻黍之于南北也……足乎此者,虽无羡于彼,而顾可弃之哉!何也?至饱者各足,而真饥者无择也"①。晚明的学者们在对性命之道的究诘过程中,就处在这样一种饥不择食的状态。由于饥不择食,那么任何可以令人产生"饱"的感觉的食物岂非都是最好的食物?关键就在于自己是不是能够产生"饱"的满足。因此,判断一种思想值不值得被接纳的标准就只能诉诸个人,当下的个人,而决不应该是既成的社会秩序,或既有的思维模式,不管那种秩序是由何人建立,那个模式是由何人揭橥②。

由于反对既定的形式、规矩和格套,那么性命的究极就在于求真而自适,学贵自得之,非任何言诠道理所能限勒。这样,理论上相反的东西可能相成,相同的物事却未必不异。在给友朋的论学书中,李贽说:

> 兄精切于人伦物理之间,一步不肯放过;我则从容于礼法之外,务以老而自佚。其不同如此。兄试静听而细观之:"我二人同乎?不同乎?一乎?不一乎?若以不同看我,以不一看我,误矣。"

为什么呢?关键就在于真不真:

> 但得一,万事毕,更无有许多物事及虚实高下等见解也。到此则诚意为真诚意,致知为真致知,格物为真格物。说诚意亦可,说致知亦可,说格物亦可。③

相反,耿定向尽管也一样讲究庸言庸行的人伦物理,在理论上说得天花乱坠,但李贽却并不愿说彼此"相同",原因就在于鄙薄他的不真,他的"乡愿"④。

追求性命之际的自我满足势必催生出一种无可无不可的会通取向。具备这

---

① 《焚书》卷3《子由解老序》。
② 对晚明思想家内心"饥饿感"的讨论,可参沟口雄三《中国前近代思想的演变》第54—56页。
③ 《焚书》卷1《又答石阳太守》。
④ 对李贽与耿定向交恶这一公案的讨论可参张建业《李贽评传》,第66—84页。不过张氏把耿定向看成正统理学家的代表,为本书所不取。本书关于这一问题的讨论,另见第三编第三章第二节有关反中庸思潮的论述。

种取向的学者,无论自己安身立命的基点若何,大都能对他人的选择表示尊重。杨起元说:"三教皆务为治耳。譬之操舟然,吾儒捩舵理楫于波涛之中,二氏乃指顾提撕于高岸之上,处身虽殊,则求治之理则一。"① 又说: "佛老……其书皆尽性至命之理也,有识者孰不悦之?"② 而罗汝芳尽管"归宗于孔子"的立场难以舍弃,却见"古今学术本无异同,皆明德之流行"罢了③。既然这样,"仁义云者,孔孟之言柄也。仁与义既可以为言之柄矣,则端倪与良知独不可以为言之柄哉?奚必孔孟之是而白沙、阳明之非也?善学者亦视古人之精神而已矣。"④ 以此推之,被孟子所深辟的杨墨,为韩愈所疾攻的佛老,又何尝不是古人精神的一部分?⑤ 甚至"士之于举业,犹农夫之于农业,伊尹耕于有莘以乐尧舜之道,未闻农业与尧舜之道为两事也"⑥。会通派学者到了这个地步,真可以说无可无不可了。周汝登、管志道等人在万历中期重拾王畿"无善无恶"的牙慧津津乐道,其根因也正是在此。

从"性善论"到"四无说",从应然之理到实然之道,标志着晚明思想界一个深刻的转变。而既然道本实然,那么在宇宙的流转、万化的迁变之中,又何处非道,何者非道?既然道"恶乎往而不存",那么道统之说又如何能够继续存在?在会通的取向之下,强调"统"之延续的道统论,其自身的崩溃可以说适逢其时了,李贽在《道学》一文中曾经这样写道:

> 道之在人,犹水之在地也;人之求道,犹之掘地而求水也。然则水无不在地,人无不载道也审矣,而谓水有不流,道有不传,可乎?顾掘地者或弃井而逃,或自甘于混浊臭秽终身不见甘泉而遂止者有之,然而得泉者亦已众矣,彼谓"轲之死不得其传"者,真大谬也。惟此言出,而后宋人真以濂洛关闽接孟氏之传,谓为知言云。吁!自秦而汉而唐而后至于宋,中间历晋以及五代无虑千数百年,若谓地尽不泉则人皆渴死矣;若谓人尽不得道,则人道灭矣,何以能长世也?终遂泯没不见、混沌无闻,直待有宋而始开辟而后可也?何宋室愈以不竞,奄奄如垂绝之人,而反不如

---

① 《太史杨复所先生证学编》卷首《论佛仙》。
② 同上书,卷1《笔记》。
③ 同上书,卷3《近溪先生讲堂记》:罗氏"见古今学术本无异同,皆明德之流行,而惟当归宗于孔子"。
④ 同上书,卷2《与叶龙老》。
⑤ 参李贽《李温陵集》卷10《墨子批选序》及赵贞吉前引《复广西督学王敬所书》。
⑥ 《龙溪王先生全集》卷8《天心题壁》。

彼之失传者哉？好自尊大徒为摽帜而不知其诪诬亦太甚矣！①

同一时代的学者钟天完则这样说：

> 孔子生于衰周，天固扼之，使上不得为君，下不得为相，而独以匹夫师天下，又使之名铎唱竽以广其传于不穷，真是前无往古、后无来今者。且也，一时名贤汇起，从之游者盖三千焉，几遍天下矣，精通者亦七十余也。此七十余纵不皆颜、曾，岂不人人关闽而濂、洛哉？乃七十余之徒所自为传，又不啻从七十也。是以韩非子曰孔子之后儒分为（七）[八]，则此外可推也；又曰墨分为三，墨亦闻孔而逃者，则谓亦孔氏之分焉可也。如是，则欲求传道之的，其于何属哉？即吾儒之内亦且分为事功、为节义、为辞章，为隐逸焉，苟其心迹之无瑕，何者不出王于道脉中而安必其以讲学为也？故愚以为论道于孔子以前，则其统专而归于一；论道于孔子以后，则其统散焉而无归，非无归也，其无不归者，从不必孔氏而从孔子也……如是，则凡事功、节义、辞章、隐逸之粹然者皆谓道统直分寄可也。即老庄之清静、释氏之解脱者，皆谓道统之旁流亦可也。非皆欲宫墙而俎豆之也，道之散者不得不散取之矣，道之远者不得不远收之也。然则，孔子之传可谓独在孟轲而轲之后便不得其传哉？②

一句话，当道术已为天下裂之后，道统已经不存，但道却无处不在。管志道为孔子阐幽，言"孔子任文统，不任道统"③，同样是会通派学者这一根本取向的再现。

道统论崩溃，同时也意味着自韩愈以来，宋明理学家们主观精神中所营构的这一应然的天理世界已经坍塌。由追寻天理，改造世界，到承认现实存在的合理，由唐宋到晚明，中国社会完成了她自身向俗世化的根本转变。事实上，正是从这个时候开始，传统的中华帝国，已经迈进人类自身通往现代的大门。

---

① 《李温陵集》卷15《道学》。
② 张萱《西园闻见录》卷7《道学》。观其文末推崇罗汝芳，或许便为其派下弟子。
③ 《明儒学案》卷32《泰州学案一·管志道传》。

二、师道观

会通派学者因为成分比较复杂，师道观也不尽一致。尽管从学术取向上来看，会通必然导致对师道的不满（这是"圆"对"方"的不满），但是和泰州师道派的渊源关系，仍然使许多学者保留了一份以师道自任的情怀。大概地说，与王艮的师承越近，对师道思想承袭的也就越多。这种情形，在会通派学者身上造成了一种鱼雁分行的奇特景观。

罗汝芳是颜钧的弟子，王艮的再传。从他四处讲学的张皇程度来看，较之于乃师颜钧可以说毫不逊色，比之于乐学派的王襞则犹有过之。据此，把罗汝芳列为师道派下的一个分支，与狂侠、乐学并列，同样不会使人稍觉突兀。不过，从罗汝芳开始，这一派不再以师道自居，而是谋求君、师二道的折中和会，在行动取向上较王畿或许略为亢厉，较王艮则稍为圆转①。他的理论"以赤子良心、不学不虑为的，以天地万物同体、彻形骸、忘物我为大"②，在生生不息中，直任明德之流行。在理论归趋上无疑和王畿一系更为接近③。因此，把罗汝芳作为会通派的一员来加以考察，纯粹是叙述的方便。和王襞一样，罗汝芳的学说也是会通跟师道相互中和的产物，归属于哪一派，并不重要，关键要看这种分梳能否加深我们对王学自身学术嬗变的了解。

和李贽有点儿类似，罗汝芳是那种舍身任道，一片赤诚的人。少年时代，为了体验薛瑄所谓"澄然湛然之体"，罗汝芳闭关僧寺，临几默坐，终至心火上炎。恰值颜钧揭榜"急救心火"，罗汝芳从此拜门受教。那以后，尽管学术上日渐分歧，颜钧本人也丑行渐露，但是在罗汝芳的眼中，狂侠如颜钧依然是真灵不昧。颜钧、何心隐后来相继入狱，罗汝芳不惜得罪修证、在朝王学诸大老，为之破产营救④，体现了他对待师友的一片热忱。楚人胡宗正本为罗汝芳举业弟子，"已闻其有得于《易》，反北面之"⑤，和董沄以六十八岁高龄师事王守仁一样，对道本身的执著超出了人世间一切格套与成俗。作为一个真正的

---

① 在思想取向上王艮亢高，王畿圆通，罗汝芳则为之折中。参荒木见悟《明代思想研究》第100—148页，《罗近溪の思想》。本书从行动取向着眼，大旨与此相类。
② 《明儒学案》卷34《泰州学案三·罗汝芳传》。
③ 罗汝芳尽管和王畿没有师承关系，但二者学说的相近，却给稍后的学者留下了这样的印象："江西之学宗龙溪者为罗汝芳"。见邵念鲁《思复堂文集·碑传》卷1《王门弟子所知传》。关于罗汝芳学术的整体讨论，参第三编第二章第一节。
④ 援救颜钧事前已提及，搭救何心隐参熊傆辑、钱启忠重订《近溪罗先生一贯编·心性下》，称何心隐为"梁两川"。
⑤ 《明儒学案》卷34《泰州学案三·罗汝芳传》。

学者，罗汝芳所追求的是那种实实在在的"为己之学"。

不过，或许是得自于师道派以天下为己任的顽强的意愿，和王畿等人刻意追寻自我解脱的取向稍有不同，罗汝芳把自我价值的实现落实到化天地、育万物，落实到经世济民等传统的儒家立场之上。因此尽管由于自身谦抑，"不以师席自居"，甚至强调"师诸人则可，好师夫人则不可"，对师道复兴的取向表示质疑①，但是凭他对讲学运动的执著，对乡约建设的全力推动，直至甘当宣讲朱元璋《圣谕六条》的木铎老人②，又无法不承认他同时是在以师道自任③。只不过，这种师道和王艮曾经标榜过的稍有不同，他不再用追尊孔子的办法来构建师道对君道的地位优势，而是把作为君道最大代表的朱元璋纳入师道的系统当中，使之"直接唐虞之统，而兼总孔孟之学"④，同时成为师的化身。罗汝芳曾多次由衷地赞叹："若仰体高皇木铎、溥天率土之心，而益彰以孔孟习善成性之妙，则王道荡平，万年无斁，非天下古今一大快事耶"⑤？这表明，一直在会通与师道两派之间寻找平衡的罗汝芳，在师道观上采用的同样是一个折中的方案。这种方案，以君道为掩护，在扩张儒学对社会影响力的同时，也在提升着师道的地位。同时，在君道面前甘拉第二把小提琴的师道，也以一种隐晦的方式被君道所认可。罗汝芳、杨起元等一批君师折中派，之所以能够在万历以后成为显学，得益于他们在理论上对师道的这一定位。

李贽的师道观有点儿像他的为人，充满了矛盾与乖张，但却决非难于索解。

对李贽的学术，东林派的顾宪成曾经有过一个很有意思的评价："李卓吾大抵是人之非，非人之是，以成败为是非而已。学术到此真成涂炭，惟有仰屋窃叹而已"⑥。要不是东林党人张万达借内阁大学士沈一贯对李贽不满之机，以道听途说的污言秽语露章弹劾，对这个天不怕地不怕的"卓吾老子"，顾宪成能有什么办法？或许真的只能"仰屋窃叹"罢了。

---

① 《近溪罗先生一贯编·心性上》。
② 罗汝芳不仅自己推崇朱元璋《圣谕六条》，其弟子杨起元还根据他的思想作《六谕翼》（载《太史杨复所先生证学编》卷首）余永宁为之作序便直称"罗子祖述宣尼，宪章高帝""高皇闻知，罗子见知"云云。《证学编》卷1《笔记》："罗子讲学恒称圣谕六言，或讥曰：'此木铎老人语也'。罗子闻之曰：'学尽此矣，虽欲不为木铎老人，其可得乎？'"
③ 《太史杨复所先生证学编》卷3《明德罗子祠堂记》："吾师于多士虽不以师席自居，乃未尝不以师道自任。"
④ 《近溪罗先生一贯编·四书总论》。
⑤ 《近溪罗先生一贯编·心性下》。
⑥ 《泾皋藏稿》卷5《柬高景逸（又十八）》。

鉴于王学会通派昌言"无善无恶"之缺乏标准，东林派学者大都有着严格的学术立场。但这种立场本身所形成的规矩和格式，又是这位会通派的真正代言人李贽所无法忍受的，他的"是人所非，非人所是"正是基于这种看似缺乏立场的、但却是对一切规矩和形式的解构。换句话说，对于李贽而言，没有立场便是他的立场①。没有既成的一切定式和法则而应直任当下的本真。因此，李贽学说中对许多具体问题解释的前后矛盾，就在于已有的解说在他的心目中是否已变成定式和法则。在这个意义上，李贽所孜孜以求的，正是要破除人们的"所知障"。

同王畿一样，李贽反对以个人气魄来担当的那种王艮式的师道。尽管他也曾推许王艮的为人，但是对他那种睥睨一世、以万世师自任的狂态却夷然表示不屑，以为那"殊可笑咤"。因此，以河汾师道风动后世的文中子，虽然以圣人自负，口气不小，在李贽看来却也并不能算高明，因其"学未离门户"②。事实上，由于对师道不抱好感，君道却反而在李贽的笔下得到了张扬。张居正以禁讲学、考成法钳制朝野士大夫，虽然遭到多数人的反对，但由于直任本真，李贽因此尊之为"师"，为"宰相之杰"③。秦始皇焚书坑儒，只因一意孤行，被许为"千古一帝"④。对自我的绝对肯定，对真实的极度向往，在李贽的笔端不时地流露出那种对独裁者人格的欣赏。从这个意义上说，李贽可能是一个真实的人，但无疑却缺少那种宽容的气度和胸襟。这种性格的人一旦身居高位，或许便又是一个张居正，也未可知。

然而，假如肯定地说，李贽是一个主张用君道来打压师道的人，那么李贽本人仍然不会承认。倘真如此，岂非同样变成了格套？而李贽所要破除的恰恰是这一点。正因为如此，我们才能够理解，为什么自宋代以来一向被诋斥为"名教罪人"，在五代期间历仕数朝的冯道，在李贽的心中反而是这样一副形象：

---

① 兹举一例。《李温陵集》卷17《宋人讥荀卿》："宋人谓卿之学不醇，故一传于李斯即有坑儒焚书之祸。夫弟子为恶而罪于师，有是理乎？若李斯可以累荀卿，则吴起亦可以累曾子矣。《盐铁论》曰：李斯与苞丘子同事荀卿，而苞丘子修道白屋之下。卓吾子曰：使李斯可以累荀卿，则苞丘子亦当请封荀子矣。"倘依此逻辑，怎样解释下面这番话？同书卷15《朱子》："（韩侂胄）其酿成势焰，流毒邦家，则以君子自负者激而成之，殊可怪也。李生曰：侂胄之得志，（赵）汝愚荐之也；学道之受祸，晦翁导之也。"
②《李温陵集》卷15《文中子》。
③《焚书》卷1《答邓明府》。
④《藏书》世纪列传总目。

> 冯道自谓长乐老子，盖真长乐老子者也。孟子曰："社稷为重，君为轻"，信斯言也，道知之矣。夫社者，所以安民也；稷者，所以养民也。民得安养而后君臣之责始塞，君不能安养斯民而后臣独为之安养斯民，而后冯道之责始尽。①

在这里，以"民贵君轻"为言，李贽似乎又与王艮的观点走到了一处②。但是，能说李贽抗颜师道吗？不能。

总的来说，由于在理论上讲究圆通，反对形式与格套，会通派学者大都对师道复兴不感兴趣。或许正因为如此，万历时代当在朝王学在意识形态领域全面得势之后，才有可能对会通派王学表示容忍。这样，和二者都有渊源，以"惕龙"自居的管志道③，明确提出孔子所居乃"臣道"而非"师道"④，重新回到明世宗与张璁的立场上来，便丝毫不使人感到意外。

---

① 《藏书》卷68《吏隐外臣·冯道传》。
② 参本编第一章第二节。
③ 伍袁萃《林居漫录·畸集》卷4。
④ 《明儒学案》卷32《泰州学案一·管志道传》。参荒木见悟《明代思想研究》第160—164页有关管志道这一思想的发掘。

第三编

在朝王学

——王与朱共天下

第一章　思想渊源及行动取向

嘉靖二十年（1541）以前的王学，实在可以说是命运多舛。开派领袖王守仁为大明帝国立下不世奇功，但却身死爵夺，九原含恨①。其信徒虽因议礼渐致通显，但在继之而起的更定祀典过程中，由于过分执著，终究不敌打着程朱旗号而又工于媚主的新贵夏言，加上议礼诸臣的内讧，接踵而至的伪学之禁，王学作为一种政治势力，遭到了沉重的打击。

青山遮不住，毕竟东流去。伪学之禁后的王学在政治上虽稍显消沉，但在民间却获得了蓬勃的发展。以王艮为首的师道派以及继之而起的狂侠派高举师道的大旗，与官方的主流意识形态针锋相对。同时，以江右为核心的修证派则躬行践履修身见世，把王学足以经世的一面呈现给世人。特别是在嘉靖后期南倭北虏、内忧外患纷至沓来的局面之下，王门诸子的知兵倾向尤为世人瞩目。这一点又成了王学在政治上崛起的新的契机。

在热衷军事的这一批人中间，徐樾、唐顺之、罗洪先，都是其中的赫赫有名之辈。徐樾后来死于广西战事，唐、罗二人则养望居家，于天文历算、医卜星相、武术技击、诸子百家无所不通无所不晓，被时人仰为泰山衡岳②。其他如三省总督胡宗宪、名将谭纶、戚继光、俞大猷、翁万达，都是王学的信徒或同情者。更不要提颜钧、何心隐这些讲究兵术权谋的学者型侠客了③。

王学在经世致用方面所取得的成就提升了它在政治上的地位。嘉靖时期，阳明学派中的两个重要的讲学大老赵贞吉、聂豹相继得到皇帝的赏识，就在于

---

① 王守仁死后于嘉靖八年，世爵被夺，本爵依旧。
② 参《明史》卷283《儒林二·罗洪先传》。
③ 颜钧、何心隐都曾入过胡宗宪幕府。颜钧于嘉靖四十五年入狱，后为俞大猷引入军营帷幄。参黄宣民《颜钧年谱》。

他们或者是自许或被推崇为有抗御蒙古人的方策。就连内阁首辅严嵩，为了固宠的需要，也不得不放下架子拉拢大名士唐顺之，而唐则为江南一带日益猖獗的倭患鞠躬尽瘁①。王学在政治上全面崛起似乎只是时间早晚的问题。耐不住性子的王畿甚至想进而改变王守仁受黜的事实，终因时机未成而作罢②。但不管怎样，明世宗在私下里把王守仁称为"有用道学"，无疑是看中了王门诸人在事功上所取得的成就③。

正是这一过程造就了在本书中被称为"在朝王学"的那一批人。这些人大致相同的特点是，作为伪学之禁的孑遗，在政治上善于趋避，精于权谋之术；在行动上提倡躬行践履，反对师道复兴；在学术上又与朱学的刻板作风不同，鼓励会通，强调"默识"，讲求心悟。这样的行动取向，决定了他们除了相互援引之外，势必与在野的修正派、会通派以及师道派下的乐学一支关系良好，但对狂侠派却不以为然。狂侠派受到打击，不是由程朱理学抢先发难，而是王门内部的兄弟阋墙，其根本的理由便肇因于此。

大概地说，在朝王学的重要人物包括欧阳德、聂豹、严讷、李春芳、李遂等一大批官运亨通之辈。在其中，堪称护法的领袖人物是嘉隆之际的内阁首辅徐阶，理论代表则是官至户部尚书的著名学者耿定向。

第一节　王学护法：徐阶

一、朱陆合一

聂豹的学生，松江人徐阶④，一出仕便受到朝野上下的广泛瞩目。这不仅因为他高中嘉靖二年（1523）癸未科的探花，顺利进入玉堂金马之地，成为天下学子们歆羡的对象；而且由于年纪尚轻，刚满二十一岁，假如在以后的官场中不翻跟斗，即使仅论年资，也决然不失公辅之望。因此，时任内阁首辅的杨廷和甚至责怪大学士费宏，为什么不把这位短小白皙，善于容止的翩翩少年取

---

① 《明儒学案》卷26《南中王门学案二·唐顺之传》："先生晚年之出，由于分宜，故人多议之。"
② 聂豹《双江聂先生文集》卷8《寄王龙溪》："老师恤典不得机会不可轻举，万一举而报罢又增一障。"参第三编第一章第一节。
③ 万历十二年，王守仁以此理由从祀孔庙。参第三编第三章第一节。
④ 唐鹤征《皇明辅世编》卷5《徐阶传》："为博士弟子，会聂贞襄豹为华亭令，奇之，进之以圣贤之学。"徐阶与聂豹的关系，王世贞《弇州山人续稿》卷136《文贞存斋徐公行状》亦曾言之，唐书盖本于此。

为第一，认为："此少年名位不下我辈"①，明确对他寄予了厚望。

此时的徐阶确实称得上春风得意，加上中式以后马上归娶，在传统社会所艳称的"人生四喜"中已居其二。不久因父死丁忧，遂"读书为古文辞，倾身以事贤豪长者，时故新建伯王守仁以讲学倾东南，阶与其门人欧阳德同年而善之，遂为王氏学，诸豪贤长者交口称誉阶，故尽得搢绅间声"②。刚一出世便暴得大名，且身任翰林院编修，充经筵展书官，预修《大明会典》。居清要之地而又有接近皇帝的机缘，展现在徐阶面前的加官晋爵之路似乎一片光明。

然而，嘉靖一朝的政治云波谲诡，变幻莫测，到处布满了陷阱。由于丁忧在家，徐阶逃过了嘉靖三年左顺门廷杖被迫表态的一劫，但是接踵而至的更定祀典等一系列事件，又无情地把他这个"一意傍名义以钓声誉"③，以名节自负，动辄以豪爽个性示人的少年新进卷入其中④。在更定孔子祀典之际，张璁迎合世宗之意，撤塑像而为木主，以君道打压师道，激起了外廷儒臣的强烈不满。但是，迫于强权的威势，儒臣们或是提出不同理由软磨硬泡，或是动用官僚机器固有的惰性顽抗负隅，或者干脆缄默不言，随人迁就，以为明哲保身之计。在这种情况下，年轻气盛的徐阶，挺身而出，以"三不必五不可"之说，对张璁的观点逐条批驳，双方之间发生了一次令外廷大快人心的争论⑤。明世宗气得破口大骂："佞哉斯人也！翰林可用这等人耶！"⑥ 把他的名字镌刻在柱子上："徐阶小人，永不叙。"⑦

对嘉靖朝刑政之苛深有体会的徐阶⑧，自以为必死无疑。还是因外廷群臣特别是刑部侍郎闻渊、御史中丞唐龙的极力相救，徐阶才不仅保住了性命，而

---

① 王世贞《嘉靖以来内阁首辅传》卷5《徐阶传》。
② 同上书。
③ 前揭《明世辅世编·徐阶传》："阶性警敏，一意傍名义以钓声誉。"
④ 李绍文《皇明世说新语》卷5《豪爽》："徐文贞督学江西，道遇毛尚书伯温，过其舟。毛曰：'君得无饥否？'呼侍者持大盘皿，其二装炙鹅，鹅皆大胬，其二装馒头大如碗者，各五十许，又不置箸，以手掇之。银碗二，使注酒。长啜大嚼，旁若无人。时文贞年少，勇于酒，互举无算，欢然而别，曰：'公大器也。'"
⑤ "三不必五不可"之说见徐阶《世经堂集》卷6《论孔子祀典疏》。徐阶与张璁的争论，参《嘉靖以来内阁首辅传·徐阶传》。
⑥ 朱厚熜《御制正孔子祀典申记》。
⑦ 陈田《明诗纪事》戊签卷15引《国史唯疑》，又云："久亦遂忘之。"
⑧ 《世经堂集》卷14《刑科题名记》："自予有知至于今三十年耳，而用刑者凡再变。其在正德间，士大夫沐浴孝皇之泽，耻言惨礉，则或故为纵弛以邀宽厚之名。至我皇上，振纲维饬法守，赫然裁之以义，则或竟为深苛以避不任职之咎，而其所志乃更出申韩下，岂非论世道者所深慨乎？"此文约作于嘉靖十一年。

且保住了仕籍，被谪为福建延平府推官①。

由清要之职被贬为处理琐屑事务的僻地小官，在个人的境遇上可以说一落千丈，按照明代官场的惯例，徐阶本来可以辞职还乡，"优游养重"。钤山养望时期的严嵩，出山领兵之前的唐顺之，正是以此博名，行其"曲线救国"的进身之术的。然而或许是因其父当年仅官至宁都丞（属江西）这样的小官，俸薄薪微，为了养家糊口的需要②；或者也确实如徐阶本人所说，"盘根错节所以砺我不浅"③，因此他单骑走延平，热情地投身到地方事务之中。在这期间徐阶充分显露了他处理官僚政事的干才，清凤系囚，更输银法，毁淫祠，平剧寇，三年任满，升为黄州府同知，未上任即擢浙江按案佥事，提调学校，重新走上了在仕途中迅速攀升的正轨。三年的下放基层反而成了他体察民情，为日后在政坛上搏击而积蓄实力的重要资本。钱谦益称他"以文翰起家而志在经世"④，说此时的徐阶已确立起经世致用的行动取向，去事实应该不算太远。

徐阶出仕的时代，正是王守仁功成名就，声名如日中天，王学已经倾倒东南人士，尽管在朝有伪学之禁，但因"大礼议"之故，又难以在实际上动其分毫的时代。徐阶与当时王守仁门下诸"贤豪长者"相友善，严事邹守益，亟友欧阳德⑤，因而亦得名王氏学。但事实上，由于在登第之前从学聂豹的经历，使他在初起时对王守仁良知之学并不相契，在学术上的进境只达到朱陆合一的地步。

在自称为王守仁弟子的讲学人物中，聂豹是比较特殊的一个。作为江右王门的重要代表，良知归寂派的代言人，聂豹在王守仁生前对他的学说及某些做法甚至持怀疑的态度⑥，因此一直没有正式拜师，直到王守仁死后四年，才由

---

① 前揭王世贞《文贞存斋徐公行状》。
② 据《行状》，徐阶祖上世代务农，"至高祖德，始成以仁厚喜施予闻，里中呼之为佛子徐。"如此则徐氏或即普通的乡居地主。至其父徐黼，始而补邑吏，进而由吏职升授宣平县丞，后转官宁都丞，此为徐氏发迹之始。
③ 前揭《嘉靖以来内阁首辅传·徐阶传》。
④ 《列朝诗集小传》丁集（中）《徐少师阶》；李贽《续藏书》卷12《太师徐文贞公传》，说他"独不事口耳，而以躬行为实际，以经济为真诠，故其发于事业，光明俊伟，非俗儒所可仿佛。"
⑤ 欧阳德与徐阶关系前文已言及，王世贞《文贞存斋徐阶行状》说他与邹守益、郑晓、赵时春、唐顺之辈"相琢磨为圣学益切"，尤其"庄事邹先生"。
⑥ 《明儒学案》卷17《江右王门学案二·聂豹传》："阳明在越，先生以御史按闽，过武林，欲渡江见之，人言见阻，先生不听，及见而大悦曰：'君子所为，众人固不识也。'犹疑接人太滥，上书言之。"按，聂豹见王守仁，时在嘉靖五年丙戌夏，别后致书"思孟周程无意相遭于千载之下，与其尽信于天下，不若真信于一人。道固自在，学亦自在。"对王守仁进行批评。王守仁答书可参《王阳明全集》卷35《年谱二》，嘉靖五年八月。此书不载于今《双江聂先生文集》，当系删去。

钱德洪证明，正式成为守仁弟子，拜师的方式可谓奇特。即便如此，聂豹的归寂说，仍然没有得到王门大多数弟子的认同。特别是他与王畿之间的争论，更加彰显了王学内部有关良知阐释的尖锐对立。但大体说来，聂豹在行动取向上的保守，使他与邹守益、欧阳德、罗洪先、刘文敏等人走得更近，同属于王门第二期的修证派。

聂豹怀疑王守仁的学说，甚至企图修正《传习录》，但并不妨碍他追随王守仁，对会通朱熹和陆九渊的学说加意提倡。

如所周知，程朱理学和陆王心学是宋明理学中最重要的两支。在南宋，生活在同一时代的两位学术大师朱熹和陆九渊曾彼此针锋相对。朱斥陆空疏，杂禅；陆讥朱支离，悦老。前者讲究"道问学"，由下学以求上达；后者自诩"尊德性"，追求"先立乎其大"。金元以后，朱学的地位逐渐升高，成为官方的统治学说。但随之而来的，则是学术上逐渐有朱陆合流的倾向。元代的吴澄、明初的宋濂、吴与弼都是这方面的典型①。

在这股潮流中，活跃在成、弘时代的程敏政尤其值得重视。此人不仅在礼学上的见解影响甚大，他的作品《道一编》，他为真德秀《心经》所作的附注，都对朱陆合流起了不小的推动作用。程氏《心经附注》旨在发明朱子之心学，多引程子之论。尽管仍未超出朱学范围，但对心的关注使其影响自不可小觑②。《道一编》则明标"朱子晚年所以兼受陆子之学，诚不在南轩、东莱之下"，力主"朱陆二氏之学始异而终同"，把二人不同的观点看成"早年未定之论"③，开王守仁作《朱子晚年定论》的先河。陈建说："篁墩（指程敏政）高才博学，名重一时，后学无不宗信也，于是修《徽州志》者称篁墩文学而以能考合朱陆为称首矣；按闽台者（指聂豹，见下）称《道一编》有功于朱陆，为之翻刻以广传矣。近年各省试录每有策问朱陆者，皆全据《道一编》以答矣。"④ 在朱学一统的局面下，陆九渊学派在知识界受欢迎的程度可见一斑。

《道一编》最后成书于弘治二年（1489），在那以后，陆九渊的地位稳步

---

① 参侯外庐等《宋明理学史》第74—76页。
② 钱穆认为，程敏政其学虽主以朱合陆，但本身却未得朱陆之真，"则其所论，亦终不失为文士之骋其辞章而已"。钱氏所言不无道理，但本书则主要从其影响言之。参氏著《中国学术思想史论丛（七）》，第34—44页。
③ 程敏政《道一编》卷首《自序》。
④ 陈建《学蔀通辨》前编卷下。

上升，王守仁除了作《朱子晚年定论》全面以陆学规范朱学之外，还重刻《象山文集》作序表彰。又在正德十六年利用职务之便，"牌行抚州府金溪县官吏，将陆氏嫡派子孙，仿各处圣贤子孙事例，免其差役；有俊秀子弟者，具名提学道送学肄业"①，为陆学在政治上的兴起扫平道路。同时，弟子席书"病陆学不显，作《鸣冤录》"，摇旗呐喊②；私淑弟子聂豹也将《道一编》重新付梓，加意鼓吹③。直到嘉靖九年借更定祀典之机，由王守仁的另外一个学生薛侃提议将陆九渊正式从祀孔庙，对陆学的推尊方算功德圆满。

王学诸人推崇陆九渊，其"醉翁之意"不问可知。被贬延平之后，大概已经正式以王氏学自居的徐阶④，对这一点更是了然于胸。因此他在这期间，仿《道一编》所订的《学则》⑤，便是王学诸人力主朱陆合一这一大背景下的客观产物。问题是，陆九渊在从祀孔庙之后，地位已经难以动摇，按照阳明学派的逻辑，下一步势必要证明王守仁良知之学在发挥朱、陆学说时所作的贡献，为王学自身介入到官方统治学说的重建鸣锣开道。哪知徐阶对此却似乎置若罔闻，除了朱陆合一之外，没有作任何的引申，因此不能不引起王氏门徒的不满。学友欧阳德便曾致书责难："良知二字未见数数提掇，岂尚有疑于此？"⑥说明徐阶在此时对王学相契的程度并不很深。

二、在朝王学

延平府推官三年任满，徐阶被升为黄州府同知，未及上任，转擢浙江按察佥事，视察学校。这一事件说明徐阶此时人望上升，在朝内已经有人替他奔走活动。三年以后，又被升为江西按察副使，在此期间，徐阶不仅加深了对江南一带学术界的了解，而且与江南士大夫特别是江右王门建立了良好的关系。江右王门以躬行践履闻名，这对徐阶在以儒家君子人格为主导信念的时代于官场

---

① 《王阳明全集》卷34《年谱二》，正德十六年辛巳。
② "席元山尝闻先生（指王守仁）论学于龙场，深病陆学不显，作《鸣冤录》以寄先生，称其自任斯道，庶几天下非之而不顾。"引文同上。
③ 参《道一编》卷首《聂豹序》。此序作于嘉靖十年戊子，刊刻时间亦当在此时。
④ 前揭《皇明辅世编·徐阶传》："谪延平推官，益从聂贞襄游，及同年欧阳德相与讲求良知遗训。"
⑤ 徐阶《少湖先生文集》卷5《学则辨》："凡某所以断两夫子之同者，因慨夫世之人举其训诂之陋，妄自托于朱子而诋陆子为禅；举其空寂之谬，妄自托于陆子而诋朱为俗也。今日均之为圣人之徒，则某之所争者固已得矣，又何异之足言哉！"
⑥ 《欧阳南野先生文集》卷1《答徐少湖》。按徐初作《学则》寄示，欧阳德颇为嘉许，但同时又对他不提掇良知，微露不满之意。

中迅速晋升大有裨益。也正因为如此，他才有可能在嘉靖十八年皇太子出阁、预选宫僚之际，能够进入入选的行列①。

徐阶被任命为从五品的司经局洗马兼翰林院侍讲学士，"以四品服俸居职"②，这种优待使他在所有东宫属僚中显得别具一格。在同僚中有他所尊敬的邹守益，他引为挚友的唐顺之、罗洪先、赵时春，以及著名学者崔铣、吕怀，称得上是一时之选。职奉东宫，在"一朝天子一朝臣"的政治传统下，实已预示了他在不久的将来可能会顺利入阁拜相，在未来大明帝国的政坛上呼风唤雨。甚至尽管庄敬太子不久即便夭折，而徐阶又丁了三年的内忧，他仍然在嘉靖二十年之后被即家起为国子祭酒，有了督课包括幼勋臣及勋戚子弟在内各种入监学生的职掌，有了"车驾幸学，则执经坐讲；新进士释褐，则坐而受拜"的尊崇和荣耀③。所有这一切都表明，嘉靖政坛上的一颗新星已经在冉冉升起。

或许的确是在外十年的磨砺之功④，尽管年纪尚未老迈，徐阶却再也无复往日的锋芒毕露了，这不仅表现在他在教导国子监那班贵胄子弟及种种有复杂背景的生员时，务行宽大之政⑤，也表现在他在王学诸人和夏言交恶之时，不降反升，能够安然无恙。外示人以名节，而内济之以权术，这就是典型的徐阶的个性，难怪清末民初的章太炎在王学诸人中要单单把他与王守仁相提并论⑥。正是这一点保证了他在此后的岁月里官运亨通，在他对"人生仕宦如艇子，东西总在风涛里"的感慨中，实现自己"篙工舵师好身手，要使风涛为

---

① 按嘉靖十八年预选宫僚，最初并没有徐阶（参《明世宗实录》卷221，嘉靖十八年二月癸丑），言官以为夏言党护亲信，颇有论列，于是命吏书许瓒重新甄选。王世贞撰《行状》以为徐阶原与夏言不睦，故初选不及。但《明诗纪事》引《国史唯疑》却说徐阶"自江右督学改宫僚赖冯恩力，冯时谪戍过南昌，代都御史何某草疏达夏桂洲（言），因被内擢，跻台辅。"依《行状》所言，则后者实误。但王世贞《嘉靖以来内阁首辅传》又说"（严）嵩故与夏言仇，置之死，而言尝荐阶，以是恨且忌之。"可见王世贞自己亦不相信《行状》之言。大概由于夏言与王畿、邹守益等王门大老关系皆不佳，徐氏后人因而为之避讳，《国史唯疑》所言"都御史何某"，当指何栋，此公罢职家居十八年，至嘉靖二十九年为徐阶所荐，重新起用，当是投桃报李。
② 王世贞《文贞存斋徐公行状》。
③ 《明史》卷73《职官志二·国子监》。
④ 《文贞存斋徐公行状》：言徐阶入选宫僚时已"去国十年矣"。
⑤ 《皇明辅世编》说他："服除进祭酒，为籍，籍诸生淑慝，月朔廷诵之，以吉服受淑籍，素服受慝籍，然而有暧昧失者，亦务掩慝覆盖之。诸生亦人人感激相戒勉。"
⑥ 章太炎《检论》卷4《议王》："夫本王学以任事者，不牵文法，动而有功，素非可以长世也。观自文成以后，徐阶复习其术，以仆严嵩；辅主数年，而政理昏惰，子姓恣轶，又未能去嵩绝远。"下文又数以王、徐并言。见朱维铮校订《章太炎全集》（三），第458页。

我使"①的宿愿。

嘉靖三十二年,年仅四十三岁的徐阶便被任命为礼部侍郎,不久又直接转为吏部右侍部,并在以后的三年中事实上行使着吏部尚书的权力②。与以往吏部官员钃门自守、妨嫌示重不同,徐阶甫一上任,便"破例延访,痛折节修辞色而下之。见必深坐,亹亹咨访边腹要害、吏治民瘼,错及寒暄可怜语,冀以窥见其人,顾见者亦自喜得少宰心,愿为之用,益有缙绅间声"③。才干与权术相结合,加上效命于自己的官僚网络,使徐阶在政争中如虎添翼。因此,虽经短暂的波折④,徐阶还是在嘉靖二十八年,被提升为嘉靖朝最受重视的一个外廷职务——礼部尚书,同时用心地撰写青词,进入到明世宗最信任的宠臣行列。

同阳明学的创始人王守仁一样,徐阶确实具备救时的才干。由于政治的动荡、皇室与官僚的腐化、内外经济政策的失误,大明帝国在嘉靖中期以后已成贫弱交加、积痿疲痹之势。不仅有南倭北虏兵连祸结之忧,而且"山东河南之盗又窃发无时",一遇灾荒"京师饿莩盈城野"⑤。明世宗针对边盗,除了更加虔诚地奉玄祈祷,或者自欺欺人地把元世祖忽必烈开除出历代帝王祀典外⑥,束手无策。甚至连以往最受皇帝信任的内阁首辅夏言也为此失宠弃市。在这种局面下,精于权术,肯于媚主⑦,而又不乏济世之才的徐阶得以受到重用,便不是偶然的。特别是嘉靖二十九年庚戌之变,蒙古兵偷袭得手,一度兵临城下,明世宗黔驴技穷,甚至主动提出奉帛纳币试图屈辱媾和。擅长因禄固宠的权相严嵩缄口不言,反倒是徐阶在此时展露出应变之才,为之一一条画。"自是言便宜者率密咨阶,阶浸益任用。"⑧并在两年以后的嘉靖三十一年顺利成

---

① 《世经堂集》卷25《送潘子芳赴东阳簿》。
② 《嘉靖以来内阁首辅传》:"(吏部)尚书熊浃雅重阶,托以肺腑,而阶亦为之竭力……会浃以直谏忤旨去,而唐龙、周用相继死,其重阶则犹浃,而又老,多病。"
③ 《皇明辅世编·徐阶传》。
④ 嘉靖二十六年闻渊担任吏部尚书,渊"顾自处前辈,且尝历诸曹郎,事取立断,其待阶不能如前二三公,阶意不乐,求出避之,得兼翰林院学士,教习庶吉士。"参前揭《嘉靖以来内阁首辅传》。
⑤ 《双江聂先生文集》卷8《寄王龙溪二首(之一)》。
⑥ 参第一编第四章第一节。
⑦ 《嘉靖以来内阁首辅传》卷5《李春芳传》:"阶既用恭谨得上意,即资重甚幸矣,而其为恭谨不衰。上或有所委使,通夕不敢饭寐,应制之文沓至促应,有诸少年所难者,未尝逾顷刻期。人以谓阶,阶曰:'君,天也,父也,吾敢易之!吾岂不知愧诸少年!计以得上意,此耳。得上意而后可有为于天下。夫欲为一己名不难,谁与上共天下者!'"
⑧ 《皇明辅世编·徐阶传》。

为内阁大学士。

徐阶地位的上升，对于王学诸子来说是个莫大的喜讯。早在嘉靖十五年，时任浙江提学金事的徐阶便和按临浙江的监察御史张景一起，重修了祭祀王守仁的天真精舍。三年以后，又在江西提学副使的任上于南昌为王守仁建仰止祠，"大发师门宗旨，以倡率诸生①"，对王学的推动可谓不遗余力。此际，由于明世宗的宠任，徐阶趁机举荐自己那位"坐法被戍"的老师聂豹，累迁至兵部尚书，加上庚戌之变中因勇于自任而受显擢的赵贞吉②，王学以一种新的形象在伪学之禁后登台亮相，或许这一点便是明世宗在背地里把王守仁称作"有用道学"的一个动因。也正由此，我们才可以理解为什么亲自把王学定为伪学的明世宗，会默许它在自己的眼皮底下迅速发展。

这种发展主要体现在嘉靖后期以徐阶为首倡导的几次灵济宫之会，使王学的讲学活动达到了一个前所未有的高潮。

为了互通声气、切磋学问的需要，王门中人在京师早有"同志之会"③。嘉靖十一年由方献夫为倡首所集会的庆寿山房，便是王学的据点之一④。由于与佛教道教的关系密切，集会地点常常分散于各处的寺院、庙观，有名的灵济宫、显灵宫等便经常是在京学者、文人聚会的地方。其中灵济宫尤其是明代北京最有名的道观之一，相传永乐十五年（1417）明成祖朱棣患病，"梦二真人授药，疾顿瘳"，于是仿福建灵济宫的形制，建造而成。以后由于历代君主的重视，香火极盛⑤。

灵济宫讲会以嘉靖三十二三年左右最盛，当时徐阶已经入阁，礼部尚书欧阳德、兵部尚书聂豹、吏部侍郎程文德等王学大老一同主会，诸人"皆有气势，缙绅可攀附得显官，故学徒云集至千人"，其盛况为数百年来所未有⑥。以政治权力推动王学的发展，使王学变成利禄之渊薮。王学既然在某种程度上成为进身之阶，那么进一步从官方统治学说的角度来加以肯定，便是顺理成章之事。特别是嘉靖四十四年，由于罗汝芳的怂恿⑦，徐阶以内阁首辅之尊，命令入京述职的官僚群集灵济宫会讲王学，自己一面在无逸殿为明世宗撰写青

---

① 《王阳明全集》卷36《年谱·附录一》。
② 赵贞吉事可参《明儒学案》卷33《泰州学案二·赵贞吉传》。
③ 这一点王畿已言之，参《龙溪王先生全集》卷15《跋徐存斋师相教言》。
④ 《王阳明全集》卷36《年谱·附录一》。
⑤ 《帝京景物略》卷4，转引自吴枫、宋一夫主编《中华道学通典》第1289页。
⑥ 徐学谟《世庙识余录》卷21及《明儒学案》卷17《江右王门学案二·欧阳德传》。
⑦ 罗汝芳怂恿徐阶讲学事，可参李贽《续藏书》卷22《参政罗公传》。

词，一面作论加以指导①，这使得王学对整个官僚集团的影响大大加快了。在这一时期，反对的声音不能说没有，但却那样微弱，简直可以忽略不计②。嘉靖以后，王守仁被恢复世爵，而且从祀的声音一浪高过一浪，以徐阶为首的在朝王学在其中起了关键的作用。可以说，徐阶在使王学变成明代后期官方学说过程中的作用，与汉武帝时期儒术独尊的转折过程中公孙弘的地位颇为类似③。

徐阶为王学向官学化的发展作出了贡献，但是他本人却也不曾被王学所亏负。这一点充分体现在他与严嵩的权力斗争中。

严嵩和明世宗，以及与王学诸人的关系，前几章已经稍有论列。应该着重指出的是，作为嘉靖中期在位时间最长的内阁首辅，严嵩对于王学在此期的迅速发展有着莫大的关系。这不是因为他对王学的着力推动，相反由于他的放任政策。假如不是因为这一点，王学在野可能仍会有一定的势力，但是在朝能否有后来那样的显赫，便颇为难测。

严嵩与王守仁本来交好④，因此爱屋及乌，对王学网开一面也是可能的。更何况此公本来是一个文人，又性本好谀，赵贞吉、聂豹等正是在这一点上投其所好，方能够在官僚集团的上层，较长时间地站稳脚跟⑤。

至于徐阶，自从因庚戌之变以后受宠开始，便一直遭严嵩的嫉恨，两个人暗中的角力不断，但是当徐阶在最初处于弱势的时候，他也是把自己打扮成严嵩的依附者而委曲求全的，不仅把自己的孙女许配给严嵩之子，而且借躲避倭寇之名，占籍南昌，与顾全乡曲的严嵩攀乡里之谊⑥。他与另外一个内阁大学

---

① 参前揭王畿《跋徐存斋师相教言》。
② 这一时期对讲学批评最激烈的，可参《世庙识余录》卷24，所引刑科右给事中张岳批评讲学家"以富贵功名为鼓舞人心之术"的有关言论。但却并不多见。有关张岳与王学的关系，可参小岛毅《张岳の阳明学批判》。
③ 有关公孙弘，可参朱维铮先生《经学史：儒术独尊的转折过程》一文。
④ 严嵩和王守仁的交往，可参张显清《严嵩传》，第11页。
⑤ 徐学谟《徐氏海隅集》卷14《冰厅札记》曾记嘉靖四十年左右，时为南京户部侍郎的赵贞吉在被贬广西荔波典史后棱角渐失之状："（自北京）还南京……临行执主事手，语之曰：'别后介老（指严嵩）必问赵某在京师有何言，君曰：赵言公诗文当为我朝第一人而已。已而分宜果侦之，白对如其言。分宜大喜，盖先生经挫折之后，操心危而虑患深，故又为委曲如此。然自是先生起官矣。"聂豹亦曾于严嵩处认门生，事见何良俊《四友斋丛说》卷26《诗三》。前文已引及之。
⑥ 于慎行《谷山笔麈》卷4《相鉴》。

士李本，在当时被看成"严氏二妾"，并不是偶然的①。

严嵩在当时对王学比较宽容，但在身后却博得了"禁道学"的名声，这似乎只能归因于何心隐②。何氏所说的"道学"主要是指他自己，而且正是他，与蓝道行设计，使明世宗逐渐开始对严嵩感到怀疑。徐阶迅速知道了内情，因此策动自己的亲信邹应龙率先对严嵩集团发难③。值得注意的，邹应龙也是王学中人④。从某种意义上，王学之于严嵩，倒是一个养虎遗患的典型。

严嵩下台以后，徐阶担任内阁首辅，为了在猜疑多忌的明世宗与牢骚满腹的外廷群臣中间保持平衡，徐阶一反以往苛严之政，打着"以威福还主上，以政务还诸司，以刑赏从公论"的旗号，积极提倡讲学，坚持开放言路，以培植自己在清流中间的人望⑤。因此，尽管以往在士大夫中的形象不佳，但是舆论却迅速逆转，特别是嘉靖四十五年的世宗遗诏，大赦早年议礼诸臣，更使在野清流感激涕零。徐阶被比作杨廷和，被称为"救时宰相"⑥。这种声望，不仅使他在隆庆初主张为王守仁恢复世爵的动议得到广泛拥护，而且也使得他在和以高拱为代表的一个新近从龙的势力集团的权力斗争中，保持了很长一段时间的优势。

徐阶本人在学术上无大成就，但是却因自己的行动实践，而成为在朝王学的一个典型。王畿等人推许他于"阳明先师良知之说契悟最深"⑦，虽不无过情，但总不算捕风捉影⑧。黄宗羲曾讥此为"回护门面之见"⑨，却不料"后人而复哀后人"，在晚清，著名学者章太炎就用类似的理由来批判他了⑩。不管怎样说，把徐阶称为嘉、万之际的"王学护法"，都应该是合适的。

---

① 伍袁萃《林居漫录·前集》卷3。按同情者如丁元荐则目之为"含垢忍耻，不啻勾践之于夫差"，见《西山日记》卷上。但不管怎样，说徐阶在当时饱受屈辱都是事实。
② "分宜欲灭道学，华亭欲兴道学，而皆不能，兴灭者必此人也！"载《何心隐集》附录《省志本传》。
③ 唐鹤征《皇明辅世编·徐阶传》。
④ 邹应龙曾随颜钧讲学，事见《颜钧集》卷3《自传》。
⑤ 何乔远《名山藏·臣林记·徐阶传》："阶惩严氏秽浊之后，特开讲学门户，以导清流之向。虽其剿窃浮附、谋功名者比比，士依名节义理亦多。"
⑥ 王世贞《嘉靖以来内阁首辅传》卷8《野史氏曰》。
⑦ 前揭王畿《跋徐存斋师相教言》。
⑧ 这里仅指王学讲究权术的一面，参下一节。
⑨ 《明儒学案》卷27《南中王门学案三·徐阶传》。
⑩ 《訄书》（重订本）之《王学第十》："夫不读书以为学，学不可久，为是阴务诵习，而阳匿藏之（指王守仁）。自而渐染其学者，若黄宗羲、李绂，皆博览侈观，然宗羲尚往往以良知自文。"

第二节 理论代表：耿定向

湖广黄安人耿定向是嘉万之际很有影响的一位学者型官僚，同时也是在朝王学的一个典型代表。在他身上，在朝王学几乎所有的理论与实践特性都集中地反映出来：那是一种中庸的品格，相较于以往形式古板、面目方严的朱学，它显得活泼圆通，富有包容的气象；但较之于师道派、会通派的激进挺拔，却又是那样地温和、保守，容易被统治者所接受和认可。因此，尽管在理论上主张会通，讲究"默识"，但却对会通派自我解脱的倾向保持警惕；在行动取向上提倡"庸言庸行"，主张"慎术"，反对师道复兴。耿定向无疑是把自己打扮成那个时代名教的化身了，在追随者的眼中，他已是一个"由越中以进之洙泗，卒泽于道德，醇如也"的师范楷模①。

然而，也正是因此之故，无论是在当时还是后世，耿定向都被看作一个虚伪的道学先生。不管在激进的王门后学（如李贽），还是在以程朱为宗主的东林学派那里，他都是一个不折不扣的乡愿形象②。剖析耿定向的一生，对于理解在朝王学的行动取向及其历史命运，具有不可忽视的典型意义。

一、尽伦实践的朱学"信徒"

明世宗嘉靖三年（1524），耿定向出生在湖广黄安一个贫寒之家。在他晚年自订的年谱《观生记》中，对此曾有过深情的回忆③。的确，贫贱之家百事哀，直到嘉靖三十五年，耿定向三十三岁进士及第之前，在当地属于弱族的耿家都生活在不断地饥饿、疾病、地方暴政的残酷折磨当中。甚至当嘉靖三十一年以后，他已是一名举人了，一遇饥年便"不能举火"，不仅常常告贷于人，有时还自己"自旧邑躬负米以养"。更不要提耿家在他整个少年时代所受市井流氓的侮辱以及富有亲戚的白眼了。

贫穷的生活经历是人生的一笔财富。假如不被它的艰难压垮，便极有可能变成奋发图强的动力。面对生活的困厄，耿定向最初似乎也并没有过分远大的志向，当他还是一个童生时，他思忖着如何"博一衿佩为门户"，以免除家庭劳役；当他已成为一名秀才，但却无法荫庇族人，"为市猾所困"之时，他发

---

① 《国朝献征录》卷29《户部尚书谥恭简耿公定向传》。
② 参本编第三章第二节及第四章第一节。
③ 《观生记》见《耿天台先生全书》卷8。

誓："大丈夫志康济天下，一弱族且不能庇，非夫矣！"

生存境遇的艰辛，有时反易导致思想的升华。反躬自问，那种企盼他人救助的渴望，不难转化成对所有同病相怜之士的怜悯。少年时代曾"断齑划粥"、寒窗苦读的范仲淹，发出过"先天下之忧而忧"的千古咏叹；茅屋为秋风所破，"姣儿恶卧踏里裂"的杜甫，幻想着"大庇天下寒士俱欢颜"的广厦万间。这种主观精神中的场景，在耿定向的内心世界也曾偶一浮现，他后来回忆说：

> （二十九年）是岁（彭）公甫下第归，同肄业于慎独楼。公甫常读程朱语录有省，余时困衡极亦奋自树，亦与商切志圣贤而孤陋寡闻不知所入。

嘉靖三十五年，耿定向终于顺利考取进士，并且分配到吏部实习，作了观政进士。公余无事，正值京城中讲会方兴未艾，因此很自然地卷入到其中。或许是由于学术取向相近，或许也因为自己乡试的座主胡宗宪是江右名儒邹守益的学生①，耿定向对由后者所代表的王学修证派充满了好感，恰巧邹守益的儿子邹善又是自己会试的同年，二人不免着力结纳，"余慕颖泉公家学，于同年中心独向往，时时偕罗惟德（汝芳）、胡正甫（直）辈相与切劘"。邹善则命自己的儿子邹德涵拜在耿氏门下②。

罗汝芳与胡直都是后来有名的儒学家，王守仁新一代弟子中的佼佼者。邹善尽管学术上无甚创新，但是家学渊源，却也不曾被圈内中人小觑。耿定向与这些人交好，不仅顺利跨进学术界的门槛，而且由于江右王门在朝野的良好声誉，使他在政治上同样如鱼得水。这一点或许便是他之所以受到与江右王门关系密切、此时已经入阁拜相的王门护法徐阶赏识的最初原因。

二、"常知"与会通：内外取向的分裂

从某种意义上说，耿定向一生也可以说学凡三变。对耿定向学术演化的述

---

① 耿、胡关系可参《耿天台先生文集》卷12《祭梅林胡先生文》及《观生记》嘉靖三十一年壬子。胡宗宪为邹守益学生，事见《耿天台先生文集》卷14《东廓邹先生传》。
② 《耿天台先生文集》卷12《河南按察司佥事邹伯子墓志铭》。

评，同其他任何人一样，都是一种逻辑推论的结果。事实上，耿定向依违于会通派与修证派之间，只是前后侧重不同而已，读者于此当意会之。在当时，楚中王门人数虽然不少①，但由于环境闭塞，且集中精力于科考，耿定向早年与王学似乎并没有多少天然的联系。在很大程度上他依然是一个程朱理学的信仰者，行动上中规中矩、拘拘检柙，至少在表面上对于名教的禁条不敢有丝毫的违碍②。这种倾向甚至一直保持到嘉靖三十六年他进士及第的第二年。他后来回忆说："时都下有讲学会，同志或要之赴，余执前见以尽伦实践，聆诸谭说无当也。"③ 对于王门诸子在此时思想上日趋玄妙的倾向不以为然。

然而就在此时，小耿定向十岁的仲弟耿定理在思想上取得了重大的突破。

耿定理在晚明思想界曾以精思妙悟著称于世，被时人许为"惠能后身"④。其实，这位在耿定向笔下以智者形象出现的人物⑤，幼年时代颇不早慧，甚至为此而极度自悲，"郁极而痛失血"。或许是得益于养生家的勉励⑥，耿定理在对自身生命的省察中，把对于人性、自我的反思提升到了一个令人惊异的高度：

> 窃思自古上贤亦人也，彼自尽其性耳。天既授形于我，为人不为物，吾亦必有恒性也。吾不能知行，尽性可但已耶？以此夕惕时敕不容自已矣。⑦

也就是本年，似乎大彻大悟的耿定理正式宣布："吾学从无极太极入，不

---

① 参《明儒学案》卷28《楚中王门学案·序》。
② 在《观生记》中耿定向曾自言受其内兄（弟？）彭公甫的影响，嘉靖二十九年彭氏下第归，大概受世风熏染开始讲学，"宾宾然趋绳蹈矩，执谓程朱主敬功当如是。余曰：'自尧舜肇统，道惟明伦，尽伦所学圣也。恶用此拘拘检柙为？'著《五伦图说》以明其旨……公甫不能易吾说。余嗣亦渐入公甫规勉，自检伤云。"按耿定向初字子承（见苏茂相辑《皇明宝善类编》卷首），后改字在伦，或即此时。
③《观生记》嘉靖三十六年丁巳。
④《观生记》嘉靖三十七年学使刘初泉所言。
⑤ 耿定向对耿定理的记载散见于《观生记》中。如记他预言何心隐"必有后灾"，劝他赴甘肃上任等都是，未必如今人所言皆属编造。
⑥ 事见《观生记》嘉靖三十五年丙辰。耿定理郁极失血，养生家因语之以"青天不起浮云障"。正是由于这种追求自身生命解脱的取向，耿定理也成了会通派的一员干将。
⑦《观生记》嘉靖三十六年丁巳。

落阴阳五行",主张在喜怒哀乐未发之前默识当下心体的本然之中。这种思想倾向毫无疑问与乃兄的循规蹈矩产生了冲突,二人甚至为此而大肆争执。争论的结果是一贯具有权威的哥哥被弟弟说服。耿定向自觉"反观有契,自是学以存为主,著《盲喻》并《四箴》"①。

《四箴》不见于耿天台文集,大概已佚。《盲喻》则标志着耿定向在思想上的一次重大转变。在他以前的看法中,学道之人恰如一个在襁褓中便已双目失明的孩童,寻问父兄太阳的形色。太阳是圆的,可以用镜譬之,然而颜色呢?"父兄展转念虑百计求所以譬晓而不得也"。学问之道正是如此,当我们不知道圣人传心的真意时,模拟先圣往哲的成规就如同辨日之形,如此而已。"斯心之盲也久矣,即有道者披裂腹肠多方晓告,顾安能顿开锢迷而令即睹日也?"辨可辨之形,犹愈于置可辨之形于不顾,争论那些令目盲之人难以理解的颜色。对于学术界缺乏理性标准而又谈玄说寂的作风的那种根深蒂固的不信任感,是耿定向一开始便选择了"矢志以尽伦修行为学"的潜在动因。然而此时,由于对"默识"这种非理性修养方式的体认②,耿定向恰如盲目之人一旦开其臑迷,发现了一个前所未喻的新世界:

> 余自束发与朋友矢志以尽伦修行为学;既壮,游四方,闻先生长者言学贵闻道,始爽然自失矣。乃作《盲喻》以自省云。③

事实上,正是从这个时候开始,耿定向始完成从朱学到王学的理论蜕变,将阳明遗言"体贴在身分上细细理会,简易明白,愈寻究愈觉无穷,益信舍弟之言不我诬也。故信之独深。"④

从未发之中悟入,使耿定向在思想倾向上与会通派及师道派这些打着"现成良知"旗号的理论派别有着天然的亲和力。因此尽管在行动取向上和王学修

---

① 引文见《观生记》嘉靖三十六年丁巳,详细记述亦可参《耿天台先生文集》卷10《绎中庸·附记》。
② 《观生记》嘉靖三十六年丁巳:"时余(属)屡诃止(指耿定理之悟),不听。余闻罗文恭(洪先)曾习静于明道山中,因访其门徒讯之曰:'先生在此,作何功课'?曰:'闻诸先生云,学须静中得一番光景,方有入路。白沙所谓静中养出端倪是也'。余以质仲,仲艴然曰:'此痴子乱道语,有何光景!兄第默识于时光景可也。'余因反观有契,自是学以存为主。"
③ 《耿天台先生文集》卷19《盲喻》。按耿氏弟子刘元卿在为文集作序时已指出耿定向的盲喻发展了苏轼类似的譬喻,所不同的,苏轼认为日亦不可从求识。
④ 《龙溪王先生全集》卷4《东游会语》。前此言:"楚侗子曰:'仆于阳明学初不惟不信,反加訾议,所以兴起信心全在楚倥舍弟。"

证派一样力主躬行践履,且把王学的核心概念"良知"解释为"常知",力求在当下的道德实践中由博反约,遵从传统的名教律条①,但在内心深处,他对江右王门学者"大率不欲享用现成良知,别寻主宰"的理论作风却深致不满②。邹守益的学说在他看来充其量只是"名理常谈",了无新意③。他所真正感兴趣的不是"入孝出弟、洒扫应对"等日常的尽伦,而是大人的明明德于天下事的圆诠慧解。也正因为如此,当二十几年以后李贽批评他的学术只是依凭于"闻见道理",不过是出自"《弟子职》诸篇",而无法体认向上一层的"真机"时,他不禁大动肝火:

> 如公所见,廿年前亦曾抹索过,窃谓闯过此关,从平常实地上修证,方知夫子所云未能,方信舜之善与人同也。④

耿定向是有理由以此自居的。在他学术转型的第一个时期,给他以最大影响的人物,除了自己的弟弟耿定理之外,还应当包括会通派重要人物的罗汝芳等。后者尽管在晚年学术上日趋平实,但终其一生思想之变化波澜极大,"早岁于释典玄宗,无不探讨;缁流羽客,延纳勿拒"⑤,特别是嘉、隆之际,"博综富蓄,所学益弘以肆,其时谈道,间为寓言提激朋侪,而浅肤者或讶其惝恍"。在这种情形下,耿定向却似乎别具只眼,"余家兄弟虽甚不敏,顾能引

---

① 《观生记》嘉靖三十七年戊午:"余时为学之功颇绵密,顾于应感处自觉支己。一日与友共饭,偶契文成良知之旨,以为常知为功。仲子喜,私谓同志曰:'阿兄近知反约,以约失之者鲜矣。'夏中仲子只身归,是冬以汝府丧礼,奉命使卫,濒行,与诸同志别,罗惟德(汝芳)曰:'别去如何用工'?余曰:'常知已耳,夫复何言'?惟德曰:'阿仲大启,非吾侪可方,子毋挟长与贵而易之,子学笃信常知是矣,须知到渊渊其渊、浩浩其天而后可。归矣,虚心与阿弟细商可。'"由此可证耿定向此时学术尚未达到会通派穷讨未发的境界。其后尽管会通的倾向渐浓,但是"以常知为宗"的取向直到很晚才发生变化。这种矛盾只能说是因其现实的行动取向造成的。事实上,耿定向一生最重要的理论贡献,便在于弥合这两方面的矛盾,最终归本于"不容已"之说。详细讨论见下。
② 《明儒学案》卷35《泰州学案四·天台论学语》引《刘调甫述言》。按《刘调甫述言》,据《耿天台先生文集》卷11《刘调甫述言序》,当作于万历四年,其时正是耿定向心仪会通但还没有提出"不容已"一说的时候,考证见下。
③ 《耿天台先生文集》卷12《广德州祠碑》。
④ 《耿天台先生文集》卷4《与李卓吾(又三)》。按李贽《答耿司寇》一文(《焚书》卷1)据容肇祖《李贽年谱》考证,当在万历十四年完成,则此信亦当写于此后不久,所谓二十年前,正是嘉靖后期,耿定向表面上以常知为宗,但内心欣赏会通派的时期。
⑤ 《明儒学案》卷34《泰州学案三·罗汝芳传》。

触于言诠外也"①，这种标榜实际上表征着耿氏本人此时对于罗汝芳所代表的会通派王学心仪的程度。

说耿定向曾心仪会通派，绝非矫诬之辞。事实上，耿定向是晚明较早地揭示出道统论已经崩溃的著名思想家之一。而这一点正是会通派王学的一个重要特色。在他看来，

> 大人之学与儒者之学最不相同。从吟风弄月发根，渐入向里有自得处，履绳蹈矩不露破绽，此所谓儒者之学也。大人之学如天地之无不覆载，生乎道德大同之世，不知有所谓道统；处乎三教分裂之时，不知有所谓儒术。其视管、晏之与曾、思，韩、范之与周、程，且以为各得天地之一用，不轩此而轻彼也。何者？曾思周程，非不邃于道而不离乎儒也，可与事尧舜而不可事桓文，可与为微比而不可以为箕子者也。②

正是基于这样一种见识，他也曾"自矜若前无孔孟，后无程陆然者"③。其主观精神之狂态与大喊着"掀翻天地，扫破牢笼"的王畿并无二致。也正是因此之故，我们才可以理解耿氏为什么会对王襞所言"道者六通四辟之途"的观点大加赞赏，这是后人误把他归为泰州学派的重要原因④。耿定向在南京的一班弟子门生如焦竑、管志道、李登等人大都具有会通的学术倾向，并不是偶然的。

然而，耿定向毕竟不能算作会通派的一员。这一时期，他在理论建构和行动取向上与其说圆融无碍，毋宁说是彼此分裂的。无论是出于性格积淀还是现实政治利益的诉求，他都不曾放弃过在实践中躬行践履这一近于王学修证派的行动取向。这种分裂使他既可以在对性命之道的讨论中与晚明第一流的理论家相颉颃，也可以站在名教的至高点上对像王畿这样的老前辈雌黄讥诮⑤。这其中最激烈的事件是他与李贽的交恶，特别是他对后者自我解脱倾向

---

① 《耿天台先生文集》卷11《近溪子集序》。
② 《龙溪王先生全集》卷4《答楚侗耿子问》。
③ 《耿天台先生文集》卷11《近溪子集序（又）》。
④ 参第二编第三章第二节。
⑤ 参第二编第三章第一节。

的激烈批判①。

弥合行动取向与理论建构二者之间的裂痕，是促使耿定向学术再一次发生转变的重要因素。在具有会通倾向的同时，耿定向并不愿意放弃名教的行动立场，因此"以常知为宗"。所谓"常知"，其实也就是良知常在，尽管阳明"致良知"本身具有极强的实践性，但是在当时的社会环境下却很快变成与"天理"一样的口头禅，重新成为连三岁孺子也已耳熟能详的那套三纲五伦的道德教义。这种道德教义，在王学中的激进派别特别是会通派等看来，充其量只是"闻见之知"，习于格套，不过是经典的糟粕以及对个体自我心灵的桎梏，因而也是无法忍受的。李贽后来便这样质问过他："日用之间果能不依仿古人模样不？果能不依凭闻见道理不？②"在他看来，耿定向的所作所为最多只能算被孔子讥斥为"德之贼"的乡愿，貌似谨愿而其心可诛，如是而已。

面对所有类似的责难，耿定向的立场似乎并没有因此而有丝毫的改变，相反却自称"于一切交承感应一毫不敢放过，不是学个小廉曲谨，惟求尽此心而已"③，因为"平常中原自玄妙，粗浅中更是精微"④，先圣往哲一切伟大的道理无不寓于平凡的道德实践。他所力求的是在生活世界烦琐的细枝末节中，在"子臣弟友庸言庸行"处，体会那种"不容已"的仁根，"只从四时常行、百物常生处见太极，礼仪三百、威仪三千处见真性"⑤。正是这一点使他后来对原本不慊的邹守益之学给予了重新评价，他在给邹善的一封信中便说：

> 学径多歧，令人茫茫更无从着足处，比来日绎，思君家庸德庸行宗旨，诚正法眼藏，活人良剂也。⑥

---

① 耿、李交恶第二编第三章第三节及第三编第三章第二节可参。应该指出的是，尽管后人主要把个中原因归结为李贽对何心隐一事不平，但其导火线却是耿定向对李贽"自了汉"的倾向不满。据《李贽年谱》，李贽于万历九年以后依耿定理在黄安住下，万历十二年耿定理去世，耿定向"惜其超脱，恐子侄效之，有遗弃之病，时置箴切"（袁中道《李温陵传》），其实正是不满其自我解脱的行动取向。如《耿天台先生文集》卷3《与周柳堂（又十八）》："卓吾之学只图自了，原不管人，任其纵横可也。兄兹为一邑弟子宗者，作此等榜样，宁不杀人子弟耶？想卓吾闻此语又诮予为人，无论已；惟兄仅一子，孤注耳，血气尚未宁也，兄若以此导之，忍耶？"另可参《焚书》卷1《答耿司寇》对这一点的反驳。
② 《耿天台先生文集》卷4《与李卓吾（一）》。
③ 《龙溪王先生全集》卷4《东游会语》。
④ 《耿天台先生文集》卷3《与周柳堂（又十九）》；另可参卷5《答唐元卿（一）》。
⑤ 这是耿定向晚年极为推崇邹守益的原因，参《耿天台先生文集》卷14《东廓邹先生传》。
⑥ 《耿天台先生文集》卷3《与邹颖泉（一）》。

在以后的日子里，耿定向还不时对邹守益表示拜服，三致意焉。王守仁门下弟子在其心目中的地位，邹守益堪称首位①。也正是在本时期，耿定向最终完成了由"以常知为宗"到"以不容已为宗"的学术转变②。

从"常知"到"不容已"，尽管在行动取向上并没有发生天翻地覆的变化，但在理论上却无疑更为圆转、深刻了。"不容已"这一词汇本身所具有的内涵，为作为本体的良知注入了一种动态的生命。那是一种不容自已的冲动，他要求行动者在良知的召唤下，依良知而行，实现良知所赋予他的内在使命。这种"不容已"是仁的体现，"从无声无臭发根，高之不涉虚玄；从庸言庸行证果，卑之不落情念"③，是良知朗现之后，在对事事物物的应对中，心体自然的涌动。

因此，"不容已"在本质上并不拒绝"常知"，只要那"常知"同样是出于不容已。同时，"不容已"也不会囿于"常知"所规定的教条，不会在庸德庸行、小廉曲谨的自我约束中画地为牢，堕落于情识的窠臼。"不容已"是一种直面当下的勇气，这样，在本质上它也就是王守仁所说的"致良知"、唐枢的"讨真心"以及李贽所谓的"真机"。假如说在数者之间也还微有不同，那也只能说是由于行动取向的差异而导致对于"不容已"所涵括的内容的分歧和别见④。

---

① 除了前揭《东廓邹先生传》外，耿定向有关邹守益的文字可参《耿天台先生文集》卷11《邹文庄公年谱序》；卷12《邹伯子（邹守益之孙）墓志铭》《广德州祠碑》；卷19《读东廓先生语录》。针对这一点，李贽曾经讥笑他："东廓先生，非公所得而拟也。东廓先生专发挥阳明先生良知之旨，以继往开来为己任，其妙处全在不避恶名以救同类之急，公其能比乎？我知公详矣，公其再勿说谎也！须如东廓先生方可说是真'不容已'。"《焚书》卷1《答耿司寇》。
② 《耿天台先生文集》卷8《汉浒定宗》："嘉靖辛酉（四十年）秋，余偕仲子暗胡正甫于汉江之浒，相与定学宗旨。余时笃信文成良知之宗，以常知为学矣；正甫则曰'吾学以无念为宗'；仲子曰'吾学以不容已为宗'。正甫首肯数四，余懔然失矣，盖讶仲子忽立此新论也。胸中蓄疑十余年，密参显证，远稽近质，后始怳然有省，窃服正甫之知言，嗟叹仲子之天启也，比年来益笃信此为尧舜周孔仁脉，虽圣人复起不能易矣。"由此知耿定向"不容已"一说之提出，实昉自耿定理，所谓"蓄疑十余年"当指万历初。考同书卷3《与周柳堂（又十一）》："余戊、己前与同志赏列入微处便津津有味，近年以来只从粗浅庸常处便觉微妙。"则二者联系起来，戊、己年当指万历五年（戊寅）、六年（己卯），不可能是隆庆二年（戊辰）、三年（己巳）。因此可下这样的断语，耿定向从嘉靖三十七年后正式由朱学转向王学，行动取向上以常知为宗，同时在理论上具有会通倾向；至万历六年以后则以不容已为宗，理论与行动两种取向正式统一。
③ 《耿天台先生文集》卷8《汉浒定宗》。
④ 对"不容已"的提法，李贽也是赞同的，只不过彼此之"不容已处"不同罢了。前揭李贽《答耿司寇》："惟公之所不容已者，在于泛爱人，而不欲其择人；我之所不容已者，在于为吾道得人，而不欲轻以与人，微觉不同耳。公之所不容已者，乃人生十五以前《弟子职》诸篇入孝出弟等事；我之所不容已者，乃十五成人以后为大人明《大学》欲去明明德于天下等事……"可见耿、李之别实在行动取向。参本编第三章第二节。

对"不容已"的着力提倡，标志着耿定向在理论上的一个重大转变。但是，假如对这一转变作更深一层的注目，同时又不得不承认，这种"不容已"的学说和耿定向此时在政治领域的微妙变化关系暧昧。从某种意义上说，耿定向对理论归趋的重新选择，充其量只是其行动取向的外在文饰。

不是吗？从入仕之初直到归隐田园，耿定向似乎一直是名教这把大旗的坚定旗手。甚至在他进入学术殿堂的早期，尽管内心中对于会通派的理论顶礼膜拜，却仍然不愿放弃"以常知为宗"作标榜，同时对于会通派所追求的自我解脱，这种悬崖撒手的作风深致不满。名教之于他，不仅能用来笼络别人，更重要的是还可以凸显自己。然而一旦当利益攸关，名教的教条于己有害之时，从"不容已"的仁根出发，作出一些非同寻常的举动，不也是通权达变的表示么？这一点，极富戏剧性地反映在他几十年的政治生涯里。

三、慎术："不容已"的本因

嘉靖三十五年，由于科举成功，耿定向顺利地进入仕途。这一时期，正是内阁首辅严嵩虽仍炙手可热，但次辅徐阶逐渐开始与之分庭抗礼的时期。两个人在暗中的角力带动了整个朝局，向哪一方靠拢，是所有企图在权力的阶序上不断攀升的朝内官僚不得不思考的问题之一。由于讲学的机缘，特别是与浙中、江右等王门学者的良好关系，耿定向迅速成为徐阶麾下一员干将。嘉靖三十九年刚刚被实授云南道监察御史不久，便上疏弹劾严嵩的亲信、吏部尚书吴鹏①，表明耿定向在此时已正式把自己的政治命运寄托在徐阶集团的身上。不久，或许是为了投桃报李，徐阶开始为他谋求南京学政这样的美差，尽管因严嵩的阻挠没有成功，但徐、耿之间的关系却因之更加深厚了一层②。

明代的监察御史尽管只是七品芝麻小官，但却职微权重。都察院因向皇帝本人负责，在中枢系统的政治架构中具有相对的独立性。言官集团大都由新进士予以补充，棱角未失，负气敢言，加之"风闻言事"的特殊权力，使得监察系统即使是在嘉靖中后期朝政已极端腐败的情况下，依然能够有效地运转。严嵩的反对者当中固然有徐阶一系的人物，但仍有许多没有深刻背景的官员不断涌现，就是因此之故。事实上，对于这些人来说，以名教为武器，以直节相标榜，甚至是一种成名的捷径。

---

① 《明史》卷201《耿定向传》。
② 《观生记》嘉靖四十年辛酉。

耿定向其实是深谙此道的①。弹劾吴鹏尽管招来了严嵩的疑忌，但是暴得的大名，又使他成为后者拉拢的对象②。嘉靖四十年出巡甘肃，不仅"举劾无所私"，而且巾笥萧然，示人以一介不取，更平添了他立朝的"时望"③。不久严嵩下台，徐阶做了内阁首辅，耿定向则如愿以偿地点了南京学政，一干就是五年④。

由于与徐阶关系密切，耿定向很自然地卷入到隆庆时期徐阶和高拱的权力斗争中来。隆庆元年高拱指使亲信齐康弹劾徐阶，政治斗争日趋白热。为了支持徐阶，尚在南京任上的耿定向立刻草就奏疏，对高拱进行猛烈抨击⑤。由于外廷官员势力的强大，高拱不得不自求引退，暂避锋芒。但不久便卷土重来，不仅重返内阁而且兼掌吏部，权力之大为明代所罕见。由于失去了徐阶的荫庇，高拱趁台省考查之机，把耿定向远谪横州通判⑥。在被逼无奈之下，耿定向引疾乞休，回到了老家。直到两年以后高拱下台，好友张居正做了内阁首辅，耿定向才重新出仕。

耿定向弹劾高拱，似在情理之中，不足为怪，有意思的却是弹劾的理由。在这篇并不太长但却满是愤激之语的奏疏中，耿定向除了破口大骂御史齐康是无良知的"败类"之外，还直接抨击高拱"任权术、逞忿怨、躁迫偏愎"，把高拱刻画成一个玩弄权术的无耻小人。

批评高拱"任权术"并没有说错。大凡一个在政治斗争中摸爬滚打过来的人物，又有哪一个不是在弄权的方面高人一等？前于高拱的徐阶、后于高拱的张居正，甚至也包括他耿定向。或许高拱的缺陷只在他仅会纸上谈兵，并不

---

① 譬如嘉靖四十五年海瑞下狱，耿定向便用这样的理由为他开脱。《耿天台先生文集》卷2《披沥血诚肯祈霁天威葆天和以彰圣德疏》。
② 据耿定向自言，严嵩当国，外出巡按御史多大肆搜刮以为贿，耿氏出巡甘肃"第为奏记，说以古义而侑以帛二，杞果一囊将意焉。乃分宜得余书叹赏不置，报书感谢，意甚殷也。"其后耿为之推荐张居正和罗汝芳，可见他与严嵩关系也算得上密切。详《观生记》嘉靖四十年辛酉。
③《明史》卷201《耿定向传》。《国朝献征录》卷29《户部尚书谥恭简耿公定向传》。
④ 耿之升由于徐，参徐阶《世经堂集》卷24《复耿楚侗督学》。按，耿定向其人工于媚术，常令人不知不觉。嘉靖四十五年徐阶六十五岁寿辰，耿氏特地作《硕辅宝鉴》一书以为贺（参《耿天台先生文集》卷4《启徐存斋相公书（二）》）以迎合后者"好名而不恶谀"的性格（《嘉靖以来内阁首辅传》卷5《李春芳传》："（阶）性颇好名而不恶谀，以是缙绅大夫争为名高以中阶好，往往致通显。"）又传说耿定向做了南京学政后，"初莅任未行事即遭牌往松江，云欲观海。时承文贞为首相，耿其讲学至交，实借此以往拜其先祠也。云间士子为之语曰：'名则观海，实则望湖，耿学使初无定向'。以文贞旧号少湖也。"事见沈德符《敝帚轩剩语》卷上。由此可一窥耿定向之性格以及时人的观感。
⑤《耿天台先生文集》卷2《申公论辨忠邪疏》。
⑥《明史》卷201《耿定向传》。

精于实践罢了①。

耿定向却不惟实践的手段高明,更有一套关于权术的理论。若干年后,大概是早已忘记自己当年对高拱的批评,他在给内阁大学士申时行所上的条陈当中写道:

> 伏惟阁下忠陈端亮,耻言权术,顾所谓权术者视人用之如何耳。犹之利剑长矛,君子用之以御寇,小人用之以为寇者也。谋国匡时尽以权术为非,是俾小人反得而乘之,是殆以利器资寇贼也。②

申时行是一个老官僚,所谓"耻言权术"不过是惺惺作态,耿定向所言如此,至少表明了他还比申时行略为坦诚。

传统的儒家学者,特别是宋代的理学家们,最欣赏的一句话是汉儒董仲舒的名言:"正其谊而不谋其利,行其道而不计其功"。这种思想倾向在本质上拒绝承认"权术"存在的合法性,因此尽管弄权的人物史不绝书,但是把权术本身纳入到儒学理论当中却并不多见。《春秋》公羊学尽管曾表彰过"祭仲行权",但同孟子的经权思想一样,其实有着严格的限制。"术"被看成黄老申韩的专利,因而遭到屏弃。甚至在明代,倾向于朱学一派的理学家还要宣称:"处事不用智计,只循天理,便是儒者气象"③,天理不仅是目的,同时也是手段。这种道德实践哲学,在现代伦理学的观照之下,其基本立场应该是动机论。它所强调的是,行事之正当性其基点在于动机或目的的纯善。

然而在此时,极力以儒学代言人自居的当世名儒耿定向,却毫无顾忌地宣扬权术,是一时理论上的疏忽,还是表明思想史本身在这一时期发生了根本性的变化?

阳明心学的出现,最大的一个刺激便是深感作为官学的程朱理学的空疏和无用。面对明中叶以后积萎疲痹之渐成,正德时代如火如荼的造反和起义,仅仅成就一个终日"戒慎恐惧"的完善的道德个体,显然已经无法满足这个社会的需要。时代的压力所勾兑出的激情需要喷发,需要宣泄。个人的不朽功业,国家的长治久安,所有这一切交织在一起的复杂动机,都在催生着一种以

---

① 高拱曾撰文讨论过权的问题,参第二编第二章第二节。
② 《耿天台先生文集》卷6《与申相公》。
③ 《明儒学案》卷27《南中王门学案三·徐阶传》引胡居敬言。

经世致用为取向、以国富民强为旨归的时代思潮。相应的，伦理学上的效果论影响开始增大了。

效果论在明代出现，和王守仁本人的军事实践密切相关。在充满硝烟的沙场上，一个合格的圣人不仅要保证自己是在领导一支正义之师，还要能够带领它克敌制胜。在这里，效果本身成了衡量圣人与否的一个标准和尺度。因此对于一个圣者来说，对他的要求就决不仅仅是仁德、正义，而是传统儒家所极力提倡的智、仁、勇的完美统一。尽管王守仁时时致辩自己的良知说决非"闻见之知"，但应事有效，却无疑是其理论的应有之义①。

其实，王学的圆转之处就在于，对效果论的提倡并不妨碍王学本身所标榜的儒家立场。作一个譬喻，在程朱理学那里，假如把义与利、道与功、动机和效果看成一条直线的两端，二者渺不相及；那么在王学那里，这条直线则屈曲成一个圆周，效果成了动机本身的诉求对象。王守仁在当时被看成霸儒，王学被指斥为功利，诚可谓"空穴来风，未必无因"。

在动机和效果之间，是具体行动的手段，也就是"术"。对于一个儒学家而言，动机的纯良，手段的正当，效果的完美，当然是最令人心仪的景象，然而，当鱼与熊掌不可得兼之际，哪一点更为重要？

也正是在这一分际，朱学与王学发生了根本的分歧。前者强调目的，但同时重视手段；后者尽管不排除手段本身的正当性，同样标榜"行一不义、杀一不辜，得天下而不为"，但详析其理论及实践，却无法不承认王学在本质上认同效果论的伦理观。在军事实践中，所谓"兵不厌诈"，王守仁与他的弟子们行诈使奇、用计设险早已不是什么新闻。王学诸人在这种风气影响下，对权术加以肯定，便不值得丝毫惊讶。甚至对传统儒家学者所极力批评的纵横家的领袖苏秦和张仪，王守仁也仅是责难其心术而不及其手段②。这样我们也就可以理解，为什么在嘉靖初王守仁会使用和耿定向相似的理论来期勉他的旧上司杨一清出山执政了。当时杨一清废职家居，王守仁因丁忧赋闲林下。杨廷和与杨

---

① 王学强调事上磨炼，《传习录》云："吾昔居滁，见诸生多务知解，无益于得，姑教之静坐，一时窥见光景，颇收近效。久之渐有喜静厌动，流入枯槁之病，故迩来只说致良知。良知明白，随你去静处体悟也好，随你去事上磨炼也好，良知本体原是无动无静的，此便是学问头脑。"黄宗羲则特别批评"后来学者只知在事上磨炼，势不得不以知识为良知，阴流于义袭助长之病，其害更胜于喜静厌动"。见《明儒学案》卷17《江右王门学案二·欧阳德传》。
② 《王阳明全集》卷3《传习录（下）》："先生曰：'苏秦、张仪之智也，是圣人之资。后世事业文章，许多豪杰名家只是学得仪、秦故智。仪、秦学术善揣摩人情，无一些不中人肯綮，故其说不能穷。仪、秦亦是窥得良知妙用处，但用之于不善耳。'"

一清、王琼两大政治集团利用大礼议一事鏖战正酣,作为后一集团重要成员的王守仁故有此危论①。

不过,王守仁这种思想尽管对后学影响甚巨,但在他本人的学说中却并没有形成完整的理论。事实上,真正在理论上有所突破的依然是在朝王学的代表耿定向,这也就是他的"慎术"说。在《慎术解》一文中②,他批评了三种既有的学术取向。一种是传统朱学那种"在闻识上研究以为知,或在格式上修检以为行",但却不知所谓"即心即道";另外一种虽知"反观近里",却"又多耽虚执见",而不知"即事即心",这实际上是在批评李贽等人的学问"尚在初机"③;第三种则批评那种勇于"直下承当",但又"漫然无辨,悍然不顾,日趋于下达异流"的异端倾向,详析其诸般议论,似乎以何心隐之学为攻击的矛头所向④。

正是为了避免这三种在他看来学术上的偏差,耿定向提出了慎术说。我们知道,孟子曾经作过这样一则譬喻:制箭的人(矢人)力求使箭锋更加锐利,其目的只在伤人,制造甲胄的人(函人)则恰恰相反。如同巫觋祝人长生,棺材铺的工匠望人早死。从业的方式不同,直接影响了仁德的发挥,"故术不可不慎也。"⑤耿定向从这一观点出发,强调动机与手段的相辅相成,力图把学者的行为规范在所谓"巫函之术"即"孔子之学"的范围之内,其隐含的用意之一在于清算当时思想界的会通倾向⑥。

假如对此不作进一步剖析,那么耿定向所谓"慎术"给人的印象似乎与传统儒家学者对行事手段的强调无分轩轾,其实大谬不然。关键就在于耿定向

---

① 参第一编第三章第二节。
② 《耿天台先生文集》卷7。
③ 《耿天台先生文集》卷3《与周柳堂(又十六)》:"近溪丈谓从无达有者学乃长进,此是晚年近却一步语……卓吾谓学须从无入,乃臻微妙,此其见尚在初机。"又卷19《别刘调父》:"日即事即心者,即此尚友之心是已,非彼惟了生死为一大事也。"实即批评会通派的自我解脱倾向。
④ 《耿天台先生文集》卷8《汉浒定宗》:"惟天之命,於穆不已,天不变则道亦不变。顾人契之有深有不深,充之有至有不至耳。往有模拟孔氏之匡廓者,曰如此方成家风,似矣。不知此等作用犹模人形躯也,非此不容已者为之血脉,则捧土揭木为偶而已,仲子谓其不仁,必有后灾。"观此,则所谓悍然不顾、直下承当者即指何心隐一派的狂侠取向。
⑤ 《孟子·公孙丑上》。
⑥ 这一点从李贽对他的批评中可以看出。《焚书》卷1《答耿中丞》:"学其可无术欤?此公至言也,此公所得于孔子而深信之以为家法者也,仆又何言之哉!然此乃孔氏之言也,非我也。夫天生一人必有一人之用,不待取给于孔子而后足也。若必待取足于孔子,则千古以前无孔子,终不得为人乎?故为愿学孔子之说者,乃孟子之所止于孟子,仆方痛憾其非夫,而公谓我愿之欤?"

眼中的孔子之学到底意味着什么。他说：

> 何谓慎术？曰："皆事，故皆心也。"顾有大人之事，有小人之事。学为大人乎？抑为小人乎？心剖判于此，事亦剖判于此；事剖判于此，人亦剖判于此矣。孔子十五志学，学大人之事也。孟子善择术，故曰："乃所愿则学孔子"，盖学孔子之学者犹业巫函之术者也，不必别为制心之功，未有不仁者矣。①

问题是，孟子在什么场合说过"乃所愿则学孔子"呢？不妨引其原文加以参证。在回答公孙丑关于伯夷、伊尹、和孔子三人的区别时，孟子说：

> 不同道，非其君不事，非其民不使，治则进，乱则退，伯夷也；何事非君？何使非民？治亦进，乱亦进，伊尹也；可以仕则仕，可以止则止，可以久则久，可以速则速，孔子也。皆古圣人也，吾未能有行焉，乃所愿则学孔子也。②

毫无疑问，耿定向想要学习孔子，名义上也就是学习那个仕止久速、无可无不可的"大人"，这未必是孟子所言讲究出处大义、有所不为、从容中道的孔子，却可能正是俗人眼中那个善于审时度势、不择手段的"圣之时者"。他与一般人所期许的拘拘检柙、小廉曲谨无丝毫的相似之处，这样的"孔子之学"本质上并不拒绝权术，因为权术本身正是为了目的服务的。由此我们便可以真正理解隐藏在耿定向似乎并无深意的言辞之后的，到底是一种什么样的意图了。在这里我们不妨把耿定向与前面已经提到过的在朝王学的另一个代表人物徐阶相互对比，两个人至少在这一点是共同的：外示人以名节，而内济之以权术③。这是他们永远作为政坛上的常青树，永远能够笼络一大批世俗追随者的根本原因。

---

① 前揭《慎术解》。
② 《孟子·公孙丑上》。
③ 黄宗羲已看出这一点，《明儒学案·徐阶传》："先生之去分宜，诚有功于天下，然纯以机巧用事……故无论先生田连阡陌，乡论雌黄，即其立朝大节观之，绝无儒者气象，陷于霸术而不自知者也。"同书《耿定向传》："先生之认良知尚未清楚，虽然，已缘《传习录》记阳明之言者（指黄省曾）失真。如云：'仪、秦亦是窥得良知妙用处，但用之于不善耳'，先生为其所误也。"

高拱下台之后，耿定向迎来了政治上又一个黄金时代。万历初相继而起的两个内阁首辅张居正、申时行与他的关系都堪称融洽。作为张居正的讲学好友，尽管在张居正死后声名扫地之际，耿定向不断地批评他"原本学术毫厘之差""深信韩非之论"，并且一再表白自己和他的关系日趋疏远，但并不足以掩盖万历初期张居正本人对他加意倚重的事实。对张居正许多不得人心的做法，耿定向不仅摆出在执行中理解的姿态，甚至还曲为包荒，极尽辩解之能事①。

在此，颇值一提的是在张居正夺情与杀害何心隐这两件引起万历时代朝野纷争的大事变当中，耿定向所持的态度。

万历五年，正当张居正雄心勃勃打算放手行政、大力整顿朝纲之际，他的父亲却不幸死了。闻此噩耗，张居正进退两难，是依照传统的规矩退职丁忧、守制三年，以维护世俗的纲常名教；还是在任夺情，完成自己的未竟之业？更何况三年的权柄之失，或许朝中的政治格局早已经变了。为了这一问题，引发了张居正和外廷的一次激烈的对抗。

张居正夺情本质上是个政治事件，但同时也为当时的学术界出了一个难题。尽管类似的题目在嘉靖时代著名文人唐顺之受严嵩亲信赵文华推荐出山领兵的时候，我们已经领教了。在那时，作为纲常名教的卫道士，耿定向尽管对唐顺之极为尊敬，但内心对其不顾他人毁誉的作风却仍然隐含着不满。那时他所担心的，是假如人人可以置他人的评价于不顾，那么"将使天下胥入于顽钝无耻，不可振励"②。道德约束对于维系一个社会的稳定，并不能说完全无用。

问题是这道德所约束的对象究竟是谁。唐顺之尽管也是王学中的前辈，但毕竟与耿定向情疏交浅。张居正则大不相同了，后者的政治命运直接影响到他自己的政治前途。因此在某种意义上，耿定向自己也成了名教所约束的一个对象。

耿定向已经决意要冲破这毁誉的藩篱了。但是，他必须一个能够自圆其说的理由。因为假如是王畿，一贯的言行不谨，一贯地主张做"言不必信，行不必果"的大人，那么在这个时候根本无须加以解释。但耿定向倘若贸然如此，岂不是破坏了他以往一贯卫道护法的光辉形象？

正是在这个时候，耿定向想到了那个由耿定理最先提出、自己一直不太确

---

① 参第三编第二章第一节及第三章第二节。另外，有关张居正和耿定向的关系亦可参中纯夫《耿定向与张居正》。
② 《耿天台先生文集》卷4《与王龙溪（一）》，王畿是为唐顺之出山辩护最力的学者。

信的学说——"不容已"①。在给张元忭的信中,他这样写道:

> 令亲龙溪先生尝言破除毁誉,仆尝病之。就相君(指张)近日所在,其学方好印证此语。昔伊尹切于救民,故不恤其就桀之污;周公急于王室,故不顾其灭亲之忍;孔子笃于求仁,故不恤其栖栖之佞。何者?其真机之不容自已也。②

的确,为了那不容已的真机,一个人可以污、可以忍、可以佞,那么区区一次夺情又有何不可呢?为达目的可以不择手段,耿定向的真实想法在此方原形毕露。这也就是他当时不顾清流士人的非议,写信劝张居正勇于以伊尹自任的真正动机③。可惜的是,物极必反,熟于古典的耿定向似乎忘记了那个"治亦进,退亦进"的伊尹还曾放太甲于桐宫三年,尽管在精神上似乎颇值得推许,但却无法不引起后代专制君主的疑忌。张居正后来之所以被攻击为有篡位的嫌疑,和耿定向等人近乎"劝进"的诐谀不能说没有丝毫关系④。只是,那个黑锅最终只能由张居正本人背了,因为就在张居正死后不久,耿定向便已摇身一变,成为死者在学术上的批评者了。

对何心隐一案的态度,反映了作为在朝王学代表人物的耿定向,对当时在野轰轰烈烈的师道复兴思潮的深刻不满。

《明儒学案》的作者黄宗羲把耿定向归入泰州学派,这种观点几乎影响了以后绝大多数学者对其学派归属的认识。不错,耿定向本人与王艮之子王襞交好,且自云因此私淑心斋,他所作的《王心斋先生传》是王艮研究中的一篇重要文献。说耿定向因此在学术上可能受到过影响,似乎并没有什么大错。实际上,狂侠派的何心隐,以及介乎师道与会通之间的罗汝芳对耿氏兄弟的影

---

① 《耿天台先生文集》卷19《别刘调父》:"万历丙子(四年),安成刘调父偕二三友访余天窝山中,越十六年辛卯载见访……忆余往语子三关,其中即心即道者即此不容已之心是已,非彼惟于生死为一大事也。所谓择术者,择此耳。"详其文意,"三关"之说提出至迟在万历四年,此时大概已提及了不容已(此乃耿氏事后追述之言,未必准确),不过前文又言:"忆昔余仲弟之定学也,曰惟此不容已是已,余领之,密参显证亦已有年,顾惟一家言,未敢居之不疑也。"(下言得王时槐语录,益信此理之确)如此,则由"常知"向"不容已"转变,在耿定向心下萦怀有年,至万历六年、七年由于外在因素的变化,耿定向才真正居之不疑,在时间上并不矛盾。参下面的讨论。
② 《耿天台先生文集》卷6《与张阳和(又一)》。
③ 《耿天台先生文集》卷6《寄张太岳(又四·戊寅)》。另可参同卷《寄张太岳(又五)》。
④ 万历七年己卯科应天乡试主考高启愚出题"舜亦以命禹",张居正死后,御史丁此吕检举此文,以为有劝进的嫌疑。参朱东润《张居正大传》第385页。

响,对于当时的学术界而言,并不是什么隐秘①。

但是,过于夸大其中的影响,而无视泰州学术的根本精神,盲目把耿定向说成是泰州学派的传人,却又未免过于草率了。姑且不提越是到生命的晚年,修证派的代表邹守益在耿定向心目中的分量越重,只是从学术取向本身来看,他与王艮的思想之间,就有着无法切断的隔膜。

王艮本人修身见世,以当世孔子自居。但是,和耿定向眼中那个"圣之时者"的孔子不同,王艮心目中的孔子是一个"见龙在田"的师道楷模。这种自负使得王艮对周敦颐所号召的"志伊学颜"不屑一顾。在他看来,孔子尚且贤于尧舜,更遑论伊尹?因此大胆地宣称:"伊傅之事我不能,伊傅之学我不由"。一句话,伊尹在王艮的心目中并不是什么值得学习的人物②。

相反,对于伊尹,耿定向却有一个由不敢学习到努力学习的过程。所谓努力学习,是指他后来以此规劝张居正;所谓不敢学习,却是此前害怕天下人没有伊尹之志,而以伊尹的行为作借口,学习他不顾一切地向权力的高位上攀登。在《伊尹先觉论》一文中,他说:

> 王汝止氏曰:"伊尹之志吾不愿,伊尹之志吾不由,惟志孔子之所志,愿学孔子之所学……"盖惧世无伊尹之志而妄以伊尹为口实、乱天下者……嘻,王先生斯言亦具只眼哉!

这种论调说明他对王艮之学尚缺乏真正的理解③。

---

① 罗汝芳的影响前已言之。至于何心隐,据耿定理说:"吾始事方湛一(与时),湛一本不知学,而好虚名,故去之;最后得一切平实之旨于太湖(邓鹤渠),复能收视返听;得黑漆无人无门之旨于心隐,乃始充然自足,深信而不复疑也。"见李贽《藏书》卷4《耿楚倥先生传》。按耿定理与何心隐行动取向本不相同,一属会通,一属狂侠。容肇祖等以耿氏此言疑耿定向诬蔑二者关系(如《观生记》所言耿定理预言何心隐必有后灾云云),其实是不能成立的。观所谓"收视返听""充然自足"等语,或许耿定理受学于何心隐的,与养生之术有关,材料不足,存此聊备一说。
② 参第二编第一章第二节。
③ 《耿天台先生文集》卷7。对耿定向这一心态,李贽发之最力,《答耿司寇》:"每思公之所以执迷不返者,其病在多欲……分明贪高位厚禄之足以尊显也,二品三品之足以褒宠父祖二亲也,此公之真不忍处也,是正念也。却回护之曰:'我为尧舜君民而出也,吾以先知先觉自任而后出也。'是又欲盖覆此欲也,非公不容己之真本心也。且此又是伊尹志,非孔子志也。孔孟之志,公岂不闻之乎?孔孟之志曰:'故将大有为之君,必有所不召之臣,欲有谋焉则就之,其尊德乐道不如是,不足与有为也。'是以鲁穆公无人乎子思之侧,则不能安子思。孔孟之家法,其自重如此,其重道也又如此,公法仲尼者,何独于此不法,而必以法伊尹为也!岂以此非孔圣人真不容已处乎?"李贽讥耿定向法孔子而不法其以师道自任,却法伊尹之不择手段。

事实上，与其说不理解，还不如说是曲解。譬如尽管和王襞定下了所谓"石交"，但从耿定向自己的记述来看，他不仅对王襞承传乃父之学从心底反对，而且在言语中还暗含讥诮①。他所真正欣赏的是王襞所言"道者六通四辟之途也，藉谓我有之，将探取焉；而又曰我能得之，则已离矣"，而这一点正是会通派学说的精义②。不要忘记，这一时期也正是耿定向心仪会通之学的时期。

因此，耿定向反对师道复兴。这一思想在他与霍丘田生的两封书信中表达得淋漓尽致：

> 书中规望余意良厚，顾中云"孔孟家法作手"云云，此近日以意识为学者一种虚见浮谈，似是而非，即此坏人心术不浅。不图贤亦为此语。且即孔孟之周流四方，实如此学，如此求友取益，而谓傲然以师自处，而专于教人，便将孔孟心髓迷蔽，不啻千重……吾党只须如此（按指前文所言"報然内怍或恻然矜悯"）密参显证，将一切浮气泰气剥刷净尽，方有进步处。③

又云：

> 来书前段云"立己立人、达己达人，为孔孟家法"，近世顾未透彻孔孟心髓而徒模拟孔孟家法。④

这第二种批评是否也就是耿定理所讥斥何心隐的"缘木求鱼"⑤？在耿氏兄弟看来，何心隐没有学到孔孟的真髓，却在形式上模仿其周流聚讲，必将和对下层民众的自发组织充满疑忌的专制政权发生冲突。耿定理"生平乐与友朋资切

---

① 《观生记》万历二年甲戌。
② 参第二编第三章第二节。
③ 《耿天台先生文集》卷5《与霍丘田生书》。
④ 同上书，《与霍丘田生书（又一）》。
⑤ 《观生记》隆庆六年壬申："是岁梁子汝元来，居之天窝。仲子与语曰：'子欲如何'？梁子语已，仲子曰：'如此要如何'？梁子对云云。仲曰：'道二，仁与不仁而已，视子学犹缘木求鱼也。且有后灾。'"观耿定向对何心隐所言之隐晦，结合何心隐的行动取向，或许他所说的是一些犯忌之言。

而固逊师席"①,同样是会通派下的人物,他之所以发此危论,似乎并不难于索解。

在朝王学反对师道复兴,尤其反对狂侠派以社会组织的形式来对抗现有政权的种种努力。因此狂侠派受到打击,正是在朝王学积极推动的结果。颜钧被捕,由耿定向直接出面;何心隐受通缉,尽管出于朋友之谊,耿定向也曾为之申说,但却终究未能使之逃离虎口。几年以后,那位激烈的性情中人李贽为此与之交恶,责怪他在朋友危难之际袖手不援,却不知何心隐一派受到打击,正是耿定向所希望的结果。对于张居正诛杀何心隐,他唯一的不满只是不应该用所谓"盗犯"这样的理由,因为"高皇有彝训在,惜时不执以正其罪以明学也"。

所谓"高皇彝训",是指朱元璋在明初所公布的《教民榜》。对这篇文字,耿定向最欣赏下面的一段话:

> 今后天下教官人等务要依先圣先贤格言训诲后进,使之成材,以备使用。敢有不依圣贤格言,妄生异议,以惑后生,乖其良心者,诛其本身,全家迁发化外。

假如真的依此明正典刑,那么就不仅是何心隐一人被诛,还要株连全家发配了②。耿定向对此一行动取向痛绝之深,于此可见一斑。对于一个极力谋求官方统治学说地位的学术流派,其代言人耿定向的说话口气,并不使人感到惊诧。

万历十七年,已经六十六岁的耿定向由于和新一代的清流、东林党人交恶③,尽管最终在政治上取胜,但却颜面扫地,闻望大失。加之官至户部尚书,似乎已做到了尽头,因此求去之心益切,终于致仕还乡。卒年七十三岁,和孔子同寿。

---

① 《耿天台先生文集》卷9《辑闻》。下言耿定理所收弟子惟翟文炳一人。
② 《耿天台先生文集》卷5《与山东吴督学》。另外,在耿定向晚年所作的《译异编·六道译》(前引书卷10)中,他把那种"偏执傲戾之侪,凭其意见,任其习气,悍然不顾,冥然自信,以道为虚谈,而且敏辩饰过,坚行遂非"的取向看成"永堕轮回深狱,更无轮转期也"。这种倾向大概就指狂侠派。
③ 参本编第三章第二节。

四、自我解脱的儒家"圣人"

假如只是探讨耿定向作为在朝王学代言人的思想，那么至此似乎已经可以告一段落了。耿定向在学术界的主要影响，他在朝野士人心目中的形象早已经定格于此了。但是，作为一个与时代精神息息相关的思想家，对他家居以后的思想稍事解剖，仍然是有意义的，这是他学术上的第三变。

事实上，和前两变相比，耿定向这一时期思想的变化更加隐晦，甚至因此常常让人忽视。这也难怪，无论在思想还是行动大的取向上，此时的耿定向和以前似乎都没有什么不同。对纲常名教的维护，对异端学说的抨击，仍然是那样的不遗余力①。面对当下那些伤风败伦的时事，江河日下的世风，耿定向不禁痛心疾首："日常仰屋而呼，夕至抚枕而涕"②，宛如一只老迈的寒蝉，在萧瑟的秋风中颤抖。

万历二十一年，已届古稀之年的耿定向，大概深感有必要对自己的一生作个总结了。继往开来，让自己毕生的心得能够在子孙后代中永传，"天启海内英杰共志承当"，他把自己最想说的话写成了一份《传家牒》：

> 《记》曰"人生七十而老，老而传。"今岁余生登七十，老矣。嘻！何所传哉？何所传哉！惟此弥六合贯千古孔孟这大家当，是天付我辈承当的世业，不敢为小道异教破坏了；不容已之真机这个天根，是天命我辈流传的嫡脉，不敢为虚无边见断灭了；不自安之本心这个天则，是天与我辈分定的疆界，不敢为淫诐邪说混乱了。平生所得谨守到今，惟此。③

这个总结是很平实的，是他后半生学术心得的总括。也正是在这一时期，他对诸如邹守益、王时槐等江右王门的学术更加心会，并把这些体会告诉自己的朋友和学生④。

然而，学术的平实与心境的平和却是风马牛不相及的两件事。特别是二弟耿定理死后不久，因为和以前的学术讲友李贽交恶，心绪变得更加恶劣。加上

---

① 如万历二十一年所撰之《遇聂赘言》（《耿天台先生文集》卷8，时间考订参《观生记》）主旨就在于批判当时的"无善无恶"思潮。其批评的焦点即在于这些人"第觑此些子光景，便自侈得最上乘法。高者耽虚归寂，至于遗物离伦；卑者任性恣情，至谓一切皆是淫纵恣睢，以讼悔为轮蟪，以迁改为粘缀，以尽伦为情缘，至谓见景即动即为者为见性，而以人羞恶是非之本心为尘障。"
② 同上引。
③ 《耿天台先生文集》卷19。
④ 《耿天台先生文集》卷19《读东廓先生语录》《读塘南先生语录》《别刘调父》《别萧生》等文。

《焚书》的出版,李贽犀利的笔锋所刻画出的那副乡愿形象,恐怕将常存人世了。耿定向先是恼羞成怒,向李贽严词置辩;继而又泣血哀鸣,同朋友辈大念苦经①。追念孔子六十而耳顺,而自己年近七十却"自分逆耳之闻不鲜而踰矩之行尚多",那份懊恼与悲凉交织在一起,使这个一贯在庸德庸言中打转的名教徒也不禁愤怒了。耿定向仿佛又回到了自己"前无孔孟,后无程陆"的年轻时代,对从孔子颜回到周敦颐、陆九渊等所有以前的崇拜偶像大肆掊击,因作《诽言》②。或许这便是他许久以来内心的真实写照,只是没有机缘发泄罢了。

耿定向一贯是不主张解脱的,对会通派学者那种"自了汉"的倾向他尤其深恶痛绝。而他自己,尽管也谈出世,但却非出世无以经世,他所认可的人生意义终究须落实到现实的人世间③。在这里,出世本身不过是他对自己超然于名缰利锁之外的一种沾沾自喜的表示④。

然而现在耿定向也要寻求解脱了。特别是往日的友朋日渐凋零,"缅怀二仲(指耿定理),遐哉藐矣"之际,那种心境的凄凉日甚一日。什么才是人生中真正的大事?是"穴金、陵粟、华屋、腴田足传子孙"吗?是"巍科、膴仕、纡紫、拖朱足耀乡里"吗?还是赏延世胄、博综六籍?统统都不是。当有一个佛教中人徐思中告诉他,人生真正的大事在于"我之所以为我"时,耿定向此时不禁大有同感:这不正是儒家所津津乐道的"求仁"吗?仁者,人也。成就一个人,成就一个真实的自我,是人生中真正的大事⑤。而既然佛家

---

① 参耿定向晚年给周柳塘(思久)的书信。又耿定向万历十八年作《求儆书》(前书卷8),分散友朋:"袒臂披膺冀相知者针砭我也",实则痛恨李贽之说"令后学承风步影,毒流百世之下,谁执其咎。"
② 《耿天台先生文集》卷8。
③ 参沟口雄三《中国前近代思想的演变》第69—90页。
④ 《耿天台先生文集》卷7《出世经世说》:"窃谓吾儒家亦必须先出世而后能经世,其次则皆随世就功名者耳,又其下则皆混世希世人,不足算也。"同卷《出离生死说》:"先正言存顺没宁,此是出离生死正法眼,未可以为儒生常谈忽也。何以明之?生死犹旦暮也,吾但昼所为无愧无怍则夜寐梦寐亦宁。知昼夜则知生死矣。"耿定向此时并不主张解脱。
⑤ 《耿天台先生文集》卷8《大事译》。徐生"谓释氏之道足翊教善世与吾道无悖,彼悖而陷且离者盖乱业之佛,承传失其本指也。而生时聆予语,则亦忧然有省于吾孔氏之道足该彼教云"。观此则可知耿定向的目的是打着孔学的幌子,探讨有关自我解脱(即所谓大事)的学说。按万历十四年耿定向作《译异编》已具有打通儒佛的取向,不过所言甚浅,周思久以为只达到"声闻"的层次,耿定向则自言颇具苦心(前揭《与周柳塘(又十七)》)。事实上,理解了耿定向后来想自我解脱的转变,便可知其苦心之所在了。黄宗羲说耿氏"因卓吾鼓倡狂禅,学者靡然从风,故每每以实地为主,苦口匡救。然又拖泥带水,于佛半信半不信,终无以压服卓吾"。参《明儒学案·耿定向传》。黄氏对他晚年学佛已注意及之,但仅以儒佛立论,似乎不足以解释晚明学者自我解脱的宗教取向,这是黄宗羲未脱门户处。

同样以此为大，又与儒家有什么区别呢？往日所批评的"彼教大端以寂灭灭已处为宗"①，得无失之肤浅？

事实上，正是因为一种共同的心境，使耿定向在晚年对于佛教有关生死解脱的观念有了深一层的体验。这种体验不仅令他对佛教的认识全面改观，他还要在对"明大事"的不同层面的揭示中，指明佛教与"吾儒"的相通之理，在一系列的比较之后，耿定向这样感叹道：

> 由此以谈，释氏大指无非欲人同归于为善耳。子舆曰："君子莫大乎与人为善"，如此则释之明大事信大矣乎！彼讥其虚寂而已者其犹堂闼见耶？

或者是出于附会，或者也确实是由衷，对于朱元璋一统天下之后三教并存的文化政策，他不禁大为赞叹：

> 我高皇开天立极、统一圣真，著令天下学术惟宗孔孟，乃于释教亦存之不废，神谟渊识度越千古，斯其天哉！

对于他人的责难："孔释其参同耶"？耿定向回答道：

> 道一而已，余未尝为佛学，未多研佛乘，第省之自心自性如是，仰思尼父之心性如是，惟文中子称佛圣矣，度其心性亦必如是。若于此心此性外加添些子，即神奇玄妙，予不谓然；如于此心此性内欠缺些子，即是方便利益，予不敢谓然……凡为学者诸如徐生语，是得我心同然者，予又何异焉！②

事实上，对自己早年思想中的会通倾向，耿定向大概一日也没有忘怀。不过，从接受到警惕，再到最后的复归，却正好说明随着自身社会角色的变迁，耿定向是如何不断地调整着自己的行动取向。从这个意义上说，耿定向不仅"初无定向"，同时也是一个失去自我的典型。

---

① 《耿天台先生文集》卷3《与焦弱侯（又八）》。按耿定向前此尝撰《明道语录辑》，焦竑驳其有关程氏辟佛诸条（正、驳文均见耿集卷9），耿氏复信回护，言佛教以寂灭为宗，孔孟之教则以不容已之仁根为宗云云。
② 《耿天台先生文集》卷8《大事译》。

第二章　张居正的反讲学

正当王学在嘉、隆之际走向极盛,在野学派林立,多元文化的局面逐渐形成;在朝一派也开始站稳脚跟、踌躇满志的时候,哪知形势却突然发生了逆转,遭到了意想不到的打击,如同乍暖还寒的早春,寒魔作最后一声呼啸。由王学诸人所积极推动的讲学运动,在一夜之间几乎销声匿迹,由显而隐,由激越变得平和,学术界消沉了。

尽管消沉的时间不长,但却是一次不可磨灭的创伤。这种创伤深刻地影响了明代自万历以后的政学两界,其流风余韵甚至一直波衍至清初。

这便是万历初年官方对讲学运动的摧抑,其领导人则是当时的内阁首辅张居正。

第一节　张居正其人其学

一、引言

公元1582年,也就是明神宗朱翊钧登基的第十个周年,作了十年内阁首辅的大学士张居正死了,时年五十八岁。就在已经盖棺,却尚未"论定"之际,他的生平好友耿定向不无微词地评论道:

> 夫学之不明久矣,嗣起而倡者虽不为无人,然多穷而未见,又肤摽而不适于用者众也。世疑于无征而又惩其无当,至以学为大禁,英俊者席其才智足已以骋,往往左袒韩商、弁髦孔孟矣。极其所底,不至祸天下毒来

世不止也。①

耿定向这种批评或许有他自己隐微的政治目的，姑且不论，然而把张居正看成法家，观点可并不算新异。同一时代的著名史家王世贞说他"天资刻薄，好申韩法，以智术驭下"，不也是相同的观感么？② 从他提倡法后王③，推崇诸葛亮④，熟读《韩非子》等法家之书，把张居正看成是那一时代儒者群中的一个法家人物，并没有什么大错。

当然，争论张居正为人是否刻薄，行事是否独断，仅对万历十年以后朝野的政敌们有用。问题是，在一个儒学大行其道的年代里，到底是什么原因会使一种近乎法家的意识形态和政治纲领出现？这种意识形态在和原有的王学争夺政治领地时，其恩怨纠葛怎样？梳理这一过程，对于揭开嘉、万之际政治与学术之间交织互动的内在底蕴，具有不可忽视的意义。

二、少年时代

明世宗嘉靖四年（1525），在湖广江陵一个家道小康的辽王府护卫家中，诞生了这位被晚清学者梁启超推许为中国古代六大政治家之一的张居正。祖父张镇，不学而好武，为人豪爽放浪，在辽王府充当护卫。父亲张文明，是荆州府的学生，尽管"为文下笔立就，不复改窜，口占为诗，往往有奇句"⑤，可惜命途多舛，七试不中，终于在四十几岁时掷下了考篮。张居正出生的时候，祖父依然健在，父亲仍在棘围，似乎并没有想到在几十年以后，张家会出现这样一个人物，在大明帝国的政坛上呼风唤雨。

---

① 《耿天台先生文集》卷11《奉贺元辅存斋先生八十寿序》。
② 王世贞《嘉靖以来内阁首辅传》卷7《张居正传（上）》。又丁元荐《西山日记》卷上，"江陵用申韩法钳制百司，顾不自身始。"当然也有把他的思想看成"儒学化的法家思想"的，参 Robert Crawford, Chang Chu-Cheng's Confucian Legalism, William Theodore De Bary ed., Self and Society in Ming Thought.
③ 万历五年张居正主考辛未会试，便以"法后王"为策论论题，以为"善法后王者莫如高帝矣"。《新刻张太岳先生诗文集》卷16《辛未会试程策（二）》。
④ 张居正对诸葛亮极为推崇，文集中屡引其言，且以之自比。参《新刻张太岳先生诗文集》卷27《答按院陈公文衡核事实》；卷29《答闽抚庞惺庵》；卷30《答凌洋山辞馈助》。当然，假如从理论上说，诸葛亮又不是最优的了，前揭《辛未会试程策（三）》《问英雄豪杰》，张居正认为圣人中最优的是大禹、周公、孔子，豪杰中则是张良，其次萧何、韩信；诸葛亮"庶几王者之佐焉，盖入其域而未优者乎？"
⑤ 《新刻张太岳先生诗文集》卷17《先考观澜公行略》。有关张居正早年生活的考察可参朱东润《张居正大传》第1—11页。

或许是传统的感生观念作祟吧,对于一些被历史赋予过不同寻常重担的人物,人们总是喜欢追寻其少年时代的奇异往事。张居正出生时,据说张镇曾经梦见天降白龟为瑞,因而取名"白圭"。又据说他两岁时便认得"王曰"二字①,八岁时的八股文破题就能够语惊四座②,夸大加上讹传,都在试图说明这样一个事实:张居正自幼聪明,从小便与常人不同。

的确,在一条只有靠精于揣摩才能够发迹的科举进阶之路上,张居正十三岁就中了秀才,十六岁便成为举人,并不能说仅仅是因为运气。少年老成,理性思维的早熟,同样可以算是一种过人之处。在他十三岁的应试之作,一首描写竹子的五言诗中,他曾这样写到:

> 绿遍潇湘外,疏林玉露寒。
> 凤毛丛劲节,只上尽头竿。③

在这里,除了辞藻还稍嫌稚嫩之外,我们看不出他和一个欲大有为之士有太大的差异和区别。或许正是因此之故,张居正在十几岁的童稚之年,便接连被李士翱、顾璘、陈束、李元阳等才气纵横、眼高于顶的一批当世闻人所激赏。在这批人当中,他不仅被视作"贾生不及",而且还被许为王佐之才④。

事实上,对于一个幼年时代就生活在一片褒奖和鼓励声中的人来说,这种褒奖对他而言是一把两面刃。假如才力不及,因名实不符而导致的巨大反差甚至可以使之崩溃;相反,倘若才气足以与之相副,又反而能够激励他不断上进,并以超越常人的大有为之士自期。无疑的,张居正属于后者。尽管在这一时期我们看不到他"以天下为己任"的豪言壮语式的表白,但是他以后种种"师心自用""举世非之而不顾"的刚愎作风,却很难说不是在此时就种下了根芽。

顾璘等人都是当时有名的才子,文名藉甚。其中顾璘犹属前辈,在正德年间与何景明、李梦阳等相互颉颃,是文坛"前七子"之一。陈束、李元阳则

---

① 《新刻张太岳先生诗文集》卷47《太师张文忠公行实》。
② 彭定求《明贤蒙正录》:"父故微贱,给事御史府。顾华玉公(璘)按郡至,闻公奇童,召视,时方八岁,举止不凡。入见,顾公命作破以'子曰'二字为题,公应声曰:'匹夫而为百世师,一言而为天下法'。顾公大异之,解所佩犀带以赠。"据前揭《行实》,嘉靖十六年张居正方见顾璘,且其父也非"给事御史府",此以讹传讹。
③ 《新刻张太岳先生诗文集》卷6《题竹》,十三岁应试时作于楚王孙园亭。
④ 前揭《行实》。

与唐顺之、王慎中一起，号称"嘉靖十才子"，风流蕴藉。在嘉靖十几年，正当张居正读书的少年时代，这些人纷纷来到湖广，顾璘为巡抚，陈束为按察使，李元阳为江陵所从属的荆州府知府，又同时对张居正表示赏识，那么说张居正受到过这些人的影响，便似乎可以想见了。

和当时大约所有少年得志的青年才俊一样，"一夜成名天下闻"，成为擅名一世的风流才子同样是张居正所梦寐以求的。特别是嘉靖十九年他以十六岁的稚龄乡试及第，成为远近闻名的举人之后，这种感觉便日趋强烈。对此时的张居正而言，作几篇四平八稳的时文如同探囊取物，题名雁塔更其是小菜一碟。常人所寤寐求之的通籍入仕，似乎无须多大的努力，便能够唾手而得。于是"乃弃其本业而驰骛古典"，以屈宋班马诸辈自期①。从他文集中尚还保存的一些诗作来看，至少对汉魏文学，张居正是下过一番苦功的。

然而可惜的是，"新功未成，旧业已芜"。就在嘉靖二十三年，二十岁的张居正满怀希望地进京会试，不仅未能掉鞅文场，夺标艺苑，迎接他的却是名落孙山的耻辱。这种打击逐渐使他怀疑自己在文学上发展的潜力，"夫欲求古匠之芳躅，又合当世之轨辙，惟有绝世之才者能之，明兴以来亦不多见"，于是"揣己量力，复寻前辙，昼作夜思，殚精毕力，幸而艺成"。甚至在几十年以后，他还会对自己曾欲驰名文苑的冲动而脸红，"当时所为，适足以发笑而自点耳"②。或许正是由于这种既理性而又清醒的自我认识，使得张居正摆脱了世俗的期许，不去参与嘉靖丁未（二十六年）、戊申间新进士的诗酒唱和，"默然潜求国家典故与政务之要切者衷之，而时时称《老》《易》以为能得其用"③。以王佐自期的宏伟目标抵消了他无法成为一代文豪的酸楚。

当然，顾璘等人的熏染，绝不仅仅是激发了他少年心性中博取文名的热望和以王佐自期的野心，从某种意义上来说，更为持久而又深刻的影响反而是在此期间他所受佛学的训练，而这后一机缘的作俑者便是李元阳。

李元阳字仁甫，号中溪，大理太和县人。大理地处云贵边陲，是西南有名的佛教胜地。在一种浓郁的佛教文化氛围中，李元阳一出世便已注定无法摆脱它的影响。七世祖李通，"酷嗜内典，尝著《华严疏抄》四十卷，禅宗以为擅

---

① 《新刻张太岳先生诗文集》卷35《示季子懋修》。张居正没有参加嘉靖二十年辛丑会试，朱东润以为或许是年龄太小之故（《张居正大传》第10页），窃以为张居正此时醉心于文学，想一举撷取巍科，大概也是原因之一。
② 《新刻张太岳先生诗文集》卷35《示季子懋修》。
③ 王世贞《嘉靖以来内阁首辅传》卷7《张居正传（下）》。

场"。祖父李让对佛教更是虔诚，不仅热衷于建塔和放生，而且同时也对他这个聪慧的孙儿寄予了厚望。在后来的岁月里，李元阳本人穷三四十年的时间和精力，把崇圣寺塔重新修复，"郡中坛宇焕然一新"，正是为了完成祖父昔年的宿愿。说太和李氏是一个宗仰佛教的世家，并不为过①。

嘉靖五年，年届而立的李元阳中了第十四名进士，并因而得以入选翰林院，作了庶吉士。时值大礼议逐渐尘埃落定，皇权获得了完全的主动。然而，对于留心时政的士大夫而言，两年前的左顺门廷杖，还依然是声声入耳，难以忘怀。张璁、桂萼等尽管早已位居津要，但其行政的权威却并没有被清流的舆论所认可。一向作为清流重镇的翰林院因而成为议礼新贵们的眼中钉、肉中刺。特别是明代的阁员大部分出自翰林，对于张璁而言，对异己分子的姑息不啻是养虎遗患。因此，就在这一科，张璁提出把庶吉士外放为部属科道以及州县属官，统统排挤出翰林院②。李元阳本人则被出补为分宜知县。那以后，在丁忧三年并做过一任江阴知县以后，被操江巡抚潘珍疏荐于朝，升任户部主事，从而与唐顺之、陈束等相交，号"十才子"。不久因受吏部侍郎霍韬赏识，改为监察御史③。

对自己在地方官任上的评价，李元阳用了"慈惠"二字，大抵并不算夸张。然而一旦当他变成了职司风纪的监察御史，个人的形象便开始大变了。李元阳在这个时候展示给别人的，是他刚严强悍的一面④。因此，当嘉靖十九年他因得罪人太多被补缺为荆州知府时，身上早已背了许多诸如"奇男子""真御史"之类的美誉⑤。一个"文似老泉诗似杜"天马行空的才子⑥，一个慈惠爱民的地方父母官，加上刚严方正的个人品格，大概便是他给张居正这个十五岁的老成少年的最初印象。

---

① 李选《荆州府知府中溪李先生元阳行状》，载焦竑《国朝献征录》卷89。
② 王世贞《弇山堂别集》卷82《科试考二》。
③ 李选《荆州府知府中溪李先生元阳行状》。
④ 李元阳《中溪家传会稿》卷10《答溪田翁尊师马老先生》。
⑤ 嘉靖十八年为太子选宫僚，李元阳不满夏言趁机安插亲信的做法，当时正随从明世宗回幸承天（即安陆），于行在露章弹劾，因敢言而被许为"真御史"。夏言非常恼怒，欲将其外补。恰逢荆州知府为阉宦所杀，于是以李元阳充任。清嘉庆《湖广通志》卷113《职官七·职官表七》列李元阳于"任年无考"条下。考《兰台法鉴录》卷15，嘉靖十四至十七年荆州知府为李士翱，十八年升承天府知府（《国榷》卷57，嘉靖十八年三月丁亥，作荆州知府李士翔，当为"士翱"之误），不久新任荆州知府被杀，则李元阳任，其时当为嘉靖十八、十九年间，张居正十五六岁。
⑥ 这是当时人温仁和、董玘等给他的评价，前揭李选《荆州府知府中溪李先生元阳行状》。

张居正便正是在这个时候开始受到李元阳影响的。其机缘则是在一次诸生的测验中,他被后者取为六百人中的第一,并且被期许为他日"太平宰相"①。一直到晚年张居正都是以师礼尊事李元阳,这一点和他与李士翱等人的关系迥然相异。张居正对苏洵文章的推崇,他晚年的治政用威,或许都和李元阳的濡染不无关系。

　　当然,大概也正是由于后者的接引,才使他对佛学产生了一定的兴趣。在张居正文集中保存的几篇与李元阳、陆树德等人论禅的文字可以清楚地说明这一点。对佛学,特别是对《华严经》的领悟,后来使他受益匪浅:

　　　　正少而学道,每怀出世之想,中为时所羁绁,遂料理人间事。前年冬偶阅华严悲智偈,忽觉有省,即时发一弘愿,愿以深心奉尘刹,不于自身求利益。去年当主少国疑之时,以藐然之躯横当天下之变,此时唯知办此深心,不复计身为己有。②

当然,这封写于万历中期张居正父死夺情之后的信件,并不能代表他早期的思想,更何况他和李元阳的交往仅止一年,当时还正潜心于古典的学习,对佛学还说不上有太深的领悟。在以前,《华严经》之于他而言,"只见其莽宕寥廓,使人心晃神摇",并不曾有深刻的体认。但是,善根已种,善缘已结③,这为他以后因之取法其师心自用,无疑大开了方便之门。

三、冷眼旁观者

　　从嘉靖二十六年张居正进士及第到嘉靖四十一年严嵩下台,假如把这一段时期张居正在文学、政治、思想三个领域激烈变动的旋涡中的表现,用一个词汇来形容的话,那么只能说他是一个冷眼旁观者。

　　前面已经指出,明代文学界从"前七子"到"唐宋派"再到"后七子"的此伏彼起,在表现形式上不过是一批掇取巍科的新进士你来我往的一部套

---

① 前揭李选《荆州府知府中溪李先生元阳行状》。
② 《新刻张太岳先生诗文集》卷25《答李中溪有道尊师》。
③ 《新刻张太岳先生诗文集》卷24《答奉常陆五台论禅》"向曾诵《华严》,只见莽荡寥廓,使人心晃神摇。后于友人处见《合论》抄本,借读一过,始于此中稍有入处……仆以夙昔颇种善根,今得闻无上甚深妙义,欢喜无量,闻公将镂梓以行,大有利益,谨以俸金二铤,少助工费,虽尘露之微,无裨山海,聊以表信心云耳。"

曲。在这出曲目的背后，有时代精神的激流澎湃，有社会思潮的波涛汹涌，也有才子们擅名争胜的自我实现。文学思潮的变动，表现为一个个文学小团体走马灯式的轮换。于是前七子陨落了，唐宋派揭竿而起，文士们以"十才子""八才子""三杰""四俊"等自封的名目在相互间攀比炫耀。在这里，对文学本身的思考不能说没有，但却被淹没在无穷无尽的形式变换的表象当中，甚至文学本身也变得不那么重要，一切都化约为当世的名声。因为后者已经成为一个独立的值得追求的对象。

当张居正来到京师并成为一名翰林院庶吉士的时候，正是京师新一代才子们深感唐顺之、王慎中等享大名于当世的老一辈唐宋派作家日渐迂朽，却老而不死，摩拳擦掌准备痛施一击的时期。王世贞、李攀龙、梁有誉、宗臣、徐中行、吴国伦等人重新擎起复古的大旗，以"后七子"之名相互标榜，并且逐渐持取了新一代的文衡重宝。假如张居正在此时加入，那么"七子"有可能变成"八子"，当世则又多了一位名士。但或许是由于前面所说的对自身文学天赋的理性认识，或许也是由于他经世致用的宏伟自期，张居正和文学界这种触手可及的热闹场面保持了距离，在外人的眼中则是夷然表示不屑①。

三年的庶吉士生涯意味着一张冷板凳。庶吉士，皇家的博士研究生，具备了读中秘丰富藏书的权利。张居正把大部分时间用在对国故典章的考求以及对时事政治的观察之上。在这一时期，激励他的是这样一种信念："学不究乎性命，不可以言学；道不兼乎经济，不可以利用"，真正的儒者只有天地人三才相通者才堪堪与此名相配。因此，"操觚染翰，骚客之所用心也；呻章吟句，童子之所业习也。二三子不思敦本务实，以眇眇之身，任天下之重，预养其所为，而欲藉一技以自显庸于世，噫！甚矣其陋也！"②

当时的庶吉士教习是由吏部侍郎转任的翰林学士徐阶。徐阶政治能量之大，早已为人们所熟知了。自从嘉靖二十三年升任吏部右侍郎之后，由于和尚书熊浃、唐龙等人的关系密切，深为诸人所器重，早就在实际上行使着吏部尚书的权力。但因嘉靖二十六年闻渊改任吏书之后，事求独断，徐阶只好自谋出路，暂避风头，因此转入翰林院，教习张居正等一班新选的庶吉士。作为一个深谋远虑的政治家，徐阶趁此机会开始有意识地培养自己未来在政治上可以倚任的后辈力量。在这个时候，一个不尚奢华，敦本务实，好学深思而又厚重有

---

① 王世贞《嘉靖以来内阁首辅传》卷7《张居正传（上）》。
② 《新刻张太岳先生诗文集》卷6《翰林院读书说》。

威的年轻人闯入了他的视野之内。这个人便是张居正。

由于受徐阶等人器重,嘉靖二十八年庶吉士结束以后,张居正顺利地点了翰林,做了编修,从此开始他在明代政坛上的艰难跋涉。或许只是为了证明自己的政治信念,不久他便上了一份《论时政疏》,对当时的国计民生提出了自己的意见。在这份奏疏中,他把当时所存在的诸般问题归结为六点:上下否隔,宗室骄恣,庶官瘝旷,吏治因循,边备未修,财用大匮①。问题提得不可谓不真切,然而在当时,凡是有一点政治头脑的人都知道这样的奏疏不会有丝毫的效用。除了上下否隔,对皇帝"不亲文学侍从之臣"稍有讥评之外,其他数点都是执政的结果,而根本没有指出其原因何在。难道那不是因为明神宗本人奉玄清修、荒淫放纵,当道者如严嵩之流任人唯亲、招权纳贿的产物么?不作点名的批评而学习孔子的"吾其从讽乎",都说明了张居正为人的谨慎。或许他深知许多事情徒说无益,他并不想成为沈炼、杨继盛一类冒死进谏的英雄。结局同样在意料之中,疏上留中不报。

但张居正在这些年的政治感情却是极端的压抑。蒿目时艰,在痛苦之余,他把这些情感发泄在诗歌里。在主观精神的激荡中,他时而把自己想象成高蹈不仕而又志在存齐的鲁仲连,时而又对白发安刘的商山四皓表示倾慕:"有欲苦不足,无欲亦无忧……我志在虚寂,苟得非所求。虽居一世间,脱若云烟浮。芙蕖濯清水,沧江飘白鸥。鲁连志存齐,绮皓亦安刘。伟哉古人达,千载想徽猷。"②但是对现实的热中又无法不与幻想世界的平和相互冲撞,于是他一会儿以修竹自比,伤其凄婉而喜其坚贞:"亭皋霜露下,凄其卉草衰,愿以岁寒操,共君摇落时";一会儿又不禁热血沸腾,剑拔弩张:"丈夫礧砢贵如此,何能齷齪混泥滓!"③

然而嘉靖中期以后的政治,用张居正奏疏中的一个词汇"痿痹"来形容真是再恰当不过了。就连徐阶那样的人物当大柄不在手之际,尚且需要忍耐,更不用说一个七品芝麻官儿的翰林院编修了。张居正所唯一能做的便只有观望。不管是他在朝的最初八年,还是其后的所谓"前后山居六年"④,情形都没有发生根本的变化。甚至当他于嘉靖三十九年再次赴京,以右春坊右中允充

---

① 《新刻张太岳先生诗文集》卷15《论时政疏》。
② 《新刻张太岳先生诗文集》卷1《适志吟》。按此诗作于何时,文集未尝明言,朱东润系之于嘉靖三十二年癸丑(前引书,第31页),以情境论,颇为契合,姑从之。
③ 《新刻张太岳先生诗文集》卷1《修竹篇》;卷2《宝剑篇》。
④ 嘉靖三十三至三十六年张居正请病假在家,三十七年便道归家,转年仍回北京。

当国子监司业的时候,对现实政治也没有作什么发言,只是与时为国子监祭酒的高拱"相期以相业"①,以为他日联袂主政之地。

张居正对现实政治是如此的热中,然而在一个无法自效的环境下,却又不得不把这种热中沉埋在心底。他是一个不苟的人,所谓"苟得非所求",这决定了他在严嵩主政时的政治操守②。加上"少耽虚寂,每怀出世之想"③,那么他所谓的"我志在虚寂"便似乎可以了然了。这种虚寂,对于一个冷眼旁观者来说,是一种解脱;但虚寂却不等于虚无,它不因事而变,不因事而动,但却因事而感通,并因此成为内心的主宰。这种对于心体的认识,便是他在嘉靖中期受到良知归寂派的学术大师聂豹点拨之后的真实感受,在给后者的信中,他说:

> 窃谓学欲信心冥解,若但从人歌哭,直释氏所谓阅尽他宝非己分耳。昨者伏承高明指未发之中,退而思之,此心有跃如者。往时薛君采先生(蕙)亦有此段议论,先生复推明之,乃知人心有妙万物者为天下之大本,无事安排,此先天无极之旨也。夫虚者,道之所居也。涵养于不睹不闻,所以致此虚也。心虚则寂,感而遂通……今不于其居无事者求之,而欲事事物物求其当然之则,愈劳愈弊也已。④

正是这样一种学术归趋,才决定了他行动取向上的不苟,他性格的孤峭简约⑤。或者反过来说,由于性格和行动取向的确立,使他对良知归寂派的学说更容易契合。二者就如同一枚硬币的两面,相辅相成,互为因果。

良知归寂之学的提出,源自江右王门学者聂豹的一段自我体认。嘉靖中期,由于和内阁大学士夏言交恶,正当聂豹在家与学人讲论《中庸》之际,为锦衣卫所缉,投入诏狱。黄宗羲记载说:

> 先生之学,狱中闲久静极,忽见此心本体,光明莹彻,万物皆备,乃

---

① 王世贞《嘉靖以来内阁首辅传》卷7《张居正传(上)》。
② 《明史》卷213《张居正传》:"严嵩为首辅,忌阶,善阶者皆避匿,居正自如,嵩亦器居正。"
③ 《新刻张太岳先生诗文集》卷25《答太常殷秋溟》。
④ 《新刻张太岳先生诗文集》卷35《启聂双江司马》。此文作于张居正官翰林之时。
⑤ 《耿天台先生文集》卷4《与胡杞泉》:"敝乡张太岳书来,称兄不容口,此兄养邃而识精,弟心所师资者,第其性太简,不奈与人群。"又卷6《与张太岳》:"仆固疑兄太冷耳。"

> 喜曰：'此未发之中也，守是不失，天下之理皆从此出矣'。及出，与来学立静坐法，使之归寂以通感，执体以应用。①

这表明，聂豹所归之寂，便是他自以为是未发之中的光明莹彻的心本体，也就是良知。对于一个不欲冲破名教藩篱的儒者而言，这种良知落实在现实的实践中，其轨则并非不可捉摸——一如会通派学者王畿那样，而是有一套实际的规范和法则。正因为如此，尽管对于良知本身的体认不同，却并不妨碍聂豹及其支持者罗洪先，与江右王门另一学者邹守益在行动取向上都属于王学修证派。

问题是，这种光明莹彻的心体到底是什么呢？良知既由体认而得，自然超骛于言诠之外。然而一旦当它落实到现实世界中的某一个个体的实践，就不得不在言诠之中加以理解和把握。得意而忘言之后，假如不欲真的"相忘于无言"，而还是要设法表达，那么"言"便必不可少。事实上，正是在这一层面，每一个人的学养、经历、内在渴望会情不自禁地交织在一起，影响他对自身体认到的良知寂体的诠释。

这种情形在张居正身上表现得尤为明显，尽管从表面上来看，他与聂豹对心体的阐释没有什么不同。在给友朋的论学书中，他说：

> 此中灵明虽缘涉事而见，不因涉事而有，倘能含摄寂照之根，融通内外之境，知此心之妙，所以成变化而行鬼神者，初非由于外得矣。②

又说：

> 近日悟得心体原是妙明圆净，一毫无染，其有尘劳诸相皆由是自触，识得此体则一切可转识为智，无非本觉妙用，故不起净心，不起垢心，不起著心，不起厌心，包罗世界，非外物所能碍。③

然而，一旦这种良知寂体应对于外，我们便会发现对于张居正而言其心体的真

---

① 《明儒学案》卷17《江右王门学案二·聂豹传》。
② 《新刻张太岳先生诗文集》卷35《答西夏直指耿楚侗》。
③ 同上书卷35《寄高孝廉元谷三首（之三）》。

实内涵了。这也就是他后来被讥弹为流陷于申韩法术而不自知的一种霸术①。因此,王学所给予张居正的,似乎并不是前此自附于儒者门墙的学者们所接受的那套伦理的准则,而是一种行动的方式、行为的态度。他曾说:"吾生平学在师心,不蕲人知,不但一时之毁誉不关于虑,即万世之是非亦所弗计也。"②从他以后在行政中所表现出的刚愎强悍而又勇于自任的作风,张居正这一自我估计可以说十分贴切。

嘉靖中叶以后,随着在朝王学日益兴起,王学逐渐获得了席卷天下的威势。修证派、师道派、会通派以及继之而起的狂侠、乐学等大小派别,各标宗旨,务树旗帜,朝野上下不禁为之奔走倾动。讲学在某种意义上已成为当时官僚士大夫中间最流行的一种社会交往方式。处在这样的社会环境当中,张居正完全不参与任何讲学活动是不可能的。他甚至因此被王学诸人视为同志③。但是作为一个冷眼旁观者,他的参与仍然与众不同。这不仅表现在他对师道派的张皇、会通派的狂妄夷然不屑④,还表现在他引而不发、信心冥解的一贯作风。或许,这位狷介自守,不苟随于人的未来政治强人,正是用这种近乎冷漠的态度对当时思想界"溢言若蛙"、毫无统绪的现象矫然相抗⑤,并暗暗期待

---

① 当时颇有人以张居正所为只是富国强兵的霸道,而非王道。张辩解到:"后世学术不明,高谈无实,剽窃仁义,谓之王道,才涉富强便云霸术。不知王霸之辨、义利之间,在心不在迹,奚必仁义之为王,富强之为霸也?"(《新刻张太岳先生诗文集》卷31《答福建巡抚耿楚侗谈王霸之辨》)这种观点其实与王学如出一辙,嘉靖十五年王艮与王畿相会,讨论王霸之辨,结论便是王霸"亦随吾心所感应而已"。参《王艮年谱》。
② 《新刻张太岳先生诗文集》卷32《答湖广巡按朱建吾辞建亭》。
③ 张居正也有一个讲学的圈子,除了他的同乡及政治追随者李幼滋之外,还包括耿定向、罗汝芳、以及修证派的胡直。《新刻张太岳先生诗文集》卷35《答罗近溪宛陵尹》:"比来同类寥落,和者甚稀,楚侗(耿)南都,庐山(胡)西蜀,公在宛陵。"《龙溪王先生全集》卷12《与沈宗颜》:"元老(指张)于师门之学原亦相信,近因吾党不能以实意将之,微致规切。"《耿天台先生文集》卷5《与袁松江》:"元老之所以自少累德且又闻学,为朝野所依赖若此者,由双江(指聂)诸公当时成就切劘之也。"张居正则对罗洪先最为钦佩,《新刻张太岳先生诗文集》卷17《书胡氏先训卷》:"余与正甫(胡直)论学最契,谓其出于罗念庵先生,余素所倾向者。"从这个意义上说,张居正实可看作归寂派的传人。在文集中张居正还有几首仰怀罗洪先的诗,文繁不录。事实上,由于视之为同道,张居正上台之初,为王守仁从祀孔庙的呼声一度甚嚣尘上,而在此前由于高拱当政,采取打击讲学的政策,此议数年不闻。参本编第三章第一节。
④ 《何心隐集》卷4《上祁门姚大尹书》,何心隐自言与张居正相会显灵宫:"此公退即对耿(定向)言,元本一飞鸟,为渠以胶滞之。"
⑤ 《新刻张太岳先生诗文集》卷29《答南司成屠平石论为学》:"夫昔之为同志者,仆亦尝周旋其间,听其议论矣。然观其微处,则皆以聚党贾誉,行径捷举。所称道德之说虚而无当,庄子所谓'溢言若蛙',佛氏所谓'蛤蟆禅'耳。而其徒侣众盛,异趣为事,大者摇撼朝廷,爽乱名实,小者匿避丑秽,趋利逃名,嘉隆之间深被其祸。"

着有朝一日"致君尧舜上,再使风俗淳"那一美好时刻的到来①。

四、历史与现实

嘉靖四十一年严嵩下台,徐阶晋升为内阁首辅,张居正则从冷眼旁观的位置走到了政治的前台。为了给他充分施展才干的机会,徐阶特意荐举张居正担任《承天大志》副总裁,因为凡是涉及明世宗"龙兴"的事件,他本人都极为重视。对这一任务,张居正完成得非常出色,"甫八月而手自脱稿,为十二纪以献",受到明世宗的赏识,并因此在朝野获得了声望②。第二年徐阶又把他安插到未来的君主朱载垕的身边,充当裕邸讲读,以为他日储相之地。也正因为如此,在世宗去世、穆宗登基之后仅一年多的时间里,年仅四十出头的张居正便从一个五品的翰林学士一跃变成署少保衔的一品武英殿大学士,"其登进之速,虽张(璁)、桂(萼)不能过也"③。从名不见经传到朝野侧目,所有这一切都是出于徐阶的帮助。

事实上,从这一阶段开始已经大致可以看作张居正开始行政的时期了④。特别是当高拱执政之后,由于二人在行动取向上的接近,对多数政治问题的看法相同⑤,因此在文化政策上的态度便颇为默契。张居正于隆庆二年所上《陈六事疏》,可以看作二人的共同观点。正因为如此,疏上不久,便被予以执行,在朝野逐渐发生了效应。对这一点张居正曾多次沾沾自喜地向他人讲述:

> 近来士习人情似觉稍异于昔,浮议渐省,实意渐孚,鄙人疏发其端,而太宰公(指高拱)力助之。太平之休,庶几可望,但不知后来如何耳。⑥

---

① 《新刻张太岳先生诗文集》卷35《答西夏直指耿楚侗》:"长安棋局屡变,江南羽檄旁午,京师十里之外大盗十百为群,贪风不止,民怨日深,倘有奸人乘一旦之釁,则不可胜讳矣。非特磊落奇伟之士大破常格扫除廓清,不足以弭天下之患。顾世虽有此人未必知,即知之未必用,此可为慨叹也。"
② 前揭《张文忠公行实》。
③ 前揭王世贞《嘉靖以来内阁首辅传》。
④ 徐阶在行政中也深得张居正的策援,譬如明世宗遗诏的草拟,其实就出于二者的合谋。
⑤ 嵇文甫《晚明思想史论》(第52—53页)、朱东润《张居正大传》(第303页)都指出了这一点。
⑥ 《新刻张太岳先生诗文集》卷21《答中丞梁鸣泉》。按高拱于隆庆二年复出后兼掌吏部,故此云太宰公。

从这一点来说，当隆、万之际高张交恶，所争也只在权柄，而非国政的方针大计。

《陈六事疏》中有关文化政策的主要有"省议论""振纪纲"两条。这一政策的出台，与张居正本人对历史及现状的看法是十分合拍的。

由于沉潜国故有年，张居正对三代以下的历史形成了一套自己完整的看法。这种看法说起来似乎也颇为简单，他把一部中国王朝史看成一个个生命体的延续，由质到文，由朴鄙到藻饰，如同一株美丽的鲜花，由苍淡的蓓蕾，逐渐馥郁芬芳，并最终萎靡凋谢，化归尘土①。面对不可避免的死亡，真正的圣人应该珍惜生命。既然盛极则衰，那么不盛岂非也就不衰？"知其雄，守其雌；知其荣，守其辱"，《老子》的这一箴言或许在潜移默化当中打动了张居正的心坎②。他说：

> 开国之初，庶事草创，人情朴古，大抵皆多质少文，凡制礼作乐铺张繁盛之事，皆在国之中也。当其时人以为太平盛美，而不知衰乱之萌肇于此矣。夏商皆然，不独周也。圣人知其然，恒不待其盛而亟反之，斫雕而为朴，毁圆以为方。其制物也，宁拙而勿巧；其用人也，宁实而勿华。譬之枝木，重加裁截则反本复始之机也。孔子大林放之问，而志在从先。③

不仅如此，倘把整部中国历史看成一个大的生命来通观，又何尝不是这样？"三代至秦，混沌之再辟者也"④。秦始皇完成了一次由文到质的转变。那以后，"历汉唐至宋而文弊已甚，天下日趋与矫伪，宋颓靡之极也。其势必变而为胡元，取先王之礼制一举荡灭之，而独治之以简，此复古之会也。然元不能久而本朝承之，国家之治简严质朴，实藉元以为之驱除"⑤。完成了第二次文质的嬗变。

张居正对历史本身的这种认识，直接影响了他对一系列历史事件的评价。在他看来，秦代之所以二世而亡，不在于秦法之苛蔽，而在于秦始皇缺少一个能干的继承人：

---

① 《新刻张太岳先生诗文集》卷18《杂著》。
② 前揭《嘉靖以来内阁首辅传》：（张居正）"时时称《老》《易》，以为能得其用。"
③ 《新刻张太岳先生诗文集》卷18《杂著》。
④ 同上引。
⑤ 同上引。

> 使始皇有贤子守其法而益振之，积至数十年，继宗世儒芟夷已尽，老师宿儒闻见悉去，民之复起者改心易虑以听上之令，即有刘项百辈何能为哉？惜乎扶苏仁懦、胡亥稚蒙……不知乱秦者扶苏也。①

这种翻案文章和汉以来的传统观念迥异，也可算石破天惊了。不仅如此，张居正还积极鼓吹"法后王"，盛赞秦始皇"其创制立法至今守之，史称其得圣人之威"。而明代自朱元璋建国至嘉万之际，"历年二百有余，累经大故而海内人心晏然不摇，斯用威之效也"②。至此，任何人都可以看出，张居正是在表彰一种高度集权的专制政体吧。

那么现实的图景在张居正心目中又是怎样呢？其实，只消一瞥他在本时期与友朋之间的书信往还，便不难发现他对已呈龙钟老态的帝国现状那种发自内心的忧虑。这一时期，尽管由于自己殚精竭虑百般筹划，南倭北虏之患稍稍晏息③，然而自嘉隆以来的纪纲倒植、法纪荡然，内地腹心之所盗贼横行，民变实有窃发之虞，一种深深的末世感不时地涌上心头：

> 近闻大江南北盗贼纵横，有司告匿不以闻……将来盗贼愈滋，官司莫之敢诘，必酿成元末大患。④

然而，在这狂澜既倒，大厦将倾之际，那些口口声声鼓吹"为天地立心，为生民立命"的士大夫们又在做些什么？士习骄侈，风俗日坏，"士习人情渐落晚宋窠臼"⑤，偶尔一两个人想要加意挽回，却"又崇饰虚谈，自开邪径"，无异于"以肉驱蝇，负薪救火"⑥，使原有的局面更加窳败。这种心情有时会变得极为愤激，"腐儒不达时变，动称三代云云，及言革除事以非议我二祖法令者，皆宋时奸臣卖国之余习，老儒臭腐之愚谈，必不可用也"⑦。对历史、现状持有这样一种悲观的认识，再加上"师心自用"、一意孤行的行事作风，张居正

---

① 《新刻张太岳先生文集》卷18《杂著》。
② 同上。
③ 有关张居正这一方面的工作可参朱东润《张居正大传》第153—215页。
④ 《新刻张太岳先生诗文集》卷33《答按院张公简》。按，类似的忧虑，可参卷26《与操江宋阳山》；卷33《答应天巡抚孙小溪言捕盗》等。
⑤ 《新刻张太岳先生诗文集》卷21《答少司马杨二山》。
⑥ 《新刻张太岳先生诗文集》卷23《答南学院周乾明》。
⑦ 《新刻张太岳先生诗文集》卷18《杂著》。

会采取什么样的文化政策，便似乎不难想见了。

如所周知，在明代的中国社会，并不存在一个纯粹的知识界。由于科举制度的实行，传统的士阶层大致可以划分为在朝与在野两个集群，前者是官僚系统的主要支撑，后者则包括普通的生员和参与讲学的平民。其中，生员是官僚系统的后备军，是正在科考而尚没有获得入仕资格的人；讲学的平民则大都缺乏基本的入仕兴趣或者可能，明中叶王学的两个有名派别——乐学派与狂侠派大致便属于这后一种。

针对知识界的不同情况，张居正分别采取了不同的政策加以控制。对现任的官僚，他积极推行"考成法"，提倡循名责实，用铁的手腕把整个官僚系统变成一部高效能的机器，在他的强力意志下马不停蹄地运转。对正在科举的生员，则重申朱元璋"卧碑"的禁令，让他们俯首帖耳地充当官僚机器的备用螺丝钉。同时毁天下私创书院，严禁聚众讲学。对于平民身份的讲学家，特别是有民间宗教及反动组织嫌疑的狂侠派，更是不遗余力地给以打击，何心隐一案便是显例①。

因此，尽管张居正本人不是君主，但是他所推行的却是"君道"②。用君道来压制师道，对方兴未艾的师道复兴运动予以摧残，是张居正在主政期间基本的行动取向。从这一意义上来说，他和在朝王学在基本方向上是极为一致的。考虑到他本人的学术渊源，把张居正的所作所为归结为在朝王学的一种极端情况，其实也并不为过。

第二节　禁讲学及其社会效应

一、晚明的江南诸生

在张居正对时局的估计中，"士习骄侈，风俗日坏"是重要的一条。他所针对的，是自明中叶以来随着社会经济的发展、中央集权的控制渐松，整个社会所出现的奢侈浮靡、越礼犯分的一派"颓风"。这种风尚的变迁，反映在人们的观念变化、衣食住行，反映在交往、求知、娱乐，反映在社会生活的各个

---

① 参第二编第二章第二节。
② 沟口雄三认为："张居正的基本政治姿态，是在皇帝一元化统治下，为天下万民补救和强化明朝专制体制。"参其《所谓东林派人士的思想》，见氏著《中国前近代思想的演变》第366页。

领域中。由勤俭走向浮华,由质朴走向藻饰,由恪遵礼教走向肯定私欲,由遵从天理走向曲徇人情,无须敏锐的洞察力,人们便可感知,在明代社会的内部已经发生了深刻的巨变。

这种巨变,同样体现在本书所要探讨的对象——晚明的诸生,特别是江南诸生的身上。

如所周知,包括国子监、府、州、县学在内的明代官学,在朱元璋立国以后不久便着手建立了。为了训练一批忠于职守而又驯服听话的官僚后备军,朱元璋在科举考试还没有能力提供大规模人才的时候,把注意的目标集中在官学生员,特别是国子监生身上。国子监的教职员,从祭酒(校长)、司业、博士、助教、学正到监丞,任免都出于吏部,国子监官到监是上任做官,学校是教官们的衙门。"政治和教育一体,官僚和师儒一体",这种培养人才的方式与目标决定了国子监生被赋予的权利和必须履行的义务。在当时,国子监生的经济待遇较后代为佳,廪膳全部出于公费,有家属的还被特许带家,每月支与一定数量的生活费用,但与此同时,他也必须完成学校所规定的课业任务并遵守严格的纪律约条,稍有违犯,则"扑作教刑",重笞不贷。再有甚者,则或发配,或砍头,用严刑峻法来迫使抗议者乖乖就范。用吴晗的话说,"明初的国子监与其说是学校,不如更合适地说是集中营,是刑场"[①]。朱元璋的目的,是通过严格的训练,培养出一批毫无头脑,只会俯首帖耳的办事奴才。

既然所要求的最重要一条是听话,那么除了在人身方面的检柙之外,思想的钳制更显得极为重要。为了防止异端思想的萌生,国子监生员们所必读的书目和禁止阅读的书籍都详列在案,由迹近文盲的皇帝本人钦定。先秦的孟子,尽管是儒家的亚圣,但由于违禁之语太多,除了差一点被永远逐出孔庙配享之外,还不得不忍受着书籍被删削,思想被阉割的命运,这便是《孟子节文》。《孟子节文》的出现,是朱元璋用君道打压师道最为露骨的案例。

洪武十二年朱元璋在全国的学校中颁发了十二条禁例,并在明伦堂左镌立卧碑,不遵者以违制论。为了防止生员们组织议政,它规定:"军民一切利病,并不许生员建言。果有一切军民利病,许当该有司,在野贤才,有志壮士,质朴农夫,商贾技艺,皆可言之,诸人毋得阻当,惟生员不许!"[②] 对士大夫,对有一定群众基础,有较深的思想水平和较高的组织能力的知识阶层的恐惧,

---

① 本段观点参吴晗《朱元璋传》第144—156页。
② 转引自上书,第155页。

是一切专制者的共同特征。

在朱元璋以后，中国知识阶层的命运要稍稍好过一些。除了天下已定，法外施刑的理由不那么充分以外①，其后的君主们在强悍、残忍、阴鸷方面较他稍为逊色，也可算作原因之一。即便是靠篡位起家的成祖朱棣，尽管对异己的反对者如方孝孺之流手段之残酷令人发指，但是当皇位坐稳之后，为了对天下的士人加以笼络，也不得不假惺惺地作《圣学心法》，"依附圣贤，侈谈名教"，把自己打扮成一个尊天重儒的开明帝王。永乐年间他所钦定颁行的《四书大全》《五经大全》，虽然本意依然是加强意识形态的控制，但是从他不去删节《孟子》的本文，较诸朱元璋仍可说稍有缓和。

当然，对于全国各级官方学校中的生员来说，这种"缓和"其实可以忽略不计。"扑作教刑"的传统对他们而言仍然是切肤之痛。为了保留身上的一袭青衿，为了能够获取生员免役等种种特权，这一切还必须忍受。甚至直到嘉靖的早年，人们还会不时看到"邑庠先生笞责诸生，无敢抗逆者"②。从明初到明中叶，除了时代精神的暗潮一直在不停地涌动之外，社会生活的许多方面似乎是僵化而又凝固着的。

商品经济及市场的发展，在社会道德与风俗人情等诸多领域也许诚不免有这样或那样的弊端，但是它给一个社会带来的最大好处就在于，物质生活的丰富与多样，促进了整个社会向多元化的方向发展，为个人的存在方式提供了新的不同选择。"学而优则仕"的传统框架在此时固然没有被完全突破，但入仕做官已不再是知识阶层的唯一出路了。经商发财，聚众讲学，丹青技艺，甚至与方技杂流为伍，做权门的清客、传食诸侯，都一样可以出人头地。晚明的山人墨客之多，是当世所共见的。平民出身的颜钧一旦因讲学出名，便与公侯宰相平等论交③，类似的情况在当时并不罕见。在这样的情况下，诸生们的身份地位固然仍值得欣羡，但含金量却早已今非昔比了。到了嘉、万之际，浙江、福建等地的秀才们到会省考试，"率不衣不冠行于市"，和普通人同流，已经成为一种时尚④。与此同时，整个社会附庸风雅的流俗亦日渐盛行，不但王公

---

① 朱元璋《皇明祖训·首章》，规定以后君主不得法外施刑，以为"非守成之君所用常法。"
② 李乐《见闻杂记》卷 2 第六十二条。
③ 前揭徐学谟《徐氏海隅集·文集》卷 14《冰厅札记》："江西人颜某者，号山农，以布衣游京师讲学，即宰执与之为敌礼。"
④《见闻杂记》卷 2 第一百五十五条。

贵人有号,即使那些米盐商贾、刀锥吏胥、江湖星卜、游手负担之徒也莫不有号①。

在这样的社会风气底下,学官的角色便显得极为尴尬了。这些人的来源,除了极不得志的进士,再就是老迈的举人六年不第之后参与"大挑",俸薄薪微,难于糊口。这样的生存状态很难得到诸生们的尊重,传统的"师道尊严"沦丧殆尽:

> 人生至尊至亲莫如君父、父母,而师即次之,今之文学博士官,师也。嘉靖三十年以前'扑作教刑',予犹及见之,不意近年顿失尊卑之礼,呼名呼字不可得矣,呼兄呼号延诸生上坐者有之,诸生虽不坐,博士实有此虚套。可恨!有志于世道者,可胜浩叹哉!②

在导言中,我曾经指出,传统的"师道尊严",是君道的一种衍伸,因而在本质上依然是一种君道。学官尽管也是师,但是他的根本身份却是"官",是替君主训教执行其统治集团意志的工具的。这种"师道"与本书所说"师道复兴"中的师道截然不同,后者是知识界主体精神的彰显,它要与传统的君道争夺领导社会事务的主导权。因此"师道尊严"的沦丧有时反而意味着真正的师道复兴:

> 余少及见邑庠先生笞责诸生,无敢抗逆者。盖自嘉靖壬子、甲寅以后而此风寖衰矣……分巡以代巡命考校诸生,不容唱名序坐,呼朋引类,莫敢谁何。不五年而诸生骂父母正官矣,又骂祖父母官矣,骂不已群攻府通判而卷堂文出矣……今但未骂郡伯,未攻郡伯去耳。③

同样的观感在晚明的笔记小说中并不罕见:

> 近来士风恶薄,吴中尤甚。稍不得志于有司及乡衮,辄群聚而侮辱

---

① 晚明社会风尚的变化,可参刘志琴《晚明城市风尚初探》以及陈宝良《悄悄散去的幕纱——明代文化历程新说》第111—122页。
② 《见闻杂记》卷2第一百十八条。
③ 《见闻杂记》卷2第六十二条。值得注意的是,嘉靖甲寅、壬子之后正是徐阶开始推动灵济宫讲学,天下靡然向风的时期。

之,或造为歌谣,或编为传奇,或摘《四书》语为时义以恣其中伤之术,而台省抚按且采其语以入弹章,何怪乎恶薄之风日长月炎而不可止也!①

其实,所谓"士风恶薄"在许多情况下只是立场问题。诸生们从对答责屈辱的默默忍受,到挺身反抗,对自身以及地方的事务发言,是否仅仅是因为刁顽?同样是持此观点的笔记作家李乐,对此便有过平情之论:

> 吾湖凡数考生员,郡邑诸公未有不蒙诸生之谤詈者。诸生固不得无罪,然反求诸身,岂尽无可议得?纳贿不足责矣。关节盛行,至显宦子弟必居首居次,如何要人帖服来……顾自处如何。若动言诸生放肆,孔子何曰"君子求诸己"?②

因此,晚明的师道复兴运动,至少还有这样一种意涵,那就是在对已经腐朽不堪的君道进行冲击的过程中谋求一种社会的公正。这种社会公正可以是涉及自身,也可以是施诸他事。当时的著名文学家、昆山人归有光的亲身经历为我们提供了一个典型例证。

在今存《震川先生集》中,归有光花了不少笔墨记述邻境嘉定县发生的一件轰动一时的杀人案③。

安亭曹巷人张耀十八岁的女儿(下称张氏)嫁给侨居在此的嘉兴人汪客之子为妻。公公汪客老迈贪杯,终日昏睡不醒。婆婆汪妪趁机和同里以胡岩为首的四五名恶少流氓勾搭成奸,并且把自己的儿子支到县衙里当差,以方便其日夕纵饮。一来二去,胡岩等人见张氏年轻貌美,逼奸不遂,于是伙同汪妪将张氏残酷地杀害。此案不久报到县里,知县派仵作前来验伤。由于胡岩贿赂在先,尽管伤痕累累,一看便知,但验尸的结果却并非殴杀致死。"市人尽呼冤,或愤击仵人,县令亦知仵人受赂,然但薄责而已"。后因张氏女奴的指控,暂

---

① 伍原萃《林居漫录·前集》卷3。
② 李乐《见闻杂记》卷2第五十三条。
③ 对这一件事的叙述,可参《震川先生集》卷4《书张贞女死事》《张贞女狱事》二文。其事后载入《明史》卷301《王妙凤传》附《张氏传》。另外此事早已为日本学者庄司庄一所注意,并发表了两篇文章《张贞女死——明代的士大夫归有光と民众》,以及《归有光逸事——张贞女事件をめぐつて》载《加贺博士退官纪念中国文史哲学论集》。可惜原文皆未见。

将胡岩等收系在监。当时地方上有罢官家居的张副使及丘评事,身为乡绅的领袖,经常到县里往还。胡岩买嘱二人替其开脱,"以故事益解,岩等皆颂系,方俟十五日再验贞女,遂释岩等"。

假如事件到此为止,只能说在古往今来历史上数不清的冤案簿上,又添了平平的一笔,没有什么出奇之处。当时,这个类似西门庆的胡岩,不仅买通了仵作,买通了县令,甚至还买通了张氏的外祖父,"母党之亲,多得其金。虽张耀亦色动,其族有言而止"。为了这个可怜的女子,自己的至亲尚且见利忘义,面对市井流氓的凶悍,其他人又能怎样?在一个侈谈天理良心的社会,到底还有没有公理和正义?

就在这个时候终于有人挺身而出了,这便是归有光以及受他影响的一批当地诸生。在闻知这件事不久,归有光不仅两次致书地方官,为之鸣冤声援①,而且还直接给嘉定县学的诸生们去信,希望他们为此事积极出力:

> 仆之不佞,得托交于下风,夙钦诸公之高谊,以为可以明白颂言之者,唯诸公而已。窃望于释菜都讲之余,不恤一言,以伸烈妇之冤,以救东南数千里之旱。②

当时东南一带亢旱已有两个月,归有光肯定想到那个东海孝妇之冤了。

由于官学诸生在地方事务中的影响力,张贞女一案最终才有了一个圆满的结局。"会令至学,诸生告以大义,令方惭悔。回县……忽缚岩等,以朱墨涂面,迎至安亭,且遣人祭慰贞女"③。

张贞女一案涉及许多其他的问题,在此姑置不论④。问题是,除了个人的正义感之外,到底是怎样一种信念支撑着归有光等人为一个毫不相关的妇人伸张正义?在给唐虔伯的信中,他说:

> 天地正气,沦没几尽,仅仅见于妇女之间。吾辈宜培植之,使之昌

---

① 《震川先生集》卷7《答唐虔伯书》。
② 同上书卷7《与嘉定诸友书》。
③ 前揭《张贞女狱事》。
④ 譬如当时所争论的一个问题便是张氏曾被淫污,是否可算贞女。归有光特地作《贞女辩》一文为之表白(同书卷4)。归有光另有《贞女论》一文(卷3),反对女子未嫁夫死而终生为之守节,这倒是当时贞节牌坊林立的明清社会中,一种颇为新锐的声音,它与晚明的社会大潮是一致的。

大；不宜沮抑之，使之销铄，此等关系世道不浅。若使为善者以幽微而不录，为恶者以便文自营脱祸，则天下之乱，何所极哉？

正是基于这种对整个世道的关怀，尽管自己仅仅是一名举人，那些嘉定诸生更不过是一群不甚得志的秀才，归有光还是积极鼓励他们对地方事务勇于自任：

或又以为，赏罚，有司之典，士不得而与焉。夫平常一政事，无所与，可也。邑有大冤大狱，有司方垂公明之听，而士怀隐默之心，则亦无贵于士矣。居今之世，耳目所及，可以忿疾者何限！顾非力之所及耳。仆以为烈妇之事，诸公有可言之义，辄缘《春秋》之义责诸公。①

理解了晚明江南诸生在地方事务中的作用及其主观的行动取向，对万历以后波澜壮阔的党社运动的兴起，我们就无须感到迷惑了。顾宪成说："君子友天下之善士，况于一乡？我吴尽多君子，若能连属为一，相牵相引，接天地之善脉于无穷，岂非大胜事哉！此会之所由举也。"② 晚明的师道复兴思潮假如没有这样一种深刻的社会基础的话，或许根本无法称其为运动。正是因为有了这些自以为是正义事业代表的精英组织（会），才有了明代灭亡以后黄宗羲在《明夷待访录》当中所描绘的对君道有制衡权力，以学校为依托的师道。就本书来看，《明夷待访录·学校》不是一篇空想的启蒙著作，而是对晚明社会，特别是江南社会曾经存在过的社会现实在理论上的提升③。

---

① 前揭《与嘉定诸友书》。事实上，晚明诸生特别是江南诸生自任之状在文献中屡屡可见，《明史》卷229《王用汲传》："王用汲，字明受，晋江人。为诸生时，郡被倭，客兵横市中。会御史按部至，王用汲言状。知府曰：'此何与诸生事？'王用汲曰：'范希文秀才时，以天下为己任，矧乡井之祸乃不关诸生耶？'"另如明末黄宗羲驱逐阮大铖等皆当作如是观。日本学者宫崎市定曾论述过明代苏州、松江等地士大夫与民众的关系，注意到"对仕途绝望，归居乡里的士大夫"即所谓"士隐"及当地诸生所领导的"乡评""乡论"等制约着士大夫的行动，在城市暴动之际，甚至有士民联合起义的"民变"；酒井忠夫则把那些由士人阶层兴起、民众力量上升所引起的乡党民众意识的高涨，通过以士大夫阶层为中心的知识阶层反映出来的作品，称作《善书》（参檀上宽《明清乡绅论》）。井上进则从绅权与政权的关系着眼，认为，在晚明江南绅权对政权的优势地位非常普遍，地方官往往要受士绅的压迫。并引计六奇《明季北略》卷18《无锡诸生逐令》等事为之证明。参氏著《朴学の背景》一文。
②《泾皋藏稿》卷5《柬高景逸（又五）》。
③ 该书主张公其是非于学校，提出："太学祭酒，推择当世大儒，其重与宰相等，或宰相退处为之。每朔日，天子临幸太学，宰相、六卿、谏议皆从之。祭酒南面讲学，天子亦就弟子之列。政有缺失，祭酒直言无讳。"又说："郡县朔望，大会一邑之缙绅士子。学官讲学，郡县官就弟子列，北面再拜……郡县官政事缺失，小则纠绳，大则伐鼓号于众。"

二、张居正与清流：控制与反控制

和张居正专制独裁以"尊主权"的愿望相比，晚明的诸生，特别是江南诸生在地方事务中的作用，显然背道而驰。因此，加强对官学的管理，便是万历初年文化政策当中的应有之义。

对学校进行控制，张居正主要是通过提学宪臣。事实上，这种努力在隆庆年间已经付诸实践了。隆庆四年三月"禁提学宪臣聚徒讲学"的诏令用意已经在此。无奈当时朝内政争方酣，虽有大学士高拱、尚书高仪、杨博等人的推动，初见成效①，但隆、万之际却又重新死灰复燃。

万历三年，随着张居正在中枢系统的权力日益稳固，考成法也已开始实行，以六科稽查六部，用内阁总统六科，朝令夕行、令行禁止已经不再是一个不可企及的神话。在这个时候张居正开始谋求在意识形态领域加强控制。他的主要政见都反映在本年所上《请申旧章饬学政以振兴人才疏》中：

> 窃惟养士之本在于学校，贞静端范在于督学之臣，我祖宗以来最重此选，非经明行修，端厚方正之士不以教授，如有不称，宁改别职，不以滥充。且两京用御史，外省用按察司风宪官为之，则可见居此官者不独须学行之优，又必能执法持宪正己肃下者而后能称也。《记》曰："师严然后道尊，道尊然后民知敬学。"臣等幼时犹及见提学官多海内名流，类能以道自重，不苟徇人，人亦无敢干以私者，士习儒风犹为近古。近年以来视此官稍稍轻矣，而人亦罕能有以自重。既无卓行实学以压服多士之心，则务为虚谭贾誉卖法养交，甚者公开倖门，明招请托，又惮于巡历，苦于校阅，高座会城，计日待转，以故士习日敝，民伪日滋。

有鉴于此，万历二年张居正已命吏部对不称职的提学官加以改黜，但积习难返，一年以后"吏部亦未见改黜一人"。面对当时师道张扬，士大夫"博誉于一时，宁抗朝廷之明诏，而不敢挂流俗之谤议；宁坏公家之法纪，而不敢违私

---

① 《国榷》卷66穆宗隆庆四年三月朔，从礼科给事中胡槚之请，胡氏与高拱、张居正关系都不错。另外，隆庆二年二月，提学御史周弘祖奏正士风五事，第二款便是"申卧碑事例以整浇风"（《明穆宗实录》卷17）。又李贽《焚书》卷1《答耿司寇》："我思我学道时，正是高阁老（拱）、杨吏部（博）、高礼部（仪）诸公禁忌之时，此时绝无有会，亦绝无有开口说此件者。"张元忭《张阳和先生不二斋文选》卷2《寄耿楚侗》："某初授馆职时（隆庆五年），新郑（高拱）柄政，方厉元祐之禁。"可知隆庆二年以后在高拱等的推动下，禁讲学已初具规模，张居正不过是变本加厉罢了。

门之请托"的局面,张居正提出将"现任提学官一体俱换与新敕以便遵守"①,让这些人的思想和自己的意图保持高度的一致。为此,他甚至不惜越俎代庖,直接插手吏部对提学宪臣的任免工作。在给友朋的信中,他说:

> 往铨部问可为督学者,仆妄以己见列足下及海内名士十余人以应之,今皆次第登叙。②

事实上,正是这一批人,在以后的岁月里忠实地执行了张居正毁书院、禁讲学等诸般政策③。

在这份长而不冗的奏疏中,有对提学宪臣在业务上的警饬,也有对生员冒滥等积弊的清理。但是,张居正的主要意图仍然是想通过对后者行动取向的检柙来达到整顿学风的目的。因此他特别对学术界"别标门户,聚党空谈"的作风表示反感,除了明令"不许别创书院,群聚徒党及号招他方游食无行之徒空谭废业"外,还具体提出了惩治的办法:"违者,提学御史听吏部、都察院考察奏黜,提学按察司官听巡按御史劾奏,游士人等许各抚按衙门访拏解发"。同时又重申朱元璋关于卧碑的禁令:

> 天下利病诸人皆许直言,惟生员不许!今后生员务遵明禁,除本身切己事情许家人抱告……其事本不干己,辄使出入衙门陈说民情、议论官员贤否者,许该管有司申呈提学官以行止有亏革退。若纠众扛帮,聚至十人以上骂詈官长、肆行无礼,为首者照例问遣,其余不分人数多少,尽行黜退为民。

整顿学风的另一个方面是整顿文风。众所周知,在正德、嘉靖以后,与思

---

① 《新刻张太岳先生诗文集》卷39《请申旧章饬学政以振兴人才疏》。
② 《新刻张太岳先生诗文集》卷21《答张庐山》。
③ 仅以当时陕西学道为例,我们可以一瞥万历禁讲学的真实状况。《新刻张太岳先生诗文集》卷30《答陕西学道李翼轩》:"闻关中人以执事为太严者,然不足以见执事之能以师道自任也,幸益坚雅志,以副所期。"按此"师道",非彼师道,前文言之已详,不赘。卷31《答陕西提学李翼轩》:"承示查改书院,并田粮事一一明悉,必如是而后为芟草除根,他日亦不得议复矣(下言二者有通家世谊云云)"。又同卷,《答陕西学道李翼轩》:"顷者部议评执事卓然异异,望实愈茂,赐环有日矣。"仅此三书,张居正晓之以理、动之以利,以权术驭下的场景便跃然纸上。

想界的自由开放伴行的，是文学风气的变化。除了在文学理论、文学体裁等方面的争奇斗妍之外，写作内容及其视野都有日趋廓大之势。反映在八股文领域，是士子们不再满足于四平八稳式地代圣贤立言，而是追求耀奇炫博，直抒胸臆。他们不再局促于对圣经贤传的亦步亦趋，而是希望与古往今来一切正诠妙谛作心灵上的契悟：

> 自人文向盛，士习浸漓，始而厌薄平常，稍趋纤靡；纤靡不已，渐骛新奇；新奇不一，渐趋诡僻。始犹附诸子以立帜，今且尊二氏以操戈，背弃孔孟，非毁朱注，惟南华西竺之语是宗。是竟以实为空，以空为实，以名教为桎梏，以纪纲为赘疣。以放言恣论为神奇，以荡弃行检、扫灭是非廉耻为大。①

这段话出自万历时一个东林人士冯琦之口，其言辞之激烈便不足为奇。但是由这段激烈的抨击也确实可以窥见当时文风发展的一般趋势。当时人论文以为弘、正之间"质文并茂"，正德以后"文胜没质"，说的也都是这个意思②。

文风的丕变从另一个侧面反映了当时官方的意识形态，在士大夫心目中地位是何等的低下。有鉴于此，张居正又特别强调了这样的政策：

> 国家明经取士，说书者以宋儒传注为宗，行文者以典实纯正为尚。今后务将颁降四书、五经、性理《大全》《资治通鉴纲目》《大学衍义》《历代名臣奏议》《文章正宗》及当代《诰》《律》、典制等书课令生员颂习讲解，俾其通晓古今，适于世用。其有剽窃异端邪说，炫奇立异者文虽工弗录。所出试题亦要明白正大，不得割裂文义以伤雅道。③

张居正用六科稽查六部，再由内阁总制六科，用意固然是为了把所颁布的政令迅速实行，但这种做法又无疑把内阁（其实也就是他自己）放到了监察系统的盲区，成为不受约束的对象。张居正本人师心自用，一旦以为真理在手

---

① 张萱《西园闻见录》卷44《科场》。
② 同上书，《隆庆庚午应天乡试录·序》。
③ 前揭《请申旧章饬学政以振兴人才疏》。

便不恤人言，为达目的，不择手段，自任不可谓不勇，用心不可谓不诚①，但是这种做法在对已经失范的秩序重新整顿的同时，对制度系统本身的破坏也是不言而喻的。一个国家，到底应该是个人的独裁，还是需要精英的共治？

假如从这一点来考虑，对于张居正所推行的，以破坏一种相对来说较为公正的制度为代价的社会改革就不那么容易拍手称快了。道理很简单，独裁的制度一旦建立，马上就会变成一把双刃剑，善举和暴政只在一念之间。然而，人类以往的一切历史似乎都在证明，绝对的权力往往导致绝对的腐败，独裁与暴政是一对亲密无间的孪生兄弟。独断的意志与极高的行政效率相结合，它所施诸于人类社会的苦痛，似乎是太大了。

张居正要推行改革，首先必须把反对的声音尽量压低，因此钳制言官议政，限制知识界发音，便是他不顾一切必须推行的方针政策。"高岗虎方怒，深林蟒正嗔，世无迷路客，终是不伤人"②，谁要是迷途不返，误入自己的坎井之中，那就难怪自己手段的毒辣。因此"赵参鲁纠中涓而谪为典史，余懋学陈时政而锢之终身"③，甚至对自己的门生、巡按辽东御史刘台，一旦越职奏捷，立刻下旨诘责。张居正和言官之间的关系很快便如同冰炭。

特别是赵参鲁一案，令外廷的官员对张居正失望已极。万历二年，南京一个小宦官张进醉辱给事中王颐，事件发生以后，舆论哗然。由于涉及宦官，而且其曲在先，言官们极其亢奋，对宦官集团长久的积怨至此爆发出来。给事中郑岳、杨节等文章论劾。或许是几年前的一件事引发了相同的回忆，当时一个同样类似的事件发生，内阁首辅徐阶略施小技，给予了严惩，令外廷人心大快④。那么今天呢？是否又是一个清理中官的时机？因此，就在郑、杨两人疏上未报之际，户科给事中赵参鲁提出一并惩治张进的后台、守备中官申信。哪知申信是司礼太监冯保的党羽亲信，为了不触怒冯保，张居正不顾舆论的反对，把郑岳、杨节二人夺俸，并谪赵参鲁为高安典史⑤。

张居正与冯保结交，固然是为了使他不至于在内廷中对自己的改革事业掣肘，但是这一事件在外廷看来却是他曲媚权阉的明证。因此，同样是内阁首

---

① 《新刻张太岳先生诗文集》卷25《答吴尧山言弘愿济世》："二十年前曾有一弘愿，愿以其身为褥荐，使人寝处其上，溲溺之，垢秽之，吾无间焉……有欲割取吾耳鼻，吾亦欢喜施与，况诋毁而已乎？"迹其行事，没有理由说他是伪装的。
② 《新刻张太岳先生诗文集》卷28《答奉常陆五台论治体用刚》。
③ 《明史》卷229《傅应桢传》。
④ 详细记载见王世贞《嘉靖以来内阁首辅传》卷6《高拱传》。
⑤ 《明史》卷221《赵参鲁传》。

辅，杨廷和、徐阶能够得到言官们的坚决拥护，张居正面临的却是这些人普遍的愤怒。对于外廷来说，张居正是君道的代表，是异己的。因此言官门打着"开言路"的旗号，对此激烈反弹，便丝毫不会令人感到奇怪。

余懋学以后对张居正批评比较激烈的是江西安福人傅应桢与刘台。特别是傅应桢，以王安石"天变不足畏，人言不足恤，祖宗不足法"的"三不足"之说施诸张居正，并且说"此三不足者，王安石以之误宋，不可不深戒也"①，令他尤为恼怒。刘台则因张居正动言祖制，以子之矛攻子之盾，极力抨击内阁权力过大，挑起阁部之争，批评他"摧折言官，仇视正士"，并且责人以严，律己用宽：

> 至若为固宠计，则献白莲白燕，致诏旨责让，传笑四方矣。规利田宅，则诬辽王以重罪，而夺其府第，今武冈王又得罪矣。为子弟谋举乡试，则许御史舒鳌以京堂，布政施尧臣以巡抚矣。起大第于江陵，费至十万，制拟宫禁，遣锦衣官校监制，乡郡之脂膏尽矣。恶黄州生儒议其子弟幸售，则假县令他事穷治无遗矣。编修李维桢偶谈及其豪富，不旋踵即外斥矣。盖居正之贪，不在文吏而在武臣，不在内地而在边鄙。不然，辅政未几，即富甲全楚，何由致之？宫室舆马姬妾，奉御同于王者，又何由致之？②

由于刘、傅二人都是张居正会试时所取的门生，这两份弹章尤其令他难堪和愤怒，据说刘台奏疏公布之后，张居正"固辞政，伏地泣不肯起"，但同时也更增强了他不恤人言的决心。傅应桢被远戍，刘台则被除名，与此牵连的给事中徐贞明、御史李桢、乔岩也被谪降调。不知是否巧合，同属吉安人的讲学家、狂侠派领袖何心隐就在本年遭张居正的亲信、湖广巡抚陈瑞的通缉，从此四顾奔逃，并且终于在三年以后死于继任巡抚王之垣的杖下。这一事件，把朝野政治斗争紧密联系在一起，更加彰显了他与整个士大夫阶层的对立。

长久的积怨到万历五年张居正父死夺情那一刻终于爆发了。张居正的父亲张文明死于本年的九月十三日，二十五日讣闻传到北京，根据传统的丁忧制度，他必须从这一天起，不计闰，守制二十七个月，期满再行起复。但是，如

---

① 《明史》卷229《傅应桢传》。
② 《明史》卷229《刘台传》。

此漫长的时间对于一个正在主持雷厉风行的改革、且权力欲极强的政治人物来说，是难以忍受的。改革的事业必将受挫，更何况五年执政，树敌过多，一旦远离权柄，后果不堪设想。因此谋求在职丁忧，便是他此时此刻的最佳选择。

尽管名义上以礼教立国，但明代却又实在是一个不太遵守礼教的时代。翻开帝国的历史，大学士丁忧夺情并不是什么稀奇的事儿。除了传统所谓"金革之事不避"外，没有特别理由的也代不乏人。据说在明中叶以前，丁忧的内阁大学士当中得以完全终丧的只有正、嘉之际的内阁首辅杨廷和一人①。这表明，丁忧制度的破坏，对那个时代的儒家士大夫来说，并不是什么了不起的大事②。可以想象，假如不是与外廷的官员，特别是言官所代表的清流交恶，以万历初年"主少国疑"的微妙政局、内忧外患的天下大势，作为外廷唯一顾命大臣的张居正，肯定是他们力保夺情的对象③。否则，外廷现任官员当中没有任何一个可以有此能力、有此威望与同受顾命的司礼太监冯保相抗。因此，清流对张居正的反抗实际上表明张居正已经不再被认可为外廷的领袖，相反却是皇帝与宦官集团的代言人。一句话，尽管张居正拥有靠制度体系所赋予的统治整个官僚机构的威权，但却并不具备使这个官僚集团心悦诚服的权威，因为真正的权威是要靠认可。张居正死后，外廷官员那种近乎发泄式的清洗行动，似乎只能从这个角度加以理解。

张居正对外廷的控制是颇为成功的。直接行政的官员，自吏部尚书王国光以下，由于害怕张居正的亲信如王篆等的伺察，"咸倾心事居正，虽对妻子床第无不颂居正。士大夫初谀以伊周、五臣，其后至拟之舜禹……中允高启愚遂以舜禹题试士，议者纷纷目启愚为劝进矣"④。对于职司风宪的御史、给事中，则"一事不合，诟责随下，又敕其长加考察"⑤，同时恩威并施，"既瞰之以迁转之速，又恐之以考成之迟"⑥。因此，自余懋学、傅应桢、刘台等人遭遣之后，言官集团鸦雀无声。留下来的人除了计日待转，尸位保禄之徒外，再就是张居正的支持者和亲信。

---

① 《明史》卷190《杨廷和传》。按《明史》此言有误，查卷109《宰辅年表》，杨廷和之前阁臣丁忧终丧者另有二人，景泰彭时、弘治谢迁。但即便如此，仍不算多。
② 李绍文《皇明世说新语》卷7《轻诋》："徐宗伯学谟曰：'张江陵不服忧，诃责四至，今江南士大夫出入郡邑亦何尝服忧也，独罪彼哉！'"
③ 内阁大学士高仪本来也是顾命大臣，但隆庆六年六月便已去世。
④ 徐乾学《明史》卷74《张居正传》。
⑤ 《嘉靖以来内阁首辅传》卷7《张居正传下》。
⑥ 《明史》卷229《刘台传》。

这样，当万历五年户部侍郎李幼滋等倡议夺情以后，无论是南京还是北京，无论是六部还是言官，都有不少人在同声附和。左都御史陈瓒、南京礼部尚书潘晟、御史曾士楚、给事中陈三谟等纷纷上疏，交章请留。对此消极抵制的吏部尚书张瀚、左侍郎何维柏，则由给事中王道成、御史谢恩启出面弹劾，前者致仕，后者夺俸，让外廷官员了解朝廷风头之所向。宅忧家居的都察院左佥都御史耿定向一改往昔维护名教的惯常，致书张居正，鼓励他以伊尹自任，为天下人所不敢为。事实上，耿定向与清流交恶，远因就种在这里①。

言官既然无法代表清流，清流便会寻找另外的集结点。以翰林掌院学士王锡爵为首的一些翰林官以及零星的几名政府官员承担了这一任务②。编修吴中行、检讨赵用贤因星变陈言；刑部员外郎艾穆、主事沈思孝合疏张居正"忘亲贪位"。十月二十二日，四个人同日受杖，前二者"即日驱出国门，人不敢候视"③。后来成为清流领袖的邹元标，当时正观政刑部，愤怒已极，"视四人杖毕而疏上"，三天以后，谪戍贵州都匀卫。经过这次打击，万历初年的清流集团元气大伤，基本处于消沉状态。五年以后，随着张居正的去世，这批人似英雄般的凯旋还朝，那已经是后话了。

三、禁讲学的社会效应

"分宜欲灭道学，华亭欲兴道学，而皆不能，兴灭者必此人也"④！何心隐对张居正所下的这一断言，在万历初年终于实现了。

在万历三年所上的《请申旧章饬学政以振兴人才疏》中，"不许别创书院，群聚徒党及号招游食无行之徒空谭废业"的条款，实际上也就是禁止朝野士大夫群集讲学的重要举措。随着奏疏建议被付诸实施，兴盛一时的王学讲学运动迅速消沉下来，不再有往日热闹的景象。特别是万历七年诏毁天下书院，"有司奉行，急若星火……名贤寤寐之地，遂为烟蔓之场"，一时儒绅嗒然若丧⑤。在《明儒学案》中，经黄宗羲极力表彰之后，在这一时期坚持讲学的也

---

① 参本编第一章第二节及第三章第二节。
② 《明史》卷218《王锡爵传》："万历五年以詹事掌翰林院。张居正夺情，将廷杖吴中行、赵用贤等，锡爵要同馆十余人诣居正求解，居正不纳。锡爵独造丧次切言之，居正径入不顾。"
③ 谷应泰《明史纪事本末》卷61《江陵柄政》。
④ 《何心隐集》附录《省志本传》。
⑤ 转引自李国钧等著《中国书院史》第581页。

不过寥寥数人①，适足以反衬出这次学禁的彻底和严厉②。同样，从张居正在和朋友往还的书信中不惜辞费地对禁讲学予以辩解，也可以一窥朝野士大夫对此反弹的激烈程度③。

无论是毁书院还是禁讲学，矛头都是对准王学④，因此其直接后果便是张居正与王学中人的交恶。狂侠派的何心隐，据说扬言"张居正专政，当入都颂言逐之"⑤，并著《原学原讲》公然与之相抗外，此外张居正执政以前的亲密讲友，修证派的胡直、会通派的罗汝芳，都与他私交近乎决裂⑥。真正的讲学名家，对张居正的政策表示支持，并且为之极尽辩解之能事的，只有在朝王学的代表耿定向一人。把张居正说成是在朝王学的一个极端的代表人物，从这一点来说，也并不为过。

疾风知劲草，板荡识忠臣。经过万历初年这次学禁的洗礼，反倒有助于认清，在鱼目混珠的嘉、隆讲学运动中，到底哪些是浮萍落叶，哪些是砥柱中流。学术界许多人物在这一时期形形色色的表现，可以让我们一瞥张居正禁讲学的社会效应。

以学术为性命的会通派的鼻祖王畿，此时无奈地消沉着。然而，"半生心热，牵于多情"⑦，王畿对讲学运动的执著是真实的，那里有他寻找安身立命之根的不懈努力。在这段时期，尽管讲学之会已经不再像以前那样热闹频繁，但王畿本人还是在极力地坚持，同时不停地给学生朋友们鼓励，希望他们"牢立脚跟，默默自修，养晦待时，终当有清泰之期"⑧。嘉靖七年祭祀王守仁的天真书院被毁，田产亦被出佃，王畿极为痛心，命令自己的学生张元忭上疏反

---

① 这些人是王畿、何心隐、罗汝芳、邹德涵等。
② 在地方督抚中也有少数阳奉阴违的，如刘尧海，袁承业《王心斋先生弟子师承表》说他"历官时以讲学自任。官两广时，居正檄天下撤毁书院，先生之日：'此非盛世事'，遂不遵。独两广书院存而不废者，先生之力也"。按此言未免夸张，但说刘氏不甚热中，大概也有其根据。
③ 张居正在文集中辩解的文章很多，如卷31《答宪长周友山讲学》："吾所恶者，恶紫之夺朱也，莠之乱苗也，郑声之乱雅也，作伪之乱学也。夫学乃吾人本分内事，不可须臾离者，言喜道学者妄也，言不喜者亦妄也。于中横计去取不宜有不喜道学之名，又妄之妄也。"
④ 毁书院主要以王学书院为主，如当时明令宋儒白鹿、石鼓等书院不废，参邹元标《邹忠介公奏疏》卷1《直陈肤见疏》。
⑤ 谷应泰《明史纪事本末》卷61《江陵柄政》。
⑥ 罗汝芳事见下。至于胡直，当张居正禁讲学之际寓书规之："即如相公由前哲以斯学淬磨成之，故今天下食福不鲜，今相公岂不欲为后世地乎？"同时反对其试策中"法后王"之说。在张居正当政时期二者的关系日益疏远。参郭子章《蠙衣生粤草》卷6《胡庐山先师行状》。
⑦ 《龙溪王先生全集》卷15《自讼长语示儿辈》。
⑧ 《龙溪王先生全集》卷12《与完璞会中诸友》。

对，因事未成，又责备他"可为而不为"①，所有这一切都是热心之故。王宗沐在为其文集所写的序中，曾经这样说："殆至江陵当国，惧天下之议己，毁书院禁讲学而先生之志始孤，拂郁不自得以没矣。"②

张元忭是王畿的学生，也是他的亲戚，因此当天真书院被毁之后王畿对他的批评便未免有些苛责和严厉。事实上，这位隆庆五年辛未科状元、张居正的门生，值万历初年禁讲学之际，表现仍然堪称出色。在给耿定向的信中，他除了希望后者能利用与张居正的关系，对当时思想界的这种厉禁稍进一言外，还叙述了自己所主持的京师讲会情况：

> 邸中同志时不乏人，会无定期，亦不顿废。师相以敦本之意默而主之，吾辈亦且默而会之而已耳。或以时讳规某者，某应之曰："相公所恶者伪学虚谈也，彼以伪，我务以诚；彼以虚，我务以实，何讳之有？吾辈之于学，犹饥之食，渴之饮，有不容已者。喜憎由人，升沉由命，若于此无明、无定脚，何学之有？"③

由以前的集会于宫观寺院，到而今的聚学于私邸，说明这一时期的讲学有许多已被迫由公开转为隐蔽，由地上转为地下，而且规模也大为缩小了。

罗汝芳则是何心隐之后张皇讲学的又一典型。作为嘉隆之际倾动朝野的讲学大师，罗汝芳自是时人瞻顾的对象。身为张居正、耿定向等人的学术讲友，在张居正禁讲学之际，他的态度变得极为微妙。是屈从权力，关照友情，还是为了那不容已的本心，信心自任？"当仁不让于师"，罗汝芳无疑选择了后者。因此当万历五年，学禁方严之际，他却趁着进表入京的机会，"偕同志，大会广慧诸刹，诸大老咸倾盖焉"④。张居正不仅亲自召见并严词切责⑤，还指使给

---

① 张元忭《张阳和先生不二斋文选》卷3《复王龙溪翁》。按张书云天真书院被毁后，自己欲上书，但许孚远辈从旁沮之，因而不果。自言本书生，不知"市朝之态朝夕万状"。许孚远学近东林，他对王学的态度，可参本编第三章第二节。
② 文见《龙溪王先生全集》卷首。
③《张阳和先生不二斋文选》卷2《寄耿楚侗》。
④《明儒学案》卷34《泰州学案三·罗汝芳传》。按，杨起元《明云南布政使司左参政明德夫子罗近溪墓志铭》系其年于万历丙子（四年）二月，实误，考证见下。杨文见《近溪子附集》卷2。
⑤ 沈懋学《郊居遗稿》卷8《复王龙溪先生》："罗近溪先生赍捧至京，张次君（嗣修）约不肖同曾直卿访之净业。（罗）固宜提要领、示准的、励精神使知何往，鼓舞春风，正曲成后学之术，挽回气运之机。而顾与二僧逞机锋谈谑竟日。次君失望，大起厌心，而相公招责之命至矣。"可知罗汝芳被斥责实由张嗣修作俑。按，沈、张等皆万历五年进士，则杨起元万历四年之说，误矣。

事中周良寅加以弹劾，遂勒令致仕。"归与门下走安成、下剑江，趋两浙、金陵，往来闽广，益张皇此学"①。对这样一个疯疯癫癫的老朋友，张居正还没有做得太绝。从这一点来说，相较于何心隐的遭遇，罗汝芳的确幸运多了。

相形之下，耿定向的处境尤其尴尬。作为在朝王学的代表，打击师道、躬行践履，这些都是他与张居正相同的政见。但是，讲学运动是当时知识界的共同取向，作为一个同时以名教卫道士自居的人物，自然不会冒天下之大不韪，对运动本身表示太多的不满。因此他所宣称的"中庸"在这个时候不过是"骑墙"的代名词。而他本人则成为讲学与反讲学两派共同拉拢的对象，前者希望利用他与张居正的关系，对禁讲学略进一言②；后者则希望他能够在福建巡抚任上为自己的改革事业出力③。耿定向则对外宣称自己此时进退维谷，莫知所向④。

然而，进退维谷的反面却是左右逢源。耿定向利用自己的特殊身份，对于讲学者，他以张居正的代言人自居，横加指责之余，也为之稍稍请命⑤；对于张居正，则是披肝沥胆，既予之以理解，复表之以同情。支持张居正夺情，批评反对者"浅识"，自称"相公故邃于学者，某窃其余绪亦足以自淑矣"的此公⑥，又有谁会想到在张居正死后不久，便极力表白自己当时和他关系早已疏远，"今恨不能起之九原，一与之证学也"⑦。

因此，为了维护自己在知识界的名声，耿定向不能放弃讲学的招牌。但同时为了不触怒张居正，他对讲学的定义又不得不发生扭曲：

---

① 《明儒学案》卷34《泰州学案三·罗汝芳传》。
② 前揭《张阳和先生不二斋文选》卷2《寄耿楚侗》："师相生平所知无如李义翁（幼滋）及门下。"
③ 《新刻张太岳先生诗文集》卷30《答宪长周友山明讲学》："顷借楚侗开府闽中，亦欲验其学之分际，不知能副所期否。"
④ 《耿天台先生文集》卷4《与刘养旦（又一）》：当时张居正夺情，耿定向处境颇为尴尬，欲因亲老乞休，据说李幼滋"跌足大噪"云："相君方疾恶同志，而独留意于子，盖独以子为同德也。今子复尔尔，是为同志树异帜、与相君为敌，同志益重疑矣"。耿自言不得已上任（指福建巡抚），欲不去，又恐张居正视之为避难、为名高，"弟是不敢即言去，进退诚维谷也。"此下又言刘养旦（应峰）"为相国心所素钦"，欲其代为一言，耿氏避祸之心可谓深矣。
⑤ 指责语参本编第一章第二节。又《耿天台先生文集》卷6《寄张太岳》："顷相知者或劝仆讲学，或劝休讲学，仆惧无以应。仆本作提学而又躲避讲学门户，此是何心？仆本身提学而又别立讲学门户，所讲又何事，仆不知之矣。公以为何如？"
⑥ 同上书卷6《寄张太岳（又五）》。
⑦ 同上书卷4《与刘养旦（又三）》。此信作于万历十年壬午，时张居正已死。

> 近相爱者书来相勉,慎勿讲学,盖惧时忌云。因此始推详贤前书规勉意良厚,顾不意贤亦为余虑此。夫当路所嫉者盖为虚浮灭真别聚一徒党、别标一门户、别剿一般不着身心、不切民物的语言,以贾誉哗世者尔。世人憪憪,不知学为何事,吠声怖影,遂不辨真伪邪正,而概以讲学为诋诟,无怪也……今予所职者督抚;日所友聚者岳伯监牧、海内之英;日所商切者吏治民瘼、海防兵政之大事,任更重,益觉学术尤切……余缪悠实未敢一时一事忘学。第所谓别聚徒党、别标门户、别学虚浮话头,不独今日无是矣,南中惟与二三子最亲最久,他人不能谅,贤独不谅耶?

把吏治民瘼本身当作讲学来看,这样做固然不失王学讲究"在事上磨炼"的应有之义,但是此际由耿定向说出,充其量也只是诡辩的障眼法罢了。不消说,这样的观点和张居正本人的调子如出一辙①。

面对思想领域的一片恐怖,并不是所有人都能像何心隐、罗汝芳或者王畿一样,甚至如耿定向,尽管阳违阴奉,有伪君子之嫌,但却依然挂着讲学的招牌②。对绝大多数人来说,明哲保身、退避三舍,仍是最为实际的选择。万历丁丑科的状元沈懋学,无疑便是这样一个典型。

沈懋学字君典,南直隶宣城人。其父沈思畏于嘉靖乙未受学于王畿,沈懋学自言和王畿有"通家世讲之谊",大体是不错的③。在万历五年丁丑科会试中,他和张居正次子张嗣修一同中式,并且分列是科的前两名,因此又一同进入翰林院。时值讲学遭忌,朝野的学术气氛一派肃杀。对讲学本无热情的沈懋学自然无动于衷。谁知四处劝人讲学的王畿,竟在这时不识趣地两次写信前来,希望他凭借与张居正的"年家之雅",能够"终始自信,约三五同志续而举之",作京师讲会的主持人④。一面是自己的太老师,一面却是自己同年的父亲、当朝的首辅,怎么办?沈懋学不得不作出明确的选择。

然而现实的利益毕竟最为重要。为了搪塞王畿,沈懋学一面诡称"约同馆

---

① 《耿天台先生文集》卷6《与吴伯恒》。张居正也有类似言论,《新刻张太岳先生诗文集》卷30《答宪长周友山明讲学》:"今人妄谓孤不喜讲学者,实为大诬。孤所以上佐明主者,何有一语一事背于尧舜周孔之道?但孤所为皆欲身体力行,以是虚谈者无容耳。"
② 耿定向虽然骑墙,但仍属恢复讲学较早的一个。《龙溪王先生全集》卷12《与曾见台》:"闻京师已复同志之会,吾丈与楚侗二三兄实倡之此会实系世道之盛衰,人心向背、学术邪正之机皆在于此。"曾名同亨,官至南京吏部尚书。
③ 沈懋学《郊居遗稿》卷5《王龙翁老师八十寿序》;卷6《与王龙翁》。
④ 《龙溪王先生全集》卷12《与沈宗颜》,共两通。

三十人观摩规劝,即此是朋,即此是会,亦即此是学,一分门户便觉心私",一面批评王畿本人"一味和光同尘,日与诸人辩说",必将导致"天下窃言而畔道,因迹而疑心"①。更何况"进止语默道在随时,亦未可执成心,昧保身之哲也"。罗汝芳怎么样?"稍不知止,几犯危锋,有识者当自权矣"②。言下之意,识时务者为俊杰,明哲保身方为善策。

不久,张居正夺情事件爆发。沈懋学既然职任翰林,当然自许为清流的一分子,面对如此蔑伦悖理之事,他这个新科状元似乎也应有所表示才对。为此他也曾和吴中行、赵用贤三人一同策划上疏反对。结果吴、赵二疏先上,他的奏疏据说因受阻未能送进,于是只是贻书同年张嗣修及工部尚书、张居正夺情的提倡者李幼滋,对此表示了不满。结果吴、赵二人在廷杖之下体无完肤,沈懋学却因此在朝野士人当中获得了敢于和权相立异的名声。沈懋学那份写好了却未能进上的奏疏,后来也收入了文集,并因此受到四库馆臣的讥刺,大概后者早已洞彻其心术之隐微了③。

---

① 《郊居遗稿》卷6《上王龙溪先生》。
② 同上书卷6《与王龙翁》。
③ 沈懋学事迹附见《明史》卷216《田一儁传》。四库馆臣对他的批评,可参《四库总目提要》卷179《别集类·存目六》。

第三章　王守仁从祀

张居正掌握权力的十年，是王学讲学运动自兴起以来的最低点。十年间，嘉、隆之际一派嘈杂而富有生机的景象不见了。代之而起的，则是思想界的一片萧条。舞动在士大夫面前的，是张居正禁讲学的大棒，以及考成法的铁钳。整个官僚系统则变成一部紧张的机器，在他这个不世出的铁腕强人操控下高速运转。

在这样的局面底下，热衷于讲学的士人们尽管情绪消沉，但却并未心死。"沧海桑田，未易逆料""养晦待时，终当有清泰之期"①。从张元忭、王畿等人这种相互慰勉的哀辞中，我们能够感受到王门学者在无奈中的隐忍自期。

事实最终证明了一切。因为就在张居正死后的仅仅两年，经历过无数波折、磨难、争论和辩诘之后，王守仁这位王学的创立者，终于被正式从祀孔庙，并尊称"先儒王子"。

从祀孔庙不仅意味着从祀者的木主神牌从此有资格和古圣先贤的灵位师济一堂，在祀孔典礼时具有馨牺是享、欣赏乐舞的权利，它表征着，当从祀者在烦琐的仪式中被顶礼膜拜的同时，他的人格、他的事功以及学术见解，至少有一个方面得到了时人的认可。从祀是一个被承认的过程，从祀的行为本身则是意识形态的订立者主观精神的象征。这一点在前几章讨论嘉靖更定祀典的时候，已经有过真切的体认了。

因此，即使在伪学之禁时王守仁的人格和事功也没有被否定的情况下，王守仁之被从祀，只能意味着他的学术已经得到统治集团的承认，王学已经正式

---

① 张元忭言见《张阳和先生不二斋文选》卷3《复王龙溪翁》；王畿语见《龙溪王先生全集》卷12《与完璞会中诸友》。

成为一种"准官方学说"。万历十二年以后,明代的意识形态领域,从独尊程朱因此一变而为"王与朱共天下"之局。

第一节 迟到的哀荣

一、身后的凄凉

嘉靖八年年初,当明世宗与吏部尚书桂萼联手推动针对王学的"伪学之禁"时,王守仁已经在前此数月去世了。鸟尽弓藏、兔死狗烹,在临死前犹戮力疆场的王守仁,倘泉下有知,心境也一定是凄凉的。当他说出最后一句话——"此心光明,亦复何言"时①,是不是已经预感到集颂誉毁谤于一身的自己,身后也未必一定会太平?

伪学之禁的副产品是爵荫、赠谥诸恤典统统被取消,王守仁只得到一个新建伯的空头封号。这一称号随着他本人的去世自然也就和他的家族没有关系了。甚至王守仁在政治旋涡中的不利境遇反而成为其家人遭受迫害的原由:

> 师殡在堂,有忌者行谮于朝,革锡典世爵。有司默承风旨媒蘖其家,乡之恶少遂相煽,欲以鱼肉其子弟。胤子正亿方四龄,与继子正宪离仳窜逐,荡析厥居。

所幸第二年王守仁的学生方献夫作了吏部尚书,派同门的刑部员外郎王臣为浙江按察佥事,"分巡浙东,经纪其家,奸党稍阻"②。可惜,对于"奸党"的具体情况,内讧的根本情由,王氏门人的记载又大都言辞闪烁,讳莫如深,留下了许多疑点。

比如,嫡子王正亿为什么要和继子王正宪"离仳窜逐,荡析厥居"?所谓"乡之恶少"到底何指?有司媒蘖究为何事?

王守仁尽管天纵奇才,卓绝一世,但是看看他的家庭生活,却也和一个普通的平人一般无二。戎马半生的他,也同样受着"不孝有三,无后为大"的

---

① 《王阳明全集》卷35《年谱三》,嘉靖七年十一月乙卯。
② 《王阳明全集》卷36《年谱附录一》,嘉靖十年辛卯。按《全集》作"有司默承风旨媒蘖,其家乡之恶少遂相煽",断句似有误。

困扰。正德十年,当王守仁已经四十四岁的时候,由于与三个亲弟弟都无缘弄璋,其父王华含饴弄孙的念头不禁绝望了。就在这一年,王华为之选立自己侄儿王守信之子,也就是王守仁的再从子王正宪为后,时年八岁①。王正宪从此住到王守仁的家中。当正德十六年王守仁受封为新建伯以后,假如不出意外,他也就是未来承袭的世子了。以常情而论,这该是让王守信一家感到欣慰的一件事。

可惜好景不长,就在嘉靖五年王守仁五十五岁,或许是新纳了一个张姓妾氏的缘故,竟在这一年的十一月喜得贵子。王守仁欣喜若狂:"何物敢云绳祖武,他年只好共爷长",在故作谦抑当中,对爱子寄予了无限的期望。王守仁给他起了个名字叫王正聪(后改名正亿,原因详下),这一年王正宪十九岁②。

嘉靖四年正月,王守仁一向"严事恐后"的元配夫人诸氏去世。姬妾成群的王氏"后宫"中一时成了群龙无首的局面,尽管所谓"侍妾数十"的传闻不尽可信,但是在王守仁生命的最后几个年头,他的身边却至少有六个女人陪伴。这种情形甚至连他自己的学生王艮等人都已颇觉不安,于是力劝他把其中的一位"扶正"。或许因张氏年纪太轻而且新来乍到无以服众,其他五位又不尽合适,往日当机立决的这位心学大师,此时竟也不禁优柔寡断了。因此王艮等的提议便不了了之③。

王艮等人能够规劝王守仁重立夫人,可见王守仁的这些弟子们对其家事涉足的深度。事实上,当王守仁与嘉靖六年出征思、田以后,他的家事一直由王畿、钱德洪等负责照料。和王畿等一起负责的更亲密的人物叫魏廷豹,此人不详其生平来历,综合多种史料考察,大概是王守仁的管家④。

有了这些背景材料,我们来估计王守仁这段家难的真实原因。

事实上,王门后学对这件事的记载尽管语焉不详,但是辞气之间仍有不少

---

① 《王阳明全集》卷33《年谱一》,正德十年乙亥。
② 《王阳明全集》卷35《年谱三》,嘉靖五年十一月庚申。
③ 《王心斋先生遗集》卷2《与薛中离》:"向常请先生立夫人以为众妇之主,师曰:'德性未定,未可轻立。'请至再三,先生不以为然者,其微意有所在也。正恐诸母生子压主母而不安,则其子之不安可知矣。我辈不究先师渊微之意、远虑之道,轻立吴夫人以为诸母之主,其性刚无容,使正亿之母处于危险之地,无由自安,母固如此,亿弟又何以安哉!遂使亿弟陷于五妇人之手。"
④ 《王阳明全集》卷6《文录三·与钱德洪、王汝中(丁亥)》:"家事赖(魏)廷豹纠正,而德洪、汝中又相与熏陶切劘于其间,吾可以无内顾矣。"同卷《与钱德洪、王汝中(戊子)》:"魏廷豹决能不负所托,儿辈或不能率教,亦望相与夹持之。"说魏廷豹可能是管家,理由见下。

蛛丝马迹。除了《王阳明年谱》所记之外①，以王畿、周汝登两人的记述最为重要：

> 先生卒于两广之役，而乡里中不逞者遂诬先生在时所为不法，讼之巡按御史（大概即王臣）。御史不能决，君（指戚贤）谓："先生心事如青天白日，无复可疑，亦何事较量？公但奉朝廷追卹致意，隆礼致祭，厚恤其家，小人观望所系，当自慑服。"御史如其言，群议顿息。②

> 文成嗣子孤弱，且内外忌毁交搆，悍宗豪仆窥视为奸，危疑万状。龙溪极力拥护，谋托孤于黄尚书绾，结婚定盟，久之乃定。人称龙溪怀婴杵之义，报父师之恩为不浅，然而谤讪丛积大都由此起矣。③

王守仁生前到底做过什么不法之事未及详考，不过其积怨久在人心，而又趁当道忌毁之时发作，却也可能是事实。问题是这些外来的压力又如何使王正聪与王正宪分居另爨？这就关系到所谓"悍宗豪仆"了。假如考虑到王守信一家对王守仁可能有的不满，那么"悍宗"或许指的这一支，"豪仆"或许便是魏廷豹。王畿等人在记述时不敢指明，内中似有隐情，也未可知④。可以想象，假如"乡之恶少"把王正亿除去，那么王守仁的整个家产便归王正宪无疑了。此论虽不无悬拟之嫌，但看王畿所言："乡之恶少将不利于胤子，内讧外侮并作，君（指钱德洪）与予意在保孤宁家为急，遂不忍离，相与筑室于场，妥绥灵爽。约同志数人轮守夫子庐室以备不虞，暇则与四方同志往来聚会以广师门教旨"⑤，说得如此艰危，不能不使人妄生猜测。

王正聪与王正宪分家以后，"外侮稍息，内孽渐萌"，才脱虎口，又入狼群。"深居家扃，同门居守者或经月不得见，相怀扰逼"。当时，王艮等人在乃师去世以后，考虑到家庭无主，于是立吴夫人为之正室，不料吴夫人"性刚

---

① 下文具引。年谱所述与王畿所记略同，大概即这批人的一般见解。参《龙溪王先生全集》卷20《绪山钱君行状》。
② 《龙溪王先生全集》卷20《刑科都给事中南玄戚君墓志铭》。
③ 周汝登《圣学宗传》卷14《王畿传》。
④ 《王阳明全集》卷39《世德纪附录·处分家务题册（黄宗明撰）》："先师阳明先生夫人诸氏，诸无出，先生立从侄正宪为继。嘉靖丙戌，继室张氏生子名正聪，未及一岁，辄有两广之命，当将大小急务处分详明，托人经理。殁几一载，家众童僮不能遵行。"又同卷薛侃撰《同门轮年抚孤题单》："正聪年幼，家事立亲人管理，每年轮取同志二人兼司扶助，诸叔侄不得参挠。"所谓"家众童僮"当即豪仆；所谓"诸叔侄"当即悍宗。
⑤ 前揭王畿《绪山钱君行状》。

无容,使正亿之母处于危险之地,无由自安"。王正亿因此被五个控制欲很强的女人包围,甚至王守仁的母亲,"太夫人伯显因汪白泉惩戒之后,誓不入先师家内,其危险至此"①。汪白泉大概便是当时的按察佥事汪克章②,看他对王家不利之状,极有可能属于那些"悍宗"们的后台。于是才有王艮、王畿、欧阳德、黄弘纲等一起商议"人谋鬼谋""遂拔正亿出危离险",与黄绾翁婿相处③。又将陈、吴二夫人送回娘家,"各得其所"。王艮还说:"三从之道,姑叔门人不与焉。我辈正当任错改之,使吾亿弟后无魔障可也。此便是复焉执焉之道……其不知此意者遂诽诽日甚,虽有一二同志,亦操戈入室矣,而况他人哉!"④ 可见,王艮等处理王守仁家事,其方式过于独断,就连王守仁另外许多弟子都不能理解,甚至怀疑这些人侵占乃师的家财,于是同室操戈,互相毁谤,流言传入京师,被反对王守仁的汪鋐等人利用,参与其事的王臣遂以贪污的罪名,被弹劾落职。

黄绾当时正和内阁大学士张璁交恶,因此王正聪虽入赘其家,却并不意味着高枕无忧。张璁本人自感宠幸日衰,于是以避御讳嫌名的理由,请更名讳,向明世宗邀宠,因此被赐名"张孚敬"。而张、黄交恶又使王氏门人人人自危,于是牵连到王正聪,"外舅黄绾因时相避讳",更名正亿⑤。欧阳德在《答友人书》中,这样说:

> 正聪弟避今上嫌名,改名正亿。向承谕,盖传闻者过,今想渐知其详矣。此事实有不得不然者,俟相见尽之。⑥

王正亿改名一事想必当时已是沸沸扬扬,传闻异词。但"不得不然者"又究为何事?欧阳德"答友人",这友人却又不敢明指,整个事件因此扑朔迷离,

---

① 前揭王艮《与薛中离》。
② 主持王氏分家的,据前揭薛侃撰《同门轮年抚孤题单》计有:"太夫人及宗族、同门、戚里、佥事汪克章、太守朱衮。"
③ 所谓"人谋鬼谋",《王阳明全集》卷36《年谱·附录一》,嘉靖十一年壬辰九月:"正亿外侮稍息,内衅渐萌。深居家局,同门居守者,或经月不得见,相怀扰逼。于是,同门佥事王臣、推官李逢,与欧阳德、王艮、薛侨、李琪、管州议以正亿趋金陵,将依舅氏(指黄绾)居焉。至钱塘,恶少有蹑其后载者。迹既露,诸子疑其行。请卜,得鼎二之上吉,乃佯言共分胤子金以归。恶党信为实,弛谋。有不便者,遂以分金腾谤,流入京师。臣以是被中黜职。"
④ 前揭王艮《与薛中离》。
⑤ 参本书第一编第三章第四节。
⑥《欧阳南野先生文集》卷1。

令人大惑不解。历史的实相在此似乎也就终将消隐了。

　　王正亿本人没有什么成就,嘉靖末年在徐阶等人帮助下袭封锦衣卫副千户,隆庆二年又世袭了新建伯。万历五年卒,子王承勋嗣位。

二、在朝王学的推动

　　明世宗不太喜欢王守仁。假如说在刚刚即位的时候,一个是不甚得意的皇帝,一个是不甚得志的功臣,两个人彼此还可能有些须好感的话,那么过了七年以后,政治手腕日趋纯熟,性格也变得尤为刚愎的明世宗,对王守仁的态度已经完全改变了。嘉靖八年的伪学之禁是由他主动挑起的,便是明证。对他来说,王守仁尽管为大明社稷的稳定不无微功,但是他所效忠的对象却是自己在政统上亟欲取而代之的武宗,凭这一点也应该把他打入另类。谁让他在嘉靖六年思恩、田州等地发生叛乱以后,无视朝廷征召的诏令,一味推诿,而且还怂恿自己的学生如黄绾辈,提出种种苛刻的条件,令自己难堪呢?因此,尽管王守仁抚剿兼施的平乱方针迅速见效,他还是可以找出种种理由,对王守仁及其学派予以打击。在当时的内阁大学士李时面前,明世宗对他有过这样的评价:"守仁凡事虚浮,好名士耳。"①

　　这句话把嘉靖朝四十五年间对待王守仁的态度一锤定音,尽管明世宗在统治的后期对王学已远不如初年那样严厉。因此王门诸子虽对抬高乃师的地位无所不用其极——或者通过讲学,或者利用职务之便,修祠堂、建书院,但却很少有人敢于向明世宗直接建白,消除加在王守仁身上的所有不公正待遇。嘉靖后期,在朝王学逐渐站稳脚跟,徐阶入阁,聂豹做了兵部尚书,欧阳德、李遂、赵贞吉等也都成为当朝的要员,为王学在政治上的崛起带来了新的希望。讲学大老王畿甚至迫不及待地写信给聂豹等人,正式提出为老师恢复名誉。但后者审时度势,作出了这样的回答:

　　　　老师恤典不得机会不可轻举,万一举而报罢又增一障。虽百年后终少不得,吾侪果能身明此学,便是老先生身后恤典也。今出者既不成章,处者又多浮议,尚何望斯学之有益于世哉?②

---

① 傅维麟《明书》卷100《王守仁传》。
②《双江聂先生文集》卷8《寄王龙溪(一)》。

除了对朝野王学，特别是对王畿等人躬行践履方面表示不满之外，也有不欲捋虎须、触怒明世宗之意。不尚浮薄，捞取实地，是在朝王学这一时期的基本策略。一直到明世宗去世以前，王守仁及其家族从朝廷所获取的最大好处不过是其子王正亿于嘉靖末年得袭封世袭副千户。

在朝王学最为突出的一点其实是继承了王守仁通权达变的本事，对此我们在考察徐阶等人的政治实践时早就有所领教了。从一个不起眼的延平府推官一直爬到内阁首辅的高位，从仰严嵩鼻息到取彼而代之，徐阶在政治上的成功，靠的是不动声色，是忍耐。他的"以威福还主上，以政务还诸司，以刑赏从公论"，除了博取外廷士大夫的支持以外，更重要的是摆脱明世宗对他的猜忌①。岂料，就在明世宗已经宾天、新主尚未即位之际，这位一向以顺从先帝意旨面目出现的内阁辅臣在草就遗诏的时候，对大行皇帝的政策却来了个全盘否定。特别是清除宫廷的道教势力，释放大礼大狱诸臣，更与明世宗本人的取向完全相背。徐阶本人的这个一百八十度转变，不仅完全扭转了士大夫集团对他的不利评价，甚至还赢得了由衷的好感和钦佩②。

这种情形同样反映在文化政策上。就在明世宗去世的第二年，隆庆元年年初，徐阶的亲信、在朝王学的理论代言人耿定向，已经正式上疏提请将已故新建伯、兵部尚书王守仁正式从祀孔庙了。提议虽然没有通过，但无疑却取得了可喜的成果，这年四月王守仁便已被诏赠新建侯，追谥文成，与嘉靖年间受压制的情况大不一样。在明显出自徐阶手笔的册文中，王守仁不仅被称作"宇宙人豪"，他的学说也已为"来学攸宗"③。至此，王学在问鼎官方统治学说的道路上似乎只差咫尺之遥了。

当然，一帆风顺不等于没有暗礁。隆庆元年六月，在礼部会议先贤从祀的问题上，王学仍然遇到了小小的挫折。此前，给事中赵贽、御史周弘祖提请将

---

① 徐阶这种避忌心理可以嘉靖四十二年以后明世宗欲增补阁臣一事为证。《世经堂集》卷2《答堪任阁臣谕》（正月初十）："臣闻古人云：'知臣莫若君，知子莫如父。'皇上圣明天纵，廷臣才品谁能逃于圣鉴……伏乞圣裁。"甚至当明世宗自责"若咋嵩乃我简，以至于此。此官岂无相名，实有相职。进推非道，相必君择，后世宫生之主不知人焉"，徐阶仍是一味地说"兹必乞简自宸衷，降敕宣示以协正理，以尊主权。"另可参卷3《答用人谕》等条，徐阶说得最多的一句话便是"使恩威常在于上"。
② 顾宪成《顾端文公遗书》卷11："余少时闻客谈文贞（徐阶谥）立朝事，意大不满公。已读丙寅遗诏，乃始叹服。"又同书卷7称赞徐阶为"救时宰相"，以为有一段真精神贯注其间，不当于琐屑事求之。
③ 文见《王阳明全集》卷40《诰命》。

正统、天顺间的著名理学家薛瑄从祀，御史耿定向则提出了王守仁①。薛瑄是明代前期程朱一系学者中最有影响的一位。尽管他本人的学术创见不多，他的《读书录》在许多学者看来甚至不能称为著作②，但是在当时"此一述朱，彼一述朱"的风气中，注重躬行践履，开始重视自身的体验，仍可以称得上卓然自立。因此弘治年间的著名学者杨廉就曾提议把他从祀孔子庙廷。以后直到嘉靖年间，重提此事的人连绵不断，大小臣工上疏十余，廷臣会议赞同的也已十之八九，因此到隆庆时期基本上已是"舆论共服"③，不存在太大的障碍。薛瑄在隆庆五年正式从祀孔庙。

王守仁却不然。我们知道，在王学兴起的过程中，尽管从王守仁《朱子晚年定论》开始，在学术上和朱学已经发生尖锐的对立，但至少在名义上并不挑战其官方统治学说的地位。王守仁通过包装、附会，把自己的学说打扮成晚年朱熹的观点，以求偷天换日，捞取实地。因此，从这个意义上来说，王学中人对薛瑄从祀不仅不加反对，而且还曾大力支持④，用意无非是为王守仁在从祀的道路上扫清障碍。但是对于程朱一系的学者而言，王学的做法无异于釜底抽薪，其行可鄙，其心可诛，因此对从祀王守仁大都持反对意见。当时的都察院左都御史郑世威便是反对者当中最坚决的一个⑤。郑世威本与徐阶交好，隆庆元年刚由南通政擢为本职，但不久便被赶回南京做侍郎，大概也是因此之故。

礼部会议无法取得一致意见，对此本不感兴趣的尚书高仪于是以提请翰詹科道以及国子监儒臣广咨博讨为由，公开发起讨论，以后便草草收场，不了了之。那以后直到万历初，虽在徐阶退职、高拱当政的几年一度消沉，但在张居正掌权之初，当王学诸子还把他看成"同志"的时候，争取王守仁从祀的呼声马上死灰复燃，弥漫了整个朝野上下。副都御史徐栻、给事中魏时亮、赵参鲁、宗洪遐、御史谢廷杰、梁许、萧廪、徐乾贞以及工部办事进士邹德涵等纷

---

① 《明穆宗实录》卷9，隆庆元年六月丁未。
② 《明儒学案》卷7《河东学案上·薛瑄传》："所著《读书录》……多重复杂出，未经删削，盖惟体验身心，非欲成书也。"按薛瑄在后来预备从祀的过程中常因"无著述功"的理由见黜，实反映了当时一般人的看法。参查继佐《罪惟录》之《礼志·历代帝王贤圣祀典》。
③ 《明穆宗实录》卷9隆庆元年六月丁未。
④ 如嘉靖时御史杨瞻、樊得仁请将薛瑄从祀，但部议却认为薛"所著止《读书》一录"加以反对，徐阶则上言薛重实行，有卫道功，故应从祀。参《世经堂集》卷6《薛文清从祀议》。
⑤ 郑世威字中孚，福建长乐人，嘉靖八年进士。其反对王守仁从祀一事，可参何乔远《名山藏·臣林纪》之《隆庆臣二·郑世威传》。

纷上疏提倡王守仁从祀①。此际在山西做按察使的著名文史学家王世贞，甚至直接出题策试诸生，为陈献章、王守仁张目②。反对者则以兵科给事中赵思诚、御史石槚最为激烈，在前者的奏疏中，王守仁不仅被指责为"叛道"，而且还迹近"宣淫"，不单学术不值肯定，人品也大成问题③。同时，其他各派学者也乘机凑趣，刑部右侍郎游居敬、兵科给事中蔡汝贤提议宋儒罗从彦、李侗④，陕西道监察御史、江西余干人李颐推荐自己的同乡胡居仁⑤，礼科给事中石应岳则疏荐布衣陈真晟⑥。围绕着孔庙从祀的问题，朝野上下争论得不亦乐乎。

张居正上台以后，为了博得朝野士人的支持，首先引用当时一位极富声望的致仕大臣陆树声出任礼部尚书。陆树声尽管早年与王守仁之父王华颇有渊源⑦，且对王守仁的学术亦不甚反对，但对王门后学聚党邀誉的作风却大为不满⑧。因此对王守仁从祀并不热心，以身体不适为由，拒绝召开儒臣会议⑨。这种倾向给外廷的反对者们以可乘之机，于是兵科给事中赵思诚才有了前面那份措辞激烈的奏疏。不久，迫于浙江、南京、福建等三道御史的连疏催促，才

---

① 为王守仁申请从祀的奏疏除了隆庆初之外，大都集中在隆庆末、万历初，高拱当政时是一个空白，这种现象可以看作高拱禁讲学比较成功的一个证据，只不过他统治的时间太短罢了。张居正上台之后，被王学中人视为同志，因此纷纷上疏为王守仁争取从祀，其后张反噬一口，应该是他们所始料不及的。张居正一开始对王守仁本人还算尊重，但对其从祀则虚与委蛇，并不热心。参《新刻张太岳先生诗文集》卷25《答文宗谢道长》，下文具引。
② 参王世贞《凤洲笔记·后集》卷4《策问太庙及孔庙从祀议》。
③ 《明神宗实录》卷11，万历元年三月乙酉。
④ 谈迁《国榷》卷66，隆庆四年七月癸巳，卷67，隆庆六年十二月丁丑。
⑤ 《国榷》卷68，万历元年正月戊子。可参李颐《李及泉先生奏议》卷1《举理学胡居仁从祀圣庙疏》。
⑥ 《国榷》卷68，万历元年八月辛酉。
⑦ 李绍文《皇明世说新语》卷1《德行》："陆平泉初姓林，会试时王华为松守，梦城隍于庭，皆保林善人，问之，名树声。明日，召林外父曰：'汝婿平日何为？'李曰：'只是不苟。'是科平泉会试第一。"按，此说荒诞不经，但在晚明的野史笔记中流传甚广，或许二人有其他渊源被附会如此，也未可知。
⑧ 陆树声《清暑笔谈》："阳明致良知之说，病世儒为程朱之学者支离语言，故直截指出本体，而传其说者往往详于讲良知，而于致处略坐入虚谈名理中。"云云："近来一种讲学者，高谈玄论，穷其归宿，茫无据依。大都臆度之路熟，实地之理疏，只于知崇上寻求而不知从礼卑处体究，徒令人凌躐高远，长浮虚之习。"
⑨ 《新刻张太岳先生诗文集》卷25《答文宗谢道长》："阳明先生从祀事，以宗伯病不能会议，久稽覆覆，好事者遂乘间而诋之，其言粗浅可哂，然何伤于日月之明乎？"谢道长即浙江道监察御史谢廷杰。又，陆树声对王守仁从祀的态度，《皇明世说新语》卷3《方正》："陆平泉为宗伯，议阳明从祀欲俟论定，陶大临曰：'朝廷不难以伯爵酬公，何况庙祀乎？'平泉曰：'伯爵者一代之典，从祀者，万世之典。'卒不能夺。"

不得不于万历元年五月主持廷臣会议。但同样因赵思诚的反对而报罢①。

陆树声本人无甚才干,但清望素著,甚为时人推重。出任礼部尚书之后,在首辅张居正面前动以前辈自居,令后者难以忍受,因此上任甫一年多,便致仕还乡,由南京礼部侍郎万士和接替。万士和是唐顺之、罗洪先的学生,尽管不以理学知名,提倡躬行的倾向更甚②,但对王学仍然充满了好感,对王守仁从祀一事积极推动。当时乡居在家的内阁首辅徐阶也以古稀之年亲自致书,对他寄予了厚望③。无奈万士和不久同样与张居正交恶,仅干了一年多便谢病而去。尽管在任期间多次建白,但却"辄遭阻抑",王守仁从祀一案在万历初就这样不了了之④。稍后,张居正开始禁讲学、毁书院,对王学着力打击,在这样的气氛下,王氏门徒自顾尚且不暇,更遑论乃师的从祀了。

三、王畿与《中鉴录》

在万历十二年钦准王守仁从祀孔庙的诏书中,明神宗朱翊钧曾说乃祖世宗尝称王守仁为"有用道学",这一点极为引人注目。姑且不提王守仁被看成"好名之士"依然有案可查,单说明神宗此时年方二十有二,上距乃祖之逝已十八年,何况其父朱载垕一直不受恩宠,很早便出藩裕邸,即使明世宗真有此说,是从何人得知?当时正值礼部会议论而未定之际,而旨从中出,"或遂疑姚江有奥援"⑤,那么这奥援又究竟是谁呢?

奥援之一是身为内阁首辅的申时行无疑,这一点稍后再作详析。而种种迹象表明,神宗嫡配王皇后与万历宫中的一批宦官可能同样充当了这样一种

---

① 《明神宗实录》卷13,万历元年五月庚子。
② 张萱《西园闻见录》卷7《道学(往行)》:"万公士和尝与唐、罗二先生游,二先生谈理学亹亹不倦,而公独务躬行。"
③ 万士和《万文恭公摘集》卷7《六答徐存斋相公》:"承阳明从祀事见谕,此我翁尊崇前哲、嘉惠后学之盛心也。顾乃每次建白辄遭阻抑,近日赵思诚一本尤无忌惮,人心不一如此,果何说也。"万士和主张王守仁从祀,理由是薛瑄之学从下学驯至上达,王守仁之学则从上达起手,而不废下学。前者重行,后者重德。薛已从祀,今"再进守仁一人焉,庶几德行合一、教化不偏,而学者皆知所向方。"见《万文恭公摘集》卷12《覆新建伯从祀疏》。
④ 据《明神宗实录》卷32,万历二年十二月甲寅(《国榷》作癸丑,误):"以新建伯王守仁从祀孔子庙庭。王守仁之学以良知为宗,经文纬武,动有成绩。其疏犯中珰,绥化夷方,倡义勤王,芟群凶,夷大难,不动声色,功业昭昭,在人耳目。至其身膺患难,磨砺沉思之久,忽若有悟,究极天人微妙心性渊源,与先圣相传宗旨无有差别,历来从祀诸贤无有出其右者。"似乎王守仁此时已经正式从祀。但为何又有万历十二年关于王守仁从祀的争论?一种可能的情形便是张居正最初允许王守仁从祀,但不久又打击王学讲学运动,没有将其正式实行。
⑤ 伍袁萃《林居漫录·前集》卷3。

角色。

孝端王皇后尽管出生在京师，但本籍却是浙江余姚。万历六年与明神宗结婚，同时被册封为皇后。在明代，为防止外戚专权，皇后多出自平民之家，这一点王氏也是如此。因此进宫以后，当明神宗向他询问家族中是否有人做官时，她只好以同族的远亲新建伯王承勋置对①。当时王守仁的儿子王正亿已于万历五年去世，子王承勋袭封。攀算下来，王承勋还是王皇后的叔辈。此时王承勋大概在京城作前军都督府佥书②，第二天便被召见坤宁宫，赏赉甚厚。不久因皇后的原因，被派做南京守备。万历十九年提督操江，转年挂漕运总兵官印，督漕运二十年。在明代，督管漕运可是一个无上的肥缺。到了万历三十五年，又加勋太子太傅，正式"用皇亲品服"③。所有这一切都表明出身平民的王皇后，对自己本家的这位贵戚是如何的看重。

由于性情端谨，王氏深得神宗生母李太后的欢心④，和明神宗的关系也当不致太差。更何况王承勋的步步高升，显系王皇后不断吹风所致。因此，说王皇后在王守仁从祀过程中可能起过作用，虽无显证，但揆之情理却也可通。

但王皇后却不可能说出"有用道学"四个字。道理很简单，万历六年方才入宫的这位女士，对宫闱之事所知尚远较神宗为少。因此，传播（甚至是编造）这一说法的，只能是宫内原有的太监。

一切似乎还要从王畿说起。

在王守仁的所有门生弟子当中，王畿所自称的"于老师之学信之最笃"尽管已被证明为不实⑤，但他却无疑是对乃师身后事最为热心的一位。在王守仁死后的保孤行动中，在为其后人申请世爵的过程里，王畿都是最积极的一个。因此当明神宗即位，和王学颇有渊源的张居正把王学的反对者高拱逐出政坛，自信"元老（指张居正）于师门之学原亦相信"的王畿欣慰无限。这一时期他极为活跃，频频致书当道的王学大老，为王学在政治上的全面兴起出谋划策。

---

① 据黄宗羲说，王皇后家族本支是余姚黄氏，与其本为一族，明初方改为王姓。王氏婚后，"神宗问后近属，时新建伯王正亿方贵盛，后欲侈其家世，遂以正亿对"，参《南雷续文案·撰杖集·书神宗皇后事》。
② 《国榷》卷71，万历八年五月辛卯："新建伯王承勋为前军都督府佥书"。按王皇后见王承勋的时间诸书语焉不详，姑且假定在万历六年至十二年之间。
③ 参《明史》卷114《明神宗孝端皇后王氏传》；《明史》卷195《王守仁传》及毛奇龄《王文成传本》附《袭爵始末》。
④ 《明史》卷114《明神宗孝端皇后王氏传》。
⑤ 参本书第二编第三章第一节。

万历元年五月，浙江巡按御史谢廷杰疏请将王守仁从祀孔庙。礼部尚书陆树声本是王畿平素的学术讲友，王畿自以为稳操胜券①，为确保万无一失，他分别致书吏部侍郎陶大临、翰林院学士赵志皋、修撰张元忭、编修朱赓，希望他们在朝廷上下奔走活动，以玉其成②。同时又给陆树声本人去信，力促他"百凡惟委曲支持以求必济"③，根本想不到陆氏的推诿和不情愿。陆树声谢病退职以后，万士和继任，王畿仍不死心，致书尚宝司丞耿定向：

> 先师从祀一节，知元老注念，事在终济。平泉（陆）以病去，履庵（万）同志，可无差池，幸吾丈上下周旋，多方以赞成之，固所自尽也。④

对于王守仁从祀，王畿把它看成"道脉所系，吾人一生趋向所关，不容以自诿也"⑤。可叹的是，这位对此最为热中的老学者竟没有等到王学真正成为被官方所承认的那一天。就在王守仁的木主进入孔庙的前一年，八十六岁的王畿含恨而去。

在推动王学统治学说化的同时，王畿另外还有一个重要的目标。那就是通过对十岁的小皇帝朱翊钧进行教育，影响他在未来统治实践中的政治构思。

对王畿来说，影响皇帝要通过内外两个途径，缺一不可。一个是恢复前代起居注、弘文馆旧制，同时选择忠信有学之士十余人，更番入值顾问，通过对皇帝本人德性、学识的培养，实现传统儒家学者"格君心之非"，君心一正则天下自正的政治理想⑥。这种观点因为是传统的，所以并不特别，外廷的学者

---

① 《龙溪王先生全集》卷11《与王龙阳》："虬峰巡院（指谢廷杰）深信老师之学，凡崇重表扬无所不至，兹特疏从祀于朝。陆平泉公职有所专，当身任不二，在位诸公谅必赞成，亦公论之不容泯也。"
② 参《龙溪王先生全集》卷9《与陶念斋》；卷11《与张阳和（三）》《与朱金庭》《与赵瀔阳》。
③ 同上书卷9《与陆平泉（二）》。
④ 同上书卷10《与耿楚侗》。据《耿天台先生文集》卷6《复钱怀苏（又）》："外，疏稿呈龙溪翁一观，致意龙翁勉为师门第一着光显事业，区区此举亦滥俗事耳。即令庙堂上尽采此议，俾渠师与颜孟分席而坐，尤非弟志所存也。"耿定向于隆庆初及万历十二年皆曾上疏倡言守仁从祀（疏皆载耿集卷2），王畿死于万历十一年，则此信当作于隆庆初。
⑤ 前揭《龙溪王先生全集》卷11《与张阳和（三）》。
⑥ 《龙溪王先生全集》卷9《与陶念斋（一）》。万历初明廷恢复了起居注制度，这件事与王畿的关系值得深入考察。如同书卷12《与邹颖泉》："天子新祚，睿知凤成，童蒙之吉，所以养正，不可不熟为之虑。须复祖宗起居注、弘文馆旧制，选用忠信有学之士十余辈，更番入值以备顾问而陪燕游，方为豫养之道。闻冲年气淑，偻好文学，时与讲官接谈，机尤可入，不知当事者以此为第一义不，斯固不肖杞人之忧也。"

型官僚动不动就上疏皇帝慎讲学、戒游逸、勤于经筵日讲，说的都是同一个意思。

王畿的特别之处就在他敢于冒天下之大不韪，承认当时宦官作为皇帝的亲信可以擅权干政、影响皇帝的事实："三代以降君亢臣卑、势分悬隔，吾人欲引君于道，舍中官一路无从入之机。"① 王畿反对师道复兴，除了因为那更多地流于一种形式、格套、自我标榜之外，不相信师道在君道的压制下能够取胜，也是原因之一。因此，现实的做法莫过于在一种务实的政治操作中，把不时作为异己力量出现的宦官集团争取过来，为我所用。王畿的这些想法和前此我们讨论过的，王学对权术的认同，可以说一脉相承。他在理论上所说的心体无善无恶，落实在行动的层面，也就意味着行动的本身无所谓善恶，关键看它是为着何种目的。因此王畿劝勉当时的礼部右侍郎兼翰林院侍读学士，也是王学信从者的陶大临，除了要尽一切可能影响皇帝之外，也应与宦官集团"通一线之路，诚心相处，开其本心之明，示以祸福利害之机，使此辈知吾党之可赖，当有忻然悦而趋向者"。在王畿看来，"得此辈办几分好心肠，随时引沃辅理之益，奚啻外廷百般！非有不二心之臣，圆机之士，不足以语此"②。的确，在那样的政治体制之下，开后门比走前门容易得多，也有效得多。万历、天启之际外廷的官员纷纷与内廷合作，并进而形成阉党，和王学，特别是会通派王学给他们提供的这种理论上的开脱不无关系，当然这已经是后话了。

隆庆六年，张居正把古往今来堪称帝范的事迹绘图编册，作《帝鉴图说》，交给明神宗学习。这个主意便出自陶大临③，因此它所代表的当是王畿等人的共同观点。既然皇帝已有了学习的范本，那么和皇帝朝夕相处、潜移默化之的中官又当以何为鉴？"迩者元老有《帝鉴》，独中官无鉴，似为缺典，闲居无事，纂辑历代中官传，得其善与恶者若干人录为《中鉴》，间以数语引而申之，开其是非之本心，警以利害之隐机"④，或者说"为之开牖迷"⑤。这是王畿作《中鉴录》起因缘由的一份绝好的自供状。

---

① 《龙溪王先生全集》卷11《与赵澹阳》。
② 《龙溪王先生全集》卷9《与陶念斋（一）》。
③ 王世贞《吏部侍郎陶文僖公大临传》，载《国朝献征录》卷26。
④ 《龙溪王先生全集》卷10《与耿楚侗》。
⑤ 《龙溪王先生全集》卷12《与曾见台》。按侯外庐等主编的《宋明理学史》第272页，言王畿为皇帝"开牖迷"，误。

《中鉴录》至迟在万历七年（己卯），当王畿的学生张元忭到内书堂教习宦官的时候，已经开始发生作用了①。甚至当张元忭离开内书堂，负责起居注之后，王畿仍然关心《中鉴录》是否还会被使用②。说王学因此与宦官拉上了关系，特别是影响到宦官的教育，并不是危言耸听。那么当万历十二年王学的始祖被谋求从祀孔庙之际，这些宦官当中的徒子徒孙会怎么做？"有用道学"四个字的来源，或许便出自这班人之口，也未可知。同王皇后一样，宦官对此事的影响，虽无显证，于情于理却都可以说通。

四、结好外廷

明代廷臣会议的做法有点儿像后世的民主集中制。当皇权极盛，远远凌驾于廷权之上时，一票否决，集中大于民主；相反，当廷权足以与皇权分庭抗礼之际，外廷儒臣的强聒不舍，也会制造一些"民主"的案例。可惜的是，在明代，廷权挑战皇权的时候毕竟太少，一言堂的制度下，"民主"充其量只是一个花瓶③。王学在官僚士大夫当中的影响面，隆庆以后已达十分之七④，因此廷臣会议的时候照理当早已超过半数⑤。隆、万之间的几次讨论都被否决，表明最高统治者所支持的，是少数人的意见。因此，当心学在朝野的影响力已达极盛，甚至渗透到了内廷之后，王学成为官方所认可的学说，王守仁被从祀孔庙，可以说"万事俱备，只欠东风"，这个"东风"，便是最高统治者要点头。

---

① 《明儒学案》卷15《浙中王门学案五·张元忭传》："万历己卯，教习内书堂。先生谓'寺人在天子左右，其贤不肖为国治乱所系'，因取《中鉴录》谆谆诲之。"按明代内书堂之制，《明史》卷218《沈㴶传》："故事，阁臣教习内书堂，所教内竖执弟子礼。"潘晟与冯保，沈㴶与魏忠贤都是因此拉上关系的。
② 《龙溪王先生全集》卷11《与张阳和（四）》："既膺起居之命，内馆主教势不得兼。所云《中鉴录》未敢为不朽之传。区区两三年纳约苦心，庶几自尽。内馆之设事几若微，于圣躬得养与否，所系非轻。不知相继主教者能悉领此意，不作寻常套数挨过否。"
③ 参张治安《明代廷议之研究》。
④ 王世贞曰："今天下之为新建学者大率十而七，往往高视阔步，以不为新建学者为浅夫，而诸不为新建学者以新建学者为异端"。见张萱《西园闻见录》卷43《从祀》。
⑤ 隆庆初廷臣赞同王守仁从祀的，尚仅十之二三，参王世贞《凤洲笔记·后集》卷4《策问太庙及孔庙从祀议》。但到万历元年谢廷杰上疏后，反对者仅赵思诚、徐栻等三人，参《明神宗实录》卷13，万历元年五月庚子。因此是年十一月甲申工部办事进士邹德涵奏请王守仁从祀时便说："众心同悦者莫如乡愿，春秋最诋訾者莫甚孔子。求无一诋訾之人然后议祀，则当首乡愿次孔子矣。"事见《明神宗实录》卷19。按，前云反对者中有徐栻，不知是否与赞同王守仁从祀之副都御史徐栻为一人（参前揭万士和《覆新建伯从祀疏》），倘为一人，则《实录》必有误。未及详考，姑存疑于此。

万历十二年，御史詹事讲、都察院左副都御史耿定向等人旧事重提，疏请将王守仁从祀孔庙。疏上以后获准经由礼部会议讨论。由于礼部尚书沈鲤的朱学背景①，廷臣会议无法取得一致意见，当时薛瑄已经从祀，此际唯一能被共同认可的是另一位朱学的代表胡居仁。

廷臣会议议而未决，按照常规，或者悬置，或者暂停，以俟他日意见的统一。哪知就在礼部还没有来得及将结果上报之际，明神宗却突然下令：

> 皇祖世宗尝称王守仁有用道学，并陈献章、胡居仁既众论推许，咸准从祀孔庙。朝廷重道崇儒原尚本实，操修经济都是学问，亦不必别立门户，聚讲空谈，反累盛典。礼部其尊旨行！②

这种违反成例的做法，令外廷官员措手不及，于是纷纷指目王学可能突然有了强有力的奥援。

可能成为王学后台的神宗王皇后以及宦官，事情皆在疑似之间，前面已经做过讨论。唯一能得到证实的则是内阁首辅申时行。因为就是他在此前给明神宗上了一份密疏，说王守仁"言致知出于《大学》，言良知本于《孟子》"，陈献章主静，乃是沿袭宋儒周敦颐、程颢，"皆祖述经训，羽翼圣真，岂真自创一门户耶？"更何况朱王之学本来可以互相发明，并行而不悖，宋代时朱陆两家势同仇隙，但今天不是也已经并祀学宫了吗？朱熹之学不因陆九渊废，又岂能因王守仁废？"诚祀守仁、献章，一以明真儒之有用，而不安于拘曲；一以明实学之自得，而不专于见闻，斯于圣化大有裨。若居仁之纯心笃行，众议所归，亦宜并祀。伏惟圣明裁断主持，益此三贤，列于薛瑄之次，以昭熙代文运之隆"③。申时行是当时有名的八股文高手，因此结末直扣明神宗欲"表扬文治"的前题④。

---

① 参本章第二节有关阁部之争的讨论。
② 《明神宗实录》卷155，万历十二年十一月庚寅。
③ 同上。
④ 据说此前明神宗曾问内阁为什么只有文臣从祀而不有武臣，说明这位号称"小世宗"的万历皇帝并不太了解从祀的象征意义。于是"阁臣言武臣从祀所以彰武功，儒臣从祀与孔庭所以表文治，武功莫盛于二祖，文治莫隆于皇上，此典礼之不可缺者，上悦。"引文同上。可见王守仁从祀一事正好迎合了明神宗摆脱张居正阴影，敷扬文治之心，详细讨论见下。

不过，申时行不是一个纯学者，也从来不具有讲学的名声①。作为嘉靖四十一年壬戌科的状元，其科举文章一向被时人所推重，这是事实②；但如钱谦益推崇他："追想太平宰相，风流弘长，至今以为盛事"，则未免有些名实不副③。在政治上他所标榜的是"有赋归来顺四时，成功者退；心无毁誉同三代，直道而行"，因此未壮而仕，未艾而相，未耆而归，急流勇退以避时忌，成为那一时代一般士大夫宗仰的楷模④。在申时行的一生中，圆巧、中庸，而又欲示人以恬淡，一直是他努力追求的目标。但问题是，为什么在万历十二年的这次事件中，一向对王学没有表示过特殊好感的这位内阁首辅会表现出如此的热中？对他这种失常的做法，"朝士颇疑其有所为"，尽管有他的朋友为之辩解⑤，但却无法餍足一般人的脾胃。假如申时行真的"有所为"，那么他所欲为的又是什么？同样，明神宗听信申时行的建议，利用王守仁从祀的时机给他所创立的学派以某种程度的"正名"，又是出于何种动机？

在晚明政治史的研究中，明神宗朱翊钧和万历前十年的内阁首辅张居正，二者之间的关系，一直是学者们关注的对象。无论是从统治者个人的心理、利益集团的行动取向，还是从当时政治形势的总体趋势考察，一个基本的见解都是，明神宗通过对张居正改革的反动，对其家族及亲信的清洗，都是基于他的一种试图树立个人威信，建立自己对外廷官僚主导权的深切渴望。

的确，张居正施政的十年，国泰民安、边徼无事，在给"门生天子"的朱翊钧留下宝贵财富的同时，也给他的统治罩上了巨大的阴影。不扳倒张居正，即使以后的天下治理得再好，人们至多会把那看成是"萧规曹随"，生活在师相阴影中的他明神宗，将永远被认为是一个听话的小学生，永远没有出头之日。对外廷而言，张居正代表的是君权，但是在明神宗的眼中，他却永远是

---

① 申时行对《尚书》有过一定的研究，因此嘉靖四十年乡试"以《尚书》魁第三人"。万历初经筵日讲，《尚书》则由他专经独任，张居正认为其讲义"可传也"。见郭子章撰《太师申文定公传》，载陈仁锡评纂《皇明世法录》卷87。按，申时行《书经讲义合编》十二卷今存。《四库总目提要》卷13《经部书类存目一》认为"其说皆恪守蔡传，务取浅近易明"，又引明人说，"时行盖深于《尚书》者，然其书竟不及成，惟此编存世云。"不过，深于《尚书》和本书所谓讲学不是一回事。
② 参申时行《赐闲堂集》卷首李维桢、冯时可序。
③ 《列朝诗集小传》丁集（中）《申少师时行传》。钱谦益的推重或许有易代之际的感慨，不必过分苛求。
④ 参《皇明世说新语》卷1《德行》及前揭郭子章《太师申文定公传》。
⑤ 徐学谟《世庙识余录》卷4，"近日在廷议王守仁从祀……含糊聚讼，而辅臣调旨谓守仁、朱熹之学互相发明，当自有卓见而云。然其后不待礼部覆疏，竟自奏守仁从祀，朝士颇疑其有所为，或未必然。"

一个师道的代言人。随着年齿日增,明神宗更能够感觉到师道面前,君权被剥夺、压抑的屈辱和恐惧①。

明神宗这种心态和外廷士大夫中对张居正不满的势力迅速合流。同时,继任的内阁首辅张四维、申时行颇悉内情,"天下嗷嗷,新主之资也",士大夫的积怨正是他们招徕物望的好机会。因此尽管二者都是张居正所荐拔,此时为求自保,也只好顺遂舆情,加入到驱冯(保)倒张的行列中来。在御史李植、雷士桢、江东之等分别弹劾冯保、其老师潘晟、亲信徐爵的背后,都有张四维、申时行二人私下活动的影子②。张四维又恰好在此时上疏请行宽大之政,鼓励言官发表议论,用意不问可知③。

冯保在万历十年十二月被发往南京闲住,从此在政坛上销声匿迹。那以后,攻击张居正的弹章如雪片般纷至沓来。明神宗借坡下驴,顺水推舟,于是刘台得到平反,吴中行、赵用贤、余懋学、邹元标等建言得罪诸臣被重新起用。张居正的家产则被查抄,他的重要亲信被斥逐殆尽。尤有甚者,万历前十年行之有效的许多政策,如考成法、汰冗官、整顿驿递等也都废止不用。官僚系统紧张的神经突然松弛下来,变得更加萎靡不振。万历中期以后,皇帝不上朝,官员不行政,矿使四出,加派日重,整个国势又重新回到积萎疲痹的老路上来,奠下了他日亡国的祸基。

如前所述,明神宗在张居正去世以后的一系列所作所为,不是着眼于如何使社稷保持稳定、长治久安,而是致力于清算张居正留给他的政治阴影。这种取向决定了在政策推行上两个人之间的相互对立。因此,王学被认可为准官方的统治学说,王守仁之被从祀孔庙,除了其学派本身所具有的,不可小觑的影响力,使官方无法不对之加以笼络之外,明神宗本人的意图同样至关重要。张居正以禁毁书院、打击讲学、摧抑外廷士大夫作为文化政策的基调,明神宗则通过提高王学的政治地位,在孔庙从祀时增加了几个名额,来收拢人心,标榜自己是在敷扬文治。

由此我们也就同样理解了申时行。作为张居正亲自荐拔并推毂入阁的内阁

---

① 《明史》卷305《宦官二·冯保传》:"慈圣太后遇帝严,保倚太后势,数挟持帝,帝甚畏之。时与内竖戏,见保入,辄正襟危坐曰:'大伴来矣'……夜游别宫,小衣窄袖,走马持刀……保白太后,召帝切责。帝长跪受教,惶惧甚。保属居正草帝罪己手诏,令颁示群臣。词过抑损,帝年已十八,览之内惭,然迫于太后,不得不下。"
② 《明神宗实录》卷131,万历十年十二月庚寅,又参樊树志先生《万历传》第173页。
③ 《明史》卷219《张四维传》。张疏上后,"自是,朝政稍变,言路亦发舒,诋居正时事,于是居正党大惧,王篆、曾省吾辈厚结申时行以为助。"申时行后来与张四维也因此有了矛盾。

大学士，在以往的日子一贯唯前者之马首是瞻，早已被视作张居正的嫡系①。张居正死后，同一集团的人物如王篆、曾省吾等也都极力和申时行相结纳，其实是共同推戴他继任这一集团的领袖。这种角色使得申时行本人的处境极为尴尬，一方面要尽量维护张居正家族及党羽的利益，一方面也要避免明神宗与外廷的嫉恨。当然，以他那种圆熟中庸的性格，应付刚愎自用的明神宗并不困难②，因此在首辅的位子上一坐就是八年。但是如何面对外廷可能有的诘难？申时行并没有太大的把握。

  为了笼络外廷，申时行想了很多办法。柄政务宽、开放言路、收召老成、结好六卿，都是他最为擅长的手段。在张居正以综核名实为目标的一阵疾风骤雨式的改革之后，申时行打着"肃杀之后必有阳春"的旗号以博取时誉③。考成法的废除便是出自他的手笔，应该不是偶然的④。

  因此，在这样的情形下申时行支持王守仁从祀，用意岂非显而易见。既然王学作为一种政治势力，已经赢得大多数人的信从，那么在政治上肯定王学的地位，便是他结好外廷士大夫的重要举措。"投之以木桃，报之以琼瑶"，申时行想必相信，在浓厚的施报观念浸润下的儒家士大夫，对他这种友善的表示，也应该不会心生恶意。果然，因抨击张居正夺情而知名的王学大儒邹元标，在为申时行的《赐闲堂集》作序时，极力表彰他的也正是这一点⑤。不要忘记，万历十年之后的邹元标，已经成为清流的重要代表，朝野舆论之所向。

第二节　学术与政治

  王守仁从祀，是当时政学两界普遍关心的事件。在这一过程中，学术之争与政争扭结在一起，错综复杂，为我们提供了一个从政学互动的角度审视这一

---

① 申时行的许多传记作者都把他说成是张居正的反对者（如郭子章），其实是在张居正倒霉以后为申开脱。倒是《明史》所言较为公允，由于张四维和张居正一派交恶，其亲信因而倒向申时行，所以言路放开以后，"以居正素曜时行，不能无讽刺"，参《明史》卷218《申时行传》。
② 比如立太子一事，明神宗欲避其长子而立第三子（皆庶出），外廷反对。万历十九年，申时行告假归家，朝臣上疏请立太子，次辅许国仍首列其名，申时行知道后，则上密疏称："臣方在告，初不预知。册立之事……惟宸断亲裁，勿因小臣防大典。"其于皇帝阳违阴奉之状可见一斑。引文同上。
③《西园闻见录》卷28《宰相下》。
④《罪惟录·列传》卷13（中）《申时行传》。
⑤ 邹元标《文定申老师赐贤堂集序》载申时行《赐贤堂集》卷首。

思想活跃的大时代的精彩个案。

一、朱学与湛学：联合反对派

于王学持反对意见的同一时代人伍袁萃，对万历十二年王守仁、陈献章、胡居仁从祀孔庙给出了这样的评价：

> 本朝理学名臣惟薛文清公一人从祀允当。余干（胡）生平少过，新会（陈）晚节可鄙，皆无大功于圣门。而姚江（王）则权课术数之深者也。三子之得祀，舆论方哗，部覆未定，而旨从中出。或遂疑姚江有奥援，而余干、新会则子产立公孙泄之意也。①

子产立公孙泄，对春秋时代郑国的历史稍有了解的人想必都不会感到陌生。当时郑国的执政子孔及伯有先后被反对者驷带、公孙段杀害，数年之后，忽然盛传伯有托梦于郑人，云某某日将对二人施加报复。哪知时间一到，二人果然猝死，这一事件在郑国朝野上下引起了巨大的恐怖。为了平息国人的不安，执政子产把子孔的儿子公孙泄、伯有的儿子良止立为大夫，以便"鬼有所归，乃不为厉"②。可见，伍袁萃此说表述虽然隐晦，但用意却极为明显，陈献章与胡居仁二人得以从祀完全是出于安抚反对派的需要，说白了不过是一对政治添头罢了③。

无独有偶，当时著名的文人学者王世贞，更把王学受到抵制的原因归结为："闽中之学（朱学）为新建之牾之而生恚；岭南之学（湛学）为新建之掩之而生妒。艳其勋者疑其端，传其迹者窥其衷，此议之所由参差也。"④ 这表明，隆庆、万历以后，随着王学在朝野的全面得势，朱学与湛学已经成为意识形态领域的联合反对派。

这样，嘉靖、万历时代朱学、王学与湛学之间的关系，便成了一种三角关系。最初，朱学独霸，王、湛学作为新学的宗主，同时被视作伪学。但是，随着朱学衰落，王学坐大，形势反而发生逆转，面对王学冲击官方统治学说咄咄逼

---

① 《林居漫录·前集》卷3。
② 《左传》卷44，昭公七年。
③ 确切地说，真正的政治添头只有胡居仁，因陈献章从祀也有王学诸人的支持。这样，在从祀的四人中，二朱二王，颇具平衡之意。
④ 前揭《西园闻见录》卷43《从祀》引王世贞言。

人的态势,朱学则不得不纡尊降贵,联合昔日所不齿的湛学①。朱学与湛学的结合,再加上王学中游离出来的一些"修正分子"如顾宪成辈,形成了万历中期以后的东林学派。

朱王交恶由来已久。作为传统政治体制下的官方统治学说,对新生事物加以反对,完全是出于本能。因此当王守仁最初开始讲学的时候,京师便有人揭传谤书②,那以后毁书院、禁讲学,王学所遭到的种种摧抑和打击,都有朱学卫道士们在背后活动的影子。隆庆以后,朱学尽管在朝野上下已呈弱势,但百足之虫,死而不僵,实力依然不容稍侮。张居正当政以后,把打击的矛头对准王学,在客观上也帮了朱学的大忙。因此,当王学,特别是在朝王学,逐渐因官方的认可而日趋腐化之际,一旦有朱学背景的政治强人出现,那么后者的复兴也就指日可待。万历十二年王守仁从祀险些没有成功,就是因为礼部尚书沈鲤的坚决抵制。在沈鲤的操纵下,参与廷臣会议的四十一人中,胡居仁一人独得二十五票,且无人反对;陈献章、王守仁每人仅得十五票,却谤议极多③。假如不是礼部覆疏未上而旨从中出,那么王守仁从祀在本年能否成功,仍然在未知的行列。

礼部尚书沈鲤是河南归德人。那里地处中州,熏染着洛学的遗风。濂洛关闽自宋代以来,便是朱学的重镇。因此,尽管沈鲤本人并非纯粹的学者,但是朱学功令的科举教育,乡梓先贤的钦依仰止,想必都在他的思想中打下了深刻的烙印。沈鲤后来自觉地成为朱学的代表,传统的膏煎不可小觑。这一点和内阁大学士申时行差相仿佛,后者所出身的苏州吴县,正是王学所波衍流传的中心区域。在明代,以苏、松、常、嘉、湖等江浙诸府为中心的东南经济一直居全国之冠。王学的传播尽管因种种机缘在闽粤、湖广也很盛行,但大致仍以南京作为学术中心向四周辐射。由于经济发达,学额众多,王学辐射区内的士子通籍入仕的机会尤大。这使得江南士大夫在官僚体制内发言的机会增多,王学能够在晚明士大夫阶层取得优势,和王学产地的官僚集团势力密不可分。因此,从某种意义上说,王学与朱学的矛盾,是经济发达的江南地区和欠发达的边徼及腹地的矛盾,或者大概地说,是一种南北矛盾。其流风余韵甚至一直延展到清初。

---

① 此处仅就客观态势言,并非主观诉求,这一点不要以文辞害义。
② 《龙溪王先生全集》卷2《滁阳会语》。
③ 参沈鲤《亦玉堂稿》卷1《议孔庙从祀疏》。

沈鲤是彻底的朱学卫道士，因此在行动取向上不惟继承了真朱学狷介有守的优点，同时也因袭了其刻板僵化的作风。万历十二年刚刚担任礼部尚书，马上选编弘治、正德之前的制艺文，编成《举业正式》，不久又上了份措辞严厉的《正文体疏》，以抑制当时在会通思潮影响下日趋奇诡的文风①。同时不仅主张强化学政的作用，加强对诸生的管理②，还亲撰《文雅社约》，"自冠婚丧祭宫室衣服及竿牍往来微琐之事，各稽国朝宪典著为定则，颁之天下"③。这表明，除了对毁书院一事持批评的态度之外④，沈鲤倒算得上张居正在文化政策方面的思想继承人。所不同的是，张居正大权独揽，因而令行禁止；沈鲤却与申时行所代表的王学内阁意见相左⑤，因此凡事掣肘，有令难申。万历十年以后，各地遭毁的书院纷纷恢复，王学讲学运动也逐渐开始复兴，并在万历二十年左右重归鼎盛。

朱学反对王学似在情理之中，但万历十二年以后两起反王学声浪中的弄潮儿却主要出自湛若水的门下，这一现象不能不引起后人的兴味。

湛若水是王守仁正德、嘉靖年间的讲学盟友，他与王守仁门人的私交也堪称融洽⑥。作为嘉靖时代伪学之禁的难兄难弟，湛、王两家为了共同对抗在朝的朱学，在"新学"的旗帜下联合起来实属必要。同时由于"随处体认天理"与"致良知"的讲学宗旨也颇为相近，王、湛的门人又常常互出，调和两说的人也大有人在⑦。在这一时期王学与湛学尽管随着学派的分化而日益分途，但是并没有达到相互争吵的地步。

在学术史上，"随处体认天理"可以视作理学向心学转化的中间环节。因此，湛学在学术上的分化就顺着这一思路逐渐变为两歧。湛若水的学生唐枢同时私淑王守仁⑧，他所标举的"讨真心"和"致良知"实质上一般无二。他的

---

① 徐开任《明名臣言行录》卷72《大学士沈文端公鲤传》。其《正文体疏》见《亦玉堂稿》卷1。
② 《亦玉堂稿》卷3《学政条陈疏》。
③ 前揭徐开任《大学士沈文端公鲤传》。《文雅社约》二卷，今存。
④ 参《亦玉堂稿》卷7《敦伦书院记》。观此，亦可知张居正死后，禁毁书院政策的失败。
⑤ 高攀龙《高子遗书》卷10《龙江沈先生泰交始末记》。
⑥ 《明儒学案》卷37《甘泉学案一·湛若水传》："年登九十，犹为南岳之游。将过江右，邹东廓戒其同志曰'甘泉先生来，吾辈当献老而不乞言，毋有所轻论辩也。'"
⑦ 如王艮，把天理、良知等同，认为"犹一人之有名有字"，见《明儒王心斋先生遗集》卷10《天理良知说答甘泉书院诸友》。另如李春芳，初随王艮、林春讲学，后师事湛若水、欧阳德，参王锡爵《太师李文定公传》载《李文定公贻安堂集》卷10。再如湛若水嫡传弟子唐枢，其"讨真心"三字宗旨，黄宗羲认为，"真心即良知也，讨即致也，于王学尤近。"参《明儒学案》卷40《甘泉学案四·唐枢传》。
⑧ 参许孚远《敬和堂集·唐一庵先生祠堂记》。

另一个学生吕怀,则重提"变化气质"之说,向程朱理学俯首致敬①。因此,湛学早年虽与王学一度中分天下,但是一两传之后,却因学无特色而逐渐失去了原来的影响。王世贞所谓"岭南之学为新建之掩之而生妒",大概就是湛学衰落之后,时人的一般观感。

吕怀的学生唐伯元在思想上更走偏锋,由乃师之强调"变化气质",一变而肯定性中有恶②。因此尽管以修身释格物有取于王艮之说③,但在心性理论上却对王学訾议尤力。万历十二年王守仁已经正式从祀孔庙,朝野上下反对的声音虽多,但或止于私下讨论④,或仅稍示异同⑤,对皇帝的诏旨尚不敢公然相抗。唐伯元则于此时贸然上言:

> 六经无心学之说,孔门无心学之教,凡言心学者皆后儒之误。守仁言良知,新学惑世诬民,立于不禅不霸之间,嚣为多疑多似之行,招朋聚党,好为人师,后人效之,不为狗成,则从鬼化矣。⑥

立刻引起王氏门人的反弹。京城的一班王门御史、给事中咬牙切齿地准备弹章,最后在都察院左副都御史耿定向的劝阻下恨恨作罢⑦。然而南京却是耿定

---

① 《明儒学案》卷38《甘泉学案二·吕怀传》。
② 《明儒学案》卷42《甘泉学案六·唐伯元传》。
③ 同上书,唐伯元《论学书·答李中丞见罗》:"自我高皇帝谕侍臣,谓《大学》要在修身,而古本以修身为格致,然后直接数千载不传之绪。自是儒臣如蔡虚斋(清)、林次崖(希元)、罗文恭(洪先)、王布衣(艮)及先师吕先生(怀),往往能通其意,然徒曰解之云尔,其教人之旨不在焉。就中破的者,无如布衣,然不免为心学所陷,观其以心斋自命,又乌在其以修身为本也。"
④ 如《敬和堂集·答沈实卿》:"孔子之道大矣,至矣,当时及门诸贤即颜、曾二子已不同调,如冉、闵、游、夏、由、赐之徒不过各得圣人之一端,然而皆不失为高第弟子,后之从祀庙庭者又奚必真得孔氏嫡派而后可哉? 然则薛、陈、王、胡四先生学术造诣不必尽同,其不愧为孔氏之徒也明。况从祀已有定论,无容置喙。"沈实卿名沈枝,向许孚远请教前四者谁为圣贤嫡脉。大概因四人学术取向各不相同,在一般的知识阶层中间已造成了疑惑。
⑤ 在坚决支持和着力反对王守仁从祀的人物之外,尚有一批折中派,大体并不反对王守仁从祀,但却在有意无意之间有所轩轾。如沈一贯《敬事草》卷1《议王守仁陈献章从祀疏》:"窃意学之道宜以程朱为正,而又惜陈、王一代鸿儒,不宜泯之。"沈一贯当时官居翰林掌院学士。另如徐显卿则和沈一样,认为王守仁"律之圣门,如曾点之狂而不知所裁,如漆雕开见大意而于斯未信,终当让朱子之集大成"。见张萱《西园闻见录》卷7《道学》。徐氏于万历十年十二月被任命为翰林院侍读。
⑥ 《明儒学案》卷42《甘泉学案六·唐伯元传》。唐氏反对王守仁的奏疏见其《从祀疏》,载唐伯元《醉经楼集·奏疏附刻》。另参本书第四编第一章第一节关于湛若水学派的讨论。
⑦ 《耿天台先生文集》卷5《与南中诸弟》。

向所鞭长莫及，华亭人、兵科给事中锺宇纯愤而上言，攻击唐伯元"诋毁先儒"，后者终于因此由南京户部主事谪降海州州判①。这一事件表明，当王守仁从祀以后，尽管在野的批评因朱学的复兴有愈演愈烈之势，但在朝却已不容非毁。"先儒王子"的威灵已足以保佑王学稳稳坐在不居其名而阴得其实的准官方学说的位子上。

不敢挑战王守仁，那么就把矛头对准其徒子徒孙。我们知道，嘉、万之际所谓"第三期王学"大概可以分为在朝、狂侠、乐学与会通四个派别。随着王守仁从祀孔庙，在朝一派已经全面得势，并日趋腐化；狂侠派则因前者及张居正的严厉打击一蹶不振；乐学派的平民讲学局处于三村四落之间，逐渐暗昧不彰，理论上则更失师道派的气象而阑入会通一脉。因此万历中期以后，在野的王学思潮除了修证派的一些孑遗之外，以罗汝芳、李贽、周汝登、杨起元等为代表的王学会通派最为得势。这些人或者因反对师道复兴，或者在师道与君道之间保持了一定的平衡，得以在在朝王学的统治下依违取容，甚至还可以放言无忌。同时他们在行动取向上的追求自我解脱，在思想上的强调会通诸子、三教，又和以东林学派为代表的新朱学产生了尖锐对立。东林学派针对在朝王学的"反中庸"思潮，针对会通派的批评其心体的"无善无恶"，都是这一形势下的客观产物。

前面已经指出，湛学此时已经成为东林学派渊源中的重要一支，其门下后劲冯从吾无论在理论还是实践方面都为后来者如高攀龙等所推崇②，吕怀的学生杨时乔则和冯从吾一样，被看成确凿无疑的东林党人③。因此湛门后学中这批人反对王学会通派，便丝毫不使人感到奇怪。

万历二十年左右，在南京主盟学术讲席的三大领袖人物分别是许孚远、杨

---

① 《明史》卷282《儒林一·唐伯元传》；前揭《明儒学案》卷42《甘泉学案六·唐伯元传》；钟宇纯传见何三畏《云间志略》卷19。
② 冯从吾字仲好，号少墟，是许孚远的学生。天启初为副都御史和翰林掌院邹元标以风期相许，立首善书院于京师，"南皋主解悟，先生重工夫，相为盐梅可否"。参《明儒学案》卷41《甘泉学案五·冯从吾传》。邹元标尽管学术取向颇近会通，但在行动上不违名教，特别是早年甚至以名教自任，因而被东林引为同调，冯从吾则不仅行动上，而且学术上也被后者推崇。《高子遗书》卷8《与冯少墟（一）》："海内惟老年丈之教无一字之逆心，弟决不敢为昧心语。"其下另有三封书信亦可参。
③ 在陈鼎《东林列传》（卷19）、李桉《东林党籍考》（不分卷）中都把杨时乔作为东林党人的一员，尽管这两份名单都属晚出，但仍然反映了世人对东林的一般看法。今人沟口雄三则把出现在《明儒学案·东林学案》《东林列传》《东林党人榜》等书中的人物泛称为"东林派人士"，参前揭《中国前近代思想的演变》第347页。

起元和周汝登,后二者都是会通派坚强的后劲。许孚远则学本唐枢,早岁于良知之学极为相契。对王守仁,尽管批评他"若夫动不逾矩、循循善诱犹非孔氏家法",但却推崇其"明睿学,几上达",为学术宗裔①。这表明,被称作"姚江末派"的许孚远②,和王守仁的区别主要在行动取向上,由反对其诡谲多变,强调"动不逾矩",可以把他大致看成王学修证派的孑遗,他的学说则是王学与湛学合汇折中的产物。

这样的行动取向和学术归趋,决定了许孚远对会通派讲学大师罗汝芳的批评有点儿像王门修证派诸人对王畿的规劝。他反对罗汝芳"令二三轻浮之徒,恣为荒唐无忌惮之说以惑乱人听闻,使守正好修之士摇手闭目,拒此学而不之信",希望后者能够力惩前弊,为晚生后辈在道德上作出标准和表率③。同时周汝登主张"无善无恶"之说,许孚远也特地作《九谛》与之辩难,在理论上对会通派给予了严厉的批评。许孚远的这种学术取向给后代的史家观感极为不同,黄宗羲说他"信良知而恶夫援良知以入佛者",查继佐则说他"初慕阳明、念庵,晚乃专契程朱"④,尽管因史料的匮乏难于置辩⑤,但一致的观点却是都承认他在与当时的会通派王学立异。

万历二十年,因疾告在家的杨时乔重新被起用,出任南尚宝司卿,那以后的十一年,辗转四迁,做到了南通政使。杨时乔是吕怀的学生,生平"最不喜王守仁之学,辟之甚力,尤恶罗汝芳"⑥。当时罗汝芳已经去世,他的学生杨起元等人为之修建祠堂,准备春秋祭祀。杨时乔以卫道自居,对此极为不满,于是抗疏上论,指责罗汝芳:

> 谓传注为支离,谓经书为糟粕,谓躬行实践为愚腐,谓人伦物理为幻妄,谓纲纪法度为桎梏,谓礼义廉耻为虚伪……新学小生,转益信从,立祠聚众,祸将何极!乞敕所司拆毁散遣以彰明风教。

---

① 《敬和堂集·答沈实卿》。
② 《四库总目提要》卷178《集部·别集类存目五》。
③ 《明儒学案》卷41《甘泉学案五·许孚远传》。
④ 《罪惟录·列传》卷10《许孚远传》。
⑤ 侯外庐等主编《宋明理学史》第406页,引及张元忭与许孚远论学书,张氏批评他主张"知体无穷,物有定则""是将以知不足恃而取则于物矣,是将舍吾心之天则,又索之于外矣,是将歧知与物而二之矣。"说明许孚远确有复归程朱的倾向,至于是否"专契",尚须另作研究。
⑥ 《明史》卷224《杨时乔传》。

罗汝芳的祠宇因而被拆毁无存①。同时，正值朝廷下诏釐正文体，杨时乔又趁机强调儒禅之辨，把矛头对准了杨起元。由于杨时乔官声甚佳，南都"一时疑信者半"，许孚远则为之极力鼓吹："伊洛九鼎，其在斯乎！"痛斥尚圆通者为"邪说"，为"诐行"②。假如说许氏作《九谛》以难周汝登尚属学术纷争的话，那么这种表态已具明显的政治含义了。正因为如此，他在不久以后便被罢职家居③。

湛学后来阑入东林一脉，杨时乔出任吏部侍郎以后更是积极推动京察，排击阁权、伸张部势，这些当然已是后话了。不过，万历中期当东林党人顾宪成、高攀龙等在学术上公开亮相后，仍然以着力抨击会通派王学为要务，顾、高等批评管志道之"无善无恶"论，张问达弹劾李贽，都是其中有名的案例④。这两个问题下文另有讨论，在这里便不拟详及了。

二、阁部之争

在万历十年以后的明代政治史领域，有这样一个引人注目的政治景观，那就是阁权与部权之间的明争暗斗。从士大夫结党、制度本身的缺陷与制衡，到社会集团之间的利益分野，学者们致力于从不同的历史层面，揭示这一现象的内在底蕴。问题是，在意识形态领域，利益竞逐的背后，反映出士大夫阶层主观精神的哪些异动？

阁部之争由来已久。早在明初，朱元璋为了加强君主集权，借胡惟庸党案正式废除丞相制度，那以后六部尚书直接向他本人负责，君相大权被集于一身。朱元璋进而规定："以后子孙做皇帝时，并不许立丞相，臣下敢有奏请设立者，文武群臣即时劾奏，将犯人凌迟，全家处死"⑤！丞相废立被视作大明

---

① 《东林列传》卷19《杨时乔传》。
② 《罪惟录·列传》卷10《许孚远传》。对此事雍正《浙江通志》卷175《人物五·儒林上·许孚远传》言之尤详。
③ 《明儒学案》卷41《甘泉学案五·许孚远传》："时在万历二十年前后，名公毕集，讲会甚盛，两家（指杨起元、许孚远）门下，互有口语，先生亦以是解官矣。"
④ 张问达弹劾李贽讨论见下。高攀龙批评管志道主要是针对其会通三教，《高子遗书》卷8（上）《与管东溟二》："窃谓先生大旨要在统一三教……先生实见得毗卢性海本共一家而三教圣人原无二性，分吾儒，分二氏，总是妄生分别，反使大道自限藩篱，故拈出群龙无首，破道统之说，使素王不得独擅其尊……盖先生于佛氏之学可谓精诣其体而大弘其用者矣，然于圣人之道终有不合。"本书把管志道列于会通派下的原因，以此。另外，有关管志道的思想倾向，及东林派之反对无善无恶论，可参荒木见悟《明代思想研究》第149—185页、《管东溟——明末における一儒佛调和论者の思惟构造》及沟口雄三《中国前近代思想的演变》第195—214页。
⑤ 《皇明祖训·首章》。

帝国生死存亡之所系。这表明，嘉、万以后被朝野上下所艳称为"宰相"的内阁，并没有任何法理上的依据。《皇明祖训》的颁布，为后来的阁部之争埋下了伏笔。

如所周知，中国传统的君主集权的官僚政治体制，中枢权力的运作主要靠效忠于皇帝本人的一个私人班底。这个班底的出身，可以是宦官、东宫从龙的教习，也可以是外廷拣选的大臣，但前提却必须是皇帝本人的亲信。这个班底协助皇帝控制外廷，掌握军队，牢牢把持着中央政府的最高权力。东汉的尚书台，中唐的北门学士，明初的内阁与清初的军机处都属于这一类的机构建制。但是，随着这一建制本身的制度化，它又将成为皇权的异己力量，因此新一轮私人班底的设置便会重新出现。中枢系统的整体形象从而呈现为"权力内移"的恒久过程[①]。

明初的内阁便是这一政治思路的产物。成祖入继，特简解缙、胡广、杨荣等入值文渊阁，参预机务。据说"阁臣之预务自此始"[②]。但当时，入阁之人大都是翰林院编修、检讨等低级官僚，不惟不置官署，尚且无法专制诸司，仍然是皇帝的秘书机构。仁宗、宣宗时，即使是内阁重臣杨士奇、杨荣等位望已尊，加衔已至尚书，但在外廷的位次却依然不及吏部尚书。朱元璋废相以后相当一段时间内，外廷领袖的角色都是由吏部尚书充任。

正统年间，内阁具备了票拟的权力[③]。景泰时期，吏书王文入阁，在诰敕房、制敕房俱设中书舍人，"六部承奉意旨，靡所不领，而阁权益重"[④]。至成化间内阁大学士丘濬开始和吏部尚书王鏊争夺朝列位次[⑤]，说明此时的内阁已具备制度上的自觉，不再仅以皇帝的私人班底自居了。于是，"嘉靖以后，朝位班次，俱列六部之上"。夏言、严嵩等人则被目为"真宰相"。

嘉靖初的内阁首辅杨廷和可以说是位名副其实的权相，在与皇权对抗、反

[①] 陈仲安、王素曾以汉代尚书由掌管文书的小臣，最后取代三公，成为宰相，最终又在唐代变成荣誉官位为例，指出："亲近小臣变为政府大臣，又由政府大臣变为荣誉官位，均与权力集中于君主有关"。见《汉唐职官制度研究》第2页。本书把这一过程称为"权力内移"。
[②] 《明史》卷72《职官一·内阁》。
[③] 票拟之名，起于宣德三年，但作为一个制度形成，则是在英宗正统初，参罗丽馨《明代内阁制度》。
[④] 《明史》卷72《职官一·内阁》。
[⑤] 沈德符《万历野获编》卷7《阁部列衔》。沈又言："成化五年己丑科读卷，则兵部尚书兼翰林学士直内阁商辂居吏部尚书崔恭之前，时两人俱不带宫衔，亦宜以部序为次，而位置如此，则以内阁体重也。"

对大礼议的过程中,除了内廷张太后之外,他也得到了外廷绝大部分官僚的衷心拥护。反对者张璁尽管力助明世宗打击师道,但是一旦为了谋求自己的权力,却也"强直自遂,人主为屈"①,因此勉强可以算作外廷的代言人。继之而起的内阁首辅夏言,虽因议礼得幸,但不附世宗崇道教,建言释放大礼大狱诸臣,同样在外廷中赢得了时望。因此张、夏诸人尽管反对者众多,却罕见有人从制度上对其所掌握的阁权说三道四。

真正从法理上对阁权作釜底抽薪的是在严嵩当政的时代。嘉靖三十二年兵部武选司员外郎杨继盛弹劾严嵩有"十大罪",第一款便说:

> 高皇帝罢丞相,设立殿阁之臣,备顾问、视制草而已,嵩乃俨然以丞相自居。凡府部题奏,先面白而后草奏,百官请命,奔走直房如市。无丞相名,而有丞相权。天下知有嵩而不知有陛下。是坏祖宗之成法,大罪一也。②

杨继盛这种呼声虽然很快沉寂,但却为外廷对阁权重新进行审视,提供了思路。嘉隆之间徐阶、高拱相继柄政,尽管互有倾轧,但却仍以外廷的领袖自任。像徐阶,更是得到外廷绝大部分官僚的拥戴,以对抗隆庆初期皇帝与中官的势力。

张居正时代阁权无与伦比,六部与都察院都在内阁的辖制下战战兢兢,唯命恐后。但正是在这个时候,重新出现了对阁权表示怀疑的声音。万历四年巡按御史刘台在弹劾张居正的奏疏中劈头便说:

> 高皇帝鉴前代之失,不设丞相,事归部院,势不相摄,而职易称。文皇帝(成祖)始置内阁,参预机务,其时官阶未峻,无专肆之萌。二百年来,即有擅作威福者,尚有惴惴然避宰相之名而不敢居,以祖宗之法在也。乃大学士张居正偃然以相自处,自高拱被逐,擅威福者三四年矣。谏官因事论及,必曰:"吾守祖宗法",臣请即以祖宗法正之。③

---

① 王世贞《嘉靖以来内阁首辅传》卷8《野史氏言》。张璁提高外廷权力主要是为了打击内监,参第一编第一章。
② 《明史》卷209《杨继盛传》。
③ 《明史》卷229《刘台传》。

刘台弹劾张居正的动机，我们在上一章已经论及，问题是，同样是阁权，同样是权相，为什么在遭到弹劾的过程中，有的是即人论事，有的则针对权力的基础本身？

其实，倘注意到我们此前对张居正所作过的分析，那么一切便可了然了。张居正之所以受到质疑，本质上是因其与清流交恶，不被外廷视作合格的领袖，相反却被视作皇帝与宦官的代言人。因此对阁权的冲击本质上是反对皇权，这一点对严嵩也是一样。职此，对阁权进行反思的关键即在于内阁是否被外廷看作异己的势力。以往用阁权与皇权的斗争作为考察明代政治史的一个切入点，似不如用皇权与廷权的关系为关照，更显妥帖。

用这个角度来切入，那么万历中期的阁部之争就不仅仅是廷臣之间的党争。在此时阁权已为皇权所俘虏，变得更加中庸软熟，六部与内阁相争逐，根本目的是为了增加外廷的权力。这也就是为什么外廷屡屡打着张扬皇权、揭露相权的旗号，但明神宗却不吃这套的原因。

张居正去世以后，明神宗出于清算他的需要，开放言路，以为一己之驱除。但是，他所反对的却仅是张居正个人①，却不是张居正所创下的内阁统司百僚的威信。更何况申时行等人出于因禄固宠的需要，甘愿受皇帝与中官的驱使，内阁不过是皇帝的代言人罢了②。加之申时行等后来又因此与言官交恶，遂联合部院大臣以对抗言官，于是不仅"阁臣与言路日相水火"③，九卿以上的大臣和言事的小臣之间也如同冰炭④。

在明神宗亲政的早期，顾宪成等后来的东林人物，尚在小臣的行列。岁月荏苒，随着官阶的晋升，以增强廷权为职志的东林党人逐渐在六部当中获取了权力。这些人在万历十八年以后相继围绕在吏部尚书宋纁、陆光祖、孙铉、孙丕扬等的周围，以京察为手段，伸张部势（特别是吏部），抗击阁权，正式挑

---

① 《明史》卷218《申时行传》："帝虽乐言者讦居正短，而颇恶人论时事，言事者皆谪官。"
② 张居正死后，最初部院大臣沉滞一气，与言官相抗。内阁首辅申时行、吏部尚书杨巍等"彼此相率诣中贵人求援，时行、巍等虽得留，而大权悉旁落矣。"见《嘉靖以来内阁首辅传》卷8《申时行传》。
③ 《明史》卷218《申时行传》。
④ 《耿天台先生文集》卷3《与焦弱侯》："近日士绅九列以上似是一班议论，一班意见，九列以下庶僚又是一班议论，一班意见。从旁观之，南北议论、意见似亦隐隐不同。"同样的观感可参《明儒学案》卷58《东林学案一·顾宪成传》顾氏与内阁大学士王锡爵的对答。

起了阁部之争①。

阁部之争是廷权与皇权的争夺,反衬在意识形态领域,则是处于弱势的朱学与强势的在朝王学之间的驰竞。沈鲤为东林学派所推崇②,申时行支持王守仁从祀,正是双方分野的明证。在申时行以后的阁臣中,王锡爵、赵志皋、沈一贯、朱赓等或者是王学的支持者,或者对王学不表反对。在与皇权关系上,依违取容,苟延度日,可以视作王学的在朝派。这些人在政治上递相拥护、久而不败,被时人比做"传钵沙门"③,成为当时朝中最大的保守势力。万历时期思想界的反中庸思潮,针对的就是此辈。从师道与君道关系的角度来考察,这批人早已失去了昔日王学的英爽气象。

值得注意的是,师道精神却在廷权与皇权的竞逐中,被东林党人默默地承继着④。用外廷限制内廷,用廷推抵制中旨⑤,尽管外廷从未像王学师道派一样打出"复兴师道"的旗帜,甚至相较于前者,犹有更多的与君权合作的意味,但是师道复兴的真意依然在琐碎的政争中流转。这也就是为什么晚明以东林及以东林为偶像的复社为核心的,晚明的党社运动,可以被视作师道复兴之一部的根本原因。黄宗羲等清初的士大夫正是以此为接引,写出了《明夷待访录》《潜书》等全面反思君道的巨制鸿篇。

第三节 万历中期以后的在朝王学

张居正以后的万历政局经过最初的大小臣工之争,中期的阁部之争,以及晚期的言路党争以后,终于在天启初演化为东林与阉党之争。对于这一过程,

---

① 在《明末的东林运动》一文中,贺凯(Charles O. Hucker)强化了一种传统观念,认为东林运动主要仍是一场针对张居正以后内阁集团道德上的腐化堕落的道德运动,同时认为"东林运动根本缺乏一种独特而固定的政治主张"。事实上,其后一观点早已为小野和子、沟口雄三等的研究所反驳。其前一论点,窃以为,从东林学派攻击在朝王学的乡愿人格、抨击会通派的猖狂恣肆来看,说那是一场道德运动并不过分,但是这场运动既然与政治、经济利益紧密联系在一起,道德本身则因此变成了意识形态的工具。这样,东林运动又决不仅仅是一场道德运动,而同时是一场政治运动、一次社会运动。
② 参前揭高攀龙《龙江沈先生泰交始末记》。
③ 吴应箕《东林事略(中)》。参下一节的有关讨论。
④ 侯外庐说:"泰州学派、东林、顾、黄、王诸人共同之处是他们都有反抗专制制度的要求,代表了中国资本主义萌芽时期的进步思潮",实际上已经注意及此,只不过和本书的角度不同罢了。参《中国思想通史》第四卷(下)第1118页。
⑤ 参《明史》卷224特别是《陈有年传》。

以往研究者从不同角度做过许多颇有价值的分析。作纯粹的事件考证者有之，基于道德判断以清流与腐朽势力的斗争来概括者有之，基于阶级分析以地主阶级内部不同派别的冲突来把握者有之，基于社会控制的视角以国家与社会之间的权力关系来分析者亦有之。事实上，在这一过程中，对于阉党的形成及其意识形态上的渊源，一直没有得到应有的重视，这就是万历中晚期的在朝王学。

一、隆庆二年进士集团

万历时期在朝王学首要的代言人是申时行。在他以前，内阁首辅张居正因为在嘉靖时期徐阶主政之际也曾参与过王学讲学，且与王学家耿定向、罗汝芳、胡直等相交甚深，对王门大老聂豹、罗洪先的归寂之学亦不乏景仰之意，因此，神宗初年高拱被逐之后，一度被王学信徒寄予厚望。但由于张居正当政之后所坚决推行的打击讲学政策，又使双方很快交恶。这样，尽管隆、万之际王守仁从祀的呼声已经很高，但在万历的前十年却始终没有实现，直到万历十二年，由于时任内阁首辅申时行的奥援，王守仁的木主才正式进入孔庙。

申时行当政以后最大的不同，便是他所采取的包容政策，改变了前代内阁大学士之间相互倾轧的局面。因此，尽管张居正死后已成为皇帝与外廷士大夫的众矢之的，但申时行却极力反对对其党羽的过分打击。相反，他与次辅许国等人还多次以维护大臣体面及职掌为由，对激进的言官集团予以重创。许国所谓的"大臣犹鞭楠也，宜取其阅历，略其寸朽；言官犹江河也，宜导之疏通，息其风波"，在支持者心目中，"时以为名言"。申许二人交情莫逆，以至于稍晚于许国一年晋升内阁大学士的王家屏甚至把二者误认作进士同年①。

申、许关系其实是万历十年以后阁臣之间内部团结的缩影。在此前，由于张居正的独裁作风，不仅次辅吕调阳"莫敢异同"，及张四维等入阁以后，甚至"恂恂若属吏，不敢以僚自处"。申时行更是张居正的晚辈，尽管"以文字受知居正"，但"蕴藉不立崖异"，只是备位而已②。由于同属无权状态，张四维与申时行之间反而可以相安无事。及至张居正去世，张、申之争虽有一触即发之势，但前者随即丁忧，且不久死去，危机随即消弭于无形。否则，在南北矛盾愈演愈烈的晚明时代，分别来自山西与苏州的两位士人领袖之间，难免会

---

① 王家屏《泾阳许公国墓志铭》，焦竑《国朝献征录》卷17。
②《明史》卷213《张居正传》；卷218《申时行传》。

有一番恶斗①。而万历十年，张居正临死推荐的内阁大学士潘晟，因为与冯保的师生关系，很快便受到牵连，未及上任便被罢职。同时任命的余有丁，则是申时行的同年，相互也没有太大的龃龉②。及万历十二年十一月余有丁去世，十二月礼部侍郎王锡爵与吏部侍郎王家屏先后入阁，"复同气味，无异时齑枘之嫌"③。

刚刚上任的王锡爵与王家屏本来都是众望所归的清流领袖，因此在当时大小臣工特别是内阁与言官鏖战甚酣之际，二者都被言官集团视作可以争取的对象。不过王家屏尽管来自山西，且"每议事，秉正持法，不亢不随"④，但与申时行、许国等之间并没有发生太大的矛盾。许国去世之后，墓志铭便出自王家屏之手，二者关系可见一斑。至于王锡爵，更与申时行分列嘉靖四十一年进士的前两名，交谊甚笃，因此刚一上台，马上与推戴他的小臣恶言相向，内阁大臣因此相得甚欢。这表明，在新的政治形势下，张居正时代原有的清流集团分裂了。

由以往阁臣之间的相互矛盾，到此时内阁大臣一致对外，这无疑是明代历史上罕见的，正是在这样的背景下，后来成为东林领袖的顾宪成等才挑起阁部之争，试图从制度上对阁权釜底抽薪。前文曾经指出，所谓阁部之争并非是部门之间的权力之争，实质是皇权与廷权的争夺。这是理解明代政治的一条基本线索。

万历十九年申时行致仕，推荐赵志皋与张位自代，二人于是由中旨入阁。及万历二十、二十二年王家屏、王锡爵相继去职，赵志皋遂为首辅，万历时期的内阁因此进入一个新阶段。

把申时行、王锡爵去职视作内阁发展的新阶段，并不是说内阁的政治取向

---

① 张居正殁后，张四维及其徒党李植等反之最力，居正党羽乃厚结申时行自固。时王锡爵虽丁忧在家，亦时时与申时行互通款曲，如所云"孤前书谓初政吃紧在庄密二字。君子喜于生事，欲言濂洛纸上之言责望一切；小人错认定盘，欲以绍圣调停之说阴持两可。老兄既宰天下，却偏听两边不得。"（王锡爵《王文肃公牍草》卷2《申瑶泉相公》）时张四维似亦欲争取王锡爵，王未为所动，故同卷回信《张凤磐相公》皆客套之语。观此可见一斑。
② 王锡爵《王文肃公牍草》卷2《余同麓相公》："闻大珰中尽有一二可以诚感而义动者，其台省诸君即不能偏谕晓，然亦当稍择其中一二老成不好名生事之人，令时时密传方略，按伏器讹。譬之棋家漫处着子则紧处方得其力。"观此所言，可知申时行、余有丁、王锡爵等除了同年关系之外，在阁部之争的大格局里，基本政见也是相通的。一是积极发展与宦官的关系，具体讨论见下。二是分化外廷反对势力。
③ 前揭王家屏《泾阳许公国墓志铭》。
④《明史》卷217《王家屏传》。

发生太大的改变，而是指其成员的构成。事实上，假如稍微留意一下，便会发现在这一时期的内阁中，出现了一个隆庆二年进士集团。

有明一代九十科进士当中，隆庆二年的戊辰科（1568）对于后代史家来说似乎并不太显眼，既没有光耀史册的思想家和政治家，甚至也缺少为后世所知的二流文人。不过，在当时人眼中，这一科却不太一样。不仅"馆阁文字，是科为最盛"①，而且还出了七位内阁大学士，以及一大批有着尚书和侍郎等衔头的高官，其实际政治影响从总体上来说，或许其他各科皆难以望其项背。

详细统计隆庆二年进士之间的关系网，并非本文的根本目的。不过，只需指出这样一个事实就够了，不仅在万历二十二至万历二十九年这八年间，内阁权力完全由这个集团掌控，而且一直到万历三十七年与这个集团有密切关系的李廷机入阁以前，内阁首辅一职一直由此辈担当。这个进士集团的名单包括王家屏（十二年入，十四年丁忧，二十年致仕）、赵志皋（十九年入、二十二年为首辅，二十六年养病，二十九年卒官）、张位（十九年入，二十年致仕）、陈于陛（二十二年入，二十四年卒官）、沈一贯（二十二年入，二十九年继赵志皋任首辅）、朱赓（二十九年入，三十五年任首辅，三十六年卒官）、于慎行（三十五年入、未几卒），甚至也应该包括就是在赵志皋、沈一贯掌权期间担任吏部尚书一职的李戴（万历二十六至三十一年），至于其他尚书、侍郎等职已不必具论②。

隆庆二年所出的七位内阁大学士无一例外都出身于翰林。这一点并不算特别，因为在有明一代的制度设计中，翰林院尽管属于清职，但同时也是朝廷的高级人才培养所，政府有意用一批受过最完备知识训练的人担任高官，在明代内阁大学士中不出自这一系统的人为数甚少。在这批人中，赵志皋因中一甲探花，被直接任命为翰林院编修，其他人都被选为庶吉士，大概多年的切磋琢磨，使他们无论在私人友谊还是利益关系上都紧密地结合在一起。

而他们的上司又碰巧是申时行与王锡爵。申时行是嘉靖四十一年状元，其人"美姿容，能诗文、善笔札"，早在通籍以前，便以一篇《驱倦鬼文》为明世宗所赏识，入仕以后在当时的翰林院中也是众人瞩目的对象。嘉靖后期有名的"青词宰相"袁炜所撰《白兔表》及不少瑞应诗皆出自申时行之手③。因此

---

① 《明史》卷216《韩世能传》。
② 兹举一例，如此科状元田一俊、榜眼黄凤翔以及前文韩世能，万历中期皆任礼部侍郎。诸人皆属于王锡爵领导的力谏张居正夺情的清流集团。参下文。参《明史》卷216诸人合传。
③ 郭子章《太师申文定公传》，陈仁锡《皇明世法录》卷87。

申时行很快便由翰林院修撰经春坊左庶子晋升为翰林院掌院学士。万历五年，申时行被提升为礼部右侍郎，接替他的便是好友王锡爵。也正是在这一年张居正夺情，翰林院编修吴中行、检讨赵用贤上疏被杖，王锡爵率领赵志皋、张位等同馆十余人去张居正家中当面质问，与后者交恶，并同时获得了敢与权相立异的名声，成为清流的领袖。也正是因此，申时行、王锡爵与隆庆二年这一进士集团的关系才显得牢不可破，时人评论道："江陵以前嗣位者必反前人之政，进其所忌退其所昵，申王以后转相拥护，久而不败，议者比之'传钵沙门'，信夫！"①东林领袖高攀龙也说："四明（沈一贯）为吴县（申时行）、太仓（王锡爵）的传衣钵"②。王锡爵则自言与赵志皋"父子兄弟接踵为门下通家"③。

　　当然，假如仅把万历中期这些内阁群臣（万历二十九年入阁的沈鲤除外）理解为因政治冲突而集结起来的利益集团，却又未免过于简单了，或许由于性情与学养之故，或许也由于现实的政治需要，这个集团在总体上乃是王学的拥护者，并在事实上成为在朝王学的代言人。

　　和上一代"王学护法"徐阶相比，申时行并不具备讲学的名声，他本人也不欲以学者形象示人，尽管他早年曾对《尚书》有过一定的研究。但申时行却忠实地执行了徐阶以来把王学官学化的努力，并最终取得了成功，新一代在朝王学的领袖非他莫属。他所主持的王守仁从祀一事，甚至被王学家邹元标推许为"天下之至文"④。

　　申时行支持王学，首先与王学作为一种政治势力，已经赢得大多数人的信从有关，这也是统治术受学术影响的一个显例⑤。王世贞所谓"今天下之为新

---

① 佚名《江陵纪事》。
② 《龙江沈先生泰交始末记》，《高子遗书》卷10。高攀龙此言一个直接证据便是，王锡爵退职里居之后还曾对沈一贯密授机宜："词林后进或可尽力一荐，为同升之助，此羹彼调，渐扶元气，其功又在批鳞引裾上也。"前揭《王文肃公牍草》卷16《沈蛟门相公》。此外，万历三十六年礼部仪制司主事郑振先上《直发古今第一权奸疏》，把从王锡爵、沈一贯、朱赓到李廷机说成"灯灯相续""薪薪无穷"。参樊树志《晚明史》第606页。
③ 《王文肃公牍草》卷16《赵濲阳相公》。
④ 邹元标《文定申老师赐贤堂集序》。
⑤ 范文澜认为"封建社会本身变动着，写定了的经，怎样跟着变动（面）【而】适合统治阶级的需要呢？这就必须依靠经学了。儒生解释经义，使它适合需要。"见氏著《中国经学史的演变》，收入《范文澜历史论文选集》。范文澜言经学随统治者需要而变，后来业师朱维铮先生多次概括为"学随术变"，但揆诸历史情境，统治者因应学术大势而调整策略，即术因学变，往往也屡见不鲜。

建学者大率十而七"①，因此在政治上肯定王学的地位，便是他结好外廷士大夫的重要举措。何况王学的影响主要在南畿、浙中与江右，身为苏州人的申时行此举无疑更有利于巩固他在那些南方士大夫中的支持。

同样，王锡爵也不以学者知名。据说其为人"美瞻望，多权变，器宇深厚，文采烨然"②，更像一个附庸风雅的文人，并被同为太仓人的文史学家王世贞引为知己。事实上，和生活在宗教氛围浓厚的许多普通人一样，奇异的预兆，行善以祈福，甚至前定的高贵命运等等，都充斥在这批被当时人看来属于大有为之士的心目当中。王锡爵平生于"三教经典或重刊，或专刻，广行天下，用传后世者，不一而足。梵字无论大小皆书额护持，晚年命工以金银汁画大士像，手书'觉世真经咒语'在上，施人供养"不计其数③。受这种氛围的影响，他的女儿（号昙阳子）很早就出家，且自云得道，受到王世贞等一大批纠缠于自我解脱的文人士夫的顶礼膜拜。王锡爵的这种心理背景，使他尽管称不上一个王学家，但却并不反对王守仁④，甚至还与在朝王学最重要的理论家耿定向交情莫逆。

申时行、王锡爵等都是受王学的影响而成长起来的一批人，而到了沈一贯等人入仕的时期，情形则更是愈演愈烈。当时正值嘉靖皇帝刚刚去世，"救时宰相"徐阶一举推翻了前朝弊政，包括针对王学的"伪学之禁"。不仅王守仁新建伯的世爵得到恢复，而且其本人也被推许为"宇宙人豪"，其学说则被视为"来学攸宗"⑤。在这样的背景下，由另一位王学大老、内阁大学士李春芳所主持的隆庆二年礼部会试，所传达给那些精于揣摩的天下举子们的到底是怎样的信息，便似乎不难推知了。

因此，在隆庆二年所产生的这批进士当中，尽管没有什么真正意义上的王学家，但却并不缺乏王学的支持者。在以后入阁的士人中，只有王家屏与于慎行是北方人，前者大概受王学影响较小，后者则对座主李春芳极表推崇，称赞

---

① 张萱《西园闻见录》卷43《从祀》，引王世贞言。
②《罪惟录·列传》卷11中《王锡爵传》。
③ 闻湘蕙《明鼎甲征信录》卷3。
④ 王锡爵对在隆庆及万历初关于王阳明从祀的讨论中似乎仍属骑墙。高推其人而讥贬其学，"窃谓此老人品功业，粹乎无议，惟良知一说断自《楞严》《圆觉》翻来，其旨融通活泼，能使贤者不觉自入，而不肖者亦易以掉弄精神、遮藏头面之地。门下试观海内贤不肖多寡何如，则可以知鄙意所在矣。"（《王文肃公牍草》卷1《王仪台给事》。）对王守仁从祀尚持反对态度。忖张居正家居后颇佞佛老，于王学亦当释然。
⑤《王阳明全集》卷40《诰命》。

他继徐阶之后"益用博大优柔和辑中外，天下熙熙，如履华胥而游化日"①。万历十二年争论王守仁从祀的时候，身为翰林院掌院学士的沈一贯在朱王之间表示折中，陈于陛则明确给予支持，至于赵志皋与朱赓都是王畿的门徒，后者一直通过他们在为王守仁从祀奔走出力。在这个意义上，我们把从申时行到朱赓，甚至也可以延伸到同样是浙江人的方从哲，在意识形态领域视作在朝王学的代言人，便基本上是可行的。

二、以术制胜

讲究权术是在朝王学的一贯传统。当然也可以说是权术利用了王学。早在王守仁那里，为了领兵打仗，克敌制胜，势必要发展出一套通权达变的本事。当王守仁把行动实践和学说理论联系在一起以后②，他所提倡的是，心体之良知必须经过"事上磨炼"才能具体地实现。那以后，其重要弟子欧阳德便把这一观点运用于实践，谋求王学在政治上的发展。

良知既然是具体情境中的具体显现，同时也就意味着并不存在一套既有的规矩和准则，换句话说，只要动机纯正，效果完美，那么为达目的甚至可以不择手段，王畿之所以称道孟子那句名言——"为大人者言不必信，行不必果"，便是这一思想的确切表述。事实上，也正是在这一点上，王门后学逐渐开始分道扬镳，师道派与会通派王学在这一点上分歧最大，王艮所强调的是"出则为帝者师，处则为天下万世师，"主张天下有道，以身殉道，天下无道，以道殉身，反对那种污身求进的妾妇之道。正是在这个意义上，王艮瞧不起那位做过有莘氏媵臣，以"滋味"游说商汤的伊尹，尽管伊尹的动机在以往的儒者看来或许也堪称清白。

不过，对于王学会通派以及随后的在朝王学而言，伊尹之污身求进却正好说明了良知的朗现。这些人对当时政治体制的认识要比王艮现实得多，在一个君主专制已经登峰造极的时代里，皇权已经异化成为一个随时可以噬人的猛兽，在这个时候不能靠飞蛾扑火式的对抗，相反，必须求助于高明的驯兽师。当然，这一理论尽管不能说没有道理，但当驯兽师也在被驯者的淫威之下为虎作伥之后该怎么办呢？天启时代阉党的出现，似乎是王畿等人所始料未及的。

---

① 于慎行《谷城山馆文集》卷10《太师李文定公文集叙》。
② 明代文臣带兵不止王守仁一人，参章太炎《检论·议王》，把善于带兵归因于学术，更多的是王守仁及其门徒的信念而已。

因此，隆庆万历之际，当在朝王学的地位稳步上升之时，王畿便提出恢复起居注以影响刚继位的小皇帝，以及撰写《中鉴录》作为其弟子张元忭等教习宦官的课本，这些建议其实都在张居正当政之后得到推行，张居正之编写《帝鉴图说》，张位之正式建议恢复起居注，都是类似思路的体现。

前文曾经指出，在朝王学有关权术的理论尽管在王守仁那里已滥其觞，但正式的完成却是耿定向的"慎术"说①。这一理论隐晦地表达了王畿等人先前的观点。而申时行以后的在朝王学则是在具体地实践着类似的理论。

事实上，尽管在外廷，特别是一些反对派的低级官僚看来，内阁已经完全腐化为皇权的鹰犬，但在这批内阁官员的心内，却是满腹的苦衷。在张居正刚刚去世之后，明神宗对内阁尚心存疑虑，外廷言官更是对阁权过大提出批评，正是王家屏所谓"适当鼎革之会，上疑于任，而下竞于挠，政地滋为惧府"的时期②。其后明神宗虽对内阁渐加倚重，但国本、矿税之争又把内阁推到与皇帝立异的第一线，内阁开始进退失据，"于是相传以政府为苦海矣"③。

在皇权与阁权的斗争中，王家屏与于慎行比较干脆，前者不仅坚决拥立皇长子朱长洛，而且以去就相争，引起明神宗厌恶，终于挂冠而归。正是因此，王家屏被六部九卿中的清流、即后来的东林党人视为可以倚重的对象④，但却并没有成功。至于于慎行在担任礼部尚书时因为争国本一案，干了两年便被迫退休，至万历三十五年虽被廷推，但不久便去世，也没有发挥太大作用。另外一位大学陈于陛尽管也被视作"羽仪廊庙之选"，但在阁两年多，目击时弊，"忧形于色，以不能补救，在直庐太息视日影"而已⑤。

相比较而言，申时行等人的行为方式便颇有些不一样。申时行当政之际尽管也曾领衔外廷争持国本一案，但在万历十九年被揭露出来的密疏之事，表明他其实对皇帝乃是阳违阴奉。申时行后来这样解释他的所作所为：

> 政有政体，阁有阁体，禁近之臣，职在密勿论思，委曲调剂，非可以

---

① 参本书第三编第一章第二节。
② 前揭王家屏《泾阳许公国墓志铭》。
③ 朱彝尊《静志居诗话》卷15《朱赓》。
④ 顾宪成、高攀龙等重修东林书院时在万历三十二年，东林党的称谓更是晚在万历后期到天启之际，但鉴于顾宪成等未退职之前已经在阁部之争中具有重要地位，东林党人与万历清流的渊源关系还是很明显的。从长时段叙述而言，本文有时也把万历中期以来的清流泛称为东林人士，学者不必以辞害意。
⑤ 《明史》卷217《陈于陛传》。

悻悻建白，取名高而已也。王山阴（家屏）之争留一谏官，挂冠而去，以一阁老易一谏官，朝廷安得有许多阁老？名则高矣，曾何益于国家？阁臣委任重，责望深，每事措手不及，公他日当事，应自知之，方谓老夫之言不谬也。①

申时行这一政治态度极受王锡爵推崇，后者称他"练达政务，功表救时，如姚元之；密调宫府，剪除城社，如王孝先；含茹黑白，网罗群才，如韩稚圭；固根本，别顺逆，以长策制虏，如赵充国"，可以说无以复加了②。事实上，这种评价本身也便暗示着王锡爵自己的行动取向。万历二十一年他因提倡三王并封，变相地对皇帝表示支持，遭到外廷的猛烈抨击，面对批评者，他这样说，"古人留侯、邺侯，皆以权胜。权则未也，亦可谓迂其身以善其君者也"③。这一观点与徐阶昔日所言可谓若合符辙。

王锡爵在入相前后，也是多次对外廷以师道自任、对君主多般限制，这种所谓"濂洛纸上之言""宋儒之论"表示不满④，批评外廷反对派"一意以洁身为高，抗言为直，则事体将愈激愈坏矣……今日之势，全靠宋儒议论不得，必须作用一番，鼓舞台省大臣，方得展布。⑤"这种所谓"作用一番"，与他对现实权力结构的理解也是一致的："教中訾訾谈天下事，隐忧更深。以愚见言，三代而后，世界（决）不能十分如意，当路豪杰且随缘作用，尽力维持，其利钝则无也。"⑥另言"圣主（指万历）自聪明，其积疑致侮于外廷，实外廷自为矛盾。以大权归内而阁中恩礼未薄，密揭什行二三，故犹是转移一机。⑦"可见王锡爵所追求的是在效果上的"救时"，至于是否像王学师道派及东林党人所追求的以师道自任、在制度上对皇权予以限制却并不关注。

申、王诸人这种态度无疑得到了明神宗信任，尤其是王锡爵，因与外廷交恶，屡次称病乞休，明神宗为了表示挽留，甚至"为出内帑钱建醮祈愈"，这对一贯贪财的明神宗来说，已经是最具有诚意的表示了⑧。事实上，内阁与皇

---

① 钱谦益《列朝诗集小传》丁集（中）《申少师时行传》。
② 李绍文《皇明世说新语》卷4《品藻》。
③ 傅维麟《明书》卷134《王锡爵传》。
④ 王锡爵《王文肃公牍草》卷2《申瑶泉相公》《余同麓相公》。
⑤ 同上书《又与申瑶泉相公》。
⑥ 《王文肃公牍草》卷2《赵定宇谕德》。
⑦ 前揭《王文肃公牍草》卷16《沈蛟门相公》。
⑧ 《明史》卷218《王锡爵传》。

帝这种关系，也的确可以使内阁在某种程度上达到自己乃至外廷的目的。张位曾这样评价王锡爵：

> 王公在纶扉有所执奏，上往往屈己从之，十得六七，即不从，亦[必]复使谕其所以乃发，今则径从中出，而我辈不及知矣。令公久在列，必能先事消弭，上亦有所顾虑，利孔未开，有司奉职犹昔也。①

极表艳羡之情。事实也的确如此，当王锡爵主政之际，不仅在罢江南织造、江西陶器、减云南贡金，出内帑振河南饥等事情上影响了皇帝，而且"其救李沂，力争不宜用廷杖，尤为世称"②。王锡爵之得罪外廷，主因即是他所倡导的三王并封之议，而这一倡导，影响了外廷清流的根本利益，因为后者已经把赌注压在后来庙号光宗的皇长子朱常洛身上。在朝王学与清流在这一问题上是有区别的。在万历内阁中，除叶向高可以明确算作东林党人之外，王家屏与沈鲤都是清流人士所极力支持的对象。万历二十二年顾宪成就是因为在廷推的时候坚决支持因国本之议与明神宗积忤的王家屏，而被罢职。至于沈鲤，则在高攀龙所撰写的《龙江沈先生泰交始末记》中被视作清流集团的代言人③。

大概地说，在朝王学与东林之间的区别，在政治上首先出于二者对制度的不同理解。尽管对于传统君主制的政治架构双方都并没有提及，但东林党人更强调的是以制度——以文官政治为中心的制度，来规范君权，倘若这一理念得到贯彻，那么它所导致的，更像是一种事实上的虚君政治，这一点由在阁部之争中，六部对"类奏以听上裁"，这一做法的反对，可以明确看出。东林党人史孟麟认为：

> 臣惟国家张官置吏，以为民极，独有官守言责二者而已，官守佐天子以理天下，而其职欲专，不专则散且乱，乱则窃弄者得而收其柄；言责佐天子以正天下，而其路欲广，不广则隘且私，私则侥幸者得而逃其奸。
> （下言阁权积重，使官失其守，言失其责）

---

① 焦竑《国朝献征录》卷17《荆石王先生锡爵行状》。
② 《明史》卷218《王锡爵传》。
③ 顾宪成也极推崇沈鲤，曾致书史孟麟，言"愚意以为归德公（沈鲤）真真君子"。见氏著《泾皋藏稿》卷5《又与史玉池书》。

>   ……
>
>   我太祖置中书省，而设六部以分庶务，恐其专也；而官各有职，职各有掌，不相侵夺，不相干越，则又惟恐其不专，盖以一事而任一官，则专非为害，即以一官而败一事，亦罪有所归。斯祖宗分职之意也。今一则曰各衙门各书所见，一则曰类奏以听上裁，则始以一部之权，分而散之于诸司，究也以诸司之权，合而收之禁密。道旁筑舍，三年不成，即有误者，谁执其咎？听自上裁，旨由阁票，或有私意奸其间者，内托上意，外诿廷言，又谁执其咎？
>
>   ……
>
>   臣窃谓职掌自各部专之，则非以为专擅，而不专则必有专之者，阿以资专擅，故曰类奏上裁之议，不可为法也。①

依东林之议，六部掌其官守，言官以公论衡其是非，如此则权有所属，罪有所归，不需要以"禁密"之权为统一。在这里，表面上是在反对内阁，其实把矛头直指宦官集团，以及其背后的真正独裁者皇帝。在阁部之争中，东林党人坚持廷推，反对中旨用意全都在此。至崇祯时代思宗朱由检试图亲自任命大臣，东林党人郑三俊甚至提出，"考选者部院事，天子且不得专，况枢部乎？乞先考定，乃得圣裁。帝不悦，召三俊责之，对不屈"②。皇帝的职责既然就是不要干涉外廷的权力，那么是谁当皇帝有什么关系呢？这样，我们也就理解为什么东林党人要坚持立皇长子了，一言以蔽之，依靠一定的制度行事，有利于政权的稳定，假如外廷权力得以贯彻，那么君主的贤明与否并不是最重要的。

相反，对于在朝王学内阁而言，皇权是政治制度的中枢，现实的途径只能是通过影响皇帝来达成有利于自己或外廷的目标。因此，在朝王学对于制度本身并不重视，在经、权关系上，无疑更倾向于后者。

在朝王学与东林派这两种相异的理念在对雒于仁一案的处理上清晰地反映出来。万历十七年，大理寺评事雒于仁因明神宗不理朝政，上酒色财气四箴，激怒后者，明神宗将置之重典。恰值万历十八年元旦，内阁首辅申时行率领阁

---

① 史孟麟《专职掌、广言路以防阻塞以杜专擅疏》，载陈子龙《皇明经世文编》卷430。按，小野和子在《东林党之形成过程》一章中，较为细致地考察了东林党人关于官守言责、监察权独立性等的捍卫，见氏著《明季党社考——东林与复社》第166—212页。
② 《明史》卷254《郑三俊传》。

臣朝见，看到了这份奏疏。大学士王家屏第一个反应是：

> 人主出入起居之节，耳目心志之娱，庶官不及知、不敢谏者，辅弼之臣得先知而预谏之，故能防欲于微渺。今于仁以庶僚上言，而臣备位密勿，反缄默苟容，上亏圣明之誉，下陷庶僚蒙不测之威，臣罪大矣，尚可一日立于圣世哉？①

王家屏这种态度当然使明神宗不快，事实上除了激起明神宗把怒火转向他以外，对相救锥于仁并没有什么好处，在这个时候，申时行的权术起了作用："此疏不可外发，恐外人信以为真，愿陛下曲赐优容，臣等即传谕寺卿，令于仁去位可也，帝乃领之。"但"章奏留中自此始"②，申时行达到了搭救谏臣的目的，但却是以破坏制度为代价的。

在以往研究中，由于道德主义色彩过浓，以申时行为首的在朝王学内阁首先在人格上遭到贬低。当然，尽管我们确实可以找到证据，把天启时代阉党视作在朝王学的衣钵，但却并不能把罪责完全算在在朝王学头上，那种以君子小人、正义非正义等一分为二的模式所作的研究，与历史实相相比，未免有简单化之嫌。从根本上说，在朝王学的政治理念是独裁式君主政体的必然产物。一种僵固的政治结构，要么使理想的精神诉求成为以卵击石，撞的粉身碎骨；要么迫使另外一些政治力量采取更为柔软的身段，在现实的权力夹缝中游走。从朱子学到阳明学，在政治上的深刻变化，与宋代君师共治体制被明朝君主独尊体制所取代，这一趋势是相应的。而就明代的具体变化而言，则表明正统以后，因为君权失范导致宋代政体的短暂复归，至此又重新破局，回到了明初体制。

对这一时期的在朝王学内阁而言，要想在毫不退让的独裁君主与慷慨激昂的外廷儒臣中间寻找平衡，无疑是一件痛苦之事。也正是因此，内阁大学士朱赓也才把他的著作题名《茶史》。若干年后，那位早年气节凛然被看作东林领袖，其后心仪于王学会通派的邹元标，在身任高官，体会到个中甘苦，因提倡和衷共济而被认为"首鼠两端"之后③，对朱赓的深意大为感叹：

---

① 《明史》卷217《王家屏传》。
② 《明史》卷234《锥于仁传》；卷218《申时行传》。
③ 《明史》卷243《邹元标传》。

公曰《茶史》，食茶者以苦语人，不知，惟食者知之，问以苦如何，竟不能吐一语。①

然而那苦又是谁造成的？是皇帝？是内阁？是东林党人？事实上，正是在这里，我们看到了晚期君权独尊体制所面临的巨大危机。

三、在朝王学与阉党之形成

　　明神宗于万历四十八年去世以后，被东林所推戴的光宗朱常洛未及一月便因误食泻药，不治而亡，长子朱由校即位，改元天启，是为熹宗。由于朱由校宠信宦官魏忠贤及保姆客氏，朝政大权拱手相让，于是外廷政治局势也随之一变，一大批与清流相对抗的官员迅速集结在魏忠贤的周围，对前者给予无情打击，这批人便被称作阉党。

　　宦官权力是随着秦汉统一帝国的出现而进入人们的视野当中的。尽管宦官在先秦时代便已存在，但在分封制的政治体制之下，权力受到极大的限制，而且那时的宦者也不尽是阉人，宦者，仕也。

　　统一帝国需要一个高效而又自成体系的文官集团，然而，尽管文官权力在理论上来源于君权的分割，但官僚集团的制度性本身使之具有了强大的自为力量，因此并不总是受到皇帝信任。这样，作为君主家奴的宦官地位便渐显重要，秦朝中书令赵高便是中国历史上第一位权力巨大的宦官。那以后汉、唐、宋、明，每一个汉族人统治的大帝国中间，都出现过宦官专权的现象，这一点可能是由于，汉族较周边少数族在文化上稍显发达的缘故——因为对后者来说，宗族的势力往往更大。

　　明初立国，朱元璋惩前代之弊，一方面恢复分封体制，一方面严格限制宦官权力。不过，至迟在永乐时代，因靖难起兵的成祖朱棣却发现，家奴的作用要远远强过那些建文时代便已任职且充满敌意的文官。这位喜欢开疆拓土的皇帝，他所派出七次下西洋的马三宝（郑和）、沟通中亚的李达诸人，都是有名的太监。特别是永乐十八年东厂的设立，使宦官又有了刺探情报的特权。"盖明世宦官出使、专征、监军、分镇、刺臣民隐诸大权皆自永乐间始"②。到了天启时代，宦官已发展成具有内府十二监之职掌及人数几达数十万的庞大官僚

---

① 邹元标《金庭朱公赓行状》，《国朝献征录》卷17。
②《明史》卷304《宦官传》。

集团①。

面对深得皇帝宠信,且又权势巨大的宦官集团,外廷文官逐渐发生分化。每当君主孱弱,宦官干政更为激烈的时候,便总会有外廷文官为了一己私利,为之摇旗呐喊,直至为虎作伥。正统时的王振,成化时的汪直,正德时的刘瑾,便都曾笼络过一大批阉党。不过,尽管阉党并非新鲜事物,但天启时代的阉党却依然有其特殊意义。在以前与宦官拉关系被外廷所不齿,那些与宦官人物结好的政治野心家尽管从未少过,譬如高拱与陈洪,张居正与冯保,但却很少有人敢于以此自矜。同样,阉党与清流的斗争尽管十分激烈,但是在意识形态领域却并没有太大的反响,因为理论界还没有为阉党提供一种学说可以和反对结交阉宦的正统的程朱理学相抗衡。但在天启时代,一切都不同了,因为这个时候已经有了王学。

王守仁最初是反对宦官的,正德二年因上疏与刘瑾立异,被廷杖四十,发配到贵州龙场,并在那里穷极悟道。不过在刘瑾下台之后,返回内地的王守仁却出于种种考虑,与亲宦官的杨一清、王琼等高级官员结好,并因此和内阁首辅杨廷和交恶。正德十四年王守仁平定宸濠之乱,为了防止明武宗的猜忌,还进而拉拢大太监张永,把平乱的功劳拱手相奉。

对于自己的所作所为,王守仁并没有给予太多解释。而在其他人眼中,这不过是通权达变,与他所强调的在事上磨炼以恢复本心的致良知学说并不矛盾。既然"本心光明",动机纯正,那么耍一点手段又有何不可呢?至于被批评者视为"霸儒"也可以在所不计了。

王守仁的行为无疑成了以后不少王学家的楷模。王畿等人更是把拉拢宦官,影响皇帝当成一件重要举措,在在朝的王门学者中间极力推销。当然首先应该指出的是,对这一做法,以王艮为首的师道派最初是表示反对的,对后者而言,"礼闻来学,不闻往教"(《礼记·曲礼》),王艮晚年所幻想的一直是盼望有君主或宰相亲自来向他取法,因此拒绝走宦官路线,这从他婉拒正德时代有名太监佛保的拉拢可见一斑②。直到王艮去世之后,其弟子门徒才逐渐把师道的色彩剥离,向会通派王学的立场上靠拢。到了颜钧辈,由于民间宗教化的色彩渐浓,因此尽管狂侠的本色不减,但却不再主张被动地待人取法,而是

---

① 刘若愚《酌中志》卷16《内府衙门职掌》。
② 参第二编第一章第一节。

期待着"附得志宰相,采庸神明,化裁左右,行即不啻弹指折枝矣"①。那以后颜钧的弟子何心隐、罗汝芳便更加肆无忌惮地奔走权门,而且都与徐阶关系密切。何心隐帮助徐阶除掉严嵩,罗汝芳劝其趁天下官员入计的时候主持灵济宫讲会,以提升王学在官僚中间的影响力,都是这一思想的集中体现。特别是嘉靖四十四年,时为宁国府知府的罗汝芳便趁赴京晋见之机,奉劝内阁首辅徐阶:

> 主上以务学为急,然必于其左右执御焉先之。公诚能使诸大阉知向学,即启沃上心一大机括也。公奈何反循内阁故事以塞其职耶?②

据说徐阶大表赞同。由此可见,这一观点其实为王学与宦官的结好在理论上开了方便之门。

对拉拢宦官及影响皇帝更为热心的则是会通派的领袖王畿。对王畿来说,影响皇帝要通过内外两个途径,缺一不可。一个是恢复前代起居注、弘文馆旧制,同时选择忠信有学之士十余人,更番入值顾问,通过对皇帝本人德性、学识的培养,实现传统儒家学者"格君心之非",君心一正则天下自正的政治理想③。这种观点因为是传统的,所以并不特别,外廷的学者型官僚动不动就上疏皇帝慎讲学、戒游逸、勤于经筵日讲,说的都是同一个意思。不过王畿这一提议在事实上却深刻影响了当时的政治实践,万历时起居注的恢复便是在张位的提议下,由张居正批准实行的,张位后来则成为在朝王学的一个代表人物。而张居正尽管反对王学讲学,但从他与聂豹、罗洪先等人的学术渊源上看,并不反对作为学说的王学本身。因此隆庆六年,张居正把古往今来堪称帝范的事迹编绘成册,取名《帝鉴图说》,交给明神宗学习,这个主意便出自受王畿影响甚深的陶大临,它所代表的当是王畿等人的共同观点。

如前所述,王畿的特别之处就在他敢于冒天下之大不韪,承认当时宦官作为皇帝的亲信可以擅权干政、影响皇帝的事实。王畿"四无说"所昭示的,

---

① 参第二编第一章第一节。
② 王时槐《近溪罗先生传》,载《近溪子附集》卷1。
③ 《龙溪王先生全集》卷9《与陶念斋(一)》。万历初明廷恢复了起居注制度,这件事与王畿的关系值得深入考察。如同书卷12《与邹颖泉》:"天子新祚,睿知夙成,童蒙之吉,所以养正,不可不熟为之虑。须复祖宗起居注、弘文馆旧制,选用忠信有学之士十余辈,更番入值以备顾问而陪燕游,方为豫养之道。闻冲年气淑,忺好文学,时与讲官接谈,机尤可人,不知当事者以此为第一义不,斯固不肖杞人之忧也。"

既然本心无善无恶，那么由本心所发之意、所致之知、所格之物，也都无善无恶可言。万历、天启之际外廷的官员纷纷与内廷合作，并进而形成阉党，和王学，特别是会通派王学给他们提供的这种理论上的开脱不无关系。除此之外，王畿还为影响宦官指明了现实的途径。就在张居正《帝鉴图说》问世不久，王畿把历代中官传记编辑在一起，"间以数语引而申之，开其是非之本心，警以利害之隐机"，或者说"为之开牖迷"，这就是《中鉴录》。王畿撰写《中鉴录》的目的，其实是希望把它作为教导宦官的范本。如所周知，早在明太祖朱元璋立国之初，为了防止宦官干政，内臣不许读书识字，其后宣宗时开始设立内书堂，选小内侍，命大学士陈山为教习，遂为定制，而"阁臣教习内书堂，所教内竖执弟子礼"。因此内书堂成为内阁及翰林院官员在宦官中间培植亲信的最佳场所。潘晟与冯保，沈濯与魏忠贤都是因此而拉上关系的。因此，万历七年，当王畿的学生张元忭到内书堂教习宦官的时候，《中鉴录》已经开始发生作用了。张元忭的理由是"寺人在天子左右，其贤不肖为国治乱所系"，与王畿如出一辙。甚至当张元忭离开内书堂，负责起居注之后，王畿仍然关心《中鉴录》是否仍会被使用①。

  王畿这一想法后来不仅被另外一个会通派王学家焦竑所贯彻，而且还有扩大到太子教育的意图。焦竑是耿定向的学生，万历十七年状元，授翰林院修撰。当时翰林院教习小内侍的官员，很多人都把这件事视为具文，焦竑则说："此曹他日在帝左右，安得忽之"？于是"取古奄人善恶，时与论说"。他所使用的教材，便很可能是《中鉴录》。同时，焦竑还亲自采择历代储君可以取法鉴戒的事迹，编为《养正图说》，"拟进之，同官郭正域恶其不相闻，目为贾誉，竑遂止"②。不仅如此，在王学家的影响下，一大批通俗教育的书籍在社会及宫廷当中流行，甚至连吕坤这样不属于王学一派的学者也开始编写《闺范图说》，后者因受神宗郑贵妃的瞩目——为之重新出版且作序鼓吹，而名声大振。但也因此惹祸上身，被反对派弹劾为替郑贵妃进封皇后造势，在政治上备受打击。

  对王畿、罗汝芳等人的倡议，万历时期的在朝王学官僚基本上是身体力行的，无论是出于策略考虑，还是为自身利益着想，与宦官拉关系都是这些人所

---

① 王畿《龙溪王先生全集》卷10《与耿楚侗》；卷12《与曾见台》。以上关于王畿欲结好中官的讨论，参第三编第三章第一节。
② 《明史》卷288《文苑四·焦竑传》。

愿为的。早在张居正刚刚去世不久,由于和外廷小臣特别是言官交恶,内阁首辅申时行、吏部尚书杨巍等人便纷纷跑到宦官那里去求援助,"大权悉旁落矣"①。前文所引王锡爵与大学士余有丁信函,王锡爵便力劝后者拉拢"大珰中尽有一二可以诚感而义动者"。申时行与宦官的关系,甚至使他在下台以后还对朝政保持着极大的影响力,在万历二十年的京外官员考核中间,由于吏部尚书陆光祖等人的举措,得罪了内阁的利益,申时行于是授意宦官张诚、田义以及言路中的亲信,联合起来把吏部文选郎王教、考功郎邹观光全都斥逐②。

由于在朝王学的这一取向,在万历中期与清流士人的斗争中间,双方的对比便非常明显。清流中的领袖人物,后来担任内阁大学士的沈鲤便以坚决拒绝与中官交往而著称。尽管他也曾教习过内书堂,参与过经筵侍讲。而他的学生,后来担任礼部侍郎的郭正域,在做皇子朱常洛讲官的时候,甚至"与内侍不交一语"③。

沈鲤入阁的时间是在万历二十九年,大概由于清望素著,引起了明神宗好感,因此试图用他在在朝王学内阁中间保持平衡。时人说他:"公之拜麻,独出上意,宫府无一援者"。入阁之后,沈鲤很快便与首辅沈一贯势同水火,最终二者于万历三十四年同时被罢职,在免职的诏书中,只有沈一贯独得温旨,虽因有阁大学士朱赓帮助,但"论者亦訾其有内援焉"④。

那以后,反清流人士与宦官之间的关系更加不是什么秘密了,内阁大学士方从哲身为首辅,但"性柔懦,不能任大事""每向人言,辄云内相之意。"被时人抨击为"是甘为万安、焦芳,曾赵志皋、沈一贯之不若也"⑤。已经明确被指斥为阉党。从王学试图利用阉宦,到阉宦反过来利用王学,转机只在一线之间。

---

① 王世贞《嘉靖以来内阁首辅传》卷8《申时行传》。
② 《明史》卷224《孙铖传》《陆光祖传》。
③ 《明史》卷226《郭子章传》。
④ 以上参徐开任《明名臣言行录》卷72《沈鲤传》;《明史》卷218《沈鲤传》。
⑤ 《明史》卷231《钱春传》。

第四编

党社与晚明师道复兴运动

第一章　东林学派与师道之复振

第一节　东林学派的构成

万历三十二年（1604），因政治斗争失利，废职家居的顾宪成和高攀龙等人一起，重修了宋儒杨时的东林书院，并开始招收生徒，聚会讲学。顾、高等人皆属退职清流，且在讲会中讥切时政，加之东林书院一秉朱熹白鹿洞规，又无疑重新扬起了尊朱的大旗，因此这一举措很快便引起世人瞩目。具有类似倾向的书院闻风而起，"毗陵有经正堂，金沙有志矩堂，荆溪有明道书院，虞山有文学书院，皆捧珠盘，请先生（顾宪成）涖焉。"① 在举世滔滔奔走于王学门下的时代里，尽管朱学仍在很大程度内充当天下士子科举的敲门砖，但通籍之后大都视之为已陈之刍狗，此时的朱学作为官方统治学说的地位岌岌可危。在此，以尊朱相标榜，且以批评者出现的东林学派，到底意味着什么呢，难道仅仅是腐朽的官方朱学在作垂死挣扎吗？

事实上，尽管同样以朱学为旗帜，但万历时代的朱学与正德、嘉靖以前都显然不可同日而语了。弘治、正德以后，随着意识形态领域的松动，思想界重新出现一批迥别于已有僵化教条的新朱学，其特征则是向宋代各种理学原型复归。罗钦顺、王廷相、汪俊、崔铣等尽管或归宗气学，或归宗理学，但在秉持独立精神，进行自由思考的基本立场上，都是一致的。

---

① 《明儒学案》卷58《东林学案一·顾宪成传》。关于东林书院及相关书院网络的较为详细的考证，如金坛志矩堂、宜兴明道书院、常熟虞山书院、桐城崇实会馆、江右仁文书院、徽州紫阳书院、西安关中书院等的关系，可参小野和子《明季党社考》第237—270页。

同时，作为新兴学说的王学与湛学，经过数十年发展，早已发生各自的分化。因此意识形态领域呈现胶着状态，彼此相互影响，相互渗透，也已不那么纯粹了。在这种情况下，我们把行动取向基本一致，政治立场大致相同，理论归趋相互呼应的一批学者，指认为东林学派。从这个意义上说，东林之所以成为学派，主要是因其政治儒学。

当然，必须指出，东林学派不等于东林党。道理很简单，后者的身份界定主要是政治性的，恰如黄宗羲所指出的那样，"东林岂真有名目哉？亦小人者加之名目而已矣"。在政治上与在朝王学内阁及阉党对抗而产生的清流集团东林党人，其流品本身即极为复杂，而且政治立场与学术观点并不必然相应，更何况如同在朝王学与阉党关系一样，东林党也是东林学派发生异化以后的结果，二者无法等同。

不过，假如像黄宗羲所说的那样，"东林讲学者，不过数人耳，其为讲院，亦不过一郡之内耳，昔绪山、二溪，鼓动流俗，江浙、南畿，所在设教，可谓之标榜矣，东林无是也。京师首善之会，主之为南皋、少墟，于东林无与"，把东林学派仅仅限定为一个单纯的地域文化集团，甚至连冯从吾、黄道周都排除在外，同样为本书所不取。冯从吾诸人尽管与东林书院的讲学家在学术渊源上不尽相同，但由于行动取向、理论归趋及政治态度的相互呼应，没有理由固执于学术渊源而忽视眼前的现实。东林之所以为东林，就在于它已经超越了狭隘的地域性，所谓"天下君子以清议归于东林"[①]，具有了标志性的符号意义。

一、东林的王学渊源

前面曾经指出，在嘉靖后期，经过几十年的发展，第三期王学可以大致划分为狂侠、乐学、在朝、会通四个派别。随着王守仁从祀孔庙，在朝一派全面得势，并日趋腐化；狂侠派则因前者及张居正的严厉打击一蹶不振；乐学派的平民讲学局处于三村四落之间，逐渐暗昧不彰，理论上则更失师道派的气象而阑入会通一脉。因此，万历中期以后，在野的王学思潮除了修证派的一些孑遗之外，以罗汝芳、李贽、周汝登、杨起元等为代表的会通派最为得势，这些人或者因反对师道复兴，或者在师道与君道之间保持了一定的平衡，得以在在朝王学统治之下，依违取容，甚至还可以放言高论。同时，这一派在行动取向上追求自我解脱，在思想上强调会通三教、诸子，又和以东林学派为代表的新朱

[①]《明儒学案》卷58《东林学案一·顾宪成传》。

学产生了尖锐对立。东林学派针对在朝王学的"反中庸思潮",针对会通派的批评"无善无恶论",都是这一形势下的现实产物①。

说东林学派属于新朱学不等于它不具备王学的思想渊源。东林学派之所以被以往一些学者视为王学修正派,其实正是意识到这一点,譬如其领袖人物顾宪成便先是心仪王学而后才归宗朱学的。

倘从思想渊源来看,东林始祖应该是一代名儒薛应旂。薛应旂字仲常,号方山,常州府武进县人。在晚明,他与王鏊、唐顺之、瞿景淳一起,并称"王唐瞿薛",是当世有名的八股文高手。薛应旂早年师从无锡名儒邵宝,其后游学于欧阳德之门,遂以王氏学知名,尽管由于一度与王畿交恶,受到王学中人的排斥,但其学术传承不可泯没。

薛、王交恶尽管本身是一个政治事件,但其根本原因则是二人在行动取向上的分歧。薛应旂本人在性格上孤峭而又刚愎,这一点与王畿行为不检的名声形成了鲜明对比。因为种种因缘,在嘉靖二十一年由内阁首辅夏言所发动的一次伪学之禁中,时为南京吏部郎中的薛应旂便就此将王畿罢职。除了彼此观念的歧异之外,这一事件同时也意味着,在王守仁去世仅仅十四年以后,王学内部的派系矛盾已经日益尖锐了。

由于在行动取向上属于王学修证派,因此薛应旂便在对会通派王学的不满中,日益倾向于讲究持循渐修的朱学,并在晚年意识到"朱子之言,孔子教人之法也;陆子之言,孟子教人之法也",开始提倡朱陆合一,并重新辑集了由宋端仪所编、在当时便因其会通朱陆的取向、被比作程敏政《道一编》的《考亭渊源录》②。

顾宪成、顾允成兄弟早年受业于薛应旂弟子张少弦(淇),在张少弦的带领下一同登门求教,薛应旂对二人极为欣赏,目之为"东南珍物",并命孙子薛敷教和二人"缔兄弟交",同时还把自己重订的《考亭渊源录》授予他们。三人从此以道学自负,若干年后都成为东林学派的核心人物③。

除了薛应旂之外,顾宪成还曾受过桐城学者方学渐影响,自言"私淑本庵方先生有年"④。方学渐虽受学于会通派王学家耿定理,但"见世之谈心,往

---

① 参本章第二节。
② 参本书第一编第三章第四节。
③ 高攀龙《高子遗书》卷11《光州学正薛公以身墓志铭》,顾宪成《泾皋藏稿》卷22《先弟季时述》。
④《东林书院记》卷16,转引自《宋明理学史》(下)第552页。

往以无善无恶为宗,有忧焉。进而证之于古,溯自唐、虞,及于近世,摘其言之有关于心者,各拈数语,以见不睹不闻之中,有莫见莫显者以为万象之主,非空然无一物者也"①,试图通过回归性体来反对心体"四无说"。顾宪成自言"宪少不知学,始尝汩没章句,一旦得读阳明之书,踊跃称快,几忘寝食,既而渐有惑志,反复恭验,终以不释。"②他后来之在理论上力辟心体"无善无恶"论,便与方学渐的观点相互呼应。方学渐著有《心学宗》,顾宪成从好友方大镇(学渐子)处读后叹赏不置,方学渐对顾宪成同样欣赏有加,"千里腾书,益以四集"。顾宪成遂致信方学渐,并自述衷曲:

不肖下里之鄙人耳,无所闻知,少尝受阳明先生《传习录》而悦之,朝夕佩习不敢忘,独于天泉桥无善无恶一揭窃讶之。间以语人,辄应曰:"此最上第一义也。"则益讶之。俯仰天壤,几成孤立。顷岁从令郎老公祖受《心学宗》读之,不觉跃然起曰:"孔孟之正脉,其在斯乎!是天之不弃吾道,而以先生畀之也。"于是窃自幸有所归依矣。③

其后《心学宗》出版,便由顾宪成为之作序④。方大镇之子方孔炤,其孙方以智分别是东林和复社的后劲,方氏一门与东林的交谊可谓深远。

不过尽管顾宪成坚决反对王畿的心体四无说,却并不是要推翻整个王学。在他那里,不仅王守仁本人"自是豪杰"⑤,而且"自宋程朱既没,儒者大都牵制训诂,以耳目帮衬,以口舌支吾,矻矻穷年,无益于得,蔽也久矣。阳明为提出一心字,可谓对病之药"⑥。对王学直任本心的提法虽然在理论上尚留遗憾,但却不能一笔否定。因此顾宪成不仅支持王守仁从祀孔庙,而且当持反对意见的唐伯元上书对王守仁给予攻击的时候,顾宪成便直言不讳地指出他对王学并未真正理解⑦。

在东林书院初创之际,与顾宪成"分主讲席"的是常州武进人钱一本,其经正堂便是最早与东林相呼应的书院之一。钱氏长于易学,著有《像象管

---

① 《明儒学案》卷35《泰州学案四·方学渐传》。
② 《泾皋藏稿》卷2《与李见罗先生书》。
③ 顾宪成《泾皋藏稿》卷4《复方本菴》。
④ 《泾皋藏稿》卷6《心学宗序》。
⑤ 《泾皋藏稿》卷4《简伍容庵学宪之三》。
⑥ 《泾皋藏稿》卷2《与李见罗先生书》。
⑦ 《明儒学案》卷58《东林学案一·顾宪成学案·小心斋札记》。

见》《像抄》等书，在明代学者多以《大学》为易简之道，津津于自创学术宗旨的时候①，钱氏独能致思于《周易》，以此探讨天人性命之源。在晚明学术长于思辨，且在义理上追求一以贯之的大风气之下，针对已有易学进路的矛盾之处，提出许多真知灼见。譬如他针对王弼以来的六爻初上无位说、当位理论以及乘承比应理论，都提出了自己的怀疑②，见解实过被近人所推崇的来知德氏。可惜其学术至今未能得到应有的重视。

钱一本的义理之学出自江右王门学者王塘南（时槐）③，王氏之学"以透性为宗，研几为要"④，是王学内部由心体复归性体的关键人物。因此钱一本尽管同样对"见在良知"或"现成圣人"表示反对，所谓"谓生自足而无待于学，古来无如此圣人"⑤，但与阳明心学的渊源却难以掩饰。

当顾宪成、薛敷教、顾允成等重倡东林书院不久，常熟知县耿橘便兴复虞山书院，与东林书院相互呼应，而且特请顾宪成等莅临讲席。尽管耿氏学近罗汝芳，且与周汝登相应和，与顾宪成学术并不相同，但却成为东林学派的重要一员⑥，这尤其表明东林学派的形成主要是基于行动取向，或者说大致相类的政治及社会理念。

相比顾宪成对王学全体的温和批判，其弟子高攀龙似乎要激烈得多，因此常被认为是彻底的朱学代表⑦。但把高攀龙的思想主要认定为程朱理学依然是有问题的，姑且不说许多学者已经注意到陈献章江门心学对他的影响，其实和顾宪成一样，高攀龙也把王守仁视作豪杰，尽管对他的推崇比对朱熹要逊色一些：

> 文公（朱熹）圣贤而豪杰者也，故虽以豪杰之气概，终是圣贤真色；

---

① 此意晚明学者早已见之，黄宗羲《明儒学案》卷首所列《师说》，引刘宗周之论，言诸家宗旨，如阳明"致良知"，王艮"淮南格物""安身立本"，罗汝芳"明明德"，李材"止修"，皆是出自《大学》。另如王栋、孙慎行、刘宗周等的"诚意""慎独"皆是如此。高攀龙对此曾深致不满："敬庵先生之学，以无欲为主，自是迥别世儒，不必以《大学》论离合也。当时濂溪无欲之学，《大学》未经表彰，反觉洁净。今日人人自为《大学》，执此病彼，气象局促耳。"见氏著《三时记》，收入《高子遗书》卷10。
② 钱一本《像象管见·例略》，参拙撰《周易义疏》卷1《序卦·乾》疏证9所论。
③《明儒学案》卷59《东林学案二·钱一本传》。
④《明儒学案》卷20《江右王门学案五·王时槐传》。
⑤ 钱一本《黾记》引文见《明儒学案》卷59《钱一本学案》。
⑥《明儒学案》卷60《东林学案三·耿橘传》。
⑦ 参侯外庐、邱汉生、张岂之《宋明理学史》（下）第二十二章《高攀龙的理学思想和'致用'学说》。

> 文成（王守仁）豪杰而圣贤者也，故虽以圣贤学问，终是豪杰真色。①

尽管在朱王之间微示褒贬，但却并没有一笔抹杀。他说：

> 王文成曰，吾良知二字从万死一生得来。其致知之功何如乎？其所经历体验处皆究至物理处也。身由程朱之途，口驳末学之弊，犹之可也。学文成者，口袭其到家之语，身不由其经历之途，良知从何得来？

在这里，高攀龙所真正反对的不在王学之致良知，而在王学末流之口传耳剽，并无实际体证。高攀龙对王守仁最集中的批判见于其四篇《阳明说辩》②，主旨是捍卫朱熹之学。但这些文章的辩驳理由却值得注意，事实上，高攀龙并非否定王守仁的具体学说，而是着重批评王守仁误解了朱熹的原意。在《阳明说辩》中，他开宗明义地说道：

> 君子于人之言也，必有以得其人之心，尽其人之说，体之于吾身，真见其非，而后明吾之是以正之，务可以建诸天地，质诸鬼神，以俟之后圣，而后无愧其人。若阳明之攻朱子也，果为得朱子心而有当于其说乎？

在他看来，王守仁驳斥朱熹"析心与理为二"是不对的，假若朱学真是如此，那么朱熹岂非"天下之至愚，叛圣以乱天下"之人吗？王守仁对朱熹的批评恰好证明了"是阳明析而二之，非朱子析而二之也……心与理未尝不一，非阳明合而一之也"。这就像所谓知行合一，"夫知行亦未尝不合一，而圣人不必以合一言也"，因此王守仁"知行合一"之论不过是"强生事"罢了。同样，王守仁所批评的，朱子之学溺于闻见之知而非德性之知的说法，也遭到高攀龙的质疑，认为"《大学》之知，本非不良之知，非自阳明良之也，朱子为闻见之知与，否与？"

由此可见，高攀龙固然是在倡导朱子学，但实质却是把王学的内核嵌入到朱学之中，并重塑了后者。王守仁有关"德性之知与闻见之知""致良知""知行合一"等所有理论，无一例外都被高攀龙所接受，他所反对的不过是这

---

① 《高子遗书》卷1《语》。
② 《高子遗书》卷3。

些道理本来就蕴含在朱学之中，王守仁把它拈出，不过是多此一举罢了。从这一角度来看，高攀龙对朱学的重新塑造，与撰写《朱子晚年定论》、把朱熹打扮成一个心学家的王守仁并无二致。高攀龙所理解的朱子无疑便是一个心学家①。当然，假如回溯朱子学本身，至少就反对把朱子学视作闻见之知而言，高攀龙实际上纠正了明代以来对朱子学的错误理解。

高攀龙本人以精思妙悟著称，在他对自己学术经历的叙述中，也是连篇累牍地强调自己的学说得自于静坐体认，这种体认与聂豹在狱中的"忽见心体"极为相似，这是儒佛两家的共同体验。万历二十二年秋（1594），因为言事被贬，三十三岁的高攀龙有过一次舟行悟道的经历。他说：

> 于舟中厚设蓐席，严立规程，以半日静坐，半日读书。静坐中不帖处，只将程朱所示法门，参求于"几""诚""敬""主静""观喜怒哀乐未发""默坐澄心""体认天理"等，一一行之。立坐食息，念念不舍，夜不解衣，倦极而睡，睡觉复坐，于前诸法，反覆更互，心气清澄时，便有塞乎天地气象，第不能常。在路二月，幸无人事，而山水清美，主仆相依，寂寂静静。晚间命酒数行，停舟青山，徘徊碧涧，时坐磐石，溪声鸟韵，茂树修篁，种种悦心，而心不著境。过汀州陆行，至一旅舍，舍有小楼，前对山，后临涧，登楼甚欢。偶见明道先生曰："百官万务，兵革百万之众，饮水曲肱，乐在其中。万变俱在人，其实无一事。"猛省曰："原来如此，实无一事也。"一念缠绵，斩然遂绝，忽如百斤担子，顿尔落地。又如电光一闪，透体通明。遂与大化融合无际，更无天人内外之隔。至此见六合皆心，腔子是其区宇，方寸亦其本位，神而明之，总无方所可言也。平日深鄙学者张皇说悟，此时只看作平常，自知从此方好下工夫耳。

也正是在这一基础上，转年他阅读佛老二家之书，觉得"与圣人所争毫发。其精微处，吾儒具有之，总不出无极二字；弊病处，先儒具言之，总不出无理二字。"这一观点，与王学家的看法极为相似②。由他对朱陆两家学术流

---

① 张学智则认为高攀龙"的学术确实有一个由朱子入手到合程朱陆王为一的过程。"氏著《明代哲学史》第432页。
②《明儒学案》卷58《东林学案一·高攀龙传》；《高子遗书》卷3《困学记》。

蔽的判断，可以知道他理论的真正归趋："朱子一派有本体不彻者，多是缺主敬之功；陆子一派有工夫不密者，多是缺穷理之学。"① 很显然，他的静坐体验其实便是周敦颐一派所长的"主静之功"。事实上，这一主静所得，在高攀龙那里已经成为近乎宗教一样的信念，支撑着他的精神世界②。只不过，由于坚持对陆王的批判立场，他后来还是坚持把陆王之学理解为"不致之知"，并加以反对：

> 一向不知象山、阳明学问来历，前在舟中，似窥见其一斑。二先生学问，俱是从致知入，圣学需从格物入。致知不在格物，虚灵知觉虽妙，不察于天理之精微矣。知岂有二哉？有不致之知也。毫厘之差在此。③

黄宗羲因此批评他：

> 先生谓有不格物之致知，则其所致者何事？故必以外穷事物之理为格物，则可言阳明之致知不在于格物。若如先生言，人心明即是天理，则阳明之致知即是格物，明矣。先生之格物，本无可议，特欲自别于阳明，反觉多所扞格耳。④

东林书院当然是所谓东林人士的核心，假如考虑到范围更广的东林学派，其与王学的关系显然更为复杂。譬如极力倡导讲学的左督御史邹元标，以及东林最后的大儒刘宗周，事实上都是以王学为归宿。这也就是本书所特别指出的，东林之所以称为学派，主要是因其共同的行动取向，或者说共通的政治儒学。在心性义理上，不同学者其实大不一致。当万历后期，东林学派因其在政治上的崛起，成为不少政治人物依草附木的对象，并被朝野指目为东林党时，这种差异无疑表现得更为明显。

二、东林与朱子学

顾宪成与高攀龙在学术上无疑都受到王学的深刻影响，但却同时以程朱理

---

① 《高子遗书》卷2《札记》。
② 参第四编第二章第三节有关复性之学的讨论。
③ 《高子遗书》卷5《会语》。
④ 《明儒学案》卷58《东林学案一》。

学的道统自任，除了在行动取向上有取于朱学的躬行践履之外，联系到二者在野清流的身份，便可知他们的根本目的不仅是要借重朱学的旗号，同时也是希望复归朱子本人向君主宣讲"诚意"，欲"格君心之非"的师道精神。君师分立，这一十字打开的方式，与朱子学那种人我分立的德性论有着密切呼应。这使得东林学者与在朝的朱学及其他以朱学自任的派别发生了天然联系，并最终使后者融入一个广义的东林学派当中。

如前所述，作为明初已经确立的官方学说，朱子学经历过自身的腐化阶段，但当君权失范、士大夫独立精神复苏之后，弘治、正德以后的朱子学与此前已经不可同日而语。作为一个典型，由丘濬撰写的《世史正纲》，矛头已经直指此前代表官方意志的《续资治通鉴纲目》[1]。朱学与王学在学术进路及政治理念的种种不同，使得二者在现实政治架构中有着种种利益纠葛，加之不同政治集团的利用，往往呈现出非常复杂的局面。因此当王守仁最初开始讲学的时候，京师便有人揭传谤书[2]，那以后毁书院、禁讲学，王学所遭到的种种摧抑和打击，都有朱学在背后活动的影子。隆庆以后，朱学尽管在朝野上下已呈弱势，但百足之虫，死而不僵，实力依然不容稍侮。张居正当政以后，把打击的矛头对准王学，在客观上也帮了朱学大忙。因此，当王学，特别是在朝王学，逐渐因官方认可而日趋腐化之际，一旦有朱学背景的政治强人出现，那么后者的复兴也就指日可待。

朱学与王学在万历时代意识形态领域的冲突主要体现在三个层次。隆庆以后，随着王学在政治上的松绑，以徐阶为首的在朝王学在政治上逐渐取得优势，并谋求向官方学说的道路上发展。朱学先是反对王守仁从祀，以限制王学势力的提升，其后，当这一形势不可逆转，王守仁从祀已成定局，朱学则致力于反对王学进一步取代朱学的努力。此外，当王学无法在科举功令上取代朱学，而转向对八股文风的渗透时，朱学则对之予以坚决反击。万历十二年王守仁从祀险些没有成功，就是因为新任礼部尚书沈鲤的坚决抵制。而沈鲤上任伊始，便着力抑制当时在会通思潮影响下日趋奇诡的文风，同时强化学政作用，加强对诸生管理，还亲撰《文雅社约》，"自冠婚丧祭宫室衣服及竿牍往来微琐之事，各稽国朝宪典著为定则，颁之天下"，试图恢复朱学对意识形态的控

---

[1] 参拙作《明代史学略论稿》。
[2] 《龙溪王先生全集》卷 2《滁阳会语》。

制局面①，尽管如此，由于申时行内阁的掣肘，万历十年以后，各地遭毁的书院纷纷恢复，王学讲学运动也逐渐开始复兴，并在万历二十年左右重归鼎盛。

随着王守仁从祀孔庙以及王学讲学运动的恢复，不少学者开始谋求科举教材的更新。罗汝芳所谓"教化风俗系于讲求学术，讲求学术急须明正经书"，已经颇露此意②。周汝登则明确提出：

> 理学实至本朝而大明……惟是诸书自行于下，学官未颁，所以考试取士有用近说者约束甚严，甚至废置黜落，不特人才可惜，而要之理学宗旨亦须核归至当。为今之计，居言责或在庙堂者，宜昌言一疏，其经书《大全》一切仍旧不敢议更，惟于《大全》之外，会集诸儒，搜括汉唐宋之遗文，及采取本朝诸儒之所发挥，编辑订正，另为一书，以羽翼《大全》。③

在类似观念驱使下，万历二十年四川提学佥事张世则上疏，自谓"读《大学》古本而有悟，知程朱误人之甚，谓朱熹之学专务尚博，不能诚意，成宋一代之风俗，议论多而成功少，天下卒于委靡而不振"，于是以所著《大学初义》上献，欲颁行天下，一改章句之旧。

当朱学在意识形态领域最后也是最重要的堡垒也要失去时候，后来成为东林学派领袖的高攀龙虽然只是行人这样的小官，此时也挺身而出，上《崇正学辟异说疏》，对张世则的观点大肆批驳④。不仅引用朱元璋、朱棣对朱学尊崇的事实作为祖训以压服对手，而且明确提出"今天下不患无论说，而患无躬行"。那以后袁黄"有史论及《四书》，极诋程朱，至尽窜注解，更以己意，坐非儒见黜，焚其书"，以及张问达弹劾李贽，致使后者身死狱中，书籍毁板，都是朱、王两家在意识形态领域争斗的显例⑤。而在这些争论中间，东林人士大都站在朱学立场上说话。

如前所述，早在嘉靖初期，王学便已逐渐渗透到科举考试中了。王守仁一

---

① 参第三编第三章第二节。
② 《近溪罗先生一贯编·论语》。
③ 《周海门先生文录》卷2《越中会语》。
④ 《高子遗书》卷7。
⑤ 《罪惟录·列传》卷18《袁黄传》。张问达一事较为复杂，有史料认为是时为礼科都给事中的张问达受了沈一贯指使，但实际上礼部尚书冯琦也是支持的，张、冯二者也都可以视作广义上的东林人士。参见樊树志先生《晚明大变局》第四章的相关讨论。

面默许弟子王艮趁次年科举会试之机进京传道，为新兴的王学壮大声势，一面着力怂恿本不打算参加科举的王畿入京会试，以便乘机促进王学真谛的传播。因此，尽管王学在兴起之后很长一段时间都被官方视作伪学，但是随着王学冲击下思想领域的日益自由开放，仍然使文学风气等发生了巨大变化。前面曾经引述东林人士冯琦的批评：

> 自人文向盛，士习浸漓，始而厌薄平常，稍趋纤靡；纤靡不已，渐骛新奇；新奇不一，渐趋诡僻。始犹附诸子以立帜，今且尊二氏以操戈，背弃孔孟，非毁朱注，惟南华西竺之语是宗。是竟以实为空，以空为实，以名教为桎梏，以纪纲为赘疣。以放言恣论为神奇，以荡弃行检、扫灭是非廉耻为大。①

毫无疑问，万历时代鼓荡起文风巨变的主要是会通派王学。正是在会通的学术取向之下，这一时期的思想界才能荦荦腥膻，百无禁忌，真正做到一种学术上的自由。万历二十五年由焦竑所主持的顺天乡试，便录取了"文多险诞语"的曹蕃等九人，焦竑也因此被弹劾，贬为福宁州同知②。在本次考试中取得第一的徐光启，尽管并未黜退，但却在会试中名落孙山。尽管后者可能只是利玛窦所说考试官的"疏忽"③，但也有可能顺天乡试第一便是他被故意黜退的原因。在今存徐光启的制艺文中确实可以发现老庄的倾向，譬如"吹万""得一以清"显然是庄子、老子的用语，而其乡试卷的大结便是"盛矣乎，无用之为有用"④，由此可见一斑。因此无论是否如焦竑所说，"分经校阅"，批评者所指摘，非其所取⑤；万历二十六年，杨时乔所上《文体士习疏》依然强调自明初二祖以来，"凡有一言一行及于老禅者即不录"。又批评正、嘉以来，虽有人因养生而悟佛老之说，尚不敢公然形诸科举文字，但：

> 数年来始有直以释老之说为孔子之说，又以禅老在孔子上，直挽入于文章，如科试文字者。又以传注为支离，而其言惟以讲为学，会聚众徒即

---

① 张萱《西园闻见录》卷44《科场》。
②《明史》卷288《文苑四·焦竑传》。
③ 利玛窦、金尼阁著，何高济、王遵仲、李申译，何兆武校《利玛窦中国札记》第468页。
④ 见徐光启《诗经传稿》之《维天之命》《不稼不穑》两篇，后者系乡试卷。
⑤《明儒学案》卷35《泰州学案四·焦竑传》。

是；不事修为阶级，以知为道，血气虚灵即是；不分知行仁义，一切皆归于禅老。后学不以经书为本领，内则心无所主，外则其言不归于禅老即归于庄列，子史文体遂坏矣。①

在意识形态领域争论中，东林人士大都打着朱学旗号与在朝及会通派王学针锋相对。这一过程一方面使朱学得到了东林学派这样的生力军而如虎添翼，另一方面随着东林本身的符号化，则使朱学融入到东林学派之中。那以后，高攀龙等不断把沈鲤、王家屏等高级官员强化为东林的先驱，以与申时行、王锡爵、张位、赵志皋、沈一贯所代表的在朝王学内阁相抗衡，实际上已经清楚地表明了这一点②。

但即便如此，在朱王之间持和衷之论的也颇有人在。除了邹元标等人之外，身为东林后劲的刘宗周也是如此。万历四十一年，当在朝王学以"门户"理由攻击东林日渐激烈的时候，刘宗周上疏一方面为东林辩护，一方面则主张"世之治也，君子衷于和；及其乱也，小人尚同。"在他看来，学术即便"以圣人为之依归，而且一再传，弊矣"：

> 王守仁之学，良知也，无善无恶，其弊也，必为佛、老，顽钝而无耻；顾宪成之学，朱子也，善善恶恶，其弊也，必为申、韩，惨刻而不情。佛老之害，自宪成而救，臣惧一变复为申、韩，自今日始。③

流弊产生的原因则是对《大学》《中庸》两部经典的理解各有偏颇：

> 慨自圣学不讲，而心宗遂晦。言《大学》者以把持念虑为诚意之功，而道心竟涸于危殆；言《中庸》者以静观气象窥未发之朕，而中体或落于偏枯。于是二书自相矛盾，学术浸以支离。从危则近于功利，偏执则弊于虚无。虚无、功利之说倡，而佛、老与申、韩递起用事，转相出入，惑世诬民，更数千年流祸未已，则亦吾儒有以启之也。④

---

① 杨时乔《杨端洁公文集》卷1《文体士习疏》。
② 《高子遗书》卷10《龙江沈先生泰交始末记》；卷12《题三太宰传》。
③ 刘宗周《修正学以淑人心、以培国家元气疏》，收入《刘宗周全集》第3册。
④ 《微臣不能一身报主、敬竭报主之心、终致主于尧舜疏》（崇祯），收入《刘宗周全集》第3册《文编》一。

也正是因此，在刘宗周看来，尽管王阳明在义理上与朱熹各有偏重，但在学术上却又是各持不同时代的中道：

> （自朱元璋）独表彰紫阳氏，使人奉韦絃，家传布菽。二百年人文背项，而其学焉而最著者，则有薛、胡、陈、王四君子。驯至万历之季，有高攀龙即宋儒杨时遗址，讲紫阳之学，而世遂以东林名。其时若冯从吾、邹元标鼎分讲席，与攀龙并。①

在这里无论朱子、阳明还是东林学派其实是一脉相承的。同为许孚远的学生、东林学者冯从吾天启初上疏反对朱童蒙欲禁讲学，用的也是类似理由。

如前所述，在阁部之争过程中，东林学派用捍卫明代祖训的方式，试图对万历皇帝及其王学内阁的权力予以限制，同时捍卫六部、台谏之权，反对中使四出、矿税加派，这些都是史学界已经注意的问题。反映在观念上，则是朱熹当年不厌其烦所上的"诚意"之说。明末两大儒刘宗周与黄道周无疑都是个中典型。黄道周之与崇祯反复辩难，而且反对经筵跪讲，成为晚明士大夫的精神表率②。而在刘宗周所上的奏疏中，除了具体事务外，其实贯穿着一个主题，那就是他所说的，自觉取法朱熹之"告其君，必以诚意、正心之说，即上所厌闻而不顾"③。朱子的诚意论，建立在《大学》格致诚正、修齐治平这一内圣外王的基本架构之下，为君师分立的原则及其制度化，提供了政治儒学基础。而在王学之中，能够维护这一分立的制度架构的，只有王艮的"淮南格物论"。刘宗周对王艮此说的推崇，也便不是偶然的④。而这一立场，用当时的语汇来说，便是顾宪成所谓"吾辈持濂洛关闽之清议"⑤。

东林学派对朱子学的认同主要体现在政治儒学领域。在心性义理上，无论诸子对王学看法如何，对朱学都在事实上予以修正。在积极的意义上，东林的复性之学代表宋明理学的最后创获；在消极的意义上，东林学派对朱子学"气

---

① 《刘宗周全集》第3册《极陈救世第一要义以祈圣鉴疏》（崇祯己巳）。
② 黄道周事参《明儒学案》卷56《黄道周传》及查继佐《罪惟录·列传》卷32下《黄道周传》。后一事本书导言已经引及。黄道周尽管并没有出现在黄宗羲笔下的《东林学案》中，但与好友文震孟、郑鄤都属于崇祯时期的东林党人，其行动取向与东林学派并没有什么区别。
③ 《圣明图治方殷、草莽忧时转切、敢再批愚悃以资匡济疏》（崇祯壬午，此疏未上），《刘宗周全集》第3册。
④ 子刘子曰："后儒格物之说，当以淮南为正。"《明儒学案》卷32《泰州学案一·王艮传》。
⑤ 顾宪成《泾皋藏稿》卷5《柬高景逸（又二十二）》。

质之性"的批评，则使其与同时代的王学殊途同归。

人性与气质问题来源于孟子与告子的争论，二者对性的所指不同，告子主张自然人性，故无善无不善；孟子主张以成德的能力为性，后者即所谓性善。二者争议的焦点，主要在于成德与自然人性的顺逆问题。汉代以降，在门阀士族的社会结构下，人性论的争议在于何人可以成圣，这就是董仲舒到韩愈的性三品说。中唐以后，师道精神复振，经过佛性论与仙道可成理论的接引，普遍人性论复归，人皆可以成圣的孟子学成为理学的源头。因此理学以《中庸》的"天命之谓性"为根基理解孟子的性善说，天命的义理之性成为捍卫人类精神的基石①。

不过，宋儒气质之性概念虽然解释了恶的起源，却也无形中加剧了天命与个体的紧张，成圣之路并不容易，其流弊便是个体往往不再有此承当。正是在这一背景下，王阳明提出了"性气不分"的理论，与心即理、知行合一诸说一起，把儒学重新恢复为实践之学。《传习录》有言：

> "生之谓性"，生字就是气字，犹言"气即是性"也。"气即是性，""人生而静以上不容说"（引者按：此程子语），才说"气即是性"，即已落在一边，不是性之本原矣。孟子性善，是从本原上说。然性善之端，须在气上始见得。若无气，亦无可见矣。恻隐、羞恶、辞让、是非，即是气。程子谓"论性不论气，不备；论气不论性，不明"，亦是为学者各认一边，只得如此说。若见得自性明白时，气即是性，性即是气，原无性、气之可分也。

不仅如此，人心、道心，理、气，理、事，心、物，心、理，天理、人欲，已发、未发，在阳明学那里也都贯通如一，与朱子学中各种概念整齐的对立关系形成鲜明对比。由于东林学派大都不承认心体，所以与阳明学有关心体的见解未必一致②；但在理事不二、反对气质之性立场上，却是惊人的一致。这与东林学派强调性体的倾向是吻合的。兹引二说，以概其余。顾宪成说：

---

① 关于孟子人性论的讨论，可参拙作《〈孟子·告子上〉讲疏》。
② 当然也有相近的，譬如东林学派重要学者孙慎行便认为："人心道心，非有两项心也。人之为人者心，心之为心者道，人心之中只有这一些理义之道心，非道心之外，别有一种形气之人心也。"氏著《困思抄·执中》，收入其《玄晏斋集》。

> 孟子不特道性善，且道形善，所谓形色天性是也。①

孙慎行也说：

> 孟子谓"形色，天性也"，而后有谓"气质之性，君子有弗性者焉"。夫气质独非形色乎？若形色而可以弗性，是天命之性，可得而易也……荀子明王道、述礼乐，其言矫性伪善，最深最辨。故唐宋人虽未尝明述，而变化气质之说，颇阴类之云。②

三、东林与湛若水之学

如前所述，万历十二年以后两起反王学声浪中的弄潮儿主要出自湛若水门下，在某种意义上，当王学成为准官方学说之后，朱学与湛学成了联合反对派。这一过程中的主要代表人物便是湛若水的再传弟子，唐伯元、许孚远和杨时乔。

另一位著名的东林党人、许孚远的学生冯从吾，不仅在学术上坚决反对会通派王学的"无善无恶论"，而且还在天启初任职副都御史期间，和翰林掌院邹元标以风期自许，立首善书院于京师。其为人无论从学术上还是行动上都与高攀龙等同调。明亡之前与高攀龙并称"两大儒"的东林后劲刘宗周尽管归宗王学，但在学统上也是许孚远的学生。这表明，万历中期以后随着意识形态领域的分化组合，湛学也正式融入了东林学派。

湛若水是陈献章的学生。陈献章主张"静中养出端倪"，既有孔门曾点的气象，也与北宋周敦颐的复性精神遥相呼应。由此扩充，因时持敬，便是湛若水的"随处体认天理"之学。在这一宗旨之内，湛若水嵌入了心即理、主敬、万物一体等宋儒已有论述，并把这一学说与《大学》所谓"格物"等同起来。其学术形态尽管在明代同样可以视作宋学精神的复活，但相比于王阳明心体论的圆融，以及知行合一、致良知的实践性，无疑都略嫌保守。在一个士大夫主体精神希望得到张扬的时代，湛若水的返本体认之说尚无法满足需要。也正是因此，在与王阳明一同倡道讲学之后，既得到了大量学子的追随，并且因为年

---

① 《明儒学案》卷58《东林学案一·顾宪成学案·商语》。
② 前揭孙慎行《困思抄·气质》。按，关于孙慎行的学术，黄宗羲也特别强调了其这一观点，并认为"东林之学，泾阳（顾宪成）导其源，景逸（高攀龙）始入细，至先生而集其成矣。"《明儒学案》卷59《东林学案二·孙慎行学案》。

纪老寿、长期担任礼部尚书等高官,其弟子门徒颇有与王学中分天下之势;但也随之因为学术形态的不彻底,门徒很快分化,或改宗王学,或退守朱学,逐渐失去了一个学派应有的号召力。这样,在讲学设教不久,湛若水便成为王阳明的某种批评者。王阳明说他的随处体认,乃是"求之于外";他则批评王阳明的格物是"正念头",把心局限在"腔子里"。不仅如此,对于"致良知"可能引起的"师心自用"等弊端,湛若水则颇有所见:

> 良知二字,自孟子发之,岂不欲学者言之?但学者往往徒以为言,又言得别了。皆说心知是非皆良知,知得是便行到底,知得非便去到底,如此是致。恐师心自用,还须学、问、思、辨、行,乃为善致。①

诚与几都是《易传》《中庸》等经典中的基本概念。周敦颐《通书》:"诚无为,几善、恶。"诚相应于本体,几意指发用之初。陈献章、湛若水之学既然主张在端倪、体认上用功,与"几"的层次大体相应。因此其门徒大都主张"研几",致力于在心性工夫之隐微处辨析毫芒。在王阳明弟子中,除了同样主张"研几"的早年弟子薛侃,与湛学这一趋向最近的便是江右王学。特别是聂豹的"归寂"与罗洪先的"收摄保聚",虽然并非得自王守仁亲传,但却致力于通过工夫进路纠正王门后学强调现成良知之弊。当然心、性两个概念稍微有别,但在王阳明的框架中也不过是同一本体在不同视角下的名称之异。

由于王阳明的巨大影响,湛若水的第一代弟子大都从事良知与天理的会通工作。在心性一体的观念下,大都视两个概念名异实同。譬如其弟子吕怀便认为:

> 天理良知,本同宗旨,识得原因著脚,则千蹊万径,皆可入国。徒狗意见,不惟二先生之说不能相通,古人千门万户,安所适从……故但就中指点出一通融枢要,只在变化气质。学问不从这上著脚……只是虚弄精神,工夫都无着落。②

---

① 《明儒学案》卷37《甘泉学案一·湛若水学案·语录》。
② 《明儒学案》卷38《甘泉学案二·吕怀学案·答叶德和》。

其另一弟子何迁则认为，

> 近代致知、格物之学复明，学者类之求诸感应之几，以顺性命而成化育……世之学者，乃或不能究其微；而高明之士，又益过之，承接依稀之见，自信当下，侈然以为流行……此岂致知格物本旨哉！予尝溯而求之，道有本末，学有先后，《大学》教人，以知止为先，而后定、静、安、虑由之……止者，此心应感之几，其明不假思，而其则不可乱，善而无善，所谓至善也。……知止之义，盖致知格物者所必先，而圣人所为亟指也。①

这里所谓致知、格物之学当即阳明致良知及湛若水的格物论。而事实上把两者看成一人之名与字，也是王门高弟王艮的明确意见②。何迁的知止说，黄宗羲以为"与江右主静归寂之旨，大略相同。湛门多讲研几，而先生以止为几，更无走作也"③。很显然，知止之止，更接近黄宗羲所契合的独体或良知寂体这样的表述。

何迁虽讲至善无善之止，似乎已经在心体上讨论，但他自己仍然视之为"感应之几"。湛若水另外两个弟子唐枢与洪垣则把关注的视域由"几"的层次明确拓展到心体。前者撰有《真心图》，并解释说，"真心是人实有之心。实有之心，乃天地生人之根底。"又说："不有命则无以主其生，不有气则无以为生。其为生，心也；而主之者，真心也。于其生而思所以主之者，是讨也。"④ 这就是所谓"讨真心"之说：

> 阳明先生教之致良知，人有昧于致之之义，妄诋儒宗，谓良知不足倚靠，错认工夫为太容易。殊不知人人自知实有的心，虽被外面见闻牵引，实有的心常在这里，这便是良知；即此真察而真行之，便是致。若谓人无实有的心，则非所以为人；若谓实有的心不足用，便是躐等妄想；若谓实

---

① 《明儒学案》卷38《甘泉学案二·何迁学案·赠沧守胡子序》。
② 《明儒王心斋先生遗集》卷1《天理良知说答甘泉书院诸友》。
③ 《明儒学案》卷38《甘泉学案二·何迁传》。
④ 唐枢《木钟台集》亨卷《真谈》。按《明儒学案》卷40《甘泉学案四·唐枢学案》引此皆作《真心图说》，虽不误，实不确。《真心图》及《图说》见《真谈》篇首。

有的心弃而不用,是不寻讨之罪也。①

由普通的习心,通过"寻讨"的工夫达到真心,也就是回复那一不生不灭的心体。这一心体,黄宗羲以为也就是"道心"。假如强调道心所具有的主宰性,那就是洪垣所谓"志"。在经典中,这一"志"也就是孟子所谓"以志率气""以意逆志""专心致志"之"志"。在他看来,所谓几,并非指起念之时,"志在几先,工夫则于几时,原非起念。"周敦颐言"几善、恶",王阳明所谓"有善有恶意之动",所以一般学者把意念发作视为"几"。洪垣则认为"几乃生机,寂体之流行不已者……生几须存诚为主。"所以他反对从意的层次用功,而应该从天道本体的主宰性层次论"志":

> 工夫不难于有事无事,而难于有无接续之交,于中盖有诀窍焉。志在几先,功在几时,言志则不分有事无事,而真几自贯……善几者察,有不善未尝不知,知之未尝复行,此颜子知几先天之学。今之学者,止于意气作为上论志,不于天行乾乾主宰上论志,非志则几不神。

洪氏的这一观点,在语录中比比皆是②,无疑是其主要问题意识之一。事实上,他的志、几、意三分的心性结构,加上主张通过具有主宰性的志,以存诚的方式,在几上用功,而非在意念所发的层次用功,与刘宗周后来的诚意、慎独之说并无二致。所不同的是,刘宗周把《大学》所谓"诚意"之意本身便理解为具有主宰性的意志,或者说独体,而不是王阳明所谓"意乃心之所发"。刘宗周与洪垣不同的,是抽掉了心体与其发用之间的"几"这个层次。黄宗羲在评述洪氏观点时主要讨论了洪垣所谓"几"与周敦颐所谓"几"的差异所在,言下之意,是洪氏所理解的三层结构本来便不必要,其实也是基于刘宗周的心性架构。

不仅如此,诚如黄宗羲在《明儒学案》中为我们展示的,在王门再传中间,江右王门作为阳明学的修正者,特别是浙中王门与泰州学派的批评者,已经显示出由心体转向性体的倾向。如果说聂豹、罗洪先还主要是从工夫论角度探讨此问题,那么至少到了阳明再传王时槐这里,诚如黄宗羲所言,"以透性

---

① 《木钟台集》亨卷《景行馆论·论教》。
② 《明儒学案》卷39《甘泉学案三·洪垣学案·理学闻言》。

为宗,研几为要"。王时槐说:

> 知觉意念总是性之呈露,皆命也,似不可以知为性而意为命也。若强而言之,只云'悟性修命'可也。盖性不假修,只可云悟而已,命则性之呈露,不无习气隐伏其中,此则可修矣。修命者尽性之功,似不当以性、命对举而并修之也。性者,先天也;知属发窍,是先天之子,后天之母也。①

把良知置于性体之下,其实完全回到了宋代理学中的性体立场。而从思想史的角度,其实是回到了湛若水学派的基本问题。譬如王氏的"生几论"与对"意"的重新界定,都与作为其前辈学者的洪垣极为相近:

> 生几者,天地万物之所从出,不属有无,不分体用。此几以前,更无未发;此几以后,更无已发。若谓生几以前,更有无生之本体,便落二见。又以知属体、意属用,皆自生分别。阳明先生曰:"《大学》之要,诚意而已矣。格物致知者,诚意之功也。"知者意之体,非意之外有知也;物者意之用,非意之外有物也。但举意之一字,则寂感体用悉具也矣。"意"非念虑起灭之谓也,是生几之动而未形,有无之间也。"独"即"意"之入微,非有二也。以其无对,谓之独。②

所谓"知"即阳明所谓"良知","意"既非"念虑起灭",也就是并非"心之所发",虽没有直接表述为寂体或独体,但与刘宗周的诚意、慎独说已极为接近③。从江右王门后学,我们可以看到湛若水学派对王学的回馈。由此我们才可以真正理解,在晚明心性之学的演变中,湛若水之学,对于其后的东

---

① 王时槐《塘南王先生友庆堂合稿》卷1《答萧勿菴(丁酉)》。按,黄宗羲《明儒学案》卷20《江右王门学案五·王时槐学案》已经指出王时槐不满罗洪先等的学术为"头上安头"。此外,侯外庐、邱汉生、张岂之已注意到,早于王时槐的刘邦采(师泉)提出的"性命双修"其实也是不满于归寂派的静坐主张。并认为在客观上启发了后来的东林学派与蕺山学派。参氏著《宋明理学史》第339页。但从本文来看,王时槐对性命双修的观点已经有所反对。另参同卷《再答萧勿菴(丁酉)》。
② 《塘南王先生友庆堂合稿》卷1《与贺汝定(庚寅)》。
③ 侯外庐等认为王时槐所谓"知"即我们今天所谓的"认识",不确,侯著前引书第337页。张学智认为王时槐为刘宗周以意为主宰的倾向开了先河,氏著《明代哲学史》第210页。

林学派，以及刘宗周、黄宗羲学术之意义所在。也由此可以明瞭，为什么黄宗羲会把聂豹、罗洪先、刘文敏、刘邦采、王时槐等江右学者视作王阳明的嫡传，其根本依据便是刘宗周以诚意、慎独为宗的性体之学。

如果说湛若水的亲传弟子大都还主要是天理、良知的调人，再传之后，除了一部分学者完全转向王学之外，另一部分学者便展开了对王学的激烈批评。现实的主要原因是，随着在朝王学逐渐得势，王学会通派与师道派也有了蓬勃发展，其精神焕发之处，已"非复名教所能羁络"（黄宗羲语），湛若水昔年对王阳明"师心自用"的批评，似乎已经得到某种印证。在批评者中，代表性的人物分别是唐枢的学生许孚远，以及吕怀的学生唐伯元和杨时乔。其中许孚远与周汝登辩难无善无恶论，杨时乔、许孚远反对罗汝芳、杨起元，唐伯元主要反对王守仁从祀。这些批评与政争结合在一起，已超出了心性义理的讨论，进入政治儒学的论域之中。关于唐伯元反对王守仁从祀，王世贞的评价是因妒生恨①，虽然有些过激，但在这种批评之中，却无疑有着湛若水学派的自我意识存在。唐伯元便说：

> 湛门诸君子，虽其风动不及姚江，而笃行过之……然元之置不复论者久矣。夫学，诚而已矣，其分数不同，而明亦因之。孟氏而后，明道诚且明矣，伊川、横渠次之，朱子又次之。江门别传，盖出濂溪、尧夫之派，然无愧于诚者也。与其明不足也，宁诚，则薛文清、胡敬斋、罗文庄，其修朱子之业，而有功近代者乎？自新学兴而学始难言，此元之所以有戒也。②

也正是因此，在万历十二年反对王守仁从祀的理由中，唐伯元便着力批评王氏对陈献章的埋没。在他看来，

> 守仁之学，实从湛若水而兴……所谓良知，岂能出献章造悟之内，而生平论著满车，曾不挂口献章一语。③

---

① 参第三编第三章第二节。
② 唐伯元《醉经楼集》卷5《书类·答郭梦菊大参》。点校者朱鸿林也认为唐伯元反对王守仁从祀的一个原因，便是"现实的学派竞争"。参该书《点校本前言》第6页。
③ 唐伯元《醉经楼集·奏疏附刻·从祀疏》。

唐伯元的这一学派意识似乎已形成心结，除了在反对王阳明从祀的奏疏中近乎诟詈之外，他还重编《白沙先生文编》，之后分赠友人。但也正是因此引起了堪称前辈的江右王门学者、罗洪先弟子胡直的不满，批评他"题评虽扬白沙，其实抑阳明。即语不干处，必宛转诋及阳明，近于文致。"① 后者也终于在收到唐伯元送与的、用来颠覆王阳明《古本大学》的伪《石经大学》之后，甚感恼怒，言辞之中，近乎决裂②。

如前所述，唐枢与吕怀分别代表湛若水门下偏向良知、天理的两条进路。吕怀讲究"变化气质"，早已回到朱学的立场；而唐枢虽然不反对"气质有清浊纯驳不同"，但主张"性无本然、气质之别，天地之性，即在形而后有之中。"③ 顺着这两条线索，吕怀弟子唐伯元、杨时乔皆强调气质之性，而许孚远则依然主张"人心道心，元不相离"，心之与性"混之则两字不立，析之则本体不二，要在学者善自反求，知所用力，能存其心，能复其性而已矣。"④ 所谓"声色、臭味、安佚，自是天性之所不能无，前所谓不离乎气质者是也。第是数者为性之欲。"⑤ 既言"性之欲"，与朱学的"气质之性"仍有一间之隔。在学术形态上，许孚远与同时代的江右王门学者并没有太大区别。

在杨时乔、唐伯元退守朱学的过程中，可以看到湛学的若干变化。首先，王阳明"性即是气"的理论，得到许多基于心体或性体的学者认同，但问题是当我们承认在形色中蕴含着天命之性的时候，也会给因肯定"血气心知"而否定仁义礼智的观念打开大门。泰州后学罗汝芳便主张，所谓人性便是以"父母妻子之念，固结维系，所以勤谨生涯，保护躯体"⑥。针对这一趋势，杨时乔说：

> 近有绝不闻道，只得禅宗，指人心血气虚处为善，灵处为知识，合名善知识；亟以善易良，知识易知，合名以孟子良知。不以虚灵中识觉推极贯彻乎物，只敛目反观，血气凝聚，灵处生照，即识觉，即见地，即彻

---

① 胡直《与唐仁卿书》，《醉经楼集》附录四。
② 胡直《又与唐仁卿书》，《醉经楼集》附录四。观其文意，主要应该是与唐伯元在《从祀疏》中对阳明以及罗洪先的批评有关。唐氏受他人影响，误信丰坊的伪《石经大学》，兵科给事中钟宇纯曾上疏反对。二者关于王守仁从祀的交锋，是当时有影响的事件。参第三编第三章第一节。
③ 唐枢《木钟台集》亨卷《景行馆论·论性》。
④ 许孚远《敬和堂集·与胡庐山论心性》。
⑤ 许孚远《敬和堂集·答朱用韬》。
⑥ 参本编第二章第一节。

悟，即知至……不俟工夫阶级，谓万物尽屏，心知炯然，既得一，万事毕，意自诚，心自正，身自修……家国天下由我操纵，即齐、治、平……恣肆妄行，皆直任为道，不必潜修禁止。①

因为言辞过于激烈，未免有言过其实之处，但仍然可以看出是在批评罗汝芳与李贽等的思想，与黄宗羲对泰州后学流于祖师禅的批评也很接近②。在这里，对"工夫阶级"的强调，固然是朱学与湛学的传统，也与江右王门对工夫论的强调相应。强调工夫的"阶级"（犹言"层次"），而不是本体的相同，从人性论的视角来说，有从普遍人性论退却的嫌疑，在精神上则是宋儒所言"气质之性"的某种翻版。也正是基于类似立场，唐伯元甚至重新提倡孔子所说的"民可使由之，不可使知之"之论，强调普通人的不可教化，反对那种未证说证、猖狂恣肆的学风③。

其次，由于回归朱学，杨时乔按照朱子学的理解，把王阳明以下整个王学统统视作佛学，完全予以否定，这主要表现在他的《孔子像碑》一文④。其内容虽然没有学术价值，但在政治上，由于王阳明已经从祀孔庙，这种表述对在朝王学内阁甚至万历皇帝的批评意味是很明显的。

第三，杨氏另撰《朱晦翁碑》一文，文末以继承朱子道统自任，但所数当代理学传人，却只有汪俊、薛瑄、罗钦顺三人，不仅依然否定王阳明，而且特别点出"兹于须臾静坐，一闭眉目、息精神、屏思虑间，直窥尧、舜、孔子之前"⑤。这种学术不仅把王门归寂派包括在内，陈献章以来的学术也无以自免。事实上，这也就是他在《大学古今四体文集注序》中所说的"别立新题者"：

> 立一家新题以为讲，则禅宗执把柄、对机锋故智，惟取人心血气中虚灵知觉者为立大，为养端倪，为体认天理。黠慧者又取善知识之说，合诸

---

① 杨时乔《杨端洁公文集》卷6《大学定本古本新造石经三序》。原文多误字，以《明儒学案》卷42《甘泉学案六·杨时乔学案》校正。
② 参《明儒学案》卷32《泰州学案一·序》。
③ 胡直《答唐明府书》："明府又谓民可使由，不可使知，以故深咎学者语心之非。愚则以孔子斯言，未必即如先儒所训，倘如所训，则亦所以语齐民之事，而非以为大人之学也。"载唐伯元《醉经楼集》附录四。
④ 《杨端洁公文集》卷8。
⑤ 《杨端洁公文集》卷8《朱晦翁碑》。

《大学》"致知"、孟子"良知"二语为言,其功即反目摄神至心,即知至,亦即格物,不必别言致言格。①

"黠慧者"虽指阳明学无疑,但"养端倪""体认天理"其实便是陈献章、湛若水之说。那显然同样是以禅学视之了。而辨别其流于禅学与否,并非只是因为学术的正误,而是因为,这种禅学,或者流于"空寂枯槁,只成一个顽然之物",或者"倡言自恣,弃行不顾"。杨时乔之反对讲学,特别是"今学者只以讲便为学,以学便为道"②,从朱子学的角度,以归寂派及会通派王学为主要形态的讲学活动,此时似乎已经同样失去了实践性,至少是伦理意义的实践性,而成为变相的佛老之学。在这里,反对佛老之学其实也蕴含着反对把儒学宗教化的意味。

尽管没有像杨时乔一样否定陈献章、湛若水,但同样出于对讲学的反感,唐伯元甚至对所有讲学活动一概予以排斥。他在所撰《山居五戒》中自我约定:一戒讲学;二戒预外事;三戒酬应诗文;四戒赴席;五戒对客谈时政③。针对他对讲学的排斥,罗汝芳弟子杨起元便曾借陈献章为例加以反诘:

> 独有讲学一事,白沙先生不曾厉禁,今闻足下反禁之,则区区劝足下一开耳。不诲人犹可,不自学奈何!自学者,岂杜门稽古,行义不失已哉?诲人固所以自学也。何者?相长之益,古人所取也。④

既然强调个体局限,反对普遍性的"人同此心",假如仍然要给学者传递进学入道的法门,那就只有读经。在万历二十六年的《士习文体疏》中,杨时乔说:

> 古今道学统,传于昔者圣人。圣人言学以道,言道以天,言天以命,言命以性,言性以理,言理以得,于心为德,载于六经。⑤

---

① 《杨端洁公文集》卷6《大学古今四体文集注序》。以《明儒学案》卷42《甘泉学案六·杨时乔学案》参校。
② 《杨端洁公文集》卷13《与舒继峰公》。
③ 唐伯元《醉经楼集》卷1《诗类》。
④ 杨起元《(与)唐曙台》,载唐伯元《醉经楼集》附录四。
⑤ 《杨端洁公文集》卷1。

无独有偶，许孚远在与周汝登相辩难的《九谛》中，第一谛便遍引诸经，这种论证方式至少表明了尊经的态度，以经典作为衡定过度诠释与否的准绳①。

返之六经也是唐伯元的期望，他把自己的文集定名《醉经楼集》②。唐氏尽管自己的经学见解说不上高明，对诸经内容虽撰文讨论，大体也还是明人自抒心得的余习，但却明确提出自己的解经之法，譬如"解经以传，不如解经以经"，六经"其理相通，其义各别，""无圣人之志不可解经，读世俗之书不可解经"，以及反对拟经、诬经，等等③。仔细考察其读经理由及解经方法，其实仍然隐含着对普通人的不信任以及圣境的难以企及。他说：

> 经，圣经也。惟圣解圣，惟经解经，羲之画，文之象，周公爻辞，孔子十翼是也。惟贤知圣，惟贤知经，子思之《大学》《中庸》，孟子之七篇，程伯淳之语录，凡所引是也。解字者，得少而失少，注疏是也。解意者，得不偿失，今之《章句》《大全》是也。拟经者，劳且僭，而无益于发明，《太玄》《元经》是也。诬经者，淫妖怪诞，侮圣逆天，《己易》《传习录》是也。④

拟经是指扬雄、王通，诬经是指杨简、王守仁等陆王心学。至于说朱子《章句》及官方认可的《四书五经大全》"得不偿失"，甚至上《石经疏》反对已有的《大学》诠释，都表现出某种以道自任的精神，这与晚明师道复兴运动的大背景是一致的。甚至他自己尽管说"惟圣解圣""惟贤知圣"，而又为历代学者区分了等地，那显然是自处于圣贤之列，这是唐氏自身立论的吊诡所在。也正是因此，唐伯元尽管反对王学，但却提出了一种与王守仁龙场悟道之后所撰《五经臆说》极为相近的解经理论：

> 解经以传，不如解经以经。合而解则明，（折）【析】而解则晦。故经有一事而前后互发者，有一义而彼此互见者，尽去其传注，而身

---

① 参本章第二节。
② 朱鸿林在《醉经楼集》的《点校本前言》中已经指出，"醉经"一名当出自王通"心若醉六经"之语。见该书第4页。
③ 《醉经楼集》卷2《经解》《易解》。
④ 《醉经楼集》卷2《经解（二）》。

体之,口拟之,不得则姑置之,而从他处求之,讽咏千周,恍然触类矣。①

当然也有不尽相同之处,譬如他说"无圣人之志,不可解经",诚如韩愈在《答李翊书》中所言"非圣人之志不敢存",同时代的学者大都是同意的;但说"读世俗之书,不可解经"②,却未必得到王门学者的认同。譬如当时学者所习闻并广为接受的程颐之说:

> 古人于《诗》,如今人歌曲一般,虽闾里童稚,皆习闻其说而晓其义,故能兴起于《诗》。后世老师宿儒尚不能晓其义,怎生责得学者?是不得"兴于《诗》"也。③

这一说法固然可以引申出"非三代两汉之书不敢观"(韩愈语),但也可以像王学家一样,理解为"人同此心,心同此理",这也就是孟子主张的"以意逆志",尚友于古人。唐伯元的理解显然是前者④,但不管怎样,舍传求经的提出,都可以说为清代学者超越理学的解经传统,直面经典本文,预置了某种心理背景。

从思想史角度看,杨时乔、唐伯元、许孚远这一返之六经的理念,与其学术论敌罗汝芳的复返经学,虽然路径不同,但同样代表了万历时代儒学虔敬意识的发展。关于这一问题,此前学术界是认识不足的。那以后,许孚远的学生刘宗周在其所撰《人谱》一书中,把慎独与博学结合起来,重新主张朱子的"半日静坐,半日读书"之法。这一观念不仅合于孟子扩充之旨,而且与《中庸》"君子尊德性而道问学"的大义相通。在刘宗周的学术中,理学传统的师道精神,王学的一体性,朱子学的外王传统,以及湛若水学派的虔敬意识,四者实现了有机地结合⑤,可以视作东林学派的最终定论。

---

① 《醉经楼集》卷2《经解(三)》。
② 同上书《经解(四)》。
③ 《河南程氏遗书》卷18,见《二程集》第200页。
④ 唐伯元《醉经楼集》卷2《经解(四)》即引前文所述韩愈之言。
⑤ 关于刘宗周学术,拟另作申说。

第二节　东林学派与万历时代的主流王学

万历时代，出身朱学、王学与湛学的一批学者因政治儒学立场大致相同，融合成一个新的学术流派，这就是东林学派。作为融合基础的，便是这些学者在行动取向上大都以风期自许，以躬行践履自任，在义理上抨击"无善无恶论"，在伦理上反对性格中庸软熟的乡愿。他们共同的对手便是在朝王学，以及在野的王学会通派。

一、反"无善无恶论"

"无善无恶论"之提出源自嘉靖六年王守仁出征思田以前的天泉证道。针对阳明四句教所谓"无善无恶心之体，有善有恶意之动，知善知恶是良知，为善去恶是格物"，王畿提出"体用显微只是一机，心、意、知、物只是一事，若悟得心是无善无恶之心，则意、知、物俱是无善无恶"[1]。理由是意既然是心之所发，那么无善无恶之心，如何能发出有善有恶之意？这就是有名的心体四无说。那以后受王畿影响比较大的学者，如周汝登、管志道等大都以此为立论之基。"无善无恶论"成为会通派王学家的一个重要理论传统。

强调心体"无善无恶"，其实也就是否定心体本身的纯善。当然否定善并不意味着认同心体之恶，而是要取消作为具体标准、作为规定性而存在的善恶，一言以蔽之，无善无恶也就是无所谓善恶，在这一点上黄宗羲所谓"无善念无恶念"[2]，似乎仍有一间之隔。在会通派学者那里，对于一个本心呈露的人而言，他只要依其良知而行，那么心体所发之意、所致之知、所格之物便都是无善无恶的。为了弥合与孟子性善说的矛盾，也有人称之为"至善"[3]，所谓至善无善，这是道家的语言。

然而，当心体的具体规定性被取消以后，便同时也在理论上为任情自肆之风开辟了道路。对欲望的肯定，成为晚明社会思潮中最引人注目的变化。不仅如此，尽管会通派王学在学术上名家辈出，而且皆有士大夫身份，但以当时的价值观衡量，在行动上却诟病极多。王畿早年便因在官干请以及强占寺观田产

---

[1]《明儒学案》卷12《浙中王门学案二·王畿传》。
[2]《明儒学案》卷10《姚江学案》。
[3] 按至善本《大学》首章归宿，阳明《传习录》亦以"至善为心之本体"为言，其后钱德洪、邹守益等皆持此说，惟王畿立异。其后学如周汝登虽重言至善无善，其意已经与《大学》至善之说不同。

等种种劣迹,遭到唐顺之、耿定向等人的批评,甚至以伪学的名目遭到黜退①。顾宪成所谓"王山阴（畿）、罗盱江（汝芳）并以妙悟推,而舆论大不满者,只为其袭传食故事,所至溷有司,其门人且往往缘为市耳"②。"言不必信,行不必果,惟义所在",虽系孟子之说,但在无善无恶的理论包装之下,很可能流于"为达目的,不择手段"。王畿所倡导的交结中贵,便无疑令传统的朱学信徒及王学修证派难以忍受。而在理论上,原本被孟子所深辟的,提倡性本无善无恶的告子,在王畿那里也就重新占据了一席之地,成了"圣门别派"③。而告子取代孟子的背后,则是唐宋以来知识界苦心经营的道统论,及士大夫群体的师道精神被彻底颠覆。"无善无恶论"无疑强化了晚明时代的自由精神,但当自由的华果还没有出现的时候,所带来的却首先是破坏。

在这种情形下,理论上"截断众流"便显得极为必要。王畿的心体四无说,在当时便受到王学修证派特别是聂豹、罗洪先等人的坚决反对。聂、罗在义理上被划分为"归寂派",事实上,正是这两个王守仁死后才"拜师"的弟子,把陈献章江门心学对性体的重视,以一种隐约的方式纳入到王学中来,并成为东林学派的先驱。或许诚如黄宗羲所言"有江右王门为之救正"的缘故,王畿在讲学实践中对此说护持并不甚力。譬如他在《颖宾书院会纪》一文中所说的"意方有善有不善,善有好,恶有恶,谓之诚意",便又明言意有善恶了④。从义理的角度,王畿的学术可能显得不那么纯粹,但从思想史角度指出这一事实,却极为重要。

万历时代,随着会通派王学在思想界成为主流,心体"四无说"重新成为一大批士大夫的理论武器,在明代理学走向"道统论崩溃",这一"经学突破"潮流中,具有重要地位。因此,反无善无恶的思潮也同时蔚兴,其规模与影响甚至超出了嘉靖时期。

两股思潮的针锋相对首先发生在万历二十年左右,在南京主盟思想界的人物中,湛门弟子许孚远与会通派学者周汝登,发生了有关心体"无善无恶论"的争论。许孚远《九谛》与周汝登《九解》便是两篇关键文献⑤。

《九谛》从不同角度对无善无恶论加以批驳。许孚远先是历引《易》《书》

---

① 参第二编第三章第一节。
② 《泾皋藏稿》卷9《赠本庵方先生还里序》。
③ 《龙溪王先生全集》卷8《孟子告子之学》。
④ 《龙溪王先生全集》卷5。
⑤ 许孚远作《九谛》以难周汝登,周汝登作《九解》以覆之,见《周海门先生文录》卷1。

《论》《孟》所言，证明诸经所言"大旨道性善而已"，无善无恶之论充其量只是告子之学罢了，一开始便把这一学说置于非圣无法的地位，可谓先声夺人。其后又从本体、工夫以及对世道人心的危害等方面逐层立论，提出"宇宙之内中正者为善，偏颇者为恶，""今日无善无恶，则人将安所趋舍欤"？在他看来，学术的根本即在于顺此大中之至善，"秉彝之良"，承担起教化之责，"秉持世教，提撕人心"。最后还引用王守仁的语录，质疑王畿与乃师之学也已经相悖。

周汝登并不反对"维世范俗，以为善去恶为隄坊"，针对许孚远以告子之学相责难，他也没有正面反驳，而只是说："真教本相通不相悖，语可相济难相非，此天泉证道之大教也"，表现出会通派的学术特色。至于以"宇宙之中正者为善"，他反驳道：

> 曰中正曰偏颇，皆自我立名，自我立见，不干宇宙事。以中正与偏颇对，是两头语，是增损法。不可增损者，绝名言无对待者也。

言下之意，许孚远之论依然是人我分立的境界。何以见得？"岳不以峙为善，川不以流为善，人有真心莫不饮食者，此心饮食岂以为善乎？物有此理，而鸢飞鱼跃者此理，飞跃岂以为善乎？有不孝而有孝子之名，孝子无孝"。从宇宙一体性的角度而言，周汝登所言无疑更为圆融。

为了使自己的理论不违背孟子性善论，周汝登也把性善之善解释成"至善"。在他看来，人之"反其性之初者"，也就是孟子所谓的"大人不失其赤子之心"。而"赤子之心无恶，岂更有善耶？可无疑于大人矣"。初生之赤子惟顺其自性之本然，是不知道"作好作恶"的。这样，"无作好无作恶之心"便"是秉彝之良"，便"是直道而行"。"着善着恶，便作好作恶，非直矣"。所谓"无有作好，遵王之道；无有作恶，遵王之路"，语出《尚书·洪范》，同样是基本经典之一，甚至比《孟子》尤为重要。在他看来，

> 盖凡世上学问不力之人，病在有恶而闭藏；学问用力之人，患在有善而执著。执善闭恶者教之为善去恶，使有所持循，以免于过；惟彼着善之人，皆世所谓贤人君子者，不知本自无善，妄作善见，舍彼取此，拈一放一，谓诚意而意实不能诚，谓正心而心实不能正。

在这里,他还特别指出"有善而执著"之害:

> 后世若党锢之祸,虽善人不免自激其波,而新法之行,即君子亦难尽辞其责。其究至于祸国家殃生民,而有不可胜痛者,岂是少却善哉?

不仅批评王安石、张居正之类的"新法",而且矛头直指当时方兴未艾的清流集团。因为执着善见也可能是一种认欲作理式的"师心自用"。这可以看作会通派王学家对晚明阉党之祸的预言。周汝登所言与王畿早年批评王艮之学"以气魄致胜",其实是一脉相承的。那以后,周汝登最密切的学术讲友、东林党人邹元标,尽管早年以风期自许,但天启时代复出以后却一再反对"门户",谋求和衷共济,同样是出于类似考虑。邹元标因此被东林党人视作"两截人",激烈者甚至抨击他"首鼠"两端①,在向阉党集团靠拢。

周、许之争问题非常尖锐,且都把自己的见解公之于世,在思想界产生了巨大影响。顾宪成、高攀龙等人纷纷传阅,并从各自的学术立场予以回应。万历二十六年,以顾宪成与管志道为代表的两派学者之间发生了又一次争论。

在晚明,管志道是对师道复兴思潮批判最力,也是最彻底的思想家。作为耿定向的弟子,管志道代表了在朝王学与会通派王学之间的过渡状态,事实上已经不仅仅单纯地在消解师道,而是要积极反对它了。其本人主张以"惕龙"自居,认为孔子乃"臣道"而非"师道",都是十分明确的表达②。

如前所述,在中国儒学史上,师道意识最重要的代表人物便是孟子。因此,管志道要想彻底清算晚明师道复兴思潮,便必须集中清算孟子学。事实上,正是基于这一立场,管志道已经摆脱理学自身的窠臼,直接表彰告子的"性无善无恶论":

> "生之谓性"一句,此告子论性之宗指也……不独告子逃此句不得,即孟子以性善标宗,点"人之所以异于禽兽者几希",亦何尝离得此句……周元公、大程夫子以后,罕有透此性宗者……学者当信孟子之辟告子固真诠(按前云"但告子之认'生'处与孟子之认'生'处别耳"),

---

① 《明史》卷243《邹元标传》。参第四编第三章第一节。
② 参本书第二编第三章第三节。

而告子之于性学,亦非陋儒之所能窥也。余为阐幽于此。①

针对东林人士对"无善无恶论"的批评,他说:

> 公都子亦善于论性者,其首举告子"性无善无不善"之言,岂如今人之标榜性善话头者?唯于子思"天命之性"之真源,或未彻耳。而姚江王文成之讲《大学》,则移性以论心曰:"无善无恶者心之体",此虽对"意之有善有恶"以征心,然而心之体即性也,淫于告子之论性矣。此亦当以乾坤二道裁之,性有乾元坤元之几微,心岂无乾道坤道之几微?无善无恶,从最初乾坤合体之初心说也,乾元一分而入坤道,则善恶之端起矣。阳明曷尝悖于性善哉?近有诋姚江之学为异端者,吾徒瞿元立(汝稷)大笑之,以为近儒惯驳倒一名世以立言,惕之哉!②

在这里,管志道所指出的孟子、告子关于"生"的理解有别,因此并不构成简单地否定关系,实有所见③。他把心体分成乾坤(即统别)两个层次,以此论证心体无善无恶以及善恶两种规定性的判分,从义理角度来说确实有其深刻之处。这一心体构造与近世熊十力的"翕辟成变",以及心物两个方面皆为心体所统摄的观点,如出一辙。

正是基于无善无恶这一立场,管志道才与邹元标等人一样,反对以一身之血气自任,提倡"居广居,立正位,行大道之君子,必以生民之休戚为重轻,不在一身气节上也"。这也就是他所推许耿定向的:"先生雅不以气节沾沾自喜,每与同志相砥砺,必以委曲济时为中道"④。可以说,管志道对"无善无恶"的坚持,与其对"师心自用"的批评是一致的。这一"师心自用"的作风,在政治上的代表是张居正,在学术上则是泰州师道派以及聂豹、罗洪先的"归寂"之学。如前所述,张居正本人虽然当政后打击王学讲学,但其本人在学术上却实实在在受到聂豹"归寂"之学的深刻影响⑤。

管志道对"无善无恶论"的接受尽管时间比较早,但是参与到论战中来

---

① 管志道《孟义订测》卷6《告子章句》。
② 同上。
③ 参拙作《〈孟子·告子上〉讲疏》。
④ 管志道《问辨牍》卷1《答屠仪部赤水丈书》。
⑤ 关于张居正另参本书第三编第二章。

却是在周、许之争以后。他说:"近复有感于陪京诸君子持此两说而不相下,乃因耿先生《赘言》之所及而为之助发焉。盖以孟子性善之说为经文,而以阳明无善无恶之说为义疏也。"①

《赘言》是指耿定向的《遇聂赘言》,此文作于万历二十一年。在这篇文章中,作为在朝王学理论代表的耿定向,一方面认同阳明四句教在理论层面的分疏,认为:

> 惟文成所谓"无善无恶",非谓善恶混,亦非谓本无善,如槁灰而生机断灭也。盖人生而静,乃起意发知之原本无物;而体物不遗者,是集道凝德之舍,而吾人生身立命之都。达此而后知善恶为真知,为善去恶是真修,在《大学》命之曰"至善",在《中庸》命之曰"未发之中",周子图之曰"无极",程子定之曰"廓然"……文成四语,善观之,与诸圣哲如出一口,复何疑?

另一方面则抨击当时在"四无说"带动下的任情纵欲之风,甚至为之"日常仰屋而呼,夕至抚枕而涕者几矣"②。管志道以此为基础所作的发挥,其实正是从"四无说"向阳明四句教复归。在这里尤可以体现出管志道在学术光谱上,作为在朝与会通两派之间的过渡位置。

由此我们发现一个很有意思的现象,晚明学术界的相互论争之中,一个共同话题便是所谓猖狂自肆之风,每一派都把这一风气的酿成归咎于对手。东林学派批评"无善无恶论"所导引的"任情"之风,会通派则转而批评师道派、归寂派乃至东林学派的"执理"之弊,二者在精神上都表现为"师心自用"。这也是辩论双方都同时把"师心自用"的流弊归于对方的原因所在。诚如孟子所谓"人之患在好为人师"③,为了对这种"师心自用"的精神予以克制,晚明思想界的"虔敬意识"便应运而生④。作为这一论战的最后终结,便是清初黄宗羲在所撰《明儒学案》之中,把所有被认为具有"师心自用"倾向的

---

① 《问辩牍》卷3《答顾选部泾阳丈书暨求正牍质疑二十二款》。
② 《耿天台先生文集》卷8《遇聂赘言》。
③ "师心自用"在孟子那里的表述便是"人之患在好为人师",关于这一问题的疏解,参拙作《〈孟子·离娄上〉讲疏》。
④ 参本编第二章。

人物，以"狂禅"的理由统统放入泰州学派①。

事实上，尽管不以气节自许，管志道自己也曾因万历初年上疏批评了张居正，被清流集团引为同调，顾宪成、高攀龙等人都对他的人格赞赏有加。但双方还是因为学术的岐异而产生了一丝裂痕，他在给宪副俞霱的信中说道：

> 我吴以文学名于世，而理学一窍独塞。今毗陵有数君子，彬彬同学，不谓众枭之鸾风不可也。开端则顾叔时（宪成）之功居多，而叔时在隆庆中实接不肖为华氏馆宾，声气亦有相应求处。故仕后每不相舍，独缘诸君子多从少壮登第，幼无师承，未尝受先辈逆耳规诲，映心钳锤，性地无从开发，一入仕后［便斥］讲良知之学者与夫出入二氏之宗者，多以可议之端示人，欲皈依而无主，舍程朱之遗矩而谁执？②

针对管志道所提出的理论，顾宪成、高攀龙都撰文给予批驳③，但最终在理论上并没有相互说服。大概正是有感于学者间相互批评不足以最终解决分歧，顾、高等人才在六年以后重修了东林书院，正式打起朱子学大旗以延揽人才，招收后进。于是，作为一个学术集团的东林学派诞生了。

二、反中庸思潮

反"无善无恶论"主要是针对会通派王学。事实上，假如对晚明思想界作进一步考察，便会发现在万历中期以后同时也还存在着一个针对在朝王学的反中庸思潮。

邹元标《南皋邹先生会语合编》卷上：

> 今世所谓高明者，发扬莽荡而已；所谓沉潜者，包瞒柔昧而已。发扬莽荡者一收拾便可回头入道，若包瞒柔媚者其骨髓率难抽，故圣人取狂、取狷。

又，《南皋邹先生讲义合编》卷上，"乡愿德之贼也"章：

---

① 参本编第二章第二节。
② 《问辩牍》卷1《答俞宪副定所丈书》。
③ 参本编第二章第三节。

圣人思狂思狷，乡愿属阴，狂狷属阳。

李贽《藏书》卷三十二《孟轲传》附《乐克论》：

凡人之生，负阴而抱阳。阳轻清而直上，故得之则为狂；阴坚凝而执固，故得之则为狷。虽或多寡不同，参差难一，未能纯乎其纯，然大概如是而已。惟彼纯阳之健、纯阴之顺则其人难得见，故夫子思之。自今观之，圣人者，中行之狂狷也；君子者，大而未化之圣人；善人者，狂士之徽称也；有恒者，狷者之别名也。是皆信心人也……是信者，狂狷之所以成始成终者也。惟其不学，则谓之善人；从事于学，则谓之君子；由有学而悟无学，则谓之中行。而信，实根柢之矣。学者不识善人之实，乃以廉洁、退让、笃行、谨默之士当之，是入乡愿之室而冒焉以为登善人之堂也，一何视善人之浅哉！

顾宪成《泾皋藏稿》卷四《答友人》：

其无常者不可测，其常者则在我，夫亦守其在我而已。昔宣尼思狂狷而贼乡愿，其论人则曰矜而不争、群而不党，良有味乎其言也。

顾允成《小辨斋偶存》卷六《简高景逸大行》：

夫论道以中则岂复有他说哉！但弟生平所见，怕言中字，以为吾辈学问须从狂狷起脚，然后能从中行歇脚。凡近世之好为中行而每每堕入乡愿窠臼者，只因起脚时便要做歇脚事也。盖落脚即是中行，惟圣人天理浑然、毫无私欲则可，自圣人以下便有许多私欲纠缠……若不向私欲处悉力斩绝而遽言中行，所谓藉寇资而赍盗粮，未有不败者也。

高攀龙《高子遗书》卷九上《重刻倪云林先生诗集序》：

今天下学者好称说中行，夫道，中焉止矣，中行岂不贵？然徐而核之，往往败裂名检者多出好为中行之士，何居孔子时中之圣？

……

这样的例子无须多举,在万历时代诸人的文集中俯拾皆是。有迹象表明,在这一时期的思想界,出现了一股反中庸(或乡愿、中行)的思潮。

批判乡愿式的中庸,对传统的儒家学者来说并不陌生。孔子诛乡愿而取狂狷,所谓"狂者进取,狷者有所不为",早已为人们所熟知了。貌似谨悫而其心可诛,口尚仁义却志在穿窬,世俗之所谓"伪道学"常常就指此辈。因此凡是以真道学高自标榜的人物,无不把受讥为乡愿视作畏途。王学在兴起之初以任狂自居,所谓"狂者胸次",所谓"点也虽狂得我情",都属于此类。相反,真正的朱学大都能狷介自守,不去俯仰随人。狂狷的性格尽管在表现上大异其趣,但落实到实践当中,却又相反相成,密不可分。顾允成说:"默默自忖,性颇近狷,情又颇近狂……居恒妄意欲作天下第一等人,不近狂乎?反而按其实,尚未能跳出硁硁棘棘也,不近狷乎?"表达的正是此意①。

然而,从以往类似批评的零星散见,到现在的思而成潮,这种现象又意味着什么?换句话说,既然是思潮就一定会有针对性,是什么原因使一贯在学术上唱反调的东林学者和李贽同仇敌忾?

当然,现实中绝对没有人会在自己的额头贴上乡愿的标签,甚至乡愿本人也可能贼喊捉贼地一同抨击乡愿。那么,这里的乡愿又是指什么人呢?

李贽心目中的乡愿无疑是指耿定向,这段有名的公案早已为人们所熟知了。黄宗羲说:"乃卓吾所以恨先生者,何心隐之狱,唯先生与江陵厚善;且主杀心隐之李义河(幼滋),又先生之讲学友也。斯时救之固不难,先生不敢沾手,恐以此犯江陵不说学之忌。先生以不容已为宗,斯其可已者耶?"②虽系诛心之论,但情由固属可能。从某种意义上说,李贽对耿定向的抨击,是讲究求真的会通派王学对日渐中庸虚伪的在朝王学的批判。

前面已经指出,作为会通派王学的一员干将,李贽的思想以自我解脱为职志,以当下求真为目标,讲求三教诸子的会通,而不太主张复兴师道。在他那里,道统论已经崩溃了。除了第一点之外③,他和耿定向在思想倾向上没有太大的差异——"不容已"在本质上也就是求当下之"真",两者的区别主要在行动取向。

---

① 《高子遗书》卷11《顾季时行状》。
② 《明儒学案》卷35《泰州学案四·耿定向传》。
③ 耿定向对李贽自我解脱倾向的批评,可参第三编第一章第二节。

李贽在性格上有些偏执，是个性情中人。袁中道说他：

> 本绝意仕进人也，而专谈用世之略，谓天下事决非好名小儒之所能为；本狷洁自厉、操若冰霜人也，而深恶枯清自矜、刻薄琐细者，谓其害必在子孙；本屏绝声色，视情欲如粪土人也，而爱怜光景，于花月儿女之情状亦极其赏玩，若借以文其寂寞；本多怪少可，与物不和人也，而于士有一长一能者，倾注爱慕，自以为不如；本息机忘世、槁木死灰人也，而于古之忠臣义士、侠儿剑客，存亡雅谊，生死交情，读其遗事，为之咋指砍案，投袂而起，泣泪横流，痛哭滂沱而不自禁。①

这种真性情决定了他为人的率真，为学的求真。也使他痛恨乡愿、拒斥伪学，鄙夷那些心口不一的名教卫道士，在嫉俗愤世的尖利言辞中，寄寓着一片无法自已的古道热肠。李贽是那种对现实充满了绝望，但又在绝望中孤凄踽行的人②。

理解了这一点，我们也就理解了他对耿定向那种近乎发泄式的嘲讽和揶揄：

> 试观公之行事，殊无甚异于人者。人尽如此，我亦如此，公亦如此。自朝至暮，自有知识以至今日，均之耕田而求食，买地而求种，架屋而求安，读书而求科第，居官而求尊显，博求风水以求福荫子孙。种种日用，皆为自己身家计虑，无一釐为人谋者。及乎开口谈学便说尔为自己，我为他人；尔为自私，我欲利他；我怜东家之饥矣，又思西家之寒难可忍也；某等皆上门教人矣，是孔孟之志也；某等不肯会人，是自私自利之徒也。某性虽不谨，而肯与人为善；某等行虽端谨，而好以佛法害人。以此而观，所讲者未必公之所行，所行者又公之所不讲，其与言顾行、行顾言之何异乎？以是谓为孔圣之训可乎？翻思此等反不如市井小夫，身履是事，口便说是事，作生意者但说生意，力田作者但说力田，凿凿有味，真有德之言，令人听之忘厌倦矣。③

---

① 袁中道《李温陵传》，载《焚书》卷首。
② 岛田虔次也有同感，李贽在他的笔下被称作"无比类的独自存在"，参沟口雄三《中国前近代思想的演变》第65页。
③ 《焚书》卷1《答耿司寇》。

因此，与其如侯外庐所说，李贽是一个"反道学家"，倒不如说他是一个"反假道学家"。听其言而观其行，李贽所尊重的是真名教，痛恨的却是假道学。这一点由他《读若无母寄书》一文便可窥其端倪①。

李贽的口诛笔伐当然酣畅淋漓，大快人心。然而从现实的情境着眼，却又未免勇于任道而拙于保身了。他所抨击的对象当时正做着正三品的刑部侍郎，尽管也曾为此像模像样的作《求儆书》四处分发给友朋，以深自谦抑；但是，无须他本人出面，他那帮"忘其为趋势附热而至也"的弟子门徒②，便会学习孔门的子路，使恶言不复入耳了。李贽在其后的几年四处奔窜、寝不安席，正是拜此辈之赐③。同时，这些人还造作蜚语传播京师，"云卓吾著书丑诋四明相公"，以歆动内阁首辅沈一贯对他的恨意④。礼科都给事中张问达乘机特疏弹劾，李贽因之自刎在狱中。

沈一贯本人是个缺乏学术个性的官僚，但是从他与申时行等王学内阁的衣钵相传来看，仍可视作在朝王学的代表，至少那种中庸软熟的作风可以说一般无二。因此，在朝王学与王学会通派之间的鹬蚌相争，是由东林学派渔翁得利。后者尽管和沈一贯在朝政中许多方面都处于对立的角色，但在这一点上也不禁为他说起好话来了：

> 张问达首论李载贽（即李贽）竟被逮自刎狱中，此四明相业，大是救世奇着。后生小子恶拘检而乐纵肆，卓吾却与以好题目、新议论，令悍然敢为无忌惮，扫灭程朱正学。近日世道人心至于不可收拾者，载贽之罪也。⑤

反中庸思潮不仅是王学内部的混斗，也是东林学派抨击王学的好题目。事实上，这一思潮又常与当时对"无善无恶"学说的批评混为一谈。

万历中期，经过政治与学术的多次互动整合，第三期王学中的四个学

---

① 文见《焚书》卷4。沟口雄三对这一问题的讨论，见前引书，第72—76页。另可参《焚书》卷3《童心说》，"真实无妄"是李贽学说的第一义。
② 《焚书》卷1《答耿司寇》。
③ 对这一问题的考察，可参容肇祖《李贽年谱》及张建业《李贽评传》的相关讨论。
④ 《万历野获编》卷27《二大教主》。按，同条又载当时佛教界三大高僧之一的达观，也因牵连妖书一案，为沈一贯瘐死狱中，"两年间丧二导师，宗风顿坠"，佛教与王学会通派此时受到了不小的打击。
⑤ 丁元荐《西山日记》卷下。

派——在朝、狂侠、乐学、会通，尚在思想界保持活力的，只剩下了在朝和会通两个。前者成为政治上的主流，后者则在学术界蓬勃发展。两派尽管在行动取向上不无对立之处，但在思想上却彼此呼应，互通声气。耿定向的学生焦竑、管志道、潘士藻、祝无功等人都可算是会通派的干将，情形可见一斑。因此东林学派对朝野王学的批评便颇有叠加之处。声势浩大的反"无善无恶"思潮被同时赋予了攘弃佛老、反对在朝王学、批评王学会通派等多重含义①。

王畿的"四无说"与耿定向"不容已"式的中庸，在哲理的思辨上尽管仍有一间之隔，但落实到具体的实践，除了特立独行之士外，大都有猖狂自恣或成为乡愿的嫌疑。前者是真小人，后者是伪君子，尽管微有不同，其颠覆名教则一般无二。顾宪成等人在尊重管志道慷慨节义的同时，对他的"无善无恶"论严词相辟，正是有此隐衷。

不过，无善无恶的理论可以造就乡愿，但是"无善无恶"却并不等于中行。前者是对心体本然状态的把握，后者则常被与狂狷等词并列，表明在晚明人的心目中，它代表着一种理想的人格类型。因此反中庸思潮尽管与对"无善无恶"的反动互有交叉，但在实际上仍有其现实中的所指。其对象依然是耿定向和他所代表的在朝王学②。

东林和耿定向交恶事出有因，它是申时行等王学内阁笼络外廷大员以对抗言官批评的产物。万历十七年南京御史王藩臣上疏弹劾应天巡抚周继，揭示了上下党争的这一隐情。

早在正德初，宦官刘瑾专权，为了防止言官的弹劾，曾经矫谕都察院左都

---

① 顾允成曾作《拟上惟此四字编疏》以抨击"无善无恶"之说。在他看来，"老佛之空、乡愿之似、无忌惮之小人，皆渊薮窟穴于其间。"文见氏著《小辨斋偶存》卷2。又，顾宪成《顾端文公遗书》之《证性编》卷3《罪言（上）》："无善无恶四字，就上面做将去，便是耽虚守寂的学问，弄成一个空局，释氏以之；从下面做将去，便是同流合污的学问，弄成一个顽局，乡愿以之。"又说："释氏高，乡愿低；释氏圆，乡愿巧；释氏真，乡愿伪，其为无善无恶，一也。"按顾宪成所云释氏，大概兼有指代王学会通派之意，因为在东林的眼中，李贽、罗汝芳等的学说已是狂禅了。但狂禅却不失其真，和乡愿仍然大不一样。从本书的角度来看，后者即指在朝王学。

② 《明儒学案》卷35《泰州学案四·耿定向传》："先生之学，不尚玄远，谓'道之不可与愚夫愚妇知能，不可以对造化、通民物者不可以为道。故费之即隐也，常之即妙也，粗浅之即精微也。'其说未尝不是，而不见本体，不免打入世情队中。共行只是人间路，得失谁知天壤分？此古人所以贵刀锯鼎镬学问也。是故以中行为学，稍一不彻骨髓，其下场不及狂狷多矣。"耿定向讲중中行，但却反对王畿"无善无恶"之说，此亦可视作在朝与会通之分野（参本编第一章第二节）。一言以蔽之，在东林学派眼里，会通与在朝之异，即真小人和伪君子之别。当王学本身已成为官方的意识形态后，学术分野已不再以朱、王立异，而是转向对理想人格的评判。了解这一点，方可以觇晚明学风之变迁。

御史刘宇，此后南北两京御史凡有章奏必同时呈禀本院长官①。那以后历嘉、隆、万三朝，早已成为惯例了。当权者通过笼络都察院首领进而控制言路，更是正德以后朝野不争的事实。但万历以后一班年轻气盛的御史小臣在言路发舒的情况下却公然藐视这一成宪，用意不问可知了②。

在周继之前被弹劾的还有江西巡抚陈有年、四川巡抚徐元太，三个人的官声本来都不算差，特别是陈有年，后来官至吏部尚书，与东林人士一起，同腐朽的内阁作对，清誉更是名闻遐迩。王藩臣弹劾周继但却逾月也不投揭都察院，惹怒了时为都察院左都御史的耿定向。于是以申救陈有年等三人的名义愤而上疏：

> 臣自去年六月履任，就列经年矣……臣昔叨佐北院时，御史凡有纠劾，疏上后即以揭投堂，此中相沿旧规，疏上三日以揭投堂，乃自臣之受事也，率七八日或十数日，始以揭投。今闻御史王藩臣复有疏上逾月矣，竟不投揭，是弁髦臣也，是易臣不足与议也。不然是谓臣之职掌无与于纠劾也，臣又何颜立于台臣之上耶？

同时以辞职相要挟③。北京的左都御史吴时来紧接着上疏请求申饬台规④，王藩臣因此被罚俸两个月。

耿定向、吴时来这一做法马上招来激烈的反弹。薛应旂的孙子、新进士薛敷教立刻上疏，除了指责二人"阻塞言路"之外，还攻击"二三辅臣，曲学险诐"，矛头直指首辅申时行和次辅许国。同时，南京御史王麟趾、黄仁荣也纷纷上疏，着力声援。申时行极为恼怒："必如敷教言，将尽抑大臣而后可耶？"许国是薛敷教的会试座主，自觉面上无光，请求罢职。于是副都御史詹仰庇弹劾薛敷教，吏科都给事中陈与郊诋斥建言诸臣，大小臣工之间一片混斗⑤。

---

① 《小辨斋偶存》卷5《客问》。
② 《高子遗书》卷11《光州学正薛公以身墓志铭》载薛敷教所上之疏："今设有弹劾长官者，谁与通？隐机先露则危其身，谠议复停则负其志，事当密而不密，祸且移之国家。"正可见一般言路小臣被台宪压制下那种临深履薄之感。万历十年以后，言官上疏不再投揭御史台，至少有自保的意图在内。
③ 《耿天台先生文集》卷2《己丑乞骸疏三》；又参《观生记》万历十七年己丑。
④ 《明史》卷231《薛敷教传》。
⑤ 《明史》卷231《薛敷教传》；卷219《许国传》。

顾氏两兄弟中，顾宪成性稍平和，顾允成则锋芒毕露。万历十四年因殿试策直接抨击内阁辅臣，被大学士王锡爵抑置第二百一十三名及第①。适值南京提学御史房寰连疏攻诋清名素著的都御史海瑞，遂与同年进士彭遵古、诸寿贤一起露章弹劾。"始寰疏出，朝野多切齿。而政府庇之，但拟旨谯让"。顾允成等上疏以后，内阁反以其出位妄言，褫其冠带，勒令还乡②。直到万历十六年因巡按御史推荐，出任江西南康府教授，因母老致仕，不久丁忧。正赶上薛敷教因弹劾耿定向，勒令回家省过三年。

或许是狷狂的个性使然，顾允成尽管在政治上屡遭摧抑，却愈挫愈坚。目击九列大臣结党沆瀣，不禁"仰天浩叹"，上书座师许国："言路者，天下之公，非台省之私也。出于公即荡荡平平，出于私即旁蹊曲径"，对当轴者阻塞言路的行径大为鄙夷③。不久又托好友华国博以〈客问〉转交耿定向，用主客问答的形式对他的行为极尽嘲讽揶揄之能事。在这篇文字中，耿定向成为明确被指名的"乡愿道学"：

> 乃借口于三中丞而谋申救阉瑾之故事。盖方今将顺当事之徒，类不乏人，未有若公之巧而文者。如是而托于圣人之不避嫌，乃迩来乡愿道学诐淫邪遁之常谈。④

职此，说东林学派的反中庸思潮矛头是针对耿定向和他所代表的在朝王学，应该不算危言耸听。

由于与清流交恶，或许是自觉面上无光，耿定向在六十六岁老而未衰之年九疏求退，走完了他有惊无险的仕途生涯。《明史》说他："初立朝有时望，后历徐阶、张居正、申时行、王锡爵四辅，皆能无龃龉。"⑤ 作为在朝王学的理论喉舌，他的所作所为是恰如其分的。

万历时期的反中庸思潮，是一次真诚与虚伪，刚健与软熟，狂狷与乡愿之间的较量。这种较量的背后，早已超出了学派的归属，而转向了理想人格的评判。事实上，正是因为一切学术与道德最终都被化约为人格诚信的有无，才有

---

① 《高子遗书》卷11《光州学正薛公以身墓志铭》。
② 《明史》卷231《顾允成传》。
③ 《小辨斋偶存》卷5《上座师许相国》。
④ 《小辨斋偶存》卷5《上耿中丞》。
⑤ 《明史》卷221《耿定向传》。

了其后东林党人君子、小人的分野。万历后期,顾宪成和高攀龙一起重葺东林书院,讲学其中,"与其学者,号为君子"①。若干年后,为在朝王学张目的御史过庭训上言:"自东林之名立,我必为君子,人谁甘为小人?"② 天启朝东林与阉党的对立已经呼之欲出了。

---

① 《罪惟录·帝纪》卷14《神宗纪》,万历三十九年十一月。按顾宪成于万历二十二年便已和高攀龙、钱一本等葺东林书院讲学了,至三十二年完全落成(参谢国桢《明清之际党社运动考》之《东林党议及天启间之党祸》),《罪惟录》系年于此,不详所本,不过本书所关注者不在时间,而在其以君子自命。
② 同上书《神宗纪》,万历四十年十一月。

第二章　明末儒学虔敬意识的发展

万历中期以后的思想界，很快恢复了张居正以前的自由局面，在朝王学、官方朱学、王学会通派以及方兴未艾的东林学派，相互间的争论愈演愈烈。随着耶稣会士来华，西方的宗教、科技逐渐发生影响，成为促进晚明思想文化领域繁荣的生力军。在商品经济大潮激荡下，市井细民开始登上文化舞台。文艺领域各种抒发性灵的思潮此起彼伏，以戏曲、小说为代表的通俗文学成为文化界的新锐力量。王畿所谓"掀翻天地，打破牢笼"，一时成为整个时代的宣言。这种精神，也许只有作为艺术形象出现，宣称"皇帝轮流做，明年到我家"的齐天大圣孙悟空，可以仿佛一二。

但也正是在晚明各阶层自我意识最为彰显的时候，儒学中的朱王两派以及佛道两教、民间宗教的各个支派，在相互批评的过程中同时出现了虔敬意识的发展，其意义或许可与西洋近代的宗教改革相提并论。在以往，这一潮流要么是在整体上被忽视，要么简单视为保守顽固，无论是对于理解晚明时代还是儒学本身，都是远远不够的。

第一节　罗汝芳与晚明王学的精神转折

罗汝芳作为晚明王学的重镇，在当世便与王阳明最重要的弟子之一王畿并称，有所谓"二溪"之誉。在以往研究中，罗氏之学或者作为泰州传人而得到指认，或者被看成王艮与王畿学术的折中①，无疑都代表了其学术本身的不

---

① 参本书第二编第三章第三节。

同面向。在行动取向上，作为王学师道派与会通派的折中人物，罗氏及其学派所承担的师教功能使之避开了官方学术对师道派的打击，并因此成为由在野走向在朝的重要力量，其政治倾向的保守与学术上的重大突破相映成趣。在学术上，罗汝芳既是王学各大流派的批判者之一，同时也是由理学复归经学的关键人物。罗氏学术对博学的强调表明，由以道统为中心的宋明理学向以学统为进路的清代考证学的过渡也有王学导其先路，清学的勃兴既不是简单建立在对王学或宋明理学反动的基础上，也不能说是反智主义日暮途穷的产物，而是传统中国学术自然转型的一个面向。

一、向道之路

正德十年（1515），罗汝芳出生在江西南城一个诸生家庭。其父罗锦据说不仅"娴于文词，驰声章甫中籍甚"①，而且年仅二十便跟从临川饶行斋"讲良知学""归而大有所得"②，是江右王门的信徒。在这样的家庭中，罗汝芳很早就接受了启蒙教育，刚刚三岁，便由其母亲授《孝经》《小学》《论语》《孟子》诸书，"七岁入乡学，即以弘圣为的"③。言词虽未免夸张，但是说他十五岁之后，跟从新城张洵水（名玑）学习之后，受到张氏"人须力追古先"的勉励，因而"一意以圣学自任"，却是可信的④。由于家庭的熏染，以及受到作为王学重镇的江右一带地方文化的熏陶，或许也由于他本人的性格因素，罗汝芳很早就确立了以道学为己任的行动取向。

然而，对于一个十几岁的少年来说，此时的罗汝芳还不能理解前人所谓圣贤到底应该如何去做，他所能做到的"只是日夜想做个好人，而科名宦业皆不足了平生"⑤。当然，不以世俗人所期望的博一第、求一官、封妻荫子作为人生目标，这一点已经难能可贵。那么，好人如何去做？"想得无奈，却把《近思录》《性理大全》所说工夫，信受奉行，""屏私息念，忘寝忘食"，特别是十七岁时受薛瑄语录的影响："万起万灭之私乱吾心久矣，当一切决去，以全

---

① 詹事讲《近溪罗夫子墓碣》，见黄承试、萧应泰等编《近溪子附集》卷2，收入《耿中丞杨太史批点近溪罗子全集》。
② （同治）《南城县志》卷8之一《文学》。罗汝芳《先府君前峰公行状》："（祖两岗公）时闻临川饶先生得良知心传于东越，乃命先君负笈走百里相从。行斋悦其笃实，因就敝乡龙池山中馆居年余，日以德谊训迪"。方祖猷、梁一群、李庆龙等编校《罗汝芳集》第657页。
③ 杨起元《罗近溪先生墓志铭》，载《近溪子附集》卷2。
④ 此罗汝芳自述，见熊偀编《近溪罗先生一贯编·四书总论》。
⑤ 熊偀编《近溪罗先生一贯编·易经》。

吾澄然湛然之体",于是"焚香叩首,矢心力行,数月而体未复"。转年又闭关临田寺,"置水镜几上,对之默坐,使心与水镜无二,久之而病心火"①。由此可见,罗汝芳的修炼方法与前此的永新颜钧有其共同之处,后者据说因读王阳明《传习录》"使心思凝结一处,如猫捕鼠"而开发出一套静心澄虑的气功修炼方法。罗氏与其初无二致,所不同的是颜氏因此获得了养生的功效,因此信向益坚②,罗汝芳却似乎"走火入魔",因之遘疾。

尽管其父罗锦是一个王学信徒,然而由于科考需要,罗汝芳所读之书,无论是《性理大全》,还是薛瑄的《读书录》,大抵依然是程朱一系的学说,因此,这次心镜合一的体验却反而成了他由朱学转向王学的一个契机。罗氏自言病后,"赖先君旧领阳明先生之教……乃示以《传习录》一编,不肖手而读之",不仅"其痛顿愈",而且"文理亦复英发"③。

不过,归宗王学并不意味罗汝芳找到了他的自得之道,因为那毕竟仍然是外烁的,相对朱子学而言,王学自由洒脱的修养工夫虽对他的身体好转大有好处,但和罗汝芳其后自己体会到的不学不虑、一切放下的易简工夫相比,仍有一间之隔。罗汝芳因"病得无奈,却看见《传习录》说诸儒工夫未是,始去寻求象山、慈湖等书,然于三先生所为工夫,每有窒碍,病虽小愈,终沉滞不安。时年已弱冠,先君极为忧苦"④。可见上文所谓"其病顿愈",言辞未免夸张,其实身体并没有完全康复。由于对陆王之学尚未满足,逼使罗汝芳必须努力走出一条与众不同的向道之路。这种"向道之路"并非知性的口耳之学,务求义理上的圆融无碍;而是一种基于个人体验的德性之知。黄宗羲后来所谓"各家自有宗旨""以各人自用得着者为真"⑤,其实也正是着眼于此。

嘉靖十五年(1536),二十二岁的罗汝芳入了县学,正式成为一名诸生。那以后,随着四方交游的增多,特别是三年一次的乡试,使他有机会接触到四面八方的举子,并逐渐加入到当时方兴未艾的讲学运动中来。尤其是嘉靖十九年庚子科乡试,在南昌有机会遇到正张榜"急救心火"的颜钧,更是他一生学术道路的转折。黄宗羲记载道:

---

① 《明儒学案》卷34《泰州学案三·罗汝芳传》。
② 参本书第二编第二章。
③ 《近溪罗先生一贯编·四书总论》。
④ 《近溪罗先生一贯编·易经》。
⑤ 《明儒学案·发凡》。

> 偶过僧寺，见有张榜急救心火者，以为名医，访之，则聚而讲学者也。先生从众中听良久，喜曰："此真能救我心火。"问之，为颜山农……先生自述其不动心于生死得失之故，山农曰："是制欲，非体仁也。"先生曰："克去己私，复还天理，非制欲，安能体仁？"山农曰："子不观孟子之论四端乎？知皆扩而充之，若火之始然（燃），泉之始达，如此体仁，何等直截！故子患当下日用而不知，勿妄疑天性生生之或息也。"先生时如大梦得醒。明日五鼓，即往纳拜称弟子，尽受其学。①

在早岁经历中，成圣的目标作为预存的努力方向，并没有受到他的质疑。因此，罗汝芳所关心的与其说是天道本身，毋宁说是要寻找一条切己的成圣之路。这条路可能是他人已经走过的，或者只能是自己重新开辟的，但关键是切己，能够当下受用。只有在这个意义上，我们才能理解罗汝芳，对前此以往不同学说的宽容了。在他看来，周敦颐之主静，程颐之主敬，朱熹之穷致，阳明之良知，并非如方枘圆凿，相互龃龉，"究其宗旨，则皆志于学圣，故少有不同，而不失其为同也，盖圣之为圣，释作通明"②。

所谓通明，也就是觉悟，因此不同学说充其量只是觉悟之路的不同，本质上是相通的。特别的，对此时的罗汝芳而言，这种觉悟之路的探寻并非仅仅是一种可以满足自身成就感、虚荣心的宏伟目标，相反，这种追求扎根于灵魂深处，乃是"自家性命根因"。正因为如此，罗汝芳才能一洗当时学者，特别是泰州一系好为人师的故套，"德无常师，善无常主，但闻一言之益，即四拜顿首谢之"③。特别是嘉靖二十三年会试通过以后，因"吾学未信，不可以仕"，不就廷试而归，那以后十年间寻师问友，周游四方，并在家乡建从姑山房，招徕四方讲学之士④，王时槐说他"早岁于释典玄宗无不探讨，缁流羽客，延纳弗拒"⑤。楚人胡宗正，本是自己的举业弟子，"已闻其有得于《易》，反北面之"⑥。对道本身的执著，超出了俗世间故有的格套和成俗。正是这种心态，

---

① 《明儒学案》卷34《泰州学案三·罗汝芳传》。
② 熊俍编、钱启忠重订《近溪罗先生一贯编·心性上》。
③ 杨起元《罗近溪先生墓志铭》。
④ 李贽《续藏书》卷22《参政罗公》。据罗氏自述，他归家的原因是受父亲的影响。参前揭罗汝芳《先府君前峰公行状》。
⑤ 王时槐《近溪罗先生传》，载《近溪子附集》卷1。
⑥ 《明儒学案》卷34《泰州学案三·罗汝芳传》。据其孙罗怀智所撰写《罗明德公本传》，时在嘉靖二十七年，罗汝芳三十四岁。前揭《罗汝芳集》附录第829页。

才容易使我们理解，罗汝芳后来不仅肯于让自己的两个儿子罗轩与罗辂跟从胡中洲（即胡宗正）求道，虽中年早夭，而犹以为一往生佛地，一登仙府，而在二子求道的过程中，罗汝芳也往往接受子辈的箴规，举手相谢①。而据说罗轩与罗辂在去世前后也屡屡以异相示人，不仅罗汝芳本人相信，其家人也都相信②。罗汝芳相信轮回鬼神之说，并根据亲身经历证明自己的一个学生曾转世为人③。对这样一个一力求道的家族，在理解罗氏学术形成的过程中，应该得到应有的注意。

因此，作为讲学家一生都在求道的罗汝芳，其求道本身就具有自我解脱的意味。罗汝芳津津乐道的所谓"生能入圣，死则还虚"，所谓"爱惜身命，珍重机缘，千生万生，总在今日"，都毫无疑问证明了这一点④。所有这些，与会通派王学的精神都是相合的。

归乡期间，罗汝芳最重要的学术工作是建立了自己的格物说。作为明代学者最重视的一部经典《大学》来说，其"格物论"仍然是学者们聚讼的一个重要课题，尽管前此郑玄、司马光、朱熹、王阳明、王艮等分别建立了具有代表性的理论，但却并没有满足罗汝芳的需要。罗氏自言：

> 比联第归家，苦格物莫晓，乃错综前闻，互相参订，说殆千百不同。每有所见，则以请正先君，先君亦多首肯，然终不为释然。三年之后，一夕忽悟今说，觉心甚痛快，中宵直趋卧内，闻于先君，先君亦跃然起舞曰：得之矣，得之矣。⑤

与此同时，另一个关键的事件是其以孝弟为本位的学术观念的形成。孝弟本位与罗氏格物论是罗汝芳整体学说的基础所在，其具体内容稍后我们再作探讨。

学《易》于胡宗正以及悟格物之说，发生在嘉靖二十七八年间，在此后三年里，罗汝芳奔走于南京与江右之间，除了所到之地兴会讲学之外，还在家乡南城积极组织设立义仓，创设义馆等公益活动，用自己的实践从事着和颜钧、何心隐等相类似的活动。当然，这些活动同时也提高了他的声望，因此不

---

① 罗汝芳《罗明德公文集·传·二子小传》，载《罗汝芳集》第614—619页。
② 参其孙罗怀智《二父行略》，前揭罗汝芳《二子小传》所附。
③ 参《罗明德公文集·记事·张承勋》，载《罗汝芳集》第584页。
④ 《近溪罗先生一贯编·心性下》。
⑤ 《近溪罗先生一贯编·四书总论》。

断有地方大员到其所居的从姑山房访问。嘉靖三十一年,在来访的江西抚台夏梦山催促下,罗汝芳整装北上,参加明年举行的癸丑科廷试①。

嘉靖三十年以后的晚明思想界,正是王学发展渐入佳境的时期。在此前,因为接连不断的伪学之禁,王学遭到了重创,不仅新建伯王守仁身死爵夺,他的重要弟子如邹守益、王畿、季本等也因此退出了政治舞台。不过,作为一种新兴的,与时代精神相适应的学术流派,也正是因此呈现出顽强的生命力,不仅在在野的讲学运动中所向披靡,而且在朝也逐渐站稳了脚跟。聂豹、欧阳德、徐阶、李遂等一批尊仰王学的官僚,成为王学在官方政治领域的代言人。

身为徐阶的会试门生,又同样宗信王学,已经具有一定声望的罗汝芳迅速成为徐阶麾下的一员②。当时由徐阶与礼部尚书欧阳德、兵部尚书聂豹、吏部侍郎程文德等王学大老一同主持的灵济宫讲会正处于鼎盛时期,罗汝芳自然是如鱼得水,"集同年联同志,日至焉"③。尤其是嘉靖四十四年,正是在罗汝芳怂恿下,已经升任内阁首辅的徐阶趁大计的机会,命令入京述职的官僚群集灵济宫会讲王学④,使得王学对整个官僚集团的影响迅速增加。而在此期间,罗汝芳也结交了不少王门学者,譬如胡直、王时槐、耿定向、邹善、刘养旦等,皆是一时名流。

进士及第以后,罗汝芳被授封为太湖县令,并由此开始了他在官讲学的生涯。和那个时代不少以天下为己任的官员一样,修复官学,建造书院,主持讲学,订立乡约,兴修水利,平定狱讼等,都成了他分内的工作。不过,和身边那些满是机心,弄权有术的官员相比,这位以学术为生命,极力倡导以"赤子之心"为"学的"的讲学家,未免理想化得有些荒唐。据说他"守宁国,集诸生会讲文学,令讼者跐跌公庭,敛目观心",甚至"用库藏充馈遗,归者如市"⑤。或许作为官僚群体当中的一员,罗汝芳并不能算是合格的。

二、赤子之心不学不虑

嘉靖三十一年,当罗汝芳北上赴京参加殿试的时候,曾经有过一次不同寻

---

① 杨起元《罗近溪先生墓志铭》。
② 罗汝芳入泮时也是徐阶所取,参刘元卿《诸儒学案·罗汝芳传》,前揭《近溪子附集》卷1。二者关系之密切,不可仅以会试座主门生看待。
③ 杨起元《罗近溪先生墓志铭》。
④ 见罗怀智《近溪罗先生庭训记言行遗录》,当出罗氏自言。见《罗汝芳集》第405—406页。
⑤ 《明儒学案》卷34《泰州学案三·罗汝芳传》。

常的神秘体验：

> 余舟过临清，忽遘重病。一日倚榻而坐，恍见老翁，自称泰山丈人，言曰："君身病稍康，心病则复何如？"余默不应。翁曰："君自有生以来，遇触而气每不动，当倦而目辄不瞑，扰攘而意自不分，梦寐而境悉不忘，此皆君心痼疾，今犹昔也，可不亟图瘳耶？"余愕然曰："是则余之心得，曷云是病？"翁曰："人之心身，体出天常，随物感通，原无定执。君以宿生操持，强力太甚，一念耿光，遂成结习。日中固无纷扰，梦里亦自昭然。君今漫喜无病，不悟天体渐失，岂惟心病，而身亦不能久延矣。盖人之志虑，常在目前，荡荡平平，与天地相交，此则阳光宣朗，是为神境，令人血气精爽，内外条畅。如或志虑沉滞，胸臆隐隐约约，如水鉴相涵，此则阴灵存想，是为鬼界，令人脉络绊缠，内外交泥。君今阴阳莫辨，境界妄麋，是尚得为善学者乎？吾固为君惧矣！"余惊起叩谢，伏地汗流，从是执念渐消，血脉循轨矣。①

这一记述不禁让我们想起了几十年前的王艮，"一夕梦天坠压身，万人奔号求救"；而自己"独奋臂托天而起，见日月列宿失序，又手自整布如故，万人欢舞拜谢"②。作为一个以师道为己任的教主型人物，王艮这种颇具宗教性的神秘体验无疑是一种个人的心理预期。相比较而言，罗汝芳似乎代表了另外一种心理取向。在梦中，和王艮挺身自任，重新安顿宇宙秩序的角色不同，罗汝芳所扮演的是一个受教者的角色。梦境所昭示与他的，是对现存状态的不满，或者说反动。梦中人所真正希求的，则是身体和精神的双重解脱（摆脱无病状态）。寻求解脱者的这一形象，和罗汝芳早年的求道经历是吻合的，甚至与他一生的经历也是吻合的。杨起元说他："十有五而定志于洵水，二十六而正学于山农，三十有四而悟《易》于胡生，四十有六而证道于泰山丈人，七十而问心于武夷先生，其他顺风下拜者不计其数。"甚至"德无常师，善无常

---

① 《罗明德公文集》卷3《泰山丈人》，见《罗汝芳集》第582页。按此事时间罗氏未载，其弟子杨起元撰《罗近溪先生墓志铭》系于嘉靖三十九年庚申，言其"出审大同、宣府狱……比返，过鲁，问道于泰山丈人"，今人方祖猷所撰罗氏年谱从之。见前揭氏编《罗汝芳集》。然李贽《续藏书》、周汝登《圣学宗传》、黄宗羲《明儒学案》所撰罗传皆系于嘉靖三十一年北上之时。杨起元为罗氏后期弟子，李、周则其讲友晚辈，难分轩轾。疑罗氏既自言"舟过临清"，而其自宣、大归京，何必迂回过鲁？知其必不尔也。盖次年罗氏始返乡归省，此所云返非返乡明矣。
② 《王艮年谱》，正德六年辛未，载袁承业编《明儒王心斋先生遗集》。

主,但闻一言之益,即四拜顿首谢之"①。可以说,罗汝芳所从事的,乃是实实在在的"为己之学"。正是在这个意义上,罗汝芳可以视作以自我解脱为行动取向的会通派王学中间的重要一员。也正是因此,使得罗汝芳在实践中不欲以师道自居,而自处于友道,并与王艮所倡导的"大成师道之学"保持着距离。

由于根本取向是追求解脱,还原罗汝芳的求道历程,其以不学不虑的赤子之心为宗旨,也就不难理解了。

如前所述,少年时代的罗汝芳一直有一个朴素的信念:做好人。说这种观念是朴素的,是因为此时罗汝芳还没有使它变成一种自觉的精神需要,而仅仅是一种潜在信念。当罗汝芳费尽种种心力,实践诸般不同的工夫,以希求成圣的时候,似乎并没有在两者之间看到任何关联。对此时的罗汝芳来说,"有德之士必须另开一个蹊径,以去息念存心;别起一个户牖,以去穷经造理。"因此他积极实践薛瑄与王学的求道工夫,但可惜的是,这些为学工夫还是没有真正益处,"饼样虽画完全,饥饱了无干涉。徒尔苦劳心身,几至丧亡莫救"②。成圣的工夫竟然变成一种执着,一种束缚。

在痛苦之余,罗汝芳把目光投向了当下的生活本身。自己的家庭父母慈爱,子女孝顺,兄弟姐妹之间相互友爱。难道不是圣贤所称许的"父慈子孝、兄友弟恭"吗?"因此自读《论》《孟》孝弟之言则必感动,或长要流涕"。难道不正是自身天性仁根的呈露吗?这种感情,"以先只把当做寻常人情,不为紧要。不想后来诸家之书,做得着累吃苦,又在省中逢着大会,与闻同志师友发挥,真觉字字句句重至至宝,又看《孟子》工夫,又看《大学》《中庸》,更无一字一句不相照映……其时孔孟精神,似觉浑融在中,一切宗旨、一切工夫,横穿直贯,处处自相凑和。"其后又跟从胡宗正学《易》、"穷极本源"之后,"从此一切经书皆必会归孔孟,孔孟之言,皆必归孝弟,以之而学,学果不厌,以之而教,教果不倦"③。所谓"省中逢着大会,与闻同志师友发挥",便指颜钧所指点于他的制欲不如体仁之说。

在此,罗汝芳的思维发生了一个一百八十度的转变,原来大道可以不由把捉和操持得到,而是直契本源,当下既是,"此个道理充满于日用,发舒于性

---

① 杨起元《罗近溪先生墓志铭》。假如依上文所言,"证道于泰山丈人"当在嘉靖三十一年,罗氏年三十八。
② 《近溪罗先生一贯编·四书总论》。
③ 《近溪罗先生一贯编·易经》。

情,圣人与愚人一般,今人与古人一般,故善求道者,不求诸古,不求诸圣,只求诸愚"①。天道不必是《中庸》所谓"圣人有所不能"的应然之天理,而就是"百姓日用而不知"的实然。这一思维与颜钧在王艮处求得印证,对昔年的萃和会重新升起信心一样。既能入圣,又能同时摆脱烦恼,这就难怪罗汝芳把自身去执的行动取向转化为入圣的宗旨,从此信之不疑了。也正是因此,尽管在一般人看来,颜钧在当时不仅"横离(罹)口语",早已声名狼藉,而且学问也"非有加于先生",但罗汝芳却终身严事颜钧,能常人所不能②。

假如"只求诸愚",便会发现,自从开天辟地以来,天道何尝远人。人之初生,赤子对慈母的爱恋,即赤子之孝,本身就是天地生机之体现。推而广之,所谓"天地无心,以生物为心",因此尽管人心千殊万异,但"善言心者,不如把个生字来替了他。则在天之日月星辰,在地之山川民物,在吾身之视听言动,浑然是此生生为机"③。换句话说,

> 盖天命不已,方是生而又生;生而又生,方是父母而己身,己身而子,子而又孙,以至曾而且玄也。故父母兄弟子孙,是替天命生生不已显现个肤皮;天命生生不已,是替孝父母、弟兄长、慈子孙通透个骨髓。直竖起来,便成上下今古;横亘将去,便作家国天下。④

不仅如此,既然道理充满于日用,那岂不就是《中庸》所谓"百姓日用而不知"之道。王艮讲学喜欢当机指点,"虽童仆往来动作处,指其不假安排者以示之,闻者爽然"⑤。同样,在罗汝芳看来,一个捧茶童子,从茶房到厅事,虽经历重重门限,却不曾打破一个盅子,而此过程不学而知不虑而能,自自然然,浑沦顺适,即此便是良知,即此便是良能⑥。所谓"良知良能",也就是孟子所说的,"人之所不学而能者,其良能也;所不虑而知者,其良知也。孩提之童无不知爱其亲者,无不知敬其兄也。亲亲,仁也;敬长,义也⑦"。罗汝芳的良知良能从物理行为而言,与孟子从伦理角度所说其实是不同的,但

---

① 《近溪罗先生一贯编·四书总论》。
② 其详可参邹元标《近溪罗先生墓碑》,载《罗汝芳集·附录》。
③ 《近溪罗先生一贯编·易经》。
④ 《近溪子续集·乾》,见《罗汝芳集》第233页。
⑤ 《明儒学案》卷32《泰州学案一·王艮传》。
⑥ 《近溪罗先生一贯编·心性上》。
⑦ 《孟子·尽心上》。

罗氏似乎刻意忽视了这一点。童子往来动作而不知其与道相合，因此常常放失，终致肆无忌惮；若吾人能"尽性至命"，复其知能之良，则赤子之心当下即是，无劳外求。大道本来平平常常，不可拟之过高，否则亦失却中庸之义。

> 道本是个中庸，中庸解作平常，固平常之人所共由也，且须臾不可离，须臾不离，固寻常时刻所长在也。诸生试观，适才童冠击鼓敲钟，一音一响，铿铿朗朗，诸乡老拱立而同，亦一字一句，晓晓了了；以至诸吏胥执事供茶，亦一步一趋，明明白白。一堂何曾外却一人？一人何曾离却一刻？而不是此心之运用，此道之显现也耶？①

大道不离乎百姓日用这一思想，是王艮以后的泰州学人把讲学对象由传统士大夫扩展至下层普通民众的根本动力。当王畿等人在讲学时还要不时强调有幸生为士大夫时②，王艮、颜钧、何心隐、罗汝芳等已在直接向士大夫与民众同时宣讲："子立讲会，甚觉宽平，上自缙绅士夫，下至父老子弟，统作一会，故他郡有同志、不同志之分，吾郡独能免此"③。在这个意义上把罗汝芳视作泰州学术的传人，似乎也未为不可。只不过这一转变本身并不像有些学者所说的，代表了一种革命性的转变，而只能说是传统理学在传播途径上由上至下，由内而外的进一步"扩充"而已④。师道意识的指向从一开始就包括君权、士大夫与民众所有阶层在内。

由反对操持到转向浑沦顺适，罗汝芳称之为"赤子之心不学不虑之良知良能"，这因此也就成为其学术宗旨。因为强调不学不虑，他因此开始反对各种已有的工夫论，把后者视作某种执着。

> 奈何圣远言湮，学者往往滞于事理之末而鲜达乎性命之源，以想度为

---

① 《近溪子集·书》，见《罗汝芳集》第171页。
② 如王畿在其《蓬莱会籍申约·后语》中便云"五幸"："幸不为禽兽；幸生中国，不为夷狄；幸为男子，不为女人；幸为四民之首，不为农工商贾；幸列衣冠，生于盛世。"见《龙溪王先生全集》卷5。
③ 罗怀智《近溪罗先生庭训记言行遗录》，见《罗汝芳集》第420页。
④ 余英时认为，自王学开始士大夫转向"觉民行道"，而与传统的"得君行道"相反。参氏著《宋明理学与政治文化》第六章。不过，揆诸大礼议中王阳明一派的所作所为以及王学诸派在朝野的发展，此论并不符合明代实际，只是逻辑构造而已。反之，宋代理学的"新民"观也表现在宗族的重建，如家规、家约、家礼等都是其表现，这显然不能以"得君行道"来概括。

探求，而欲至乎不思而得之微；以方所为操持，而欲造乎不勉而中之妙，是皆拟圣太高，觅道太远，而必谓如何而清，如何而任，如何而和，如何而多学而识，如何而克伐怨欲不行，如何而博施于民而能济众，而后圣可学也。顾不知仁不远人，道不下带，至圣优域不出跬步间也。①

也正是因此，所谓不学不虑，同时也便是"於穆不已"的天道浑沦中所显现的自然境界。"盖天之体段，原无一物不容，原无一息不贯，若有外之心，便不可合天心也。"②

而既然不需要任何工夫，那么为了理解方便所预设的体用、显微、寂感等等名相便似乎都无必要了：

问："先生以费隐指点……然则从前谓道有体有用而两端不容偏废，非欤？"罗子曰："分体用显微以求道语道，此是孔孟过后宇宙中二千年来一个大梦，酣睡至今而呼唤未醒者也。盖统天彻地尽人尽物总是一个大道，此个大道就叫做中庸。中庸者平平常常遍满乎寰穹，接连乎古今。良知以为知，而不假思虑；良能以为能，而绝无勉强。"③

此心在人，原是天地神理，寂之与感，浑涵具在，言且难以著句，况能指陈而分析之耶？④

甚至连本体与工夫本身亦可摒弃：

养贞詹侍御尝问："本体何如？"罗子曰："无体之体，其真体乎？"问："工夫何如？"曰："无功之功，其真功乎？"⑤

如果勉强用此类概念，亦不妨正话反说：

怀智问："世儒往往分本体工夫为二，何也？"祖曰："阳明先生曰：

---

① 《近溪罗先生一贯编·中庸》。
② 《近溪罗先生一贯编·易经》。
③ 《近溪罗先生一贯编·中庸》。
④ 《近溪子集·数》，见《罗汝芳集》第198页。
⑤ 曹胤儒编《盱坛直诠》，见《罗汝芳集》第390页。

'戒慎恐惧，人皆以为工夫，我则以为本体；不睹不闻，人皆以为本体，我则以为工夫。'正谓本体之外无工夫，工夫之外无本体"。①

为了破除名相的搅扰，罗汝芳在更多时候不是讨论作为抽象范畴的仁义之德，而是直接体察作为情感呈露的孝弟慈之道："盖天下最大的道理，只是仁义。殊不知仁义是个虚名，而孝弟乃是其名之实也。"②"若泛然只讲个德字，而不本之孝弟慈，则恐于民身不切，而所以感之所以从之亦是漫言而无当矣"。③这种对思辨言诠的破除，不仅与晚明王学的实践精神是一致的，其实也是对超越性的性体观念的消解。

因此，传统工夫论的种种入圣之路便都显得不彻底了，甚至本身就成为求道的障碍。罗汝芳因此痛斥诸儒"说着圣人便去寻作圣一个门路，殊不知门路一寻，即去圣万里"。古今圣贤无限等级，无限门路，"竟未有如此中庸之至者"④。从所谓"但闻一言之益，即四拜顿首谢之""顺风下拜者不计其数"，到悟道之后在讲学中对不同的学术大肆评骘，被时人斥为"非排特甚"⑤，个中转变无疑可以从这一角度得到索解。

问题是，天道固然浑沦无际，从人道层次而言⑥，名相言诠毕竟无法舍弃，否则讲学本身也是不可能之事。因此罗汝芳只好重走前人的老路，对名相自身加以界定，使之各寓天、人之别。譬如他区分两种知：

> 童子日用捧茶是一个知，此则不虑而知，其知属之天也；觉得是知能捧茶，又是一个知，此则以虑而知，而是知属之人也。天之知只是顺而出之，所谓顺则成人成物也；人之知却是返而求之，所谓逆则成圣成神也。故曰"以先知觉后知，以先觉觉后觉"。人能以觉悟之窍而妙合不虑之良，使浑然为一而纯然无间，方是睿以通微，又曰"神明不测"也。⑦

此外，他还区分两种思：

---

① 罗怀智《近溪罗先生庭训记言行遗录》，见《罗汝芳集》第425页。
② 《近溪罗先生一贯编·孟子》。
③ 《近溪罗先生一贯编·四书总论》。
④ 《近溪罗先生一贯编·中庸》。
⑤ 《近溪罗先生一贯编·四书总论》。
⑥ 天道、人道略当统体、分位，简要概括可参拙撰《孟子章句讲疏》卷1《梁惠王上》。
⑦ 《近溪子集·乐》，见《罗汝芳集》第45页。

> 子所谓思乃用心之思,非心田之思也。夫心之官则思,君子九思,乃出于何?思之真体也。以真体而思,则便是圣人不思而得矣。①

简言之,两种知与思,一种是在先天的真体层面言,所谓天道;一种是在后天的显现层面言,所谓人道。前者是自然的,后者是反思的。因此,人道之知与思虽然不必即有合于天道,但天道之知与思却一定体现于人道之知与人道之思。罗汝芳如此解释《诗经》所谓"不识不知,顺帝之则":

> 所谓不知识而顺天则者,非全不用知识,正是不着人力而任天之便,以知之识之云尔。盖心之感应若非知识,则天则无从而显且见也。②

反过来,其天道层面之真知又可以启发其人道之知,后者即所谓"虑":

> 不虑而知是学问宗旨。此个宗旨要看得活,若不活时便说人全不思虑也,岂是道理?盖人生一世,彻首彻尾只是此个知,则其拟议思量何啻有千万种也?但此个知原属天命之性,天则莫之为而为,命则莫之致而至,所以谓之不学不虑而良也。圣人立教,盖见得世上人知处太散漫,而虑处太纷扰,故其知愈不精通,而其虑愈不停当。所以指示以知的源头,说知本是天生之良,而不必杂以人为;知本不虑而明,而不必起以思索。如此则不惟从前散漫纷扰之病可以尽消,而天聪天明之用亦将旁烛而无疆矣。细推其立教之意,不是禁人之虑,却是发人之虑也已。③

此人道之知既经反观而被启发之后,则是所谓"觉":

> 其不待反观者乃本体所生,所谓知也;其待反观者乃工夫所生,所谓觉也。今须以两个炯然合成一个,便是以先知觉后知,而知乃常知矣;是以先觉觉后觉,而觉乃常觉矣。④

---

① 《近溪罗先生一贯编·书诗礼春秋》。
② 《近溪罗先生一贯编·易经》。
③ 《近溪罗先生一贯编·孟子》。
④ 《近溪罗先生一贯编·心性上》。

反者复也,觉的过程也就是下文所要探讨的"复以自知"。

而既然对罗汝芳来说,本体即是工夫,工夫之外无所谓本体,那么传统经学特别是《中庸》所言"戒慎恐惧"的工夫,也同样应当在天道本体的层面来理解。这就是所谓"慎独"。针对传统以来把"独"理解为"独知之地"的成见,罗汝芳说:

> 即子之言,则慎杂非慎独也。盖独以自知者,心之体也,一而弗二者也;杂其所知者,心之照也,二而弗一者也。君子于此因其悟得心体在我,至隐至微,莫见莫显,精神归一,无须臾之离散,故谓之慎独也。……独知也者,吾心之良知,天之明命而於穆不已者也。①

从良知本体的层面把握"慎独",和"以慎独为宗"的明末大儒刘宗周的学术见解有异曲同工之妙。所不同的,只是二人对良知独体的理解各异耳。

三、复以自知与新格物论

以不学不虑的赤子之心为学的,不仅与孟子"大人者,不失其赤子之心也"的理论可以呼应,与晚明流行的各种学术宗旨也大异其趣,当时便被认为可以"特称一宗"②,诚非过誉。不过,尽管良知本体人人见在,现实中却仍然"百姓日用而不知",因此如何返本自知,便仍然是一个问题。罗汝芳尽管取消了以往所有的工夫论,甚至利用知、觉、虑等概念把王守仁的良知、诚意理论重新解释了一遍,但仍然必须回到如何恢复赤子之心,这一基本的工夫论诘难。从欲破除工夫,到"特起一宗",罗汝芳仍然没有摆脱工夫论的吊诡。

当然,工夫论的问题也可以反过来提,那就是个体是如何从天道的浑沦中下坠的?譬如,童子捧茶式的良知容易理解,禅宗也讲"运水担柴,无非妙道",这就是所谓"作用见性"。用经学来理解,《系辞》所谓"感而遂通天下之故",至少在童子捧茶那一刻是感而遂通的。问题是为什么转瞬之间,却可能行凶作恶,杀人放火?行凶作恶的物理行为是否也完全合乎天道?在这里其实隐含物理行为与伦理行为之间的张力。因此,传统上把童子捧茶视作实然,而伦理行为则追求应然,有其合理性。尽管并没有看到罗汝芳对这一问题的阐

---

① 《近溪罗先生一贯编·中庸》。
② 《近溪罗先生一贯编·四书总论》。

释，但看他承认嗜欲的存在，把躯壳起念看作恶的来源，对这一现象并未完全脱离传统解释。

> 形色天性，孟子已先言之。今日学者直须源头清洁，若其初志气在心性上透彻安顿，则天机以发嗜欲，嗜欲则莫非天机也。若志气少差，则未免躯壳着脚，虽强从嗜欲以认天机，而天机莫非嗜欲矣。

天机、嗜欲的讲法本来便是因为讨论王阳明的诗，"莫谓天机非嗜欲，须知万物是吾身"[①]。王氏此诗其实隐含了两个观念，一是"人与天地万物为一体"，一是孟子所谓"形色，天性也。"前者乃理学所公认的学术前提，后者则在历史上颇存争议。在孟子那里，形色也就是"才"，一般人也可以称之为性，告子所谓"食色，性也"。形色本身无所谓善恶，但只有圣人才能"践形"，达到天道之应然。孟子所谓性善是指人类可以践形，即通向成德之境的可能性。告子所谓性仅仅指形色的无善无恶而言。孟子与告子的分歧一是关于性的所指不同，一是二者对德行与人性关系的看法有异。宋代理学一方面主张"性即理"，即所谓天命之性，以与性善说相应；一方面把形色视为"气质之性"，所以被看成恶的来源，这就是所谓"变化气质"之说[②]。但理学依然承认合理的欲望，这是应该指出的。

在罗汝芳看来，既然天道浑沦，无有不善，那么形色安得为恶？"圣贤语仁多矣，最切要者莫逾'体'之一言。盖吾身躯壳原止血肉，能视听而言动者，仁之生机为之体也。推之而天地万物极广且繁，亦皆躯壳类也。潜通默运，安知我体之非物，而物体之非我耶？譬则巨釜盛水，众泡竞出，人见其泡之殊，而忘其水之同耳"[③]。水泡之喻，实已隐含体用不二之旨，即熊十力、马一浮所津津乐道之"大海与众沤"。

既然皆以"仁之生机为之体"，也就是"生之谓性"，那么"形色，天性"之性，其实也就是"性善"之性，而形色又显然是无善无恶的，那么一个直接的逻辑便是性善只能意味着性无不善。孟子道性善，乃是"自其性无不善者言之，故知能爱敬蔼然四端，而曰乃若其情则可为善，盖谓性无善而无不善

---

① 《近溪罗先生一贯编·孟子》。
② 参拙撰《〈孟子·告子上〉讲疏》。
③ 《近溪罗先生一贯编·书诗礼春秋》。

也"；告子则相反，"自性之无不善者言之，故杞柳湍水柔顺活泼，而曰'生之谓性'，了无分别，若谓性虽无不善而实无善也"。同样，"所谓赤子之心，浑乎其天者也""是则无善而无不善，而实无善"①。因此，对罗汝芳来说，学术史上水火不容的孟、告人性论之争似乎根本没有必要，两者尽管看问题的角度不同，结论也针锋相对，但其实是一致的。

对告子的重新评价当然不是罗汝芳的创举，同时也是晚明会通派王学的共同看法。事实上，早在提倡"四无说"的王畿那里，告子便因其"性无善无恶"的观点而被推崇了。因此万历时代东林学派如顾宪成诸人在批判会通派王学的时候，都把矛头纷纷对准了告子，便并非无的放矢。

正是在这个意义上，宋儒的"变化气质"工夫便了无必要，因为不单气质乃是天命之所妙凝，天命之性也须气质生化呈露，否则，"五性何从而感通，四端何自而出见也耶？"② 这样，恶的产生只能是气质或形色凝聚的方式，这就是那种"志气少差"而又"躯壳起念"的"嗜欲"。

因此，天命与气质的区别，端在知与不知，而"良知与知识，犹水之与冰也，"③"若吾人闲居放肆，一切利欲愁苦，即是心迷，譬则水之遇寒，冻而凝结成冰，固滞蒙昧，势所必至；有时共师友讲论，胸次潇洒，即是心开朗，譬则冰之遇暖气，消融而解释成水，清莹活动，亦势所必至也。况冰虽凝，而水体无殊；觉虽迷，而心体具在。方见良知宗旨，真是贯古今，彻圣愚，通天地万物，而无二无息"。这样，传统王学所津津乐道的，以刮垢磨光、扫除迷障来理解心体恢复的譬喻就显得不那么准确，"何则？镜面光明，与尘垢原是两个，吾心先迷后觉，却是一个。当其觉时，即迷心为觉，则当其迷时，亦即觉心为迷也"④。

也就是说，恶不是产生于外物迷障，而是来源于心之不觉，或者说"百姓日用而不知"。但这种觉显然并非只是知晓，而是能够如实地把"志气在心性上透彻安顿"，这其实也就是诚意或者慎独，或者王阳明所谓"知行合一"的致良知。这样，觉悟与否就变成能否担当、信与不信的问题。他说：

> 此个东西，本来不以修炼而增，亦不以不修炼而灭。其最先下手，只

---

① 《近溪罗先生一贯编·孟子》。
② 《近溪罗先生一贯编·孟子》。
③ 《近溪罗先生一贯编·心性上》。
④ 《近溪子集·御》，见《罗汝芳集》第138页。

在自己能悟，悟后又在自己能好能乐，至于天下更无以尚，则打成一片，而形神俱妙，与道合真矣。①

所谓能好能乐，也就是能信：

> 大众同声请曰："担当果是要紧，但须以何为先？"罗子曰："以信为先。盖圣贤垂世，决非相诳。若人性与圣贤有二，孟氏肯自昧本心，而断然谓其皆善也哉？今世间事，多少未见影响，只凭人传言，便往往向前去做，及去做时，亦往往得个成就。何乃生来本性，原日本自天衷，孩提知能良善又皆可指，反只迟疑不决，以致虚过终身，不大可叹息也哉？"②

悟而能信，用经学的语言来表述，则是《大学》所谓"知止而后有定"。所谓信，就是信念坚定③。惟信，方能持守，方能有恒，否则皆成虚话。对这一问题的强调既是经学义理自身规定使然，也是为了避免认欲作理的猖狂恣肆之风。只不过这种浑沦的境界着实不易凑泊，"此心如要万物皆为吾体，万年皆为吾脉"，使个体之小我与宇宙大我之生命同一，必须抛弃许多世俗情念，抛弃所有窒塞心灵之物，"然后收拾一片真正精神，持择一条直截路径，安顿一处，宽舒地步，共好朋友，涵咏优游，忘年忘世"，与天地为友，心涵太虚，廓然大公，寂然不动。如此这般，方能使喜怒哀乐感而遂通，物来顺应，由此"位天地育万物，而成圣神功化"④。即便在学术上早已悟及于此的罗汝芳，要在实践中一以贯之也非易事。譬如罗汝芳留下的《癸酉日记》，时当神宗万历元年（1573），罗氏已经五十九岁，中间也还不时有"工夫浑融平实，须大决断，方尔妥帖。嗜欲牵缠，不惟心体受累，身体亦自消损。细细看，有多少病根未除，又可见学问原未得力也，勉进！勉进！"类似的话头⑤。这表明，罗汝芳所言的浑沦顺适之工夫，未必真是"悟后语"，或许只不过是一种信念。

因此，只有在信的层面我们才能理解罗汝芳一段非常令人诟病的话：

---

① 《近溪子集·乐》，见《罗汝芳集》第69页。
② 《近溪子续集·坤》，见《罗汝芳集》第282页。
③ 按《近溪子集·礼》开首言《大学》一章将"知止而后有定"与"诚意"互释，言"能知有所止焉，则有定向而意诚。"见《罗汝芳集》第1页。
④ 《近溪罗先生一贯编·易经》。
⑤ 《罗汝芳集》第730页。

> 汝若果然有大襟期，有大气力，又有大识见，就此安心乐意而居天下之广居，明目张胆而行天下之达道，工夫难得凑泊，即以不屑凑泊为工夫；胸次茫无畔岸，便以不依畔岸为胸次。解缆放船，顺风张棹，则巨浸汪洋，纵横任我，岂不一大快事也耶？

解缆放船，顺风张棹，既有庄子之逍遥，也有祖师禅之狂放，但其内里却依然是儒家①。

应该指出的是，无条件肯定形色天性，也就是肯定了自然人性论。罗汝芳所谓赤子之心尽管包括孟子所说的孺慕与怵惕恻隐之心，但与孟子所说的天命之性实有一间之隔。罗汝芳的自然人性论其实已经接近了荀子对人性的理解，只不过罗氏并没有视之为不善。但这一观点在思想史上具有重要意义，清儒戴震便正是在同时承认形色天性与性善，这一逻辑起点之下，提出了自己独特的人性论②。作为戴震人性论基础的"怀生畏死，饮食男女"，其实也就是罗汝芳所说的"勤谨生涯，保护躯体"：

> 暇思童稚之初，方离乳哺，以就口食，嬉嬉于骨肉之间，怡怡于日用之际，闲来闲往，相怜相爱，虽无甚大好处，却又也无甚大不好处。至于十岁以后，先人指点行藏，启迪经传，其意趣每每契合无违，每每躬亲有得，较之后来着力去处，难易大相径庭，则孟子孩提爱敬之良、不虑不学之妙，征之幼稚，以至少长，果是自己曾经受用，而非虚话也。……（下言由一身之孝弟慈而观之一家一国，而观之天下）亦未尝有一人而不孝弟者。又由缙绅士夫，以推之群黎百姓。缙绅士夫，固是要立身行道，以显亲扬名，光大门户，而尽此孝弟慈矣；而群黎百姓，虽职业之高下不同，而供养父母，抚育子孙，其求尽此孝弟慈，亦未尝有不同者也。……人人有个归著，以安其生，步步有个防检，以全其命，窥觑其中，总是父母妻子之念，固结维系，所以勤谨生涯，保护躯体，而自有不能已者。③

既然孝弟之道人人皆"曾经受用"，且"勤谨生涯，保护躯体"本来也是

---

① 《近溪子集·乐》，见《罗汝芳集》第62页。有关罗汝芳与祖师禅，可参《明儒学案》卷34《泰州学案三·罗汝芳传》。另参后章有关周汝登的讨论。
② 前揭拙撰《〈孟子·告子上〉讲疏》。
③ 《近溪子续集·乾》，见《罗汝芳集》第232页。

生机的显现，大道本不远人，只是"百姓日用而不知"而已。罗汝芳给学者提供的具体觉知途径，那就是讲学与读经，而后者更与罗氏对经学的理解息息相关。

在罗汝芳看来，讲学本来就是士大夫的生活方式，他这样告诉弟子门人，学术如欲长进，"只是讲学，只是聚朋友便了。予今觐回，不见子家座上常有客，便是子学不长进矣"①。梁两川（即何心隐）因讲学触忤张居正，罗汝芳破产往救，且致书缓颊，理由只是："彼为学得罪，予为学而救，何必论其学之是不是哉?"② 甚至当张居正禁讲学，自己也因讲学去官之际，"或请少辍以从时好。罗子曰：'先人所付家当，而我生平所事也。若之何舍之?'"③ 所有这一切的根本理由则是，讲学为学者提供了入道之门：

或问曰："天命之性原吾本有，夫子何须屡屡讲说?"罗子曰："正谓是我本有，故须大家讲求，恐其遗失也。譬之贫人，原有祖爵，乃不自知，一旦因人指示，则顷刻便公侯，不然将贫（屡）[窭]终身矣。天性在我，明则圣，昧则凡，其贵贱视祖爵之得失不啻万万，可不讲求而必得之耶?"④

因此，师友讲学也就是前面所提及的"共好朋友，涵咏优游，忘年忘世"，其目的是在师友切磨之下得以归根复命，洞彻本源。只不过，出于一个受教者的心态，罗汝芳反对泰州学者作为"话柄"的"以师道自任"，他把周敦颐《通书》中那句被人津津乐道的"师道立则善人多，善人多则朝廷正而天下治"，解释为"盖谓乐师诸人则可，好师夫人则不可……能善天下万世始可以言师，能师天下万世，始可以言学。师也者，固学之实则而不容外焉者也。"⑤ 相反，他强调进学之法首当求师，"孟子谓'以先知觉后知，以先觉觉后觉'，天下广阔，其间自有先知先觉的人，若不遇此等人说破，纵教智慧过颜、闵，果然莫可强猜也已。"⑥ 而经书不仅是现成的老师，且能有所印证：

---

① 曹胤儒编《盱坛直诠》，见《罗汝芳集》第394页。
② 《近溪罗先生一贯编·心性下》。
③ 《近溪罗先生一贯编·心性下》。
④ 《近溪罗先生一贯编·中庸》。
⑤ 《近溪罗先生一贯编·心性上》。
⑥ 《近溪子集·射》，见《罗汝芳集》第75页。

问:"静而存养本心,动而体察成法,如此用功,可得不偏否?"罗子曰:"不可如此分别。盖随动随静,皆是本心,皆当完养。但完养之法,不可只任自己意思,须时刻警醒,必求无愧古之至圣。如孟子姑舍群圣三贤,以愿学孔子,夫岂能亲见孔子面耶?只是时时刻刻将自己肝肠,与经书遗言精详查对。用力坚久,则或见自己本心,偶合古圣贤同然处往往常多;然细微曲折,必须印证过后,能更无敝。若初学下手,则必须一一遵守,就是觉得古圣经书于自心未稳,且当谦虚,质正先觉,决不可率意断判,以流于猖狂自恣之归也。"①

就连圣如孔子也是如此进学:

即吾夫子以时而圣,虽自孟子而始表扬,然究言其所由来,亦自三绝韦编于伏羲文王周公之《易》,苦心悉力而后得之,想象当日祖述宪章,上律下袭,即其已然之迹而反求于自然之心;复以所深造而自得者,于古人先得我心之同然而印证之,故能通古今达变化而成时中之大圣。故曰我非生而知之,好古敏以求之者也。②

也正是因此,在罗汝芳那里,"圣贤主宰乾坤,生化民物,只靠着数本经书"。因此经就不再是已有之陈迹,"窃敢谓《诗》《书》《礼记》《春秋》皆圣贤之精蕴","一字一金,言言皆救性命之良方"③。其理由则是经本常道,为宇宙之实然:

罗子曰:"经是何物?即今织机丝线周迴百十千遭,却只一条引去。即如世界有个唐虞三代,有个秦汉唐宋,有个元朝方至今日,亦数十遭周迴。世界所以为世界者,不过君臣父子长幼夫妇;而成之者,则吾仁义礼智信之性;主之者,则吾神明不测之心也。世界虽有周迴,此道则恒久不

---

① 《近溪子集·御》。按印证之法本出禅宗,王艮之于王阳明、颜钧之于王艮,其求学之时皆有此意。参本书第二编第一章第一节及第二章第一节。颜钧自言见王艮,后者明以"心印"付之。见《颜钧集》卷3《自传》。
② 《近溪罗先生一贯编·论语上》。
③ 《近溪罗先生一贯编·心性下》。

变,故谓之曰经也。"①

正是在这个意义上,罗汝芳极为反对由陆九渊开启,经王守仁、王艮等张大其军的时下那种"六经注我"的学风。他说:

> 盖今世讲学者多乐从易简,谓六经注我,不复更去讲究,有稍知讲究者,又旧时气已定,漫将圣贤精微之言也,用套话解去。予弱冠亦蹈此弊,后感天不摒弃,遇人折挫一番,方才痛恨追悔,再不敢将圣贤之言轻易忽略,从是愈去探求则愈有滋味,愈脱旧见则愈有心得。②

而

> 儒先有谓六经圣人之注脚,是为逐心章句者激而言之也。③

事实上,对于酷爱书法艺术的罗汝芳而言,圣贤与经书便如境界极高的法帖,如欲学字,"盖必具法帖而或搨或临,字始可言学也。又或众论笔法而因自试之,则亦可言学也。夫论笔法则闻也,具法帖则见也,非事闻见而徒手之为,以言乎书之艺,拂且悖也,况圣人耶?"④ 因此,当有人问他,"如何是默识的成法",他说:

> 学是学为孔子,则吾人凡事皆当以孔子为法。孔子十有五而志于学,今日便当半夜五更默默静静考问自己的心肠,果是肯如孔子之一心一意去做圣贤耶,或只如世俗之见,将将就就以图混过此生也……十五则决要志学,三十则决要自立,四十则决要不惑,方才谓之学有成法。⑤

也正是因此,罗汝芳之学不惟不是黄宗羲所言"祖师禅之精者",恰恰相反,罗氏的根本目的反而是要纠正当时学术界"束书不观,游谈无根"的恣

---

① 《近溪罗先生一贯编·孟子》。
② 《近溪子集·礼》,见《罗汝芳集》第35页。
③ 《盱江罗近溪先生全集·语录》,见《罗汝芳集》第287页。
④ 《近溪罗先生一贯编·论语下》。罗氏酷爱书法,参前揭所撰《二子小传》。
⑤ 《近溪罗先生一贯编·论语上》。

肆之风①。只不过，相对于其他会通派王学家的宗教色彩不同，罗汝芳则是欲人反求诸经，以"考古博文，契悟法则"②，也就是上文所谓"即其已然之迹而反求于自然之心"。

此"自然之心"即人人见在、不学不虑的良知良能，只不过"百姓日用而不知"，因此须要求师取友，须要反求诸经，由不知到能觉且持守之，这是赤子之心的重新恢复，也就是罗汝芳所倡导的"复以自知"③。所谓复，也就是《周易》"复其见天地之心乎"以及《论语》孔子所言"克己复礼"之复。《周易·系辞》所谓"复以自知"，在孔门诸子中当此境界者惟颜回。罗汝芳云：

> 此心之体，其纯乎仁时，圆融洞彻，通而无滞，莹而无疑。恒人学力未到，则心体未免为物所迁，为过所贰也。颜子好学纯一，其乐体常是不改，乐体不改，则虽易发难制之怒，安能迁变其圆融不滞之机耶？其明体常是复以自知，明常自知，则过未尝行，虽微露于恍惚之中，自随化于几微之顷，又安足以疑贰其洞彻灵莹之精耶？故《易经》一书，只一复卦，便了却天地间无限的造化；颜子一生，只一"庶几"，便了却圣神无限的工夫。④

这里所谓"乐体"，相当于上文所谓"知"；所谓"明体"，相当于前文所谓"觉"。因此，"复以自知"即是由觉返知的过程，也便是《大学》所谓"格物致知"。因此，当有人问他"复何以自知"，罗汝芳云：

> 孔子志于学，学乎大学者也。学大学者必先于格物，格物者，物有本末，于本末而先后之，是所以格乎物者也。曰："格物之本末，何以遂能独复而自知哉？"曰："（知返本则）廓然浑然以与天地万物为一体，而莫之谁之所为者，是则神明之自来，天机之自然。"⑤

---

① 当然，罗汝芳文集所言与黄宗羲所见之所以有这么大的偏差，也可能是在万历时代虔敬意识发展的大趋势下，特别是由于东林派的持续批评，罗汝芳学术也逐渐起了变化。黄宗羲看到的只是在世人心目中定格的形象。这一问题还值得仔细研究。
②《近溪罗先生一贯编·论语下》。
③《近溪子集·数》，见《罗汝芳集》第192页。
④ 同上。
⑤《近溪罗先生一贯编·四书总论》。

既然格物之后可以"复以自知",那么罗汝芳的新格物论也就呼之欲出了:

> 孔子将帝王修己率人的道理学术既定为六经,又将六经中至善的格言,定为修己率人的规矩,而使后之学者,格著物之本末终始,知皆扩而充之。①

在罗汝芳以前的宋明理学史上,对格物论有过重要贡献的,分别有司马光的"扞格外物说"、朱熹的"即物穷理说"、王阳明的"正物说",以及王艮的"淮南格物"。在王艮那里,"格"被解释成"格式"之格,"吾身是个矩,天下国家是个方",格物也就是安身立本的大成师道之学②。

和王艮一样,罗汝芳把"格"解释成"格式""矩格""合格"之格,换句话说,格也就是标准,"即所谓法程"③。但是,和王艮以身做"格"以匡正天下的师道取向不同,罗汝芳是把经典本身作为格式,"夫六经之中至善之旨集为《大学》一章,以为修齐治平规矩,所谓格也"④。因此格物也就是把孔子所订"六经中至善的格言"作为"修己率人规矩",以此规范身心万物,以期由觉反知,回到赤子之心,并由此浑沦顺适,"知皆扩而充之"。

四、扩充与博学

以赤子之心为学的,在工夫论上讲求不学不虑、浑沦顺适,而且强调直下承当,很容易被误解为一觉之后便可立跻圣位,如禅宗之顿悟。王阳明"以精金喻圣,以分两喻圣人之分量"⑤,无疑已开启了这一方向,但还不甚显明。王畿则说:"涓流积至沧溟水,拳石崇成泰华岑。先师谓象山之学得力处全在积累。须知涓流即是沧海,拳石即是泰山,此是最上一机,不由积累而成者也。"⑥ 罗汝芳也曾说:"故圣人之教天下,不是能令吾人于良知良能之外,别有增益,只是以先知觉后知,以先觉觉后觉,如用火锻矿,则矿一过火,便即是金。吾人既觉,则即我本性便即是圣……今受用的,即是现在良知,而圣体

---

① 《近溪子集·御》,见《罗汝芳集》第109页。
② 参本书第二编第一章。
③ 杨起元《罗近溪先生墓志铭》。
④ 《近溪罗先生一贯编·大学》。
⑤ 吴光、钱明、董平、姚延福编校《王阳明全集》卷1《传习录(上)》。
⑥ 黄宗羲《明儒学案》卷12《浙中王门学案二·王畿学案·语录》。

具足……况此个体段，但能一觉，则日用间可以转凡夫为圣人"①。也容易引起类似的误解。所谓"百姓日用是道"这一观点，在王门末流那里常被发挥成"满街都是圣人"，这在黄宗羲所作的《泰州学案》中尤为突出，似乎也代表了黄氏的用意所在。

特别是罗汝芳对归寂派王学不承认现成良知，一力在心体上用功的进路深致不满，尤易使人产生类似的联想。他批评罗洪先说："当下固难尽信，然亦不可不信。如当下是怵惕恻隐之心，此不可不信者也；当下是纳交要誉之心，此不可尽信者也。"②而聂豹之"归寂"则不过是"主静"之别名，虽"初学或未可少"，但"究竟此等工夫还是多了"③。"盖维天之命，於穆不已，天命不已，则寂体、帝则，亦当不已。既寂体不已，又何间乎应感；既帝则不已，又何分于知识"④。"后世道术无传，于天命之性漫然不知，人之有生原是禀受天命而生，便把吾侪日用恒性全看不上在眼界……敝则率至于索隐行怪而反中庸矣。盖由其不见大用显行，遍满寰穹，便思于静僻幽隐，谓就中须养出有个端倪，又谓看喜怒哀乐以前作何气象。不见孩提爱敬与夫妇知能浑是天然大道，便思生今反古刻意尚行，而做出一翻奇崛险怪，惊人以骇俗焉……遂至反中庸而逆真常也"⑤。罗氏之所着眼，依然在是否浑沦顺适，盖分寂、感，分体、用，则未免把天道隔成两橛，落了下乘。

不过，对于罗汝芳而言，虽然可以说"百姓日用是道"，或者说大道可由百姓日用之当下指点出来，但却不能说道即是百姓日用。所谓"满街都是圣人"的观点，正是由于对这一逻辑关系的误解所致。因此，虽不可不信"当下是怵惕恻隐之心"，但此怵惕恻隐还不即是圣贤，"此是圣体，扩而充之，便是圣贤。……有所不忍，达之于其所忍，扩充之功也。若只见得怵惕恻隐之端而不加扩充之功，亦只是闪电光，而难以语于太阳照也已"⑥。

所谓圣体，也就是作圣之本，但与圣人依然有一间之别：

（圣体亦）有生熟，而体段不同耳。此处极微，须譬喻方得。今人家

---

① 《近溪子集·射》，见《罗汝芳集》第105页。
② 前揭曹胤儒编《盱坛直诠》。
③ 同上。
④ 《近溪罗先生一贯编》，见《罗汝芳集》第356页。
⑤ 《近溪罗先生一贯编·中庸》。
⑥ 前揭曹胤儒编《盱坛直诠》。

种果木者，其核生土中，即根株枝叶一时具足，难说其非树也；及至成熟，却得多少岁月滋培，又难说其即成树也。但难至成树，而根株枝叶，与始初不争一些。①

圣体与普通所言闻见之知不同，而是"复以自知"的结果，既能觉悟而且持守有恒，"工夫得不间断，方是圣体。若稍觉有间，纵是平日说有工夫，亦还在凡夫境界上展转，都算帐不得。故学者欲知圣凡之分，只在自考工夫间断不间断耳"②。因此只有能知，方成圣体，尽管是入圣的前提，但却并不能说是圣：

> 或问百姓日用而不知，罗子曰："不著不察耳。譬诸矿石，与银无别，所争者，火力光彩耳。"友曰："某知之矣。曰不知时是百姓，能知时即圣人矣。"罗子曰："知后方可圣也。盖良知心体，神明莫测，原与天通，非思虑所能及，道理所能到者也。吾人一时觉悟，非不恍然有见，然知之所及犹自肤浅，比后须是周旋师友，优游岁月，收敛精神，以凝结心思。思者，圣功之本也。故'思曰睿'，睿者，通微之谓也……至此则首尾贯彻，气象浑融，觉悟之功与良知之体如金火火色，锻炼一团。异而非异，同而非同，工夫虽好，去圣则尤远也。"会众愕然曰："如何犹不足以语圣耶？"曰："观于孟子所谓大而能化，神不可知，则圣人地位亦自可以意会也。"③

罗汝芳对现成良知的强调与罗洪先等的不同在于，后者尤其彰显圣凡之间的本质差别，而现成良知说更有利于提升普通人的尊严。但从工夫论角度来说，罗汝芳这一观点与强调"孩提之知，愚夫愚妇之知能，如顽矿未经锻炼，不可名金"的江右王学④，其实已无大异。所谓圣体与圣人的差别，即是善与至善的差别，前者为人性所固有，后者唯尽性方才可能，因此专属古圣：

> 曰："至善岂专属古圣已耶？"（罗子）曰："……孟子之学孔，孔子

---

① 《近溪子集·御》，见《罗汝芳集》第127页。
② 同上。
③ 《近溪子集·御》，见《罗汝芳集》第120—121页。
④ 罗洪先《甲寅夏游记》引刘师泉之言，见《明儒学案》卷18《江右王门学案三》。

之学尧舜，岂是舍了自己的性善去做？但善则人性之所同，而至善则尽性之所独。故善虽不出于吾性之外，而至则深藏于性善之中，今一概谓至善总在吾心，而不专属圣人，是即谓有脚则必能步，而责扶携之童以百里之程；有肩则必能荷，而强髫垂之孺以百斛之担。"①

这一观点曾遭到修证派学者邓元锡的激烈批评，后者无法接受他既"归宗性地，却又以至善为圣训格言"，认为二者未免矛盾。罗汝芳则这样回答他："盖尔将至善看作纯全天理之极，谓是人人性体，予则谓此体虽同，然惟至圣乃能先得"②。可见罗汝芳已经抛弃了此前宋明儒那种超越性的性体观，而贯彻了一种彻底的工夫本体论，所谓"工夫之外无本体"。从工夫论而言，罗汝芳其实是在提倡一种近乎禅宗"见性起修"的理论。只不过儒佛之"性"不同，所以起修或者说"圣修作则"，也就成为一种扩充。

> 上天之载，无声无臭，至矣夫，此中庸之至，能于下愚而见神于天载，神于天载而亦能下愚，则此时心体是四端现在，然非圣修作则，便终扩充不去，守规矩而为方圆，夫岂不易简也哉？若只徒求书中陈迹而以知能之良培植根苗，则支离无成，与终信本心者其弊固无殊也矣。③

而所谓"圣修作则"，也就是上文所言"孔子将帝王修己率人的道理学术既定为六经，又将六经中至善的格言，定为修己率人的规矩，而使后之学者，格著物之本末终始。"由此可见，经典在罗汝芳心中的地位，不仅可以格物，以便"复以自知"；而且同时也是扩充圣体，以臻于至善的必要手段。从这个意义上说，讨论罗汝芳的学术，忽略了经学这一视角，肯定是重大缺失。

由于对六经注我等学风不满，重视经学文本已经成为罗汝芳思想的基本内核，也正是因此，因"求之于外"而被王学家批评得体无完肤的朱子学，便重新被发现其应有的价值：

> 懋哉，朱子之有功圣门也！学固得其大也……器非规矩，巧将安施？

---

① 《近溪罗先生一贯编·四书总论》。
② 同上。
③ 《近溪罗先生一贯编·大学》。

> 道非六经，智将奚措？朱子之学，余固未能悉其善巧何如，至所谓言必先之读书，读书必先之六经，则直吾圣门之大匠也。其功顾不宏且远耶？①

这样，由扩充转向博学，特别是由王学末流的束书不观转向经典本身的研求，在罗汝芳这里已经成为自觉。这表明在思维方式上，罗汝芳已经开启了由道统向学统的复归。罗汝芳所提出的新"格物论"表面看来颇为简单，但却无疑代表着王学内部的一种精神转型。

如所周知，在明中叶以后的文化界，兴起了一股以淹贯群书、著述宏富为为学取向的博学风潮。这股风潮以嘉靖时期因大礼议被贬云南的杨慎为开山，其后王世贞、陈耀文、胡应麟、焦竑、陈第、陈继儒等相继崛起，擅名一时。而与此同时，诸子百家之学蜂起，甚至西学也正是在这一历史氛围下被士大夫所接受。

晚明博学风潮因其在音训考辨及四部文献方面的成绩，常常被视作清代汉学的远源。而在现代学者中，梁启超把汉学视作对宋学反动的结果，钱穆则承清儒之说，认为考证学源出朱子学。其后余英时则把王学到朱学，再到清代考证学，视作"反智识主义"山穷水尽之后，"智识主义"的复兴。日本学者山井涌把明末经世之学分成三派，认为其中"经学史学派"和后来的考证学直接相关。针对余说，一些学者则试图借毛奇龄等为例，揭示考证学与王学的内在渊源②。

毛奇龄的时代显然太晚了。余英时的观点虽具一定理论性，不过，作为一种整体性概括尚可商榷。譬如，假如王学真可以被视作"反智主义"，何以身为王学家的焦竑能够成为博学考订方面之开创人物，余氏仅以学术特例视之。但焦竑对经学推崇的理由，譬如"经之于学，譬之法家之条例，医家之《难经》"，与罗汝芳其实是极为一致的③。在相关讨论中，我曾以王畿这一路会

---

① 《近溪罗先生一贯编·心性下》。
② 参梁启超《中国近三百年学术史》，朱维铮校注《梁启超论清学史二种》第91—102页。钱穆说参《中国近三百年学术史》。余英时《从宋明儒学的发展论清代思想史》等文载氏著《中国思想传统的现代诠释》。另参山井涌《明学から清学への转换》（见氏著《明清思想史の研究》）、井上进《汉学的成立》、佐佐木爱《毛奇龄的思想遍历——明末的学风与清初解经学》。
③ 焦竑《邓潜谷先生〈经绎〉序》："孔子之言曰：'我非生而知之者，好古敏以求之者也。'故兴于诗，立于礼，成于乐。殆晚而学《易》，韦编三绝，曰：'若是我于《易》，则彬彬矣。'盖经之于学，譬之法家之条例，医家之《难经》，字字皆法，言言皆理，有欲损益之而不能者。"氏著《澹园续集》卷1，载其《澹园集》，第759页。按焦氏文中亦言邓元锡弟子左宗郢"闵（悯）学者空语无事实，而冀以经学振之"，其实这应该也是撰写《经绎》一书的邓元锡的思想。而罗汝芳的一些著作其实也由左宗郢编订，诸人的相互关系可见一斑。

通派王学所揭橥的"道统论崩溃"为视角来理解①。不过道统论崩溃作为士大夫群体的心理背景，固然为学术自由创造条件，但还并不必然把学术引向经典的研求。罗汝芳对经学的回归尽管还主要是观念上的，与清代经学尚不可同日而语，但这一方向性转换表明焦竑的存在并不是一个特例，而是晚明王学内部固有思潮的一部分，只不过这一思潮在明代以后对王学铺天盖地的批评中被掩盖了。从这个角度而言，对经典权威的重新肯定，在晚明时代已经逐渐成为朱学与王学的共识，这与当时各种宗教复兴运动一起，代表了虔敬意识的发展。这并非"反智主义"与否的问题。正是这种虔敬意识为清初学统意识的复归以及师法观念的重建，提供了深刻的心理背景。

如前所述，罗氏之学直接导致的，是在王学内部对朱子学的重新评价，这一转折较之朱学自身的学术坚持尤其重要，因为它更深刻地表征着晚明士大夫群体的总体倾向。在他看来，格物之旨趣"自孟子以后知者甚少，宋有晦庵先生见得当求诸六经，而未专以孝弟慈为本；明有阳明先生，见得当求诸良心，亦未先以古圣贤为法"②。因此，真正的格物不仅以孝弟慈之良知为本，同时还要求诸六经。在这里，所谓"孝弟慈之良知"对应的是"复以自知"，而求诸六经则是自知以后的扩充工夫。这样，一个多世纪以来势如水火的朱王两家发生了奇妙的结合，阳明学代表着最初的入手工夫，而朱子学则是成圣之所必由。

值得注意的是，罗汝芳的这一观点在其学术上的批评者刘宗周那里同样可以看到：

> 世言上等资质人，宜从陆子之学；下等资质人，宜从朱子之学。吾谓不然。惟上等资质，然后可学朱子，以其胸中已有个本领，去做零碎工夫，条分缕析，亦自无碍。若下等资质，必须识得道在吾心，不假外求，有了本领，方去为学，不然只是向外驰求，误却一生矣。……学问者，致知之路也。③

这一观点和罗汝芳所言若合符辙：

---

① 以上论述可参拙作《学术自由与中国的思想传统：兼论会通派王学与晚明经学的突破》。
② 《近溪罗先生一贯编·大学》。
③ 同上。

> 王者经纶，原只用一个礼……但礼之为礼，有经有曲。经纶天下在先定其经，而曲则难以备举……况经则凡庸亦可率循而行，故曲礼必待学造，而经礼则可教立。如方圆之规矩，拙工亦可传之，而巧非心解莫能。①

也正是因此，才有理由使我们相信，对朱子学博学穷理的推崇，是罗汝芳、刘宗周这些王门后学的重要共识。这样，钱穆先生《近三百年学术史》一书从学理角度对朱子学与清代考据学的关联所做的研究便具有了新的意义。遗憾的是，他还没有找到由王转朱这一内在理路，因此为梁启超的"反动说"留下了一席之地。"反动说"尽管在宏观视角下依然有其意义，但却绝不可以视作发生学意义上的历史事实。明末清初朱子学对王学的批评既包括原有朱学一派对自身立场的坚持和调整，也包括王学内部由王转朱倾向定型以后，从学统立场对王学典型进路所作的批判②。这些批判与政治上对在朝王学的清算合流，常常掩盖了王学内部所发生的自我转型。

行文至此，由去执的行动取向入手，进而追求浑沦顺适的赤子之心，以及"复以自知"之后的扩充博学，罗汝芳的主要学术思想已经大体完备。不过，作为一个经学家，罗汝芳还是把自己的学说贯彻到不同的经典当中，可以说是印证，也可以说是六经注我。

经学的理解不外两个向度，一是经典的贯通，一是对圣贤境界的体认，而两者又在根本上统一。在罗汝芳那里，虽然对传统经书的引证和讨论仍多局限于《周易》与四书，并没有真正展现他的博学，但对经典之间的相互关联还是给出了系统的看法。

对于罗汝芳来说，"自孩提以至老死，生生化化，浑全是个乾体"③，这里所谓乾体，也就是宇宙本有之生机。上文所谓"在天之日月星辰，在地之山川民物，在吾身之视听言动，浑然是此生生为机"。而既然"生生之谓易"，因此罗汝芳把他的学术还是归宿在《易经》④，这与《易经》作为众经之首的传统地位也是相称的。同样，既然"生之谓性"的观念已得到肯定，

---

① 《近溪罗先生一贯编·书诗礼春秋》。
② 譬如上文已经指出，东林学派以高攀龙为代表的朱子学其实已经隐含了王学的基本倾向。参第四编第一章第一节。
③ 《近溪子集·礼》，见《罗汝芳集》第31页。
④ 《近溪罗先生一贯编·中庸》。

> 大约《中庸》只"天命之谓性"一句把天地人的精髓一口道尽；继之曰"率性之谓道"，则见得万民万物各循其性之自然，无处不是道，而此体遂充塞两间矣。又继之曰"道不须臾离"，则见得万民万物各安其性之本然，无时不是道，而此体不止充塞两间，而且贯彻千古矣。

他把这三句话称为"小《中庸》"，"愚且常谓《中庸》是本大《中庸》，此三句是本小《中庸》，非三句无以见《中庸》所蕴之精，非三句无以见三句所流之广。"小《中庸》与大《中庸》被看成中与和的关系，所谓"中也者，天下之大本；和也者，天下之达道"。同理，《易经》与《中庸》，《易经》《中庸》与全部经典之关系亦是如此。故云"此个《中庸》道理，夫子全在《易经》中来"①。而众经既成，孔子"又将六经中至善的格言，定为修己率人的规矩"，这也就是《大学》。因此《大学》既是众经的结晶，同时也是后学格物致知的起点："今观《大学》一书，自首至尾，总是援引六经格言而旁加点缀发挥，便是博学于文，而曰致知格物也。"②

经典的意义关联也体现在圣贤的境界当中。《论语》的地位与《易经》相当，其根本思想皆以"时"一观念贯彻始终。所谓"道体莫大于仁智，而其妙用莫大于时措"③，所谓"夫子以时而圣"，以及用工夫本体合一来解释"时习"等等④，都清楚地表明了这一点。孔子之外，罗汝芳独推颜回与孟子。颜回之学在传统经学中常被理解为归根复命之学，约当《易经》之复卦，《周易》所谓"复其见天地之心乎"？因此，孔庙四配中的颜回被称为"复圣"，这在罗汝芳的时代早已是个常识。而孟子不惟揭示赤子之心为学的，其扩充理论更是罗氏学术的一个重要环节。因此，"窃谓孔子浑然是易，颜氏庶几乎复，而孟氏庶几乎乾"⑤。"易以乾为体，乾以复为用"⑥，周而复始，便是生生不已的天道往还。这样，罗汝芳把自己的学术思想贯彻到整个经典解释系统中来，代表了他对"一贯"之道的追求。

---

① 《近溪罗先生一贯编·中庸》。
② 《近溪罗先生一贯编·论语上》。
③ 《近溪罗先生一贯编·中庸》。
④ 《近溪罗先生一贯编·论语上》。
⑤ 《近溪罗先生一贯编·论语下》。
⑥ 《近溪罗先生一贯编·易经》。

五、师教与现实

内圣外王是宋明理学的基本架构，罗汝芳既提出一套新颖的儒学理论，自然有人问他："斯学也，可推之政乎？"罗汝芳云：

> 观夫孔孟，尝谓"百姓日用而不知"，是以君子之道鲜……夫薄海内外，万万生灵，咸谓其性道之同矣，然其性之所以善，善之所以同，惟是孝弟慈之不虑而自知、不学而自能已尔。予叨仕进，自极北边陲，率海而南，……其俗虽殊，而其性固未甚相远也。……若我高皇圣化，则不论其左衽之何如，而惟文物衣冠以统之；不论其鴃舌何如，而惟正韵官话以齐之，是非独信其性善之近，而浑忘其习俗之远而然哉？故每惜儒生常谈，谓不睹三代隆盛，不思今日统驭之遍、纪纲之同，又古昔圣贤徒劳想望，而莫获身亲见者也。若仰体高皇木铎溥天率土之心，而益彰以孔孟习善成圣之妙，则王道荡平，万年无斁，非天下古今一大快事耶？①

在这里，罗汝芳首先肯定孝弟慈乃人性之所同，惟"百姓日用而不知"，故"君子之道鲜"。而明太祖朱元璋以《圣谕六条》，所谓"孝顺父母，尊敬长上，和睦乡里，教训子孙，各安生理，毋作非为"相教化②，因此"王道荡平"。由此可见，在罗汝芳那里，明太祖在政治上的所为相当于"复以自知"，"而益彰以孔孟习善成圣之妙"则是指扩充与博学。在这一点上，罗汝芳的学说的确可以算是一贯之学。其弟子为其所编辑的书籍以《一贯编》为名，并非偶然。

这样，罗汝芳的"格物论"就分别代表着两个向度。求诸六经，导向的是博学；孝弟慈，指向的是师教。所以言师教，是因百姓既日用而不知，必须有待于教化。

罗汝芳曾经自言悟道之后："一切经书皆必会归孔孟，孔孟之言，皆必归孝弟，以之而学，学果不厌，以之而教，教果不倦"。罗氏这种讲法在当时就有人提出了疑问："先王治平天下，其礼乐法制多端，今何只以孝弟慈为言？"他这样回答：

---

① 《近溪子四书答问集》，见《罗汝芳集》第316—317页。
② 关于《圣谕六条》，可参左宗郢、张凤翔编《近溪子外集·近溪罗先生乡约全书》。

> 王者经纶,原只用一个礼……但礼之为礼,有经有曲。经纶天下在先定其经,而曲则难以备举……况经则凡庸亦可率循而行,故曲礼必待学造,而经礼则可教立。如方圆之规矩,拙工亦可传之,而巧非心解莫能。我尝看世间凶暴之夫亦为不少,然率不敢妄动者,只因父母妻子根蒂相维系焉耳。《论语》"其为人也孝弟"一章,真就是《礼记》中《大学》治平骨子,而与尧舜《典》《谟》所载之"道,孝弟而已矣"贯通不殊。①

在罗汝芳看来,孝弟慈便相当于所谓"经礼",为人性所同,因此可以向所有人教化。不仅如此,所谓"复以自知"还是入圣的前提,未能致知,则无以言扩充成圣。因此,"士人有志向往者将欲从事于问学之道,宜先归宗于德性之尊"②,此亦"先立乎大"之义。上文所谓"复以乾为体,乾以复为用",复之于乾,犹贞下起元,由此方能理解罗汝芳何以会把朱元璋放在先于孔孟的地位,就在于其《圣谕六条》的"简当明尽":

> 孔子谓仁者人也,亲亲为大焉,其将《中庸》《大学》已是一句道尽;孟子谓人性皆善,尧舜之道而已矣,其将《中庸》《大学》亦是一句道尽,然未有如我太祖高皇帝圣谕数语之简当明尽,直接唐虞之统而兼总孔孟之学者也。③

也正是在这个意义上,在师道精神驱动下的王学兴起反而成了高皇帝"善治"的证明:

> 然其皇极之日舍我大明,更何从求也哉?故前时皆谓千载未见善治,又谓千载未见真儒,计此两段原是一个,但我大明更又奇特。盖古先多谓善治从真儒出,而若我朝则是真儒从善治出。盖我太祖高皇帝天纵神圣,德统君师,只孝弟数语,把天人精髓尽数捧在目前。

对朱元璋的评价可以说无以复加了。而时当盛世,"论治于今日者,非求

---

① 《近溪罗先生一贯编·书诗礼春秋》。
② 《近溪罗先生一贯编·中庸》。
③ 《近溪罗先生一贯编·四书总论》。

太平之为难，而保太平之为急；谈学问于今日者，不须外假乎分毫，自是充塞于天地"①。在这里已经把罗汝芳心目中的君师关系表述清楚，为君者已达致太平，士大夫讲学以保太平。在罗汝芳这里，由明太祖承元而建的君师合一体制，已是其心目中善政的典型。

从学术一贯性而言，罗汝芳似乎由内而外地贯彻了他的理论。问题是这个"皇极之日"的大明朝真是太平盛世吗？况且既然"中庸之理，原常常宇宙之间，则王道之荡平正直，何代而非此孝弟慈以为民生日用哉？难谓必入我明，乃称皇极之世，亦难谓只讲此学，便足保太平于无疆也。"这个问题极为尖锐，既然孝弟慈为天道之实然，何代无之？如果现实真如罗氏所言，自高皇木铎宣讲六条之后，天下同风，人人君子，那么士大夫又何必讲学？讲学难道不也是因为"百姓日用而不知"吗？正是在这个问题上罗汝芳无法自圆其说，

> 默然良久，为浩叹曰："……看来，有正便有邪，有诚便有伪，自古为然，岂独末世乃始纷乱？但孔孟费多少气力，以放之闲之，于春秋战国竟无少补；我高皇帝才只数言，而万年天日，一时顿然开朗。故芳敢谓皇极之世，惟我明今日方是。……而况皇上之英明继体，与圣祖而道出一揆；元辅之弼德寅恭，溥化光而昭烛无外；大老之彬彬，群贤之济济，百年兴礼乐之期，三极睹大中之矩……然则至治之宏开，与太平之永保，芳（其）[与]诸君止须稽首赞扬，无容更多长说。"②

不过，很难说这是罗汝芳的真实想法，就在与同一批学者的讨论中，罗汝芳接下来表达了另外的见解：

> 芳自始入仕途，今计年岁将近五十，窃观五十年来，议律例者，则日密一日；制刑具者，则日严一日；任稽察、施拷讯者，则日猛一日。每当堂阶之下、牢狱之间，睹其血肉之淋漓、骸骨之狼藉，未尝不鼻酸额蹙，为之叹曰："此非尽人之子与？非曩昔依依于父母之怀，恋恋于兄妹之傍者乎？夫岂其皆善于初，而不皆善于今哉？及睹其当疾痛而声必呼乎父母，觅相依而势必先乎兄弟，则又信其善于初者，而未必皆不善于今也

---

① 《近溪罗先生一贯编·四书总论》。
② 《近溪子续集·乾》，见《罗汝芳集》第236页。

已。故今谛思吾侪能先明孔孟之说,则必将信人性之善,信其善而性灵斯贵矣,贵其灵而躯命斯重矣。"①

对明代中后期刑政之苛的观感与罗氏的座主徐阶颇有些相似②,因此罗汝芳之所以还要倡导这样的见解就不能简单地以谄媚政权作解,毕竟在同时代的学者中很少有人质疑罗氏的真性情。这个讨论的时间在万历十四年,地点当在南京国子监。他说,

予观诸君多谓今时官司任法之过严,以至生灵性命之未顺,从是而思以一致力焉。予窃谓其非得策也。……今时官司之法制、生灵之调度,吾侪安得妄与分毫?惟此《学》《庸》《语》《孟》,则是圣贤心法之所在、生平学术之所存,而亦国家之所责备吾侪,以竭力而深造之者也。况他年进用官司,皆是此时作养英俊,从前庠序循习些子规模,即以后建设许大气候。③

这表明罗汝芳之所以选择以宣讲孝弟的方式周流讲学,其前提已经是对时政不抱期望,这与嘉靖十九年前后泰州始祖王艮欲上疏世宗,使孝子仁人布列在位的想法已经大不相同④。既然无法通过政权的力量使天下一道同风,那么就通过士大夫亲自讲学以扭转世风。这既可以看作以道自任的一种方式,又未尝不是对现实政治的妥协,完全放弃对君权的批判立场。孟子所谓"格君心之非",在这里已经杳无踪影。且以讲学而非改善民生的方式来教化民众,尤其迂阔无当,必败无疑。孟子所谓"无恒产而有恒心者惟士为能",以"复以自知"所需要的"大襟期""大气力"责诸普通民众,最终也不过是昙花一现。

不宁惟是。上文经礼、曲礼之说与其格物论的两种向度其实是一致的。所谓"曲礼必圣贤方能周旋而中"说明圣贤必取资于博学。而对于普通的庸众而言,即使对礼节的仪文不甚了然,但却并不影响他们可以按照圣贤的要求含哺鼓腹、知命乐天。从社会教化的角度,罗汝芳所真正关心的,并不是像王艮一样,以师道凌驾君道,用儒家教化来规范专制皇权,而是使普通大众能真正

---

① 《近溪子续集·乾》,见《罗汝芳集》第239页。
② 参徐阶《世经堂集》卷14《刑科题名记》。
③ 《近溪子续集·乾》,见《罗汝芳集》第235页。
④ 参第二编第一章第一节。

做到父慈子孝兄友弟恭，并以此生发开去，实现理想的雍熙之治。在这个意义上，出仕之后的罗汝芳似乎更像西汉时的一名循吏，把教化的目光投射到社会的下层，兢兢业业，振铎化俗。

由此可见，尽管作为泰州师道派下的传人，罗汝芳依然宣称"大学者，学为大人者也……学大人者必立师位"①，但是这一师位充其量只是针对普通民众的师教而已，它与王艮所提倡复兴的师道有着根本不同。在这里，作为君道最大代表的朱元璋同时被纳入到师道的系统当中，成为师的化身。这样，罗汝芳所理想的雍熙之治无疑就是一种君师合一的政体。这种政治体制对士大夫的要求只能是师教或"师法"，它并不真正挑战君权的合法性。这表明，一直在会通与师道两派之间寻找平衡的罗汝芳，在师道观上采取的是一个折中的方案。这种方案，以君道为掩护，在扩张派系势力对社会影响力的同时，也在提升着自身的地位，并被君道表示认可。万历十二年，在重新开启的王阳明从祀孔庙的讨论中，首发其议的就是罗汝芳的学生御史詹事讲以及好友都察院左副都御史耿定向，由此可见一斑②。事实上，正是在同样反对复兴师道，提倡学术会通的在朝王学鼓励下，罗汝芳等君师折中派才能在万历以后成为显学。万历十四年，罗汝芳赴南京讲学，受到后来的内阁首辅，时为南国子祭酒的王学家赵志皋热情欢迎，不仅亲率六馆诸生参加罗汝芳的讲会，还把讲稿择其精蕴"录而梓之"③。

当然，公允地说，把刑政之苛归结为当政者不相信人性本善，也不乏抗议之隐衷，只不过在严酷的政治现实面前，显得有些苍白无力。譬如，在万历初张居正统治的十年中，以循名责实相倡率，颇有法家的色彩。他本人之推崇秦始皇、朱元璋，也都是从其治政用威的角度着眼，所谓"历年二百有余，累经大故而海内人心晏然不摇，斯用威之效也"④。而在这个时期恰恰是罗汝芳仍然坚持宣讲其高皇"六谕"，以张居正讥为"迂阔"的孝弟之道强聒不舍⑤，其所刻画出来的慈眉善目的朱元璋形象与张居正所言截然相反，相形之下，未尝没有政治批评的味道。只不过朱元璋压制师道的形象已深入人心，这样的做

---

① 《近溪罗先生一贯编·大学》。
② 参本书第三编第三章。
③ 赵志皋《近溪子续集·刻会语续录序》；又《近溪子附集》卷2《近溪罗先生墓表》。
④ 《新刻张太岳先生诗文集》卷18《杂著》。
⑤ 据说张居正曾呀谓同志友曰："世多称王心斋，比见拟上世宗书一篇，金言孝弟，言孝弟何迂阔也。"见耿定向《耿天台先生文集》卷9《学彖》。关于张居正禁讲学与罗汝芳的态度，可稍参第三编第二章第二节。

法未免可怜。更何况在不了解其隐衷的外人看来，罗汝芳的政治学说恰恰是在为当道粉饰太平，了不足道了。在罗汝芳口中我们看不到他对朱元璋以及整个明代政权对师道的镇压有丝毫不满，也看不到他对当时矿使四出、民生凋敝有丝毫的关注。罗汝芳所关心的只是如何使受压迫的民众在一种幻想的"雍熙太和"的气氛中满足现状，"虽百岁老翁皆嬉嬉，都如赤子一般"①。这一点与乐学派的立场非常相似，只不过后者打的旗号依然是"师道"，而且缺乏罗汝芳所言的博学与扩充而已。罗汝芳殁后，后学陶望龄为其《诗集》作序，言其继承泰州王艮所传"学乐"之旨，"先生全体即三百篇"，以厚于《诗》教许之②。孔子云："温柔敦厚，《诗》教也"，又云"《诗》之失愚。"（《礼记·经解》）作为罗汝芳学术的考语，是再恰当不过了。其弟子汤显祖则在同书序文中极力称赞他的智，便似乎不是偶然的："《记》有之，入其国，其人洁净精微，深于《易》者也；温柔敦厚，深于《诗》者也……今之世诵其诗知其敦以厚，而师之卒也以学《易》，其净以微亦非世所能知也。"③

既然如此，那么对于普通民众而言，"（尔等只需）欢天喜地以共享我太祖高皇帝、当今皇上太平之福于无疆无尽也"④。因此对他治下的那些年高体健的乡村父老，罗汝芳告诉他们：

> 你们到老身上如此者，却实是不容易得。盖由皇天初生得我朝好太祖高皇帝立下这个好教民榜文，二百余年又生出今日好圣明天子、好贤宰良相任用得你们，省上好军门老爷催我出巡来看顾，才得与乡士夫及父母师长各官同为你们讲此个好乡约会也。⑤

而这一切就是号称"祖述孔子，宪章高帝"的罗汝芳政治思想的具体表达。这表明，明中叶以后士大夫主观上所热衷的讲学及乡约运动本身，因为不同行动取向的现实操作，因而具有了相异的内涵。同样是讲学及乡约，师道派、会通派以及介乎两者之间的君师折中派（包括师教派与乐学派），各有其不同的追求目标，同时也因此具有了不同的政治命运。

---

① 《近溪罗先生一贯编·大学》。
② 陶望龄《明德先生诗集叙》，见《罗汝芳集·附录》。
③ 同上。
④ 《近溪罗先生一贯编·大学》。
⑤ 前揭左宗郢、张凤翔编《近溪罗先生乡约全书·滕越州乡约训语》。

罗汝芳的讲学尽管博得一部分官僚的喝彩，但同时我们也很容易看到这种近乎辩护论的学说在当时便已经不得人心。万历十四年罗汝芳这次讲学，尽管因理论上的深度受到会通派学者如焦竑、李登、汤显祖等的热烈欢迎，及与会通派学者渊源极深、后来的在朝王学代表人物赵志皋的大力推毂，但仍然受到来自国子监学生们的公开质疑：

> 古今学术种种不同，而先生主张独以孝弟慈为化民成俗之要，虽似浑厚和，但人情世习叔季已多顽劣，即今刑政日严，犹风俗日偷，更为此说，将不益近迂疏乎？恐化未可成而奸且窃发矣……请自慎之，无为众诮也。①

讥讽之意，溢于言表。随着东林学派及东林党人的崛起，杨时乔等人因厌生恶，谋求对罗氏之学予以打击，在当时很可能是深得民心之举。

第二节　周汝登与晚明师道内涵的转向

隆庆、万历以后，随着王学第三期人物纷纷走到学术的前台，王学内部已有的修证、会通、师道的三分格局逐渐被打破。此时的王学会通派也因为学术背景的歧异变得更为混乱，特别是以罗汝芳这样的作为会通及师道两派之折中的人物异军突起，使这一情形显得日趋复杂。对于会通派王学的鼻祖王畿来说，尽管在六十余年的学术生涯中，一直以晚明讲学运动的积极推动者参与其中，但是，师友讲学在他那里，并没有像师道派那样被当成"风天下之大本"的经世伟业，相反，王畿的调门很低，他不断地声称自己只是通过这个活动来培植"法器"，同时寻找自己安身立命的根基。因此与王艮不同，王畿并不追求什么师道尊严，他给人的印象反而是"一味和柔，大同无我"②。罗汝芳在这一点上与王畿有些类似，尽管所作所为都表征着他在以师道自任，但却"未尝以师席自居"。

不过，在万历中期以后的浙东嵊县，却出了一位打着王畿的旗号自任师道

---

① 《近溪子续集·乾》，见《罗汝芳集》第237页。
② 李贽《卓吾先生批评龙溪王先生语录钞·序》。

的人物,那是怎么一回事呢?这个人便是周汝登。

一、泰州学派的传人?

在晚近的明代儒学史上,周汝登一直是一个被忽视的人物。作为万历中期影响颇大的讲学家之一,他在身前的声名似乎逐渐被人遗忘了。因此,到了清修《明史》的时候,对这位学者的生平事迹不仅叙述得极为简练,且颇多遗漏,而且还仅仅列入王畿的附传之中。周汝登给后人的印象,更多只是他"欲合儒释而会通之,辑《圣学宗传》,尽采先儒语类禅者以入。盖万历世士大夫讲学者多类此"①,似乎并没有什么特别之处。

不消说,这样的评价其始作俑者乃是《明儒学案》的作者黄宗羲。作为清修《明史》在学术上的真正指导者,黄宗羲不仅早就对周汝登的学术颇多微词,而且对《圣学宗传》的不满正是他撰写《明儒学案》的一个重要原因。在他看来,《圣学宗传》"扰金银铜铁为一器,是海门一人之宗旨,非各家之宗旨也"②。因此,以维护正统阳明学自任的黄宗羲把他这位浙中同乡,一笔划在了泰州派下,屏除了王学家的行列。这种做法多少有些奇怪,因为一向按照地域和师承来划分学派的《明儒学案》,是不应该把这位师从王畿的浙江嵊县人周汝登排除在浙中王门之外的。正是这些自相矛盾之处,引导我们去探求那些表面性陈述背后的隐衷。

可以肯定地说,黄宗羲对周汝登本人似乎并没有作过太多的研究。证据就是《明儒学案》为周汝登所作的履历只说他官至尚宝司卿,而不及其出任广东按察金事、太仆少卿、户部右侍郎,以及崇祯二年特起为工部尚书诸事,尽管崇祯二年的时候黄宗羲已经虚龄20岁,不仅是复社中的声气主盟,且曾是周汝登的学术讲友陶奭龄的门下士。正是由于对陶奭龄在讲学中所倡导的因果轮回之说不满,黄宗羲才与王业洵、王毓蓍等"推择一辈时名之士,四十余人"改换门庭,投到许孚远的学生刘宗周门下③。作为东林党人黄尊素之子,黄宗羲当时正血气方刚,以气节自命,对在他看来由周汝登、陶望龄、陶奭龄之学所导引出的"重富贵而轻名节"的社会风气深恶痛绝④。

"重富贵而轻名节"与晚明的"宗风"到底有何关联,这里姑且不论。不

---

① 《明史》卷283《王畿传附周汝登传》。
② 《明儒学案·发凡》。
③ 《明儒学案》卷62《蕺山学案·刘宗周传》。
④ 《明儒学案》卷36《泰州学案五·陶望龄传》。

过,黄宗羲把周、陶诸人划入泰州的门下,却有其深刻的理论考虑,这牵涉到黄宗羲对整个泰州学术的理解①。

如前所述,泰州学术的根本精神乃是以师道凌驾君道,以儒学教化规范专制皇权,其理论依据便是王艮所提出的安身立本的大成师道之学。王艮死后,后继诸人尽管从学术渊源上看线索分明,但因不同学者行动取向的差异,因而产生了新的分歧。其中王栋、颜钧、王襞等尽管尚守以师道自任的家法,但或亢高,或圆通,因此命运各异。至罗汝芳,则以君道与师道的折中为政治取向,逐渐向王畿的会通派王学靠拢。正是因此,在清初就已经有学者把罗汝芳看成是王畿在江西的传人②。

不过,尽管黄氏本人依然是晚明师道复兴运动中间的一个重要人物,甚至可以说是殿军人物,但是泰州学派特别是其中狂侠派的所作所为使得黄宗羲眼中的泰州师道派充其量只是一种儒学化的当机直行,以"作用见性"的祖师禅而已。他说:

> 所谓祖师禅者,以作用见性。诸公掀翻天地,前不见有古人,后不见有来者。释氏一棒一喝,当机横行,放下挂杖,便如愚人一般。诸公赤身担当,无有放下时节,故其害如是。③

所谓"祖师禅",乃是相对"如来禅"而言的。大概地说,如来禅主张学者自悟清净无漏本体之后,能以念念相续之功修得百千三昧;祖师禅则又以如来禅为未了义,以自己为教外别传之极至,反对如来禅所尚存的渐修之意。因此一念放下,当机直行,即此是清净,即此是涅槃。借用当时流行的说法,祖师禅背后隐含的,便是师心自用的精神。

---

① 本文初稿系 2002 年所完成博士后出站报告之一部分,该年彭国祥于台湾《清华学报》发表关于周氏论文,亦得出周汝登当属王畿派下这一结论,惜当时未予注意。参彭国祥《周海门的学派归属与〈明儒学案〉相关问题之检讨》,收入氏著《近世儒学史的辨正与钩沉》。但关于黄宗羲何以扭曲周氏学术归属,彭文认为可能是为了维护浙东阳明学声誉,甚至故意扭曲事实,这一理由却未必成立。周汝登于黄宗羲属乡前辈,且其《圣学宗传》系《明儒学案》主要驳斥对象,黄氏竟于其生卒年记载尚有重大疏漏,表明其对周汝登的印象可能主要来自早年追随刘宗周前后的乡人议论,并形成其主张禅学的印象。黄氏轻视周汝登之学也与其少年时代反对禅学的心态有关。其后先是留连声气社局,继遭国难颠沛流离,并未对周汝登生平作详细探讨。及撰《学案》,大概径以自身记忆为真,其记载失实,未必刻意为之。
② 邵念鲁《思复堂文集·碑传》卷 1《罗汝芳传》。
③《明儒学案》卷 36《泰州学案一》。

黄宗羲把泰州学术视作祖师禅，首先是基于他对儒佛（禅）关系的理解。在他看来，儒家与佛家所领悟的道本身并没有根本的差别。所谓"此流行之体，儒者悟得，释氏亦悟得"。但儒释之别就在于儒家学有主宰，于万殊中求一本；佛家则但见其流行，且"其流行者亦归之野马尘埃之聚散而已"①。在这里黄宗羲所谓主宰，也就是宇宙自身中正平和之性体，换句话说，也就是王守仁所致之良知，乃师刘宗周所诚之意，所慎之独。

　　说王艮之学中心无主，当然是荒唐的。王艮所谓"吾心是个矩，天下国家是个方"②，正是强调以自身之良知来规范天下万物。因此王艮的淮南格物论曾得到包括刘宗周在内的许多晚明学者由衷的赞誉。黄宗羲当然不会视而不见，因此他对王艮"益启瞿昙之秘而归之师，盖跻阳明而为禅矣③"的评价主要是指王艮在王守仁平大藤峡时期独立讲学期间所倡导的"百姓日用是道"之说，尽管这一点表现得并不明显。

　　不过，对和王艮此一观点一脉相传的罗汝芳，黄宗羲便不那么客气了。罗汝芳所宣称的"解缆放船，顺风张棹"，不学不虑、浑沦顺适的学风，尽管"一洗理学肤浅套括之习，当下便有受用"，但却只不过是"得祖师禅之精者而已"。

　　理解了黄宗羲的这一隐衷，我们便可以清楚地认识到周汝登被划归泰州学派的理由了。在《明儒学案》中，黄宗羲特别提到这样一件事："先生教人贵于直下承当，尝忽然谓门人刘塙曰：'信得当下否？'塙曰：'信得。'先生曰：'然则汝是圣人否？'塙曰：'也是圣人。'先生喝之曰：'圣人便是圣人，又多一也字！'其指点如此甚多，皆宗门作略也。"似乎正是凭借这一点，黄宗羲才坚决把周汝登放到罗汝芳的门下。对罗、周二人的关系，黄宗羲记载到：

　　　　先生有从兄周梦秀，闻道于龙溪，先生因之，遂知向学。已见近溪，七日无所启请，偶问"如何是择善固执"？近溪曰："择了这善而固执之者也"。从此便有悟入。近溪尝以《法苑珠林》示先生，先生览一二页，欲有所言，近溪止之，令且看去。先生悚然若鞭背。故先生供近溪像，节日必祭，事之终身。④

---

① 《明儒学案》卷34《泰州学案三·罗汝芳传》；卷15《浙中王门学案五·王宗沐传》。
② 《明儒王心斋先生遗集》卷1《语录》。
③ 《明儒学案》卷32《泰州学案一·王艮传》。
④ 《明儒学案》卷36《泰州学案五·周汝登传》。

依黄氏言下之意，周汝登从王畿以后尽管"遂知向学"，但有所悟入尚在见罗汝芳之后。对黄宗羲而言，因此存在由王艮—颜钧—罗汝芳—周汝登，这样一个宗奉"祖师禅"的泰州学术谱系代代相传，便似乎再清晰不过了。问题是这一观察可信吗？

二、学宗王畿

黄宗羲对周汝登早期和王畿关系的描述大体是正确的。作为一个士大夫家庭，嵊县周氏与王学讲学有着深厚的渊源。由于比邻山阴，周汝登的从叔瑞泉公与其子周梦秀（字继实）、周梦科（字继廉）都是王畿的门人。其中周梦秀尤为特出，十五六岁便随父拜王畿为师，其后经不停地苦修磨砺，"行益孤高而名亦日起"。周汝登从小对自己这个再从兄极为敬重，周梦秀也对他另眼相看，二人遂在嘉靖四十四年，周汝登十九岁时"结文社相砥砺"①。周汝登自言"余早年亦欲为文"②，应该就在此时。或许由于少不更事，对学问之路尚没有太深刻的体验，无法挺身自任；或许由于举业的缘故，正沉迷于时文创作之中，总之周汝登对周梦秀那套自我解脱的学问（自言兄信内典益深，绝欲断腥，远货利，身不蓄一钱）并没有太大的兴趣——"亲之敬之而不能尽信"。甚至在万历五年，周汝登进士及第以后，"兄移书教我而余亦未之领略"③。

不过，在当时整个社会知识阶层所弥漫的讲学气氛之下，周汝登似乎也没有置身事外。因此隆庆元年，年仅二十一岁的周汝登就和友朋七人以功过格为号召，组织了"八士会"。这个"八士会"据说不仅"有录以纪功过"，而且，"岁无虚日"，坚持二十二年之久，在每张有十行的大纸上，记录了四十一张之多④。或许，对于青年时代的周汝登而言，记功过格或功过录只是一种流行的修身手段，并没有上升到理论的层次。这样，我们就可以理解为什么至迟在隆庆四年周汝登已经登门拜访过王畿，但却对其学说本身并没有太多的领略了。作为王守仁门下天分最高的学生之一，王畿自嘉靖二十年以"伪学"的名目受到贬黜之后，便以讲学家的身份终其一生，其影响力遍及留都、赣、浙诸省，而以其家乡浙中为最。不过，这次拜见对周汝登却并未产生太大的影

---

① 《周海门先生文录》卷4《题继实兄书后》。
② 同上，《自题诗文》。
③ 《周海门先生文录》卷4《题继实兄书后》。关于周梦秀与王畿的交往，可稍参吴震点校《王畿集》卷5《天柱山房会语》。
④ 《东越证学录》卷9《题重修八士会录》。

响,周汝登后来回忆说,"忆在庚午(按,指隆庆四年,1570)之年,(余与铭吾袁君)相与共游龙溪夫子之门,当时,不肖尚未足领略其微言"①。

万历五年周汝登进士及第,随之观政工部,转年授南京工部主事。这一时期正是张居正主持朝政,着力打击讲学的时代。在北京观政时的周汝登肯定和他的几位同年如沈懋学、杨起元、邹元标诸人一同目睹了讲学大师罗汝芳会讲北京广慧寺时的盛况,以及随之而来的,罗汝芳受到弹劾被迫退休的全过程。其中与王畿有"通家之好"的沈懋学为虎作伥,曾和其同年、张居正的儿子张嗣修一起去对罗汝芳发出警告;杨起元则因早有追随罗汝芳的念头,因此不顾可能会发生的政治迫害,登门求教,并因此成为罗汝芳的入室弟子;邹元标为了疏救反对张居正父死夺情的吴中行、赵用贤,被张居正廷杖八十,谪戍贵州都匀卫。另外值得一提的是后来同样成为讲学大师的李贽似乎也在北京,正在追求自我解脱的道路上犹豫徘徊。

假如黄宗羲的记载属实,那么周汝登很可能就是在此时遇到了罗汝芳,并受到了后者的指点。但即便如此,这一事件对周汝登来说,也未必如黄宗羲所说的那般重要,因为不仅万历六年到南京以后,周汝登仍然只是以"奕善国手"或"通象数"知名,丝毫没有讲学的名声②;而且在周汝登后来的回忆中,他也只是把自己在性命之学方面的真正领悟,归功于浙江嘉善人袁黄。他说:

> 余早年不知是事(指讲学),有从兄剡山者(即周梦秀)乃苦行头陀,与我谈,不能入。一日会袁公于真州,一夜之语而我心豁然,始知世间有此正经事,皈依自此始。③

在晚明思想史上,袁黄是一个值得一书的人物。此人在学问上不见得多么高明,尽管他也曾重新解释《四书》,由于极诋程朱,至"尽芟注解,更以己意",因此引起统治者的愤怒,"坐非儒见黜"④,书籍也遭到了焚烧。不过袁黄确实是当时把佛家的某些修养方法,譬如以功过格的方式来迁善改过,纳入到儒学实践这一过程中的重要一员。由《了凡四训》所见,他不仅热衷于以

---

① 《周海门先生文录》卷7《铭吾袁君六十寿言》。
② 邹元标《东越证学录序》,载《周海门先生文录》卷首。
③ 《周海门先生文录》卷5《题刻立命文》。
④ 查继佐《罪惟录·列传》卷18《袁黄传》。

积累阴德的方式试图潜移天命,而且更加醉心于修道养生。

袁黄虽较周汝登年长14岁,但中进士却要晚上整整9年(万历十四年)。二者最初相识或许便在万历五年的丁丑会试。万历七年周汝登因担任南京工部主事期间"榷税不如额",被贬谪到真州(今江苏仪征)做两淮的盐运判官。正是在这里他碰到了一同考过会试的袁黄。据袁黄自述,他年轻的时候早有术士推算他命运不佳,后来遇到云谷禅师,教以"立命"之法,故此发愿行善以增进福德①。大概袁黄所述自身因果报应锱铢不爽的经历触动了周汝登,因此尽管从兄周梦秀的诱导他并未领信,但却很快便在"事实"面前败下阵来,"始知世间有此正经事,皈依自此始"。因此万历二十九年,"客有持文一首过余者,乃檇李了凡袁公所自述其生平行善,因之超越数量,得增寿胤,揭之家庭,以训厥子者"——大概也就是袁黄所著的《了凡四训》之第一篇"立命之学",周汝登主张应该马上刊行,并亲自作文鼓吹②。而袁黄对周汝登的影响也是非常久的,在很多年以后周汝登还要说:

> 余览了凡公立命之言,因以劝二三子,共发积善之愿,而余以身先焉。为录以纪,月系以日,日系以事,虽纤小弗遗,虽冗遢弗废也。③

但是,作为一个有着自己独立见解的讲学家,周汝登对袁黄"立命之学"的理解,却与袁黄本人的理解并不一致。特别是当万历二十九年时的周汝登,自身学术已经成熟,因此他把袁黄所论看成是一种"善巧方便",这一点似乎与他所认同的王畿"四无说"并不矛盾。所谓"上士假之游戏以接众生,中下援之钩引而入真智,启之入门,诱之明了,兹文有无限方便焉"④。

因此周汝登从袁黄那里所接受的,或许只是一种为学的取向,一种对"祸福由己,造化由心"的"立命之学"的向往。袁黄这一观点尽管出自云谷禅师,但对儒学家而言并不陌生。王艮所谓"大人(可以)造命",尽管内涵可能微有不同,但是作为一种气魄承当,二者自然有其相通之处。王艮后来被周汝登许为"东海圣人",或许这便是原因之一。

万历七年经过袁黄的启蒙,周汝登在为学的道路上迈出了一大步。因此不

---

① 袁黄《了凡四训》。
② 《周海门先生文录》卷5《题刻立命文》。
③ 同上,《日记录序》。
④ 《周海门先生文录》卷5《题刻立命文》。

久以后当周梦秀来到真州看望他的时候,"时余有所醒悟,机话乃投,相视各不觉一笑"①。

由于史料匮乏,目前我们还无法为周汝登的生平经历作出详细的复原。只知道他在担任两淮盐运判官期间,"因商民皆健讼,为讲乡约,刻《四礼图说》训之,又建学蓰场",自觉承担起化俗兴礼的职责②。其后又"释褐之后,强半林居"③,万历十八年以盐运司分理泰州事的身份至泰州,修缮心斋祠。继而又在北京做过一段顺天府通判④,至万历二十年三月,始量移南京,出任南兵部车驾司的郎官。不过,大概可以肯定的是,在宦海沉浮的这段时间,求道讲学占据了他不少时间,周汝登自言:

> 不肖早岁慕道,茫无所入,曩在留都,被人逼到无可奈何处,窥见饭是米做,然亦不敢夸口大言,逢人愿为弟子,求自印削而已。⑤

"逢人愿为弟子",凸显的是周汝登学术尚未能自信之时,内心那种如饥似渴的状态。这种穷究性命之道、时不我与的"饥饿感"在晚明学者⑥,特别是会通派王学那里,是一种非常普遍的现象。事实上,正是这样一种心理状态,才真正催生了万历时代像李贽、周汝登、杨起元这样一批王学家的会通取向。李贽所谓"南人食稻而甘,北人食黍而甘……道之于孔老,犹稻黍之于南北也……足乎此者,虽无羡于彼,而顾可弃之哉!何也?至饱者各足,而真饥者无择也"⑦。周汝登也说:"禅与儒名言耳,一碗饭在前,可以充饥,可以养生,只管吃便了,又要问是和尚家煮的,百姓家煮的?"⑧正是在这样逻辑下,周汝登并不忌讳儒佛的混同,在他看来:

> 此心儒释皆同,只因在家出家因缘不同,故食肉断腥,教法稍异……大抵人生嗜欲,根省于贪,圣贤立教,使人除贪心而已。贪心之除,随缘

---

① 《周海门先生文录》卷4《题继实兄书后》。
② 李亨特修(乾隆)《绍兴府志》卷52《周汝登传》引俞卿《绍兴府志》。
③ 张岱《三不朽图赞·立德》。
④ 参彭国翔《周海门先生年谱稿》,收入前揭《近世儒学史的辨正与钩沉》。
⑤ 《周海门先生文录》卷10《答刘漕台晋川翁》。
⑥ 参沟口雄三《中国前近代思想的演变》第54—56页。另参本书第二编第三章第三节。
⑦ 《焚书》卷3《子由解老序》。
⑧ 《周海门先生文录》卷2《南都会语》。

自尽,因缘在释,则守释之戒……因缘在儒,则守儒之教……不必舍儒而徇释,亦不必据释以病儒也。①

可以说,相对于同一时代以复兴朱学或修正王学自命的东林学派而言,会通派王学内部蕴涵着一种更为宽容的学术精神。

万历十年张居正去世以后,朝野的讲学运动逐渐恢复起来。特别是南京,因其特殊的政治经济文化条件,使之在明季讲学大潮中的地位显得尤其重要。周汝登万历二十年来到南京的时候,正是留都讲会最为兴盛的时期。在当时的官员学者中间,不仅月有大会,"一会人动万计";而且在大会的间隙,更有"七八人者复自为小会,以人数少称小会别之"。但正因为小会人数少,遂比大会"为期更密,辨证更详,催攒更紧",讨论更为激烈②。可以说,在某种意义上,讲学已经成为晚明不少士大夫的一种生活方式。

周汝登初来南京之时大概依然是保持低调的。在当时南京以讲学知名的人物,当属唐枢的学生、湛学一系的许孚远,以及周汝登的两个同年——杨起元和邹元标。大概地说,许孚远在学术上与修证派王学的意见相仿,主张躬行践履,反对现成良知;杨起元学宗罗汝芳,具有会通的理论取向;邹元标虽早岁以名节自任,但在中年以后学术却日渐圆融,和周汝登的关系极为密切,"旦夕惟以学相切劘"③。除此之外,对周汝登有过重要影响的则是比他小十几岁的浙江鄞县人傅光前。

傅光前字长孺,万历十七年进士,授南国子监博士。据周汝登说,傅光前在考中进士以前对学术本身并没有特别的兴趣。到了南京以后,由于受当时学术环境的熏陶,加之"根性峻利",因此很快成为南京讲会中的佼佼者,"鼓舞号召,气力犹雄",在讲学时"慷慨承当,谈吐娓娓无滞。""或稍涉口头则劈面唾骂,能使人身无所容而意实难舍,精神流贯,自然慑服,有不容强勉于声貌间者。余因亲被其唾骂而受益最深"。由此可见,傅光前的讲学似乎颇有些棒喝的遗风。而此时的周汝登有点儿像一心求道时的罗汝芳,尽管经常遭到训斥,但却因此时时有所领悟。晚明学者所倡导的"为己之学",其真意于兹可见。可惜的是,傅光前本人因享寿不永,很快就被人遗忘了④。

---

① 《周海门先生文录》卷3《剡中会语》。
② 《周海门先生文录》卷9《小会题词》。
③ 邹元标《东越证学录序》。
④ 《周海门先生文录》卷6《题傅长孺乃见交情卷》。

经过频繁的讲学磨炼,周汝登的学术思想逐渐成熟起来。或许是因为追求自我解脱这一行动取向上的契合,或许也存在别的原因,周汝登终于把自己的学术谱系追溯到王畿的门下。在这一过程中最有名的事件是他和许孚远就王畿"四无说"的争执,为后来会通派王学与东林学派就这一问题的争论开了先河。而这一事件同时也为周汝登赢得了讲学的名声,"无善无恶"俨然成了他的学术宗旨。"四方从之游者皆曰:'先生,今龙溪也'"①。

　　会通派王学既然以自我解脱为基本的行动取向,无疑与佛道两教有着天然的联系。周汝登当然也不例外。万历二十五年十月,周汝登由南京来到广州,升任广东按察佥事,随之与岭南学术,特别是陈献章、湛若水一系的江门心学,以及由六祖慧能开创的漕溪一派禅宗有着密切的往来。恰值晚明四大高僧之一的憨山德清也于万历二十四年充军来到广东,以罪犯之身登台说法,"法筵初起,信士景从"。周汝登则于公事之暇,"辄过其方丈,焚香啜茗以坐"②。大概也正是在这一时期,周汝登开始自称"居士"③。在周汝登一生所交往的其他人物中,出自佛门的,如紫柏达观、湛然、寂庵身禅师、磬石、普见上人等,可以开出很长的一串名单。

　　如所周知,由于禅宗末流的种种流弊,晚明时期的佛教曾经发生过一次重大的转折。那就是净土宗与律宗的重新抬头。所谓晚明佛教四高僧,如云栖袾宏、紫柏真可、憨山德清、蕅益智旭,都是这一佛教自救运动中的领袖人物。净、律的提倡在本质上是要阻断当时的狂禅习气,使作为个体而存在的人,重新恢复敬畏之心。由自律转向他律,由内在超越转向外在超越,晚明佛学的这一变化意义可谓深远。事实上,这一风气同时也体现在儒学领域,由东林学派所重新肯认的"性体"之至善代替了会通派王学的"心体"之无善无恶。因此万历以后由耶稣会士所带来的天主教信仰之所以能够很快就深入中土士大夫之心,强调他律似乎不失为一个重要理由④。

　　不过,通过周汝登,我们也看到了会通派王学本身的复杂性。这种复杂性表现在,一方面会通派王学强调"满街都是圣人",标榜自然人性论;但同时也有向躬行践履复归的迹象。而后一倾向无疑又和会通派王学家个人的宗教情结有关。譬如周汝登早年就与友朋组成了"八士会",用功过格来检束身心;

---

① 《周海门先生文录》卷首陶望龄《序》。与许孚远的争论,可参本编第一章第二节。
② 《周海门先生文录》卷9《书觉音卷》。
③ 《周海门先生文录》卷10《刻起信录序》。
④ 参邓志峰《晚明思想漩涡中的利玛窦》。

后来又受袁黄等人的影响,走向求道之途;继而又和禅宗自救运动有着密切的联系,那么,周汝登在讲学的时候还念念不忘以"改过[迁]善"四字为精进之法①,以及反对狂禅风气等等,便并非无因而至了。从这个意义上说,黄宗羲对周汝登的评价仅注意其对自然人性论的摄取,而没有注意他受佛教自救运动等的影响而重新倡导道德实践,用他所批评周汝登的话来说,未尝不是一种"埋没"②。事实上,正是在周汝登这里,我们看到万历中期以后会通派王学与东林学派的殊途同归之处。作为东林后劲的刘宗周曾撰写《人谱》,其中所提倡的改过迁善之法,便与袁黄、周汝登等所信奉的功过格,在实践上并无大异。可以说,由自律转向他律,由内在超越转向外在超越,在晚明士大夫那里,是一种共同的精神取向。正是这一精神取向,为由宋明理学向清代朴学的转向,提供了深刻的心理背景。

由此我们才能真正理解周汝登对王畿的推崇以及对罗汝芳的不满:"龙溪子之语,上中下根都接得着;近溪子之语,须上根方能领悟,中下根人凑泊不易。"③ 周汝登对王畿之学的评价未必让人心服,但他对罗汝芳的批评或许便是针对所谓"解缆放船,顺风张棹"。对所谓"上根人"来说,一旦完成对道的领悟,便回复其"赤子之心",甚至可以一任天则之流行;但对所谓"下根人"而言,修证则必不可少。因此罗汝芳之学尽管对道体的体认不能说不精微,但却无疑在教法上不够广大,无法接引中下根人走向觉悟之门。

三、以师道自任

因此,周汝登与罗汝芳即便有过师承关系,或许也就是周汝登所自言的,"逢人愿为弟子,求自印削而已"。周汝登在登第以前,"教我造我举我,称师者凡十有八位焉"。所谓"民生于三,事之如一,师等君亲,情与义兼重矣",对这些人他都极表尊敬之情④。这还并不算他登第以后求道时所认的老师。因此由周汝登文集中屡次提及"龙溪先师"而不及罗汝芳,甚至罕见的一次提及,也只是表示对其学术的不满,凡此种种,使我们无法相信黄宗羲在《明儒学案·周汝登传》中对罗、周关系的叙述。因此,把周汝登划归泰州派下,更多的只能说是黄宗羲本人的学术偏见。

---

① 《周海门先生文录》卷4《题世韬卷》;卷10《与刘冲倩(又五)》。
② 《明儒学案》卷32《泰州学案一·王栋传》。
③ 《周海门先生文录》卷2《南都会语》。
④ 《周海门先生文录》卷4《书诸师手札后》。

不过，周汝登尽管与泰州学派渊源不深，但他在万历中期以后开始以师道自任，却也是事实。那么，这是一种怎样的师道呢？

周汝登在广东做了三年按察佥事之后，于万历二十六年开始上疏乞休。不过，这次乞休大概是不成功的，因此万历二十七年的时候，他已经在云南布政使司左参议任上再一次请求致仕了。这一次似乎得到了允许，因此就在万历二十七年九月十一日，周汝登及陶望龄率领"郡友数十人"，拜祭王阳明的祠庙，规定每月一会，"务相与发明其遗教"。其讲会之宗旨乃是针对"当时人士只疑良知之教不切躬修，是以非诋"的风气，提倡躬行践履，"正当以身发明，从家庭中竭立，必以孝弟忠信为根基，在境缘上勘磨，莫为声色货利所沾染，习心浮气消融必尽，改过知非，丝发莫纵，察之隐微，见之行事，使人知致良知之教原是如此，然后微言始著，吾道益明"①。在这里，从周汝登所倡导的"改过知非，丝发莫纵"等具体的实践方法，可以清晰地看到功过格的影子。周汝登正是要用这种方法来扭转当时会通派王学猖狂恣肆的学风。

当然，还有一个事实是必须要注意的，那就是周汝登对讲会本身意义的定位。在《告阳明夫子文》中，他说：

> 越有夫子，即鲁有仲尼，徐、王、钱先生及门于前，如回如伋，请事足发，以启后人。登等居幸同里，世未有百年，私淑有资，愿学良切。敬联同志数十人，同会夫子之堂，用体夫子之教。②

在这里王阳明被比作孔子，徐爱、王畿、钱德洪等被比作颜回、子思，周汝登似乎又重新构造了一个新的道统。而周汝登等人自处于私淑的地位，又不禁令我们想起那位自称"予未得为孔子徒也，予私淑诸人也"的孟轲。同一比拟在《越中会语》中说得更加彻底：

> 嗟乎！越有阳明，犹鲁有仲尼，龙溪一唯参也。今日正须得一孟子，而后仲尼之道益尊，谁其任之？各自力而已矣。

话虽说得谦虚，但谁都可以看出，那其实正是在以孟子自任。

---

① 《周海门先生文录》卷2《越中会语》。
② 《周海门先生文录》卷8。

因此，周汝登之自任孟子，同样是一种以师道自任的行为。这种精神归趋上的微妙变化使得周汝登与其他会通派学者显得颇不一样。在讲学中，周汝登不再像王畿、罗汝芳等人所表现出的低姿态——"不以师席自居"，相反，他要以"人师"自命：

> 学道贵在谦下，人师未可好为，惟不得已而为人［师］，则阳明子之训在，循之庶无失矣。①

又说：

> 人师不可好为，而当其时节到时，又不可退逊，盖肩有此担方便接引，使此事大明，吾道大畅，方是大力人作用，少动疑情，便非撒手。②

所谓"学问用力究竟在自信，自信不过，终难语学"③。正是因为自信己学，周汝登才被时人形容为"双目炯炯，横冲直撞，所至能使人胆落心惊，亦能使人神情怡旷"④，他自己甚至以救世菩萨自居⑤。

周汝登既然以师道自任，因此在乡居期间对主持讲会便极为热衷，据说"前后执贽士以千计"⑥。由于讲会之所鱼龙混杂，甚至引起了友朋如陶奭龄的责难。针对这些批评，他回答到：

> 来谕谓"作队成群，有所不必"，窃以为太自限隔，鄙意尤欲吾兄广此一步，昔阳明子征思田、征俐头时，凡书示门人，必惓惓以郡城之会为嘱，自古杏坛闽洛未尝一日离群，又特阳明家法也……学不联群拈弄，借假磨真，冷落将去，恐见闻疏而种子绝，他时突然一个两个讲学，便以为作怪，此大可虑者也。江左徽、宁之间，无论缙绅文学，即布衣学道者不知凡几，真可嘉尚。彼中人非独真实超常，特以此风相鼓舞不绝故耳……

---

① 《周海门先生文录》卷4《读天泉证道语二条》。
② 《周海门先生文录》卷10《与邹南皋年丈》。
③ 《周海门先生文录》卷5《题东坡手笔》。
④ 邹元标《东越证学录序》。
⑤ 《周海门先生文录》卷10《与金达之》。
⑥ （乾隆）《绍兴府志》本传。

愿丈出而振作此会,为后来人作前导,为吾道计无穷,方为大善知识之运用也。①

不仅如此,

> 朋来庞杂,诚当慎择,但圣人为己,学问照管自身更紧,孔子曰"毋友不如己",又曰"三人行,择善而从、不善而改",六祖云"若见他非处,自非却是左",总之知为己则无往而非益。②

在这里,以为己之学来风化天下,其实是周汝登讲学的真实动力。作为师道派与会通派之间的又一个折中的典型,周汝登的目的正是使他所认同的王畿之学能够得到更广泛的传播,使后来者都能知道"人生惟此一事""不透此事,便是虚生"。"儒家谓朝闻夕死,禅家谓一大事因缘,性命至重,光阴易过",又怎能不业业兢兢③?

正是在这一点上,尽管以师道自任,但周汝登最终还是选择了会通派的行动立场,而与以王艮为代表的泰州师道派保持了距离。后者所关心的"大丈夫出则为帝者师,处则为天下万世师",更多的乃是一种世间法,是一种以己衡人的政治学说。而周汝登所推崇的首先是一种自我解脱的为己之学,再多也只是一种在事上磨炼的"世出世法"④。正是会通派王学的讲学实践,为晚明儒学本身增添了更多的宗教色彩。

第三节　东林学派的复性之学

由心体向性体复归,是晚明心性之学的一个基本趋势。如何理解这一趋势的发生,是思想史与学术史聚讼之所在。在以往,许多著作简单把东林视作朱学的复兴或对王学的修正,除了作为社会运动的代言之外,学术上似乎只是因袭成说。事实上,在同一时期所发生的宗教复兴运动中,不仅出现了欲与佛、

---

① 《周海门先生文录》卷10《与陶石梁》。
② 同上,《与张中一》。
③ 《周海门先生文录》卷10《与郑世德》《与饶封司三明》《与詹大参濋源丈》。
④ 有关"世出世法",可参本书第二编第三章第一节。

道两家及基督教抗衡的新的儒教形态，同时也刺激了儒学内部在学理上对宗教问题的关注。除了会通派王学之外，最有代表性的便是以东林学派为主体的复性或尽性之学。

一、俗世化背景下的晚明宗教复兴运动

许多学者都注意到一个现象，那就是晚明时代各种宗教的复兴，在某种意义上，这一复兴甚至可以"运动"称之。

譬如，作为整体趋势的三教合流，已是学术界的基本共识。不仅有儒学对佛老的吸收，也有佛老两家对儒学，以及相互之间的吸收。在儒学领域，王畿所主张的良知为三教"大总持"之说，学者已是耳熟能详。以王畿为首的会通派王学与以聂豹、罗洪先为首的归寂派王学本身便分别代表了王学内部与出世化有关的两种倾向。前者以自我解脱为职志，后者倡导静坐归寂，尽管坚持儒学的认同，但在很多方面与淄流羽客并无差别。罗洪先死后，甚至盛传升仙。李贽、焦竑、管志道、周汝登等皆以居士自居。另如林兆恩所创立的三一教，以及形形色色的民间宗教，也都得到研究者的注意①。

晚明四高僧，云栖袾宏、紫柏真可、憨山德清、蕅益智旭在晚明佛教复兴运动中具有重要地位。在这一运动中，最引人注目的一是"禅净双修"，一是经教与禅修并重。借用智旭的话说，便是"教观齐彰，禅净一致"②。在佛教传统中，净土法门讲求他力，一向与讲求自力的禅宗异趣，但在晚明时代，禅净合一的兴盛，表明传统以明心见性为主的禅法渐趋衰败的事实，在对他力的念诵祈祷中，反映出现实世界的信众对于自我证悟已经丧失了信心。因此，无论是念佛还是观经，相较于禅宗的飞扬跳脱，都是佛教徒重新复归信仰，或者说再度敬化的一种表示。由于这一趋势，在向经教回归的过程中，法相宗甚至也一度受到关注，以至于连王夫之也要撰写《相宗络索》。

还有一个重要现象便是天主教传入以后，迅速在晚明士大夫当中产生影响，并相继产生了以徐光启、李之藻、杨廷筠等为弁冕的一批护法人物。除了科学技术等所谓数度之学外，天主教以信仰为薪向的事天之学，对于不少关注人类自身局限的理学家来说具有天然的亲和力。因此，除了直接接受或同情天

---

① 代表性的论述可参欧大年著、刘心勇等译《中国民间宗教教派研究》以及马西沙、韩秉方《中国民间宗教史》。
② 《灵峰宗论》卷2《示真学》。

主教义的士大夫如叶向高、冯应京等之外，天主教也对儒家人物产生了影响，并形成了不少新的儒教形态。其中欲建立儒家事天之学的王启元、文翔凤以及主张"告天之学"的许三礼，都得到了学者的特别注意①。事实上，除了中国学者之外，耶稣会士的学说，譬如利玛窦的《天主实义》，甚至可能影响了韩国学者丁若镛的思想构造②。

除此之外，受佛教、天主教双重影响的佛教居士虞淳熙③，主张孝道可以感格神明，除了仿照《太极图》作《全孝图》之外，还采集许多例证，编为《孝经集灵》，证实人神交会的可能性④。而作为十三经中最为通俗的文本，《孝经》在晚明时代被注入了更多的宗教因素，常常成为焚香颂祷甚至祈雨的媒介⑤。

另外值得一提的是由袁黄所开启的功过格运动。袁氏所撰《了凡四训》，因为倡导用功过格方式积功改过的所谓"立命之学"，不仅在世俗社会产生重大影响，在精英士大夫群体里也风行一时。因为宣传心体"无善无恶论"而知名的万历时代王学家周汝登，也成了功过格的积极鼓吹者。面对通俗文化领域《太上感应篇》、功过格等的流行，连义理深湛的刘宗周也不得不撰写相对通俗的《人谱》，以对抗这股宗教化潮流的影响⑥。

根据已有研究，我们可以鸟瞰晚明宗教复兴运动的深度和广度。值得注意的是，无论是佛教的自律运动，还是儒家士大夫的宗教性实践，抑或是道教及

---

① 参见王汎森《明末清初儒学的宗教化——以许三礼的告天之学为例》，收入氏著《明末清初思想十论》。黄一农《两头蛇：明末清初的第一代天主教徒》第122—125页。黄氏主要根据陈受颐1936年所撰《三百年前的建立孔教论》。关于文翔凤、王启元，以及谢文洊"畏天之学"、魏裔介"立命之学"，另可参吴震《"事天"与"尊天"：明末清初地方儒者的宗教关怀》，收入前揭《明末清初劝善运动思想研究》。
② 宋荣培《论丁茶山哲学与利玛窦〈天主实义〉之间哲学范式的类似性》，收入古伟瀛编《东西交流史的新局：以基督宗教为中心》。不过此文主要是义理上的讨论，史实证据尚不完备。
③ 利玛窦与虞淳熙并后者之师云栖袾宏关于佛学与天学往复论辩，参利玛窦《辨学遗牍》，后收入朱维铮主编，邓志峰等编《利玛窦中文著译集》，题为《复虞淳熙书》。云栖袾宏主张"念佛是最好的修行，行孝是最基本的念佛"，曾撰《梵网心地品菩萨戒义疏发隐》，以为"孝顺之法乃至道之法"。参吕妙芬《孝治天下：〈孝经〉与近世中国的政治与文化》第153—154页所引王月清、荒木见悟之说。
④ 同上吕妙芬书，第143页。
⑤ 参吕妙芬书关于吕维祺、杨起元、许三礼、黄道周书写颂祷《孝经》以及潘平格以《孝经》祈雨等事例的研究，同上书第170—203页。
⑥ 关于功过格，较为系统地研究可参酒井忠夫著、刘岳兵译《中国善书研究》以及包筠雅著，杜正贞、张林译，赵世瑜校《功过格：明清社会的道德秩序》。吴震曾列举了一些《太上感应篇》的鼓吹者，如李贽、周汝登、焦竑、屠隆、汤宾尹、刘理顺、颜茂猷等，参氏著《颜茂猷劝善思想的特质及其定位》，收入前引书。

民间宗教的劝善宣讲，其用意无不是增加人群的敬畏心理，解决生死问题等种种困惑，这是宗教最主要的功能所在。问题是如何去把握这一大时代的精神脉动，如何从义理与历史结合的角度理解这种虔敬意识的复兴？

事实上，这里所谓虔敬意识的复兴，首先是针对现实的俗世化（secularization）进程而言的。大概地说，在宗教社会学领域后一概念常常用于宗教从世俗生活的退却过程。欧洲中世纪后期，天主教因为过多地涉入政治经济事务而早已腐化，随着社会、政治等的剧烈变动，特别是文艺复兴以后人文主义发展，西欧社会开启了它的俗世化进程。这一进程的主要标志是作为早期天主教内核的虔敬精神在整个社会大幅退潮，人类开始把关注的目光，由天国转向人间。但值得注意的是，与俗世化运动伴生而来的，新的虔敬运动便也应运而生，这就是宗教改革。最先是路德、加尔文等新教各宗对天主教表示抗议和反对，其后则是天主教自身也不得不发生剧烈的改革。晚明入华的耶稣会士便是其中最激进虔诚的一支。

相比之下，中国文化最初的俗世化进程开始于隋唐时代。在某种意义上，禅宗的出现，是随着各种中土佛教流派，特别是三论、华严、法华、法相等经教系统确立之后，中土所发生的一次宗教改革。二者不同的是，基督教的新教改革重新捍卫了信仰的权威，并适应现实的发展，把对上帝的信仰与知性对自然的探讨及对生活的劳作有机地联系起来，由此产生了近代科学与资本主义[1]；禅宗的革新则不仅强化了人与天地万物为一体的意识，而且对"运水担柴，无非妙道"的提倡，一方面把佛家的师道精神带入世俗领域，一方面则是刺激儒学发展出针对自身的修己之学。这便是既以天下为己任，同时又强调心性修养的宋代理学。不仅如此，在佛性理论及仙道可成理论的接引下[2]，理学也在由性三品论向普遍人性论的复归中，宣称圣人可学而至，捍卫了人性的尊严。这是颜、孟之学复兴的精神动力。其中，前者代表了内圣的基本原则，后者则代表了在外王领域的拓展。元、明以后，由于外族入侵，华夏礼乐崩解，

---

[1] 参马克斯·韦伯《新教伦理与资本主义精神》中的基本观点。加尔文主义对科学的促进则是神学领域耳熟能详的常识。
[2] 宋代理学产生主要问题之一即是"圣人可学而至"，以此消解此前的性三品说。其中支撑这一转变的心理背景其实是佛道两教。在佛家则是佛性论的提出与普遍接受，参汤用彤《谢灵运〈辨宗论〉书后》。在道教则是葛洪《抱朴子·至理》的"知长生之可得，仙人之无种"论。关于此问题，另拟专文讨论。

君权益趋失范，士大夫在高压政治之下已经失去"作圣之路"①。王学的出现最初是为了强化宋学的使命，不仅把日渐流于虚伪的朱学教条重新拉回到实践之学，复兴了师道精神，而且把目光投向整个世界。

因此，晚明社会随着商品化浪潮而兴起的，不只是近代学者所特别注意的私人欲望的表达，更重要的恰恰是人类对外在事物的理解发生兴趣。王守仁强调良知之学要"在事上磨"②。在晚明南倭北虏的大环境之下，最积极进取，试图了解各种不同学术、并参与实践的也是王学③。王学无疑为晚明思想界带来了一股活跃的风气，由此激荡起来的自由与宽容精神，也为耶稣会士入华以后西学的迅速传播提供了良好氛围。

二、"直下承当"与"师心自用"的两难

由王学引导出的实践之学不仅表现在修身上，相反更多表现于对外在事物的关注。当王阳明把《大学》"格物"解释为"正物"，把"致知在格物"解释成"致吾心之良知于天下万物"的时候，此前以修身见世方式表达自身的师道精神，开始有可能溢出传统名教的牢笼。能否溢出，端视这一师道自任到底是基于本心还是习心。如果是本心，那么便是儒学所理想的"成己成物"；倘若是习心，那么便是世俗所谓"师心自用"，或者孟子所说的"好为人师"④。也正是因此，尽管王学家对王艮修身见世的大成师道之学仍然表示尊重，但是对其门下学者以师道为"话柄"的作风却深致不满。对于这一类问题，王艮则以良知之"自蔽"相提醒，这既是一个很深刻的见解，也有不得已而自我澄清的隐衷。

事实上，这种"师心自用"的精神，除了世俗所谓任情纵欲之外，既可以体现为奉秦始皇为"千古一帝"的李贽式的禅学⑤，也可以体现为以佛学及归寂派王学为底色的张居正的法家思想，甚至也可以体现为何心隐"孔子家"

---

① 黄宗羲对王阳明首先的评价，便是王学使学者摆脱"此亦一述朱，彼亦一述朱"的局面，"人人有个作圣之路"。见《明儒学案》卷10《姚江学案》。
② 吴光、钱明、董平、姚延福编校《王阳明全集》卷1第12页。
③ 譬如晚明王学家的知兵倾向，代表性的人物譬如罗洪先、唐顺之、颜钧、何心隐、戚继光、俞大猷。参本书第二编的相关讨论。
④ 关于"好为人师"，参拙作《〈孟子离娄上〉讲疏》。
⑤ 刘宗周云："近世李卓吾以秦皇、武瞾为大圣人，而学者又以李卓吾为孔子。"《答李明初》见《刘宗周全集》第3册《文编上》。万历癸丑。

这一近乎墨者的精神之中①。"师心自用"的精神绝非哪一家派的专利，而是可能存在于古今中外所有具有孤往精神，而又没有达到圣贤境界的人物心中。新世界的创造需要孤往精神，但可能缺失的敬畏感又令人心有余悸。圣贤的精神需要直下承当，但是承当以后的勇于自任又常常令人恐惧②。假如说晚明存在一个虔敬意识的复兴，那也只能是针对这种敬畏感的缺失，或者时人所谓的"认欲作理"及"猖狂恣肆"。考虑到张居正改革的失败，以及天启时期阉党集团的肆虐，这种虔敬意识的复苏同时也具备明显的政治含义。

有意思的是，试图复兴这种虔敬精神的不同学术流派如何看待所谓猖狂恣肆。对于佛家而言，未证说证的狂禅或有此弊，但净土与经教的推行足以弥补其失，因此佛学总体上仍然没有丧失敬畏；对于程朱理学而言，作为"霸儒"的王阳明本来就是个中典型；对于王学家来说，讲究现成良知的王学才是祸根。刘宗周云：

> 后世学术不明，学者专取良知以为捷径，于古人用功处一切舍过，师心自用，认贼作子，以遂其自私自利之图。而仍欲别开径窦，以认取良知之面目，只觉愈求愈远，终自堕于恍惚之阱者也。③

如前所述，虔敬意识在晚明也表现在不少把儒家圣贤或经典予以宗教化的努力中。但也正是在这些地方，我们注意到儒学内部的分歧所在。袁黄直接以佛教为底色不难辨识，对于民间儒者颜茂猷的做法，刘宗周同样极为警惕，所以他晚年最用心结撰的《人谱》其实便主要是针对袁黄与颜氏④。另如文翔凤与王启元等人，也没有深邃的学术可言。民间宗教与理学的分野还是显然的。从这个角度来说，尽管我们同意颜茂猷等人都在试图用儒学或经学的语言建立

---

① 参第二编第二章第二节对何心隐的讨论。
② 这一心态在刘宗周那里极为明显，本章上下文与陶奭龄的讨论便是明证。另如《刘宗周全集》第3册《文编上·书·与张自莅（鉴）》提到王素中"以义方之过，坐小事而杀孺子……止因平日讲习不明，神明之地，往往认贼为子，以至措之家庭日用，有认子为贼者矣。"并希望张氏为此人伦惨剧的"前车"之鉴"大声疾呼"。时崇祯十四年辛巳，蕺山六十四岁。另参第四编第一章第二节关于无善无恶论的争执。
③ 《答履思三》见《刘宗周全集》第3册《文编上》。万历壬申。
④ 《初本证人小谱序》："袁了凡先生有《功过格》行于世，自言授旨于云谷老人，甚秘。及其一生转移果报事，皆凿凿可凭，以是世人信之不疑，然而学道人不以为是也。近闽人颜壮其氏刻有《迪吉集》，大抵本了凡而颇尽其类，其说渐近于学人……究其病，正坐举话太高，如以贫子说黄白，总无实际，徒滋邪妄。"《刘宗周全集》第4册《文编六》。

宗教，但未必意味着"儒学的宗教化"，除非我们能够证明此前的民间宗教从来不利用儒学。相反，由顾宪成、高攀龙、刘宗周、黄宗羲这些公认的大儒所代表的，恰恰是让儒学从宗教化的可能形态中摆脱出来，但又同时保留宗教复兴中的虔敬精神。在此可以重新审视以往一个不太注意的面向，这就是晚明时代，由东林学派所特别倡导的复性或尽性之学。与早期理学及阳明心学高扬主体在宇宙中的地位不同，晚明尽性之学表现出强烈的敬畏意识。

应该指出，无论理学本身如何为晚明士大夫提供精神依托，理学最初兴起的原因之一，都是为了摆脱五代以前宗教对现实生活的桎梏。因此，理学最初的排斥佛老，便意味着反对以出世为蕲向的宗教生活。尽管作为国家祭祀的各种礼乐制度依然在有序地实施，但不可否认的事实是，越是自觉的理学家，在其理论探讨中，便越发自觉地对传统的鬼神观念进行限制。这就是孔子所主张的，"敬鬼神而远之"。关键不在于是否承认鬼神，而在是否可以给予鬼神的存在以理性或自然的解释。把鬼神理解为"造化之迹"或"二气之良能"，是宋明理学中最普遍的观念①。宋儒在这个问题上的刻板做法，似乎有意要与作为宗教的佛老有所区隔。同样，一直具有关键地位的祭祖活动，尽管对于普通民众来说，诚然是对祖先的崇拜或祈福活动，这恰恰是超越性的一个典型形态；但对于理学家而言，却更像是一种单纯的追思。因为当祖先死亡之后，魂魄发生分离，祭祀的作用是由后嗣的怀念把祖先已经飘散于天壤的精神重新凝聚起来，这就是胡瑗以来，理学家所特别强调的"萃涣合离"之说。程颐认为：

祭祀之报，本于人心，圣人制礼以成其德耳。②

这一观念成为宋代理学关于祭祀问题讨论的基础。朱熹认为：

祖考之精神魂魄虽已散，而子孙之精神魂魄自有些小相属。故祭祀之礼尽其诚敬，便可以致得祖考之魂魄。③

如"天子祭天地，诸侯祭山川，大夫祭五祀"，虽不是我祖宗，然天子者天下之主，诸侯者山川之主，大夫者五祀之主。我主得他，便是他气

---

① 参陈淳《北溪字义》卷下《鬼神》。
② 程颐《周易程氏传》卷3《萃》。
③ 黎靖德编《朱子语类》卷3《鬼神》。

又总统在我身上，如此便有个相关处。①

因此，不是祖先给后人福佑，恰恰是祖先需要后嗣的存在，才得以在后人的精神萃聚中"永生"。这似乎可以为孟子所言"不孝有三，无后为大"作一个新的注脚，但却与一般所理解的宗教相去甚远。这一点同样可以解释古人对所谓"三不朽"的追求。所谓"太上立德，其次立功，其次立言"，（《左传》襄公二十四年）无论是何种树立，都最终化约为对名的追求。"君子疾没世而名不称焉"（《论语·卫灵公》），因为有名而被追忆，便可因这一追忆而重新凝聚精神，这才是不朽的"永生"。

当然，物极必反，如果说提倡名教的用意是为了利用人类的耻感，加强社会对人的约束而防止肆无忌惮，但当名本身成为对象之后，又可以使人丧失内在的敬畏之心。桓温所谓"既不能流芳百世，亦不足复遗臭万载耶"②，道德本来起调节伦理行为之用，但当成圣的目标被化约为道德人伦，而又歆动普通个体以此自期的时候，固然可以激发许多人的勇气，但流弊则要么是虚伪，要么是无耻。这是孟子所言"无恒产而有恒心者，唯士为能"这一德性论洞见所决定的。这样，宋明理学这一宏伟抱负，在实践中反而产生了悲剧效应。正是在这里，我们可以理解晚明时代针对前者的反中庸思潮，以及针对后者的反无善无恶论③。

从思想史角度，东林学派可以视作当在朝王学在政治上已经得势，会通派王学在思想界成为主流之时，由王学修证派、程朱理学、湛若水之学所组成的联合反对派。在义理上，东林学派最为关注的一个问题，便是王学家的三教合一论及无善无恶论。万历四十一年（1613），尚没有完全归宗王学的刘宗周上《修正学以淑人心、以培国家元气疏》，提出：

> 王守仁之学，良知也，无善无恶，其弊也必为佛、老，顽钝而无耻……佛、老之害，自（顾）宪成而救。④

---

① 黎靖德编《朱子语类》卷3《鬼神》。
② 《晋书》卷98《桓温传》。
③ 参本编第一章第二节。
④ 《刘宗周全集》第3册《文编上》。据年谱，刘宗周万历三十一年师从许孚远，先是习静，万历四十年谒高攀龙，受其影响，"从事治心之功"，完全转向心学当在万历四十二年。见《刘宗周全集》第6册《附录·二》。

王守仁的无善无恶论最初见于"天泉证道","无善无恶心之体,有善有恶意之动,知善知恶是良知,为善去恶是格物。"其弟子王畿在此基础上提出"四无说",即既然心体无善无恶,那么心体所发之意、知、物皆是无恶。这一观点后来被耿定向的弟子管志道与心仪王畿的周汝登继承,二者宣传最力。万历二十年代,周汝登与许孚远之间,管志道与顾宪成之间,先后发生关于无善无恶的辩论。同时,在管志道与高攀龙之间还发生过有关三教合一的争论①。

　　问题是东林派人士反对无善无恶论及三教合一的理由。上文刘宗周以为是"佛老顽钝而无耻",这一观点略同于顾宪成所言:

　　　　无善无恶……圆融者便而趋之,且从而为之辞曰:行于非道乃成至道。于是乎委有如所云:以任情为率性,以随俗袭非为中庸,以阉然媚世为万物一体,以枉寻直尺为舍其身济天下,以依违迁就为无可无不可,以猖狂无忌为不好名,以临难苟免为圣人无死地,以顽钝无耻为不动心者矣。②

　　事实上,假如夷考诸人的具体行事,无论王畿、罗汝芳还是周汝登等人还不能说真正意义上的猖狂恣肆。王畿不以师席自居,罗汝芳甚至逢人下拜③,周汝登不仅"逢人愿为弟子,求自印削",而且由于受袁黄影响,还长期耽于功过格。譬如"维世范俗,以为善去恶为隄坊",周汝登也予以承认④。即便陶奭龄这些人杂染禅学,也是不无敬畏之心。譬如罗汝芳,甚至还相信轮回鬼神之说,并根据亲身经历证明自己一个学生曾经转世为人⑤。陶奭龄也曾在讲学中大谈因果报应,并"引其族姑证之"⑥。除了王畿稍有可议,但也愿意自承"修行无力"⑦,诸人的行为本身大体尚不违背当时君子的尺度。陶奭龄与

----

① 侯外庐、邱汉生、张岂之主编《宋明理学史》下第589页指出了当时论辩双方的营垒,"一方以顾宪成为首,参加者有高攀龙、钱一本、吴觐华等东林学派人士,和方学渐、许孚远、冯从吾等;另一方则有管志道、钱渐庵、周汝登和周望龄等。"
② 顾宪成《证性编》卷3《罪言上》,收入《顾端文公遗书》。
③ 杨起元《罗近溪先生墓志铭》。参本章第一节。
④ 参本书第四编第一章第二节及本章第二节。
⑤ 参本章第一节。
⑥ 《明儒学案》卷62《蕺山学案》。
⑦ 参本书第二编第三章第一节。

刘宗周还是证人会上的讲友，不仅被刘宗周推荐于朝，且许之为"当世第一流人物"，希望朝廷"特表纯儒，处以师道"①。所以关于猖狂恣肆的担忧，与其说是担心这些学者，还不如说害怕这些学说被现实中猖狂恣肆之辈所利用②。譬如王畿、罗汝芳的一些理论，就成了后来在朝王学乃至阉党的理论基础③，因此这些激烈的争论其实是东林学派与在朝王学之间的现实矛盾在学术上的表达。万历后期在朝王学主要是江浙士人，这或许也就是黄宗羲所认为的，由无善无恶论所引导出的"重富贵而轻名节"的社会风气④。

假如理解这一点，也就明白黄宗羲对王畿本人的出世倾向尚能容忍，对于后学的师心自用，则是以狂禅称之，并且统统归诸泰州名下。管志道、周汝登、陶奭龄、陶望龄诸人学术倾向本来与王畿接近，之所以放在泰州门下，应该是诸人在讲学中对直下承当的强调，被理解为师心自用的根源所在⑤。由王艮"大成师道之学"的师道自任，到后世学人的"师心自用"，这一精神取向的近似，其实是《明儒学案》在王学之外，另立泰州学案的隐衷。假如联系到上文所论王畿、管志道等会通派王学家对"师心自用"的批评，可以看出"师心自用"的作风其实已经是会通派王学与东林学派共同批评的对象。这一作风在政治上的代表便是张居正，学术上的典型则是泰州师道派，特别是受这一风气影响后来又流于禅学的李贽以及狂侠派的何心隐。但同样如前所述，把耿定向、管志道、周汝登也划入泰州学派其实与诸人的学术渊源及倾向并不吻合⑥。

如果这一观点成立，那么在这里其实隐含着一个学术的吊诡。当明初高压政治之下，学者"守儒先之正传，无敢改措"，学术上"一秉宋人成说"之时，假如没有陈献章、王守仁直下承当，则不可能"人人有个作圣之路"⑦。但虽然直下承当，倘若承当太速，又可能有师心自用、猖狂恣肆之嫌。唐仁卿因此痛疾心学之说，"今一切托之于心，这是无形无影的，何处究诘？"如何才能避免师心自用？

---

① 《荐陶奭龄公揭》，《刘宗周全集》第2册。
② 如《刘宗周全集》第3册《文编上·书·与石梁（奭龄）二》："高明之士谈性宗而忽彝伦，卑暗之士乐猖狂而恶名检"，虽然名义上是批评禅宗，但也是基于其直下承当。
③ 参本书第三编第三章第三节。
④ 《明儒学案》卷36《泰州学案五·陶望龄传》。
⑤ 参本章第二节。
⑥ 关于耿定向与泰州学术关系，参本书第三编第一章第二节。
⑦ 《明史》卷282《儒林传》。

所谓"师心自用",在王学那里其实便是认习心为本心,在理学那里便是认欲作理,认情为性。所以用顾宪成的说法是:"只提出性字作主,这心便有管束。"① 在他看来,

> 性太极也,知曰良知,所谓乾元也;能曰良能,所谓坤元也。不虑言易也,不学言简也。②
>
> ……自圣贤论性,曰"帝衷",曰"民彝",曰"物则",曰"诚",曰"中和",总总只是一个善。③

另如刘宗周与陶奭龄主持证人讲会,陶奭龄说:"学者须识认本体,识得本体,则工夫在其中。若不识本体,说甚工夫?"刘宗周则认为:

> 不识本体,果如何下工夫?但识本体,即须认定本体用工夫。工夫愈精密,本体愈昭荧。今谓既识后遂一无事事,可以纵横自如,六通无碍,势必至猖狂纵肆,流为无忌惮之归而后已。④

问题是,诚如孟子所谓"无恒产而有恒心者,惟士为能"(《孟子·梁惠王上》),从德性角度来说,普通人天生就有软弱的倾向。直下承当需要勇气,这个勇气对于普通人来说从何而来?顾宪成已经意识到这一点,"程叔子曰:'圣人本天,释氏本心。'季时为添一语曰:'众人本形。'意益了了"⑤。又说:

> 人身之生死,有形者也;人心之生死,无形者也。众人见有形之生死,不见无形之生死,故常以有形者为主;……圣贤见无形之生死,不见有形之生死,故常以无形者为主。⑥

---

① 顾宪成《小心斋札记》卷5,收入前揭《顾端文公遗书》。
②《小心斋札记》卷2。
③《小心斋札记》卷3。
④《刘宗周全集》第2册,《会录》。
⑤《小心斋札记》卷9。
⑥《小心斋札记》卷6。

摆脱有形的生死常常需要诉诸信仰。刘宗周认为，"凡人之学问，不著到于生死，终是立脚不定。"① 其弟子祁世培（彪佳）也说："人于生死关头不破，恐于义利关尚有未净处。"所谓义利关不净，其原因便是由于不明生死。孟子云："无恒产而有恒心者，唯士为能"，普通人执着于自我形躯，假如死后没有归宿，欲其自信未免太难。相反，宗教信仰可以发起信心，这是古今中外无数例子所证明了的。在讲会中刘宗周这样回应祁彪佳："若从生死破生死，如何破得？只就义利辨得清，认得真，有何生死可言？义当生则生，义当死则死，眼前只见一义，不见有生死在。"② 用天道的一体性破斥个体的生死断灭之见。尽管这一观点在义理上有其彻底之处，但对于普通人而言，到底能有什么效果却是很可疑的。

由此可见，既怕无自信，需要直下承当；既要直下承当，又怕承当太速而成为师心自用，势必产生一种紧张感。假如儒学只能探讨现世的宇宙人生，那么又如何令普通人建立自信？其由此转而诉诸以他律为主，以信仰形态为中心的宗教，便是顺理成章之事。晚明时代，随着商品经济的大潮，普通人在社会中的地位逐渐较前提高，佛教净土宗、天主教等各种他律型宗教的振兴繁荣与这种趋势是相应的。

三、复性与解脱生死

也正是因此，儒学，确切地说是理学，必须能够对生死问题予以正面回应。否则即便所讲的是圆融的儒学，而内心却相信某种超越性神灵，这也只能是断为两截的学问，不足为贵③。但同时也不可把超越性存在统统贬低为"二气之良能"。高攀龙因此批评程伊川的鬼神说：

> 伊川说"游魂为变"，曰"既是变，则存者亡，坚者腐，更无物也。"此殆不然，只说得形质耳。游魂如何灭得，但其变化不可测识也。圣人即天地也，不可以存亡言。自古忠臣义士，何曾亡灭？避佛氏之说，而谓贤愚善恶，同归于尽，非所以教也。况幽明之事，昭昭于耳目者，终不可掩

---

① 《刘宗周全集》第5册《孟子师说》卷6 "鱼我所欲也"章。
② 《刘宗周全集》第2册《会录》。
③ 譬如许孚远的老师唐枢据说便崇拜"太乙尊神"，甚至还影响了日本阳明学者中江藤树。参前揭吕妙芬书第139页。按当指唐枢所言太乙元神，可参唐枢《木钟台集》元卷《礼元剩语》。

乎！张子曰："大《易》不言有无，言有无，诸子之陋也。"①

这种"忠臣义士，何曾亡灭"的说法，其实与《天主实义》中所引当时中土士人的说法可以相通：

> 故儒有一种，言善者能以道存聚本心，是以身死而神不散灭；恶者以罪败坏本心，是以身死而心之散灭随焉。此亦可诱人于善焉。②

至于如何修养到这种不灭的境界，则无须外在的信仰形态，只需通过宋儒以来传统的静坐方式，这就是所谓"复性之学"：

> 静坐之法，不用一毫安排，只平平常常，默然静去。……学者不过借静坐中，认此无动无静之体云尔。静中得力，方是动中真得力，动中得力，方是静中真得力。所谓敬者此也，所谓仁者此也，所谓诚身者此也，是复性之道也。③

事实上，所谓"复性"之学，在理学中的开创者便是强调"主静无欲"的周敦颐。《周易》："复，其见天地之心乎？"在经学传统中是指颜回的境界，所以颜回被后世追封为"复圣"。《中庸》所谓"天命之谓性"，言性乃天之所命，乃是人与天地万物可以相通的内在根据。追本溯源，天人相通的实践至少可以追溯到巫的时代。在人神交感过程中，个体与宇宙达到了同一。随着巫史文化过渡到礼乐文明，这种天人相通的宗教性表现在祭祀礼仪的各个方面，在群体层面表现为各种祀典的乐颂之中，在个体层面则是祭祀之时的交感活动。这种交感具体表现为斋戒中的观想活动，《礼记·祭义》的记载极具代表性：

> 致齐（即斋，下同）于内，散齐于外。齐之日，思其居处，思其笑语，思其志意，思其所乐，思其所嗜。齐三日，乃见其所为齐者。祭之

---

① 高攀龙《高子遗书》卷1《语》。
② 前揭《利玛窦中文著译集》第31页。
③ 《高子遗书》卷3《静坐之法》。另参同卷《困学记》《山居课程》《复七规》等文。

日，入室，僾然必有见乎其位；周还出户，肃然必有闻乎其容声；出户而听，忾然必有闻乎其叹息之声。

《中庸》之所以被汉儒列入《礼记》，正是因为《中庸》本身便是对儒学宗教性的自我反思。譬如，《中庸》对诚的描述其实就完全是宗教性的：

子曰："鬼神之为德，其盛矣乎！视之而弗见，听之而弗闻，体物而不可遗，使天下之人齐明盛服以承祭祀，洋洋乎如在其上，如在其左右。《诗》曰：'神之格思，不可度思，矧可射思。'夫微之显，诚之不可掩如此夫！"

只不过这一反思超越了具体的仪节形式，而是通过人的心性修养直接契悟天道。也正是因此，人能尽性知天，便是孔子以来，个体由天人分立的状态复返天道的最确切表述。《孟子·尽心上》：

尽其心者，知其性也。知其性，则知天矣。存其心，养其性，所以事天也。夭寿不贰，修身以俟之，所以立命也。

孟子是由颜回所代表的孔门德行科在先秦的集大成者，这段话实是孔门内部最具有宗教性的论述。在宋代，理学家为了与佛教相区别，凡是宗教性的论述大都用天理的表述取而代之。所以朱熹引程子、张子之说解释此章：

程子曰："心也、性也、天也，一理也。自理而言谓之天，自禀受而言谓之性，自存诸人而言谓之心。"张子曰："由太虚，有天之名；由气化，有道之名；合虚与气，有性之名；合性与知觉，有心之名。"①

当宋学欲走出宗教弥漫的时代，重新确立起人类对外在事物的兴趣和信心的时候，这种解释无疑具有极大的作用。近代学者多谓儒学所言乃是"义理天"这一观点，虽然并不违背孔孟的精神，但是否合乎原义，却仍是一个有待

---

① 朱熹《孟子集注》卷13《尽心上》。

探讨的问题。而在晚明,这种事天之学在虔敬意识复兴的情形之下,无疑接近了孟子的原意。也正是在这个意义上,晚明的天主教徒不约而同地把天主教说成是"存心养性之学""尽性之学"或"缮性之学"便并非没有缘故①。高攀龙说:

> 静中观喜怒哀乐未发时,湛然太虚,此即天也,心、性、天总是一个,故孟子曰:"尽其心者,知其性也,知其性则知其天。"②

这种复性之学,在明代的开创者便是陈献章,白沙所谓"静中养出端倪",其实便是通过静坐方式亲证人与天地万物一体的境界。那以后,王门归寂派,如聂豹狱中"忽见心体",罗洪先的"收摄保聚",以及高攀龙的静坐说,刘宗周的慎独说,无不在根本上有以相通③。这些学者也都在自己的著作中对陈献章表示过敬意。这种修证,其境界与禅宗极为相似,但二者实又有着根本不同。理学强调万物一体,禅宗讲究虚空粉碎④,是其根本区别所在。天启六年(1626),由于阉党迫害,高攀龙从容赴水自尽,临行上疏给天启皇帝:"臣虽削夺,旧系大臣,大臣受辱则辱国,故北向叩头,从屈平之遗则。君恩未报,结愿来生。"⑤ 给他以信念支持的,其实便是这种"复性之学"。也正是因此,《周易》的"复以自知"与"不远复"被高攀龙与《大学》的"慎独"说联系起来⑥,后者也正是刘宗周的学术宗旨所在。东林学派与朱子学的这一差异表明,政治经学或政治儒学有其事实上的独立性,是可以与心性义理或宗

---

① 李之藻自称其学为"存心养性之学"见《天主实义重刻序》,前揭《利玛窦中文著译集》第100页。常胤绪在给利玛窦《两仪玄览图序》说:利玛窦"其奉天主教,忠信为务,则所传皆有所自,实由至理,非荒唐诡诞之说。故吾党以尽性为学者,如都尉侯虞山公及缙绅宪臬冯慕冈、铨衡吴左海、缮部李我存、典客祁念东……皆信之而淑其学。"王应麟言:"是时,大宗伯冯公琦讨其所学,则学事天主,俱吾人视躬缮性。"转引自前揭黄一农书第67、71页。
② 高攀龙《高子遗书》卷3《示学者》。
③ 姜国柱、周炽成等曾注意到薛瑄的复性论对高攀龙可能产生过影响,参周炽成《复性收摄——高攀龙思想研究》第203—204页。不过从思想的实际发生过程而言,有时也不能排除在有了某种倾向之后,对前代学者的认同与回溯。
④ 事实上,北宗念佛禅的修行中有万物一体的成分,参印顺《中国禅宗史》第四章所引《大乘无生方便门》。但佛教讲究虚空粉碎,所以仍然把这种一体性视为方便。另外印顺也指出,牛头宗的"虚空为道本"之说,"泛从一切本源说,是宇宙论的。"见该书第三章第100页。周敦颐亦于禅宗有得,所谓"有物先天地,无形本寂寥。能为万物主,不逐四时凋",便得自禅僧寿涯,可见其中消息。参忽滑谷快天《中国禅学思想史》第551—556页。
⑤ 《高子遗书》卷7《遗疏》。
⑥ 《高子遗书》卷1:"'复以自知',所谓'独'也;'不远复',所谓'慎独'也。"按顾允成之学亦本复卦,其斋名曰"小辨斋",即本于《系辞》三陈九德,所谓"复小而辨于物"。

教诉求分开的。

用儒学来解决生死困惑，在晚明显然不是罕见的事例。对《易》学极有研究的东林领袖人物钱一本强调学以聚气，他说：

> 古人为宗庙以收魂气，死亡且然，矧于生存？一无所收，则放逸奔溃。释收于空，老收于虚，与博弈类。圣人本天，天覆地载，天施地生，心之所也。学以聚之，收于学也。①

同属东林人士的冯从吾则在所撰八十一章《辨学录》中，用如下论述作为后三章的压轴之作：

> 世论善恶祸福报应皆归之佛氏，此大不然。"积善之家必有余庆，积不善之家必有余殃""作善降之百祥，作不善降之百殃""惠迪吉，从逆凶"，非吾儒之言耶……善恶祸福报应昭昭不爽，此自是天地间实理实事，原非幻妄，原非渺冥。
>
> 《中庸》鬼神章后即言报应、大德受命，天地何心，鬼神何心，人亦何心，只是一理之感召耳。
>
> 子思言"鬼神之为德也，其盛矣乎"，后便说"质诸鬼神而无疑"，可见不质鬼神不可以言学。《诗》云"相在尔室，尚不愧于屋漏""神之格思，不可度思，矧可射思"，两引之以为证，又可见不慎独不可以质鬼神。程子曰："有天德便可语王道，其要只在慎独。"呜呼，尽之矣。②

在这里，与利玛窦引用先秦经典证明上帝的古义其实已经全无二致，只不过因为儒者的立场使然，还没有把上帝视作最高信仰而已。晚明不少东林人士与耶稣会士间的密切关系便不难索解。证人讲会上，对生死问题的讨论也成为不少学者关心的问题："人生惟生死事极大，必实实落落知其生从何来，死从何去，见地明彻，此正所谓良知也。"针对这一问题，刘宗周说：

> 理会生死之说，本出于禅门。夫子言原始反终，这是天地万物公共的

---

① 《明儒学案》卷59《钱一本学案》。
② 冯从吾《少墟集》卷1《辨学录》，第七十九至八十一章。

道理，绝非一身生来死去之谓，与禅门迥异。自圣学不明，学者每从形器起见，看得一身生死事极大，将天地万物都置之膜外，此心生生之机早已断灭种子了。故其工夫专究到无生一路，只留个觉性不坏。再做后来人，依旧只是贪生怕死而已。吾儒之学，宜从天地万物一体处看出大身子，天地万物之始即吾之始，天地万物之终即吾之终，终终始始，无有穷尽，只此是死生之说……于此有知，方是穷理尽性至命之学。①

"生死之说"虽然出自佛家，却也是儒学所必须面对的问题。"从天地中看出大身子"，虽然只是一个比喻，但把这个一体性的宇宙拟人化，却未尝不是刘宗周所给予后学在生死观上最大的支持。倘若人类能够通过自我修证，回到这个天地万物一体的"大身子"的怀抱，这与基督教通过耶稣的拯救，而实现人类在上帝中的一体性联结，虽然进路有别，但未尝没有相通之处。当然，由此也可以理解，何以其弟子黄宗羲后来要专门撰写《破邪论》，对天主教的上帝、魂魄、地狱诸说予以批判，或许便是要隔断把理学生死观与天主教相等同的联想。也正是因此，晚明东林学派尽管表面上回到了朱子学，但却主要在其政治立场与师道精神，在心性义理上已经与朱学在许多关键问题上有了很大不同。而刘宗周所建构的义理系统因此便具有集朱、王二家于一体的气象，那就是圆顿的性体观与十字打开的政治儒学，二者的有机结合。这一义理架构既是理学最后的圆融形态，也是黄宗羲以后经学另开新境的前提。刘宗周之所以当被视作理学的殿军，其意义在此。

由此我们也就理解了刘宗周撰写《人谱》的实际意图，假如学者能够因认出这个"万物一体"的"大身子"而产生自信，能够直下承当，并通过静坐体验到"独体"，经过"卜动念以知几""谨威仪以定命""敦大伦以凝道""备百行以考旋"的不断淬炼，最终达到"迁善改过以作圣"的境界②，不仅可以直接契证天命，在宗教意义上消解个体存在的生存紧张，又何尝会有师心自用的可能。从顾宪成的"证性""小心"，高攀龙的"复性"，到刘宗周的"诚意慎独"与"迁善改过"、李颙的"悔过自新"，以及黄宗羲以江右王门归寂、收摄为阳明嫡传，贯穿着晚明时代由警惕师心自用回到虔敬意识的这一时代精神。

---

① 《刘宗周全集》第 2 册《证人社语录》。
② 同上，《语类一·人谱续篇一·证人要旨》。

第三章 从"门户"到"声气"
——师道精神之受挫与消解

第一节 东林与阉党

东林学派提倡以名教自任、躬行践履，无疑在意识形态领域替万历中期以后朝内清流集团提供了理论支持。当然反过来说也可以成立，即清流因攀附东林学派进而获得舆论优势，因此尽管总的来说政治势力相对较弱，但却得以在几十年的政争中屡败屡战，并没有完全被压服。特别是，万历、天启之际东林一词本身被符号化，用黄宗羲的话说，"乃言国本者谓之东林，争科场者谓之东林，攻逆奄者谓之东林，以至言夺情、奸相、讨贼，凡一议之正，一人之不随流俗者，无不谓之东林"①，并在政治上被塑造成了东林党。

问题是东林到底有没有"党"？倘依黄宗羲之论，东林只是一个地域性的讲学集团，东林党只是被反对派强加的"名目"。反对这一观点的人也有，近来一些研究者越来越强调东林党的集团性，甚至用了某些描述现代政党的术语——如"党性"等等，随之而来的则是引起另一些学者的激烈反驳②，有的最终又回到黄宗羲的观念上去。

就本书立场来说，东林书院、东林学派、东林党是三个不同概念，分别对应内涵与外延各异的三个人群。东林书院特指以顾宪成、钱一本、顾允成、薛

---

① 《明儒学案》卷58《东林学案一》。
② 参樊树志《东林非党论》《东林党论质疑》等文，针对的便是小野和子等学者的论断。收入氏著《晚明史》第六章。反对的观点可参李庆《"东林非党论"质疑》等。

敷教、高攀龙等一批以东林书院为依托的吴中学者群,范围最小;东林学派特指以名教自任,以躬行践履为行动取向,在理论上反对无善无恶,在伦理上反中庸,由一批源出修证派王学、朱学、湛学三个学派的学者所组成的一个相互呼应的学者群,范围稍大;至于东林党,则是指那些以君子自命,在政治上与在朝王学及阉党对立的清流集团,范围最广①。至于阉党集团为了打击异己,把一些与东林倾向无关的人物也列入东林党人榜,则不在此列。

说东林学派不等于东林党,道理很简单。作为一个政治集团,后者在思想上的归属极其复杂,非东林学派所能包容。譬如东林六君子中间有名的缪昌期、顾大章等人,与其说是儒家学者,尚不如说是遵守纲常名教的佛教徒②,即此一事足资证明。

一、东林党的形成

探讨东林党的构成,在名单上首先依据的是天启时期阉党所撰的《东林党人榜》《东林点将录》等作品。不过据考证,这些名单上的有些人不仅不是东林党,甚至还在崇祯初年上了"逆案",而且版本繁多,这一事实表明东林党的名单在天启之后经过反复的塑造③。

但也不能因此否证东林党的存在,理由很简单,在东林党内部,存在着政治上的呼应关系,这种呼应关系当时人把它叫做"声气"。"声气"甚至在崇祯以后已经成为专有名词,用来指称那些由晚明江南诸生以及部分士绅所组成的文学社团。那么,东林党内部在政治上的呼应和联合是怎样形成的呢?

传统时代的人际关系体制,譬如地域、姻亲、门生、故吏、同年、同学等等,使得士大夫内部很容易形成大大小小的政治集团。集团内部相互援引,呼朋引类,一荣俱荣,一损俱损。前面所说的隆庆二年进士集团便是同年关系的显例。万历后期言官集团所形成的齐、楚、浙诸党则主要是因地缘关系及声气

---

① 曾经作过《启祯两朝剥复录》《东林本末》的吴应箕曾指出当时所存在的东林真伪之争,"东林争言真伪,其真者必不负国家,伪者或至负东林。"所谓伪者,当即指那些依草附木,但又被列为东林党的人物。见氏著《楼山堂集》卷16《东林本末序》,《吴应箕集》第263页。
② 譬如顾大章,托名燕客所撰的《诏狱惨言》云:"顾公平生佞佛,于生死之际了不畏怖,见家人啼哭,辄大笑曰:'泪缘情生,任情则为人天种子,不能上莲花宝座。汝辈慎勿作儿女子态。'"另如缪昌期佞佛,可参其与妾诗:"我是刚肠铁石人,不为女子惜娇春。莲花会上来相接,先礼如来证往因。"见氏著《缪西溪先生自录·慰妾(其三)》,载黄煜编《碧血录(下)》。
③ 参朱倓《东林党人榜考证》《东林点将录考异》。收入氏著《明季社党研究》。

相通而结合在一起的。

倘从这一角度分析，东林党内部结合的法则似乎也无法自外于此。当然，万历中期以后，地缘关系仍然是相互关系中最重要的。在朝王学内阁中，除了相互之间的同年关系（如申时行与王锡爵，赵志皋与沈一贯等）之外，地域关系也非常关键。最初的申时行、许国、王锡爵都是南畿人，其后赵志皋、朱赓、沈一贯以及方从哲、沈㴶都是浙江人，可见除了私人关系以及政见等的衣钵相传外，地缘关系不可小觑。否则我们很难解释为什么从某一地区出来的人（譬如浙江人）都是"小人"，而另一个地区的人（如吴中）都是"君子"。这一点似乎也很正常，在整个国家的经济还在以分区的方式形成不同的中心，乡邦文化仍然是文化生活中的重要组成部分，以及士大夫的最终归宿仍然摆脱不了桑梓的束缚——告老还乡、衣锦还乡等依然是绝大部分士人的宿命，这一切都使同一地域出来的士大夫很容易通过某种方式结成利益集团。譬如江西分宜人严嵩在明末尽管早已在绝大多数人心目中盖棺定论为奸臣，但是就在复社的江西人中，为他辩护的也还颇有人在。

近世以来，许多学者利用阶级分析、乡绅论等理论视角重新理解晚明东林运动，反而把派系斗争视作表象而加以轻视，但考虑到士大夫声气交通以及意识形态互动的事实，仍然有必要对当时的政治生态予以还原。在这方面，《明史》的考证虽然主要出自黄宗羲、万斯同所代表的东林系统，但对于派系分野的叙述尚属客观。与此同时，同出复社的吴应箕所撰《东林事略》与其线索颇可印证[1]，而立场并不完全一致，与夏允彝《幸存录》相类，属于事后反思之作。这一派系分野是后文对各派意识形态予以探讨的基础。

自万历十一年至万历二十二年吴县申时行、太仓王锡爵相继主政，正是在后半期发生了阁部之争。大约在万历十八年宋纁（河南商丘人）主政以后，吏部开始挑战内阁权力，其后担任吏部尚书的陆光祖（浙江平湖人）、孙鑨（浙江余姚人）、陈有年（余姚人）变本加厉，形成了南畿与浙江两地对决的局面。有意思的是由于意识形态的缘故，原本推崇王锡爵的顾宪成等人开始倾向吏部，在这个时候浙江人是所谓"公论"欣赏的对象。

万历二十二年八月陕西富平人孙丕扬出任吏书，同年五月浙江兰溪人赵志

---

[1] 按《荆驼逸史》本此书本题无名氏，北京图书馆藏清陈维崧家藏清抄本后附子坚《奉孙苏门傅青主两先生书》，言及"先子《启祯两朝剥复录》"，盖吴氏之子孟坚所作。陈维崧乃明末四公子陈贞慧之子，于吴应箕为受业门人。末附缪荃孙跋。续修四库全书据此本影印。

皋升任内阁首辅。孙丕扬其人"挺劲不挠"①，正是从他开始，西北人逐渐成为当时朝政中间颇具影响力的一个政治集团，而首辅赵志皋老迈昏懦，政事一决于次相、江西新建人张位。张位与孙丕扬之间关系随之紧张起来，并在万历二十三年大计外吏之际终于爆发出来。

在孙丕扬主持的万历二十三年大计中，首先是浙江右参政丁此吕因贪污罪名遭谴。证明丁此吕贪污的证据来自于当时官员考察时的访单制度，"访单者，吏部当察时，咨公论以定贤否，廷臣因得书所闻以投掌察者。事率核实，然间有因以中所恶者"②，丁此吕是江西新建人，内阁次辅张位的同乡，万历十年以后在驱逐张居正余党的过程中与同年李植、江东之、王士性、王国等人皆以激进敢言知名。由于这种关系，这些人又与万历五年因谏张居正夺情而遭廷杖的嘉兴人沈思孝交好，诸人皆以清流自许，不过，随着言官与内阁的矛盾加剧，不久便纷纷遭到贬谪。因此之故，万历中期阁部之争方兴未艾之际，这些人基本上都站在吏部一边，并在据说是申时行、王锡爵去位时留下的"恶人簿"中榜上有名。

不过，随着王锡爵等人去位，掌控内阁诸人逐渐让位于隆庆二年进士集团。这一变换首先使得同为隆庆二年进士的沈思孝与诸人关系变得微妙起来，由于官位逐渐攀升，特别是在由工部左侍郎廷推右都御史时本来名列第二，但却被明神宗特旨点用，不能不引起外廷官员对他产生在内阁中"有奥援"等诸如此类的怀疑。而在此前，据说在一次私人宴会上，出自陕西耀州、与孙丕扬有同乡之谊的王国，便公开抨击他倚附内阁大学士张位③。

沈思孝本来与孙丕扬交好，但由于王国的构衅，双方很快交恶。及至丁此吕遭到贬黜，沈思孝等疑心是吏部考功郎蒋时馨所为，于是怂恿御史赵文炳劾其受贿，蒋时馨则攻击沈思孝庇护丁此吕，双方势同水火。尤其孙丕扬因站在蒋时馨一边，造成孙、沈之间的直接冲突。

沈思孝与孙丕扬的冲突实际上是阁部之争的一个插曲，因为沈思孝的后台本就是张位所控制的内阁。当时侍郎吕坤（河南宁陵人）、张养蒙（泽州人，今山西晋城）"皆西人，有气势，为后进所向附，善太宰（指孙丕扬）而仇疾思孝等"，张养蒙于是恐吓赵文炳，后者即自首以前弹劾蒋时馨乃是秉承沈思

---

① 《明史》卷224《孙丕扬传》。
② 《明史》卷229《沈思孝传》；同卷附《丁此吕传》。
③ 吴应箕《东林事略（中）》；前揭《明史·沈思孝传》。

孝、江东之等意，使得沈思孝等人在朝中愈发孤立。双方交搆良久，直到万历二十四年八月孙丕扬病危，沈思孝不久也称病去职，"朝端议论始息"。万历二十六年张位因杨镐丧师一事触怒明神宗，因而罢职闲住，无形之中，似乎宣告孙丕扬一派的胜利，"自后好名喜事之徒皆依倚西北，谓之正人君子"。特别是万历二十六年温纯（陕西三原人）升任左都御史，万历二十九年原礼部尚书沈鲤（河南归德人）被重新召回担任内阁大学士，更是"身为标的，招集贤良，以引同类"，来与以沈一贯为首的内阁相抗衡。形成了西北人与浙江人对决的局面①。这样，原本与清流合拍，由陆光祖、陈有年等所代表的浙江人此时声誉一落千丈，这也就是《明史》所说的，"浙人与公论忤，自（沈）一贯始"②。

平心而论，王锡爵、赵志皋、张位、沈一贯诸人原本在张居正时代都是清流中的人望，而沈思孝更是"以直节高天下"，其道德水准未必比后来依倚东林的清流集团低太多。譬如为孙丕扬所信任的蒋时馨与沈思孝所信任的丁此吕便皆非端人，双方可谓半斤八两。不过双方由于在行为方式，特别是在对待皇权态度上的深刻分歧，最终导致了在张居正时代所形成的那一总的清流集团的内部分化。随着在朝王学被自居为君子的东林学派塑造成乡愿式的伪君子，这一分化在政治上便逐渐蜕变成纯粹的党争，而在这一过程中间，不同的利益集团开始分化组合，逐渐形成了东林党与阉党③。

孙丕扬当政之时曾经举荐当世"三大贤"，沈鲤、郭正域和吕坤。郭正域是江夏人，同时也是沈鲤的门生。加之郭正域本来是东宫的太子讲官，深为后者信任，因此很快便与积极争国本的沈鲤等人结为一体。相反，沈一贯原也是郭正域在庶吉士时的教习，按理也是师生关系，但郭氏出馆之后，却不执弟子礼，引起沈一贯的恼怒。由内阁诸人背后策动的万历二十六年妖书一案、万历二十七年的己亥京察之争、万历三十一年真假楚王的争论，以及万历三十一年《续忧危竑议》等的出笼，矛头便都是指向吕坤、沈鲤、郭正域诸人。郭正域也在后一事件中受到牵连，罢职、系狱、还乡。

在这些政局纷争中间，支持西北及郭正域楚地诸人的，主要是东林派人士。用当时人对政局的描述乃是"西北人方并合劲楚，延揽东江"。其后郭正

---

① 《东林事略（中）》；前揭《明史·沈思孝传》。
② 《明史》卷218《沈一贯传》。
③ 参本书第三编第三章第三节。

域因为卷入真假楚王及《续忧危竑议》一案,"狼狈走归,几及于祸,独部郎于玉立左右之。玉立名家子,少喜事……虽江南人特为西北所铁信"①。

于玉立字中甫,出自金坛望族,为人倜傥好事,在东林人士中间属于奔走联络之人。当时"海内建言废锢诸臣,咸以东林为归。玉立与通声气,东林名益盛"②。于玉立无疑是使东林学派东林党化的一个重要人物。

这样,在当时人的视野当中,在万历三十二年东林的旗帜树起前后,已经可以区分为以沈一贯为首的浙党,以沈鲤为首的西北人党(包括孙丕扬为首的秦党),以及郭正域为首的楚党(依附于西北人党)、以顾宪成等为首的东林党,其中后三者形成结盟状态。当时在朝的主要代表是西北人,而东林人士虽大多在野讲学,但由于其在意识形态领域的地位越来越重要,逐渐使东林一词符号化,加之于玉立等的"与通声气",逐渐为西北所信从。东林与反东林因此成为清流与非清流的分野。而在浙党之外,由宣城人汤宾尹所代表的宣党也因万历三十八年庚戌会试一案与西北人党交恶,引起双方党争③。

不过随着政局变化,特别是郭正域下台以后,楚党逐渐从大东林的系统中分离出来。其中关键人物是湘潭人李腾芳。李腾芳字子实,万历二十年进士,改庶吉士,颇有才名。值王锡爵倡三王并封之议,以危言说服王锡爵,因而名声大振,辗转升至春坊左谕德。恰值其同年、昆山人顾天埈与南给事中段然交恶,上疏相互攻击。顾天埈为人"险诐无行,为世所指名",段然则属于东林人士,二人的相互攻击逐渐被上升为党派间的攻讦,特别是顾天埈被弹劾之后,李腾芳上疏"义不独留",遂弃职而归。楚党因与东林交恶,"西楚之雄后来者,始不附(东林)矣"。浙党中人看到有机可乘,于是派楚党中人游说西北人党的王国:"当今与公争权者,李三才耳,吾等为公尽力攻三才,公当为后劲"。

李三才字道甫,顺天通州人,万历二年进士,与南乐魏允贞、长垣李化龙以经济相期许,三人后与邹元标共同为官南京,"益相与讲求经世务,名籍甚"。"三才挥霍有大略",特别是后来在巡抚凤阳诸府期间,以反矿税深得民心。东林党人顾宪成等纷纷与之结交,而且谋求支持其入阁,以作为东林人士在朝内的代言人。这样,楚党中人游说王国与李三才相互攻击,正是要离间东

---

① 《东林事略(中)》。
② 《明史》卷236《于玉立传》。
③ 《明史》卷216《王图传》。

林与西北人党。后来还是王国之弟、吏部侍郎王图力劝吏部尚书孙丕扬,才最终避免了双方的分裂①。

事实上,明季党争还有一个重要前提,那就是皇权出现了某种程度的真空。所谓真空并不是指皇权失控,而是指皇权拒绝履行其职责以后外廷政令无法得到有效的推行。在明代政治架构当中,君主既是立法者,同时也是政令的裁决者,因皇权缺失而导致政治体制的极度涣散。到了万历四十年左右,

> 时神宗怠于政事,曹署多空。内阁惟叶向高,杜门者已三月,六卿止一(赵)焕在,又兼吏部,吏部无复堂上官。兵部尚书李化龙卒,召王象乾未至,亦不除侍郎。户、礼、工三部各止一侍郎而已。都察院自温纯去,八年无正官。故事,给事中五十人,御史一百人,至是皆不过十人。

甚至自万历三十一年吏部尚书李戴去职以后,六年不置吏部尚书,仅由杨时乔一人以左侍郎兼署部事。"时乔官位未崇,又自温纯去,久不署都御史,益无以镇压百僚,由是上下相凌,纪纲日紊,言路得收其柄。"至万历四十五年,方从哲独相之际,

> 六科止四人,而五科印无所属;十三道止五人,一人领数职。在外,巡按率不得代。六部堂上官仅四五人,都御史数年空署,督抚监司亦屡缺不补。文武大选、急选官及四方教职,积数千人,以吏、兵二科缺掌印不画凭,久滞都下,时攀执政舆哀诉。诏狱囚,以理刑无人不决遣,家属聚号长安门。职业尽弛,上下解体。

党争便正是在这种情形下产生的。据说当时"中外章奏悉留中,惟言路一攻,则其人自去,不待诏旨"。台谏之势因此积重不返。东林党人随着万历四十二年首辅叶向高下台以后被斥逐殆尽。

反东林的言官中更有齐、楚、浙三党鼎足而立。"其时考选久稽,屡趣不下,言路已无正人,盘踞益坚。后进当入为台谏者,必钩致门下,以为羽翼,

---

① 《明史》卷232《李三才传》;卷216《李腾芳传》;吴应箕《东林事略(中)》。

当事大臣莫敢撄其锋"①。在诸多大大小小的党派之外,随着万历四十六年掖县人赵焕出任吏部尚书,围绕着其同乡亓诗教,也是方从哲的门生,正式形成了所谓齐党,专门以攻击东林为事。对当时的政治集团,《明史》这样描述到：

> 台谏之势积重不返,有齐、楚、浙三方鼎峙之名。齐则给事中亓诗教、周永春、御史韩浚,楚则给事中官应震、吴亮嗣,浙则给事中姚宗文、御史刘廷元,而汤宾尹为之主。②

大概地说,随着西北人党的吏部尚书孙丕扬、吏部侍郎王图、东林党出身的内阁首辅叶向高相继去职,在万历朝的最后两年,形成了在方从哲领导下的、以反东林及西北人党为共同目标的、齐、楚、浙三党分立的局面。而被打击的东林与西北人士此时则基本上被赋予了同一个名称,这就是东林党。

二、泰昌、天启之际的党争

在一般的晚明史著作中,东林党人一般都被描绘为阉党的对立面,前者是君子,后者是小人。从东林学派的角度来说,这一点当然是正确的,黄宗羲所谓"一堂师友,冷风热血,洗涤乾坤,"③ 大体上并不算夸张。

不过,整体大于部分之和,作为一个政治集团的东林党并不能简单地分解为几个热血沸腾的士大夫,它同样具有一个利益集团的根本特征,这一点使它明显地与东林书院或者东林学派区别开来。

利益集团的根本特征是谋求现实利益,因此尽管东林党人决不放弃以清流相标榜这种可以带来无穷利益的政治姿态,但却在行为方式上更加倾向于它的反对派们。在这种情况下,万历、天启之际一个地位不高但却极为活跃的人物进入到我们的视野之中。

这个人就是内阁中书汪文言。汪文言本名汪守泰,原为歙县吏胥,贪缘入为监生。大概由于与东林党人、歙县黄正宾为同乡,辗转和于玉立等人拉上了关系。黄正宾其人与于玉立一样,尽管名声并不太好,但却好以清流相榜。万历十九年申时行因上密疏反对争国本,事发之后,时为中书舍人的黄正宾抗疏

---

① 以上参《明史》卷225《赵焕传》；卷224《杨时乔传》；卷218《方从哲传》；卷236《夏嘉遇传》。
② 《明史》卷236《夏嘉遇传》。
③ 《明儒学案》卷58《东林学案一》。

力诋，被削职为民。明史说他"耻由赀入官，思树奇节，至是遂见推清议。后李三才、顾宪成咸与游，益有声士大夫间"。而汪文言其人"智巧任术负侠气"①，在时人心目中有点儿像梁山泊的鼓上蚤时迁②，虽然不登大雅之堂，但却机敏灵活，少他不得。由于与黄、于二人交往，得悉不少朝政内幕，遂被于玉立派往北京刺探政情。当时东林党人基本被逐，齐、楚、浙三党失去了共同的敌人，渐渐开始离心。于是汪文言"多方设奇间之，诸人果相疑"，引起诸人内讧，终致齐党的亓诗教等势力大衰，"时论快焉"③。

万历末期，尽管东林党人势力受到重大打击，但是熟悉政局的人都知道事情没这么简单，因为东林党人手里还攥着一个更重要的筹码，那就是未来的新天子明光宗。在万历时代长达数十年的国本之争中，主要是东林派人士在力保他得以继承皇位，这一点光宗心知肚明。因此即使在身为储君，不便对政事指手画脚的时候，当曾经做过东宫讲官的郭正域受到妖书案牵连危在旦夕之际，他还是亲自出面为之说情④。已经做了四十几年皇帝，早已尽显老态的神宗即将宾天，在光宗将要即位的时候，东林党人当然不会放弃和他的关系。但与东宫打交道最方便的是宦官，而当士大夫与宦官的交往在当时仍然不被清议所允许的时候，汪文言这样的人便显得尤其重要了。

汪文言首先结交的是东宫伴读王安。王安在万历初年曾隶属于冯保名下，万历二十年由司礼监秉笔太监陈矩推荐，被任命为皇长子伴读，深得未来的光宗朱常洛信任。汪文言进入王安幕府之后，据说曾拜王安为义父，逐渐为东林与宦官拉上了关系。"光、熹之际，外廷依刘一燝，而安居中以次行诸善政，文言交关力为多"⑤。因此之故汪文言极受东林党人左光斗、魏大中等人赏识，被"目为异人"，为他在公卿间延誉。汪文言便也因此"招权请寄，日行其私，而左、魏不悟也"⑥。据说后来被列入魏忠贤十狗之一的曹钦程便是因为谄附汪文言成为工部主事。当然，当汪文言后来失败之际，曹钦程又反过来"力挤之"，这已是后话了⑦。

---

① 文秉《先拨志始》卷上；《明史》卷244《魏大中传》；谈迁《国榷》卷86，天启四年四月己酉。
② 《东林点将录》。按此书版本众多，具体名单可参前揭朱倓《东林点将录考异》。
③ 《明史》卷236《夏嘉遇传》。
④ 刘心学《四朝大政录》卷上《妖书狱》。
⑤ 《明史》卷244《魏大中传》。
⑥ 谈迁《国榷》卷86天，启四年四月乙巳。
⑦ 《明史》卷306《阉党·曹钦程传》。

在光宗时期任司礼监秉笔太监的王安是一个值得注意的人物。王安与东林的合作固然有一般所谓"贤而知书"等等原因，但其实也不能忽视另外一个因素，那就是此人乃是冯保的名下。按所谓"名下"，在明代宦官内部是一种极为重要的关系。某一太监与其名下的关系有点儿类似师徒或者父子，二者有着护佑、提携以及衣钵相传的关系。譬如崇祯时代积极为王安平反且与东林党有密切关系的宦官曹化淳便是王安的名下。

冯保与张居正在万历前十年一里一外主持着朝政。随着张居正去世，明神宗正式掌权，冯保随即被驱逐到南京。王安之被派作皇长子伴读一方面固然是由于陈矩等人对他的保护，同时也因为作为冯保的名下，他已经不可能在明神宗时期的宦官系统中受到重用。在皇长子地位不稳，临深履薄的几十年中，王安因此对那些与万历朝宦官有着千丝万缕关系的在朝王学内阁充满敌意是极可能的。事实上，东林与王安的这种结盟关系由另外一件事中似乎也可以看出一些端倪，那就是光宗当政以后，王安因汪文言的策划，把东林党人邹元标、王德完等重新起用。邹元标复出以后很快便上疏替张居正平反，这一做法与他在张居正当权时的清流姿态截然异趣，甚至被视为"两截人"①。这里面固然是由于邹元标本人在思想上心仪会通派，提倡和衷共济的缘故，但东林与王安的结盟或许也是原因之一。

这样，在泰昌与天启之际，东林党人的复出便成为朝政之中最重要的一个景观，除邹元标外，叶向高、韩爌、赵南星、高攀龙、冯从吾等一大批人士重新布列在位，甚至被有的学者形容为"清一色的东林专政时代"②。特别是光宗即位一月，便因食用李可灼所进"红丸"一命呜呼，随之而来则是争夺天启皇帝控制权的移宫案，整个过程中东林党人都是咄咄逼人，很重要的原因便是有王安在内廷策应。

由此出现了一个令人啼笑皆非的局面，那就是在以魏忠贤为核心的阉党集团还没有出现以前，在反对东林党的官员看来，东林党人此时已先一步成为不折不扣的阉党了。这由后来成为阉党一员的刑科给事中傅櫆，在天启四年弹劾汪文言的时候，明确说他"招摇都市，揽泊升迁，借权珰为名，群奸实收其

---

① 倪元璐云："夫元标之为两截人者，以其前半峭直，后半宽和耳。"见《倪文贞集·奏疏》卷1《驳杨侍御（维垣）疏》。
② 谢国桢《明清之际党社运动考》三《东林党议及天启间之党祸》。具体情形可参《明史》卷243《赵南星传》。

利"①，可见一斑。以君子自居的东林党人与宦官的关系，实际上给了后期的阉党集团一种借口。尽管东林党人可以用王安本人正直贤明为借口，但依沈鲤一辈清流的标准来说，宦官就是宦官，内外交通就是违背了清流本色。加之在"梃击""红丸""移宫"诸案中间，凡与东林相忤者，尽被斥责为邪党，废弃殆尽，反对派的过庭训为之愤愤不平，所谓"自东林之名立，我必为君子，人谁甘为小人?"②因此天启初"识者已忧其过激变生"③。

恰巧在这个时候，王安本人却成为宫廷政争中的失败者。王安的权力来源于他与光宗的伴读关系。不过由于其为人过于方严，连明光宗也因畏生疏，"优礼虽加而心疏畏之"④。待到明熹宗即位，虽因王安在内廷中鼎力扶持以摆脱李选侍的控制，但以熹宗之纨绔，无疑更喜欢经常引他戏耍玩乐的魏忠贤，更何况后者还是其自幼依恋的乳母客氏的"对食"（假夫）⑤。

魏忠贤最初因谄附王安的名下魏朝，得以成为皇长孙（即熹宗）之母王才人的典膳太监，"安亦善遇之"。不久因与魏朝争夺客氏，惊动了王安，王安于是将魏朝逐出，却不知此举正成了他自身的祸阶。加之王安又于天启元年辞掉了明熹宗让他掌控司礼监的任命，更给了忌惮他的客、魏以可乘之机。魏忠贤于是嗾使给事中霍维华对其加以弹劾，在外调以后命李选侍的亲信太监刘朝将其杀害，并把他名下的大小宦官全部斥逐⑥。

王安去世对于东林党来说，实在是个莫大的损失，因此都御史邹元标等人听说以后，"咸为之流涕悼惜也"⑦。但由于此时魏忠贤正忙于在内廷中间布置势力，与外廷关系尚不密切，加之东林党人、内阁首辅叶向高对他笼络有加，尚不愿轻举妄动。

不过，随着内廷的异变，外廷也在加速着分化组合。由方从哲等人推荐，并已在天启元年六月入阁的大学士沈㴶，由于和魏忠贤、刘朝等的师生关系，很快沆瀣一气，沈㴶支持魏忠贤等编练内操，魏忠贤则支持沈㴶作为原在朝王

---

① 《国榷》卷86，天启四年四月乙巳；夏燮《明通鉴》卷78，天启三年二月郭巩的攻击。
② 查继佐《罪惟录·帝纪》卷14《神宗纪》万历四十年十一月。
③ 《明史》卷305《魏忠贤传》。另，刘宗周万历四十一年曾上疏为东林辩护，但也对东林予以批评，《刘宗周年谱》其子刘汋言："先生是疏逆睹东林后日之弊，而为之砭，要以化偏党归荡平。"《刘宗周全集》第6册《附录》。
④ 刘若愚《酌中志》卷9《正监蒙难纪略》。
⑤ 有关对食，可参沈德符《万历野获编》卷6《内监》。
⑥ 《明史》卷305《宦官二·魏忠贤传》。
⑦ 《酌中志》卷9《正监蒙难纪略》。

学内阁的衣钵传人与东林党人交讧。但由于东林党在外廷的强大,沈㴶孤立无援,天启二年便辞职而去。

由于沈㴶与内廷的交往,东林党人、给事中惠世扬,刑部尚书王纪,御史周宗建,刑部主事刘宗周等纷纷把矛头对准魏忠贤,但这样一来却无疑把自己推向了死地。一方面,随着魏忠贤势成,不少趋炎附势之徒如顾秉谦、魏广微、霍维华等纷纷投靠;同时东林党人对在朝王学的毫不容情,特别是天启二年赵南星接替邹元标出任左都御史之后,一反后者的和衷之论,"刚不可犯",以户科左给事中魏大中为谋主,其慷慨激昂或许不无可取,但最终却把稍微温和的人全都变成了宿敌①。

魏大中是一个值得注意的人物。此人后因与杨涟等人受到阉党的残酷迫害,因而列名东林六君子,但是详细考查东林受祸之由,魏大中其实难辞其咎。

魏大中与那些只在学术倾向上与东林相近的学者,或不谈学问而被指名的东林党人不同,不仅是高攀龙的学生,而且"终日谈学",因此被许为"真东林"。然而魏大中的性格似乎狷狂得有些过分,"气骨严冷如寒僧,未仕及仕后,持家约躬、敝衣疏食,多在常情之外"②。这种性格使他在政治上的表现未免过于刚严,对反对派不分青红皂白,一通胡砍乱杀,甚至因此被比作梁山泊的黑旋风李逵③。譬如内阁大学士魏广微,虽与魏忠贤关系暧昧,但作为老清流魏允贞(号见泉)的儿子,还不敢明目张胆与清流立异,而且屡次求见其父的好友赵南星,但却始终没有受到礼遇。魏大中也最恨魏广微,可惜一时抓不到他的把柄,恰巧天启四年十月初一孟冬庙祀,魏广微因来迟一会儿,于是被魏大中、李应昇等全力参劾,魏广微恼羞成怒,"遂生生逼上阳关路,始与(魏忠)贤通"④。因著《缙绅便览》一册,把东林视为邪党,反东林者视为正人,由阉人王朝用进献给魏忠贤,作为黜陟的依据,"忠贤得内阁为羽翼,势益张"⑤。

由于魏大中的刚直,东林党人的内部也逐渐发生了分歧。壁如当时恤典冒

---

① 《明史》卷244《魏大中传》;卷243《孙慎行传》。魏大中后任吏科都给事中。
② 孙慎行《恩恤诸公志略》卷1《魏大中传》。
③ 《东林点将录》。参朱倓《东林点将录考异》。
④ 刘若愚《酌中志》卷10《逆监乱政纪略》;《明史》卷244《魏大中传》。按魏大中欲弹劾魏广微,黄尊素去函阻止,魏不从。参黄尊素《黄忠端公文集》卷3《止魏廓园劾魏广微庙享不至书》。小野和子已注意,见氏著《明季党社考》第370页。
⑤ 《明史》卷306《阉党·顾秉谦传》。

滥，魏大中为除此弊端，以典制为依据，多有参驳，即使是东林党也不例外。在利益集团主要以地域划分的时代，这种情形很容易被理解为以南畿为中心的东林党人在向其他地区发难：

> 东林中，又各以地分左右，大中尝驳苏、松巡抚王象恒恤典，山东人居言路者咸怒；及驳浙江巡抚刘一焜，江西人亦大怒，给事中章允儒，江西人也，性尤忮，嗾其同官傅櫆假汪文言发难。①

章允儒、傅櫆本来都算得上东林一派，傅櫆还因疏救刑部尚书王纪险些遭到贬斥，全都靠叶向高的庇护②。而就在天启四年傅櫆与魏忠贤的外甥傅应星结为兄弟，以左光斗、魏大中信用汪文言以"招摇都市"为名，企图一网打尽。由于利益之争，东林党内部的松散联合此时发生了分裂。这一事件同时也标志着以躬行践履闻名的江右王学，其"名节之风至是荡然"矣③。但黄尊素虽作此说，心中对这位同年的作风却不以为然，曾致书后者：

> 弟知年兄所持者法，岂暇照管人情。然人情亦有天理处，譬诸人之劲力不仆，骨也；朝夕相与，面也。有骨无面，天下岂有此等形骸？亦骨肉停匀之为人而已矣。年兄日以收拾人望、联络吾党为世道第一紧关，今以臭味之得力者一朝涣散，愿熟筹之也。④

缙绅之祸迫在眉睫，东林党于是使出了丢车保帅之计。汪文言本来曾在王安被杀以后下狱，后因系从犯，"得末减，益游公卿间"，韩爌、赵南星、杨涟、左光斗、魏大中等都和他相互往来，因此被叶向高任命为内阁中书。及至汪文言再次下狱，朝局已变，很明显是阉党集团借机向以南畿为中心的东林党发难，于是御史黄尊素便嘱咐镇抚刘侨："文言无足惜，不可使祸延缙绅"⑤，为求丢车保帅，黄尊素早已顾不得汪文言本来曾经是东林党的大功臣了。

---

① 《明史》卷244《魏大中传》。
② 《明史》卷240《叶向高传》；《明通鉴》卷78，天启三年九月。
③ 傅櫆于天启四年六月杨涟上疏后曾继之弹劾魏忠贤，参《明通鉴》卷79，天启四年通鉴考异。夏允彝以为傅以弹魏自解，参《幸存录》卷上《门户大略》。"西江名节之风荡然"语出黄尊素《说略》。
④ 《黄忠端公文集》卷3《文略·止魏廓园抄参恤典书》。
⑤ 《明史》卷244《魏大中传》。另参《黄忠端公文集》卷3《文略·汪文言传》。

由于叶向高的论救，最终只是把汪文言除名，魏大中等也都没有受到株连。但是这一事件使得一些东林党人深觉时势的危急，而一劳永逸的办法便是除掉魏忠贤。于是就在这一年的六月初一，时为左副都御史的杨涟，抗疏弹劾魏忠贤二十四大罪。然而自以为曾受顾命、对明熹宗摆脱李选侍的控制有莫大之功的杨涟，高估了自己的影响力，明熹宗本来庸懦不堪，而且在魏忠贤的控制下，根本无法见到杨涟，那么结果也就可想而知了："上懵然不辨也，遂温谕留忠贤，而于次日下涟疏，严旨切责。"①

　　事实上，杨涟这份措辞激烈的奏疏不仅没有撼动魏忠贤的根本，反而使东林党内部发生了越发严重的分裂。在此之前，黄尊素便曾质疑道："除君侧者，必有内援，杨公有之乎？一不中，吾侪无噍类矣"②，对魏忠贤的实力有着比较清醒的认识。而内阁首辅叶向高正致力于对魏忠贤加以笼络，对此大为不满。其门生缪昌期力劝叶向高主持其事，但却因过于直率，导致双方关系逐渐疏远③。

　　那以后，随着首辅叶向高、吏部尚书赵南星、左都御史高攀龙、内阁大学士韩爌、朱国祯等相继罢职，东林党人逐渐大势已去。就在天启四年的十二月，汪文言重新被逮捕，并由此牵连杨涟、左光斗等人，东林党人遭到了疯狂的镇压。同时阉党集团还撰写《三朝要典》，推翻三案，并于天启五年拆毁天下书院，尤其是与东林党人有关的京都首善书院、无锡东林书院以及关中、江右、徽州等地的书院。随之各地天灾人祸不断，似乎真有了亡国的气象。

三、"门户"观念溯源

　　万历朝东林学派与在朝王学，以及天启朝东林与阉党之间的相互争论，用当时人的话来说，乃是一场"门户之争"。针对这一说法，东林党人黄尊素颇不以为然：

> 　　门户二字，伎院名也。昔成祖时发逊国忠臣妻孥于教坊司，颇为亏损圣德。今者国家动称门户，以此诱人，以此谤人，亦以此攻人，恐此二字与国运终始。④

---

① 《明史》卷244《杨涟传》。
② 《明史》卷245《黄尊素传》。此黄尊素《说略》之言。
③ 黄煜编次《碧血录（下）》，《缪西溪先生自录》。
④ 黄尊素《说略》。

在今天，争论明季党争是否称作门户似已无必要，问题是这一称谓本身到底蕴涵着哪些消息？

门户的本义是指门扇，《管子·八观》所谓"宫墙毁坏，门户不闭"，其实也就是"门"的意思①。由此引申，门户一词具有了门路、关键、枢纽等抽象含义。《鹖冠子》："先王用之，高而不坠，安而不亡，此万物之本，天地之门户。"② 此即《系辞》所谓"乾坤，其易之门欤"的意思。同时，门户还可以指代家业、家庭、家族，东汉以后世家大族的兴起，还逐渐具有了"门第"之义。南朝徐陵《答诸求官人书》所谓"门户虽高，宦资殊屈"等等。门户的这些含义在历代文献中间比比皆是，不胜枚举。

不过，无论是门路、关键、家族、门第诸义都与晚明时代"门户"的这一用法并不完全吻合。同时，由于"分门别户"这一含义在现代语汇中仍然使用，以往研究并没有以概念视之，因而也就忽略了门户概念的思想史意义。

如前所述，门户既然可以引申为门路、门径，也可以由此引申为学术研究的径路。这一用法在唐宋以前并不经见，但在那以后却逐渐被概念化了。程颢说：

> 昔七十子学于仲尼，其传可见者，惟曾子所以告子思，而子思所以授孟子者耳。其余门人各以其材之所宜者为学，虽同尊圣人，所因而入者，门户则众矣。况后此千余岁，师道不立，学者莫知其从来。③

在这里，门户是指孔门弟子学术上的不同进路，"门户"因此也就是"学术"，因为"学术"一词在其本源的意义上，也就是"觉悟之路"④。

在儒学史上，为后人提供了具有实践意义的学术进路主要有两条，那就是从子夏到荀子，讲究学统的传经之学，以及颜曾思孟一派讲究道统或自得的德性之学。

道统论兴起是中唐以后士大夫师道精神复兴的重心所在。在这一运动中，无论是古文运动，理学思潮兴起，还是"义法史学"之提倡，都致力于通过

---

① 黎翔凤《管子校注》卷5。
② 《鹖冠子》卷上《道端》。
③ 程颢《邵尧夫先生墓志铭》，收入《邵雍集》附录。
④ 参拙作《学术自由与中国的思想传统——兼论会通派王学与晚明经学的突破》。

对道的重新诠释来完成文化与政治秩序的重建①。通过道统的塑造，心性之学取得了相对于传经之学的学术优势。道统的重建因此也就是一次"门户"的重建，只不过这一新的"门户"被赋予了孔门"传心之法"的地位而已。

学术路径既然可以称为门户，对于理学家来说，捍卫道统也就是捍卫由尧舜以来这一"千圣相传"的"圣学门户"②，同时贬低汉唐经学以及释、老等其他"门户"。至少在理学家朱熹那里，道学门户论已经成为一种概念上的自觉。在给吕子约的信中，他勉励后者：

> 今既能以前事为戒，凡百应酬，计亦例加节啬，然区区之意于此犹不能忘言，更祝深以门户道学之传为念，幸甚幸甚！③

在捍卫"门户道学"的同时，他坚决反对"释老门户"：

> 只其资质恬净，无他外慕，故于此大头段处窥测得个影响。到此地位，正好着力，却便堕落释老门户中去，不能就圣贤指示处立得修己治人正当规模。④

在他看来，"圣贤之教未尝不有一定之门户以示众人"⑤，甚至到了"集大成"这种"圣贤地位极至处"，在一般看来"岂有门户之可言？"朱熹也认为"然其所谓知有偏全，则行亦有偏全，必自致知处而入，则得之矣"，依然要捍卫他的"格物致知论"⑥。

这种思想反映到对经典的认识上，便是必须讲究一定的为学次第：

> 熹尝闻之师友，《大学》一篇，乃入德之门户，学者当先讲习，知得为学次第规模，乃可读《论》《孟》《中庸》。先见义理根源、体用之大略，然后徐考诸经，以极其趣，庶几有得。⑦

---

① 参拙作《义法史学与中唐新史学运动》。
② 《朱熹集》卷46《答黄商伯》；卷64《答汪会之》。
③ 同上书卷47《答吕子约》。
④ 同上书卷54《答赵几道》。
⑤ 同上书卷51《答曹立之》。
⑥ 同上书卷61《答林德久》。
⑦ 同上书卷26《与陈丞相别纸》。

朱熹的门户论在其同时代便受到强有力的挑战，这就是心学家陆九渊。陆九渊的观点建立在"东海西海，心同理同"的基础之上，在他看来：

> 学者求理，当唯理之是从，岂可苟私门户？理乃天下之公理，心乃天下之同心，圣贤之所以为圣贤者，不容私而已。颜、曾传夫子之道，不私孔子之门户，孔子亦无私门户与人为私商也。①

因此，"后世言'学者须要立个门户'，此理所在，安有门户可立？学者又要各护门户，此尤鄙陋"②。由此可知，陆九渊主要的批评对象应该便是朱熹。

当然，以公理或公心为理由来反对门户论，在理论上并不怎么成功。姑且不论程朱理学也强调人心皆具此公共之理，与陆九渊的说法并不矛盾；只从陆九渊无法否认"圣学门户"与"释老门户"应该有所区隔，便大概可知陆九渊的观点为何在当时无法胜过朱熹了。因为宋代儒学的主潮正是要摆脱汉唐经学及魏晋以来佛道两家的窠臼，建立起新的自我意识，程朱理学之门庭严峻，恰好是其时代精神的体现。同样，门户论的提出，以及道统与政统之间的壁垒森严，尽管在义理上似乎有失圆融，却最能使师道精神十字打开，有利于在现实中表达自身，代表着宋代儒学的典型形态。

这样，陆九渊尽管意在取消朱学的门户论，但朱陆之分事实上却使二者分别成为理学内部新的门户。随着朱学在金元以后逐渐成为官学，门户论成为排斥异己的手段，变成学术发展的最大束缚。到了明代，王阳明首先便把矛头对准门户论：

> 今良知之说，已将学问头脑说得十分下落，只是各去胜心，务在共明此学，随人分限，以此循循善诱之，自当各有所至。若只要自立门户，外假卫道之名，而内行求胜之实，不顾正学之因此而愈荒，党同伐异，覆短争长，而惟以成其自私自利之谋，仁者之心有所不忍也。③

---

① 《陆九渊集》卷15《与唐司法》。
② 同上书卷34《语录上》。
③ 《王阳明全集》卷6《文录三·寄邹谦之（丙戌·五）》。

其门人王宗沐也因朱陆相分而痛斥道：

> 独怪夫学绝道丧，门户之多而党伐之众，则言多而道益晦，此任道之士所为惧而不敢安也。①

王阳明的论证方式可以与孔子因材施教的理论相通，比陆九渊的心同理同之说其实更有说服力。但对于官方学说而言，只要与己不同就是新的门户，这也就是为什么万历初年张居正要以"别标门户，聚党空谈"的理由来反对王学讲学了。张居正的反门户论不仅是要取消一切争论，而且要求整个士大夫集团必须与权力中枢保持高度一致。

最后从学理及实践两个方面彻底消解了门户论的，其实是王畿以后的会通派王学。如前所述，门户论的提倡在理学史上是和道统论同时兴起的，道统之回溯本身就是在标榜着自身的门户。门户论与道统论在理论上对应着《庄子·天下篇》所谓"道术将为天下裂"，不同学派都把自己一系的学说看成必由且唯一的觉悟之路。但在会通派王学那里，道本来就是一个整体，通向大道的不同方式只是径路的不同，但其归宿却是一样的，换言之，道不需要"统"的存在，李贽所谓：

> 道之在人，犹水之在地也；人之求道，犹之掘地而求水也。然则水无不在地，人无不载道也审矣，而谓水有不流，道有不传，可乎？顾掘地者或弃井而逃，或自甘于混浊臭秽终身不见甘泉而遂止者有之，然而得泉者亦已众矣，彼谓"轲之死不得其传"者，真大谬也。②

于是，在王阳明那里还具有强烈门户色彩的良知说，到了王畿那里便被改造成"范围三教大总持"③，成为儒、道、佛乃至所有道术的"公共之理"。无论是修习儒业以经天纬地，还是吃斋念佛了此一大事因缘，本质上并无不同，都是通向道的不同途径而已。在晚明道统论崩溃的大氛围下，门户论被彻底消解了，表现在心性论方面，便是王畿的"四无说"以及万历时代各种心体

---

① 《陆九渊集》附录一《王宗沐序》。
② 李贽《李温陵集》卷15《道学》。参本书第二编第三章第三节。
③ 王畿《龙溪王先生全集》卷10《与李中溪》。

"无善无恶"论。也正是在这一意义上，东林学派以其强悍的立场捍卫着性善论这一传统的理学门户，并由此使"门户"正式成为政治儒学领域的重要概念。

张居正以后，门户一词已经极具政治上的敏感性，王阳明从祀孔庙之际，内阁首辅申时行便曾反复向神宗强调王学与朱学并非分别门户，势同水火。或许因为门户一词的敏感，这一时期重新开始流行另一个词汇，那就是古已有之的"宗旨说"。《老子》所谓"言有宗，事有君。"历代学者大体在相近的意义上使用"宗旨"概念。阳明《传习录》也屡以"宗旨"为言。但考虑到东林后学大都不再使用"门户"概念，或许也代表了某种程度的自觉。冯从吾这样说：

> 论学当先辨宗，宗旨明白功夫才能不差。仙家自有仙家宗旨，佛氏自有佛氏宗旨，与吾儒宗旨全不相干。①
>
> 吾儒之学以理为宗，佛氏之学以了生死为宗。②

宗旨说后来在黄宗羲那里集其大成，他说：

> 大凡学有宗旨，是其人之得力处，亦是学者之入门处。天下之义理无穷，苟非定以一二字，如何约之，使其在我？故讲学而无宗旨，即有嘉言，是无头绪之乱丝也。学者而不能得其人之宗旨，即读其书，亦犹张骞初至大夏，不能得月氏要领也。③

四、晚明政争中的"门户论"

东林学派兴起的主要背景，是在朝王学已经在内阁居主导地位，在野的会通派王学亦日趋成为学术主流。因此，东林与反东林两派之间关于"门户"的争论，在一开始就和政争紧密结合在一起。早期的在朝王学与会通派王学尽管在行动取向上颇有不同，但在理论上却同样主张会通，讲究包容，反对门户。譬如王畿的门徒，后来曾任内阁首辅的赵志皋便这样评价另一位会通派王

---

① 冯从吾《少墟集》卷1《辩学录》第四十二章。
② 同上，第四十四章。
③ 黄宗羲《明儒学案·发凡》。

学家罗汝芳：

> 第今之讲学名家分门别户，竞相标榜，稍相抵牾而气不相下，一窥影响而执之为有得者，举在先生下尘矣。①

由于东林学派与会通派王学、在朝王学在理论上关于心（性）体善恶的争执，使得东林学派在事实上成为程朱理学的门户嫡传。但即便如此，同为东林党人的邹元标、曹于汴等人也都以反对门户知名②。对于后者而言，既有学术本身的因素，也有和衷共济之意。这与东林学派内部在心性义理上的不同归趋是吻合的。

但学术上的门户论却很快就进入到政治领域。万历前期，不论是阁部之争，还是清流集团与在朝王学内讧，由于共同渊源于张居正时代的清流集团，因此大都不愿显分门户，共同维系君子之风的体面。申时行、王锡爵对皇帝的支持往往是通过秘疏，便是一个显例。直到万历中期沈一贯入阁以后，"以才自许，不为人下"，和以东林为首的清流集团公然决裂，于是互相以党相攻，"此东林、浙党之所自始也"③。那以后直到万历后期，齐、楚、浙、昆、宣党系林立，形成连轴转似的门户之争。特别是万历三十七年东林党人李三才谋求入阁一事，激起东林与反东林两派混战，"门户之说于斯而盛"④。在政治上打着东林的旗号，以君子自命的东林党人也便因此被反东林一派看成是主动挑起门户之争或党争。

前面已经指出，在万历、天启之际反对东林的政治人士大致从意识形态理念上可以归于在朝王学一派。在朝王学尽管在徐阶、耿定向时代也曾经是讲学运动的积极倡导者，同样以清流自居，并因此被反对者视为"门户"。但随着自身地位变化，特别是当王学成为准官学以后，却对东林党人的"标新立异"变得越来越不耐烦。这一趋势发展下去，最终必然导致与张居正类似的反讲学政策出台。万历四十一年十月，齐党领袖、礼科给事中亓诗教便在所上奏疏中直接把挑起门户之争的过错归罪于东林党：

---

① 赵志皋《近溪罗先生墓表》，载《近溪子附集》卷2。
② 曹氏观点可参其《仰节堂集》卷8《与邹南皋先生》诸篇。
③ 夏允彝《幸存录》卷上《门户大略》。
④ 谈迁《国榷》卷81，万历三十七年十二月乙丑。

> 今日之争始于门户，门户始于东林。东林倡始于顾宪成，后刑部郎中于玉立附焉。宪成自贤，玉立自奸，贤奸各还其人，而后奔竞招摇、黩权布党，羽翼置之言路，爪牙列在诸曹，关通大内，操纵阁部，朝廷大权，握于东林。三年京察则处王绍徽，年例则处朱一桂，行勘则处熊廷弼，党同伐异，顾宪成而在，宁愿见之哉？

疏末还直接讥刺东林党人、内阁首辅叶向高①。在这里，门户一词逐渐被取消了党争各派分立门户这样的中性含义，直接指向了东林党人。这也可能就是为什么东林自身也多避门户之名，即便在谈学问的时候，也常常用"宗旨"一词来代替"门户"了。

随着在朝王学逐渐向阉党转化，对禁讲学也越发产生了兴趣。天启二年九月，兵科给事中朱童蒙便上疏反对在京师主持首善书院的左都御史邹元标及副都御史冯从吾：

> 宪臣议开讲学之坛，国家恐启门户之渐。大公之世，倡生门户，则蚌蠹必作；职业之外，分用身心，则责任不专。乞敕谕二臣，立寝此举。②

所谓"大公之世，倡生门户"，实际便是指责讲学活动所造成的不同声音，破坏了朝内的一尊局面。昔秦相李斯所谓"天下无异议，则安宁之术也"，在阉党对门户观念予以打击的背后，可以看出其政治见解与李斯、张居正等的一脉相承。

邹元标晚年在学术倾向上接近于会通派王学，上台以后倡导和衷共济，在随后的上疏奏辩中尽管也对传统门户说表示反对，但却捍卫了自由讲学的立场：

> 天下治乱，系于人心，人心邪正，系于学术。臣等所讲论者，惟是销反侧以归正直，若是分门别户，则名教所不载也。若以臣等讲学宜放，则

---
① 《国榷》卷82。
② 《国榷》卷85，天启二年九月丁酉。

"切磋道学"一语,直济穷拔苦良方,非尽性致命妙理,亦视斯道太轻矣。①

并同时请求罢职。相比较而言,冯从吾因为在学术上并不反对门户论,迫于压力,大概未敢直接置对,仅以"臣子望其君以讲学(指经筵日讲)而自己不讲,是欺也"②,含糊其词,但其真实看法却是:

天下有升堂入室而不由门户者乎……论道体则千古之门户无二,论功夫则从入之门户不一,第求不诡于孔氏之道,各择其门户以用功,不自护其门户以立异可也。③

朱童蒙上疏以后,在内阁首辅叶向高的票拟下,天启皇帝对邹元标求退温旨慰留,并表示:

讲学原是教人忠孝,自祖宗朝未有此禁,但不可自立门户,致起争端。邹元标、冯从吾素称忠说,岂至徇私招引,自失生平?且向来门户亦因言官议论混淆所致。各宜省改。④

但不久工科给事中郭允厚又上了一份措辞更激烈的奏疏抨击邹元标,说他"爱书欲就,堂上投笔而问弥陀;讯语未毕,檐下笑语而谈释迦",以及昔日因触怒张居正遭到廷杖,如今张居正恢复谥号邹氏却隐忍不言,"岂学问亦堪阿世,而会讲总不越事情耶?"当时魏忠贤刚刚掌权,正欲借机打击东林党人,下旨称"宋室祸败由于讲学",试图严加谴责。内阁首辅叶向高不忿,于是疏请同去,最终才更改了措辞的口气⑤。但给事中郭兴治、郭允厚等见上意已移,交章力攻,邹元标、冯从吾于是相继致仕。

邹、冯二人因讲学门户去职,为东林党人遭到全面清洗拉开了序幕。在以后的几年中,东林系统的高官如赵南星、高攀龙等纷纷下野,阉党集团逐

---

① 《明熹宗实录》卷26,天启二年九月壬寅。
② 同上。
③ 冯从吾《少墟集》卷7。
④ 《明熹宗实录》卷26,天启二年九月庚子。
⑤ 《明熹宗实录》卷26,天启二年十月丁卯。

渐形成。天启五年正月，阉党人物、左都御史乔应甲自以为"舆论渐明"，于是专门上疏讨论"时局门户"，攻击二十年来，东林党"私相推戴，力排公论。有东林则有羽翼，张问达假门户以翻局，赵南星假门户以固局"，为东林与门户的关系一锤定音。那以后东林党人姜逢元、周洪谟、杜齐芳、萧命官、杨廷槐等便直接因"呈身门户"或"久依门户"去职①。门户正式成为一个清洗政敌的理由，当然，同时也作为一个具有实际指向的概念，留在时人的记忆当中。

第二节 声气集团与明季社局

　　天启时代，在打击"门户"的口号之下，以东林书院为首的讲学团体遭到严重摧残。这一次打击相较于明中叶以来思想界的一系列挫折无疑都更为彻底：嘉靖初年针对王学的伪学之禁尽管由最高统治者亲自推动，但其最大效果也不过是"京师讳言学"②，王学在民间的势力还在如火如荼地发展；万历初期张居正对讲学的打击虽然亦使后者一度消沉，但随着张居正去世，得以亲政的明神宗重新推行"崇重儒学"的文化政策，"向来禁毁之议尽格不用"③，各地的讲学运动很快复苏，书院也纷纷修复，并在万历中期达到极盛。但嘉、万时期讲学运动的繁荣局面崇祯以后却没有重演，对理气心性、本体工夫等义理问题的探讨，不再成为多数士大夫共同关心的问题。这固然与晚明学术自身的发展有关，但时代所催生的新的问题意识也确实发生了变化。随之而来的，则是一批以八股时文为武器的晚明诸生，纷纷走上社会运动的前台。特别是江南诸生，以结社形式，主动接过东林的旗帜，成为师道精神新的载体。这一党社运动固然因为清初的高压政治而风流云散，但却成为晚清民权革命的精神先导，草蛇灰线，绵延未绝。对这一问题学界作出过不少具体研究，并提出了各异的解释框

---

① 以上参《国榷》卷87天启五年正月乙亥、丁丑，卷87天启六年三月丙寅、己巳，卷88天启七年正月丙子、戊寅、四月壬戌。
② 《王阳明全集》卷36《年谱·附录一》，嘉靖十一年壬辰正月。
③ 沈鲤《亦玉堂稿》卷7《敦伦书院记》。

架①。本节无意对此重新予以追述，而是尝试以"声气"这一为人所忽视甚至曲解的概念入手，从精神史角度，对晚明清初这一士大夫运动作出新的诠释②。

一、讲学、清议与公论

晚明诸生何以能在时代大潮当中成为一个具有共同精神取向的社会群体，从消极意义上说，固然是书院讲学及在朝士大夫由于天启时代的打击，一时难以恢复元气，所谓"蜀中无大将，廖化作先锋"。譬如明季四公子之一的侯方域便在所撰《朋党论》中强调了"草茅之士"的价值③。但从积极意义上来说，则是明代社会自身发展之下，诸生群体主观精神高涨的产物。正是在师道复兴运动最为激烈的明中叶以后，明代社会可以大致分离出一个一般性的"乡绅"阶层④。在国家与社会这一二元对立模式之下，乡绅阶层因其所处的中间地位在明清社会史领域受到重视。

诸生在明清两代不过是指已经进学的生员而已，在整个乡绅阶层中间，属于具有最少特权的人士，尽管不少诸生可能出自世家豪族，但许多仍然出自社会的中下层。令诸生群体在晚明脱颖而出的首要原因其实是这一群体之间天然的组织形式，以及由此形成的一种公共交往方式。在儒学普世性观念浸润下，这一公共交往方式内部隐含着某种共识，这就是所谓清议。顾炎武云：

> 古之哲王所以正百辟者，既已制官刑儆于有位矣，而又为之立间师，设乡校，存清议于州里，以佐刑罚之穷。"移之郊、遂"，载在《礼经》；

---

① 值得注意的，首先是谢国桢《明清之际党社运动考》，把党社作为明清之际士大夫运动来加以理解。此外，侯外庐《中国思想通史》以阶级分析视角对东林党加以研究，影响了嗣后中日学界对相关问题的思考视角。在日本学者中，沟口雄三、小野和子皆把党社与社会的中间阶级联系起来，强调东林人士对抗一元化君主政治的政治意图。美国学者贺凯（Charles O. Hucker）《明末的东林运动》一文则把东林运动理解为士大夫依托儒家理念对抗政治的典型，"是一支重整道德的十字军，但不是一个改革政治的士大夫团体"。相关研究尽管各有理据，但总的来说尚未把东林、复社的思想与晚明时代的经学义理有机地结合起来。
② 直到最近的晚明史研究，许多学者都会提到"门户""声气"等相关文献，但主要是随文引用，并在日常语义，譬如"分门别户"、派系相争、声气交通等意义上使用，尚未意识到这两个概念与晚明思想界的特殊联系。
③ 侯方域《壮悔堂文集》卷7《朋党论下》："朝廷有顽钝无耻之大臣，而后草茅有激浊扬清之名士。"
④ 据酒井忠夫考证，乡绅一语的一般性使用，可上溯到明代中期。参重田德《乡绅支配的成立与结构》，载刘俊文主编《日本学者研究中国史论著选译》第2卷《专论》。

"殊厥井疆",称于《毕命》。两汉以来犹循此制,乡举里选,必先考其生平,一玷清议,终身不齿。①

在中国的历史传统中间,清议一直作为弥漫在整个士大夫群体中间的自律力量而存在,作为现实政治及人际交流的尺度。周代的"国人"尚未脱离氏族社会传统,民众议论不仅是街谈巷议而已,其实也是政见的表达。国人的暴动不仅可以颠覆诸侯的政权,甚至连周厉王这样的暴君也不例外②。汉代举孝廉、魏晋九品中正制,无论如何被人诟病,但大量历史证据都表明其所依托的名教在现实中具有规范作用。有名的事例,如《三国志》作者陈寿,因为居丧期间使婢女和药,便为乡党所贬斥。特别是汉代三年丧的推行,一些无法遵守丧制、"寝苫枕块"的士大夫,甚至把妻子藏在地窖之中。这些出格行为背后,其实是清议的力量所在。对于士大夫来说,在察举制约束之下,一旦为清议所非,便难有出头之日。顾炎武这一叙述,揭示了清议起作用的机制所在。而在朝廷之内,自周代以来便有了各种形式的谏议制度,尽管不同时期作用会稍有不同,但同样是形成清议的重要原因之一。这一制度在明代不仅没有被废除,科道官甚至还具有了"风闻言事"的权力。这一权力不仅对官员本身是一种约束,对皇帝也不例外。最有名的便是海瑞对嘉靖皇帝的批评,所谓"嘉靖者,家家皆净也",以及雒于仁对万历皇帝所上的"酒色财气四箴"③。

随着科举制逐渐取代察举制,成为士人出仕的主要途径,清议的形式也在发生变化。唐代进士并不马上做官,依然需要有人为之延誉。至少在宋代,邸报或朝报开始出现,成为士大夫社会重要的公共媒介④。

在这一过程中,清议很容易与士大夫的组织形态如学校、书院等相结合,但却又不必然与某一具体的组织相结合。自然的,以清议自命的士大夫往往被称作清流,并对整个社会予以指导,从这个意义上说,清流所承担的,是一种天然的师道功能。这种功能或许常常因为清议倡导者的虚伪、私利及"某种专

---

① 顾炎武撰、黄汝成集释《日知录集释》卷13《清议》。
② 杜正胜《周代城邦》第二章特别强调了国人作为自由民的政治表达,可参。
③ 《明史》卷226《海瑞传》;卷234《雒于仁传》。
④ 《日知录集释》卷28《邸报》。按唐代已有名为"新闻"的小说,作为一种信息传播的媒介,但可能还不是稳定的载体。参李彬《唐代文明与新闻传播》第100—109页。

制品性"而颇受贬损①,但社会评价本身却无疑是一股现实的力量。在理论上,清议也就被理解为天理的自然体现,在宋明理学时代天理也就是人心"公共之理","人同此心,心同此理",这一点在不同系统的思想家中间都是一致的。

与明中叶师道复兴运动相表里的,首先是当时士大夫所热衷的讲学活动。这种讲学活动其范围不仅包括在野的或以学术为目的的士大夫,而且上至宰相,下及贩夫走卒,如前所述,除了泰州学派的一些平民讲学之外,一般以士大夫或乡绅阶级为中心。诸生群体在这一运动中间无论从学术修养还是社会地位等方面都无法真正起到领导作用,只能处于附属地位,但在历史的隐微之处,已经可以一瞥诸生群体的桀骜不驯②。

学校以外,讲会无疑具有更多的自由度。在明代中晚期许多士大夫那里,"会"或者如何心隐所说的"孔子家"③,是一个士人应然的存在方式;或者如顾宪成所谓"君子友天下之善士,况于一乡?我吴尽多君子,若能联属为一,相牵相引,接天地之善脉于无穷,岂非大胜事哉!此会之所由举也"④。而由君子之间的相牵相引,最终引导出一种公论:

> 其世治者,其论公于众;其世兴者,其论公于朝;其世衰者,其论公于野。上下不公,其世不可为已。故党锢息而汉亡,朋党尽而宋乱,夫公论弗可一日废也。⑤

然而,作为公共之理的道与公论毕竟有着主客观之别,把公理完全依托于公论,必然会导致公论本身的分裂。这是主持公论之人本身的堕落,以及因私意阑入而导致公论本身发生异化的结果,晚明儒者吕坤说:

---

① 赵园曾分析了明代清议式的"道德法庭",具有"某种专制品性",并认为明人对清议"可能成为施之于个人的保证,却没有表现出敏感"。氏著《明清之际士大夫研究》第218页。事实上,这在某种意义上也就是下文吕坤所谓"清议酷于律令"。但客观地说,道德舆论在任何时代都是具有约束力的东西,只不过不同时代约束的尺度不同而已,这同时也是师道本身的功能。在这个意义上,历史研究很难替古人越俎代庖。此外,清议虽然有时表现为道德舆论,但许多时候则是士大夫基于某种政治原则所形成的公论,后者乃是政治儒学的范畴。
② 譬如万历十四年罗汝芳赴南京国子监讲学,便受到诸生讥消。参本编第二章第一节。
③ 有关何心隐,可参本书第二编第二章第二节。
④ 顾宪成《泾皋藏稿》卷5《柬高景逸(又五)》。
⑤ 《明儒学案》卷48《诸儒学案中·崔铣学案》。

> 道者，天下古今公共之理，人人都分有底。道不自私，圣人不私道，而儒者每私之，曰圣人之道；言必循径，事必稽古，曰卫道。嗟夫！此千古之大防也，谁敢决之？然道无津涯，非圣人之言所能限；事有时复，非圣人之制所能尽。后世苟有明者出，发圣人所未发，而嘿契圣人欲言之心，为圣人所未为，而吻合圣人必为之事，此固圣人之深幸，而拘儒之所大骇也。①

真正的道浑沦完全，表现在具体事物分际中应该恰如其分。这一观点与王畿、李贽等人对道统论的颠覆，在文化精神上是相通的。倘一以私意介入其间则必成偏见，以此偏见作为清议，并获得了"话语霸权"，那么其后果也就可想而知了：

> 清议酷于律令，清议之人酷于治狱之吏。律令所冤，赖清议以明之；清议所冤，万古无反案矣。是以君子不轻议人，惧冤之也。②

这也就是清儒戴震的"以理杀人"之论，只不过二者在义理上的根据有别而已。至少在万历时代，随着门户之争的兴起，加之会通派王学对道统论的消解，嘉靖以来以讲学活动为依托的公论便日益分崩离析，这同时也标志着士大夫或乡绅阶级的分裂。其具体表征便是以"门户"为攻击对象的党争。诚如王安石变法所造成的北宋精英集团的政治共识破裂一样③，张居正之后晚明士大夫集团的分裂，可以视作明代灭亡的结构性因素之一。

二、作为清议载体的诸生

万历、天启时代的党争对士大夫政治的破坏是致命的，统治集团的最后崩解无疑是明代灭亡的根本原因。但中枢政治的崩解却并没有立刻颠覆整个社会结构，诸生结社是朝内党争的延伸。由此我们才能理解，在乡绅社会领域，何以会形成一个相对自律、并日受瞩目的清议集团，这就是晚明诸生。

李乐《见闻杂记》曾指出，明代中期以前儒学教官对诸生尚能"扑作教

---

① 《明儒学案》卷54《诸儒学案下二·吕坤学案》。
② 同上。
③ 参拙作《王安石与北宋时期的政治共识》，收入拙撰《新文化运动百年祭》一书。

刑",施以严厉责罚,"盖自嘉靖壬子、甲寅以后而此风浸衰矣"。这一时间其实有着特别的意义。因为嘉靖壬子、甲寅也正是徐阶开始推动京师灵济宫讲学,天下靡然向风的时期。这或可表明晚明诸生之以道自任是在士大夫的讲学风气的逐渐感召之下形成的。在前引王用汲与归有光的例子中,我们已经看到江南诸生对地方事务的涉入程度①。

许多研究者已经注意到,这种关系演化到极端的情况,便发生了明末无锡诸生联合起来驱除县令的一幕,令当时人产生"此虽庞令(名昌允,被逐县令)之过,而诸生之横亦太甚矣"的观感。有学者据此认为在晚明的许多地区,地方士绅已经逐渐具备了相对于地方官的优势地位②。由此看来,清初黄宗羲在《明夷待访录·学校》一文中所主张的公其是非于学校,并提出:"太学祭酒,推择当世大儒,其重与宰相等,或宰相退处为之。每朔日,天子临幸太学,宰相、六卿、谏议皆从之。祭酒南面讲学,天子亦就弟子之列。政有缺失,祭酒直言无讳";以及"郡县朔望,大会一邑之缙绅士子。学官讲学,郡县官就弟子列,北面再拜……郡县官政事缺失,小则纠绳,大则伐鼓号于众"等倡议,决非某种不切实际的空想,而是晚明已经具有的某些社会现象在理论上的自觉。

晚明诸生之成为新的清议或公论的发源地,还表现在他们与地方土豪劣绅的关系上。我们知道,明代乡绅阶层主要是依托于科举制所产生的身份特权而形成的,作为特权拥有者之一的诸生,本身便是乡绅群体的一部分。但是明政府所给予诸生的特权,又是乡绅群体中间最低的,这使得每当发生乡绅阶级的内部纷争时,缺乏势力背景的诸生又往往成为受压制的对象。譬如万历时期宣党领袖、国子监祭酒汤宾尹在居乡期间便曾强占生员妻子,引起诸生抗议,最后由于御史熊廷弼的庇护,后者反而遭到了镇压。同样,在归有光所领导的嘉定张贞女一案中,也发生过当地乡绅丘评事等受行凶人买嘱,向县令求情等事,这都是地方官与土豪劣绅相互勾结的一些典型事例。

万历四十四年所发生的董其昌家被抄一案,可以成为我们剖析诸生及其所代表的公论或清议的一个范本。董其昌是万历十七年进士,本来官声不恶,

---

① 参第三编第二章第二节。
② 参井上进《朴学の背景》。类似的例子还有不少,譬如:"天启元年,御史何某以事笞诸生。实坐不知,有何先显作祭文,倡诸生大哭于圣庙,群躁之,入署捶其皂隶,御史室家奔遁而逃,或匿于溷中。又执各御史(偏)【遍】詈之。御史至,谢罪不遑。"吴应箕《留都见闻录》,吴小铁点校,第37页。

《明史》说他"督湖广学政，不徇请嘱，为势家所怨，唆生员数百人鼓噪，毁其公署。其昌即拜疏求去，帝不许，而令所司按治，其昌卒谢事归。"加之书画集宋元诸家之长，因此享大名于当世。然而，就是这样一个与阉党保持距离，且"性和易，通禅理，萧闲吐纳，终日无俗语"的士大夫①，却因居乡横暴，落得个被抄家的下场。董其昌后来被列名《东林党人榜》，在崇祯以后应该得到过不少同情。关于其被抄家原由，就目前史料而言，大体是各说各话，尚有许多疑未能明之处。但从分析当时社会结构而言，却是一个极有价值的个案。因此本书所探讨的董其昌，不必视作历史学意义上的董其昌，而只是社会史意义上一个明季劣绅的故事缩影。

据说万历四十三年九月，董其昌次子董祖常率领二百余家人明火执仗，强抢府庠生陆兆芳家使女绿英，"以致通国切齿，造黑白小传《五精八魂记》以丑诋之。"② 次年三月，董祖常因诬陷华亭县庠生范昶为该书的主使人，不仅将范本人逼死，还把前往抗议的其母、妻及使女"百般辱治，有不可出口者"。造成公愤以后，董其昌不仅"不知悔过，出罪己之言""反去告状学院，告状抚台，要摆布范氏一门"。于是：

> 各处飞章投揭，布满街衢，儿童妇女竟传"若要柴米强，先杀董其昌"之谣，至于刊刻大书"兽宦董其昌，枭孽董祖常"等，揭纸沿街塞路，以致徽州、湖广、川陕、山西等处客商亦共有冤揭粘贴，娼妓龟子游船等项亦各有报纸相传，真正怨声载道、穷天罄地矣。③

在这一过程中起领导作用的正是当地的诸生。加之范昶本人亦是县学生员，"当念悲狐，毋嫌投鼠"，更令这些人不免生兔死狐悲之感。于是不仅公撰檄文，而且还趁进讲之机，向府县官员告诉，于是府县官员派人把董氏仆人责打了一顿。但董其昌却因为有了抚院官员的庇护，气焰极为嚣张，甚至公然请了打行与抗议的民众相对峙，终因事态激化，家产被抄，房屋也被付之一炬，"其昌尽室逃避，家业为之一空"④。

事实上，由董其昌一案的善后事宜，正可以看出诸生群体在反对土豪劣绅

---

① 《明史》卷288《文苑·董其昌传》。
② 又满楼主人《民钞董宦事实》。
③ 同上，《十五、十六民抄董宦事实》。
④ 《民钞董宦事实》附录《权斋老人笔记》所载《定陵纪略·董氏焚劫始末》。

的背后,其权力之争的实质。

家产被抄以后,董其昌见事已闹大,加之府县两级地方官员在告示及申文中间又受诸生影响,把批评的矛头对准自己,情急之下,致书署华亭县事、理刑推官吴玄水,希望他能把自己因犯民怨而导致"民抄"一事作低调处理,把事端引向学校诸生,"未求正法,先求正名,归其衅孽于学校而宽求于民,弟庶有解焉"①。但府县地方官员为防止事态进一步激化,却依旧把此事低调处理,吴玄水等人在申文中,只是抓了几个有名的地痞流氓上报,并认为生员发难"因事起一时,议出众口,并非纠众狂逞,实难妄指首从"②。

董其昌见一计不成,于是策动提学御史王以宁等抚、院官员下文批驳,指责府县官员"临变束手,则以无赖数人了事",甚至威胁他们"奉职无状,便当自劾而去"③。意图把学校诸生塑造成聚会挟制有司,挑战国家政权的形象。这一点在御史杨鹤的奏疏中表现得再明显不过了,当时昆山乡绅周弦昉刚刚因得罪当地诸生而遭到惩治,杨鹤于是把二者联系在一起,说到:

> 周弦昉之事未了,而华亭效尤。原词臣董其昌不知何事得罪,乡人纵火烧房,几于阖门俱烬。其昌起家中秘,列籍清华,即有不赦之条,宜赴所在有司官告理,或因而奏请处分,何至举家百口尽付之烈焰,一时汹汹不靖,通国若狂,放火故烧官民房屋者律有明条,不知当事何以处此。今三吴世家大族人人自危,恐东南之变将在旦夕。④

针对类似指控,松江府许多士大夫、举人分别撰写联名公揭,一方面把县学诸生从抄家事件中撇清出去,一方面揭露董其昌纠集"打行"、耀武扬威之状,最后说道:

> 安学校正以安郡城,若台台不加怜察……坐诸生于一网,甘心士类,为一家全胜之局,则他日有叵测之患,生辈居城者置不一言,亦与有责焉。⑤

---

① 《民钞董宦事实》之《十七日董求吴玄水书》。
② 同上书之《府学申覆理刑厅公文》。
③ 同上书之《学院驳批道申》。
④ 同上书之附录《御史杨鹤疏》。
⑤ 同上书之《合郡乡士大夫公书》《合郡孝廉公揭》。

大概正是这一段话把学校诸生与官方权力的关系点破，即师道与君道乃是联合起来共治天下，倘若地方诸生不予合作，甚至会有政权之虞。因此，抚、院官员的口气开始缓和起来，在判决的时候，把几名为首的百姓处决，而把在学生员中的领袖轻责了事。即便如此，那些被株连的生员仍然上书辩冤：

> 伏望当路大人，欲正士风，勿以缙绅、逢掖而分轩轾；欲申学政，弗以贵介、寒素而恣重罪，使众怒之首罪不得漏网于吞舟，无辜之屠儒不致冤沉于肺石，庶汉唐党锢之祸潜消，而祖宗培养之意不泯。①

以汉唐党锢自比，表明在地方诸生心目中，这一事件已经被视作官方对清议的打压。而清议的代言人已不必是乡绅中的贵介之士，也包括一些出身寒素的诸生。

董其昌一案其实彰显了晚明社会控制中，君道、师道与民众三个领域之间的复杂关系。对于民众而言，君与师都是统治阶层，但由于师在意识形态上同样起着一种清议或公论的职能，因此，在君道与民众或国家与社会之间，形成了一个中间地带，这个领域至少在被承认的意义上，可以宣称自己代表了正义或是"道"的化身。这个领域在国家与社会之间不仅仅在进行着缓冲，同时也在尽其所能地用"公论"来指导社会。

但是师道精神所依托的中间地带，又势必使这一领域成为不断分化的流变之域。导言中已经指出，师道的根据在于自得之道，既然如此，它的基础便只能是一种士大夫之间的相互承认。对这一领域予以保障的首先是一种舆论的力量，并由可以风闻言事的御史或给事中公诸朝堂之上，而非某种宗教、法律或契约式的保障。因此，随着实践领域私意或私利的阑入，师道精神所依托的载体发生分裂，在学术上师道概念也因之消解。这种分裂在政治上具有两种表现：在朝，则是官僚群体的党争；在野，则是由此产生次一级别的以声气相通的交际网络或集团。这些声气网络或集团内部又同时具有各自自我承认的公共交往方式，不同的领域内部具有其各自的"语言"。这些不同的"语言"，也就是各自的精神认同，以此为基础所结成的社会关系便是社。古人最初因为对共同的土地的信念，所以有社神或后土之祭，社因此也就成为公共交往之所。后世结社与民间的联宗相似，都是基于精神上的相互认同。这种精神上的共通

---

① 《民钞董宦事实》之《松江府辨冤生员翁元升等揭》。

性在明季社局的组织者那里其实已经有了清醒的认识。杜登春云:

> （古人）未尝以社名，胡为乎明季诸君子以取友会文之举而名之社也？何所取诸？取诸治田者之通力合作，守望相助，疾病相扶持已尔；取诸香山耆英之群聚，不论年齿，不拘等夷，同事于笔墨讨论间已尔。吁！毋怪乎门外汉之目我为朋党，多端中之无已时也。①

对于晚明江南诸生来说，这一使他们得以区别于以往讲学群体的"语言"，便是科举考试的八股文，或者说当时的时文，时文因此成为诸生之间的主要媒介②。正是由于时文的这一地位，以复社为代表的文学社团才能成为晚明士大夫师道精神新的代言人。文社之间声气相通，在主观上试图为当下的社会及政治现实，提供一种新的真理性建构。

三、声气领域之基础

在晚明，如同"门户"主要特指与在朝王学或阉党立异的东林党或东林学派一样，"声气"则成了以复社为领袖的明末文社的代名词。"以声气自任""声气主盟""声气中人"等等提法，在明末清初的史籍中比比皆是。

"声气"一词从其字面含义看，首先指"声貌语气"，《左传》形容君子"容止可观，作事可法，德行可象，声气可乐，动作有文，言语有章"（襄公三十一年）。这一用法在传统文献中间非常之多，但并不是我们所关心的那种意思。

本文所谓"声气"，也就是声应气求，其内涵源自古人对某些自然现象的认知。"声应"即今日物理学之所谓"共振":

> 天子将出则撞黄钟［之钟］，右五钟皆应……此言至乐相和，物动相生，同声相应之义也。（《尚书大传》卷二）

"气求"则源于古人"候气之法":

---

① 杜登春《社事始末》。
② 关于具体社团形态可参谢国桢《明清之际党社运动考》。后来许多研究尽管踵事增华，材料益备，但谢书大体已可以说明问题。

> 候气之法，为室三重，户闭，涂衅必周，密布缇缦。室中以木为案，每律各一，内庳外高，从其方位，加律其上，以葭莩灰抑其内端，案历而候之。气至者灰动。（《后汉书·律历志上》）

古人据说把苇膜烧成灰，置于不同律管当中，以占测节候。某一节候已至，则相应律管中的葭灰便飞出，这便是"气求"。"声应"与"气求"作为两种典型的感应现象，很早就被赋予了政治象征的含义，《易传》所谓：

> 子曰："同声相应，同气相求，水流湿，火就燥，云从龙，风从虎，圣人作而万物睹，本乎天者亲上，本乎地者亲下，则各从其类也。"

可以相互感应的事物因声气相通，故属于一类，此"类"非必依事物之自然本性而划分之类，而是宇宙生命中之"以息相吹者"（《庄子·逍遥游》），即"方以类聚"之"类"。这一浑沦完整的气化宇宙因而显现为依循不同途径而相互影响、相互呼应、相互沟通的声气网络或集团，这种感应，即名"声气"。

然而，"声气"一词理论上所蕴含的区隔性在实际历史中却并没有首先被强调。以"风声气韵""风声气俗"等面目出现的"声气"首先被赋予了"风气""风俗"等涵义：

> 汉魏以后书学始兴，逮于六朝，士大夫往往能书。如是数百年，至唐贞观、开元中，干戈弭宁，诸所以黼藻缘饰之具次第施设，而欧、虞、褚、陆、阎、郑、王、曹等辈鳞比栉拥，皆极一时之选。此虽人事，亦天运有所启而然与？自是浮沉显晦又数百年，而得宋之庆历、元佑（祐），风声气韵大略与唐人无甚相愧。①

> 近年以来风俗一变，上自朝廷缙绅，下及闾巷韦布，相与传习一种议论，制行立言专以蕴藉袭藏、圆熟软美为尚，使与之居者穷年而莫测其中之所怀，听其言者终日而不知其意之所向，回视四五十年之前风声气俗，盖不啻寒暑昼夜之相反。②

---

① 戴表元《剡源戴先生文集》卷13《送王子庆序》。
②《朱熹集》卷83《跋余岩起集》。

这里所谓"风声气习""风声气俗"等等，所针对的都是某一时期士大夫的整体取向，某一时期的社会潮流，或者某一区域的文化风俗，这与社会本身尚未高度分化的现实是相应的。然而到了明末以后，许多迹象都表明，"声气"已经越来越成为一个有着具体指向的名词，黄宗羲所谓：

> 自余束发出游，所交于杭郡之诸子，凡三换焉。始闻子将、严印持主持声气，其所谓读书社者，余皆得而友之。①

王夫之也说：

> 崇祯初，文士类以文社相标榜，夫之兄弟亦稍与声气中人往还。②

钱谦益则说：

> 往吴越间，以文章声气相慕说者，凡十余曹。四十年来，如夔罔之观人，去者已过半矣。③

在这一时期尽管"声气"一词的传统用法依然在使用，譬如钱谦益形容瞿纯仁"神仙中人也，骤而与之语，落落穆穆，如不可人意者。周旋久之，声气款洽，棋酒杂进，谈谐间作，与其居者，往往不能舍去"④，此"声气"即"声貌语气"之意；又形容王象春在万历中，"当是时，党论已成，凡南北部魁，海内所指目为东林者，季木皆与声气应和，侃侃然以裁量贤佞、别白是非为己任"⑤，此声气即声应气求之意；但是"声气"一词新的特定含义也是很明显的。在这一用法中，声气往往与"文社""文章"等相互关联，这在明清之际的作品中比比皆是，表明这种具有特定含义的"声气"乃是依托于这一时期的科举时文而形成的。

晚明诸生声气沟通的媒介首推时文，吴伟业云：

---

① 《黄梨洲文集·碑志类·查逸远墓志铭》。
② 王夫之《姜斋文集》卷10《家世节录》。
③ 《牧斋初学集》卷37《邹孟阳六十序》。
④ 《牧斋初学集》卷55《瞿元初墓志铭》。
⑤ 《牧斋初学集》卷66《王季木墓表》。

> 自制举艺之法行,其撰著之富,单行可传,无如临川陈大士际泰。大士与其友罗文止万藻、章大力世纯、艾千子南英,实共为此学。三子者仅举于乡,大士久次诸生未遇也。金沙周介生钟始以制艺甲乙天下,其推重者曰临川、莱阳。莱阳宋九青玫父子兄弟治一家言,于临川不及也,然最以科第显,盖介生为此说。逾年,而吾师张天如先生(讳溥)从娄东往,复社之举自此始。①

社在殷周本来是不同族群祭祀土地之神的所在,代表了人群的公共性。所以古人"赏于祖,戮于社"(《尚书·甘誓》),前者是为了表达亲亲,后者则是为了表示公正。文社则是读书人之间的一种公共交往方式,其起源或许与读书人一样古老,只不过最早的读书人聚会未必以文社的为名罢了。在现存文献中,最晚在晋代已经产生了以"莲社"等等为名的念佛群体了。至明中叶,士大夫之间以理学相切磋的公开讨论多以"讲会"为名,而小范围的聚会如"读书会"等等也非常之多。其他如三数友朋的诗酒唱和,无论是否打着"社"的名目,都是极为普遍的,社本来便是传统士大夫的基本生活方式。俞正燮《癸巳存稿》云:

> 《日知录》谓社是盗贼之称,明学士称同社不知其意,其论甚快。今按社歇后语也。祭社会饮谓之社会,同社者,同会也,古有莲社……《宋史·孙觉传》云:"胡瑗弟子千数,别其老成者为经社。"吴自牧《梦梁录》云:"文士有西湖诗社,武士有射弓蹴弩社。"又有诸集社名目,元有白莲月泉诗社,明复社多八股语录,几社多奇士伟人……(今)俗之敝,士通文曰词坛,曰吟坛,亦社坛也。②

晚明文社领袖张溥则别有所见,在《广应社再序》一文中,他把社比作苏洵心目中的家族。苏洵曾撰写《苏氏族谱亭记》,希望同族之人一同祭拜祖先,守望相助,遵守礼法,美化风俗。张溥则把苏洵这种同族之间的相互期待加诸朋友,他说:

---

① 吴伟业《复社纪事》。
② 谢国桢《明清之际党社运动考》一《引论》。

> 予于是感之，而慨然以兴，以为得其说，可以序今日之应社矣。夫朋友之义与宗族之情，其本粲殊，比而同说，则安称焉？然而有其一者，所谓亲亲之道，彼此之通也。且以十五国之人各方峻阻，一旦而道姓氏、称兄弟，虽人事之应求，原其声气，不可谓非天也……是以社名之立，义本《周官》，而今之文士取以为号，择而后交，在久不渝，四海之大，有同井之风焉，斯又王道所存也。夫观其繇来，朋友之戚，系于人伦，而士与士言士，归之本业，出入进退不能离，穷愁祸患不能舍，若是而比于宗族，非过也。①

所言社名出自《周官》，当是根据《说文》"《周礼》二十五家为社"之说。把朋友结社或讲会比作家族，其实便是经学视野下"齐家"观念的拓展②。这与何心隐称求仁会为"孔子家"，意义是相通的。至于明季文社之所以繁盛，谢国桢认为：

> 由于明嘉靖大江南北以及山、陕个别地区经济极为繁荣，水陆交通也很便利，所以文人的社集，到了明季最繁盛了……一般士子们集合起来习举业，来作团体的运动就是社，他们或十日一会，或月一寻盟。……并且社事的集会，有读载书歃血等事，所以又名作社盟，而他们集合同社的文章，选出来，就是社稿。③

前面已经指出，明代时文风气的变化在明中叶以前，其实一直是受官方控制的。当时每一科考试以后都要由官方把中式的举子文章汇集起来编为乡试录及会试录。其用意一方面是有利于最高统治者对之加以审查，另一方面也可以作为后来举子撰写八股文的表式。但随着明中叶以后官方在意识形态领域的控制逐渐放松，乡、会试录逐渐成为文人们炫耀声名及文采的园地。这种局面的出现，一个突出结果便是把文章优劣的评定权由主试官员逐渐下放给不一定具有学责的著名文士。加之以王学为主导的师道复兴运动兴起，士大夫阶层声气相通更加频繁，时文领域受到这一风气的影响，变得更加自由开放。不仅观点

---

① 张溥《七录斋集·文集》卷1《广应社再序》。
② 关于经学上"家"观念的具体变化，可参拙作《〈孟子·离娄下〉讲疏》第六章。
③ 谢国桢《明清之际党社运动考》一《引论》。

与内容逐渐突破程朱理学的牢笼，甚至更有突破儒学窠臼的迹象①。嘉、万年间朝野上下不断有保守的官员士大夫对这一现象予以抨击，正是由于这种风气早已愈演愈烈。

不过随着万历十二年王守仁从祀，在朝王学成为具有实际控制权的准官方学说，对使科举时文向程朱理学复归并没有太大的兴趣。时文领域自由放任的结果，则是催生了一大批以评点时文为职业的时文选家。这些人像《儒林外史》中的马二先生、诸葛天申、蘧公孙等人一样，依托于书坊酒肆之中，以批点八股文来邀名取利。启、祯时期活跃在"选坛"上的艾南英、陈际泰、章世范、罗万藻、周钟诸人，尽管本人久困场屋，但却都能以科举制艺知名，正是得益于这一社会现实。而诸人之所以能够激扬声气，名高天下，也与他们每个人或多或少都有一定的文学见解，同时又能把这些见解用时文形式表达出来有关。张溥以秦汉为依归的所谓兴复古学，艾南英、钱谦益之推重唐宋派，在思想见解上不过是正、嘉时期前、后七子与唐宋派的翻版而已，并没有多少高明之处。但是正、嘉时期所争在古文而启、祯时期所争则在时文，其载体已经大有不同。这一不同与前者的主体是通籍以后的士大夫，而后者则是场屋中的诸生这种身份上的差异密切相关。时文地位之特殊，以致清初大儒吕留良甚至长期借评点时文，来传播其学术观念及政治理想。由此可见，尽管同样是声气自任，但不同人群之间公共交往的媒介仍是大有差异的。

声气在晚明的另外一个载体是戏曲、小说、檄文与揭贴。这些已经为晚明史研究者所广泛注意。与散文、诗歌一样，戏曲和小说首先是一种文学形式，是为了满足不同类型的审美或休闲诉求而存在的。但是艺术又并非仅仅是审美或消遣性的，特别是当某些具有特定精神取向的群体参与进来之后，便很容易使之附着某种趣味，而成为其精神取向的代言人。

戏曲和小说作为社会各个阶层都喜闻乐见的文学形式——特别是戏曲，还给那些不识字的下层民众打开了方便之门，——因此很容易便成为各个阶层表达意见的公共媒介。这种公共媒介的作用，使戏曲和小说在本质上成为声气沟通的载体，不同的群体都可以利用它来发言。就像作为声气网络最重要集结形式的社，尊东林的张溥、马世奇等可以组织，继承阉党的阮大铖也可以组织，后者的社取名为中江社，也有自己的社众相互往还。戏曲或小说也是这样的一种载体。譬如万历后期，在民抄董其昌一案中，其导火索就是不满董氏暴行的

---

① 参第三编第二章第二节及第四编第一章第一节。

民间艺人或士子编造"黑白小传《五精八魂记》以丑诋之"①,表明弹词、戏曲等已经成为当时民众之间沟通声气的一种形式。同样,在复社与内阁首辅温体仁的斗争中,为打击前者,温体仁之弟温育仁于是撰写《绿牡丹》一书,对其种种劣迹给予揭露。此类事件在当时记载中可以说不在少数。

除了戏曲、小说以外,檄文与揭贴也是晚明声气载体的重要组成部分。晚明的檄文、揭贴有点儿像后世的大字报,总是作为社会运动中相互"声讨"的武器。在民抄董其昌一案中,愤怒的民众在通衢大道上贴满了抗议的揭帖,在学诸生也公撰了讨伐的檄文。另如顾杲、黄宗羲等把阮大铖逐出南京的《讨逆檄文》等,都表明这一文章形式已成为声气沟通的重要载体。特别是在南明时代,声讨投降李自成政权的官员的时候,檄文、揭贴用得尤其频繁。相关史料在晚近的历史研究中早已受到学界瞩目,但具体解释却大不相同。

四、应社与复社

明末最重要的文社当然首推复社,由复社的兴起过程我们可以剖析"声气相通"在晚明诸生自我组织过程中的重要意义。一个个兴味与旨趣都不相同的小圈子,因为某种机缘突然被整合成具有共同取向的集团,这使得明末的文社开始与以往有了根本性的差别。这种整合便是在"声应气求"口号下完成的。

在复社以前,影响最大的其实是天启四年(1624)兴起于常熟的应社。早在万历十二年前后常熟已有瞿纯仁所倡始的拂水山房,并与同郡瞿汝说、顾云鸿、邵濂等相结为社②。由于嘉靖时期常熟瞿景淳以擅长八股文大魁天下,被时人许为"王、唐、瞿、薛",与弘治时的王鏊、嘉靖时的唐顺之、薛应旂并称于世。在这种风气底下,身为瞿景淳族弟的瞿纯仁与瞿景淳之子瞿汝说等以此自矜,无疑具有得天独厚的优势。那以后,常熟许士柔、孙朝肃以及上海范文若、华亭冯明玠、昆山王焕如等"承其遗风……仍用旧址,相结为社。"③ 拂水山房万历中期归钱谦益家族所有,瞿汝说之子瞿式耜便曾师从钱氏在此学习,仍然在常熟乃至整个江南文化界具有重要地位。

天启四年,太仓人张溥、张采至常熟访问县学生杨彝、顾梦麟,在杨氏别庄的应亭内正式成立了应社,据说其时已有"尊经复古"之志④。张溥所谓

---

① 又满楼主人《民钞董宦事实》。
② 朱倓《明季南应社考》,收入氏著《明季社党研究》。
③ 同上。
④ 张溥《七录斋集·文集》卷1《五经征文序》。

"未尝一日忘乎古人""各取所习之经，列其大义，聚前者之说，求其是以训乎俗"①。不过，晚明文社虽然已经开始打着复兴经学的旗号②，生员也因科举规定大体分经而治，但总的来说主要还是为了科考，而非真正意义上的经学复兴。这也就是张溥所说的，"匡救近失，先著于制义之辨，以示易见"③。因此，张溥之访问常熟，便同时隐含了接续时文文脉之意。不久，应社与贵池吴应箕等组织的匡社合并，于是共推金沙周钟（介生）为主盟，"介生乃益扩而广之，上江之徽、宁、池、太，及淮阳、庐、凤，与越之宁、绍、金、衢诸名士，咸以文邮致焉，因名其社为应社。与莱阳宋氏、侯城方氏、楚黄梅氏遥相应和，于是应社之名闻于天下"④。那以后，随着应社势力不断扩大，逐渐形成江南、江北与河北三大部分。

应社名称之来源，其实便取自上文《广应社再序》所言"声应气求"之意⑤。此前张溥曾说：

> 应之为名，有龙德焉。予昔尝一序其说，多恢愕怪宕、不可究诘之辞，及今视之，益杂而弗举矣。乃来之（吴昌时）、彦林（钱旃），欲因其社而推大之，迄于四海，则将引意以自明，夫亦言其可信者焉。何则？人之变化，其理在天，穷达屈伸，移于朝暮，得则有吉样之容，失则有沱若之涕，任性之未能，而寓言乎生命，此则其不可信者也。若夫立德以善有，弘衷而考义，择然后履，履然后安，无竟乎人称，而秉恒以一，此则其可信者也。⑥

张溥之以龙德释"应"，其实正是《周易·乾文言》所谓"同声相应，同气相求，水流湿，火就燥，云从龙，风从虎"之意。观其后文之意，对龙的强

---

① 《七录斋集·文集》卷2《诗经应社序》。
② 关于这方面的讨论，可参陈居渊《学人社集与清初经学》。
③ 前揭《诗经应社序》。
④ 《复社纪略》卷1，参前揭谢国桢《明清之际党社运动考》之七《复社始末上》。
⑤ 应社在杨彝别业的应亭成立，但这显然不可能是应社一名的真正来源。小野和子引张溥《同言序》一文，因为文中提及"同人之道"，而《周易》同人卦象传言"中正而应"，认为应社之名与此有关，其说未免稍嫌迂曲。参氏著《明季党社考》第七章，第400—401页。《周易》各卦中诸爻或相应，但并不总是"声应气求"之义，如理学所遵循的"承乘比应"之应便是一例。假如理解"声气"对于晚明社局的重要意义，那么只需承认"声应气求"之应，似乎亦不必对同人卦过度分析。
⑥ 《七录斋集·文集》卷1《广应社序》。

调也是希望应社诸人,能够在人心之恒的基础上像龙一样富于变化,"可信之理,虽本一涂,而涉阅人情,事有万区,非遇极变而不回,当盛荣而不易,不足以语于斯也。"而对可信与不可信的区分,正是要说明,应社成立之理论基础,不在于不可把握之个体命运,而在于人心共有之"恒",换句话说,也就是人心"公共之理"。依此理而"声应气求",扩天下而广之,其实也寄寓了师道自任之意,只是还不够鲜明。事实上,这也正是"(张)溥矜重名,(张)采尚节概""时娄文卑靡,两人有志振起之"的根本动因。张溥、张采后来率同郡诸生驱逐阉党顾秉谦,复社之被称"小东林",都并不是偶然的。

应社所倡导的"声应气求"主要表现在文集的编选上。有意思的是编选文集的意图所在。张溥一方面强调"同人之道,大在四海",主张把声气拓展到一乡之外①,一方面则强调应社文选与世俗文选的区别所在。在他看来,应社的"同人之文"与坊间用于科考之用的"房书之文"性质是不同的:后者不过是"一日之书",只有短期价值,所以"选舍便意,因时为托,折中于天下之通情",有时甚至随顺世俗,"指或近谀",对人对己皆不必求全责备。至于"同人之文",则"总纽风物""怀往而抗俗",为"救世之亟"②。在这种文字之中,寄寓了应社诸子某种共通的"性情",后者无疑便是所谓"声应气求"的基础所在:

> 予之务察于应社也……宁俭于人之数,而无受其多;宁舒其时以得其所以为人,而无伤于亟……是以予序他人之文言重而不流,独序应社诸子之文则气动辞数,思常有余。盖亦性情之系,不可类托者也。③

崇祯三年,原应社主要人物之一孙淳(孟朴)与吴甗等人创立复社,"义取剥穷而复也,太仓张溥举应社以合之"④。以张溥为首的复社开始正式活跃于晚明的文化及政治舞台上。从应社到复社名称的转变,关键原因是不仅文社内部领导权发生了变化,同时也相应地导致文社理念发生了变化。

应社与复社合并以后,最初领袖是金沙周钟。周钟字介生,本是阉党之一、号称魏忠贤"十狗"的周应秋之侄。周应秋的阉党形象直接影响了周家

---

① 《七录斋诗文合集·近稿》卷3《同言序》。按,此亦顾梦麟之说。
② 张溥《七录斋集·文集》卷1《天下善二集序》。
③ 《七录斋集·文集》卷1《刘伯宗稿序》。
④ 参前揭谢国桢《复社始末上》。

在江南的声誉，因此魏忠贤失败以后，周家的下一代人物如周镳、周钟等人便纷纷以名节自负，以声气自任，摇身一变成为江南诸生中的领袖①。

周钟尽管久困诸生，但其文学才华还是得到公认。张溥早年虽以斯文自任，但其见解却并不高明，后来在周钟影响下，"尽弃所学，更尚经史"②，方为时人所承认。加之周钟较张溥年纪稍长，故后者以兄礼事之。甚至崇祯四年张溥及第之后，周钟仍困守诸生十余年，地位已不相侔，张溥则"修旧节唯谨，于事必首介生，而己为之下，介生亦不以贫贱故少有所抑损，世传友道以周、张为难"③。

不过，张溥这一态度与复社领导权的转移并不矛盾。领导权的转移除了因为张溥更具领袖气质之外，也与他坚定地以师道自任有关。早在崇祯元年张溥以贡入京，便大胆提出"尊遗经、砭俗学，俾盛明著作比隆三代，其在吾党乎"的倡议，"乃与燕、赵、鲁、卫之贤者为文言志而后去"。据说当时一起进京入贡的诸生因张溥之盛名，争识其面，崇祯初重新起用的东林前辈，也"皆愿折节订交""由是名满京都""海内同人翕然共宗天如（张溥字）矣"④。回去之后，正值孙淳等人创办复社，张溥遂毅然决定把已经名闻天下的应社合并到复社的旗号之下，那显然是更为看重"复"字所蕴含的某种理念。同时又联络四方，

> 于时云间有几社，浙西有闻社，江北有南社，江西有则社，又有历亭席社，昆阳云簪社，而吴门别有羽、朋、匡社，武林有读书社，山左有大社，会会于吴，统合于复社。复社始于戊辰（崇祯元年），成于己巳（崇祯二年）。⑤

张溥于是为复社正式定立规章：

> 自世教衰，士子不通经术，但剽耳绘目，几幸弋于有司，登明堂不能

---

① 温睿临《南疆绎史勘本列传》卷15《周镳传》。
② 眉史氏《复社纪略》卷1。按此书是否陆世仪所撰，近人颇有怀疑，参陈永福《〈复社纪略〉记事考实及其作者问题刍议：以王时敏相关记述为中心》，然考证尚多牵强之处，本文暂依旧题。
③ 吴伟业《复社纪事》。
④ 《复社纪略》卷1。
⑤ 朱彝尊《静志居诗话》卷21《孙淳》，吴翌凤《逊志堂杂抄》甲集载此段，文字稍繁。

致君,长郡邑不知泽民,人才日下,吏治日偷,皆由于此。溥不度德、不量力,期与四方多士共兴复古学,将使异日者务有用,因名曰复社。

又从各郡中推选一人为首,专司纠弹违背盟词之士,以及相互之间往来传递信息。"于是裒十五国之文而诠次之,目其集为《国表》,受先作序冠弁首,集中详列姓氏,以视门墙之峻;分注郡邑,以见声气之广"①。

由此可见,从应社到复社的转变,尽管表面看起来仅是名称之异,但在行动取向上已经大有不同。应社以"声应气求"为目标,其基础是建立在周钟等人的文名上,通过不同地域文人之间的声气相通,应社成为一个相互交往的平台,但却尚未因此对社会及当时的政局作出承诺。但是到了复社阶段则已有所不同,尽管作为交往媒介的依然是科举制义,但是这一媒介此时已被赋予了"兴复古学","有用"于世道,为国表率等等内涵,这是一种典型的师道精神。这种精神其实已经不同于复社初创时所谓的"剥穷而复",或者几社的"绝学有再兴之几"。由此我们也就可以理解,为什么在复社成立以后张溥与周钟要作这样的分工了:

娄东(指张溥)举辛未(崇祯四年)进士,授馆职,以选政悉委之金沙(指周钟)。金沙名山业一选,脍炙人口,衣被天下……至己卯(崇祯十二年)始得举于乡,屡上公车不第。数年之内,金沙专司选政,藉以浮沉于声应气求间,而社局一委之娄东。自辛未至辛巳(崇祯十四年),娄东之局几比尼山,举天下文武将吏及朝列士夫、雍庠之子弟称门下士从之游者,几万余人。②

周钟的任务在于文学性的"声应气求",而政治性的社局则归诸张溥。这也就是为什么吴伟业要说张溥"既显贵,倾介生客",以及强调周、张相互关系之融洽了。分别作为声气集团与师道精神的代表人物,周钟与张溥的关系揭示了这样一个事实:师道精神既存在于声气网络之中,但却并不等于"声气",而是声气网络中以师道自任的一个部分。同时,以时文作为声气网络的媒介,表明声气互通的基础正在于社会内部不同群体,或某一群体内部所具有的共通

---

① 眉史氏《复社纪略》卷1。
② 以上并参杜登春《社事始末》。

性("声气相通")。这一共通性既可以是科举制义,也可以是嘉靖、万历时期的讲学,还可以是中唐及北宋的古文运动,甚至是上文所说的戏曲与宗教。

张溥以师道自任,其本人也以"阙里"自拟,于是好事者指社长赵自新、王家颖、张谊、蔡伸为"四配",门人吕云孚、吴伟业等为"十哲",昆弟十人为"十常侍",门下效奔走之役者为"五狗"。张也趁机利用自己的声望"奖进门弟子亦不遗余力,每岁科两试,有公荐,有转荐,有独荐",甚至有在考试中已经黜落者仍"专札投进"。"局外者复值岁科试,辄私拟等第名数,及榜发,十不失一"。与王学讲学最初很难吸引那些目标在科举入仕的生员不同,"为弟子者争欲入社,为父兄者亦莫不乐其子弟入社"。于是朱赤交混,薰莸共器,百弊丛生①。

复社中人之以师道自任,在其重要人物吴昌时身上也表现得极为明显。吴昌时是应社早期元老之一,也是最积极地把应社由一种相对单纯的地域性文学社团改造成整个社会运动中坚力量的人物,广应社之成立就是出于他的倡议。吴昌时入仕以后,很快便以招权纳贿著称,内阁大学士周延儒重新出任首辅,就是由于张溥、吴昌时等人的运筹帷幄。周延儒之由反对东林一变成为东林在朝内的代言人,复社在其中起了关键作用。复社的这一影响力无疑使吴昌时更加自负:

> 昌时居里时,凡公祖父母,皆执贽称门下士,彼峨冠博带,此方巾短袍,延送到中门止,盖以师道自居也。有强项不执贽者,即于上台处媒孽,故无不望风而靡。
>
> 吴仪曹昌时为大行,旁若无人。旧例,每遇考选,必同乡诸公为政,其视同乡葛给谏枢(崇祯辛未,丹阳人)等,皆藐如也。②

据复社的批评者李清说,吴昌时"自为大行,即树东林帜"③,以清流领袖自居。尽管这种以师道自居或以清议自命,更多地表现为一种姿态,一种居高临下掌握话语霸权的手段;但必须指出的是,复社之所以被称为"小东林",却绝不仅仅是身份上的攀附与理念上的相互呼应。崇祯时代,尽管皇帝

---

① 《复社纪略》卷2。
② 李清《三垣笔记》卷上。
③ 《三垣笔记》卷上。

朱由检试图努力地在东林与非东林之间保持平衡，但崇祯本人的刚愎自用，首辅的频繁更换，无疑是政局持续动荡的关键因素。在这种情况下，东林党人依托清议上的优势，尽管在朝内无所作为，甚至只能成为掣肘的力量，但在野却具备了巨大的发展空间。在传统家族门第的依托之下，这种清议的优势被顺利过渡给东林子弟，因此，复社的领袖固然是张溥、周钟，背后皆有家族势力支撑，但大批东林子弟作为其骨干力量也是基本事实。有名的，如顾宪成之孙顾杲、黄尊素之子黄宗羲、方孔炤之子方以智、陈于廷之子陈贞慧、侯恂之子侯方域、魏大中之子魏学濂，都是其中的骨干，其余亦不胜枚举。这一事实在崇祯十一年南京诸生驱逐阮大铖一事可以看出，尽管著名的《留都防乱公揭》是由出身普通诸生的吴应箕起草，实则以顾杲与黄宗羲领衔①，便可见一斑。

五、余波：杜登春《社事始末》

声气与师道之关系，以及明季社局之行动取向，在清初杜登春所撰《社事始末》一书集中体现出来。作为晚明文社的重要参与者及领导人物之一，杜登春的记述为我们提供了一个典型个案。

杜登春字九高，别号让水，晚号姜翁，松江华亭人。其父杜麟征在启、祯间曾与陈子龙、夏允彝等组织几社，为几社六子之一。崇祯二年，杜登春始生之日，其父借汤饼会之机"为东南一大会，社事之始有大会，自贺余生始也"。杜登春生活在这样一个环境里，从小便与社事结下了不解之缘，自弱冠便为"名诸生"，积极参与到社务当中。清初因受到江南奏销案牵连被除名，"乃尽让分产于昆弟，出为漫游，北燕齐江南入闽粤，如是廿年，绝意进取"。直到康熙十四年（1675）才循例被任命为翰林院孔目，历任江西广昌知县、浙江处州府同知及江干中丞等职，皆是俸薄职微的小官②。

杜登春任职广昌之际已经虚龄五十有五，而且一干便是十二年。正是在这一期间，杜登春完成了《社事始末》一书。在书末他自述作书缘起：

> 盖以社局之兴衰，实有关于世道人心，匪可易视也。倘社局不振，悠悠终古，将复社、几社之血脉一断，则东林先生讲学明道之血脉亦断矣，

---

① 吴应箕《楼山堂集》卷15《与友人论留都防乱公揭书》："《留都防乱》一揭，乃顾子方（顾杲字）倡之，质之于弟，谓可必行无疑者，遂刻之以传。"《吴应箕集》第252页。
② 顾陈垿《故处州同知杜公登春墓志铭》，见钱仪吉《碑传集》卷95。

可不惧哉！今日东海、琅琊一时去国，闭门却扫，以党魁自虑，谢绝问字之徒，使后起子弟以文章声气为讳，是余所寝食不宁，望南天而赐断者已。

当时正值奏销案、哭庙案、科场案等打击江南士大夫的举措相继出台，从顺治以降不断强化对诸生结社的打击力度。"辛丑奏销之祸，同社人一网几尽。绅士一万五千人，不啻千余社中人也"①。朝内徐乾学（东海）等大僚尽管早年皆以声气自雄②，但此时相继引嫌讳避之际，杜登春有此忧虑便不难理解。其晚年曾自撰《杜姜翁传》，"篇中三致意者，在姜之为性，到老愈辣"，和泰州师道派的王栋一样，以师道自任的心态愈老而弥坚。

《社事始末》尽管对明清之际复社、几社一系的文社历史，叙述或不无偏颇之处，但从此书作为杜氏主观精神之记录而言，却正可以看出，一个社局的主持者，是如何看待其毕生事业的。和普通对复社的定位一样，杜登春首先强调了复社、几社与东林的关系：

> 慨自熹宗之朝，阉人焰炽，君子道消，朝列诸贤悉罹惨酷，山中遗老埋弃人间。有锡山马素修先生世奇者，新举孝廉，有心世道，痛东林旧学久闭讲堂，奋志选书，寄是非邪正于《澹宁居》一集，是时娄东张天如先生溥……（等）目击丑类猖狂，绝绪衰息，慨然深结，计树百年于是乎！

那以后杜麟征、王崇简、艾南英等在京师组织燕台十子之盟，并与东林党人黄道周、郑鄤、项煜等"深相结纳，时一过从，借文章欣赏，通达声情，冀得一日遇合，翻已覆之局，扶不绝之线"。

正是在这一意义上，他把社局看成东林以后清议的代言人，而对清初社局在政府压制下"伏处""无异同"则微露不满：

---

① 杜登春《社事始末》。
② 据清人吴翌凤《逊志堂杂抄》甲集，"国初社事犹盛，吴中则有慎交社……七郡之士从焉。嘉兴则有十郡大社，连舟数百艘，集于南湖。"太仓吴伟业、吴县尤侗、昆山徐乾学、嘉兴朱彝尊、萧山毛奇龄等皆赴，"自此以后，风流歇绝矣。"杜登春、徐乾学与徐元文兄弟等还在苏州发起沧浪会。此类纪录尚有不少，兹不详及。

夫社局原与朝局相为表里，明季以朝局为社局，君子、小人迥然分途，君子不得不立一社局为藩屏也。本朝以社局为朝局，社中之人尽皆君子，当伏处之时互以文章争雄长，及登朝之会交以忠勤效厥职，是不当以明季之植党一视之者也。以故社局之无异同，固足以树一方之风教；而社局之有异同，实足以励两家之学问、文章、科名、人品者耳。

因此他批评那些"翩翩少年公子，欲附名场以文其身者，全不知有文章声气前后脉络之关系，徒然侈口社事，混引匪人，以相剽窃，甚可忧也"。相反，他期许那些"能以文章声气自任，可以接续前贤未竟之业，得一人焉主持而会合之，斯道庶几不堕也"。在这里，杜登春把"文章声气"与"斯道"联系在一起，说明在杜氏心目中声气的精神正在于师道，而"人能弘道，非道弘人"，所有这一切都需要真正能铁肩担道之人：

呜呼！此一线不绝之统绪更有何人焉，联络之，护持之，振兴之者哉！社局中人至今日为最盛，而以余念之，乃有最衰之忧。（下言自家弟侄中）……欲求一如余之庚寅、辛卯以后三十年破产忘生以振起社事为事者，殆无其人……同社之子弟……间能以文章气谊为己任者，或得一二人，庶几不断此种子也；至如社外白屋之英，即无父兄支派、师长渊源，苟有志于声情气谊，即可以为坛坫宗盟。孟子之功，不在禹下，彼美人兮，企予望之耳。

可惜的是，随着清初文化政策的日趋严酷，不仅复社这样以师道自任的社团不复存在，即便是声气相通的群体也风流云散。和《东京梦华录》《武林旧事》《陶庵梦忆》等亡国后的追忆之作相比，《社事始末》一书尽管在内容上远没有那么丰富，但写作的心态却颇有相通之处。

第三节 清初知识界的几种党社观

明代中期以后，以江南士大夫为中心的党社运动席卷了当时社会生活的各个层面。特别是天启、崇祯以后的文社，更是成了晚明诸生声气相通的载体，影响遍及大江南北，与东林一起体现为一次士大夫群体的精神自觉。

不过，就在这一运动方兴未艾之时，崇祯十七年（1644），李自成率领愤怒的农民军一举攻克了北京，崇祯皇帝吊死煤山，统治了二百七十六年之久的大明帝国突然灭亡。南方的几支勤王军队不仅势力微弱，而且为了君主名位争得不可开交，已失去了恢复中原的实力。关外的女真人则趁李自成位子尚未坐稳，便乐不可支地享受权力之际，以迅雷不及掩耳之势占领了中原，并渐次统一了大部分江山。对于汉族人来说，新的由外族统治的大清帝国诞生了。

对于清初知识界而言，明亡清兴是一个挥之不去的梦魇。明何以亡？清何以兴？这一问题似乎无法与一千八百年前的秦亡汉兴相比，因为秦亡而楚汉兴，至少在形式上是一次天下人合力反对暴秦的结果，最终无论鹿死谁手，都容易得到多数人的拥护。

在清初这一反思却有点儿复杂。满清统治者尽管最初反对明朝是打着"以七大罪告天"的旗号，但是一旦企图入主中原，为了安定统治，便把矛头对准了明帝国的直接推翻者李自成，因而摇身一变，打扮成救黎民于水火之中、吊民伐罪的仁者形象。加之崇祯皇帝虽然刚愎自用，但一贯勤于国事，与以往因君主昏庸而亡国的例子尚不可同日而语，因此博得了不少人的同情。那么，神州倾覆到底是谁之咎？

对这一问题的反思，主宰着整个清初学术界。无论是对王学的批判、经世思潮兴起，还是学术史重写与明代历史编纂，这一问题都是学术界思考的重心所在。其中，清初学者对明季党社的看法，是这一思潮的重要组成部分之一。对这一问题的总体探讨并非本文旨趣所在，但与党社运动相关的几位学者的反思，却首先应予注意。

一、甲申之变与声气集团之窘境

对东林党的批评，早在万历时代东林党出现时就已经出现了。正反两派无论出于何种目的，都有人把"分门别户"看成东林派的主要不足。在这些人看来，由于门户的分别，东林派似乎过于咄咄逼人，缺少宽容的精神。但是，在天启后期与阉党的斗争中，以高攀龙为首的东林党人至少用事实证明了他们在道德践履方面的承诺。因此，崇祯时期，尽管皇帝本人同样反对"门户"，并对东林党人予以限制①，但在意识形态上，东林派则完全获得了清议的控制权，复社等许多在野文社就是靠攀附东林而广被声教，名扬天下。甚至如周钟

---

① 李清《三垣笔记》卷中。

等出身阉党家族的人物，也见机摇身一变，一跃成为"声气中大名士"。

依附东林既然已经成为获得道德或清议制高点的一个捷径，清议则随之因为依附者的增加而日趋虚伪。给事中傅振铎便曾上疏："凡招权纳贿，言清而行浊者，虽日讲门户，日附声气，而亦真小人也；凡不招权、不纳贿，品高而名闇者，虽门户无讲，声气无附，而亦真君子也。"① 声气与节义在现实操作中逐渐变成一种标榜的手段。这种虚伪性随着许多声气中人在明清易代之际的具体表现而暴露无遗。由对那些伪君子的揭发，到对党社精神的全盘否定，也正是在这一过程中逐渐展开的。

不仅如此，清议势力的强大直接影响了政局。特别是在与女真人斗争处于劣势的时候，思宗朱由检屡次试图媾和，都因外廷群臣的激烈反对而作罢。甚至就连亡国在即，都御史李邦华等人提议派皇太子去南京镇守，以备不虞之时，还遭到东林党人、给事中光时亨的高调反对。而光时亨自己却随即投降了李自成②。因此，有学者认为，假如崇祯君臣能够以较为理性的方式处理亡国危机，当不至于很快便一蹶不振③。

李自成进入北京是检验那些以清流自命的士大夫的一块试金石。在这一过程中，尽管有内阁大学士范景文、户部尚书倪元璐、都御史李邦华、春坊宫允马世奇（后三人为东林党人）等二十几人不屈自尽，为数已颇不少④，但在京师数百名官员中毕竟只是少数，大多"含涕忍耻，几幸生还"⑤。所谓"君子不责人以死"⑥，被逼无奈者姑且不论；最让当时人不满的是主动投降的官员，"半皆一世知名之士也"⑦。尤其是那些原本激扬声气，动辄以清流领袖自居的人物，行径尤其令时人厌恶。

翰林院庶吉士周钟本是阉党人物周应秋、周维持的侄子，后来因魏忠贤失败，转而以声气自任，并成为应社和复社的领袖，天下知名。甚至连李自成手下一些高官如牛金星等也"深慕其名，呼为周先生"。据说周钟为感谢知遇之

---

① 李清《三垣笔记》卷中。
② 聋道人《遇变纪略》。
③ 参樊树志《崇祯传》第八章的相关讨论。
④ 据顾苓《金陵野抄》崇祯十七年九月弘光朝恤赠北京死难诸臣统计，凡文臣二十三人，武臣六人，内臣二人。李清《南渡录》卷3所记相同。而黄宗羲《弘光实录钞》卷2当为正祭文臣二十四人，武臣七人，内臣一人，女子九人，另有附祀各若干。但文臣名录实仅二十二人，故当从前者。其余与本文关系不大，暂不详及。
⑤ 冯梦龙《甲申纪事》卷2《绅志略》；计六奇《明季北略》卷22《周钟》。
⑥ 夏完淳《续幸存录》。
⑦ 沙伟业《国变难臣抄·叛逆奸臣》。

恩，不仅亲自为李自成撰写了劝进表，而且"逢人便夸牛老师（指牛金星）极为叹赏"，扬扬自得。冯梦龙讥讽道："三十年雄踞文坛，联属声气，一旦名节扫地，书林选刊落名字，文章一道，尚可信乎"？对另一位被李自成授予弘文馆检讨的华亭人朱积，冯梦龙也颇为不屑："此亦声气中大名士也"，矛头直接指向了所谓"声气"①。另如反对太子南还以邀宠的光时亨，接受伪职以后，致书其子："诸葛兄弟分仕三国，伍员父子亦仕两朝，我已受恩大顺（李自成国号），汝等可改姓走肖，仍当勉力诗书，以无负南朝科第。"② 其心中所想，除了科举作官以外并无余事。还有一位东林党人太常寺丞项煜，最初由于在魏忠贤气焰熏天之时被选入翰林院，"颇为江南清议所摈"，后夤缘结交东林领袖文震孟与姚希孟，"始声气自标矣"③。及投降李自成之后，昌言于众："大丈夫名节既不全，当立盖世功名，如管仲、魏征可也"。其后因并没有受到李自成的重用，"始沮丧南归"。南渡时，被人抓住，投到河中淹死④。其他如龚鼎孳、孙承泽、陈名夏、魏学濂、杨枝起等人也纷纷遭到时人的非议。在明亡以后不久的时间里，相关讯息便层出不穷，对声气中人的挖苦比比皆是。尽管其中或夹有不实之词，但影响却无疑是客观的。

　　北京官员投降李自成的消息很快便传到了南方。在震惊于君主自杀、社稷倾覆的同时，南方士大夫也在重新审视着自身处境。按照明代皇位继承的原则，最符合条件的当是崇祯皇帝的堂兄，也就是老福王朱常洵之子朱由崧。但是东林党人由于在万历朝国本之争中曾经坚决反对福王继位，而且朱由崧也在当时的传闻中名声甚坏，因此东林党人转而以立贤的理由，支持潞王朱常淓。"立贤"尽管从今天的角度很容易被人接受，但在当时却是违反祖制的行为。因此这一做法很快就被反对派利用。凤阳总督马士英于是联合黄得功、高杰等地方军阀就此加以反击，并终于获得了新皇帝的拥立权。于是在短暂的弘光小朝廷中，继续上演着东林与反东林的门户之争⑤。同时，当北方官员或殉死，或逃亡，或从众归顺，或主动投降的名单大体上被考定以后，弘光朝廷在表彰节义诸臣、勘定从逆罪犯的同时，其内部也酝酿着更大的危机。

---

① 《甲申纪事》卷2《绅志略》。
② 《甲申纪事》卷2《绅志略》，聋道人《遇变纪略》。
③ 李清《三垣笔记·附识中》。
④ 沙伟业《国变难臣抄·叛逆奸臣》。另见计六奇《明季北略》卷22《项煜》。
⑤ 参陈寅恪《柳如是别传》第838—842页，谢国桢《南明史略》第46—75页，顾诚《南明史》第41—76页。

内阁大学士马士英本是阉党人士阮大铖的好友，而后者则是东林党人的死对头。阮氏在崇祯十一年（1638）被顾杲、黄宗羲等一众复社名士驱逐出南京以后，双方更是势同水火。马士英本来也欲厕身清流之列，无奈东林党人门廷太峻，尽管可以容忍自己阵营的虚伪之士，但却不愿意宽容任何曾经被列入敌对阵营的反对者，因此对马士英示好屡次加以拒绝。不仅如此，颇有声气之名的周镳还激使东林大儒刘宗周上疏对马士英予以弹劾。东林党人这一做法令马士英等愤怒已极，于是阮大铖趁机怂恿："彼攻逆案（指崇祯初阉党），吾作顺案（李自成国号大顺，指从逆诸臣）相对耳。"① 马士英于是上疏弹劾光时亨、龚鼎孳、周钟等人，并借机把周镳等声气中人一网打尽，东林与复社遭到了一次大规模的清洗。

与此同时，在野的江南士绅为求自保，也开始了声气集团自身的整肃运动。常熟、松江、嘉兴等地士绅纷纷撰写檄文，公讨本地的"从贼"官员。

当然，在这一过程中，由于投降官员在地方上势力比较强大，加之本地士绅为了自身荣誉，也多有包庇行为。出身松江的杨枝起、朱积从贼以后，由于都是复社中的名士，因此颇受时人瞩目。但二人投降的消息传回以后，许久也不见松江士大夫对他们的批判，于是比邻的苏州府士绅移书松江加以指责。在苏州府的激发下，松江府也有人贴出了檄文，公讨杨枝起、朱积的投敌行为：

> 豺声蜂目，豕喙鸢肩。本是恶少年，生长蔑闻家训；相称伪名士，夤缘皆厕贤书。②

在这里有"蔑闻家训"之语，尚对其本族比较宽容，但在随后的一篇讨伐杨枝起族叔杨汝成的檄文中，则不再那么客气了：

> 亦有谊定金兰，亲连姻娅，或不畏四知，或互为三窟，顾惜私情，忍从大逆……苟非逆李之腹心，必断枯杨之稊孽，无因旧好，致累党诛。③

---

① 李清《三垣笔记》卷下；温睿临《南疆绎史勘本列传》卷15《周钟传》。
② 冯梦龙《甲申纪事》卷8《公讨逆臣杨枝起、朱积檄》。
③《甲申纪事》卷8《嵩江府阖郡士民讨逆贼杨汝成檄》。

考虑到当时阉党在地方上的势力，或许便是这一批人在对当地某些士绅包庇杨枝起等人的做法表示不满。

嘉兴府魏学濂也是当地人批评的重点。魏学濂是天启时被魏忠贤迫害致死的东林党人魏大中之子。其兄魏学洢在魏大中被捕之后舍身相随，并绝食相殉，在当时人的眼中可谓"一门忠孝"，光耀门楣。由于这层关系，魏学濂很早便以声气自任，成为当地诸生中的领袖。魏学濂在李自成进京以后被授职为户部司务，消息传回以后，嘉兴府绅衿在讨伐檄文中直指他"与吴而壎等聚议，敢言一统无疑"，并且"合周钟、朱积之辈，庆复社之同心""密领伪檄，持片檄而胁东南；预伏草莽，布同盟以应西北。托声气为弥天之网，自谓一手扼上下之吭"。同时又说：

> 然或谱金兰，或缔结姻娅，或谓其负众而不僵，或谓其党繁而复逞。缘情面之顾惜，甘狡窟之包藏。①

相较于松江府批评朱积着重在其虚伪矫饰的一面，嘉兴府对魏学濂的批评则把矛头直接对准"复社"及"声气"等等，结合当时马士英等对"从逆诸臣"的打击，很有可能是有人在背后操纵。复社中人投降李自成之后的种种丑态，无疑导致了"声气"集团的名声扫地。这从另一个层面证明，假如缺少更深层次的信念支撑，群体的以道自任或道德淑世，在严酷考验面前其实未必可恃。相形之下，高攀龙、刘宗周等东林人士颇具宗教情怀的复性之学，有了更为深刻的意义。

面对批评者的置疑，复社的领袖人物纷纷为周钟等人辩护。譬如黄宗羲便认为周钟之所以会有恶名，乃是由于他与其堂兄周镳关系不和，周镳门人徐时霖故意造作蜚语所致；同时还把周镳、周钟之被杀极力归罪于阮大铖对清流的迫害②。冒辟疆等则替魏学濂翻案，理由是魏氏之所以投降乃是忍辱负重，趁机欲有所作为。当时因为李自成随即被清兵逐出北京，魏学濂也随之自缢，临终绝命诗有"不能张空拳，与彼争雌雄。不能奉龙钟，再造成奇功。死日有余

---

① 计六奇《明季北略》卷22《魏学濂》附《嘉兴公讨檄》；冯梦龙《甲申纪事》卷8《嘉兴府绅衿讨伪户政府司务檄》。文字微异，相互校正。
② 赵园在《明清之际士大夫研究》第一章对此作了考察。作者同时分析了当时士大夫对政治失节问题的压力、痛苦及反思，参该书32—39页前后。本书所关注的则是这些事件对声气集团的现实影响。

罪，何敢言丹衷"之语，而为一些人所采信①。但黄宗羲对周钟所作的辩护却未必让反对派信服，正反两派几乎各执一词。譬如清人李瑶便说：

> 钟在乡里，文名出（周）镳右。镳先五科得第，而钟犹非讪之。其假仁义以骂天下者，已三十年。国变降贼，而为贼画策以自献其能，良不诬也。②

二、从《幸存录》到《罪惟录》

马士英、阮大铖对东林与复社的打击或许只会使明清之际的清流集团同仇敌忾，未必真正消减普通人对清流的认同。事实上，对清流集团的更大打击来自于内部，这就是夏允彝所撰的《幸存录》。

夏允彝字彝仲，松江华亭人。崇祯二年，夏允彝与同郡杜麟征、徐孚远、陈子龙等六人结成几社。当时张溥、周钟等人创建复社，正积极联络四方之士，以互通声气，充满了政治热情。几社虽然标榜"绝学有再兴之几"，在观点上和复社"兴复古学"的抱负大致相同，且在文学观点上受周钟等人影响而与艾南英大异其趣，但对把文社改造成社会组织并不热衷。在整个江南士大夫呼朋引类、觥筹交错的热闹场中，"几社六子自三六九会共诗酒唱酬之外，一切境外交游，淡若忘者。于是朝政得失，门户是非，谓非草茅书生所当与闻。以声应气求之事，悉付之娄东（张溥）、金沙（周钟）两君子"，显得与众不同。而几社之所以不愿意与复社合并也正是因为杜麟征等不满张、周"主于广大，欲我之声教不讫于四裔不止"，而"惟恐汉宋祸苗，以我身当之……几字之义，于是寓焉。诸君子同于公车，订盟起事，并驾齐驱，非列棘设藩、务为门户也。"③ 从义理上说，"几"既有《周易》"见几而作，不俟终日"之意，也有"透性研几"，返本自守之意。

几社六子虽然不像复社那样以声气相标榜，但在明亡以后国难当头之际，却又能以天下为己任，特别是陈子龙、夏完淳（夏允彝之子）等人皆积极抗

---

① 沙伟业《国变难臣抄·叛逆奸臣》，计六奇《明季北略》卷22《魏学濂》。针对这些极类后世大批判文章的讨逆檄文，如计六奇即言，"称人可过也，毁人不可过。此等文字，后生家不看也罢。"
② 温睿临《南疆绎史勘本列传》卷15《周钟传》。
③ 杜登春《社事始末》。

清,最终挺身赴死,从容就义。夏允彝也在南明弘光元年在得知好友侯峒曾、徐孚远等死去以后,投河自尽。其死生之际相较于周钟等把气节挂在嘴边的复社中人迥然不同①。因此,在夏允彝去世后所问世的这部对党社运动、特别是对东林党持批评态度的《幸存录》,其杀伤力便可想而知。

说夏允彝的主要批评对象是东林党,也不尽然。在《门户大略》一文中,夏允彝首先对朋党表示了不满:

> 朋党之论一起,必与国运相终始,迄于败亡者。以聪明伟杰之士为世所推者,必以党目之,于是精神智术俱用之相顾相防,而国事坐漫不暇顾也。

在他看来,晚明朋党之分起源于万历中期沈一贯当国以后"以才自许,不为人下",一时间清流人物如顾宪成、孙丕扬、邹元标、赵南星等"謇谔自负,与政府每相持",双方各有羽翼,"此东林、浙党所自始也"。在这一过程中,"东林君子之名满天下,尊其言为清论,虽朝中亦每以其是非为低昂"。但和那些门户之见很强的人不同,夏允彝对于东林党并没有完全排斥,也没有完全的肯定。在他看来:

> 二党之于国事,皆不可谓无罪,而平心论之,东林之始而领袖者为高(攀龙)、邹(元标)之贤,继为杨(涟)、左(光斗),又继为文震孟、姚希孟,最后辈如张溥、马世奇,皆文章气节足动一时;而攻东林者始为四明(指沈一贯),继为亓(诗教)、赵(兴邦),继为崔(呈秀)、魏(忠贤),继为温(体仁)、周(延儒),又继为马(士英)、阮(大铖),皆公论所不与也。

但随着东林的交际日广,依附者背景不一,目的各异,"始而领袖皆君子者,继而好名者、燥进者咸附之,于是淮抚(李三才)之论起矣"。因此"东林中亦多败类,攻东林者,亦间有清操独立之人"。譬如在他看来,东林党人于玉立就属于"用胜于体之士",权谋机诈,无所不为;而反东林的高宏图、王志道、王永光、王业浩、张捷诸人,则"皆能自振拔者"。另如明末"臣虏臣寇

---
① 夏允彝传略可参吴山嘉《复社姓氏传略》卷3。

如钱谦益、李建泰等皆东林",而吴麟征、凌义渠、施邦耀、祁彪佳、吴甘来等气节之士则"皆中立于二党"。因此君子小人并不能作为东林与反东林的分野。

当然,夏允彝也并非是把东林与浙党各打五十大板了事,《幸存录》的根本目的其实是要清算朋党或者说声气集团皆依照各自的门户之见处事,完全缺乏公心以及宽容的雅量:

> 两党之最可恨者,专喜逢迎附会,若有进和平之说者,即疑其异己,必操戈随之。虽有贤者畏其锋而不能自持。

譬如光宗初政,东林党人布列在位,"一时以为元祐之隆不过也。然附丽之徒,惟营燥进,京卿添注累累,已不满人意;而(赵)南星为冢宰,时高攀龙、杨、左皆为宪臣,魏大中为吏垣长,邹维琏、夏嘉遇、程国祥为吏部司官,咸清激,操论不无少苛,人益侧目"。加之"议论高而事功疏,名位轧而猜忌起,异己者虽清必驱除,附己者虽秽必容纳,虽领袖之贤,谔谔可重,而蠹之者众矣"。甚至崇祯之初,阉党已经失败,"当君子、小人之分界至此大明"之际,仍然"急功名,多议论,恶逆耳,收附会,其习如前,上久而厌之,心疑其偏党。"

对朋党的批评,最终使夏允彝把明亡清兴的责任归咎于当时的各派官员:

> 群臣之负烈皇帝(指崇祯)也,上事事焦心,而群臣无一忠公者;群臣之负弘光帝也,上事事虚己,而群臣无不恣肆者。

这样,在夏允彝看来,正是由于官僚士大夫的门户之争,才导演了一出崇祯皇帝这一并非亡国之君的亡国悲剧。而这一观点在晚明清初无论是朝野上下都是颇有市场的,据说顺治皇帝在登上崇祯的思陵凭吊时,便为此联想到自身的遭际,不禁失声痛哭:"大哥,大哥,我与若皆有君无臣!"[①] 更不要说李颙等一些北方士大夫,在清初随之倡导一种"悔过自新"的理论了。这一观点后来被官修的《明史》所继承,成为对党社运动的官方定评。

《幸存录》尽管对朋党深表不满,但毕竟还延续了时人的一般见解,即把

---

① 李清《三垣笔记》卷中《补遗》。

东林中的领袖人物视为君子，而把浙党及其后阉党的领袖视作小人。以此为基调，官修《明史》由于有黄宗羲一派的万斯同、徐乾学等参与，追本溯源，对浙党的前身，申时行、王锡爵等在朝王学内阁给予了严厉的批判。《明史》尽管依照官方的意志反对门户之争，但却在这一关键问题上捍卫了东林的立场。黄宗羲之所以积极命弟子万斯同等参与修纂《明史》的工作，和这一工作与对东林、复社的历史评价密切相关。

然而，在这一时期，另有一部苦心孤诣的著作，在举世滔滔、众口一词抨击浙党的声浪中，自负"独契尼山，窃取指义"①，一反其他学者对东林与浙党的看法，为后者作了一篇彻底的翻案文章。这便是浙江海宁人查继佐的《罪惟录》。此书虽然当时因为忌讳未能出版，但却因此可以直抒胸臆。

查继佐在学术上主张经世致用，注重实行，反对空谈。针对宋明以来，无论在朝与在野都极力扬宋学、贬汉学的做法，查继佐深表不满，是清初主张由义理之学复归经世致用，这一学术大潮中间的人物之一。在他看来，"所谓理学，非于经济之外另有别解，以其所主在是，为圣贤存嫡系耳。总期明（德）、新（民）有裨，何遂尊宋儒蹴汉唐诸子以上乎？"② 因此就连王阳明，他也是仅许其"事业可观，而所以为教者，吾犹惑之"③，并没有给予完全肯定。

由这一思想出发，查继佐对明代历史，特别是对万历以后东林学派与在朝王学、东林党与浙党两派的评价，便与黄宗羲等截然异趣。倘若依照黄宗羲的标准，万历初弹劾张居正的人也可算作清流，张居正无疑是应该批评的对象。而在查继佐看来，"江陵（指张居正）之尊朝廷，有权用，即欲规之于道，尚其赞导之，何至指为异物！"④ 对于张居正父丧夺情，他说："事有大小，时有缓急，善百世者不顾一时，制万物者不姑息一事，此岂竖儒所能解？"⑤ 对于写信劝张居正以伊尹自任，不必顾忌天下舆论的在朝王学理论代表耿定向，他也称许有加："天台之教，本诸姚江。论江陵夺情，得罪者比比，而独与书称孔氏之行权。嗟乎，伊、周皆逼主，倘使引嫌谢政，商甲、周成能无为再造

---

① 查继佐《罪惟录·自序》。
② 《罪惟录·列传》卷10《杨廉传》附论。
③ 同上书卷10《王守仁、聂豹、王畿传》附论。
④ 同上书卷10《赵南星传》附论。
⑤ 同上书卷11下《张居正传》附论。

忧！以知天台所学不腐"①。至于喜用权术，与东林党人尖锐对立的王锡爵，他更是宣称"哲人知几，吾顿首其学矣"②。

相反，对于东林党人，查继佐则明确表示了轻蔑：

> 惜乎东林以名受怼，而所谓研辨无善无恶之说未精也。意在于覆新建（指王阳明）之席，而慧不敌。如新建功成，夜见张永，东林能之乎？既无所自见，而徒以口舌为坚，于是改理义为门户，失其所守。夫必以吾为君子，必以吾等为君子，必以奉扶吾等为君子，而外此皆小人，岂有幸哉！故曰："其祸在于必无外东林者。"③

甚至于邹元标，尽管曾倡导"和衷"之说，查氏依然表示了不满：

> 南皋刑部时，首疏急务在乎和衷……语非不善，顾和衷有要，非贵人劝户责也。国是一，则无从不合，专求事济则不能不和。不规此，而盛言偏见之非，是又以不和导之矣。④

在查继佐这里，以国是为诉求，追求所谓"事济"，而不是把不同意见者斥为小人，在某种意义上，确实为摆脱意气之争或门户之见，指出了一线生机。但已经被私意渗透的公论领域，如何才能避免分崩离析？如何才能真正和衷共济？除了道德竞赛之外，竟然别无他策，这或许才是晚明时代乃至整个宋明理学的真正危机。

三、《汰存录》与《明夷待访录》

《幸存录》问世较早，而且由于出自几社领袖夏允彝之手，因此其中对东林党人的批评便很容易被时人接受。后起反思明季史事及整个明代历史的著作，大都对由东林所开启的门户之争颇致微词。对晚明士大夫主观精神上以师道自任，以声气自居，以勇于成圣为标榜等诸多倾向的批判，使得清初主流知识界开始强调人性本身的缺陷，并由此多了一份对天道与历史的敬畏之心。对

---

① 《罪惟录·列传》卷10《耿定向传》附论。
② 《罪惟录·列传》卷11中《王锡爵传》附论。
③ 《罪惟录·列传》卷10《顾宪成传》附论。
④ 《罪惟录·列传》卷10《邹元标传》附论。

饱含师道精神的理学的反动,以及向固守师法的经学传统复归,尽管在晚明知识界那里风气已开,但直到清初才蔚为大观,赢得更多学者的尊信,并不是偶然的。

然而,从晚明政治社会实践来看,无论是讲会还是党社,都从来没有在官方制度体系中掌控最高权力,只是作为社会运动,靠清议及声气领域的相互呼应来表达自己的声音。从正、嘉以降直到弘光朝,以伪学之禁、毁书院、禁讲学、反门户等诸多名目,所进行的清洗一直存在。因此,对于党社系统的理论家而言,又怎能把明代灭亡归咎于以师道自任的士大夫身上,而不去追究从朱元璋开始到弘光帝,这些君道的代言人?从这一角度我们可以尝试理解黄宗羲与夏允彝针锋相对的作品《汰存录》,以及更为理论化的著作《明夷待访录》。

《汰存录》首先指出夏允彝的老师左都御史张延登,乃是"攻东林者也。以延登之是非为是非,其倒置宜矣。"[①] 针对夏允彝指责东林与反东林两党人物皆听不进"和平之说",黄宗羲反驳到:

> 君子小人无两立之理,此彝仲学问第一差处。庄烈帝(即崇祯)亦非不知东林之为君子,而以其倚附者不纯为君子也故疑之;亦非不知攻东林者之为小人也,而以其可以制乎东林故参用之。卒之君子尽去,而小人独存,是庄烈帝之所以亡国者,和平之说害之也。

在黄宗羲看来,君子小人不两立,也就是说"夫天下之议论不可专一,而天下之流品不可不专一也"。就像北宋洛党、蜀党之争,虽然激烈,但是流品相同,皆不失其为君子;东汉时期的党锢,其差别则在流品,而非观点不同。"在议论者和平之说未可尽废,在流品者此治彼乱间不容发","肯同于小人而谓之清操独立,吾不信也"。

对于黄宗羲来说,夏允彝笔下的东林党只是小人给君子所加的名目罢了:

> 东林之名,讲学者不过数人耳,倚附者亦不过数人耳。以此数人者而名为党可也,乃言国本者谓之东林,争科场者谓之东林,攻阉人者谓之东林,以至言夺情、奸相、讨贼,凡一议之正、一人之不随流俗者,无不谓之东林。由此而逆推之,则劾江陵者亦可曰东林也,劾分宜(指严

---

① 黄宗羲《黄宗羲全集》第1册《汰存录·题辞》。

嵩)者、劾刘瑾、王振者,亦可曰东林也。然则东林岂真有名目哉?亦攻东林者加之名目而已矣。今必欲无党,是禁古今不为君子而后可也。

从东林名目之被追加,正可见在反东林人士心目中的东林党,其实是在历次政治争论中,整个清流势力的集合而已。至于清流内部的若干败类,并不能真正代表清流:

东林中多败类,夫岂不然?然不特东林也。程门之邢恕,龟山之陆棠,何独异于是?故以败类罪东林,犹以短丧窃屦毁孔孟也。①

黄宗羲与夏允彝的真正分歧也就不难理解,作为东林的批判者,夏允彝眼中的东林是那个在权力纠葛中利用东林这一符号谋取最大利益的所谓"东林党";而作为东林精神的继承者,黄宗羲主要承认那个由顾宪成、高攀龙为代表的"东林学派"。针对夏允彝赞扬弘光帝"事事虚己","群臣无不恣肆"之说,黄宗羲痛责到:

今古为君者昏至弘光而极,为相者奸至马士英而极,不待明者而知之也……称弘光宽仁而虚己,然则晋惠、东昏皆足以当之。②

把批判的矛头直接对准了弘光帝。事实上,正是从黄宗羲以清流为本位来规范君道这一立场,我们才更容易理解在以康熙二年他所完成的、以《明夷待访录》为代表的清初君权批判思潮的真正历史意义。

《明夷待访录》中有关君臣关系的讨论,主要集中于《原君》《原臣》《置相》《学校》诸篇。在《原君》篇中,黄宗羲首先批判了秦以后逐渐定型的、现实中的君道:

古者以天下为主,君为客,凡君之所毕世而经营者,为天下也;今也以君为主,天下为客,凡天下之无地而得安宁者,为君也……然则为天下之大害者,君而已矣!向使无君,人各得自私也,人各得自利也。呜呼!

---

① 《黄宗羲全集》第1册《汰存录·一》。
② 同上书《汰存录·十》。

岂设君之道固如是乎!①

可见现实中的君主，早已"不明乎为君之职分"，现实中的臣僚也不明白"臣之与君，名异而实同"，"缘夫天下之大，非一人之所能治，而分治之以群工"。因此君臣关系异化成一种主奴关系，臣道则变成了王艮所谓的"妾妇之道"。后世大臣不知道"我之出而仕也，为天下，非为君也；为万民，非为一姓也"。如此，则"君有无形无声之嗜欲，吾从而视之听之，此宦官、宫妾之心也；君为己死而为己亡，吾从而死之、亡之，此其私昵者之事也。是乃臣不臣之辨也"②。倘依此理，那么明亡之际那些殉节之人，除了为天下而捐躯的人之外，凡是为君主个人而死的，便都不足道了。同样，就连万历初内阁首辅张居正受到明神宗优礼——如称"元辅张先生"而不名，——在许多儒者看起来已经有些过分了，但黄宗羲也还是颇不以为然："夫居正之罪，正坐不能以师傅自待，听指使于仆妾"③，实际上也就是指责他未能真正做到以师道自任。

在这一过程中，黄宗羲还把批判矛头直接对准了明代君道最大的代表朱元璋本人。不仅在《置相》篇黄宗羲首先提出"有明之无善治，自高皇帝罢丞相始"，批评相权废除所导致的君主个人独尊；而且还抨击朱元璋"欲以如父如天之空名，禁人之窥伺者，皆不便于其言，至废孟子而不立"。

那么，理想中的君权与君臣关系应该是什么样子呢？

对于黄宗羲来说，君权其实是一种具有公共性的统治权。"原夫作君之意，所以治天下也。天下不能一人而治，则设官以治之；是官者，分身之君也"。天子与各级官僚一样，都是"分身之君"，只不过等级稍有不同罢了，但本质上并无区别。我曾经把传统君权区分为"私人性君主（或统治）权力"与"公共性君主（或统治）权力"，大概地说，前者所维护的，往往是作为仆从或私属官僚的"臣"，向君主个人的绝对效忠。后者则强调作为一个国家存在象征的君权或社稷，本身所承担的某种公共性职责④。由此观之，黄宗羲与王艮一样，所赞同的都是"公共性君主（或统治）权力"。这样，君臣关系便不过是这一公共性统治权力中的不同层级罢了，不进入这一"公共性统治权力"

---

① 《黄宗羲全集》第1册《明夷待访录·原君》。
② 《黄宗羲全集》第1册《明夷待访录·原臣》。
③ 同上。
④ 参第二编第一章第二节。这一观点在拙作《孟子章句讲疏》各篇中另有申说。

中间,则无所谓君臣之称。所谓"君臣之名,从天下而有之者也。吾无天下之责,则吾在君为路人"。但如果进入这一权力体系中间,却并不以"公共性权力"为目的,则是妾妇之道:"出而仕于君也,不以天下为事,则君之仆妾"。相反,"以天下为事,则君之师友也"①。

如前所述,黄宗羲对君臣关系的探讨与晚明师道复兴运动早期最重要的理论家王艮,尽管在论述的广度及侧重点上微有不同,但其基本精神却如出一辙。二者皆与孟子的政治观念有着严密的呼应②。由此我们也就可以理解黄宗羲到底对王艮是在哪一点上表示推崇了:

> 先生曰:"圣人以道济天下,是至重者道也;人能弘道,是至重者身也。道重则身重,身重则道重,故学也者,所以学为师也,学为长也,学为君也。以天地万物依于身,不以身依天地万物,舍此皆妾妇之道。"圣人复起,不易斯言。③

从这一角度看,王艮与黄宗羲其实代表了晚明师道复兴运动的两极。前者吹响了运动的号角,后者则在这一运动遭受挫折之际,提出系统性反思。黄宗羲之自比箕子,把当下比作殷纣一样的黑暗时代,无疑是相信自己的学说可以为未来立法。至于晚清以来把《明夷待访录》视为卢梭式的启蒙主义著作,或仅从富民分权角度来讨论黄宗羲④,都表明二十世纪思想史研究与传统政治儒学之间尚存隔膜。

《大学》之所以成为四书之一,是因其心-身-家-国-天下的内圣外王架构,代表了宋儒的精神理想。晚明政治儒学的展开,与此也是相应的。可以这样说,阳明"致良知"在"心"的本源处唤醒了师道意识;王艮"大成师道之学"所提倡的"安身立本",使个体之"身"得以挺立于世间;晚明讲会之自

---

① 《黄宗羲全集》第1册《明夷待访录·原臣》。
② 参《孟子章句讲疏》对《梁惠王》《公孙丑》诸篇的相关讨论。
③ 《明儒学案》卷32《泰州学案一·王艮传》。
④ 沟口雄三回顾了近代自梁启超以来中日学界对黄宗羲的看法,认为在反对启蒙说的基础上,仍然没有完全跳出旧的民本说。他认为可以把黄宗羲思想理解为富民分权的专制反对君民一元的专制。参其《中国前近代思想的演变》第234—245页。但这一解释仍然陷入了用社会经济观点代替思想研究的近代窠臼。假如从传统儒学自身视角来观察,许多问题其实不难理解。譬如沟口一直质疑黄宗羲何以没有继承者,其实是因为清代以后君道独尊,师道精神受挫。晚清学者对他的认同依然可以放在这个框架理解,甚至现在也没有跳出这个框架。此外,近代学者大都不理解儒学自身关于公共性与私人性君权的区分,也都是局限性所在。

称"孔子家",意味着师道精神的社会化;以东林、复社为首的党社运动,代表了师道组织对治国平天下的渴望;而以黄宗羲、唐甄等为代表的清初君权批判思潮,则是师道精神的自我反思。这一运动尽管因清代君师合一体制的重建而陷入伏流,但也因此成为晚清士大夫反抗君权的先声。

征引文献

明代以前（略依经史子集四部为序）

《十三经注疏》，阮元校刻。北京：中华书局影印，1980年。

朱熹《四书章句集注》。北京：中国书店，1985年第二版。

真德秀《大学衍义》。四库全书本。

司马迁《史记》。北京：中华书局，1982年。

班固《汉书》。北京：中华书局，1962年。

范晔、司马彪《后汉书》。北京：中华书局，2000年。

房玄龄等《晋书》。北京：中华书局，1996年。

浦起龙《史通通释》。上海：上海古籍出版社，1978年。

杜佑《通典》。北京：中华书局，1984年据商务印书馆万有文库十通本影印。

刘昫《旧唐书》。北京：中华书局，1975年。

欧阳修、宋祁《新唐书》。北京：中华书局，1975年。

马端临《文献通考》。北京：中华书局，1986年据商务印书馆万有文库十通本影印。

脱脱等《宋史》。北京：中华书局，1985年。

杨柳桥《荀子诂释》。济南：齐鲁书社，1985年。

陈寿祺辑校《尚书大传》，王先谦《皇清经解续编》本。南京：凤凰出版社，2005年影印本。

苏舆《春秋繁露义证》，钟哲点校。北京：中华书局，1992年。

陈立《白虎通德论疏证》，吴则虞点校。北京：中华书局，1994年。

郭庆藩《庄子集释》，王孝鱼点校。北京：中华书局，1961年。

张纯一《墨子集解》。成都：成都古籍书店，1988年据世界书局1936年版影印。

黎翔凤《管子校注》，梁运华整理。北京：中华书局，2004年。

《鹖冠子》，陆佃解。上海：上海古籍出版社，1990年。

黄晖《论衡校释》。北京：中华书局，1990年。

王明《抱朴子内篇校释》。北京：中华书局，1985年。

释僧祐编《弘明集》。上海：上海古籍出版社，1991年。

王通《中说》。四库全书本。

徐坚《初学记》。北京：中华书局，1962年。

朱熹《朱子语类》，黎靖德编。北京：中华书局，1994年。

陈淳《北溪字义》。北京：中华书局，1983年。

吴蒙整理《三字经、百家姓、千字文》。上海：上海古籍出版社，1988年。

韩愈《韩昌黎全集》。北京：中国书店据世界书局1935年本影印，1991年。

柳宗元《柳宗元集》。北京：中华书局，1979年。

皮日休《皮子文薮》，萧涤非、郑庆笃整理。上海：上海古籍出版社，1981年。

柳开《河东集》。四库全书本。

欧阳修《欧阳修全集》。北京：中国书店，1986年。

邵雍《邵雍集》，郭彧整理。北京：中华书局，2010年。

程颢、程颐《二程集》，王孝鱼点校。北京：中华书局，1981年。

苏轼《苏东坡全集》。北京：中国书店据世界书局1936年版影印，1986年。

陈亮《陈亮集》（增订本），邓广铭点校。北京：中华书局，1987年。

朱熹《朱熹集》，郭齐、尹波点校。成都：四川教育出版社，1996年。

陆九渊《陆九渊集》，钟哲点校。北京：中华书局，1980年。

戴表元《剡源戴先生文集》，杨讷编《元史研究资料汇编》第4册。北京：中华书局，2014年。

明清文献：（带＊者现收入《四库全书存目丛书》，带＊＊者收入《中国野史集成》）

《明武宗实录》。台北："中研院"历史语言研究所校印本。

《明世宗实录》。同上。

《明穆宗实录》。同上。

《明神宗实录》。同上。

《明熹宗实录》。同上。

万历《吉安府志》。北京：书目文献出版社，1991年影印日本藏中国罕见地方志丛刊。

抱阳生《甲申朝事小记》。北京：书目文献出版社，1987年。

曹于汴《仰节堂集》。四库全书本。

陈邦瞻《宋史纪事本末》。北京：中华书局，1977年。

陈鼎《东林列传》，周骏富辑明代传记丛刊本。台北：明文书局，1991年。

陈洪谟《治世余闻录》。涵芬楼影印明万历刻纪录汇编本。*

陈建《学蔀通辨》。明嘉靖二十七年刻本。*

陈仁锡评纂《皇明世法录》。明代传记丛刊本。

陈田《明诗纪事》。明代传记丛刊本。

陈献章《陈献章集》，孙通海点校。北京：中华书局，1987年。

陈子龙等编《皇明经世文编》。北京：中华书局，1962年。

程敏政《道一编》。明嘉靖三十一年刻本。*

程嗣章《明儒讲学考》。清道光四年刻本。*

丁元荐《西山日记》。清抄本。*

杜登春《社事始末》。昭代丛书（道光本）戊集续编本。**

范守己《皇明肃皇外史》。影印清宣统津寄庐抄本。*

方献夫《西樵遗稿》。清康熙三十五年方林鹤刻本。*

冯从吾《少墟集》。四库全书本。

冯梦龙辑《甲申纪事》。玄览堂丛书本。**

傅山《霜红龛集》。太原：山西人民出版社，1984年据清宣统三年山阳丁保铨本影印。

傅维麟《明书》。清康熙三十四年本诚堂刻本。*

高拱《高拱论著四种》，流水点校。北京：中华书局，1993年。

高攀龙《高子遗书》。四库全书本。

耿定向《耿天台先生全书》。民国武昌正信印书馆铅印本。

耿定向《耿天台先生文集》。明万历二十六年刘元卿刻本。*

耿定向《硕辅宝鉴》。明嘉靖刻本。*

耿定向《先进遗风》。明代传记丛刊本。

谷应泰《明史纪事本末》。北京：中华书局，1977年。

顾苓《金陵野抄》，《南明史料八种》，孟昭庚、李昌宪等点校。南京：江苏古籍出版社，1999年。

顾宪成《顾端文公遗书》。清光绪三年刻本。＊

顾宪成《泾皋藏稿》。四库全书本。

顾炎武著、黄汝成辑《日知录集释》。上海：上海古籍出版社，1985年。

顾允成《小辨斋偶存》。四库全书本。

管志道《孟义订测》。明万历三十六年刻本。＊

管志道《问辨牍》。明万历刻本。＊

桂萼《文襄公奏议》。明嘉靖二十三年桂戴刻本。＊

归有光《震川先生集》，周本淳点校。上海：上海古籍出版社，1981年。

郭子章《蠙衣生粤草》。明万历十八年周应鳌刻本。＊

过庭训《本朝分省人物考》。明代传记丛刊本。

过庭训《圣学嫡派》。明万历刻本。＊

韩贞《韩贞集》，黄宣民校点。北京：中国社会科学出版社，1996年。

何出光、陈登云等撰、喻思恂续《兰台法鉴录》。北京：书目文献出版社，
　　1987年影印北京图书馆古籍珍本丛刊。

何良俊《四友斋丛说》。北京：中华书局，1959年。

何乔远《名山藏》。明代传记丛刊本。

何三畏《云间志略》。明代传记丛刊本。

何心隐《何心隐集》，容肇祖整理。北京：中华书局，1960年。

侯方域著、王树林校笺《侯方域全集校笺》。北京：人民文学出版社，
　　2013年。

黄煜编次《碧血录》。知不足斋丛书本。＊＊

黄宗羲《黄梨洲文集》，陈乃乾编。北京：中华书局，1959年。

黄宗羲《弘光实录钞》。《南明史料八种》本。

黄宗羲《汰存录》，沈善洪、吴光主编《黄宗羲全集》第1册。杭州：浙江古
　　籍出版社，2012年。

黄宗羲《明夷待访录》。同上《黄宗羲全集》第1册。

黄宗羲《明儒学案》，沈芝盈点校。北京：中华书局，1985年。

黄宗羲等《宋元学案》，陈金生、梁运华点校。北京：中华书局，1986年。

黄尊素《黄忠端公文集》。清康熙十五年许三礼刻本。收入四库禁毁书丛刊。

黄尊素《说略》，涵芬楼秘笈第二集。＊＊另参《黄忠端公文集》第六卷。

计六奇《明季北略》。北京：中华书局，1984年。

纪昀等《四库全书总目提要》。北京：中华书局，1965 年。

江藩《汉学师承记》，钟哲整理。北京：中华书局，1983 年。

蒋一葵《尧山堂外记》。明万历刻本。*

焦竑《澹园集》，李剑雄点校。北京：中华书局，1999 年。

焦竑《国朝献征录》。明代传记丛刊本。

焦竑《玉堂丛语》，顾思点校。北京：中华书局，1981 年。

瞿九思《孔庙礼乐考》。明万历三十五年史学迁刻本。*

来集之《倘湖樵书》。清乾隆来廷楫倘湖小筑重刻本。*

雷礼《国朝列卿记》。明万历徐鉴刻本。*

李春芳《李文定公贻安堂集》。明万历十七年李戴刻本。*

李亨特修《（乾隆）绍兴府志》，中国地方志集成本（浙江府县志辑）。上海：上海书店出版社，2000 年。

李清《南渡录》。《南明史料八种》本。

李清《三垣笔记》，顾思点校。北京：中华书局，1982 年。

李乐《见闻杂记》。上海：上海古籍出版社，1986 年。

李人镜修（同治）《南城县志》，中国地方志集成本（江西府县志辑）。南京：凤凰出版社，2013 年。

李绍文《皇明世说新语》。明万历刻本。*

李时《南城召对》。民国燕京大学图书馆抄本。*

李棪《东林党籍考》。明代传记丛刊本。

李颐《李及泉先生奏议》。清咸丰六年李熙载等重刻本。*

李元阳《中溪家传汇稿》。上海：上海书店，丛书集成续编本，1994 年。

李贽《藏书》。明万历二十七年焦竑刻本。*

李贽《焚书》《续焚书》。北京：中华书局，1975 年。

李贽《李温陵集》。明刻本。*

李贽《续藏书》。明汪修能刻本。*

李贽《卓吾先生批评龙溪王先生语录钞》。明万历尚论斋刻本。*

利玛窦、金尼阁著，何高济、王遵仲、李申译，何兆武校《利玛窦中国札记》。北京：中华书局，1983 年。

利玛窦著，朱维铮主编，邓志峰、张完芳、刘文楠、姜鹏编《利玛窦中文著译集》。上海：复旦大学出版社，2001 年。

梁亿言《遵闻录》。台北：新文丰出版公司，丛书集成新编本。

林之盛编《皇明应谥名臣备考录》。明代传记丛刊本。

刘若愚《酌中志》。海山仙馆丛书。＊＊

刘心学《四朝大政录》。民国排印本。＊＊

聋道人《遇变纪略》。《荆驼逸史》本。＊＊

陆树声《清暑笔谈》。《笔记小说大观》第十三编第5册。台北：新兴书局有限公司，1984年，再版。

罗汝芳《耿中丞杨太史批点近溪罗子全集》。明万历间刻本。＊

罗汝芳《罗汝芳集》，方祖猷、梁一群、李庆龙等编校。南京：凤凰出版社，2007年。

吕本等辑《明太祖宝训》。明万历三十年秣陵周氏大有堂刻本。＊

吕本等辑《世宗肃皇帝宝训》。同上。

吕坤《呻吟语》。明万历三十一年刻本。

吕楠《泾野先生文集》。明嘉靖三十四年于德昌刻本。＊

毛奇龄《辨定嘉靖大礼议》，载《艺海珠尘》。

毛奇龄《武宗外纪》。上海：上海书店，1982年。

毛奇龄《王文成传本》。清康熙西河合集本。＊

毛宪撰、吴亮增补《毗陵人品记》。明万历刻本。＊

眉史氏（陆世仪）《明季复社纪略》。国粹丛书第三集。＊＊

倪元璐《倪文贞集》。四库全书本。

聂豹《双江聂先生文集》。明嘉靖四十三年吴凤瑞刻隆庆六年刻本。＊

欧阳德《欧阳南野先生文集》。明嘉靖三十七年梁汝魁刻本。＊

彭定求《明贤蒙正录》。明代传记丛刊本。

钱德洪《平濠记》。清初抄本。＊

钱谦益《列朝诗集小传》。上海：上海古籍出版社，1983年。

钱谦益《牧斋初学集》，钱曾笺注，钱仲联标校。上海：上海古籍出版社，2009年。

钱一本《像象管见》。四库全书本。

钱仪吉纂录《碑传集》。明代传记丛刊本。

吕调元等修纂（宣统）《湖北通志》。上海：商务印书馆，1934年缩印本。

清世宗胤禛《大义觉迷录》，中国社会科学院历史研究所清史研究室编：《清史资料》第四辑。北京：中华书局，1983年。

丘濬《大学衍义补》，金良年整理。《传世藏书·经学史卷》。

邵廷采《思复堂文集·碑传》。明代传记丛刊本。

申时行《赐闲堂集》。明万历刻本。*

沈德符《万历野获编》。北京：中华书局，1959年。

沈鲤《文雅社约》。明万历三十年刻本。*

沈鲤《亦玉堂稿》。四库全书本。

沈懋学《郊居遗稿》。明万历三十三年何乔远刻本。*

沈一贯《敬事草》。明刻本。

沈越《皇明嘉隆两朝闻见记》。明万历二十七年沈朝阳等刻本。*

宋端仪辑、薛应旂重辑《考廷渊源录》。明隆庆三年林润刻本。*

苏茂相辑《皇明宝善类编》。明代传记丛刊本。

孙奇逢《理学宗传》。浙江书局光绪庚辰刻本。

孙慎行《恩恤诸公志略》。《荆驼逸史》本。**

孙慎行《玄晏斋集》。明崇祯刻本。收入北京出版社《四库禁毁书丛刊》。

谈迁《国榷》，张宗祥校点。北京：中华书局，1958年。

唐伯元《醉经楼集》，朱鸿林点校。北京：中华书局，2013年。

唐鹤征《皇明辅世编》。明崇祯十五年陈睿谟刻本。*

唐龙《渔石集》。明嘉靖刻本。*

唐枢《木钟台集》。明嘉靖、万历间刻本。*

唐顺之《重刊荆川先生文集》。四部丛刊初编本。

万士和《万文恭公摘集》。明万历二十年万氏素履斋刻本。*

王襞《王东崖先生遗集》。民国元年东台袁承业重辑本。

王栋《王一庵先生遗集》。东台袁氏本。

王夫之《读通鉴论》，收入《船山全书》第10册。长沙：岳麓书社，1996年。

王夫之《姜斋文集》，收入《船山全书》第15册。长沙：岳麓书社，1996年。

王艮《明儒王心斋先生遗集》，袁承业编。东台袁氏本。

王鸿绪《明史稿》。天津：天津古籍出版社，1998年。

王畿《龙溪王先生全集》。明万历十五年萧良幹刻本。*

王畿《王畿集》，吴震点校。南京：凤凰出版社，2007年。

王肯堂《郁冈斋笔麈》。明万历刻本。*

王时槐《塘南先生友庆堂合稿》。清光绪三十三年重刻本。*

王世贞《凤洲笔记》。明黄美中刻本。*

王世贞《嘉靖以来内阁首辅传》。明代传记丛刊本。

王世贞《弇山堂别集》，魏连科点校。北京：中华书局，1985年。

王世贞《弇州山人续稿》。明代传记丛刊本。

王守仁《王阳明全集》，吴光、钱明、董平、姚延福编校。上海：上海古籍出版社，1992年。

王锡爵《王文肃公牍草》。明万历间王时敏刻《王文肃公全集》本。

王兆云《漱石笔谈》。清抄本。*

吴肃公《明语林》。清宣统元年碧琳琅馆丛书本。*

吴山嘉《复社姓氏传略》。北京：中国书店，1990年。

吴伟业《复社纪事》。借月山房汇钞第四集。**

吴翌凤《逊志堂杂抄》，吴格、冯惠民点校。北京：中华书局，2006年。

吴应箕《东林事略》。清抄本。续修四库全书本。另参《荆驼逸史》本。**

吴应箕《留都见闻录》，吴小铁点校。南京：南京出版社，2009年。

吴应箕《吴应箕集》，章建文校点。合肥：黄山书社，2017年。

温睿临《南疆逸史勘本列传》。明代传记丛刊本。

文秉《先拨志始》。上海：上海书店，1982年。

伍袁萃《林居漫录》。清抄本。*

夏完淳《续幸存录》。明季稗史汇编本。**

夏燮《明通鉴》，沈仲九校点，北京：中华书局，1959年。

夏允彝《幸存录》。明季稗史汇编本。**

夏言《桂洲先生奏议》。明忠礼书院刻本。*

夏言《夏桂洲先生文集》。明崇祯十一年吴一璘刻本。*

项笃寿《今献备遗》。明代传记丛刊本。

熊偯辑、钱启忠重订《近溪罗先生一贯编》。明长松馆刻本。*

徐光启《徐光启全集》，朱维铮、李天纲主编。上海：上海古籍出版社，2011年。

徐光启《毛诗六帖讲意》，邓志峰点校。上海：上海古籍出版社，2011年。

徐光启《诗经传稿》，邓志峰点校，收入朱维铮、李天纲主编《徐光启全集》。上海：上海古籍出版社，2011年。

徐阶《少湖先生文集》。明嘉靖三十六年宿应璘刻本。*

徐阶《世经堂集》。明万历徐氏刻本。*

徐开任《明名臣言行录》明代传记丛刊本。

徐世昌《清儒学案小传》。周骏富辑清代传记丛刊本。

徐学谟《世庙识余录》。明徐兆稷活字本。*

徐学谟《徐氏海隅集》。明万历四十年徐元嘏重修本。*

许孚远《敬和堂集》。日本内阁文库藏本万历刻本。

薛应旂《方山先生文录》。明嘉靖三十三年东吴书林刻本。*

燕客《诏狱惨言》。借月山房汇钞第六集。**

颜钧《颜钧集》，黄宣民校点。北京：中国社会科学出版社，1996年。

阎湘蕙《明鼎甲征信录》。明代传记丛刊本。

杨起元《太史杨复所先生证学编》。明万历四十五年佘永宁刻本。*

杨时乔《杨端洁公文集》。明天启杨闻中刊本。*

杨廷和《杨文忠三录》。四库全书本。

叶权《贤博编》，《明史资料丛刊》。南京：江苏人民出版社，1981。

佚名《皇明小史摘抄》。清初抄本。*

佚名《国变难臣钞》。中国内乱外祸历史丛书第一辑。**

易宗夔《今世说》。清代传记丛刊本。

雍正《浙江通志》。上海：商务印书馆，1934年影印清光绪刻本。

又满楼主人《民钞董宦事实》。又满楼丛书。**

于慎行《谷山笔麈》，吕景琳点校。北京：中华书局，1984年。

于慎行《谷城山馆文集》。明万历间于纬刻本。

余继登《典故纪闻》，顾思点校。北京：中华书局，1981年。

袁承业《王心斋先生弟子师承表》。东台袁氏本。

袁承业辑《明儒王东崖、东隅、东日、天真四先生残稿》。东台袁氏本。

袁黄《祈嗣真诠》。明万历绣水沈氏刻宝颜堂秘笈本。*

袁黄《了凡四训今译》，陈慧剑校注，黄涵之语译。上海：上海佛学书局，2000年。

袁枢《通鉴纪事本末》。北京：中华书局，1964年。

查继佐《罪惟录》，方福仁校点。杭州：浙江古籍出版社，1986年。

湛若水《湛甘泉先生文集》。清康熙二十年黄楷刻本。*

张安茂《泮宫礼乐全书》。清顺治十三年刻本。*

张璁《太师张文忠公集》。明万历四十三年张汝纪刻增修本。*

张璁《张璁集》，张宪文校注。上海：上海社会科学出版社，2003年。

张岱《三不朽图赞》。明代传记丛刊本。

张居正《新刻张太岳先生诗文集》。明万历四十年唐国达刻本。*

张卤《皇明嘉隆疏抄》。明万历刻本。*

张溥《七录斋集》。明崇祯吴门童润吾刻本。四库禁毁书丛刊本。

张溥《七录斋诗文合集》。明崇祯九年刻本。续修四库全书本。

张廷玉等《明史》。北京：中华书局，1974年。

张萱《西园闻见录》。明代传记丛刊本。

张元忭《张阳和先生不二斋文选》。明万历张汝霖、张汝懋刻本。*

章学诚《章学诚遗书》。北京：文物出版社，1985年。

赵翼《廿二史札记校证》，王树民校证。北京：中华书局，1982年。

赵翼《陔余丛考》，栾保群、吕宗力校点。石家庄：河北人民出版社，1990年。

赵贞吉《赵文肃公文集》。明万历十三年赵德仲刻本。*

郑晓《今言》，李致忠点校。北京：中华书局，1984年。

智旭《灵峰宗论》，收入《蕅益大师全集》第8册，明学主编。成都：巴蜀书社，2014年。

周宾所《识小编》，《五朝小说大观》第25帙，《皇明百家小说》。

周汝登《圣学宗传》。明万历三十三年王世韬等刻本。*

周汝登《周海门先生文录》。明万历张元憬刻本。*

朱大韶编《皇明名臣墓铭》。明代传记丛刊本。

朱棣《圣学心法》。明永乐七年内府刻本。*

朱厚熜、张璁《谕对录》。明万历三十七年蒋光彦等宝纶楼刻本。*

朱厚熜《明堂或问》。明抄宸章集录本。*

朱厚熜《御制孔子祀典申记》。同上。*

朱厚熜《御制孔子祀典说》。同上。*

朱彝尊《静志居诗话》。明代传记丛刊本。

朱元璋《皇明祖训》。明洪武礼部刻本。*

邹元标《南皋先生会语合编》《讲义合编》。明万历四十七龙遇奇刻本。*

邹元标《愿学集》。四库全书本。

邹元标《邹忠介公奏疏》。续修四库全书本。

近人研究论著（中文）：

包筠雅《功过格——明清社会的道德秩序》，杜正贞、张林译，赵世瑜校。杭州：浙江人民出版社，1999年。

陈宝良 《悄悄散去的幕纱——明代文化历程新说》，西安：陕西人民教育出版社，1988 年。

陈来 《有无之境——王阳明哲学的精神》。北京：人民出版社，1991 年。

陈荣捷 《宋明理学之概念与历史》。台北："中研院"中国文哲研究所筹备处，1996 年。

陈荣捷 《王阳明传习录详注集评》（修订版）。台北：台湾学生书局，1992 年；

陈荣捷 《王阳明与禅》。台北：台湾学生书局，1984 年。

陈寅恪 《金明馆丛稿初编》。上海：上海古籍出版社，1980 年。

陈寅恪 《唐代政治史述论稿》，唐振常导读本。上海：上海古籍出版社，1997 年。

陈寅恪 《柳如是别传》。上海：上海古籍出版社，1980 年。

陈正雄 《荀子政治思想研究》。台北：文津出版社，1973 年。

陈仲安、王素 《汉唐职官制度研究》。北京：中华书局，1993 年。

曹国庆 《严嵩评传》。上海：上海社会科学院，1989 年。

戴瑞坤 《阳明学汉学研究论集》。台北：台湾学生书局，1988 年。

邓艾民 《朱熹王守仁哲学研究》。上海：华东师范大学出版社，1989 年。

邓秉元 《周易义疏》。上海：上海古籍出版社，2011 年。

邓秉元 《孟子章句讲疏》。上海：华东师范大学出版社，2011 年。

邓秉元 《新文化运动百年祭》。上海：上海人民出版社，2019 年。

岛田虔次 《朱子学与阳明学》。西安：陕西师范大学出版社，1986 年。

狄百瑞 《中国的自由传统》，李弘祺译。台北：联经出版事业公司，1983 年。

杜正胜 《周代城邦》。台北：联经出版事业公司，1979 年。

樊树志 《万历传》。北京：人民出版社，1993 年。

樊树志 《崇祯传》。北京：人民出版社，1997 年。

樊树志 《晚明史》。上海：复旦大学出版社，2003 年。

樊树志 《晚明大变局》。北京：中华书局，2015 年

范文澜 《范文澜历史论文选集》。北京：中国社会科学出版社，1979 年。

方尔加 《王阳明心学研究》。长沙：湖南教育出版社，1989 年。

方授楚 《墨学源流》。上海：中华书局，1934 年。

冯友兰 《中国哲学史》。上海：商务印书馆，1947 年。

冈田武彦 《王阳明与明末儒学》，吴光、钱明、屠承先译。上海：上海古籍出版社，2000 年。

葛荣晋《王廷相和明代气学》。北京：中华书局，1990年。

葛兆光《禅宗与中国文化》。上海：上海人民出版社，1986年。

沟口雄三《中国前近代思想的屈折与展开》陈耀文译。上海：上海人民出版社，1997年。

沟口雄三《中国前近代思想的演变》，索介然、龚颖译。北京：中华书局，1997年。

古伟瀛编《东西交流史的新局：以基督宗教为中心》。台北：台湾大学出版中心，2009年。

顾诚《南明史》。北京：中国青年出版社，1997年。

郭沫若《十批判书》。重庆：群益出版社，1947年。

忽滑谷快天《中国禅学思想史》，朱谦之译，杨曾文导读。上海：上海古籍出版社，2002年。

黄进兴《优入圣域——权力、信仰与正当性》。西安：陕西人民出版社，1998年。

黄一农《两头蛇：明末清初的第一代天主教徒》。上海：上海古籍出版社，2006年。

侯外庐、邱汉生、张岂之主编《宋明理学史》。北京：人民出版社，1987年。

侯外庐、赵纪彬、杜国庠《中国思想通史》。北京：人民出版社，1960年。

侯外庐《中国早期启蒙思想史》。北京：人民出版社，1956年。

黄仁宇《万历十五年》。北京：中华书局，1982年。

嵇文甫《晚明思想史论》。上海：商务印书馆，1944年；

嵇文甫《左派王学》。上海：开明书店，1934年。

酒井忠夫《中国善书研究》，刘岳兵译。南京：江苏人民出版社，2010年。

劳思光《中国哲学史》（第二版）。香港：香港中文大学崇基学院，1974年。

劳思光《中国哲学史新编》（III）。台北：三民书局股份有限公司，1995年。

李国钧等著《中国书院史》。长沙：湖南教育出版社，1994年。

李天纲《中国礼仪之争：历史、文献与意义》。上海：上海古籍出版社，1998年。

李洵《下学集》。北京：中国社会科学出版社，1995年。

李洵《正德皇帝大传》。沈阳：辽宁教育出版社，1993年。

梁启超《（节本）明儒学案》。上海：商务印书馆，1916年。

梁启超《梁启超论清学史二种》，朱维铮校注。上海：复旦大学出版社，

1985 年。

梁启超《清代学术概论》，朱维铮导读本。上海：上海古籍出版社，1998 年。

梁启超《王安石传》。海口：海南出版社，1993 年。

梁启超《王阳明知行合一之教》，《饮冰室合集》第 5 册。北京：1989 年中华书局据上海中华书局 1936 年版影印。

林继平《明学探微》。台北：台湾商务印书馆，1984 年。

林延清《嘉靖皇帝大传》。沈阳：辽宁教育出版社，1993 年。

刘国盈《唐代古文运动论稿》。西安：陕西人民出版社，1984 年。

刘俊文主编《日本学者研究中国史论著选译》。北京：中华书局，1993 年。

刘述先《儒家思想与现代化——刘述先新儒学论著辑要》，景海峰编。北京：中国广播电视出版社，1992 年。

卢钟锋《中国传统学术史》。郑州：河南人民出版社，1998 年。

鲁迅《鲁迅小说集》。北京：人民文学出版社，1990 年。

吕妙芬《孝治天下：〈孝经〉与近世中国的政治与文化》。台北：联经出版事业公司，2011 年。

马西沙、韩秉方《中国民间宗教史》。上海：上海人民出版社，1992 年。

蒙文通《经史抉源》。成都：巴蜀书社，1995 年。

孟森《明清史讲义》。北京：中华书局，1981 年。

牟宗三《从陆象山到刘蕺山》。台北：台湾学生书局，1984 年。

牟宗三《心体与性体》。上海：上海古籍出版社，1999 年。

牟宗三《政道与治道》。台北：台湾学生书局，1980 年。

欧大年著、刘心勇等译《中国民间宗教教派研究》。上海：上海古籍出版社，1993 年。

潘富恩、徐余庆《程颢程颐理学思想研究》。上海：复旦大学出版社，1988 年。

彭国翔《近世儒学史的辨正与钩沉》。北京：中华书局，2015 年。

皮锡瑞《经学历史》，周予同注释本。北京：商务印书馆，1934 年。

钱穆《中国近三百年学术史》。北京：商务印书馆，1997 年。

钱穆《中国学术思想史论丛（七）》。台北：东大图书有限公司，1979 年。

裘锡圭《文史丛稿——上古思想、民俗与古文字学史》。上海：上海远东出版社，1996 年。

任继愈主编《中国道教史》。上海：上海人民出版社，1990 年。

任继愈主编《中国佛教史》第 2 卷。北京：中国社会科学出版社，1985 年。

任继愈主编《中国哲学发展史》（秦汉）。北京：人民出版社，1985 年。

容肇祖《李贽年谱》。北京：生活·读书·新知三联书店，1957 年。

容肇祖《明代思想史》。上海：开明书店，1941 年。

容肇祖《容肇祖集》。济南：齐鲁书社，1989 年。

萨孟武《中国政治思想史》（第三版）。台北：三民书局股份有限公司，1979 年。

山下龙二《王阳明传》，文君妃译。台北：国际文化事业有限公司，1989 年。

沈善洪、王凤贤《王阳明哲学研究》。杭州：浙江人民出版社，1981 年。

释圣严《明末佛教研究》。台北：东初出版社，1987 年。

粟品孝《朱熹与宋代蜀学》。北京：高等教育出版社，1998 年。

唐文治《阳明学术岁微》。民国铅印本。

唐君毅《中国哲学思想论集（宋明哲学）》。台北：牧童出版社，1976 年。

王春瑜《明清史散论》。上海：东方出版中心，1996 年。

王汎森《明末清初思想十论》。上海：复旦大学出版社，2004 年。

王茂、蒋国宝、余秉颐、陶清《清代哲学》。合肥：安徽人民出版社，1992 年。

王士纬《心斋先生学谱》。1942 年撰，复旦大学图书馆藏 1981 年泰州古旧书店抄本。

王天有《晚明东林党议》。上海：上海古籍出版社，1991 年。

韦伯《经济与社会》，林荣远译。北京：商务印书馆，1997 年。

韦伯《学术与政治》，冯克利译。北京：生活·读书·新知三联书店，1998 年。

韦伯《支配的类型》，康乐译。台北：允晨文化实业股份有限公司，1985 年。

韦庆远《张居正和明代中后期政局》。广州：广东高等教育出版社，1999 年。

韦正通《中国思想史》（第二版）。台北：大林出版社，1983 年。

巫宝三主编《中国经济思想史资料选辑（明清部分）》。北京：中国社会科学出版社，1990 年。

吴枫、宋一夫主编《中华道学通典》。海口：南海出版公司，1994 年。

吴晗《吴晗史学论著选集》。北京：人民出版社，1984 年。

吴晗《朱元璋传》。北京：中华书局，1949 年。

吴敬梓《儒林外史》。上海：上海古籍出版社，1991 年。

吴震《明末清初劝善运动思想研究》。台北：台湾大学出版中心，2009 年。

萧公权《中国政治思想史》。沈阳：辽宁教育出版社，1998 年，

谢国桢《明清之际党社运动考》。上海：上海书店出版社，2004 年。

谢国桢《南明史略》。上海：上海人民出版社，1957 年。

徐复观《中国人性论史》。上海：华东师范大学出版社，2005 年。

徐洪兴《理学的转型——理学发生过程研究》。上海：上海人民出版社，1996 年。

徐平章《荀子与两汉儒学》。台北：文津出版社，1988 年。

徐中舒主编《汉语大字典》。武汉：湖北（暨四川）辞书出版社，1986 年。

阎步克《士大夫政治演生史稿》。北京：北京大学出版社，1996 年。

杨国荣《王学通论——从王阳明到熊十力》。上海：上海三联书店，1990 年；

杨国荣《心学之思——王阳明哲学的阐释》。北京：生活·读书·新知三联书店，1997 年。

杨启樵《明清史抉奥》。香港：广角镜出版社，1984 年。

杨天石《泰州学派》。北京：中华书局，1980 年。

尹协理、魏明《王通论》。北京，中国社会科学出版社，1984 年。

印顺《中国禅宗史》。南昌：江西人民出版社，1999 年。

余嘉锡《四库提要辨证》。北京：科学出版社，1958 年。

余英时《士与中国文化》。上海：上海人民出版社，1987 年；

余英时《现代儒学论》。上海：上海人民出版社，1998 年。

余英时《中国思想传统的现代诠释》。南京：江苏人民出版社，1989 年。

余英时《中国思想传统的现代诠释》。台北：联经出版事业公司，1987 年。

余英时《宋明理学与政治文化》。长春：吉林出版集团有限公司，2008 年

张德信《明史海瑞传校注》。西安：陕西人民出版社，1984 年。

张建业《李贽评传》。福州：福建人民出版社，1981 年。

张立文《宋明理学研究》。北京：中国人民大学出版社，1985 年。

张庆熊《熊十力的新唯识论与胡塞尔的现象学》。上海：上海人民出版社，1995 年。

张荣明《中国古代气功与先秦哲学》。上海：上海人民出版社，1987 年。

张显清《严嵩传》。合肥：黄山书社，1992 年。

张祥龙《海德格尔思想与中国天道——终极视域的开启与交融》。北京：生活·读书·新知三联书店，1996 年。

张学智《明代哲学史》。北京：北京大学出版社，2000年。

张跃《唐代后期儒学》。上海：上海人民出版社，1994年。

章太炎《章太炎全集》第三卷，朱维铮点校。上海：上海人民出版社，1984年。

章太炎《章太炎全集》第四卷，徐复点校。上海：上海人民出版社，1985年。

章太炎《章太炎全集》第五卷，饶钦农点校。上海：上海人民出版社，1985年。

章太炎《章太炎全集》第六卷，王仲荦点校。上海：上海人民出版社，1986年。

章太炎《章太炎选集》，朱维铮、姜义华编注。上海：上海人民出版社，1981年。

赵园《明清之际士大夫研究》。北京：北京大学出版社，1999年。

周炽成《复性收摄——高攀龙思想研究》。北京：人民出版社，2007年。

周予同《周予同经学史论著选集》（增订本），朱维铮编。上海：上海人民出版社，1996年。

周予同主编、朱维铮修订《中国历史文选》。上海：上海古籍出版社，1979年。

朱东润《张居正大传》。上海：开明书店，1945年。

朱刚《唐宋四大家的道论与文学》。北京：东方出版社，1997。

朱倓《明季社党研究》。上海：商务印书馆，1945年。

朱维铮《求索真文明——晚清学术史论》。上海：上海古籍出版社，1996年。

朱维铮《音调未定的传统》。沈阳：辽宁教育出版社，1995年。

朱维铮《走出中世纪》。上海：上海人民出版社，1987年。

朱维铮主编《传世藏书·经库·经学史卷》。海口：海南国际新闻出版中心，1995年。

近人研究论文（中文）

Charles O. Hucker（贺凯）《明末的东林运动》，张永堂译，载刘纫尼、段昌国、张永堂译《中国思想与制度论集》。台北：联经出版事业公司，1976年。

陈居渊《学人社集与清初经学》，《复旦学报》，2006年第4期。

陈永福《〈复社纪略〉记事考实及其作者问题刍议：以王时敏相关记述为中

心》,《文史》2012 年第 1 期。

程千帆《走出新经学的迷雾》,《社会科学阵线》,1980 年第 4 期。

邓秉元《〈孟子·离娄上〉讲疏》,《新经学》第一辑。上海:上海人民出版社,2017 年。

邓秉元《〈孟子·告子上〉讲疏》,《新经学》第三辑。上海:上海人民出版社,2018 年。

邓秉元《"以经术缘饰吏治"发微:早期的经学、礼教与政治》,洪涛主编《复旦政治哲学评论》第十一辑,上海人民出版社,2019 年。

邓志峰《嘉靖初年的政治格局》,《复旦学报》,1999 年第 1 期。

邓志峰《谁与青天扫旧尘——大礼议思想背景新探》,《学术月刊》1997 年第 7 期。

邓志峰《晚明思想漩涡中的利玛窦》,《文史知识》,2002 年第 12 期。

邓志峰《学术自由与中国的思想传统:兼论会通派王学与晚明经学的突破》,刘青峰、岑国良编《自由主义与中国近代传统:"中国近现代思想的演变"研讨会论文集》。香港:香港中文大学出版社,2002 年。

邓志峰《义法史学与中唐新史学运动》,《复旦学报》,2004 年第 6 期。

邓志峰《明代史学略论稿》,《复旦史学集刊》第二辑。上海:复旦大学出版社,2007 年。

葛荣晋《中国古代经权说的历史演变》,《孔子研究》,1987 年第 2 期。

顾诚《明代的宗室》,《明清史国际学术讨论会论文集》。天津:天津人民出版社,1982 年。

何子培《明儒梁夫山先生年谱》(一名《何心隐年谱》),《中法大学月刊》第 5 卷 5 期,1934 年 8 月号。

胡秋原《论阳明之学—论近世中国没落之四:明代知识分子之自由运动与阳明之学》。台北:天一出版社,《王阳明传记资料》第 10 册。

黄继持《明代中叶文人形态》,赵令扬编《明清史集刊》第一卷,香港大学中文系,1985 年。

黄宣民《颜钧及其"大成仁道"》,《中国哲学》第十六辑。长沙:岳麓书社,1993 年 9 月。

李庆《"东林非党论"质疑》,《中国典籍与文化》,2004 年第 3 期。

李焯然《从真德秀的〈大学衍义〉到丘濬的〈大学衍义补〉》,葛荣晋主编《中国实学思想史》。北京:首都师范大学出版社,1994 年。

梁洪生《江右王门学者的乡族建设——以流坑村为例》。台北：《新史学》第8卷第1期，1997年3月。

刘真武《"大礼之争"是非考辩》，《湖北大学学报》，1991年第1期。

刘志琴《晚明城市风尚初探》，《中国文化研究集刊》第二辑。上海：复旦大学出版社，1984年。

罗丽馨《明代内阁制度》，载《中国史学论文选集》第三辑。台北：幼狮文化事业公司，1979年。

欧阳琛《王守仁与大礼议》，《新中华》，1949年第12卷7期。

钱明《王畿思想在日本的受用与评价》。台北："中研院"《中国文哲研究通讯》总第33期，1999年第9卷第1期。

钱明《王学流派的演变及其异同》，《孔子研究》，1987年第4期。

钱穆《阳明之学：在香港大学校外课程部讲稿》，《王阳明传记资料》第10册。

秦家懿《论王阳明的狂者性格》，《王阳明传记资料》第2册。

史华慈《关于思想史的若干初步考察》，张永堂译，刘纫尼、段昌国、张永堂译《中国思想与制度论集》。台北：联经出版事业公司，1976年。

苏均炜《大学士严嵩新论》，《明清史国际学术讨论会论文集》。天津：天津人民出版社，1982年。

檀上宽《明清乡绅论》，刘俊文译《日本学者研究中国史论著选译》第2卷附录。北京：中华书局，1993年。

汤用彤《谢灵运〈辨宗论〉书后》，载其《魏晋玄学论稿》。上海：上海古籍出版社，2001年。

唐长孺《跋明张璁书扇》，《学林漫录》第11集，1985年。

王瑞来《论宋代相权》，《历史研究》，1985年第2期。

王瑞来《论宋代皇权》，《历史研究》，1989年第1期。

小山正明《明代的粮长》，栾成显、南炳文译《日本学者研究中国史论著选译》第6卷，明清。北京：中华书局，1993年。

杨国强《儒学的衍变与清代士风》，《史林》，1995年第1期。

姚大力《论蒙元王朝的皇权》，王元化主编《学术集林》第15辑。上海：上海远东出版社，1999年。

曾霁虹《明史阳明平宁藩考》，《王阳明传记资料》第3册。

张琏《何心隐的社会思想论析》，《史学集刊》，1998年第1期。

张宁《试论秦王朝的文化政策》，《中国文化研究集刊》第三辑。上海：复旦大学出版社,1986年。

张其昀《圆融统一的阳明学》,《王阳明传记资料》第15册。

张治安《明代廷议之研究》,杜维运等《中国史学论文选集》第一辑,台北:幼狮文化事业公司,1976年。

朱维铮《中国经学与中国文化》,《复旦学报》1986年第2期。

朱维铮《晚清的自改革思潮》,《二十一世纪》第18期,1993年8月号。

朱维铮《经学史:儒术独尊的转折过程》,《上海图书馆建馆三十周年纪念论文集》。上海:上海图书馆出版社,1982年。

近人研究论著（英、日文）：

Carney Thomas Fisher: *The Great Ritual Controversy in Ming China*, Ann Arbor Michigan, University Microfilm International, 1978.

David S. Nivison: *Moral Decision in Wang Yangming: the Problem of Chinese "Existentialism"*, Bryan w. van Norden ed., *David S. Nivison The Ways of Confucianism: Investigations in Chinese Philosophy*, Chicago and La Salle, Illinois Carus Publishing Company, 1996.

Jen Yu‐Wen: *Ch'en Hsien-chang's Philosophy of The Natural*, Wm. Theodore de Bary ed., *Self and Society in Ming Thought*, New York, Columbia university press, 1970.

Leonard Krieger: *The Autonomy of Intellectual History*, Georg G. Iggers and Harold T. Parker ed., *International Handbook of Historical Studies: Contemporary Research and Theory*, New York, Greenwood Press, 1979.

Philip J. Ivanhoe: *Chinese Language, Thought and Culture: Nivison And His critics*, Chicago and La Salle, Carus Publishing Company, 1996.

Robert Crawford: *Chang Chu‐Cheng's Confucian Legalism*, William Theodore De Bary ed., *Self and Society in Ming Thought*.

Takehiko Okada: *Wang Chi and The Rise of Existentialism*, William Theodore De Bary ed., *Self and Society in Ming Thought*.

William Theodore De Bary: *Individualism and Humanitarian-ism in Late Ming Thought*, Wm. Theodore de Bary ed., *Self and Society in Ming Thought*.

William Theodore De Bary: *Neo‐Confucian orthodoxy and the learning of the Mind-and-heart*, New York, Columbia University Press, 1981.

板野长八《儒教成立史の研究》。东京:岩波书店,1995年。

洪樵榕《王守仁(阳明)の思想解放论》,收入前揭《王阳明传记资料》第17册。

荒木见悟《明代思想研究》。东京:创文社,1978年。

荒木见悟《道统论の衰退と新儒林传の展开》,《久留米大学比较文化研究所纪要》第7辑,1989年11月。

加藤常贤监修《中国思想史》。东京:东京大学出版会,1952年。

间野潜龙《明代文化史研究》。东京:同朋舍,1979年。

近藤一成《王安石の科举改革をめぐって》,《东洋史研究》第46卷第3号,1987年12月。

井上进《汉学の成立》,《东方学报》第61册,1989年3月号。

井上进《朴学の背景》,《东方学报》第64册,1992年3月号。

桥本敬司《中国思想にすける身体——王阳明の身体知——》,《广岛大学文学部纪要》第59卷,1999年12月。

山井涌《明清思想史の研究》。东京:东京大学出版会,1980年。

上田弘毅《王心斋の师道论·明哲保身论》,《山形大学纪要》(人文学科)第13卷第3号,1996年1月。

吴震《王龙溪の道教观——"调息法"を中心に—》,《大阪产业大学论集》(人文科学编)第83号,1994年9月。

小岛毅《张岳の阳明学批判》,《东洋史研究》第53卷第1号,1994年6月。

小岛毅《嘉靖の礼制改革について》,《东洋文化研究所纪要》第117册,东京大学东洋文化研究所,1992年3月。

小野和子《明季党社考——东林党と复社》。京都:同朋舍,1996年。

宇野精、中村元、玉城康四郎主编《东洋思想讲座(二):中国思想Ⅰ》之《儒家思想》。东京:东京大学出版会,1967年。

中纯夫《耿定向と张居正》,《东洋史研究》第53卷第1号,1994年6月。

佐藤文俊《明代中期の外戚张氏兄弟》,《东洋史研究》第49卷第3号,1990年12月。

佐佐木爱《毛奇龄の思想遍历——明末の学风と清初期经学》,《东洋史研究》第55卷第4号,1997年3月。

初版后记

本书是在我的博士学位论文基础上删改而成的,原有一个极为冗长的书名:《王学史(1521—1584):从伪学到准官方学说——兼论晚明的师道复兴运动》。其中,"从伪学到准官方学说"对应上、下两编,中编则以师道复兴运动为视角,考察王学在野诸学派的主观精神史。值此书出版之际,东方历史研究出版基金会的诸位专家以为,书名题作《王学史》似乎过于平实,希望为读者计,能有一个更为醒目的名字。反复思考之余,决定改题今名。理由是,本书既从君道与师道相互关系的角度,把中唐至晚明知识界的主观精神史定位为"师道复兴运动",则王学只是此一运动的一个阶段、一个环节而已,师道精神乃是以王学的形式在展开。尽管本书所讨论的,是作为具体的、现实的、历史中的王学之内在规定性,然其精神实质必须上升到全体本身的高度,方能得到真实的理解,此本书导言所为作也。只不过王学乃是此一运动走向巅峰并最终消解的阶段,问题意识更加集中,表达方式更为彻底罢了。一切具象史,应作如是观。

和书名一样,本书原文也颇为冗长。这主要是因为在写作过程中,为求行文连贯,正文中间除必须之外,绝少引用文献本文,而把材料的处理放在注释中间。当然,一般说来,大多数材料对于普通读者来说过于繁杂,而对于专家又殊无必要;然而在遗献凋零、学风浮躁的今天,许多昔人视作常识的东西,却不得不重新考校,此今日学统之较道统为尤急也。更何况相同的史料,对不同的研究者而言识见迥殊,因此一些基本的分析还是必要的。但尽管如此,本书还是把大量的注释删去了,仅留下引文出处,庶几学者同人可以按图索骥。另外,此次出版也把原文的余论部分,即"明末清初思想界鸟瞰"一节删掉,一来为减少字数;二来此论与本书题旨联系不大;三来明清学术转型问题甚大，非走马看花所宜言。当然，此文已作为另一篇拙文的一部分，发表在2001年香港中文大学中国文化研究所"中国近现代思想的演变"学术讨论会论文集内，题作《学术自由与中国的思想传统》，有兴趣者自可观之。

　　本书是我在2000年以前思想和学术的一个总结，写作时间虽只用了九个月（1999.9—2000.6），但个中甘苦，不堪为外人道之。然而，或许正是由于生命本身的艰辛，才使人意识到感恩的必要。感恩，是一切文化成长的源泉。在我这些年的行程中，每一步艰难的前进都是在父母的关爱、师长的提携、友朋的督促下完成的，幸莫大焉。生我养我者父母，天高地厚，然而迄今我仍无丝毫反哺之能，一念及此，恨莫甚焉。至于师长之教训，友朋之淬砺，不学如我，又何以报之？

　　就中我首先要感谢的是我的老师朱维铮先生。作为我的博士生导师，朱先生以其罕见的学识与对学术本身的无比尊重，激发着我，使我在前进的每一步中间都不敢有丝毫懈怠、并努力抛弃因积习而造成的许多主观偏见。每一次有关论文进度的汇报，为了应付朱先生所提出的大量深入而又透辟的问题，我必须努力做到用事实说话，而不仅仅是逻辑的推演；由历史事实本身来说明历史，是我在朱先生那里所学到的最重要的治学准则。在历史认识越来越陷入主观性情结的今天，这一被主观论者嗤之以鼻的简便原则，却可能是人类恢复其敬畏之心，摆脱因自我膨胀而走向毁灭之途的最后一座营垒。因此，对于我来说，朱先生在我论文写作期间，从选题的研判，到论文的每一次讨论和修改及最终定稿，所付出的大量心血尚其小者，更重要的是他的许多治学理念及基本见解，已成为我自己进行学术研究的基本前提。假如没有这些，本书的完成是不可想象的。当然，因为资质驽钝而对朱先生见解的误解和生吞活剥之处，理应由我负完全之责。

　　其次我还要感谢我的硕士导师樊树志先生。1995年我负笈南游，最初便有幸进入樊先生的门下。樊先生于明清政治史及经济史皆卓有建树，正是由于樊先生的启蒙，我才得以对明清政治史产生了浓厚的兴趣，并尝试对明代"大礼议"进行再研究。可以说，我的每一步进展也都倾注着樊先生的心血。

　　此外，在五年半硕士、博士求学生涯当中，我还有幸聆听过本系许道勋先生、金重远先生、吴浩坤先生、高智群先生、姚大力先生、邹振环先生、王颋先生、廖梅先生、钱文忠先生、巴兆祥先生的课程，在知识上受益良多。特别是廖梅先生，作为我们的大师姐，在各方面对我的帮助都很大，所有这一切，都是我应该亟为感谢的。论文完成以后，还有幸得到樊树志先生、王家范先生、王春瑜先生、徐文堪先生、胡奇光先生、姚大力先生、李天纲先生、姜广辉先生、葛兆光先生、杨国荣先生的悉心审读；并蒙王元化先生、王家范先生、潘富恩先生、姚大力先生、李天纲先生不弃，主持答辩，并获得通过。在现在修改过的这篇书稿中间，便采纳了以上诸先生的许多意见，对此我深表感谢。好友颜玉科、吴通福、周向峰、黄升任、赵利栋、付昱或代为搜集资料，或协助打印，师妹任海平还指出了其中的若干错字，在此一并致谢。

最后我还要感谢朱维铮先生、王家范先生与姚大力先生的鼎力推荐，以及东方历史研究出版基金的慷慨接纳，特别是阮芳纪、杨群先生的大力协助，责任编辑章绍武先生的认真校订，才使本书得以顺利出版。

2003 年春

后　记

去年春夏间，复旦大学出版社总编辑王卫东先生与经世书局马勇华先生曾联袂造访，言谈中提到我昔年这部小书，并希望能够重新出版。旧作得以有机会再版，这让我心存感激。但考虑到自己这些年思想上的若干变化，所以我提出稍作修订，并且把2002年完成的，那篇有关明季党社的博士后出站报告也增补进来，因为两者无论在问题意识还是具体观点上都具有一贯性。这一想法得到出版社方面的慨允。因此，一年以来，修订这部著作，便断断续续成为我的主要工作之一。具体工作如下：

首先，本书前三编是原书的主体，与近年许多新出著作多有交集，但考虑到原书的一孔之见似仍有存在必要，此次除了极少量史实错误、观点修正及文字润饰之外，基本一仍其旧。导言中有关传统学术基本定位的部分，稍作改写，这是本次修订对原稿更动最大的部分。

其次，本书初版曾因篇幅缘故，删掉了不少注释，特别是一些引文，虽然并未影响基本结论，但对于专业学者可能会增加翻检之劳，故再版予以恢复。

第三，关于东林与复社的部分增补为本书第四编。为适应本书结构需要，对原出站报告作了系统修订和补充，特别是关于东林学派的构成、东林学派的复性之学两章，大体是重新写就的。该报告一直未予出版，至此可以废矣。

最后，关于万历中期以后的在朝王学、罗汝芳、周汝登等几章，此前曾经发表，此次出版也作了文字上的修订。如有异同，请以本书为准。

增订篇幅约占最后成书的五分之二。本书从王学的出现开始，到清初学术界的反思作结，大体涵盖了王学最有活力的时代。业师朱维铮先生生前曾多次提出"王学史"一名更合适，卫东、勇华两兄也提议是否恢复博士论文中《王学史》这一称谓，但考虑到原书名业已行之有年，恐骇观听，还是一仍其旧了。只是根据陈新教授早年的一个提议，去掉了书名中之"的"字，以避冗繁。

本书修订前后，远在台北的"中研院"文哲所杨晋龙先生，虽至今尚缘悭一面，但神交已久，邮件往复之余，特意赐告这本小书在台的批评情况，给了我不少精神上的鼓励。王卫东、马勇华两兄的大力推毂，是修订本书的直接动力。韩昇、赵克生、钱振民、邰积意等先生举办的会议或约稿，促成了一些论文的撰作与发表。有些新的想法也曾和邱立波、张钰翰诸兄讨论，并在去年"《明儒学案》精读"课上与历史、哲学等系的研究生同学分享，这些对我都是愉快的经历。在完稿过程中复旦出版社胡春丽编审对稿件提出不少中肯的建议，远在东瀛留学的张子平先生曾代为查阅资料，历史系博士生成棣同学也曾协助打印了部分文字，硕士生邓俊龙同学则帮助校核了部分材料，在此一并致谢。由于水平及精力所限，本书想必还有许多不当之处，敬祈方家指正。

临纸神驰，不禁回想起博士、博士后期间的导师朱维铮先生与章培恒先生，以及引导我进入明史的硕士导师樊树志先生，对我教诲的点点滴滴。由于我的贪多务杂，辜负了几位老师的期望，尤其朱、章二师已作古人，请益无由，弥增惭愧。谨以此书敬献给几位老师，以纪念生命中这段难忘的岁月。

邓志峰

2019 年 6 月 17 日

图书在版编目(CIP)数据

王学与晚明师道复兴运动:增订本/邓志峰著. —上海:复旦大学出版社,2020.7
ISBN 978-7-309-15038-4

Ⅰ.①王… Ⅱ.①邓… Ⅲ.①王守仁(1472-1528)-哲学思想-研究 Ⅳ.①B248.25

中国版本图书馆 CIP 数据核字(2020)第 102590 号

王学与晚明师道复兴运动(增订本)
邓志峰 著
责任编辑/胡春丽
复旦大学出版社有限公司出版发行
上海市国权路 579 号 邮编:200433
网址:fupnet@fudanpress.com http://www.fudanpress.com
门市零售:86-21-65102580 团体订购:86-21-65104505
外埠邮购:86-21-65642846 出版部电话:86-21-65642845
上海盛通时代印刷有限公司

开本 787×1092 1/16 印张 35.75 字数 622 千
2020 年 7 月第 1 版第 1 次印刷

ISBN 978-7-309-15038-4/B·723
定价:168.00 元

如有印装质量问题,请向复旦大学出版社有限公司出版部调换。
版权所有 侵权必究